国学经典文库

图文珍藏版

感受秘史之迷离 慨叹谜案之悬疑

# 中国古代秘史

马昊宸◎主编 第四册

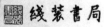
线装书局

# 政坛内幕

## 方伯谦被杀是罪有应得吗

人们常说,中日甲午黄海海战中,济远舰管带方伯谦因为贪生怕死,在海战尚在激烈进行的时候,首先挂起表示本舰受重伤不能再战的白旗,率舰逃出阵外,驶回旅顺基地。广甲舰见济远舰逃跑,也尾随其后撤回,慌乱中触礁搁浅。济远舰、广甲舰的退出,使北洋舰队的阵势出现严重混乱,被日军各个击破,最终导致海战的失败。战后,水师提督丁汝昌向李鸿章报告海战情形,以济远舰首先退避,将队伍牵乱,广甲舰随之而逃,请求严办。李鸿章根据丁汝昌的报告上报军机处,请将济远舰管带方伯谦即行正法。军机处依报同意,随即,方伯谦在旅顺被斩首。广甲舰管带吴敬荣则只受到"撤职留营"的处分。

从方伯谦被杀的那时起,就有很多人为他喊冤。那么,方伯谦被杀究竟是罪有应得,还是千古奇冤呢?

因为方伯谦被杀是丁汝昌和李鸿章一手造成的,北洋海军中的许多将士敢怒而不敢言。一位化名为"冤海述闻客"的方伯谦部下,专门写了一篇鸣冤的文章,记述黄海海战当时的情况。在黄海大东沟海战中,由于丁汝昌指挥不力,战斗刚开始,北洋舰队就阵形不整,加上旗舰的督旗一开始就被击落,整个舰队失去统一指挥,各自为战,结果被日舰分割包围。扬威、超勇着火,经远、致

方伯谦

远沉没,广甲遁逃,而济远舰也中炮弹数十处,后炮座因放炮不停,炮针及螺钉俱震动溃裂,致炮不能旋转。大炮放至数十余,出炮盘熔化,钢饼钢环都毁坏不能用,全船各处通语管也都被击坏。济远舰损坏严重,只好保船西驶,先回旅顺港。他严重声明,济远舰是因为毁坏才先回基地,绝不是临阵脱逃。丁汝昌等人诬陷方伯谦,不经审讯就将其正法,纯粹是挟私报复,并借此杀人灭口,掩盖自己指挥不力的罪行。

一百多年来,方伯谦的家属和后代更是没有停止过喊冤。方伯谦被杀不久,他的继室葛氏联合北洋舰队的闽籍官兵家属,在一件百衲衣上绣满了一百个"冤"字,然后身穿这件衣服上京告御状。清廷虽然没有因此为方伯谦平反,但还是赐给葛氏一副羊毫粘金粉写的长联作为安慰。葛氏带着长联黯然回到福州,安葬方伯谦后,自己吃斋念佛了此残生。

经过海军界专家的研究,他们认为,传闻黄海海战时方伯谦怕死,不敢在驾驶台上指挥作战,而躲避在甲板下船舱中有重护钢保护之处,这其实是海军章程的一个规定。因为管带是全舰指挥作战的高级人员,是全舰的指挥中枢,如果指挥中枢出现了问题,很容易使军舰陷于瘫痪的境地。所以当时海军造舰,都在甲板下特造一间有厚甲环绕保护的小舱间,称为指挥塔。在这个指挥塔里,罗经、舵轮、话管等各种航行及作战设备应有尽有,管带可以在此塔内指挥作战。海军章程的规定如此,所以不存在怕死还是不怕死的问题。与方伯谦同为管带的刘步蟾和林泰曾都曾经受到过类似的攻击,这都是当时士大夫的无知和不求甚解造成的。

而传说方伯谦由于避匿船舱不敢开炮还击,幸赖水手李仕茂、王国成攘臂而起,在没有管带命令的情况下自动开炮退敌。这完全是莫须有的罪名,而且是不可能发生的事情。因为军舰上水手和炮手是两种不同职业的人,炮手一般需要4—6名的协同合作才能发射出一枚炮弹,况且要准确射击还需专业训练,水手是不可能代替炮手的。

20世纪80年代,在方伯谦的老家福州发现了一件记录甲午海战实况的手稿,该手稿是参加甲午海战的广甲舰管轮卢毓英所作。广甲舰在逃跑时搁浅,已经回到基地的方伯谦当时奉命回航相救,卢毓英就是被济远舰救回来的。在这篇杂记中,卢毓英历数济远舰管带方伯谦在丰岛海战和黄海海战中英勇作战的经过。在丰岛海战中,济远舰以一敌三,在予以敌舰重创后胜利回师。对于这次海战,卢毓英给予方伯谦以极高的评价:"伟哉,方公! 惜哉,方公! 中国数十年培育水师人才,仅方公一人耳!"在黄海海战中,我方阵势出现混乱状态,是由于战术上的轻敌和提督丁汝昌指挥不力造成的,并不是因为济远舰的撤出才将船伍牵乱的。而且,真正首先逃跑的是广甲舰而不是济远舰。广甲舰在济远舰的后面,一看到致远舰被击沉,顿时全军胆落,心愈慌乱,在未受一炮的情况下就仓皇逃离现场,慌乱中触礁搁浅。而济远舰因为与敌军迎战持久,炮多炸裂倾倒,无从应敌,才被迫撤出战场的。从先后来说,广甲舰比济远舰逃离现场早,从性质上来说,广甲舰是畏敌逃命,而济远舰是因为受到重伤不能再战才撤出战列的。

卢毓英还指出,方伯谦冤案是丁汝昌一手造成的,一来丁汝昌可以报私仇,二来可以掩盖自己指挥不力,三来可以庇护同乡心腹吴敬荣。方伯谦和丁汝昌在刘公岛曾经争地建房,后又争夺同一个妓女,此女嫌丁汝昌太老而嫁给方伯谦,因此,丁汝昌一直怀恨在心。两人平日结下了仇怨,在海战后丁汝昌抓住方伯谦先回旅顺的把柄,乘机报复,制造了方伯谦冤案。甲午海战的失败在很大程度上是因为丁汝昌指挥不力造成的,因此陷害方伯谦,把海战失利归罪于方伯谦,就可以找到替罪羔羊,为自己推卸责任。同时,方伯谦被杀,既没有经过任何的审讯,也不给他任何申辩的机会。当丁汝昌和李鸿章等人通过密电谋划请旨处死方伯谦前,却故意支开方伯谦,让他率领济远舰去拖搁浅在暗礁上的广甲舰。一直到死,方伯谦自己都蒙在鼓里,毫不知晓。

其实,济远舰是否真的丧失了作战能力才退出战场的,当时只要到舰上检查一下不就一清二楚了吗?但是,如果真是丁汝昌有意要陷害方伯谦的话,恐怕也没有这个必要了。

## 金圣叹缘何获罪

清初著名文学批评家和文学理论家金圣叹,是个谜一般的人物。他曾评批了《水浒传》《西厢记》《史记》等"六才子书",影响深远,意义重大。尤其是他腰斩了一百二十回《忠义水浒全传》的十二分之五,使全书内容更加精练,在最精彩的"梁山泊英雄排座次"之处落了幕,受到广大读者的欢迎。他写的评语蕴含着机智与才情,极富感染力,被称为"金评",而他的评改本成为风靡海内的传世之作。虽然他的大名无人不知、无人不晓,但要深入探究他的身世,却又感到有些困难。因为他是被砍头的朝廷要犯,在很长时间里无人为他刊印文集,也无人为他写书立传,有关他的生平身世几乎成了一片空白。那么,如此一位才子是怎样获罪的呢?

金圣叹,原名喟,苏州府长洲人,明朝灭亡后,改名人瑞,字圣叹。入清以后,他特别看不起为满清贵族效命的读书人。然而作为生员,他又不甘心游离于科场之外。一次应试,题目为"王之将出",金圣叹一字未写,只画了一个大方框和四个小方框,这样的考卷自然激怒了考官,于是以藐视科举之名被取消下场应试权。而下一场金圣叹仍想参加,于是改名金人瑞再次应试,他用心做完三场文章,即"举拔第一"。

由于他佯狂傲世,倜傥不群,不屑干谒钻营,加之为文又很怪诞,所以三十年科场均不得意,到死时仍是一介布衣。五十四岁那年,金圣叹因为亲自参与了轰动江南的"哭庙案",命丧法场,一代奇才就这样被断送了。

顺治十六年,苏州一代发生灾荒,收成大减,本为富庶之地的江南水乡,变成了饥民遍地的灾区。朝廷本应减免粮赋,救济灾民,可是,江苏巡抚朱国治和新任吴县县令任维初,不顾人民的生计困难,照常催逼粮税。谁要是拖欠不交,就以"抗粮"之罪论处。不论缙绅还是百姓,"受责者皆鲜血淋漓,俯伏而出,不能起立。"更为可恶的是,县令任维初竟监守自盗,私吞公粮,中饱私囊,数额高达三千多石,其亏空部分却要灾民悉数补偿。百姓对任维初恨之入骨,倪用宾、金圣叹等诸多生员更是怒火中烧,决心把这些贪官污吏赶走。于是他们暗中商议,等待时机。

顺治十八年二月初一,顺治皇帝驾崩,哀诏传到苏州,巡抚以下官员各在府堂设立奠幕,并按规定哭灵三日。倪用宾、金圣叹等人认为,正好借哭庙之机,控告任维初等人的贪污残暴,惹起众怒,达到驱逐贪官的目的。初四这天,诸生员近百余人来到庙堂,鸣钟击鼓,又一起来到府堂。一时之间,跟随者达到上千人,号呼奔走,群情激昂,震动了整个苏州城,酿成了一场大规模的抗议示威活动。抚臣见报大惊,不但不体恤民意,相反却立即派兵捕拿。示威群众经不住刀砍马踏,哗然而散,金圣叹等十一人被当场捕拿,下入狱中。当时的会审记录称:"姚刚、丁子伟、金圣叹称鸣钟击鼓。伊等亦说,在倪用宾家聚会,丁子伟、金圣叹、姚刚为首,鸣钟击鼓聚众倡乱是实。"江苏巡抚朱国治见此案非同小可,害怕再审下去会牵连自己,于是连忙涂改口供,并为任维初开脱罪责,接着就匆匆具文上报。他在参奏哭庙者的折子上,列举了金圣叹等人的三大罪状:

一是震惊先帝之灵,罪不容赦;二是声言抗打朝廷命官,目无朝廷;三是书写匿名揭帖,违犯大清律令。

他列举的这三条罪状中的任意一条,都可置哭庙者于死地。朱国治恨不得马上将他们处死。恰巧,当时反清斗争此起彼伏,郑成功率领的抗清军队又一度连连攻克瓜州、镇江等地,引起了全国震动。面对这种严重局势,清廷决定采取严厉的镇压手段,哭庙一事恰在风口浪尖上,正要惩一儆百。不久此案以谕旨定罪:金圣叹等八人斩决,家产籍没,妻子充军,其余十人也处以死刑,连同其他案中人犯共一百二十一人,凌迟斩绞于南京的三山街。金圣叹坦然引颈就戮,死后葬在苏州城外五峰山下。因为他是被砍头的朝廷要犯,三百多年来,他的坟丘隐于荒草野荆之中,很少有人前往凭吊。

人们对金圣叹的惨死非常惋惜,一代才子竟落得如此下场。有关他的生平身世很少有人敢去撰写,即使有人涉猎,也大都是一些传说或趣闻,真是可惜可叹。不过,这位杰出的文学批评家名下并不寂寞,人们只要捧读他评改过的几部文学作品,就会想起这位白眼观人、痛贬时世的名士来,对他独具慧眼的才情赞美不已。

## 年羹尧获罪之谜

在清朝众多高官勋臣中,年羹尧的崛起与失势都是异乎寻常地迅速,曾被列为"雍正八案"之首,引起许多人的关注。对于其中的秘密,有人在不断地探求,然而至今仍有争议。

年羹尧是清代前期著名大将,康熙十八年出生在汉军镶白旗一个官僚家庭里。康熙三十九年,二十一岁的年羹尧考中进士,并被选为吉士,这为他以后的仕途奠定了良好的基础。随后他充任四川、广东乡试的考官,慢慢升为内阁学士。康熙四十八年,康熙的第四子胤禛被晋封为雍亲王,年羹尧的妹妹也被选为胤禛的侧福晋,年家随之升入上三旗的镶黄旗,三十岁的年羹尧也被任命为四川巡抚。以后年羹尧提出整饬军队、增设防点等建议,有效地防止准葛尔人藏,并大胆自请获得总督的头衔。他运用自己的才干为平定西藏立下了汗马功劳,康熙皇帝任命他为川陕总督,并亲自赏赐了弓矢等物。

后来雍正登基,年羹尧和隆科多两人可谓是其左右手,加上年羹尧的妹妹是雍正的妃子,因而更增加了一种信任感。雍正一上台,就把西路军务粮饷和地方诸事交给年羹尧等掌管,随后加封太保、三等公等。仅仅半年时间,年羹尧就独揽了西北军事指挥大权，其官位提升之快，权力膨胀之大，几乎令所有的王公大臣瞠目结舌。加上年羹尧扎实的文笔功夫、办事果敢、认真负责，更加得到雍正的重用。据记载，年羹尧府中的家奴魏之跃也被赏四品顶戴，桑成鼎竟然混成了知府，可谓一人升天，仙及鸡犬，年氏一门如日中天，雍正的宠爱更是无以复加。

年羹尧

然而事物发展如果逾越了规律必然导致走向反面。年羹尧难道不知道家奴不出籍不能为官的道理？年羹尧其实是被自己辉煌的业绩和巨大的权势蒙蔽了双眼，在一片恭维和赞颂声中自我膨胀起来，这很快引起了雍正帝的反感。

雍正二年十月，年羹尧进京陛见，雍正即警告他说物极必反，可是没有等年羹尧反应过来，雍正转脸就跟有关官员打招呼，启发他们揭发年羹尧的劣迹，为其垮台做舆论准备。接着便把年羹尧调离西安老巢，并剪除其亲信。雍正三年四月，将年羹尧降为杭州将军。九月，捉拿回京问罪。

让人吃惊的是雍正帝在十二月迅速开列出年羹尧九十二条大罪状，从以下罪状可以大概看出年羹尧获罪的部分原因：大逆罪五条，欺罔罪九条，僭越罪十六条，悖逆罪十三条，专擅罪六条，贪黩罪十八条，侵蚀罪十五条，残忍罪四条，忌刻罪六条。雍正曾说，其中可以立即杀头的就有三十多条，但念其有功改令自裁。

仅仅用了十四个月的时间，年羹尧就从权利的巅峰跌入死囚牢中，不仅他本人做梦也想不到，就是许多王公大臣也觉得奇怪：年羹尧的九十二大罪状可谓件件有据可查，难道这是新发现的吗？显然这是秋后算账的结果。那么，他获罪失宠的真正原因是什么？他送命的症结又在哪里？

年羹尧骄横跋扈，不守臣道，位尊权重，擅自做主，藐视同僚，引起众怒，可谓是其一。比如他给各省督抚发送咨文直呼其名；给同级将军的函件竟用令谕。一些大臣显贵包括皇帝的女婿阿宝在内见他，一律要恭行跪拜之礼，如有怠慢即受呵斥。甚至雍正皇帝派往陕西的侍卫，年羹尧也难得正视一眼，竟把他们充作仪仗队，当下人使唤。更为出格的是他在西安做总督时，令文武官员逢五、逢十辕门坐班，并在大门、鼓厅等显眼处画上四爪金龙，令鼓乐手身着蟒袍吹吹打打，俨然一副帝王派头。在皇帝面前也无礼数，像这种傲慢无礼的人，雍正皇帝如何容得？

年羹尧结党营私，排斥异己，利用手中权力操纵人事，安插亲信，培养年家班底，可谓其二。凡是他推荐、任命的官员统称"年选"，根本不把吏部、兵部放在眼里。他的大小亲信分别占据各个要害部门，雍正皇帝当然如坐针毡。

年羹尧贪污受贿，侵吞军饷，可谓其三。除他的亲信外，谁想弄个一官半职，都要给他进献厚礼，有的一次送银多达二万余两。仅仅人事安排一项，最多的一次收受四十多万两白银，那时一品大员一年的俸禄才一百八十两银子，可抵得上一万个八品官一年的收入！

年羹尧苛待部下，为人残暴，可谓其四，这大概也最不得人心的一点。年羹尧性情急躁，喜怒无常，稍不如意就滥罚属下，甚至草菅人命、滥杀无辜。比如他曾派兵包围一个村落，制造了惨绝人寰的大血案。对于官员也是一样，四川巡抚蔡珽、驿道金南瑛等，都被年羹尧以莫须有的罪名罢免，制造了不少冤假错案。于是大臣纷纷上表弹劾，就连他的副将岳钟琪也弹劾这位顶头上司。

这些说法，任选一条就可以把年羹尧整倒，何况他有九十二条大罪状？然而，也有人不同意这种说法。认为即使这些罪名全部成立，以年羹尧对皇帝的忠诚，特别是他曾立下抚平西北的不世之功，雍正也不至于这么快就把他罢黜，更不会下狠心将其处死。因此，年羹尧落到这个下场，完全在于另外的原因。

一为欲擒故纵的传说。康熙本想立十四子胤禵为帝，四子胤禛伙同年羹尧、鄂尔泰、隆科多等人，趁康熙临终之时矫诏篡立，年羹尧以手中重兵钳制了胤禵，熟知宫变内幕。因此，雍正刚登帝位，对年羹尧大加恩赏，使其稳定阵脚，继而西北动乱，又需年大将军带兵抵抗。待他平定了叛乱，雍正也坐稳了江山，便腾出手来卸磨杀驴，网罗罪名除掉这个重要知情人。

对此，也有人提出不同意见：一是当时胤禛并未受到年羹尧的钳制。因为胤禛继位高度机密，隆科多手握京师兵权，康熙驾崩之后连续六天封锁京城九门，消息无法外泄；二是雍正继位的时候，年羹尧尚在四川平乱，并未参与篡立之事，不可能知晓内情，故欲擒故纵、杀人灭口之说难以成立。

还有情报失灵说。雍正登基以后，为了加强中央集权，粉碎结党行为，曾派侍卫细心搜访显要大员的情况。据说，雍正的手段非常厉害。但是令雍正感到特别意外的是，他派去监视年羹尧的特务，竟然给年羹尧牵马，充作下人。雍正感到格外痛心,想不到自己最信任、最重用的人,竟然是最有负于他的人。此说虽有一定的道理,但只能算年羹尧倒台的原因之一。而且较之以上列举的其他罪行,这也不是主要原因。

还有传说年羹尧的杀身之祸是因为他有想做皇帝的念头,可是观天相说不可,雍正知道了当然不能让他活命。但此说法没有确实的证据。

总看年羹尧的人生历程,尤其雍正对他的恩宠怨恨,真像演戏一般。像他这样大起大落的例子,在历史上并不多见,作为功臣,不管建有多大的功勋,一旦作威作福,恣意妄为,就会晚节不保。如果再遇上猜忌心重,难以容忍的帝王,则必然导致身败名裂的悲惨下场。年羹尧的败亡,就是在种种复杂矛盾交织下的牺牲品。

## 和珅为什么深受乾隆帝宠爱

和珅是乾隆朝第一权臣,结党营私、弄权害政、吏治败坏、贪污纳贿,权柄在手达二十多年。他之所以能骄横跋扈,自然是深受乾隆帝的宠信所致。但是,乾隆帝不是昏庸的君主,他治国安邦,刚毅老练,能对和珅的劣迹毫无观察吗?乾隆帝长期宠信和珅的奥秘究竟何在?

原来,乾隆帝在二十岁当太子的时候,有一次进宫,发现父皇雍正的一个妃子正对镜理妆,容色娇媚,秀丽无双,十分美丽。他不觉动心,于是悄悄走到她的身后,用双手蒙住她的眼睛。妃子吃了一惊,以为是同伴开玩笑,随手拿起梳子向后扔去,正好打中乾隆的额头,留下一道齿痕。随后,这件事情被母后发觉,怀疑这个美艳的女子是故意来为害太子的,便赐此女自尽。乾隆帝知道后,不敢为她说情,却歉疚在心,又愧又悲,内心十分后悔。他用手指在妃子颈上按上印记,默默许诺道:"是我害了你,如果你泉下有知,等二十年后,再来与我相聚。"此后,乾隆心中常常想起这位美人,而且每次都感到深为惋惜。

乾隆中期,有一天,他到圆明园中闲逛,发现随从中一个唇红齿白的美貌少年似曾相识,却怎么也想不起来在哪儿见过。回宫后,乾隆忽然想到,这个少年与二十年前屈死的妃子极为相似。于是立刻命人密召少年入宫。经过反复端详,不但面貌相似,这个少年的颈上也有个痣,宛如手指的印记。乾隆信奉佛教,相信"生死轮回",他认定此少年就是那个妃子投胎转世,因而对其倍加怜爱。经过询问,知道此人名叫和珅,出身于满洲正红旗,还是个官学生,颇通文墨,因此,乾隆立即把和珅提升为宫中总管。

和珅骤升要职,自然十分感谢,侍奉乾隆格外尽心。乾隆帝常令他跟在身边,有问必答,句句称旨,令乾隆十分满意。和珅日受宠任,乾隆帝似乎日夜都少他不得,爱怜之深甚至比汉哀帝对男宠董贤都甚。乾隆帝似乎感到,对和珅宠爱一份,就能减轻一份对那个妃子的负罪感。在和珅身上多施恩惠,就等于是对妃子的报答。乾隆帝待和珅超过了一般的妃子,无论到哪里去,总要把和珅带在身边,有时晚上还让他在御书房陪寝。正是有了这种异常的亲密关系,和珅才直步青云。

当然和珅受到乾隆帝的宠信绝不仅仅是其仪表貌似那位妃子,而是由于他最能体察"圣意"、顺从"圣意",事事让乾隆这位好大喜功、喜夸、性喜奢靡、浪费无度的皇帝感到满意。和珅之所以能够永久占住乾隆的心,全靠"伺意"两个字,也就是"先意承志"。乾隆喜欢什么,和珅先就猜到,赶快准备。乾隆决心要做什么,和珅也立刻遵办,办得至少在表面上妥帖。不应该做的事,只要乾隆想做,和珅决不反对。因此,乾隆特别喜欢和珅,认为凡事让和珅处理,他就满意,即使有人弹劾和珅,他也充耳不闻。

和珅从一名侍卫,升至户部侍郎,军机大臣,直至文华殿大学士,封一等公。他的弟弟和琳也沾了他的光,飞黄腾达,当上了兵部尚书。后来,乾隆帝还把自己的第十个女儿和孝公主嫁给了和珅的儿子丰绅殷德,和珅与乾隆成了儿女亲家。在外人眼中,和珅一家与乾隆皇帝简直就是一家人,谁敢对和珅说半个不字!

和珅恃权自横,贪得无厌。凡是呈献的贡品,上品必先入和珅家,次者才送进宫里。和珅喜欢的东西,可以直接从皇库中拿出,而不经谕批。在蓟州,和珅还建造了坟茔,茔中竖立享殿,开隧道,人们称之为"和陵"。面对和珅的独断专权,朝臣们都争相趋炎附势,巴结和珅,朝中大臣亦多是和珅的党羽。和珅势盛一时,连他的家奴为非作歹也无人敢管。

直到乾隆晚年,和珅一直受宠不衰。乾隆六十年,乾隆帝要禅位给太子,自己称太上皇,和珅大为吃惊,怕太子登基后自己要遭殃,便极力劝阻。以前,和珅怎么说,乾隆便怎么行,但这次却坚决不从。乾隆帝对他说:"我这次决心已定,不用再多说了。我和你有缘分,所以能这么长久相处。如果换别人的话,恐怕就不许你这样了,以后你检点一些为好。"这话明摆着,他对和珅贪赃枉法、弄权害政的所作所为不是不知道,而是睁一只眼闭一只眼罢了,况且和珅并未威胁他帝位的安全。

和珅见乾隆主意已定,于是也只好赞同。在立储君的前一天,和珅因为早知此事,便派人呈给嘉庆帝一柄玉如意,表示自己拥戴有功,这种邀宠的做法令嘉庆十分反感。等到乾隆以太上皇的身份训政,和珅专权更加恣意妄为,以至嘉庆有事奏报,也必须经过和珅代为转达。和珅还推荐自己的老师吴省兰替嘉庆帝抄录诗稿,以窥探嘉庆帝对自己的看法。嘉庆知道和珅的用意,吟咏间不显锋芒,和珅便很心安理得。凡此种种,使嘉庆帝对和珅怨恨在心,只是碍于太上皇的面子,隐忍不发。

四年以后,乾隆帝以八十八岁高龄寿终正寝。他的儿子嘉庆帝立即宣布和珅二十条大罪,将其逮捕入狱,并令其自尽。和珅家被抄,金银财宝数额之巨,令朝野上下大为吃惊。其中的珍珠宝石不计其数,金银数百万两,当铺钱庄数十处,房屋上千间,良田上千顷,大车几十辆……从和珅家抄出的家产总值八亿多两,而清政府一年收入才七千万两。这就是说,和珅的全部积蓄,相当于全国二十年收入的一半还多。由此可见,和珅确实是个巨贪。后人对此大加渲染,民间有谚语道:"和珅跌倒,嘉庆吃饱"。

## 福康安是乾隆的私生子吗

乾隆皇帝在位六十年,而他本人则活到了八十八岁,这真是古来罕见。无论文治武功,乾隆都有骄傲的资本。但吏治腐败、贪污成风、贫富悬殊,也是他统治时期抹不掉的污点,而他的风流韵事更是给后世留下了数不尽的逸闻佳话。其中,他与内务府大臣傅恒的妻子"偷情"的故事就曾被人们广泛流传,并说福康安就是他俩偷情生下的儿子。那么,事实究竟是否如此呢?

传说乾隆帝自认为自己是个太平天子,不免想尽情享乐一番,于是大兴土木,扩建圆明园。工程完成以后,乾隆便亲自陪同太后到园中游玩,还发了一道圣旨,令后妃以下,凡公主、宗室、命妇,以及近属,都准入园游乐。

当时正是春季,一天,风和日丽,乾隆帝护着皇太后,从迎驾的两列妇女中走过。忽见其中一位美貌的命妇,使他怦然心动。这个丽人正是内务府大臣傅恒的妻子。只见她鸭蛋脸、柳叶眉,面若桃花,肤如凝脂,粉腮上的两个酒窝和鬓边插着一朵红花,更使她艳压群芳,令乾隆帝魂不守舍。在随意闲游时,两人眉目传情,均生爱意。回宫后,乾隆帝就害起相思病来,整天无精打采,茶饭不思,连朝政也懒得去处理,念念不忘傅夫人那妩媚的面容,恨不得一下子把她拥入怀中,以解相思之苦。

终于,这个机会来了。在皇后寿辰那天,乾隆听说傅夫人要来祝寿,心花怒放,精神大振,便早早退了朝,到乾宁宫赴宴。席间,他特意与傅夫人又是联诗,又是让酒,说说笑笑,好不亲热。此后,傅夫人在他的有意安排下,常常被召入皇宫陪皇太后散心,有时还留在宫中歇息,乾隆终于把这个猎物捉到了手。两人不时偷偷地寻欢作乐,一个是风流倜傥的天子,一个是娇楚动人的美妇,两人恰是干柴烈火,燃烧在意乱情迷的惊喜之中,不能自拔。

没有不透风的墙,很快,皇后觉察了他俩的私情。但是因为傅夫人是她哥哥傅恒的妻子,自己不好说破,只能把苦水咽在肚子里,于是,整日闷闷不乐。这年冬天,皇后的亲生儿子,已被密旨立为皇储的八岁小皇子永琏,突发急病而死。几年后,皇后虽又得子永琮,但也在二岁时患天花不幸夭折。这两次打击使她从此一蹶不振,只感到活着没有意思。为了给她解闷,乾隆帝下旨东巡,陪她散心,不料在途中她偶感风寒,竟一病不起。虽经名医诊治,仍无起色,终于在途中死去。乾隆帝与皇后本十分恩爱,只因为与傅夫人有私情,才稍稍疏远了她。其实乾隆不知道,他与傅夫人之事,才是皇后患病的真正原因。

皇后生前既贤淑又节俭,深受乾隆敬重。她死之后,乾隆便回京为她大办丧事,并追认为"孝贤皇后",特颁谕旨,命令为其立碑,还亲撰碑文。乾隆帝对皇后的娘家也格外恩遇,皇后的兄弟们,有的封侯,有的封爵,全家有十四人得到爵位。皇后的哥哥傅恒被提升为保和殿学士,兼任户部尚书,这一切是对皇后的褒奖,是不是也算对傅夫人的答谢呢?

乾隆帝与傅夫人的私情,只有一些宫女知道,傅恒始终被蒙在鼓里。后来傅夫人生下一子,满月时抱入宫中,请乾隆帝赐名。乾隆帝见此子肥硕健壮,面容很像自己,故十分喜爱,遂赐名福康安。至于乾隆帝到底是不是福康安的生父,还无法详考。但乾隆和傅恒夫妇的关系的确有许多令人费解之处,他对福康安的特殊关照尤其令人注意。他称孝贤皇后的死是"变故""事故",也给人以有隐情存在的感觉。

福康安生于乾隆十八年(1754年),自幼乾隆即将他带到内廷,亲自教养,待之如同亲生儿子一般。福康安长大成人以后,乾隆对他更是委以重任,生前封贝子,死后赠郡王,成为一代宠臣之最。福康安19岁时,即以头等侍卫统兵随定西大将军温福征剿大金川,此后担任过吉林将军、盛京将军、成都将军、四

·清朝秘史·

图文珍藏版

川总督、陕甘总督、云贵总督、闽浙总督、两广总督、武英殿大学士等要职。参加过平定大小金川、镇压台湾林爽文起义、击退廓尔喀入侵等重大战役。福康安作战英勇，足智多谋，但生活奢侈，他统率的大军所过之处，地方官都要供给巨额财物；前线血肉横飞，而福康安的兵营之中仍歌舞吹弹，余音袅袅不绝。但乾隆对福康安的信任却丝毫不减，他承认自己和福康安的感情有如家人父子。乾隆早就想封福康安为王，让他像诸皇子一样享受荣华富贵，只是碍于家法，不能如愿。于是便令福康安率军作战，建立军功，以为封王的基础。所以福康安每次出征，乾隆都精心为他挑选将领，选派劲旅，使其必胜。而其他将领也迎合乾隆旨意，有意不取胜争功，以归美于福康安。不幸的是，乾隆还没来得及封福康安为王，他就去世了，对此乾隆悲泪长流，赠谥文襄，追赠嘉勇郡王，配享太庙。在清朝中，除清初如吴三桂等为平定各地反抗势力立下赫赫战功的军功将领以及蒙古等少数民族领袖外，异姓封王者仅福康安一人。因而不少人惊叹乾隆对福康安的特殊恩宠，进而怀疑二者之间是否有异乎寻常的特殊关系，比如说福康安是乾隆的私生子。

然而，这种说法毕竟缺乏第一手证据，不过，有一个事实值得重视：福康安的两个哥哥福灵安、福隆安都娶皇室之女，成为额驸，福康安自幼即被乾隆宠爱，为什么乾隆偏偏不将公主下嫁给他，使之成为地位显赫的额驸？是否是因为福康安本系龙种，与皇室有血缘关系的缘故呢？

总之在乾隆朝，孝贤皇后一门确实是当时最为显赫的官宦人家之一。追究其原因，不少人认为是由于乾隆对孝贤皇后的去世极为悲恸，进而情及外戚之故，至于乾隆与傅恒夫人之间有无暧昧关系，至今无确实材料证明。

## 六世班禅为何突然死于紫禁城

乾隆四十五年（1780年），乾隆皇帝七十大寿。早在头一年，为乾隆办万寿节，宫里宫外就忙活开了，这几年乾隆帝年年做寿，却唯有这一次格外挂在心里，一则："人活七十古来稀"，作为"古稀"老人来说，做好寿，能延年益寿；另外，参加万寿庆典的不仅有外藩诸王公、外国使臣，还有黄教大教主、六世班禅也要自雪域高原来内地，亲自为乾隆皇帝祝寿。

历代班禅从未到过内地，六世班禅来为乾隆皇帝祝寿，是自五世达赖进京朝觐以来，达赖喇嘛、班禅大师中第二个走出雪域，觐见清朝皇帝的高僧。有关班禅入觐之事,早在康熙年间已有所议。康熙皇帝多次敦请五世班禅取道蒙古高原来京会面,五世班禅亦有此意。当时清政府正用兵西北,康熙帝亲赴前线指挥,很想利用蒙古人对班禅的崇拜,达到稳定蒙古高原,争取蒙民支持统一西北的目的,但是未能如愿。乾隆帝继位之初,正是五世班禅晚年,行动不便,因此一直没有机会召见。

六世班禅法名巴丹益喜,是后藏南木林宗扎西则溪卡人。生于乾隆三年(1738年)十一月。乾隆五年(1740年),乾隆皇帝批准了七世达赖喇嘛和驻藏大臣纪山关于五世班禅转世灵童的认定手续,次年主持了六世班禅的坐床典礼。乾隆三十一年(1766年),乾隆皇帝册封六世班禅"敕封班禅额尔德尼之印"。这是继圣祖康熙在五十二年(1713年)敕封五世班禅之后,第二次敕封班禅名号。乾隆有意抬高班禅在蒙藏政教社会中的地位,联络感情,而且早就有想邀请六世班禅进京朝觐之意,只是因为西藏到内地道路遥远,行动不大方便。这次,当六世班禅听说要为乾隆皇帝举行七十万寿庆典的消息后,便要求前来祝寿。这样他可以直接到达热河,避开内地的炎热气候,也能领班诵经,宣扬佛教,会见蒙藏王公贵族。"一人来朝而万众归心"必然会使祝寿活动大放光彩,因此,可以说这是千载难逢,举世瞩目的良机。

五世达赖进北京,顺治帝曾特为达赖修建黄寺。这次班禅六世来承德,乾隆皇帝也要仿照顺治帝的做法,修庙建寺,供其居住,于是有了以后规模宏大的须弥福寿之寺。须弥福寿之庙位于普陀宗乘之庙的东侧,占地面积达37900平方米。整个庙宇的平面布局和主要建筑具有日喀则扎什伦布的特征,建于山麓,大红台位于全寺正中,将寺分割成前中后三个组成部分,前部以碑亭与后部琉璃万寿塔的布置,形成山体的前导和后续。奉乾隆皇帝的旨意,内务府在北京备办了很多佛像、法器,都是在北京先办好,再运往承德。其设置陈列,都是极其精美的。

乾隆四十四年六月,班禅从后藏日喀则扎什伦布寺出发。自六世班禅启程东行,乾隆皇帝就一直密切关注班禅行程。班禅启程的同一天,热河各寺庙和京城雍和宫等大寺都诵经祈祷一日,祝班禅额尔德尼路途平安。一路上,乾隆皇帝不断下发谕旨,殷切关注班禅的行程和健康状况,并派人送来食物和衣服,表示欢迎。

乾隆四十五年(1780年)七月二十一日,六世班禅一行抵达热河。这天晴空万里,阳光灿烂,滦河、武烈河蜿蜒流淌,避暑山庄周围群山起伏,苍莽雄劲,奇特突兀。离热河数十里外,衣着绚丽朝服的清廷官员们轮番策马前来迎接班禅。内、外蒙古各部王公贵族,新疆回部首领,章嘉呼图克图,敏珠尔诺门汗及各寺院堪布、扎萨克喇嘛、大喇嘛、苏拉喇嘛、领经喇嘛等千余僧俗云集于道路两旁,翘首盼望班禅大师到来。

当班禅一行徐徐靠近欢迎的人群时,顿时锣鼓喧天、掌声雷动。人们欢呼雀跃,涌向王前来。简单的欢迎仪式后,内大臣及皇六子陪同班禅到大佛寺前的幄帐内休息。为迎接班禅,乾隆让人在大佛寺前广场临时搭起御用黄幄,又备好御轿停在黄幄一侧。班禅大师进幄内饮茶之后,乘御轿入宫,拜见乾隆皇帝。

这一天,为了接见西方的活佛,乾隆早早就起来了,虽然他已是"古稀"老人,但仍然神采奕奕,兴奋地等待着班禅来宫内会面。班禅乘坐的御轿刚一露面,鼓乐齐鸣。至宫门时,随行人员下马步行,班禅受殊遇可乘轿直至皇帝寝宫门前。乾隆皇帝面带喜色,站在依清旷殿前等候,王公大臣数万人在两廊下站班侍候。班禅下轿手捧哈达上前跪叩,恭请圣安。乾隆皇帝高兴地询问班禅一路情况,并挽着班禅大师的手臂,入殿内同坐宝座上。对与班禅的友好谈话,乾隆皇帝特别高兴,两人真是相见恨晚。

承德的祝寿活动完毕以后,乾隆皇帝要到东陵和西陵祭祖,于是由皇六子陪同六世班禅一行离开承德,于九月初二抵达北京,并兴致勃勃地游览了圆明园、南苑、香山、万寿山等处。班禅大师在雍和宫为乾隆皇帝讲授佛经,在北京广做佛事,为众僧受戒,弘扬佛法可谓功德无量。本来,班禅在北京过得很惬意,准备在黄寺过冬,第二年再返回扎什伦布寺。不料,十月下旬,班禅患了重病。一开始他只是略感鼻塞,以为是鼻炎。后来逐渐厌食,侍膳官发现大师手心、脚心显现红疹,怀疑为天花,这才决定向乾隆奏报。乾隆闻讯十分着急,彻夜难眠,第二天凌晨早早起来,就到黄寺病榻探视病情,慰问班禅。回宫后,乾隆命御医诊视,怀疑是天花。就这样,班禅大师服药一个多月,十一月初一开始高烧,第二天病情突变,黄昏时,奄然圆寂。

翌日凌晨,乾隆在众臣簇拥下来到黄寺,一见大师遗容,泪流满面,痛心疾首地叫道:"朕之喇嘛啊!"当即昏厥过去,苏醒后,乾隆帝高举哈达到大师灵前祭奠。班禅大师的丧事极为隆重,班禅之死,乾隆很是悲痛。六世班禅圆寂时,年仅42岁,比乾隆帝小近30岁,但班禅大师博学多才,为人谦逊,很识大体,敬重皇帝的美德,深为乾隆帝喜爱。两位忘年之交短暂的相处,给敬佛、奉佛的乾隆皇帝沉重的打击。四十七年（1782年），乾隆为了纪念班禅，选择他生前在西黄寺内曾居住过的后楼前，建筑了六世班禅额尔德尼的衣冠石塔，取名"清净化城塔"，并亲手撰写了汉满蒙藏四体碑文。

## 安德海是怎样当上总管太监的

皇宫里的太监真是数不胜数，安德海这个小太监却能够穿梭于京城与热河之间，周旋于两宫太后与八大臣左右，并为两宫太后垂帘听政助了一臂之力。那么，安德海是如何一步一步爬上高位，成为慈禧最信任的太监呢？

安德海是直隶南皮人，在家排行老二，后来权势大了，宫里人都称他"安二爷"。清朝时的南皮，是个出太监的地方，来自那里的太监，互相勾结，得势之后，竟能荫庇宗亲，炫耀乡邻。因此，安德海对此十分向往羡慕，他自己在家"净身"，待伤养好之后，托人说情进了宫里。

安德海

安德海初入宫时拜认的师傅就是咸丰皇帝十分宠爱的叶赫纳拉氏兰儿寝宫的首领太监刘印成。安德海时常在兰儿跟前走动，兰儿见他聪明伶俐，嘴甜心细，对他十分喜欢。安德海在咸丰宫中负责传谕召幸嫔妃之职，因此兰儿也着意笼络于他。自从兰儿生下皇子载淳后，地位不断晋升，安德海也十分清楚兰儿的地位，为了自己以后的利益，安德海充分利用自己御前太监的特殊身份，把立脚点移向兰儿这边，这不失为左右逢源，进退有据的聪明之举。兰儿更是紧紧抓住安德海这条内线，以便随时了解咸丰皇帝的动向，设法使自己讨得皇上的欢心，永不失宠。

再说，慈禧嫁给咸丰后不久，大清朝即面临着内忧外患的危机。太平天国的义旗，席卷大清半壁江山；英法联军借机挑起第二次鸦片战争，并从天津派兵，长驱直入，威胁着北京。咸丰见大势已去，无奈之下，只好带着皇后、贵妃以及皇子等人一同移居热河行宫避暑山庄。命恭亲王奕䜣为全权大臣留驻北京。

公元1861年，咸丰皇帝在避暑山庄驾崩了。临终前留下两枚象征皇权的

图文珍藏版

玉玺和一份交由皇后保存的密诏,并由肃顺、载垣等八大臣辅政。但是肃顺等人扶持新皇帝继位,行事专断,根本不把两位皇后放在眼里。慈安太后素来性情温厚,从不过问朝政,对此也无异议。只是慈禧却大不相同,她颇有一点才气,擅于玩弄权术,咸丰在世的时候,她就经常协助咸丰处理政务,甚至代为签发奏折,对一些国家政策很有独特见解。因此,慈禧对肃顺、载垣等人把持朝政、专断独行耿耿于怀,不时劝说慈安垂帘听政。慈安本来无意干政,被慈禧百般劝说,倒也心动起来。

于是,慈禧决定密召恭亲王奕訢来热河商议大计。由慈禧拟好旨,盖上两玺印,只是正在发愁由谁送出去。因为当时肃顺、载垣等人控制着热河的局势,诏书不可能大模大样地送出。慈禧忽然想起太监安德海,咸丰驾崩之后,安德海由咸丰跟前的御前太监转至两宫太后跟前伺奉,是个能够信用之人。两宫太后主意已定,即由安德海怀揣密诏,星夜兼程,赶往北京。据说,为了不让肃顺等人发现,慈禧打断了安德海的肘关节,将密诏放入其中,声称安德海犯错,将他撵出宫去。安德海忍着剧痛,骑马奔回北京。

新帝继位的诏书一下,京城里的王公大臣,纷纷来到恭亲王府邸。按照常理,恭亲王奕訢是咸丰帝的异母兄弟,又身兼要职,最有资格做皇帝的监护人。因此,众人议论纷纷,都要求恭亲王辅政。正在恭亲王与众大臣商议之际,忽有太监悄悄来报"大内太监安德海自热河到来,在殿外等候王爷"。恭亲王闻报,料知有机密要事,便告辞诸位大臣,走出殿外,召安德海进内府议事。

安德海风尘仆仆,随恭亲王进入内堂,请安完毕,安德海即将热河行宫内的形势,如皇帝如何遗训,八大臣怎样独断专行,以及两宫太后孤立无援的情况细说了一遍。说到痛时,安德海竟声泪俱下。恭亲王听得又悲又急,迫不及待地问道:"两位皇太后有何圣谕?"安德海忙取出太后密诏,恭亲王接过来一看,只见上面写道:"形势紧迫,恭亲王奕訢速来热河。"短短两行字,却见势态之危。看完以后,恭亲王与安德海细细商议对策,直到次日清晨,安德海才匆匆离去,马不停蹄地返回热河行宫。

奕訢赶到热河时,当即被肃顺、载垣等人拦下。奕訢说:"此次仓促到来,是为了拜见两位太后。"只听人群中有人说道:"两宫太后与六爷是叔嫂名义,叔嫂相见恐有嫌疑,还是不见为好。"奕訢早就料到有此一遭,暗想觐见太后只有另谋他法,于是答道:"诸位所言却也不错,只好拜托诸位代为请安便是了。"当下拜别肃顺等人。

恭亲王回到寓所，却见太监安德海早已在此等候。奕䜣将刚才一番情景说了一遍，想必进宫是不可能的事情。安德海低头沉思，忽然心头一亮，竟想出一个妙计。这天傍晚，夕阳西下之际，避暑山庄门外来了一辆车子。只见从里面走出一位身穿宫娥服饰的妇女，侍卫也没阻拦，安德海便扶着她走进宫去。这位妇人不是别人，正是恭亲王奕䜣所扮。奕䜣见了两位太后，商议共同除掉肃顺等人，然后再装成妇女，由安德海领出门去。

当慈禧、载垣等护送咸丰灵柩回京，奕䜣当即捉拿了八大臣，是为辛酉政变。八大臣死的死，废的废，一场你死我活的权力之争宣告结束，慈禧如愿以偿地垂帘听政。安德海由于从中穿针引线，为慈禧夺权立下汗马功劳，被破格提升为四品总管太监，当时不过才二十几岁。按照清制，首领太监的人选必须在三十岁以上，何况是总管太监。自此，安德海成为慈禧跟前的大红人。

## 安德海为何被诛杀

安德海为人精明乖巧，最会阿谀奉承。入宫之后，知道慈禧太后权势大，就寻找各种机会逢迎拍马。二十几岁就当上了总管太监之职，成为慈禧跟前的大红人儿。但是，安德海也是清朝晚期第一个死在屠刀下的太监。是正义战胜了邪恶，还是做了权利争斗的牺牲品？

早在热河行宫避难时，安德海就发现慈禧非常喜欢看戏，高兴之时，私下也能哼上几曲。慈禧在热河行宫闲来无事，不免显得烦躁，于是安德海想到了在宫中搭台唱戏的主意。他来到慈禧面前，说道："眼下国泰民安，海内平静，太后也该歇息几日，享享清福。奴才刚才听人说，京城中有个戏班子，唱念做打都很不错，不妨召进宫来，也好让太后舒舒心，乐一乐。"慈禧正愁无事可做，偏这小子会想法儿。于是笑着说："就依你的主意，将他们召进宫来，好好操练几日，再在宫内搭个戏台，闲暇之时，我也瞧上一瞧。"安德海连连称"是"，慈禧看戏看得高兴，常常赏赐一大笔银钱，安德海当然不在话下。

安德海为慈禧垂帘听政冒死送密报，立下汗马功劳。慈禧想了解慈安、同治皇帝等人在宫中的活动，安德海就利用自己在内廷的耳目，为慈禧刺探情报，提供消息。很快，安德海就成为慈禧的心腹，被破格提升为总管太监。

得势以后的安德海，依仗着慈禧太后的撑腰，更加目中无人，气焰嚣张，甚至连慈安太后与同治皇帝也不放在眼里。他以同治皇帝是个小孩子为名，时常出难题进行刁难。据说，同治对他恨之入骨，经常用小刀子砍掉小泥人的头，并喊着："杀小安子！"

对于外廷大臣，安德海也滥用权力。一次，恭亲王奕䜣要面见慈禧。这时，慈禧正在与安德海说话，于是便找借口，拒绝接见。奕䜣气愤之极，大骂安德海："不杀安德海，不足以对祖宗，振朝纲。"

朝中大臣对安德海的行径非常不满，不断有人上书弹劾参奏，以内监擅权、违反祖宗家法等罪名，要求予以严厉惩处安德海，但是都被慈禧一一祖护过去。以致宫内宫外，无人再敢惹他。

同治八年，皇上刚刚过完 14 周岁的生日。按照清朝制度，皇子 16 岁即要办理婚姻大事，况且是筹办皇帝大婚，更要早早准备。于是，两宫太后颁下圣谕，派恭亲王等会同内务府、礼部、工部，预备大婚典礼。历来清宫皇帝所用衣物，都是由江南织造贡奉。同治大婚，所用织物数目巨大，需要派钦差大臣督造。不知天高地厚的安德海，忘记自己是个太监出身，向慈禧进言，让他去督办。慈禧有些犹豫，大清祖制，不准内监出京。但经不住安德海一再请求，于是说道："你要去便去，只是这事还得秘密进行。"安德海听后，满心欢喜，连连叩头谢恩。

安德海自恃是慈禧太后的宠监，在紫禁城内，除慈禧太后之外，即是他安德海说了算。依仗慈禧的权势，安德海在宫内欺上压下，无所不为。今日竟然猖狂到连祖宗家法都不放在眼里。只想出京走走，趁此机会显示一下他的特殊地位，以满足其炫耀之心态。这安德海还没有启程，却早已把风声传遍整个紫禁城。二百余年来，太监还未有能走出京门之人，他算头一号，况且奉旨督办龙衣，这是何等光宗耀祖的事情，宫内有多少太监对他羡慕不已，但在同时，也有更多的人知道，安德海即将大祸临头！

当时同治皇帝表面上对安德海去南方采办龙衣一事表示同意，但在背地里，马上告诉了慈安太后，并说："安德海出都门一步，即斩之。"慈安畏惧慈禧的势力，劝同治不要在近京地方动手，同治向慈安推荐了山东巡抚丁宝桢。丁宝桢曾镇压捻军有功，此人对同治也十分忠心。

安德海整理行装，于同治八年六月出京，浩浩荡荡的一个大车队穿城而过，直奔通州而去。在通州换乘太平船两艘，外加小船数只，声势浩大。安德海身穿四品文官补服，站立船中，美女俊男，前呼后拥，俨然钦差大臣一般。

进入直隶境内，地方官趋炎附势，听说是钦差过境，自然前去奉承。见是赫赫有名的总管太监安德海，更是唯唯诺诺，唯命是从。安德海趁机大肆搜刮，要多少银两地方官都得如数奉上。安德海好不得意，威风凛凛，由直隶南下山东。一路上游山玩水，随心所欲，勒索金银财宝数不胜数。

然而，山东巡抚丁宝桢为官清廉正直，不喜欢趋奉权势。一日，丁宝桢正在府中观阅公文，忽然接到德州知府赵新汝的来函，说是钦差安德海奉命南下，督办龙衣，所过之处，责令地方供奉。丁宝桢颇为惊讶，心想太监怎能出都门，莫非忘了祖训，还是另有缘由？当即亲拟奏稿，派属下飞驰至京，托恭亲王代为承上。

奕䜣一见丁宝桢的奏章，心中暗自高兴。原来，安德海仗着是慈禧的御前宠臣，竟不把恭亲王放在眼里，且常常干涉政务，他三番五次在慈禧面前，鼓动重修圆明园。适值内患刚平，外患未解，国库空虚，哪有财力重修新建。因此，军机处接连回奏太后，不宜大兴土木，惹得慈禧很是不满，对恭亲王的成见也愈来愈深。此后，安德海还在恭亲王与慈禧太后之间挑拨离间，加深叔嫂间的矛盾。

奕䜣带着丁宝桢的奏折面见慈安太后，两人商定重办小安子。起初，慈安害怕慈禧不允，奕䜣说道："安德海违反祖制，擅出都门，罪不可恕。"并力陈安德海的罪状，劝慈安机会难得，不要再犹豫。慈安一狠心，提笔下了谕旨，命山东巡抚丁宝桢，以安德海违反祖制的罪名，就地正法，不必解回京师审讯。谕旨盖上了皇帝的玉玺，由驿站的快马，连夜急发山东巡抚衙门。丁宝桢接到谕旨，刻不容缓，立即在济南诛杀安德海，并将其尸体裸露省城，示众三日。

慈禧得知安德海被杀的消息时，木已成舟，无可奈何。但对慈安从背后捅的这一刀，忌恨到了极点。她决不会放过对她的权势造成威胁的人，从肃顺、载垣等开始就是如此，所以才有后来慈安被慈禧毒死的传言。

安德海的死的确是死有余辜，但这何尝不是宫廷政治斗争的又一个牺牲品呢？

## 李莲英为何获得慈禧的宠信

李莲英自光绪初年被提升为总管太监到光绪三十四年（1908年）卸任出宫这三十多年的时间里，在清宫历史上乃至近代中国历史上扮演着一个极其微妙而不容忽视的角色。清朝皇宫里大大小小的太监数不胜数，为什么偏偏李莲英李莲英原名李英泰,祖籍是直隶河间府大城县人。道光二十八年出生,兄弟五人,李英泰排行老二。其父李玉以修鞋为业,家境贫困。咸丰初年,全家跟随抬皇杠的进了京城,定居在海淀大有村,仍以修鞋度日。由于熟皮革最重要的工序是用硝来揉,李莲英后来便得名"皮硝李"。咸丰四年,由于生活所迫,李玉把年仅7岁的李莲英送到专门净身的地方净了身。两年后,李玉托熟人将李英泰引荐入宫,赐名莲英。

由于李莲英相貌俊俏,心灵嘴甜,就被留在了当时还是懿贵妃的慈禧身边,在储秀宫做了一名小太监。懿贵妃十分喜爱梳妆打扮,讲究衣着和金银首饰,还很注重发型。当时,宫里从太后到宫女

李莲英

都是千篇一律、几十年不变的老式发型,这早已使她感到厌烦。当时京城里正流行一种新的发式,既新颖美观,又高雅脱俗,懿贵妃得知后,跃跃欲试。她让老太监给她梳了好几次都不满意,因此心中很是不高兴,也就不再提此事了。

一天,太监们在临时休息的房间内闲聊,偶然提起这件事。说者无心,听者有意。颇有心计的小太监李莲英心想,如果自己能够梳出这种新发式,也就可以长期留在懿贵妃身边,那今后的前途也就有希望了。于是,每当有外派出宫采买的机会,他都积极前往,借机混入娱乐场所,仔细观察年轻妇女的时髦发式,多方请教梳头的技巧。功夫不负有心人,经过一段时间的模仿、苦练,他终于熟练地掌握了几种新的发式的梳理方法。

于是,李莲英主动找到当时储秀宫的总管太监刘印成,毛遂自荐给懿贵妃梳头。踌躇满志的李莲英忐忑不安地跪倒在懿贵妃的身后,从前面的大镜子里,仔细端详了一番贵妃的脸型,凭着前一阵子摸索出的经验,大胆地做起了一种新的发式。懿贵妃从镜子里看着身后这个年轻太监认真的模样,不由得产生了好感。很快,李莲英梳好了头,插戴好金银首饰,又别上一支鲜艳夺目的牡丹

花。懿贵妃坐在镜前，左右端详了半天，欣赏着新的发式，甚为满意。

李莲英不仅在梳头上下功夫，还在其他方面千方百计讨懿贵妃欢心。每天早晚两次，在梳头之后和卸妆之前的按摩，也使懿贵妃深感适意。因此，李莲英在懿贵妃的心目中渐渐成了一个贴心的太监。当时，懿贵妃为了笼络还是咸丰御前太监的安德海，就让李莲英跟安德海学艺。这期间，李莲英的地位逐渐上升，同治四年，已被晋升为首领太监，并赐六品顶戴花翎，地位仅在安德海之下，成为慈禧跟前的宠臣。

有一天，李莲英奉慈禧太后之命，前往弘德殿察看同治皇帝用功的情况。刚走到殿外，只听见两个小太监窃窃私语，走近一听，猛然听见安德海在外犯事被捕，吓得李莲英急忙跑回长春宫，报告慈禧。慈禧心中不免疑惑起来，命李莲英快去探明究竟。李莲英心想这事必定是要经过恭亲王，于是，径直前往恭王府探问。奕䜣见李莲英奉命而来，知道无法隐瞒，只好以实相告。李莲英得知事情原委，就对恭亲王说："慈禧太后的性情，王爷也是晓得的，倘若太后得知全部过程，恐怕王爷的日子就不好过了。"奕䜣勉强应道："遵照祖制，理应这样办。""太后若是不依，您老人家又当如何？"恭亲王哑口无言，李莲英告辞转身要走。奕䜣急忙拦住："李安达慢走，本王一时没有主张，还请安达帮忙出个两全其美之计，也好渡过这一难关。"李莲英见此情景，微笑着说："大公主在内，很得太后的欢心，可以从中周旋。奴才见机行事，也可替王爷解围。或可就此大事化小，小事化无。"恭亲王这才安下心来。

对于安德海的事，李莲英如此热衷，其中秘密不言而喻。他可以周旋于慈禧、慈安两位太后，皇上与恭亲王之间，见机行事，左右逢源，讨得各方面的欢心。同时安德海死了，也意味着李莲英有出头之日。为安德海的事四处奔波，也落得个有仁有义的名声。不过，安德海被杀对他来说，也敲响了一个警钟，前车之鉴不可忘怀。聪明绝顶的李莲英学会了在这最高权力阶层中，如何保护自己，免受危害的生存之道。

李莲英回到长春宫，劝说慈禧，这都怪安德海太招摇。恰巧大公主前来拜见，替她父亲奕䜣求情，慈禧这才息怒，说这次饶过恭亲王。大公主走后，李莲英顺势说："太后恩德无量，已经施恩饶过恭亲王，难道还要去与东太后争个高低？况且安总管已不在人世了，就是与东宫吵翻，也是于事无补。不如从长计议，更显太后心胸宽大，若能这样，那东太后必会感恩不尽。"

慈禧太后见李莲英聪明伶俐，语语中意，比安德海更有心计，于是起了李代

国学经典文库

中国古代秘史

·清朝秘史·

图文珍藏版

桃僵的意思。慈禧颁下懿旨,一一陈列安德海的罪状,并谕令各级官员整饬朝纲,博得满朝文武和天下百姓的一片喝彩。慈安太后、同治皇帝与恭亲王等人提心吊胆、苦心筹措的好事,就这样被慈禧的高姿态顺手牵羊地拿去了。在这个意义上,她把对手打得一败涂地,更加巩固了她的统治地位。

晚清权监之祸不但没有就此根除,反而愈演愈烈。在慈禧太后的支持下,李莲英很快就接替了安德海的位置,被晋升为总管太监,官至四品。在紫禁城中稳坐了近40年,占据了晚清权监史上的重要地位。

## 李莲英是真太监还是假太监

作为清末宫廷的首席太监,李莲英也和他的"主子"慈禧太后一样,有着太多的故事和太多的谜。不过,人们提起他最容易想到的是:他究竟是不是真正的太监?

之所以会有这样的猜测,是因为他与守寡的西太后慈禧之间的主奴关系非同一般。他不但多年担任清宫的总管太监,还被特赐二品顶戴,超过清朝祖制太监最高品级四品的规定,而且还经常得到慈禧太后的一些特殊的恩典。

李莲英机敏聪明,干事麻利,善于察言观色,侍候西太后体贴入微。得幸后更是小心谨慎,不恃宠而骄,胆大妄为。西太后日益宠爱李莲英,几年间宠眷不衰,形影不离。据说,西太后和李莲英一同并坐看戏,凡是李莲英喜欢吃的东西,西太后多在膳食中替他留下来。李莲英40岁寿辰,西太后赏了他大量的珍品、蟒缎、福寿御字。由于西太后的宠爱,以至于军机大臣和封疆大吏也竞相进献寿礼,巴结这位小李子。李莲英的这种待遇绝不是一般太监所能享受的,即使是皇亲国戚、王公大臣,也不容易享受得到。因此人们怀疑李莲英是不是真太监,是有一定理由的。

在一些野史中记载,李莲英刚入宫时,是一位十六七岁、相貌秀媚可人的美少年,可与武则天的男宠"荷花六郎"相比,因此人们就把光绪七年慈禧患产后之症归罪于李莲英。

另外,还有一段有趣的记载。当时著名学者王先谦督学江苏,很多人传说是他贿赂李莲英得来的。王先谦怕传闻弄假成真,有碍自己的清名,就上书弹劾李莲英,奏折中言及李莲英并非太监。慈禧看后大怒,"解李衣而众示之",然后罢了王先谦的官。类似的故事听起来很有意思,但不见得符合真实情况。

慈禧太后是何等尊贵,怎么会做出"解李衣以示众"这样荒诞不经的事情来呢?

李莲英虽为太监,后经慈禧允许,娶下了京城名妓马芙蓉为他的"大福晋",过继嗣子四人。于是有人怀疑,李莲英是否是真的太监。其实,宦官娶妻古来就有,在东汉时已很时髦。到了唐代,宦官娶妻养子之风更加盛行,只要财力允许,连一些中下层宦官也要讨个老婆。像这种畸形婚姻关系历朝历代都不鲜见。作为李莲英这样的总管太监,不仅有钱有势,而且积蓄丰富,他们虽然丧失了男根,但仍然羡慕正常男人的生活,希望获得有家有室的乐趣,以此弥补强烈的自卑心理。

那么,李莲英到底是不是真太监呢?追根溯源,还得从清代的太监制度说起。许多资料都表明,和前朝各代相比,清代对于内监"纯度"的控制是最严格的。太监在进宫之前要到专门的地方去阉割,伤好之后,还要经过严格的检验才能入宫。除了这最初的"防线"以外,太监每年还有严格的检查制度:"清代的内务府就一年春秋两季检查太监,二次净身,三次净身的都有。通过贿赂漏检的,当官要掉脑袋。太监的家都是穷到底的,有钱的人谁也舍不得割去命根子,净身后托人巴结一份差使,净身不干净,谁敢给引见啊!

与防范太监相对应,清宫里对年轻妃后也有严格的防范制度,这就是值夜。按照清制,在后、妃寝宫里值夜的,只有宫女,没有太监。以慈禧太后的储秀宫为例,只要过了晚上八点,也就是"宫门下钥"的时间,没有差使的太监就必须离开储秀宫,值夜的太监也只能在室外巡逻。"上夜"的宫女至少有五个,各司其职:门口有两个,负责门户,只要寝宫的门一掩,不管职位多么高的太监,不经过老太后的许可,若擅自闯宫,非剐了不可,这是老祖宗留下的家法。在室内值夜的人也各有职分:更衣室门口一人,静室门口外一个,最重要的是卧室里的一个人,成为"侍寝",要记住老太后睡觉和醒来的时间,起夜、喝水的次数等等。这样一种安排,当然主要是为了侍候后、妃,其次,也有限制年轻的后、妃的意思。

通过以上这些宫中规矩,我们可以看出,其实宫中之事并非人们想象的那样简单。应该说,中国的太监制度由来已久,为了保证皇帝在宫禁中的"绝对特权",这项畸形制度到清末已经发展完善到了顶点,发生"宫闱秘事"的可能性,也自然早已被降到了最低点。所以不管是安德海还是李莲英,他们与慈禧太后的"秽乱宫闱"的故事,都只不过是好事者茶余饭后闲聊的话题。

据说李莲英在死前嘱咐家人为他装个木制生殖器,以便带着完整的躯体去见列祖列宗。但不知为什么,李莲英的墓中只有一个头骨,这也是不解之谜。面对慈禧太后这位中国近半个世纪里实际上的最高统治者,并且又是一个喜怒哀乐变化无常的女人,李莲英以一个卑下奴才的身份,能够在这样一位主子面前几十年如一日荣宠不衰,实在是一个奇迹。

## 李莲英怎样与珍妃结怨

李莲英是有清以来权势最大的太监之一,被赐以二品花翎顶戴,蟒袍补服全袭,始终受慈禧太后的宠信。他善于甜言蜜语,投其所好,逢迎巴结,哄得慈禧太后舒舒服服的,使得一向刁钻的慈禧太后对他是温和慈善,恩宠有加。李莲英得到慈禧太后的眷顾与厚爱,不但横行宫中,而且还打起了光绪皇帝与珍妃的歪主意,异想天开,做起了成为皇亲国舅的美梦来。

原来,李莲英有个妹妹,名叫李莲芜,年方二八,美貌超群。李莲英做太监后,李家逐渐富裕起来。李莲芜在家还读了几年书,略通文墨。李莲英见自己的妹妹长得楚楚动人,并且还有些才艺,便打起了如意算盘,既为妹妹找个终生享受不尽的好去处,又为自己寻条好退路。

于是,有一天李莲英趁慈禧太后高兴,便把盘算已久的事向慈禧太后奏请:"启禀老佛爷,奴才家有个胞妹,人品尚可,还未择配,想叩觐太后天颜,侍奉皇太后,若蒙天恩俯允,奴才合家老小,均感洪恩之大。"慈禧太后对李莲英向来是有求必应,于是当下传旨,准许李莲英的妹妹进宫。光绪十七年(1891年),妹妹李莲芜进了宫。李莲芜既漂亮妩媚,又善解人意,与她哥哥一样四面讨好,颇得慈禧太后的欢心。慈禧太后便令其常侍左右,还传谕宫中人等,一律称其为李大姑娘。这是有清以来对汉人前所未有的殊遇。

李莲英把光绪皇帝和隆裕皇后之间的不和早就看在眼里。虽然光绪皇帝极宠爱珍妃,但他觉得自己的妹妹比珍妃漂亮多了,只要有机会,还怕迷不倒皇帝?这位李大姑娘在太后身边遇到光绪皇帝时,总是笑容满面,秋波频递。后来,李莲英又趁隆裕皇后向慈禧太后状告光绪皇帝与珍妃之机,替慈禧太后出了一个让妹妹到光绪皇帝宫中去的主意,名义上是让李大姑娘替慈禧太后监视光绪皇帝与珍妃的行动,实际上则是为妹妹接近光绪皇帝创造条件。

虽然李莲芜有几分姿色,却不能打动光绪皇帝的心。李大姑娘见光绪皇帝深深地爱恋着珍妃,对她几乎是视而不见,便改变策略,开始借机在光绪皇帝面

国学经典文库

中国古代秘史

·清朝秘史·

图文珍藏版

前主动进攻,卖弄风情,全然不顾自己奴才之妹的身份。不料,光绪皇帝根本不予理会,他将所有的情爱都倾注到珍妃的身上,爱得是那样深、那样真,连隆裕皇后和瑾妃都早已被他忘到九霄云外去了,就不用提身边其他的女人了。

李莲英见光绪皇帝对妹妹始终是一种不理不睬的冷淡态度,只好叩请慈禧太后玉成美事。慈禧太后因为喜欢李大姑娘乖巧,便向光绪皇帝试探地提及此事,光绪皇帝当场就断然拒绝。他找了个很得体的理由:"皇爸爸应该还记得祖宗家法吧!汉人不许进宫,更何况是阉人之妹,纯属不成体统,儿子不敢违背祖制。"慈禧太后见光绪皇帝搬出祖宗家法,她也无法反驳。

后来,李莲英在京城不断置产建宅,大肆挥霍。这年,他又在北京新建一所外宅。前门外灯市大街一带有一家木器铺为李家新宅提供了一套古朴典雅、雕工精细的家具,李莲英十分满意。他命人拿出一笔钱给木器铺掌柜,谁知这个木器铺掌柜硬是一文不收,甘愿孝敬。李莲英见他执意不要钱,还对自己表示敬奉之意,心里美滋滋的。于是李莲英就大包大揽起来:"那好,你既然不肯要钱,我也就不再勉强了,这样吧,我为你向朝廷请奏一个官职吧!"那木器铺掌柜一听,连连谢绝:"小的自幼学徒,斗大的字识不了几个,蒙总管老爷抬举,这套家具孝敬您老是应该的。至于官职,小的实在不敢当。"李莲英一听,哈哈大笑,满不在乎地说:"识字不识字,有什么关系,这官我让你当,你就当得成。"不容分说,事情就这样定下来了。

时隔不久,江南某地知县出缺,李莲英知道以后,想起对木器铺掌柜的许愿,就奏请慈禧太后把这个职位准给木器铺掌柜。慈禧太后也答应了。李莲英以为大功告成,就差人给木器铺掌柜报喜去。不料,半路杀出个程咬金。原来,光绪皇帝已经准珍妃之请,把这个职位委派给珍妃的老师文廷式的亲戚。现在是两人争一个缺,该如何是好?光绪皇帝一时没了主意,他请翁同龢帮忙,看应该怎样处理此事。翁同龢说:"既然如此,皇帝不如降旨,举行殿试。想必这个木器铺掌柜的只会拉锯动斧,不是有学问之人,肯定会露馅,等殿试之后,再面奏太后定夺,李莲英也就无话可说了。"于是,光绪皇帝传旨让木器铺掌柜的进宫殿试。木器铺掌柜一见宫中来人请他进宫,喜出望外,以为是李莲英将一切都办妥,对着圣旨磕头谢恩。

木器铺掌柜一连小跑进了宫,传旨太监把他带到毓庆宫,等待他的主考官正是光绪皇帝十分器重的文廷式。文廷式让太监给木器铺掌柜放好纸张笔墨后,很严肃地让他即景赋诗一首。这木器铺掌柜根本提不起笔来,他心虚气短,满脸冒汗,也不知道怎么从皇宫跑出来的。当李莲英得知殿试时木器铺掌柜出尽洋相,十分恼火,自然少不了在慈禧太后面前诉说光绪皇帝和珍妃的种种不是。

慈禧太后对珍妃参与职官的任命自然也大为不快。因为这种大事,只有她才有权过问、决定,决不容许他人涉足。特别是最近一个时期以来,她还发现了一种可怕的苗头,那就是光绪皇帝与珍妃已不仅仅是感情上的情投意合,而且在志向、思想、主张等许多方面越来越接近,有了不少共鸣。于是,此后慈禧太后处处压制珍妃,并最终将她害死。这一切都源于在诸多小事中,珍妃无意中得罪了李莲英,最终导致引火上身。

## 李莲英为何不得善终

宣统三年二月初四,已经出宫的李莲英因病去世,时年六十四岁。1966年,在北京海淀恩济庄,人们发现了李莲英的坟墓,墓里陪葬品样样都是稀世珍宝。奇怪的是,在他豪华富丽的棺木里,只有一颗腐烂干净的骷髅头!头部以下的被子里空空荡荡,连一节骨头也没有!这是为什么呢?

李莲英生于1848年,直隶河间府人。7岁净身,9岁入宫,当了小太监。12岁那年,一个偶然的机会,使他得到慈禧的赏识,从此平步青云。安德海死后,李莲英凭着自己的聪明才智,周旋于慈禧、慈安、同治皇帝与恭亲王之间,圆满完成了任务,对日后慈禧操纵朝政,驾驭天下立下了大功。很快,慈禧封他为总管太监,官授二品,外赐黄马褂一件。

据说李莲英为人圆滑,左右逢源,面慈心狠,工于心计。一次,慈禧派他随醇亲王去检阅李鸿章办的北洋水师,实际是作为暗探摸清水师兴建的费用到底是多少。原来在京城时,醇亲王都是要求助于李莲英的,而这次随行的李莲英却一反常态,对醇亲王恭敬极了。按照清朝祖制,太监的最高品级只能是四品,因此,李莲英特意将二品顶戴换成了四品顶戴,穿上布衣、布鞋。在海船上,给他预备的仅次于醇亲王的豪华专舱不住,坚持住在醇亲王的套间里,为他递烟递茶洗脚,把醇亲王侍奉得舒舒服服。李莲英还假装谦逊,逢人便点头哈腰,口口声声说此次就是侍候王爷的,其目的就是要使众人对他毫无戒备,他才能到处刺探实情。果然,他不负慈禧的厚望,不但了解了水师所需费用,还察知了李鸿章将水师余款存于国外的消息。他的假象,始终没被人识破。

李莲英过四十大寿的时候,慈禧太后特意赏赐了一桌饭菜,但他只请了老一辈的太监、同辈的好友和几个徒弟,而且除去贴身的几个徒弟外,也不接受外人的朝拜,悄悄过了一个生日。而且,平常日子太监们犯了错,李莲英总是恩威并施,暗中维护,所以太监们都服他,也愿意和他亲近。

李莲英凭借这些手段,深得慈禧太后的喜爱,他跟随慈禧太后四十余年,权势甚大,朝中的王公大臣,甚至是光绪皇帝都有求于他,有九千岁之称。光绪皇帝和慈禧太后相继死去,李莲英托辞年老体衰,请求出宫。隆裕太后念李莲英在皇上临终前曾多次帮助皇上,又是太后生前的宠臣,特恩准辞职回家养老。李莲英死后,隆裕太后亲赐祭坛,并赏银一千两治丧,葬于清代"御赐"恩济庄太监坟地。李莲英的墓建在一个虎皮石墙的院落里,墓前建有牌坊。他的棺材是紫红色金丝楠木做成的,四角各有一个乒乓球大小的宝珠,还有金烟碟及珍珠、翡翠、玛瑙,不计其数。其中最罕见的是一颗钻石帽正,比英国女王伊丽莎白的那颗还大。还有三件宝物:一柄汉朝的清玉土浸剑,一只汉朝的满黄浸玉镯,一件宋代的清玉褐浸环,堪称无价之宝。

据考证,他的墓里宝物俱在,墓壁完好,肯定没经过任何盗墓和发掘。他才死了55年,尸骨不可能腐烂到一点也不见的程度。结论只能是,他死以前,就已经"身首异处"了。

他死后尸体分家,肯定是被人所杀。那么是谁杀了他呢?

有人猜测,他可能是因为讨债,被人暗杀于河北、山东交界之处的。据说李莲英的私产有500余万两白银,眼红他财产的人早就要下手。再加上李莲英生前对人勒索甚多,伤害了许多人。当初,因为慈禧健在,"大树底下好乘凉",等到慈禧一死,他没了靠山,有人对他暗下毒手,也是有可能的。

还有人说,他的确是病死的。他的后人曾说他是善终;是因得了痢疾,医治无效病故的。由得病到病终,前后一共四天时间。他一生虽然享尽了荣华富贵,但始终因为自己是个太监,为"半残之身"而羞耻,认为死后没脸去见自己的列祖列宗,于是留下遗嘱,死后只留头颅,将身体舍弃掉了,这个猜测还是有一定道理的,但是,这方面的依据却一点也没有。

还有人说,他是被暗杀的。因为当时正值辛亥革命爆发前夕,暗杀成风。李莲英是慈禧的鹰犬,与慈禧狼狈为奸,卖国求荣,干尽了坏事,为了打击封建势力和旧王朝,革命党人杀害了他。但是这种说法更是毫无根据,杀一个年迈的已经出宫的老人对革命起不到任何重要的作用,也丝毫不会对当时的政治形势有任何的帮助！

这位在慈禧左右呼风唤雨的人，为什么不得好死呢？至于李莲英是否真的被人杀死，至今仍是一个谜。

## 小德张是怎样成为慈禧身边红人的

大清王朝前后共200余年，到了19世纪末20世纪初已是日薄西山，当年金戈铁马、摧枯拉朽之势早已荡然无存。大清的气数已尽，乱哄哄的晚清政治舞台上，演出一幕幕宦官为害的闹剧，你方唱罢，我登台。安德海、李莲英已经把晚清的宦官专政推到了登峰造极的地步，小德张的出场，把这场闹剧搅得更是乌烟瘴气，也为清代的权监弄权乃至整个清朝统治敲响了丧钟。

小德张

小德张原名张春喜，是河北静海河间府人。他自幼失去父亲，家境清苦，与老母、胞兄三人相依为命。12岁那年正月，张春喜与胞兄奉母命到姑妈家去拜年。跨进姑妈家的院门，见院当中停着一辆漂亮的马车，张春喜油然升起羡慕之情，不禁说："若是咱家也有这样的马车那该多好啊！"站立在一旁的表哥冷冷一笑，带着讥讽的口气说："像你家那穷样，连饭都吃不饱，一辈子也别想有这样的马车。"张春喜听了羞得满脸通红，一气之下拉了哥哥的手转身跑回家去。他哭着对母亲说："咱家何时才能有个出头的日子呢？如何才能发财，争回这口气呢？"母亲想了想："好孩子，咱一无钱，二无地，如何能发得了财？倒是听老人们常说：想发财，当太监。果真能当了太监，就可有套马车，有房有地，而且每天都可以陪王伴驾呢！"

张春喜听了母亲的一番话，渐渐停止了哭泣。谁知这无意中的一席话，却对张春喜触动很大，在他那幼小、单纯的心中留下了深深的印象。几天后的一个傍晚，母亲在柴房里发现了奄奄一息的张春喜，原来他已经将自己阉割了。

母亲见此情景，痛不欲生，扑倒在儿子身上，大声哭喊起来，后悔不该对孩子说起当太监的事。谁知小小的张春喜竟会有这样大的勇气和决心，邻居们都说这孩子很有出息，将来必定能出人头地。

两年后，经人引荐，张春喜被送到慎刑司学习宫中的规矩礼节。由于光绪帝的皇后隆裕小名中有"喜"字，为了避讳，张春喜改名张兰德。

进宫以后，张兰德先在宫内的戏班里学戏。由于他外表清秀漂亮，聪明机灵，又吃苦耐劳，很快就替下了原来戏班的大主角——小生，在慈禧太后五十大寿日的演出中，大出风头，博得慈禧的赏识，被调到慈禧身边，在储秀宫当差。

初到储秀宫，张兰德只是个不起眼的小太监，负责管理太后的一些文房用品。慈禧本人极好风雅，常常与皇后公主们赋诗对词，偶尔来了雅兴，也信手描上几笔丹青。张兰德深知，要想有朝一日能像李莲英那样身居要职、有权有势，必须得到慈禧的宠信。由于他很有心机，善于察言观色，无论慈禧走到哪里，都随身携带慈禧喜欢用的几件用具，做到随叫随到，随来随用。因此，慈禧很满意。

一天，宫女簇拥着慈禧太后赏花，慈禧心情愉快，雅兴又起，令张兰德笔墨侍候，挥毫泼墨，众人自然大加赞赏，慈禧也颇为得意，随口问起张兰德的家世、姓名。张兰德如实禀告，慈禧听了道："这张兰德叫起来总觉得不太顺口，李莲英叫小李子，你以后就叫小德张吧！"张兰德急忙叩头谢恩。

从此以后，小德张的名字在紫禁城内慢慢传开，并越叫越响，无人不知，无人不晓。小德张还真是吉星高照，逐渐得到慈禧的重用。后来又兼管慈禧的衣服、头饰等贴身物品，官位荣至尚衣总管。慈禧太后年轻时就喜欢装饰打扮，对衣着、服饰很讲究，她的衣服数量超过宫中任何一位后妃、格格。管理服饰是一件极其重要的职责，只有她宠信的人才能得到这份荣耀。

清明前后，万物复苏，一夜春风，吹开柳芽春花。慈禧携同众官眷乘兴前往颐和园游春，清晨起驾时，天空晴朗，万里无云，众人前呼后拥，兴致勃勃。这天正好是小德张值班伺候，也随驾同行。慈禧兴致很高，登万寿山，游昆明湖，谈笑风生，偶尔还吟出几句诗来助兴。忽然间刮起了大风，夹带着阵阵寒意。早上游春，众人都换上了色彩鲜艳的春装，抵不住这袭人的春风，慈禧不由得打了个冷战，裹紧了衣衫。这时小德张赶紧走到慈禧身后，为她披上一件斗篷。慈禧见他如此细心，知道未雨绸缪，很是欢喜，自然少不了夸奖一番。

从那以后，小德张格外留意太后的生活习惯，每次外出，总是大包小包地带

图文珍藏版

上一大堆东西,随时备慈禧急用。渐渐地,慈禧觉得身边的这个小太监很有当年小李子的机灵劲,也就更看重他了。

一天清晨,慈禧起床后,觉得浑身酸痛,懒洋洋地倚靠在床边,没有食欲。小德张见慈禧一天都没用膳,眼珠子一转,一个讨好慈禧的主意萌生了。傍晚传膳时间已到,仍然没有用膳的意思。小德张壮着胆子上前跪奏:"奴才看老佛爷这几日不思进膳,大概是吃腻了这几种吃法,奴才斗胆准备了两样小菜,想请老佛爷换换口味,不知老佛爷意下如何?"慈禧听了来了兴趣,知道若是没有十足的把握,这奴才也不敢提出,便对小德张说:"那就传上来吧,让我也尝尝你的手艺。"小德张应声退下,不一会儿功夫,带着两个太监手捧食盒进来,摆上几样菜,只见红黄绿白,阵阵香味扑鼻,样子也很诱人。慈禧慢慢夹起一点,放在嘴里细嚼慢咽,终于露出一丝笑容。小德张终于松了一口气,还没等他反应过来,慈禧又对他说:"从今天起你就到寿膳房去吧,赏你五品顶戴,管理寿膳房的差事。"小德张赶紧叩头谢恩。

自从到了寿膳房,小德张须臾不敢掉以轻心,每日里挖空心思为慈禧调配膳食,慈禧对他也很满意。渐渐的,小德张成了慈禧形影不离的重要人物,地位自然也就越来越高。慈禧移住颐和园后,小德张也随驾前往,专管太后一日三餐。每逢后妃来颐和园,慈禧总是让她们来品尝小德张的手艺。小德张在众妃嫔的眼里,也留下了聪明能干的印象。

几年的宫内生活,小德张已由一个不懂世事的乡村小子变成为一个深谙仕途的投机者。他清楚地知道,在慈禧身边伺奉,吉凶难测,必须处处小心、随机应变,一件事、一句话,都可能引来杀身之祸,也有可能让他一步登天。于是,小德张小心谨慎,时刻提醒着自己,处处讨慈禧的欢心。慈禧宫中二总管太监崔玉贵死后,小德张成了仅次于李莲英的第二号人物,权势也愈来愈大,成为晚清权监的集大成者。

## 小德张如何促成清帝退位

宣统三年秋天,全国24个省有14个省宣布独立自治,脱离清王朝统治。外国列强见有机可乘,开始干预中国内政。各国驻京外交使团一致要求清政府重新起用两年前被罢退的袁世凯,以支撑岌岌可危的清朝统治。迫于内外压力,清政府任命袁世凯为湖广总督,统率南下的北洋新军镇压革命。袁世凯对此任命并不满意,迟迟不见动静,清政府无奈只好任命他为内阁总理,至此清政府的军政大权皆落在袁世凯一人手中。

袁世凯举兵南下攻克汉口之后,返回北京重新组阁,摄政王载沣已形同虚设,只好辞去监国重任,不再参与朝政。这时,中华民国临时政府在南京正式成立,孙中山为临时大总统。迫于内部封建旧官僚和外部帝国主义的直接干涉,孙中山领导的民国政府,同意南北议和,在清帝退位、袁世凯赞同共和的前提下,把政权交给袁世凯。袁世凯当即表示赞同共和,他开始积极策动各方势力胁迫清帝退位。

袁世凯又找到了曾救过他命的太监小德张,亲赴小德张府上,寒暄之后,先谢过当年的救命之恩,开始转入正题。袁世凯说:"张公公自然明白,当前革命党人已在南京建立了中华民国临时政府,若有朝一日成了气候,统一全国,爱新觉罗氏的江山也就不复存在了,那时公公的前途可就更加渺茫了。若是太后肯让皇上退位,我袁世凯还能保证清室贵族享有优厚待遇,公公的利益更是不在话下,自可安居乐业,颐养天年。这是袁某为公公着想,不知公公意下如何?"

这正在小德张预料之中,只是没想到来得这么快。听了袁世凯的这番话,小德张暗自思忖着,大清气数已尽,眼下革命党人士气正旺,大有灭清之势,何不趁早留一条后路,另投新主,以防将来有不测。于是小德张说道:"袁大人的为人,我早已知道,皇上逊位之事不是我们做奴才的所能干预的,但是我会尽全力规劝太后识时务,以促此事早日办成。"袁世凯听了大喜,满脸堆笑,献上纹银三百万两,以示酬谢。

南京民国政府的成立,使京城上下一片哗然。北京外国公使联合上书清政府派人议和,南方议和的条件之一就是清帝逊位。此项条件传至紫禁城,大小群臣都大惊失色,宫内宫外一片混乱。隆裕太后急忙召开御前会议,商议对策,皇族与众大臣个个垂头丧气,盘算着自己的退路。隆裕太后早已六神无主,痛哭流涕,满朝文武也哭成一片。

回到坤宁宫,隆裕太后仍然哭个不停,小德张见时机成熟,上前跪奏:"太后不必难过,事态已经到了这种地步,实非太后之过,乃大清气数已尽,众位王爷纷纷离去,看眼下形势怕是对付不过去了,太后就是再支撑也是枉然,不如考虑提出合适的条件,坚持皇室特权,今后太后和皇上的生活也好有个保障。"隆裕太后怀抱宣统皇帝说:"他们都已离去,我们母子二人又能依靠何人呢?""总理大臣袁世凯,当年慈禧太后在位时,受我大清恩惠,又蒙太后施恩,免其死罪,今日又得重用,他自然会知恩图报,况且他深得洋人的信任,与南方革命党人也有过交往,肯定会将此事安排妥当。不如召他一议,也许会有个结果。"

事到如今,隆裕太后也没有别的办法,只好宣召袁世凯进殿。袁世凯早已等在宫门外,听到召见,立刻随小德张来到御前。隆裕太后尚未开口,已是泪流满面,对袁世凯说:"众家亲王走的走,逃的逃,大清江山气数已尽,逊位之事势在必行。袁爱卿亦是朝中元老,唯有你可出面商议此事,你且下去拟道旨来,待我阅后再定。"

袁世凯领旨退下,很快就草拟了三道谕旨,呈于隆裕太后审阅,太后逐项看过,示意取过玉玺,小德张急忙转身取来递给太后。隆裕双手颤抖,满脸是泪,盖过之后,已是浑身瘫软。

第二天,正式颁布三道谕旨,一道宣布清帝逊位;二道提出优待清室的条件;三道安定民心,稳定时局。落款为宣统三年十二月二十五日,即中华民国元年二月十二日,大清王朝宣告结束。

清帝逊位后,隆裕寂居在紫禁城内,郁郁寡欢。至次年冬季,隆裕积愤成疾,病重之时,小德张日夜在隆裕身边侍奉。隆裕太后一死,宣统小皇帝归瑜太妃养育,在紫禁城内,大总管小德张也没了靠山。想到他平日里在宫内积怨甚多,只有迅速出宫方为上策。因此,安葬隆裕回来,瑜太妃传唤小德张,小德张不敢前往,借故推辞,草革收拾好存在宫内的东西仓皇出宫,名噪一时的大总管太监小德张,从此结束了他做太监的生涯。

小德张出宫后,搬到自己置办的在北京永康胡同的住宅,这是一座模仿故宫御花园养性斋的样式建造的。此外,他在天津英租界置办楼房12幢,小德张晚年离开北京到了天津,就是住在其中最大的一座花园楼院内。他还利用在宫内收取的贿赂,置办了大量的产业,如在静海河间老家置地10余顷,在北京郊区南苑置地20顷,另外,还开设了两个当铺,与他人合开了绸缎店,出宫后的生活就是依靠这些产业的受益。小德张晚年在天津英租界私宅内居住,如同在紫禁城内,平时极少外出,也从不喜欢与宾友交往。在此之后,他很少参与政事,几乎与世隔绝,慢慢地也就被世人所淡忘了。

## 林则徐是被毒死的吗

在帝国主义列强侵入我国时,林则徐是第一个奋起组织抵抗、坚持严禁鸦片的清朝官员。他为官清廉、办事认真、思想先进,为反抗外国列强、挽救民族危亡,做出了不懈的努力。道光皇帝曾任命林则徐为钦差大臣,前往广州禁烟,于是有了历史上著名的虎门销烟。不幸的是林则徐很快遭到投降派的诬陷,被革职流放新疆。在新疆,他重视发展生产,关心民间疾苦,整顿河工、兴修水利、救灾放赈,为开发边远地区做出了巨大贡献。1845年起,林则徐又先后被清廷任命为陕甘总督、陕西巡抚、云贵总督,但是他的身体一天天衰弱,1849年7月因病辞去云贵总督之职回老家福州休养。

林则徐

1850年深秋,广西天地会起义的报奏像雪片似的递到清廷,新登基的咸丰皇帝就特命卧病在家的林则徐为钦差大臣,径自老家启程速赴广西,以平定内乱。林则徐接受这一使命后,竟不顾病体衰弱,日夜兼程奔赴广西。不幸的是,林则徐才走到广东普宁就突然逝去,且弥留之际又三呼"星斗南"。一代民族英雄的突然去世,其死因不能不引起人们的种种猜疑和传说,以至成为一个难解的疑团。

流传的最多的是林则徐是被投毒谋害而死。据说自从林则徐来到广州禁烟,就引起了当地洋行不法商人的嫉恨。后来他们听说林则徐复职钦差大臣赶赴广西,大为惊恐,害怕林则徐会卷土重来,再次威胁自己的利益,于是花重金买通了林则徐家的厨师,设法在食物中下毒。有人在书中曾明确指出,害死林则徐的是广东十三洋行总办伍绍容,因为他在林则徐禁查鸦片时曾被拘押在越华书院,故而怀恨在心。此次听说林则徐复职广西巡抚,害怕他又复职督管广东,于是派遣亲信携带巨款,贿赂林则徐的厨师。到了普宁,这个厨子在粥中放入了巴豆,巴豆有毒,能使人腹泻,结果虚弱的林则徐病泄不止,很快就委顿而死。别人劝林则徐的儿子追究此事,照清朝法律,凡是被毒死者须开棺验尸,家人不忍心这样做,只好作罢。当地的官员对此事虽也有耳闻,但不愿多事,也未予以追究。

但经专家考证,按照清代成规,钦差奉旨赴任,其食宿一律由沿途各州县负责安排,外来的厨子难有插手的机会。并且林则徐是匆匆上任,广州十三行就

图文珍藏版

是得到消息，也没时间贿赂厨子。林则徐去广西赴任，至少在短期内对广州十三行不会构成威胁，伍绍容没有必要冒杀头的危险去谋害林则徐。况且洋商伍绍容早于 1843 年 9 月死去，怎能在 1850 年施计谋害林则徐？

相传林则徐在弥留之际曾三呼"星斗南"，后经人考证，认为"星斗南"就是指广州十三洋行附近的洋商聚集之地"新豆栏"。因为按福建乡音，"星斗南"和"新豆栏"同音。这说明林则徐在临死之时已经察觉到自己被洋商所害，气衰力竭之时也只能简呼"新豆栏"，以表示对凶手的愤恨和提示亲人们注意。

有人认为，林则徐临终前三呼"星斗南"，不是"新豆栏"的同音字误，而是他对星相的极大忧虑。据说林则徐在赴任途中看见一颗亮星闪耀，认为是"乱民"兴旺的兆头。他呼"星斗南"是寄托"出师未捷身先死"的遗憾。

还有人说，林则徐临死前的那天晚上，弥留之际的林则徐看到夜空中一颗巨星坠于北辰星位，这种异常天象令他震惊不已。他知道中国居星斗之南，此方的俄罗斯将成为中国的最大威胁，因此挣扎着大呼，是在提醒国人要防范沙皇俄国的侵略。

有人认为林则徐不是被毒死的，而是病死的。一般官方都持这种说法。根据林则徐晚年书信自叙健康状况，以及新发现的林则徐《讣文》所述临终情形认为，林则徐之死，并非因为腹泻，而是因为久患未治的脾肺诸疾突然发作，用药无效而死。其实，林则徐自 57 岁赴新疆伊犁以来，脾泄、喘咳、肺疾、疝气等疾病一直没有痊愈，常常交替发作。他在担任云贵总督时，因病回归故里，就是由于病得不轻，不得不回乡调养。然而，在家半年，宿疾还没来得及充分调治，林则徐又被仓促派往广西，旅途劳顿，导致他旧病复发。林则徐为了赶路，三天没有服药。后来吐泻情况逐渐严重，在仆人多次催促下，他才服用"中和之剂"，吐泻有所好转，但因日夜兼程，辛劳颠簸，得不到休息，病情遂转为"胸次结胀""痰喘发厥"，引发了心肺旧疾，以致"两肺俱空，上喘下坠""喘急愈甚"。在元气大伤、脾胃虚寒的情况下，医生无奈之中投以参桂重剂进补，实属险着，结果不但不能奏效，反而喘咳加剧，舌蹇气促，终至无法挽救。

这样一位既爱国又干练的边疆大员，一位名震中外、誉满海内的大人物竟突然在奉旨赴任的途中亡故，关于他的死因众说纷纭，至今也没有定论。

## 刘步蟾是否贪生怕死

在反映甲午中日战争的影视剧中,出现在电影《甲午风云》里的刘步蟾是个一听到炮声就吓得半死的胆小鬼,参加海战的英国人泰莱更是把刘步蟾攻击得体无完肤,说他为了让自己所在的定远舰躲避日舰炮火,故意错发信号,擅改议定队形,造成了北洋舰队阵行的混乱,同时,他远远看到日舰就吓得乱发大炮,致使站在大炮附近的丁汝昌身负重伤,战斗开始后,刘步蟾又因害怕躲进了瞭望塔……而在电视剧《北洋水师》里,刘步蟾却是一位英勇无畏的海军将领。同样一个人,为什么形象是如此的截然不同呢? 刘步蟾的真面目又到底是什么样的呢?

刘步蟾毕业于大名鼎鼎的福州船政学堂,该学堂是清代海军的摇篮,晚清海军将领大部分都出自该学堂,而刘步蟾又是其中的佼佼者。他1867年考入福州船政学堂,学习驾驶、枪炮诸术,毕业考试得了第一名。1872年闽、广驾生会考,他又勇冠诸生。1875年,他被派到英国和法国考察海军,研习枪炮、水雷等技艺。1877年他又被选派英国格林尼次海军学院留学,学习枪炮、水雷诸技。留学期间,刘步蟾不仅成绩优异,并且以胆识过人、富有将才而受驻英公使郭嵩焘的青睐。

刘步蟾

1879年,经过英国海军部考试,刘步蟾获得优等文凭。回国后,他留职北洋,为筹建北洋海军献计献策。1882年又被选派赴德国,在中国定购的定远舰上学习,随后督带该舰回国,任副管带,次年升为管带。1888年北洋海军正式成立,由于刘步蟾"才明识远饶有干略",对创建北洋舰队有很大贡献,被任命为北洋海军右翼总兵,地位仅次于提督丁汝昌。因为海军是一种专业性很强的职业,实际上陆军出身的丁汝昌并不懂海战,他的提督一职只不过是一种名分,北洋海军的实权控制在以刘步蟾为首的职业海军军官手里。

在黄海海战中，刘步蟾不但不像泰莱所说的那样贪生怕死，而且在整个海战中一直指挥定远舰冲锋在前，给予敌人以很大的打击。刘步蟾在战前参与了有关改变阵行的最高军事会议后，立即进入瞭望塔指挥战斗。当双方舰队相距五千二三百米时，他命令定远舰首先开炮，向全队发出进攻的信号。定远舰舰首大炮的最大射程是九千米，因此在五千多米的距离向敌舰射击是很合适的，根本不存在乱开炮的问题。正是由于北洋舰队采取先发制人的战术，在海战的开始，北洋舰队还是略占上风的。

在海战中，刘步蟾不仅率定远舰冲锋在前，英勇作战，而且还足智多谋，数次重创敌舰，取得极为辉煌的战绩。定远舰发巨炮，击中敌舰比睿号、赤诚号，使其逃出阵列，后又击中西京丸的机械室，使他只得靠人力舵勉强航行，逃离战场。战斗至下午3时，北洋舰队十舰中，只有定远舰和镇远舰两艘还保持战斗力，面对五艘日舰的包围，二舰官兵进行了英勇无畏的抵抗。最后，定远舰的一颗炮弹，命中日本旗舰松岛号的炮位，引爆炸药，炸死炸伤日军一百多人，日军纷纷坠入海中，海面一片火海。

在威海卫之战中，由于日军采取偷袭的办法，定远舰不幸被日军的鱼雷击伤。眼看定远舰势将沉没，刘步蟾依然命令将负伤的定远舰开到刘公岛外搁浅，以便当水上炮台使用，继续与敌人搏斗，打退了敌人一次又一次的进攻。最后因船上的弹药全部打光，无可再战。为了不使定远舰落入敌人之手，刘步蟾下令自沉，随后自杀身亡，壮烈殉国，做到了"船亡与亡，志节凛然"，实践了自己的誓言。

那么，泰莱为什么要诬陷刘步蟾呢？

因为泰莱出身低微，在英国小学也没有读完，后来在一艘高船当技工，自称曾取得预备役中尉的资格。到中国后，在中国海军旗舰定远号当差，刘步蟾根本不把这个小水手放在眼里，因此泰莱怀恨在心。再加上泰莱野心勃勃，狂妄自负，常常越权干涉海军事务。刘步蟾看不过去，多次加以制止，泰莱甚为不快。更严重的是，泰莱还和汉纳根勾结，向清政府建议从智利购买新式快船八艘另组一军，与原北洋舰队组成联合舰队，并撤销中国提督，另派一位洋员担任联合舰队的总司令。实际上也就是暗示让他这个预备役中尉担任联合舰队的总司令。其如此狂妄，当然遭到了刘步蟾等人的坚决抵制。泰来眼看着自己的阴谋破产、总司令之梦破灭，于是就把心中的怨恨全部发泄到刘步蟾的身上。

因此,在泰莱的回忆录里就极尽诬陷之能事。

黄海海战是中国近代仅有的一次大规模的海上战争,双方动用了当时世界上较为先进的军舰和武器,是一场较高规格的现代战争,像这样壮烈的海战在中国近现代史上是空前绝后的。从黄海海战中可以看到,刘步蟾不但作战英勇,而且很有谋略,他指挥进退,时刻变换,使敌人的炮弹不能瞄准,从而保证了定远舰不受致命伤,保存了实力。定远舰的将士都夸刘步蟾有本事,有胆量,全船没有一个孬种。黄海海战中,刘步蟾先是冲锋在前,继之苦战不休,以寡敌众,转败为攻,这是一个胆小鬼能够做到的吗?

## 奕山、弈经抗敌为何失败

鸦片战争期间,道光皇帝先后两次大规模调兵,赶往广东、浙江战场。但由于所用的皇族子弟昏庸无能,两次都失败了。

虎门炮台失守一个多月,靖逆将军奕山才姗姗来到广州。他先后调集四川、湖北、贵州、云南、广西壮族自治区等军队一万七千人到广州。加上广州原有的军队一万多人,总兵力达到三万多人。这次,英国驻华商务监督兼英国全权大臣义律所率领英军至多有二千七百多人。从兵力上看,大大超过了敌人,可以同敌人决战。然而,奕山到达广州,不是先分析敌情,而是先分析民情。他到任后首先向道光皇帝上奏折说:"广东商人是靠洋人致富的,一般百姓是靠洋人谋生的,沿海百姓都通晓洋语,可以说遍地都是汉奸、匪徒,诛不胜诛。"所以,他公然提出"患不在外而在内","防民甚于防寇"。他到广州的主要任务本是抗英的,而奕山却纵兵杀民,残害百姓。

道光皇帝自对英宣战以后,幻想速战速决,常常催促奕山同英军决战,而奕山也想邀功请赏,于是,在没有做好准备的情况下,5月21日夜,匆忙出动一千七多人的队伍,分三路乘小船去焚烧停泊在白鹅潭上的英舰,派兵围攻洋馆。但由于敌人警戒严密,使这次"火攻"计划没有成功。没等天亮,大批英舰沿江冲了上来。奕山急令事前用木排安置好的八千斤大炮在水上轰击。谁知木排上的大炮没有击中敌舰,反而因为开炮的后动力太大,而使放炮的人和大炮翻落水中。这样,英军没有遭到任何抵抗,直把军舰开到广州城下,炮轰广州城和城外各炮台。守卫在广州炮台的将士正在抵抗英军,不料贪生怕死的奕山令人在广州城上竖起白旗,派广州知府出城向英军投降。广州周围的炮台全部被英军所占领。5月27日,奕山接受了英军提出的全部屈辱条约,签订了《广州条约》。和约规定:清军六日内退出广州城60里以外,一星期内缴纳"赎城费"600万两白银。这时的奕山已被敌人吓破胆,完全答应了英军的条件,他一面撤兵、搜刮赔款;一面向皇帝谎报,把大败说成大胜,把自己求降说成英人乞求通商,把赔款说成商欠。道光帝自然相信自己的侄子,接到奕山谎报,信以为真,很高兴地批准了《广州条约》。

广州休兵后,道光皇帝以为英人已经被制服,万事大吉,下令沿海各省撤兵。然而,英国却在扩大战争。英国侵略者的胃口是很大的。1841年4月,英国外交大臣帕麦斯顿接到义律关于穿鼻条约的报告,竟气得暴跳如雷,连骂义律:"无能,简直无用!"于是召回义律,以海军上校璞鼎查为全权代表,以东印度海军司令巴尔客为侵华英军总司令,陆续增兵一万多人,策划切断中国南北交通动脉——大运河,向中国中部地区进攻。英国政府给璞鼎查的训令中强调,必须使中国无条件接受英国所提出的要求,载在条约里的各项条款必须由天朝皇帝承诺下来。

1841年8月,璞鼎查水率英军来到中国,攻厦门、台湾,直把战火烧到浙东。10月,英军在不到两周的时间内,接连攻占定海、镇海和宁波。浙东三城失陷,死了三个总兵,一个总督,形势突变。道光皇帝了结战事的幻想再次破灭,不得不重新决战。他决定派另外一个皇侄、协办大学士奕经为扬威大将军,侍郎文蔚、蒙古副都统特依顺为参赞大臣,牛鉴为两江总督,调集内地几省军队三万人开往浙江前线,准备在浙东与英军作战。

奕经同奕山一样昏庸。他得令后,离京先到苏州扎营,远离前线,领着手下一班纨绔子弟,在各地游山玩水,索取供应,招养歌妓,根本不把战争当回事。后来知道前线吃紧,朝廷一再催战,他才于1843年1月移驻嘉兴。他心想:哥哥奕山能打胜仗,我一定也能打胜仗。一天夜里,奕经偶作一梦,梦见洋人纷纷上船,东逃而去。天明他召开各级将领参加的军事会议,让部下分析他这个梦是吉是凶。文蔚马上附和说,他也做了一个同样的梦。于是以为是上上大吉,决定与英军作战。2月,奕经移驻杭州,决定兵分三路,全面反攻,一举攻克收复宁波、镇海、定海三城。办法是事先密派内应,潜伏三城,等大军反攻时里应外合,明攻暗袭。

但是,奕经的行动计划早已被英军所探清,英军已做好了一切应战准备。3月10日夜晚,奕经下令总攻。在宁波,清军已经进入城内,英军突然开枪伏击,清军一看大事不好,慌忙退却,死伤大半。在镇海,清军与英军稍一接仗,一触即溃。进攻定海的清军,还没有看到敌人,就溃退下来。英军乘机反扑,弈经、文蔚一看大事不好,首先弃营逃跑,唯恐英军追及,只逃到杭州大本营,才稳定惊魂。清政府组织的最大一次也是最后一次的浙东战役,就这样可耻地结束了。但是在浙东民间流传着这样一个歌谣:"逆不靖,威不扬,二将军难兄难弟!"

正是因为大清国有了这样的将领,才导致无数次战争中,中国一方不战而败。"天朝上国"的优越感正经受着一次又一次的冲击,加速了中国民众的觉醒。

## 洪秀全有没有颁发过"诛杨密诏"

1856 年 9 月 2 日凌晨,太平天国北王韦昌辉猝然领兵包围东王府,将首辅杨秀清杀死,随之又大开杀戒,致使两万余人倒在自相残杀的血泊之中,写下了太平天国史上最为惨痛的一页,史称"天京事变"。从此,轰轰烈烈的农民运动由盛转衰,投下了最后失败的阴影。那么,杨秀清的被害,是洪秀全下诏诛杀,还是韦昌辉擅自所为,这至今仍是一个难解的谜。

洪秀全与杨秀清之间的矛盾早已存在,洪秀全名为太平天国的最高领袖,但军政大权却牢牢地控制在杨秀清的手里。定都天京以后,洪秀全就被"六朝金粉"所迷醉,广选美女充斥后宫,据说光正式的后妃就有 88 名之多,其他女官则有 3020 名。洪秀全沉浸在温柔乡中不能自拔,从此不问政事,把太平天国大小事务全部推给杨秀清等人。为了安置这些美女,洪秀全还着手为自己营造皇城——天王府,拆除原两江总督府周围几十条街道的上万户民房,从庙宇和明故宫拆取砖石木料,由洪秀全亲自督造,日夜赶工,即使进入严冬仍凿城挖池不止,稍有怠慢,则打骂甚至杀死监工、民工。天王府极度奢华,洪秀全在府内还很讲究排场,吃饭时要用 24 只金碗,一尺多长的金筷子,杯盘壶勺也用金制或玉制的。天王出行要乘 64 人大轿,据说光伺候洪秀全乘轿的"典天舆"就有 1000 人。面对洪秀全的腐化和专制,杨秀清常常假借"天父传言"的名义凌驾于洪秀全之上,以至出现了君臣颠倒的情况。杨秀清朝见天王洪秀全立而不跪,而"天父"杨秀清发怒时,洪秀全则要跪倒在杨秀清的面前,俯首听命,接受杖责。杨秀清伪托天父下凡的把戏,对于创立拜上帝会的教主洪秀全来说岂能

·清朝秘史·

图文珍藏版

不知？但洪秀全为了大局考虑，暂时隐忍下来。大破江南大营后，天京危机解除了，洪秀全认为时机已到，就设法除掉杨秀清。

冯云山、萧朝贵死后，韦昌辉在诸王中排行第三，仅次于杨秀清之下。杨秀清平日性情高傲，时常凌辱韦昌辉，还故意把他派到形势险恶的前线去，韦昌辉早已怀恨在心。天京事变前，领导集团之间的角逐已经表面化，洪秀全、杨秀清、韦昌辉三人，代表着起义初期的三种势力，明斗的是洪秀全与杨秀清，暗中窥测方向，乘机夺权的是韦昌辉。在洪秀全与杨秀清矛盾表面化之后，韦昌辉便乘隙请洪秀全杀杨秀清。当时杨秀清控制着天京的兵权，北王韦昌辉、冀王石达开等又领兵在外。身在天王府内的洪秀全要除掉杨秀清，就必须借助北王和冀王的力量。但洪秀全心里有矛盾，从本意上来说，洪秀全是想杀杨秀清的，但从杨秀清的功劳兼在朝廷处理政事的能力来看，他又有点不忍亲自下手。于是洪秀全就故意导演了一场"加封万岁"的闹剧，然后再放出杨秀清"逼封万岁"的风声，目的就是要激起与杨秀清有矛盾的韦昌辉等人的杀心。

果然，韦昌辉在得知消息之后，立即带领精兵3000，日夜兼程赶回天京，攻入东王府。东王和他的爱妃正在睡觉，被突然到来的韦昌辉杀害。杨秀清死后，韦昌辉又接着杀尽东王府的男女数千人，其中包括东王娘及妾侍54人。

可见，天京事变是韦昌辉与杨秀清之间矛盾的总爆发。从另一方面来说，如果韦昌辉是奉洪秀全的密诏而杀杨秀清的，那么，韦昌辉应当是解救洪秀全的莫大功臣，理应受到洪秀全的感激和赏赐。但事实却完全相反，杨秀清是凌晨被杀死的，洪秀全大约在清晨得知消息，同日上午，洪秀全就颁了一道圣旨，宣布韦昌辉罪状，命令其受鞭刑四百。可见，洪秀全是反对韦昌辉杀杨秀清的。而且杨秀清被杀后，洪秀全还钦定杨秀清死难之日为"东王升天节"，与天兄耶稣升天节一起并列为太平天国六大节日之一，把杨秀清之死视为同耶稣之死难，还告诫天国的人们要代代莫相忘。这也可以看出，洪秀全对杨秀清这位患难之交是非常怀念的。

但是也有人对此提出疑问，认为杨秀清的被杀，是韦昌辉奉了洪秀全的"诛杨"密诏所为。不但洪秀全给韦昌辉的密诏是真的，而且早在杨秀清"逼封万岁"之前，洪秀全就已经与韦昌辉和石达开等人组成了反杨秀清的联盟。他们为了各自的利益聚在一起，在杨秀清"逼封万岁"的事情发生后，正好给三头联盟一个机会。洪秀全一方面假装痛快地答应封杨秀清为万岁，一方面暗地里密召韦昌辉回京。在秦日纲、陈承镕等人的配合下，洪秀全成功地诛杀了杨秀清，三头联盟取得了胜利。诛杨之后，三头在是否扩大化的问题上发生了矛盾。韦昌辉阴毒残忍，妄图取代杨秀清的权力，清洗东王府，肆意杀害杨秀清的部将、家属。最后甚至威胁到洪秀全、石达开自身的安全，三头联盟在短时间内又告破裂。洪秀全又下诏杀掉韦昌辉，最后控制了政局，成为内讧中的胜利者，名副其实的天王。

洪秀全究竟有没有下过"诛杨密诏"，已经无从考证，但是天京事变的最大受益者无疑是洪秀全。通过这场事变，洪秀全加强了专制集权，但也使太平天国的力量受到极大的打击，从此一蹶不振。

## 洪秀全是自杀还是病死

1864年，清军攻克了天京，天王洪秀全命归黄泉。洪秀全是怎样死的，是自杀还是病死的呢？史料记载说法不一，给后人留下了一个历史之谜。

太平天国革命领袖洪秀全于嘉庆十九年(1814年)出生于一个农民家庭，原名仁坤，小名火秀，广东花县官禄村人。他自幼进入私塾学习，聪明过人，勤奋好学，博览经史诗文，才华出众。父兄、亲族都把科举成名、光宗耀祖的希望寄托在他的身上。而洪秀全也自恃聪明，每每以人杰自诩。他和其他读书人一样，曾打算通过科举考试，走上仕途，以求闻达。然而非常遗憾的是，才华横溢的洪秀全却次次名落孙山。不要说举人、进士，连一个秀才也没考上。他逐渐对孔孟之道产生了怀疑，但另一方面他仍幻想能有朝一日，经过科举考试飞黄腾达。

洪秀全雕像

1842年以后，清政府鸦片战争的失败，导致外国侵略者在东南沿海一带横行，引起当地群众的不满，民族矛盾加剧。洪秀全又连连科场失意，当他看到清王朝的黑暗统治，以及广大民众的倒悬之苦，于是决心改变这种状况。1843年，洪秀全第四次科场失意，这次他完全放弃了升官发财、光宗耀祖的幻想。据说他大病了四十多天，自称魂游天堂。从此以后，他不再研究孔孟之道和八股文章，而是一心钻研七年前在广州应试失意时，在街头得到的一本宣扬基督教的小册子。他对里面的语言做了修改和发挥，多方面加以附会解说，编造他的新教义。洪秀全首创"拜上帝会"，提出推翻清朝统治、建立人人平等的天国的主张。

1851年，洪秀全在广西桂平县金田村起义，建号太平天国，自称是天父皇上帝耶和华的次子、天兄耶稣的弟弟，接受皇上帝的"天遣"下凡救世来了。他领导的这次大规模农民起义战争，整整坚持了十四年。这次革命动员了千百万农民起来与清王朝和外国侵略者进行殊死的搏斗，把清军打得七零八落，把不可一世的外国侵略者军打得"不敢与我见仗"，其足迹遍及十八个省，先后攻克六百多个城镇，解放了中国南部大片领土，建立革命政权达十一年之久。太平天国虽然失败了，但它沉重地打击了中外反动势力，表现了中国人民不屈服于帝国主义及其走狗的顽强反抗精神，为中国近代史写下了光辉的一页。

1864年，天京沦陷前，洪秀全突然去世，终年五十一岁。然而，关于洪秀全的死因，则众说纷纭。

根据当时镇压太平天国革命的清军两江总督曾国藩的奏报："首逆洪秀全实系本年5月间，官军猛攻时，服毒而死。"在曾国藩的另一奏报中称洪秀全"四月二十七日，因官军急攻，服毒身亡，秘不发丧"。此外，曾国藩刊刻的《李秀成自述》记载："天王斯时焦急，日日烦躁，即以四月二十七日服毒身亡。"因为曾国藩是攻陷天京的知情者，又是清廷的主将，因而他所说的常被人们认为是绝对可靠的。曾国藩的一家之言，一直畅行了一百多年。

20世纪60年代初，藏在曾国藩家中的《李秀成亲供手迹》(即《李秀成自述》)得以正式影印发行。李秀成被洪秀全封为忠王，是太平天国后期最高军事统帅，天京陷落后突围时被俘，他在曾国藩军营中写下供词数万言，即后来的《李秀成自述》。他的自述是本人亲供，真实可靠，只是后来被曾国藩篡改删节，再呈给清廷军机处。洪秀全死因的第一手资料公之于众，曾国藩篡改并伪造事实真相的丑恶嘴脸大白于天下，还原了历史的本来面目。

《李秀成自述》原稿影印本记载："此时大概三月将尾，四月将初之候。……天王斯时已病甚重，四月二十一日而故。""此人之病，不食药方，仁病仁好，不好亦不服药，是以四月二十一日而亡。"另外，《洪福真自述》说："本年四月十九日，老天王病死了，二十四日，众臣子扶握登极。"干王洪仁玕在《洪仁玕自述》中也曾说:"至今年四月十九日,我主老天王卧病二旬升天。"还有曾国藩的幕僚赵烈文《能静居士日记》中也记道:"闻探报禀称,逆首洪秀全已于四月二十八日病死。"虽然他们记载的洪秀全死亡日期不同,但足以证明洪秀全病死是确实无疑的。

那么,曾国藩为什么要篡改《李秀成自述》中关于洪秀全病死的说法呢?主要是曾国藩在天京陷落后即两次上奏清廷,说洪秀全是"服毒身亡"的。等到捕获李秀成并读到李秀成亲供时,发觉其所述与前奏报不符,只有将亲供文字作了篡改,才不至于出现前后矛盾,受到质疑。而且称洪秀全是"服毒身亡",也更能向清廷邀功,证明洪秀全的死是自己围攻天京的成功结果。

其实,从种种迹象来看,洪秀全之死既是自杀,也是病死,二者并不矛盾。清军合围天京后,天京粮食已继。天王洪秀全号召全朝俱食"甜露"养生。甜露,即百草团,是以各式野草揉合而成的菜团子。洪秀全亲自尝食,可能因此而中毒。此时洪秀全看到大势已去,丧失了信心,明知患病,却拒绝一切治疗,这种做法无异于慢性自杀,终于在患病二旬后病故。

洪秀全究竟是自杀还是病死的,真是莫衷一是,还有人说洪秀全后来逃出重围,并未遇难,看来,事实真相已经很难看清。不过,自杀兼病死的说法较为合乎情理。

## 曾国藩为什么不称帝

曾国藩是中国近代史上最具有影响力的人物之一,他从一个书生,平步青云,成为官居一品的朝中要员。手握重兵,掌握地方大权,为清廷平定太平天国运动,立下汗马功劳。曾国藩并没有像人们想过的那样推翻清王朝并取而代之,他不但自己不做皇帝,还在镇压太平天国运动后,主动解散了湘军,并强迫曾国荃离职回家。曾国藩为什么要这么做呢?

曾国藩出生于湖南双峰一个偏僻的小山村,他勤学苦读,成年后入京赶考,28岁即考中进士,从此之后,他一步一阶地踏上仕途之路,并成为军机大臣穆彰阿的得力门生。在京十多年间,他先后任翰林院吉士,累迁侍读,侍讲学士,文渊阁直阁事,内阁学士,稽查中书科事务,吏部侍郎及署兵部、工部、刑部、吏部侍郎等职,曾国藩就是沿着这条仕途之道,逐步升迁到二品官位。

曾国藩所处的年代,是清王朝由盛世走向没落、衰败的过渡时期,内忧外患接踵而来,人民生活在水深火热之中。曾国藩在京任职后不久,母亲便离开了人世,于是他回乡为母亲操持后事,却恰逢太平天国横扫湖湘大地,清王朝统治岌岌可危。对朝廷忠心耿耿的曾国藩立刻在家乡组建了一支湘军,日夜操练,历兵秣马,为平定太平天国运动立下汗马功劳,被清王朝封为一等勇毅候,成为清代以文人而封武侯的第一人,后来他又历任两江总督、直隶总督,官至一品,死后谥号为"文正"。

曾国藩一生的功过是非,世人争论不休。他曾被推崇为孔子、朱子以后,再度复兴儒学的先哲,建树功业、转移运世的贤者、清朝咸同中兴第一名臣等。但也有人骂他是民贼、元凶、汉奸、民族罪人、擅权滥杀的"曾剃头"、好名失德的"伪君子",可谓毁誉参半。

那么曾国藩究竟是一个什么样的人?他为什么在离皇位一步之遥之际选择放弃呢?

曾国藩

究其原因则是曾国藩根深蒂固的忠君思想使然,他深受晚清理学大师唐鉴的影响,操兵练将的目的相当明确:一是包围明教;二是保卫地主阶级的利益;三是保卫清朝。他的个人追求是做一个中兴之臣,封侯拜相,光宗耀祖。曾国藩学习孜孜不倦,苦读日夜不息,深受中国传统儒家思想影响,尤其在京参加朝中考试进入庶常馆学习后,"日以读书为业"。勤于求教,不耻下问,博览历史,重视理学,还读了大量的诗词古文,才华横溢,满腹经纶。由于他博览群书,广泛涉猎文献,因此在政治上形成了自己的独特观点。他希望要统治者"内圣外王",自如地运用儒家思想治理天下。此外,他还推崇程朱理学,曾提出治理天下的办法,涉及吏治与廉洁,选材与用材,物力与财力,兵力与兵法等。

曾国藩是中国传统文化熏陶出来的"修身、齐家、治国、平天下"的典型知识分子。他认为"功不必自己出，名不必自己成"，"功成身退，愈急愈好"。他认为古人修身有四端可效"慎独则泰，主敬则身强，求人则人悦，思成则神饮"。曾国藩不信医药，不信僧巫，不信地仙，守笃诚，戒机巧，抱道守真，不慕富贵。"人生有穷达，知命而无忧"。这些是他成为清朝中兴名臣的思想基础。就曾国藩外表而言，也是典型的知识分子形象："貌之过人者，眼作三角形，常如愈睡，身材仅中人，行步则极厚重，言语迟缓。"

其次是称帝条件不具备。南有曾国藩，北有僧格林沁，这两人被清王朝倚为肱股之臣。但是科尔沁亲王僧格林沁最受器重，拥有一支以强大的骑兵为主的庞大队伍，不同于八旗兵，战斗力很强，而且部署在中原河南腹地，虎势东南，使曾国藩不能轻举妄动。尽管曾国荃等屡次劝其称帝，均被他严词拒绝。

曾国藩操兵练将是以保卫明教和忠君为号召，一旦自己称帝，实数不忠不义，大逆不道，人心必失。就湘军内部而言，左宗棠名下将士多为楚军，李鸿章名下将士多为淮军，湘、楚、淮虽有关联，但湘军实已分裂。以英国为首的国际在华势力已经决定扶持清政府。这些因素，曾国藩不会不考虑到，因此，尽管曾国荃等一再劝其取清王朝而代之，曾国藩仍打定主意不为所动。

曾国藩没有称帝野心，只作中兴之臣，客观上对维护国家统一、抵御外强侵略起到了积极作用。当时，太平天国首都天京被攻陷后，尚有余部三十万人活动于各地，北方的东西捻军方兴未艾。在国内动乱频仍，国外列强环伺中华，虎视眈眈，内忧外患之际，如果曾国藩趁机称帝，战乱又起，中国统一的前途和命运又会经历更多磨难，人民便会再次置身于水深火热之中。仅从这个意义上讲，曾国藩也算是国家民族的有功之臣。

## 石达开为何负气出走

石达开是太平天国农民起义领袖中最杰出的一位。他少年投身太平天国革命，起义后任左军主将，永安封王时被封为翼王、五千岁。年方 20 岁的石达开英勇善战，足智多谋，在太平天国史上功勋显著。他与秦日纲、罗大纲等合力击败曾国藩的湘军，夺回武昌，后又同秦日纲一起攻破江南大营。石达开可以说是首义之王，在太平天国运动前期立下赫赫战功。

可惜，太平天国大功未成而内讧竟起，正是这么一员赫赫有名的将领，1857年却从天京带兵 20 万出走，给太平天国运动造成严重损失。他转战数载，历尽艰辛,却难觅一立足之地。6 年后,石达开最终丧师大渡河畔,一代英豪,饮万古长恨。关于石达开出走究竟是谁的责任,历来史家对此争论不休。

1856 年夏,正当太平天国运动发展得如火如荼时,天京事变发生了。这是太平天国领导集团内部权力之争的结果,韦昌辉利用洪秀全和杨秀清之间的矛盾,杀死杨秀清,又趁机斩杀杨秀清部众及家属两万人,给太平天国造成极其惨重的损失。

天京事变后,洪秀全鉴于北王韦昌辉民愤极大,下令将其处斩,贬其封号为"北孽"。这时,在太平天国首义诸王

石达开雕像

中,只剩下天王洪秀全和翼王石达开两个幸存者。天京事变使得洪秀全威望大大下降,急需一个能够力挽狂澜、收拾人心、重振危局的人出面扶理政务、统率军队、安抚民心。而石达开有才能、有威望,恰是理想人选。洪秀全尽管对石达开不无猜忌之心,但为解燃眉之急,不得不召石达开回京辅政。

当年 11 月,石达开从宁国带兵经芜湖回京,受到军民热烈欢迎,"合朝同举翼王提理政务",洪秀全加封石达开为"电师通军主将义王"。

石达开回到天京辅政后,确实采取了一系列措施力挽危局。他重用人才,并制定了"南守北攻"的正确政策。他起用了 19 岁的陈玉成主持江北军事。在西线坚守九江、瑞州、临江、抚州、吉安等战略要地,巩固江西;在东线,固守东南门户句容、溧水和镇江。在皖北、淮南许多地方,取得战略上的主动。南守北攻决策的实施,遏制了敌人的进攻,稳定了军事形势,鼓舞了士气,安定了人心,使太平天国形势有所好转。

也许是杨秀清大权独揽、逼封万岁给洪秀全的刺激太深了,他渐渐对石达开心生疑忌。石达开是首义之王,威望极高,加上他年轻而有才干,抚理政务多有建树,使得洪秀全深为不安。为了维护洪氏集团的统治,他封长兄洪仁发为"安王",次兄洪仁达为"福王",干预国政,以牵制石达开,破坏了洪秀全自己制定的非金田起义、建有功勋者不封王爵的规定。在挟制、架空石达开的同时,洪

秀全还要夺取他的兵权，"终疑之，不授以兵事，留城中不使出"，甚至发展到对石达开有"阴图谋害之意"。

石达开在"天京事变"后处处以大局为重，而洪秀全的表现却令人失望。当韦昌辉杀石达开一家时，洪秀全没有采取任何保护措施。石达开驻军宁国，要求洪秀全处置韦昌辉，洪秀全从石达开要求到韦昌辉被杀，竟拖延一个月。据外国人麦高文讲，最后，洪秀全见全体军心皆归翼王，"不得不屈从其主张"。

天京事变后，翼王石达开虽提理政务，百姓欢悦，但洪秀全十分不满，凡事专用安、福两王，此处又是一个矛盾，洪秀全的意图在于"挟制翼王"。在这种"疑多强图害，百啄难分清"的情况下，石达开出走不失为一种缓解矛盾，避免大规模火并的上策，当然其中也含有保全性命的意思。谁能保证即使天王不杀石达开，而安福二王为己之利不会对石达开下毒手呢？这样看来，石达开出走责任完全在于洪秀全等人，而不在于石达开本人。这只能说是因为太平天国这个集体中泛滥的贪欲甚重，更因为洪秀全并不是永远甘心"政由宁氏，祭则寡人"的心胸开阔之人。

在石达开被逼出走前，有几条路摆在他前面：取而代之、解甲归田、叛变投敌、束手就擒、率军远征。在当时敌我斗争处于殊死搏斗的时刻，解甲归田、退隐山林只不过是一种幻想；叛变投敌不符合石达开疾恶如仇的性格，他不肯叛变自己的信仰；取而代之对石达开来讲也行不通，他"惟知效忠天王，守其臣节"。而对天王愚忠也换不来洪秀全的信任，这一点石达开也十分清楚，在此情况下，似乎也只有率军远征一条路可以选择了。

1857年6月2日，石达开离开天京前往安庆，一路张贴布告，表明"吾当远征报国，待异日功成归林，仪表愚忠耳"的原因，从此一去不返。随之出走的将士达20万人，皆是太平天国的精锐。洪秀全极为惊慌，多次派人请石达开回京，但石达开不为所动。

石达开率军出走，决定远征西南。从战略意思上讲，西南有天府之国的成都，夺取西南重镇成都，与清军争夺长江上游，使长江上、中、下游连成一线，即可切断南北清军的联系，起羽翼天朝的作用，又可利用"天府之国"的有利条件，扩大太平天国的势力。一旦形势有变，东西两路北上合攻北京，那么成功的可能性极大。如此看来，远征西南也表明了石达开的远见卓识。

1863年5月，石达开大军在四川大渡河紫打的失败，6月，他想用自己的头颅换取数万将士性命，自投清营，不幸牺牲。石达开离开洪秀全，虽然最终走向了失败,但在这失败的历程中,却进一步展示了石达开艰苦卓绝的奋斗精神。石达开为中国人留下了一个可以流芳千古的伟大人格形象,多少年来,人们不禁为他的境遇和命运感到惋惜和悲哀。

## 《景善日记》是伪造的吗

谈起义和团运动,人们往往引用一本名叫《景善日记》的史料。一位在中国呆过多年的英国人白克浩司声称,这本日记是在八国联军搜索清朝侍郎景善的家时被他发现的,里面记载了义和团期间的大量史实。实际上,这个所谓的《景善日记》,是个地地道道的冒牌货,伪造者本人也是个道德卑劣的惯骗。《景善日记》其实就是一本由两位来华英国人濮兰德和白克浩司写成的《慈禧外纪》中第 17 章的内容。白克浩司还亲自把日记翻译成了英文,1910 年《慈禧外纪》在伦敦出版后,一度在欧洲引起强烈反响,被认为是了解晚清中国最有意思的书,是"无价之珍"。后来有人又从英文转译回中文,许多学者也把他当作是研究义和团运动的"珍贵"资料,屡屡引用。

景善(1823~1900),满洲正白旗人。1863 年中进士,与张之洞等人有同年之谊。曾任户部主事、员外郎,1875 年转翰林院侍讲,1877 年授国子监祭酒。1879 年充四川乡试正考官。1883 年为内阁学士兼吏礼部侍郎。后历任工部右侍郎、工部左侍郎、户部右侍郎、吏部右侍郎等职,1894 年退休。

在清朝,以翰林出身而任部级官员的旗人实属于稀罕,按理说景善在仕途中沉浮了二十余年,应该官居高位,声名显赫,而他却一直只在六部的副职中屈就,最后被朝廷以"才具平庸"为由,饬令退休,足可见此人的平庸。据溥仪的老师庄士敦讲,景善的朋友都认为他很迟钝。八国联军入京时,景善的妻妾子媳皆自尽而死,景善本人也被他的长子推进井中淹死。1901 年被追赠为太子少保。

而白克浩司在自称发现《景善日记》的时候,人们对他并没有什么了解,只知道他在中国呆过多年,熟悉中国宫廷内幕,是位汉学家。实际上,白克浩司是英国的一位纨绔子弟,出身贵族。在牛津大学期间初露语言方面的才能,但因生活奢侈而欠了很多的债,为了逃避债主的追逼而逃居国外。1898 年他来到中国,在英国使馆当翻译。1900 年八国联军入侵北京,白克浩司占据了景善的住宅,后来被英国的一家造船公司聘为驻中国代理,但多年没有成交一笔生意。

他一心想当牛津大学教授,所以送了一批中国书给牛津大学。1914年第一次世界大战爆发后,英国政府为了战争的需要到处收购枪支。喜欢夸夸其谈的白克浩司一度获得了英国政府的信任,被委派到中国秘密收购枪支,但结果是一支枪也没有弄到手。

白克浩司对生意一窍不通,但对伪造文书一事却很精通。他声称发现了太监李莲英的日记,而且是完整地包含了李莲英进宫当太监到慈禧死亡时共40年时间的全部记录,只是不愿示人。熟悉清朝历史的人都知道,为了避免太监干政,太监入宫后是不允许读书识字的,李莲英并不识字哪有可能记下了40年的日记?他还吹嘘与民国总统许世昌很熟,可由他代办同中国政府的一切协议。美国钞票公司在中国的代理贺尔竟然相信他的谎话,曾经通过他与民国政府订立了印制中国钞票的合同,合同上堂而皇之地盖着大总统许世昌的印章。后来贺尔才发现合同是白克浩司伪造的,印章也是其私刻的,许世昌根本就不认识这个人。更奇怪的是,白克浩司竟自称是"外国的荣禄",与慈禧有私情,自己还保存了许多慈禧给他的私信。看来,白克浩司不仅是个骗子,还是个伪造文书的高手,通过他的生平,我们有理由怀疑他所"发现"的《景善日记》的真伪性。

白克浩司不但自称发现了《景善日记》,还说他"发现"的日记除了发表的那一部分,还有相当大一部分更为珍贵,只不过有些令人不感兴趣罢了,所以他没有拿出来。后来,白克浩司把《景善日记》"重要的部分"翻译成英语,放进了他和濮兰德合著的《慈禧外纪》。对白克浩司深信不疑的濮兰德还把《景善日记》"重要部分"的原稿捐给英国博物馆,这个文件一直保存在英国图书馆(后从英国博物馆中独立出来)。1944年,濮兰德还给英国博物馆东方部主任写了封推荐信,信中附有1937年白克浩司写的关于《景善日记》发现经过的打字稿,用以证明日记是真的而不是假的。《景善日记》"原稿"连同濮兰德的推荐信一起收藏在英国图书馆的一个纸盒子里。

1924年有位叫戴文达的荷兰汉学家曾经把藏在英国博物馆的《景善日记》重新翻译成英文出版。著名的汉学家,曾经盗用过敦煌经书的波希和对戴文达的译文大为欣赏,称是"研究中国近代史的重要文献……且其中不乏当时宫廷的直接资料。"《景善日记》的价值进一步得到肯定。

后来,戴文达表示要把白克浩司所说的未公开的部分也翻译出来,但白克浩司借口自己要翻译,就拒绝了。戴文达等了几年不见白克浩司翻译出来,又表示要买断原稿，白克浩司推脱说原稿已经卖掉了，而且经手买卖的人已经死了，原稿的下落已经无人可知。总之，除了他本人之外，谁也没见过那份未曾公开的原稿。当有人质问他，作为英国使馆的工作人员，发现日记后为什么不向上级汇报？白克浩司解释说，曾经向包括英国公使萨道义在内的上级报告过了。可是萨道义等"知情者"此时已经去世，当然就死无对证。总之，白克浩司对这件事情遮遮掩掩，不能不让人怀疑。

经过学者们的努力，《景善日记》是伪造品已经成为定论。但是遗憾的是，现在书店里仍在出售所谓的《景善日记》，看来，批判《景善日记》的道路还很漫长。

## 《李秀成自述》是真是假

李秀成是太平天国后期的重要人物，因为他智勇过人，战功显著，于是很快由一名普通士兵晋升为太平天国的高级将领。他曾攻破清军的江北大营、取得三河大捷，旋即又攻破清军的江南大营，乘胜进取苏州、嘉兴等地，并三次进军上海，大败华尔洋枪队，击毙法国的海军提督卜罗德。然而，太平天国因其内在的弊端，实力逐渐消退。同治二年（1863年），太平天国的都城天京被清军攻陷。李秀成带着幼天王突围出走，由于被人出卖，李秀成被百余名骑兵抓捕，献到曾国荃的营中。

第二年，李秀成英勇就义。在他就义之前，曾在曾国藩的囚笼里写下了一篇长数万言的《亲供》，即后人所说的《李秀成自述》。李秀成的自述完成之后，曾国藩命人删改誊抄一份上报军机处，而李秀成的亲笔原稿则被曾国藩私自保留了下来。那份誊抄的文本由九

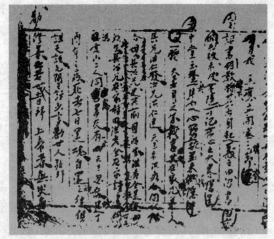

《李秀成自述》书影

如堂刊刻行世，而被曾国藩保留下来的原稿则深藏曾家密室，由曾国藩的后人保管，秘不示人。因为九如堂刻本是经过曾国藩删改过的，所以不足为据。而

李秀成的原稿,除曾家后人外,谁也没有见过。长期以来,关于《李秀成自述》的真伪,引起了热烈的争论。

人们注意到,在清代的官场中,作伪弄假、冒功请赏是一些官员们的拿手好戏。由于有这样的造假先例,人们也就有理由对《李秀成自述》的真实性产生怀疑。持"赝品说"一方认为:

第一,从每天所写起迄处来看,自述分九天写成,中间应该有八个间隔。李秀成是每天随写随交,真迹应是散页或分装为九本,不会是写在一本装订好的"吉字中营"的横条簿上。另外,由于写了九天,每天写的最后一页应该有空行,而不可能每天都结束在末页末行最后一个字的位置。现在所见的影印本前后相连,看不出应有的间隔,显然这是曾国藩让人把李秀成每天所写的真迹汇抄在一起的,否则不会这样一气呵成。

第二,从字数上看,写供人李秀成、删改人曾国藩、参加删改人赵烈文都说自述是五万多字,而现在看到的仅有三万六千余字。如果另外的一万多字是被曾国藩撕毁了的,那么自述的内容应该是不相衔接的,然而,今天所见的自述却是前后内容完全相连的。

第三,从曾国藩删节处看,曾国藩呈送军机处的自述,与他自己留存的有多处字句不同,这显然进行了修改。李秀成供述太平天国自咸丰四、五年后的事情十分详细,但在曾国藩呈上的自述中,将太平天国与清军作战之事删去,尤其是涉及太平军与湘军的几个战役均很简略,很明显是被人做了手脚。并且曾国藩保存的自述从第一页到四十页,书口均写有页码,整整齐齐,并无差错,可见系地道的重抄件。

第四,从自述的用词避讳来看,出现的"上帝""天王"多数并不抬头,这不符合太平天国的书写规范,而且其中凡"清"字均不避讳,却把不该避讳的"青"写成"菁";应将"耶稣"的"稣"字避讳成"苏",却在多处出现直书"稣"字,显然是违背了太平天国的避讳制度。

第五,从情理上来说,李秀成被捕后,先是受到了严刑拷打,后又被关押在囚笼里,时值酷暑难当的夏天,在这种情况下,要写下这洋洋数万言的自述简直是不可思议的。因此所谓的自述真迹很可能是曾国藩等人模仿李秀成的笔迹凭空伪造的。

然而,也有不少人对此观点提出疑问。关于时间间隔问题,有人认为李秀成不是每天随写随交,曾国藩也不是每天随看随改,而是李秀成分前部和后部两大部分分两次交上去的。他在交阅时留下前一部分最后一两页，以方便自己再写时参考或是文字上的衔接，所以看起来好像是一气呵成。

至于字数少了一万多字，根子在于李秀成在自述中将本来只有两万多字的前部夸大为三万七八千字，曾国藩也没去数，而是轻信了李秀成的说法，用三万八除以五十页，得出每页七百六十的平均数，再以全部的七十四页乘以七百六十，得出全部五万多字的过高估计。赵烈文也同样受这个过高估计的影响，也是不可信的。后来，曾国藩在校阅、抄写的过程中发现字数不对，所以他在给钱应溥等人的信中，又纠正自己的错误。这正是曾国藩在不同信中提到自述时有不同的说法的原因。

关于曾国藩删改问题，在清廷看了曾国藩上呈的写在自述后面的后记，便知道这是一个删改本，于是命他全部细钞，不要节录，咨送军机处。曾国藩接到命令后，只是把删节的"十要十误"和"防鬼反"两段补呈朝廷，其他被删节的部分却没有呈上去。之后，清廷就不再追问这件事了。假设这份自述是曾国藩等人伪造的，那么就应该在呈给朝廷时早已装订成册。然而，真正装订完成是在七年以后。可见，曾国藩删改部分自述，只是为了炫耀自己镇压太平天国的功劳而已。

李秀成犯忌讳也并不奇怪，因为李秀成在皈依上帝教之前，已是一个二十六七岁的成年人了，早有通行的书写习惯，在加入拜上帝教之后，经历了十余年，尽管熟悉了太平天国规定的书写格式，但时有疏忽，又回到早年的写法，犯了忌讳也是情有可原的。

李秀成在牢笼里，不顾敌人的严刑和气候的炎热，以超乎常人的毅力在短时间内完成了这个长篇自述，是完全可能的，这正好验证了古人的一句话——"有非常之人然后行非常之事"。从自述中可以看出，虽然错别字连篇，文句多有不通之处，但叙事井井有条，可以说是颇为生动，可以看出李秀成是极聪明、极有才华之人。

《李秀成自述》的真伪之争，将不断进行下去。考虑到由于天京刚刚攻陷，曾国藩事务繁忙，要删改伪造自述必须先亲自过目，时间紧迫，李秀成的字迹很潦草不易模仿，方言字又不好懂，太平天国的避讳又非常复杂，很难想象曾国藩和他的幕僚会去绞尽脑汁伪造好几万字的自述。与其伪造，不如把不堪入耳和需要避嫌的部分撕掉省事。比较而言，持真迹说的应该较接近事实。

## 捻军首领张宗禹的归宿如何

清朝中后期,国难四起,危机重重,面对内外交困,政治腐败的清王朝,一些农民起义此起彼伏。与太平天国互为合作的农民起义军称捻军。

张宗禹是捻军后期的著名首领,有"小阎王"之称。他骁勇善战,足智多谋,太平天国封其为梁王。他曾大败清朝名将僧格林沁等,率领西捻军直抵京畿地区。后来被李鸿章和左宗棠所率部众围困于黄河、运河、徒骇河之间。1868 年 8 月 16 日,张宗禹战败于山东茌平南镇,其下落至今不明。100 多年来,人们对他的结局传说纷纭,然而均未能得出公论。

张宗禹之墓

最早揭开张宗禹下落的清朝官方著作几乎无不指出,张宗禹战败后投水自杀。据说,跟随张宗禹战败的八位骑士,自知罪过深重,难以苟活,悲呼流涕,一起投水而死。还有的说,官军逃到一条大河前,当时正值涨水,无路可走,于是只好跳水。这些说法的来源均出自李鸿章的奏稿,其中说:"6 月 28 日战败,张逆带八人逃走,捻军将领欲逃至黄河,无奈黄河涨漫,走至徒骇河滨,劝令随从七人各自逃命,张逆即下马投入而死。是其投水伏诛,毫无疑议。"令人奇怪的是王双子被俘后,他的供词并非如此,他说:"宗禹浮沉中流,呼之不应,良久随波去"。"随波去"不一定死,何况李鸿章又找不到张宗禹的尸体,可见,李鸿章篡改王双子的供词是为了掩盖真相,冒功请赏。

张宗禹究竟有没有死?当时随张宗禹突围冲出到茌平的尹傻子说,张宗禹突围后"从者仅十八骑",他不知所终。据说该县志编纂时,尹傻子尚健在,张宗禹的材料是其提供的。

也有人传说他后来当了和尚,据说后来逃回家的张宗禹部下吴某,曾亲眼看见张宗禹化作僧人,来到吴桥粮行借宿。吴桥集在涡阳城北十八里,离张宗禹的故里张大庄仅八里。有一位叫吴司斗的人,曾经是张宗禹何的部下。一天

国学经典文库

中国古代秘史

·清朝秘史·

图文珍藏版

傍晚,有一位僧人前来借宿,司斗与他同床共眠。天还没亮,僧人问司斗说:"你认识我吗?"司斗回答说:"我从来没有见过你,怎么会认识呢?"僧人说:"你试着想想!"司斗恍然大悟,认出此人为张宗禹,而张宗禹已经踏月归去,没人知道他往哪里去。这是司斗亲自告诉自己的儿子,再由儿子代代相传。张宗禹后来当了僧人,来去无踪,缥缈无定,描写得如此绘声绘色,犹如传奇小说,实在很难使人相信。

张宗禹是捻军的重要领袖,所以弄清他的下落是很有必要的。安徽有一位捻军史研究工作者叫张珊,早在20年前就见民国修的《沧县志》中记载:"张宗禹战败后,逃至邑治东北的孔家庄,化名为童子师,20余年以后病死,即葬于孔家庄,至今他的坟墓还在那里。"当时,张珊因路途太远,不能前往调查。1980年,他在济南参加了有关"义和团"讨论后,直驰河北沧州,辗转寻查200里,终于找到了真正的"孔家庄"——即今黄骅县南大港国营农场第三分场。他在此地调查访问,为揭开张宗禹下落之谜提供了极其重要的线索和资料。

一位95岁的老太太说,她是23岁到婆家的,曾听说过此人,却没有见到。只听人说蛮子(即张宗禹)会治病,临到病危时他说:"你们不要侍候我了,我不行了,我要走了。"后来到鸡啼时,他果然死了。老太太的儿媳说:"以前爹活着,每年给他(即张宗禹)上坟,给他圆坟。他埋在俺家地上,离俺家祖坟不远。自己圆坟,就给他加两铲土,自己烧纸也给他烧两张。"

当年张宗禹所认干娘的第四代曾孙孙奎元说:"俺家老人家传说有张宗禹,当时我们都说他是张蛮子,住俺家圆屋,先是有时住,有时走,白天走,晚上住,后来就天天晚上来,猜想大约是要饭吃。白天出去要饭,晚上住在圆屋,是穿单衣服来的,后来天冷了,架不住,出不去了,不肯走。他长得黄眼睛、高个子,初来时辫子轧了,毛缨子披到肩上,长得凶恶劲。小孩子怕他,不敢凑近。俺这里只知道他可能犯了法,不然为啥剪了辫子不回家?"

孙奎元说:"他老老太太给张宗禹送棉衣去,张宗禹一见就跪下叩头,还说比咱娘还亲,就认了干娘,并对老老太太说,他是江南九江府仁山县人,自己庄名叫'落汤'。他会替人看病,也看风水,看宅子,看坟地。几十里路远的村子都来请他看病,还请不到呢!一定要姓孙的亲戚朋友请,他才去,用车子接。他嗜酒,一天喝六七斤,喝醉了还喊"杀"。他临死前自己讲叫张宗禹,他50岁时来的,70岁时死的,在这里住20了多年。"

孔家庄濒临大海,地方偏僻,本来就是个隐藏犯法者的地方,这里穷人多,同情捻军,并且捻军的声威显赫,人们不敢去告发,以免自寻麻烦。由此,张珊认为,隐藏在黄骅县孔家庄的"张蛮子"基本上可以确定为张宗禹,并且张宗禹老死在孔庄,这不是别人假冒的。

张珊调查的结论是否正确。还有待确切的资料证实!

## 黑旗军屡次大败法军之谜

工业革命结束后,欧洲列强不断在海外占领殖民地。而法国早有侵略越南的野心,19世纪60年代吞并越南南方以后,70年代又向北部进犯,并企图以越南为基地,进一步侵略中国。腐败无能的越南政府无力抵抗法军的进犯,便邀请驻扎在中越边境保胜一带的刘永福黑旗军南下抗法。

黑旗军

刘永福是广东钦州人,出生在一个贫苦,青年时期加入广西农民起义军,因为英勇善战,被推举为义军首领。太平天国起义失败后,清政府喘息之余便开始镇压各地农民起义军。1865年,刘永福率部二百余人加入了吴亚忠为首的广西天地会起义军,在广西安德北帝庙举行祭旗仪式,以七星黑旗为军旗,故称"黑旗军"。因清政府重兵围剿,1867年,黑旗军转移到中越边境驻扎。由于黑旗军纪律严明,保境安民,受到当地居民的拥护,队伍很快便发展到两千人。虽然人数不算多,但黑旗军中个个都是钢筋铁骨的硬汉子,人人都有一身好武艺、好枪法。其首领刘永福更是武艺绝伦,善打夜战、游击战。刘永福将黑旗军分为三营,并演练使用枪弹等先进武器,提高军队的战斗力。

1873年,法国国王派他的女婿安邺上尉率领"远征军"进犯越南北部,攻占了河内,控制了红河三角洲一带。刘永福在越南国王阮福的请求下,立即率领一千多人,从保胜出发,与越南北圻军务大统督黄佐炎的越南部队一万多人会合,列阵于河内郊外。

12月21日,黑旗军先令越南军向法军挑战。法军一看全是越军,一阵大喜,因为他们知道越军向来腐败,战斗力差,不堪一击。于是,法军侵略者头子安邺率军冲入阵来。这时,刘永福率领黑旗军猛然冲入敌群,同敌人展开肉搏战。黑旗军战士个个生龙活虎,甩开大刀猛杀猛砍,直杀得法军鬼哭狼嚎。在战斗中,刘永福见到法军中一个穿着军官服的人在敌群中指挥,便猛冲上去一刀砍下他的脑袋,此人正是法军头子安邺。法军一见主将被杀,都像没头苍蝇似的一哄而散。黑旗军和越军乘胜追击,重新收复河内,并歼敌数百,缴获枪支若干,大获全胜,迫使法军退出红河三角洲。

但是怯懦的阮氏王朝却在暗地里与法国谈判,同意由法国保护,允许法国船只进入红河。另一方面,阮福又任命刘永福为三宣副提督,辖宣化、兴化、山西三省,扼守红河上游,并封为英勇将军。

河内战役的以后几年里,占领越南南部的法国侵略者与北部越南政府保持了相对稳定的关系。昏庸的越南王自以为万事大吉,对刘永福的黑旗军逐渐冷淡下来,甚至担心刘永福的黑旗军会对他们不利,于是刘永福一怒之下率领旧部重新回到保胜驻扎。其实,法国侵略者并没有放弃,法国政府再次拨军费二百四十万法郎,做好了侵略越南的准备。1882 年,法国侵略者看到越南政府与黑旗军之间出现裂痕,便命海军司令李威利攻占河内,北进南定省,并图谋中国广西边境。越南方仍然无力抵抗,不得不再次请求黑旗军参战。刘永福为打击法国侵略者的嚣张气焰,与越南阮氏王朝尽释前嫌,率领黑旗军立即进军河内。1883 年 5 月 19 日,黑旗军在河内城西的二里纸桥设伏。先令几十人向法军挑战,法军欺负黑旗军人少,由李威利指挥倾巢而出。当法军冲到纸桥,只听一声炮响,预伏在这里的黑旗军个个如猛虎下山一样冲进敌群,与敌人展开白刃格斗,杀得敌人血肉横飞,尸横遍野,血流成河。法军使用连环枪的密集火力压制黑旗军,导致黑旗军高级指挥杨著恩两股中弹,鲜血喷涌,但是他仍然坚持指挥战斗。后来,他的双手手腕中弹后,就坐在地上用左手击毙敌人十余人,最后胸部中弹牺牲。刘永福见状,便命令前营与亲兵一起出击,法军慌忙后退。法军统帅李威利命令集中炮火轰击黑旗军阵地,刘永福命令士兵就地卧倒,待法军靠近,将士们一跃而起,挥舞大刀砍向敌人。敌军猝不及防,被杀死二百余人,李威利当场被击毙。黑旗军经过浴血奋战,换来纸桥战役胜利。法军心惊胆战,龟缩在河内城内。刘永福被封为三宣正提督,一等义良男爵。后来,刘永福率领黑旗军在怀德、丹凤等地多次大败法军的分路进犯,令法军闻风丧胆。

1884 年,中法战争爆发,黑旗军接受清政府的指挥,成为中国在越南战场的重要抗法力量,屡败法军。年底,刘永福率黑旗军与西线清军联合作战,将法军盘踞的宣光城包围。刘永福在宣光城附近的左旭预埋一万公斤炸药,先为河内方面的法国援军准备好焚场。次年3月,河内法军赶来救援宣光,黑旗军假装败退,将法军引入爆炸地带,法军伤亡四百多人,抱头鼠窜。1885年3月,黑旗军会同越南义军、云南农民军和滇军一部,在临洮大败法军,收复广威府、黄冈屯等十余州县。与此同时,老将冯子材在镇南关、谅山一带大败法军。这一系列胜利沉重打击了法军的嚣张气焰,并扭转了中法战争的战局,导致主战的法国茹费理内阁垮台。

然而,腐败的清政府却"乘胜即收",派李鸿章签订了不平等的中法《会定越南条约》,从此法国侵略势力伸入云南和广西。对于抗敌有功的黑旗军,却在中法战争后,被裁军缩编,最后仅剩三百余人。

甲午战争期间,黑旗军与台湾人民并肩战斗,反抗日军占领台湾。战争中,黑旗兵弹尽粮绝,绝大部分英勇牺牲,威名赫赫三十年的光荣之旅为保卫祖国领土完整而流尽鲜血。对祖国忠心耿耿的黑旗军,屡败法军,功勋卓著,将永远活在我们心中。

## 吴三桂叛降内幕

吴三桂降清纵然有千万条理由,但直接导致他"冲冠一怒",掉转马头的,却还是那位"红颜"——陈圆圆。那么,陈圆圆究竟是怎样一个人? 吴三桂为何会对她如此"痴情"呢?

陈圆圆出生于江苏武进奔牛镇一个普通的穷苦人家,父亲以经营小本生意为业,人称陈货郎。陈货郎虽然家境贫寒,却酷好歌曲,常常结交一些歌者,邀请他们在家吃住,日夜不停地歌唱。于是没过多久,陈货郎便因此而破产,自己也一病不起,很快离开了人世。生活的重担压在无依无靠的陈圆圆一人身上。她无计可施,后被贩卖到苏州,成为一名歌妓。

吴三桂画像

流落到苏州的陈圆圆,凭着她那"蕙心纨质,澹秀天然"的典雅之美,很快便赢得众星捧月之宠,而擅演南戏之长,又使她跃居"梨园之胜",更加艳名远播。一时之间,陈圆圆成为秦淮河畔最具盛名的尤物,许多名人志士争相与她交往,为她填词赋曲。这其中也包括号称江南四公子之一的冒襄。冒襄外表俊俏潇洒,风流倜傥,气质彬彬有礼,而陈圆圆天生丽质,二人一见钟情,很快就沉浸在爱河里,只盼着佳期的到来。

然而命运弄人,崇祯十五年(1642年)春天,国丈田弘遇由南海返京路过苏州,其门客四处"访寻",终于以重金将陈圆圆"聘"去。陈圆圆在田府众多歌妓之中,凭着自己才貌出众,很快又在这"侯门歌舞出如花"的环境里争魁夺艳,被誉为"金谷园中的绿珠",田弘遇好不得意。然而这一切都没能使陈圆圆感到快慰,她常常沉浸在那深沉的古曲之中,寻找自己的天地。

当时,明朝的危在旦夕,早已令那些权臣贵胄们惴惴不安了,惶惶不可终日的危机感,促使他们四处寻找出路。田弘遇是个善于见风使舵而又趋炎附势的人,他见吴三桂已被倚为国家重臣,便萌动接纳之心,一朝有事,也好有个援手,便派人前往邀请,名谓饯行,实则拉拢。

吴三桂早就耳闻陈圆圆的倾国倾城之貌,还曾派人以重金往购,只因田国丈先行一步,他才落得空忙一场。如今田府的邀请,又重新激起他对陈圆圆的倾慕之情。于是他很快答应下来,内心早已按捺不住喜悦之情。

在田府,吴三桂观看了京师有名的田家女乐,那队歌女个个殊秀非凡,其中一位淡妆娴雅者尤为出众。她额秀颐丰,绰约凌云,颇有林下风致,这便是陈圆圆。吴三桂来府的消息的确使她兴奋。是时,国难当头,社稷危殆,田家还能歌舞到几时,她那久已期待挣脱田家樊笼的愿望愈加强烈起来,而被视为朝廷栋梁的吴三桂,正是这非常时期最合适的终身托付之人。只见席间的吴三桂,英气勃勃而又眉目清秀,浑身溢发出一股英武之气,和田弘遇那老态龙钟形成强烈的对照。这使陈圆圆更加倾心眷注,不时暗送秋波,眉宇传情。

吴三桂本就是个风流倜傥之人,一遇佳丽,顾盼神留,如今见到垂暮已久的陈圆圆,又是如此这般姿色,怎能不使他意乱情迷呢?席间,二人频频低语,眉目传情,令吴三桂心驰神往,完全沉浸在爱情与欲望的海洋中。

夜深了,有些醺醉的吴三桂仍依依不舍。可军命在身,明日就须返回边关,他不得不起身,准备告辞。这时,沉思已久的田弘遇便把一直骨鲠在喉的心事和盘托出,他问道:"如果敌军来了,你怎么办?"带着酒意的吴三桂也毫不隐晦地说:"如果将陈圆圆送给我,我当报答你先于报答国家。"这时,他已经把在君王面前的侃侃忠贞,为国捐躯的雄心壮志,完全抛在了脑后。爱,或者说占有欲,使他失去了理智。

田弘遇虽说百般不愿,但事已至此难于推托,只好忍痛割爱。吴三桂生怕对方反悔,当即留下千金聘,离开田府,第二天便返回关外。短暂的相见,随即便是半载有余的别离,更增加了吴三桂对陈圆圆的爱恋。在她被接回吴府之后,频繁地接到吴三桂的鸿雁帛书。即使在戎马倥偬之中,吴三桂也没摆脱思念之情,不时嘱咐父亲好好照顾陈圆圆,并热切地期待相聚。

可是伴随明亡的噩耗,吴三桂的美梦成了一枕黄粱。大顺农民军进入北京后,权将军刘宗敏搬进了田府。由此,他很快得知了陈圆圆的去向,便派人抓来吴三桂之父吴襄,追索陈圆圆。吴襄十分了解儿子对陈圆圆的爱,自然不肯就范,谎称已将陈圆圆送至宁远,死于关外。但是,刘宗敏并不相信,他不依不饶,拷掠甚酷,终于抢走了陈圆圆。此时,李自成已经派牛金星带着自己的书信去招降吴三桂,吴三桂眼见明朝已亡,李自成又在北京建立了大顺政权,他便暗自决定归顺李自成。可就在他举棋不定的时候,突然传来父亲被打、陈圆圆遭抢的噩耗。而陈圆圆对于吴三桂来说,有着十分重要的意义,有如吴三桂刚刚到口还未及品嚼的美味佳肴,尚有着巨大的诱惑力,他决不肯轻易放手,何况虎口夺食的又正是"有求于他"的大顺农民军。于是,吴三桂愤怒了,他要不顾一切地进行报复,降清、剃发、做人鹰犬,他都在所不惜,一腔积怒使他紧紧追赶着李自成,一场豁出性命的拼杀,他又胜利了,李自成被迫放弃所得,从固关退入山西,而陈圆圆也终于回到吴三桂的身边。

吴三桂归降大清,使清军不费一兵一卒占领山海关。而他和陈圆圆的故事被诗人吴梅村写成了名篇《圆圆曲》流传至今。

## 谁人敢杀朝廷命官

嘉庆帝即位后,上下一片求治呼声,他满怀豪情,讨伐邪恶,匡正时弊,清王朝政一度辉煌,大有中兴之态势。可惜,这些只是昙花一现,积重难返,过去下决心要除掉的东西,现在反而变本加厉地侵蚀着清王朝肌体。嘉庆十三年,发生了一起骇人听闻的"杀官案"。

是年春夏之交,安徽省大雨如注,洪泽湖水猛涨,水位增高一丈九寸,超过较最高水位线六寸。洪水下泄，下游江苏淮阳告急，高堰多处漫水，顿成一片泽国。两江总督铁保，一面抢修，加固湖堤，一面对淮安府各县灾民拨款赈济。当时受灾最重的山阳县，县令王伸汉，贪污成性，视此举为中饱私囊的大好机会，捏报灾情，虚列灾户，浮报冒领赈银二万三千余两，其中一万三千余两据为己有，余为其他官员私分。更为甚者，他竟然胆敢将派往该县的查赈委员李毓昌毒死。

李毓昌，山东即墨人，是年考中进士，布政使杨护便委派他为查赈委员，赴受灾最严重的山阳县实地调查赈济情况。这本是难得的肥缺，向来查赈委员下来，一不调查灾民接受赈济情况，二不考核赈款落实数目。吃喝县衙门，坐等该县官员奉献受贿，囊中塞满，然后返省报差，应付了事。偏偏李毓昌鹤立鸡群，与众不同。他只带仆役李祥、顾祥、马连升三人前往，抵达山阳县城，就歇于善缘庵。平日乔装为过境行客，走乡串巷，明察暗访，发现该县令许多贪赃枉法之事，尤其各乡浮开灾户无数，骗取赈款上万两。掌握足够证据以后，欲往县衙，约见县令。

与此同时，衙仆李祥窥视李毓昌的调查笔记，加上观察其主下县后一系列表现，揣度他不是贪婪之主，定会向上司揭露真相。这样一来，李祥原先利用随从查赈捞油水发财的企图，怕要变成泡影。他们奴仆三人，平常就怨恨李毓昌这位主人约束过严，没法分赃。考虑再三，李祥立刻会见好友包祥。包祥是山阳县长随，实为县令鹰犬，平日狐假虎威，鱼肉乡里，深受老百姓痛恨。李祥告诉包祥如此这般，要包祥早想办法，包祥答应决不亏待他。

山阳县令王伸汉，已经风闻省里派出查赈委员，但不知为何却迟迟不见，心中狐疑不解。忽然包祥来见，告以实情，王伸汉知道来者不善，但他王伸汉做官多年，八面玲珑，又有后台。李毓昌不过是一知县衔，翻不起大浪，何足惧怕。他又琢磨，是否李毓昌故作姿态，想要多弄些银子罢了。于是，王伸汉准备一份巨贿，让包祥托李祥等私自呈送，并代为进言，希望他网开一面，让其捏添灾户，冒领赈银。李毓昌听罢脸色为之一变，严正地道："今年皇上开科取士，就是以德本财末为题。我虽然没有什么才能，但怎么敢欺君纳贿呢？明日我就将实情禀告知府。"李祥被训斥一番，退后告知包祥，见李毓昌不吃这一套，王伸汉开始着慌。况且明日李毓昌就要返省，这该如何是好？王伸汉冥思苦想，真是无毒不丈夫，策划一个毒死李毓昌的阴谋。

包祥对王伸汉说："小人没什么谋划，若是大人有了计策，小的定当赴汤蹈火,在所不辞。"王伸汉大喜过望,给以重赏。包祥便约见李祥、顾祥、马连升三人,告以毒计,请他们动手,事成之后,保证给予厚赏和安排迁调。

十一月初七,王伸汉设酒为李毓昌钱行,席间不谈公事,礼让劝酒,倒也自然融洽。李毓昌一时高兴,多喝了几杯。回到古寺下榻处,酒后口渴,向李祥等人索要茶饮。许久才端上一杯汤,李毓昌闻有异味未饮,但已醉酒乏力,奴仆三人,乘机强行将其灌下。因为所灌下的是砒霜,李毓昌腹痛如绞,四肢无力,即时倒下,七孔流血。一时并未殒命,李祥等三人一齐动手,凶狠地将其勒死,然后用李毓昌的衣服擦去血迹,以绳套脖,制造一个悬梁自尽的假象。有关揭发王伸汉贪赃枉法的材料,全部被这群恶棍抄出,付之一炬。

天明以后,李祥等装出惊恐哀伤状,直奔县衙门,报告查赈委员李毓昌自尽身亡,请县令验尸。王伸汉煞有介事,立即赴善缘寺,验明"实系自缢而死",赠棺收敛。之后,王伸汉叩见淮安知府王毂,告知实情,并求其保全,绝不敢忘恩。王毂会同有关人员前往验证,见李毓昌口尚流血,竟然不问。王伸汉贿通检验者,蒙混通禀,草率了事,因颈有绳系,遂以自缢上报。事后王伸汉送给王毂银一千两,并保证随后再行报效。

为报答李祥等所为,山阳县令赏每人大批银两(原先应允事成每人一千两),李祥经王伸汉推荐与淮安通判任役,顾祥回苏州,马连升荐与宝应县,各自遣散。一切安排妥当,王伸汉自以为天衣无缝,当即通知山东即墨县李毓昌家人。12天之后,李毓昌之叔武生李泰清自原籍赶来,李毓昌已经入殓,李泰清不解,亲属尚未见最后一面,为何将棺木封钉?于是追问县令侄儿李毓昌的死因。王伸汉答道:"纯系自缢身亡。"又问:"李之随从奴仆现在何处?"答曰:"主死仆散,事之常理,我已荐之他处。"王伸汉对李毓昌的叔父款待格外周到殷勤,还慷慨赠予棺银一百五十两,对李泰清说:"回去后宜即着手丧事,死者以入土为安也。"李泰清当即收拾遗物,扶棺木返回山东故里。

李毓昌中考出仕,却魂断他乡,家人围着棺木痛苦不已。关于李毓昌为何轻生自尽,全家更是迷惑不解。一日,李毓昌的妻子清理遗物,发现有一蓝皮羊裘,揉皱成一团,塞在行李箱的角落,拿出来抖开一看,见袖襟有斑痕块块,非油非酒,以水冲洗,水色变赤,且有腥臭味,实为血迹。其妻大惊,直奔李泰清哭曰:"冤枉!我的丈夫是被人害死的。"即使如此,也不足以证明他杀。李泰清说道:"除非开棺验尸,才能确定。"

于是,家人一起打开棺木,见尸体尚未腐烂,李毓昌面被涂上石灰,扒开衣服,胸腹及指尖皆为青黑色,洗去脸上石灰,面色也然,且颈上有明显勒痕,双拳紧握,明显系砒霜中毒。李毓昌的妻子悲痛欲绝,发誓为丈夫洗刷冤屈。

嘉庆十四年五月,李泰清带着家人进京控诉,直告到都察院衙门。这不是一桩普通百姓被害,而是堂堂朝廷命官,在执行公务时竟然不明不白地送命。都察院不敢掉以轻心,立即奏报。嘉庆帝详细审阅李泰清的控呈,心情十分沉重。的确,李泰清提出的疑窦甚有道理。于是命山东巡抚将李毓昌的尸体运至省城,委派干练大员详加检验具奏,并将案中所有人员解省审讯。经过审讯对证,王伸汉等人对谋害毒死李毓昌并制造自尽假象,以及贪污行贿拉拢上司包庇等等犯罪事实供认不讳。

嘉庆帝好似被打了一闷棍,惊呼:"江南竟有如此奇案!"后来,老百姓常传闻李毓昌阴魂不散,来表示对清官的同情和对毫无人性的贪官的痛恨。

## 杨秀清封"万岁"是"逼封"还是"加封"

1856年在太平天国的首都发生了一起"太平时,王杀王"的悲剧。人们大多认为,建都天京以后,天王洪秀全深居简出,天国的军政大权控制在东王杨秀清的手里,后来杨秀清的权势欲极度膨胀,经常借"天父"的名义杖责天王,甚至发展到"逼封万岁"、图谋篡夺最高领导权的地步。天王忍无可忍,只得秘密召集在外面打仗的北王韦昌辉回京除掉杨秀清。韦昌辉却乘机滥杀无辜,屠杀杨秀清的部下达两万多人,严重消耗了太平天国的力量。冀王石达开闻讯赶回劝解,但韦昌辉又起杀心。石达开被迫带兵出走,韦昌辉遂杀死石达开留在天京的家人。韦昌辉的滥杀引起太平天国官兵的强烈不满,最后,在太平天国将士的要求下,洪秀全处死了韦昌辉,这场浩劫才告结束。

杨秀清雕像

关于杨秀清封"万岁",是逼封还是加封,至今仍争论不休。有的认为杨秀清实际上已经是万岁,没有必要"逼封万岁";有的认为杨秀清并没有"逼封万岁",而是洪秀全鉴于杨秀清的功劳"主动加封";也有的认为是洪秀全借刀杀人，故意加封杨秀清万岁，以激起韦昌辉的杀心，天京事变完全是洪秀全一手导演的。

传统的观点认为，清廷用以围困天京的江南大营被攻破后，指挥作战的东王杨秀清极为骄傲，认为这都是他一人的功劳，甚至心存谋篡之意。他借口西线紧急，把北王韦昌辉、翼王石达开等人调到前线督师。天京后方只剩天王洪秀全，杨秀清认为时机已到，就假借名义把天王召到东王府，装作"天父"的口气对洪秀全说："你与东王都是我的儿子，东王有这样大的功劳，何止称九千岁？"洪秀全说："东王打江山功劳很大，也应当是万岁。""天父"又说："东王的世子岂止千岁？"洪秀全说："东王既然是万岁，他的世子也应当是万岁，并且世代都称万岁。""天父"大喜说："既然如此，从此东王和东世子都称万岁，我回天上了。"

"天父"传完话后，又变回了杨秀清。天王把刚才"天父"的话告诉了杨秀清，杨秀清当然遵命照办。洪秀全不无忧虑地说："四弟你称万岁，是顺天意，那我又应当处于什么位置呢？"杨秀清说："我是万岁，二哥当称万万岁。"洪秀全假装大喜，二人当下约定在下月杨秀清生日时，正式晋封。

回宫后，洪秀全一面调动宫内女兵防守皇城，以防东王偷袭；一面送密诏给在长江上游督师的北王、翼王，命他们迅速返京，勤王护驾。北王韦昌辉接到密诏后，立即带领精兵3000，星夜赶到了天京城外，在守城军官的配合下，趁着深夜潜入城内，与燕王秦日纲连兵一处，攻入东王府，杀死杨秀清。

那么，事情的真相究竟是不是这样的呢？真的是杨秀清"逼封万岁"吗？

持肯定观点一方认为，天京事变是洪秀全和杨秀清之间矛盾的总爆发。洪秀全是太平天国革命运动的开创者，是太平天国的最高领袖，但太平天国的军事、政治以至宗教的实权都掌握在杨秀清的手里。杨秀清虽然当时封爵九千岁，一人之下，万人之上，但与"万岁"之间仍有一条不可逾越的鸿沟。因此，杨秀清一开始就把洪秀全作为傀儡，用来号召群众，后来由于军事上的胜利，便想把他一脚踢走。再加上洪秀全与杨秀清在很多事情上观点不一致，常为了一系列事关太平天国权利的重大问题而进行较量。所以，杨秀清企图篡夺太平天国的最高领导权而"逼封万岁"，但是洪秀全自然不肯，便密令韦昌辉杀死杨秀清。

但是也有人对这种观点提出疑问，在《石达开自述》中记载，韦昌辉平时受尽杨秀清的凌辱，便请求洪秀全将其诛杀，但是洪秀全不允许，反而加封杨秀清万岁。韦昌辉不服,便将杨秀清杀死。

此外,后来发现的一颗太平天国玉玺上,明确刻有"八位万岁"的字样。不管这八位万岁中是否有杨秀清,至少万岁可以有八位,封杨秀清为万岁也不是什么大事。洪秀全也许是出于对杨秀清的尊敬,将其看成是太平天国事业的共同主持者而主动封杨秀清为万岁的。也许在洪秀全看来,对那些被认为功劳最大的领袖,都可以共尊,通过这样一种形式,就可以把太平天国和一般的封建王朝区别开来。同时,太平天国的《朝天朝主图》里也有"爷、哥、朕、幼真天主、光、明、东、西八数毫"的说法,可见太平天国确实存在"八位万岁"并列的事实。太平天国除了八位万岁,还有五主,即天父上主(上帝)、天兄救世主(耶稣)、天王真主(洪秀全)、幼主(洪秀全的儿子、继承人)和赎病主(杨秀清)。既然五主中的四主已经称万岁,第五主杨秀清称万岁也是合乎太平天国体制的,不存在逼封的问题。如果说杨秀清已经位于八位万岁之列,那就更没有逼封的必要了。

20世纪80年代以来,越来越多的学者认为杨秀清逼封万岁是子虚乌有的,他们认为逼封万岁完全是洪秀全为了除掉杨秀清而炮制出来的谣言,是洪秀全故意通过加封杨秀清万岁,以激起韦昌辉的杀心。总之,不管是杨秀清加封万岁还是逼封万岁,天京事变都是洪秀全一手导演的悲剧。

## 袁世凯真的向慈禧告密了吗

1898年是中国的戊戌年,清朝的统治正逐渐走向灭亡。为了挽救爱新觉罗家族的天下,年轻并想有所作为的光绪皇帝,在这一年中做出了他一生中最辉煌也是最悲惨的一件事情,那就是戊戌变法。从1898年6月11日到9月21日的103天中,以康有为、谭嗣同为首的改良派通过光绪皇帝颁布了一系列变法维新的命令,称为"百日维新"。百日维新以慈禧太后发动政变、光绪帝被囚禁、维新六君子被杀害而告终。在政变的前前后后,有一个人最为活跃,这就是袁世凯。他与维新派和慈禧太后两派都有密切的关系,在其中充当了不光彩的角色,传统的说法是袁世凯以告密的行动把自己的舵转向了慈禧太后,取得了慈禧太后的宠信。究竟袁世凯有没有告密,怎样告密,至今说法纷纭,给我们留下了重重疑团。

戊戌变法时期,维新派确实很信任袁世凯,把袁世凯看作是他们的一员。

事实上,袁世凯与维新党人的联系的确很密切。甲午战争以后,袁世凯就与维新派核心人物康有为结交。1895年,在康有为的公开上书以后,当时的袁世凯在督办军务处当差,他觉得康有为的公开上书切中时弊,也曾向光绪皇帝上书,提出变法事宜,思想观点和康有为十分接近。1895年康有为第四次上书,都察院、工部都不予代递,袁世凯曾帮助向督办军务处要求代递。1895年9月,康有为、梁启超组织强学会,定期讲演,印行书刊,介绍西学,制造舆论,聚集力量。袁世凯积极参与强学会,是发起人之一。

袁世凯

后来袁世凯被派到天津小站练兵,康有为等为袁世凯设酒饯行,认为袁世凯是和他志向相同的人。袁世凯与维新派建立了联系后,维新派要借重袁世凯的兵力,而袁世凯则想通过维新派的荐举,升官晋爵。但这种微妙的关系在慈禧太后政变时发生了很大的变化。

对维新派的态度,清朝廷内部存在着光绪皇帝和慈禧太后两派势力的矛盾。当戊戌变法进入高潮的时候,两派之间的斗争达到了白热化的程度。光绪皇帝为了摆脱慈禧的束缚,决定开懋勤殿,其实质就是一个属于光绪的办事机构。慈禧认为这就完全撇开了她的控制,自然引起她的不满。9月16日和17日,光绪皇帝两次召见了拥有兵权并表示过维新的袁世凯,引得顽固派举朝惊骇。一些守旧的大臣纷纷到慈禧太后那里去告状,慈禧的亲信、当时的直隶总督荣禄连忙调兵遣将以备不测。外面纷纷传说荣禄将利用光绪帝到天津阅兵的机会废掉光绪帝。光绪帝感到处境危机,于是向杨锐下了一道密诏,其中光绪皇帝以紧迫的语气向杨锐叙述了自己的皇位很难保住,慈禧太后随时都会对他下毒手,希望杨锐等维新人士采用新的办法使中国转危为安、化弱为强,不要违背慈禧太后的意思,明确表示出自己试图找到一个折中的方法,使变法继续进行下去。

杨锐虽然是"六君子"之一,但在变法的过程中与康有为和谭嗣同等人的意见并不一致,所以他接诏后并没有与康有为、谭嗣同等人商量,而是采取了

"私吞"的方法,单独向光绪帝复奏:不如顺从慈禧的意思,让言行过于激烈的康有为离开京城以示和解。结果光绪帝采纳了杨锐的建议,明令康有为出京,前往上海办报,不得迁延观望。

康有为接到让他出京的明诏后,他同谭嗣同等人觉察到光绪帝已经在慈禧的压力下动摇了,于是决定铤而走险实行兵变,包围颐和园,迫使慈禧太后交权,为变法扫清障碍。他们商议把实行兵变的希望寄托在袁世凯的身上。一个风雨交加的夜晚,谭嗣同秘密赶到袁世凯的驻地法华寺说明来由,并许诺袁世凯20日"请训"的时候,光绪帝将赐予袁世凯一道密诏。其实这只是一个空头许诺,因为软弱的光绪帝既然不愿违背慈禧的意思,当然不会接受康有为、谭嗣同他们的建议,在接见袁世凯的时候自然也不可能赐给那么"狠心"的密诏了。

听了谭嗣同的话,袁世凯当面慷慨激昂,答应兵围颐和园,杀掉慈禧太后的心腹荣禄,囚禁或杀掉慈禧太后。其实,袁世凯是个两面派,他一面答应维新派的要求,骗得光绪皇帝的信任,另一面看到慈禧太后的实力强大,决定投靠守旧派。于是,他用假话支走了谭嗣同。

谭嗣同夜访法华寺与袁世凯商议后的第三天凌晨,即9月20日,袁世凯如约前往皇宫向光绪皇帝"请训"。这次会面两人到底谈了些什么,我们不得而知。当晚二更时分,袁世凯回到天津后,把谭嗣同"谋逆"的事全盘托给了荣禄,出卖了光绪皇帝和维新派。在袁世凯所写的《戊戌日记》中,他毫不讳言自己告密,并说他告密是积极的、主动的。袁世凯夸大自己告密的主动性,无非是向慈禧太后表示他对大清王朝的一片忠心。

当夜,荣禄赶回北京向慈禧太后回报。8月6日早晨,慈禧太后囚禁光绪皇帝,捕拿维新派,杀了变法六君子,百日维新最终以失败而告终,袁世凯以六君子的鲜血染红了自己官帽上的顶子。这样,关于袁世凯是否真的告密,基本上是可以肯定的,这也成为袁世凯终身洗不掉的污点。但是很难说袁世凯告密是为了荣华富贵,因为谭嗣同把如此棘手的事情摆在他面前,意味着把他也绑在了一条船上。袁世凯只有两条路可选择,要么协助光绪帝除掉慈禧,要么协助慈禧除掉光绪帝。一旦站错了队伍,恐怕自己就会粉身碎骨。当时的"后党"势力明显大于"帝党",帮助光绪帝实在没有什么把握;而帮助慈禧至少可以保住身家性命。至于升官发财、飞黄腾达,恐怕一时也想不了那么许多。袁世凯做出这样的选择,也是时势所然。

## 袁世凯的告密是否导致了戊戌政变

在袁世凯的日记里清楚地记载着,谭嗣同夜访袁世凯,"气焰凶狠,类似疯狂","声色俱厉"地逼迫袁世凯答应带兵围攻颐和园,废掉慈禧太后。袁世凯因见谭嗣同"腰间衣襟高起,似有凶器",害怕危及自己的生命,为了不吃眼前亏才不得不答应谭嗣同的。谭嗣同离去后,袁世凯连夜反复筹思,决定第三天"请训"后立即回天津向荣禄告密。袁世凯在日记里口口声声地表示,告密是为了"诛锄误国误君之徒"以"保全皇上"。他还向荣禄宣誓说"如累及上位,我唯有仰药死耳。"荣禄得报,当晚就向慈禧告密。通过以上记录,袁世凯实际上是试图表明,9月21日的政变正是他告密的作用。那么,究竟是不是袁世凯的告密导致了慈禧太后的政变呢?

从时间上推算可知,21日政变发生的早晨荣禄不可能赶到北京。根据历史资料,20日下午3点钟左右,袁世凯乘火车回到天津,这是有报纸报道为证的。袁世凯下火车后,天津的文武各级官员在车站举行了盛大的欢迎仪式,即使此时袁世凯内心十分急切,但他不能失官场仪态,而且必须不显山露水地应酬这一切。袁世凯在同众官员们寒暄、周旋、报告陛见之后,乘轿前往荣禄府。据袁世凯日记记载,他到总督府时已经是日落西山了,也就是六点左右。袁世凯见到荣禄后,因还有其他人在场,不可能马上向他告密,必须另找一个夜深人静的时候才行。袁世凯在日记里记载他向荣禄告密时已是二更时分,而且此时也不可能一言两语就把事情说清楚。等到报告完毕,袁世凯还必须和荣禄一起筹商一个万全之策,这样算来,已是下半夜了。在当时的交通条件下,火车从天津到北京要大约3个半小时,而且当时的火车没有夜班车,荣禄到了北京,还必须从车站过几道城门进城。即使进了城,荣禄还需先到后海的庆王府,向庆亲王说明原因,然后一道前往中南海向慈禧告密。稍有常识的人就可以知道,等到完成上述复杂的过程,最早也是早上七八点了。慈禧得到密报,还需思考一下,找几个亲信商量筹划,拟定宣布"训政"的懿旨,然后才前往皇宫,宣布"训政",囚禁光绪皇帝。这样看来,荣禄不可能赶在政变前把袁世凯的密告递到慈禧太后的手里,所以政变的发生和袁世凯的告密无关。

政变的真正原因,应该是伊藤博文的来华,而政变的导火线是御史杨崇伊的密折。其实,刚开始变法时,慈禧并不反对,否则也不可能任凭光绪帝颁布

"明定国是"的诏书,实行变法了。在她看来,只要不对她尊贵的地位形成什么威胁,你皇帝爱干什么就干什么,我一概不管。康有为他们不过是一介书生,任他也闹不到天上去。

后来慈禧太后看到光绪皇帝与自己夺权、想要摆脱她的控制,才引起她的不快。一是光绪帝请求开议事机构懋勤殿,其实质是一个专属于光绪帝的办事机构,慈禧认为这就完全撇开了她的控制。二是光绪召见袁世凯到京,准备委以大用。因为袁世凯掌握着兵权,这自然引起慈禧的警觉。这第三件事情也是最重要的一件,那就是伊藤博文来华。9月12日,正当戊戌变法如火如荼开展的时候,日本的实力派人物伊藤博文以"私人"的身份访华,使维新派大为兴奋。康有为等人与伊藤博文频繁接触,许多维新人士纷纷向光绪皇帝建议聘请伊藤博文为顾问,以便辅助新政。光绪皇帝根据维新派的建议,决定于9月20日召见伊藤博文。

在慈禧等人看来,维新派并不可怕,可怕的是他们与外国势力结合起来。伊藤博文的来华,引起了顽固派的极大恐慌。9月18日,御史杨崇伊拟定了一个密折,内称伊藤博文即日到京,将掌握政权要害,祖宗传下来的天下,将拱手让人。慈禧看了以后,很受感触。第二天,她就从颐和园回到了皇宫,赶在光绪与伊藤博文见面前发动了政变,对光绪帝加以监视。

9月21日早晨5点,光绪跟平常一样来到中和殿处理政务。当他走出中和殿时,等在门外的侍卫太监和一对御林军将他抬到西苑(今中南海)的瀛台,从此失去了人身自由。这就是慈禧太后发动的戊戌政变,她下令捉拿康有为、康广仁兄弟,罪名是"结党营私,莠言乱政"。如果真是袁世凯告密导致了慈禧太后发动政变,那么慈禧太后的上谕中为什么不指名捉拿谭嗣同,而是等到荣禄向慈禧报告谭嗣同谋逆的消息后,24日慈禧才下令逮捕谭嗣同,可见她发动政变时,并未得知荣禄的密报。

戊戌变法中袁世凯的告密是关键情节,但9月21日的戊戌政变与袁世凯的告密无关,只有谭嗣同的被捕的确是袁世凯造成的。大量的历史材料表明,不管袁世凯出不出卖"帝党","后党"都会下毒手。袁世凯的告密不过是扩大了"后党"的"战果"而已。

## 清代卖官鬻爵为何如此猖獗

清代,官场如市场,如大贿赂场。清代官场上,许多东西都可以买卖,许多事情都非贿不办。买卖和贿赂时,或公开交易,明码实价,露骨地行贿索贿;或偷偷摸摸,暗地成交,将行贿受贿装扮得儒雅含蓄。"火到猪头烂,钱到公事办""有钱能使鬼推磨",钱神在清代官场上是极为活跃的。

捐官是清政府公开推行的用钱买官的制度。捐是美称,实即买。清代有谚语云:"捐官做,买马骑。"捐与买并称。按规定,除八旗户下人、汉人家奴、优伶等不得捐官外,一般人只要有钱,都可以卖到官职。出钱少买小官,买虚衔;出钱多买大官,买实官。官职在清代完全成为一种商品。

由于捐官靠的是钱,所以大量有钱而无能的人当了官。财主少爷、纨绔子弟,即使是酒囊饭袋,只要有了钱,就可以捐个官做做。鲁迅在《各种捐班》一文中讥讽了那些靠钱买官的财主少爷:"清朝的中叶,要做官可以捐,叫作'捐班'的便是这一伙。财主少爷吃得油头光脸,忽而忙了几天,头上就有一粒水晶顶,有时还加上一枝蓝翎,满口官话,说是'今天天气好'了。"其中说的"忙了几天",大概是在办交钱买官的事宜呢。有的人不但自己捐官,还为未成年的儿孙捐官,有些襁褓之中的乳臭小儿就已是品级颇高的候补官了。《老残游记》的作者刘鹗在日记中写到他与友人聚谈得志后的快乐,有个叫沈虞希地说:"如果我有了钱,就花上十六万捐个三品京堂。"有人问:"如果还有钱做什么呢?"沈虞希答道:"为子捐京堂,为孙捐京堂。"

在捐官者的队伍里,商人的比重是很大的,很多商人发财后弃商捐官。有个米商捐官的故事,很能说明只要有了钱就能由商变官。滇南某米商因摆售米时没来得及给县典史让路,被打了一顿,他愤愤地问一过路人:"这个父母官是什么科甲出身,为什么这么威风?"过路人答:"他是个铜进士出身。"米商又问:"铜进士为几甲?"过路人答:"只不过是银子科,三甲罢了。"铜进士、银子科,是嘲讽这个典史的官是花钱买的。米商听到拿钱可以买官,就说:"我也有银子,也要买官,岂能甘心受辱挨打!"于是,他带钱入京,捐了个未入流的官,被分配到京南某地。商人缺少文墨,但因捐官,竟有的成为主管文化方面事宜的官员。某商捐得巡检后,很快当上巡抚,乡试按例须巡抚监临,于是一个商贾成了掌握众多士子命运的官员。有人作联讥讽曰:"巡检作巡抚,一步登天;监生当监临,斯文扫地。"

捐官需要钱,一些缺钱但又想捐官的人便想方设法弄钱来捐。有的卖掉家产,有的向亲友借钱,有的几人搭伙凑钱,还有的因钱少便先捐个价廉的小官,然后通过在任上捞钱后再捐个大官。大名士李慈铭为了捐官卖掉了田产,捐了个京官郎中。汉口有两个要好的小贩想捐官,因各捐一官钱不够,就商量好先捐一个官职给其中一人。在凑得三千两银子中,甲贩出了七成,乙贩出了三成,于是捐的官给了甲贩,乙贩则当了甲贩的司阍。绍兴有个叫蒋渊如的游民想捐官,但钱不够用,就与四个朋友商议凑钱买官,说好得官后捞了钱按捐官时出资多少分成。后来,捐得的知县一职由蒋渊如担任,其他四人分别做了蒋的师爷和长随。有人作诗咏此五人捐官事云:"大掉枪花真苦心,群英会计一何深。捐官结得五人义,获利平分十万金。"

在"千里为官只为财"的清代官场上,捐官完全是以发财为直接目的。有个富商捐了个知府,引见时皇帝问他:"既然经商可以致富,你又何必捐官呢?"富商回答说:"'三年清知府,十万雪花银',经商获利虽多,但终不如做官获利优厚,而且当商人也不如当官体面,所以我才弃商捐官。"

卖官鬻爵是掌握任官之权的权要捞钱的重要手段,靠此他们把手中的官职换成了白花花的银子。庆亲王奕劻就是个卖官鬻爵的典型。他所卖的官不可胜数,"各官皆有价目,非贿不得",时人讥之为"老庆记公司"。"老庆记公司"卖官,其价格以官职大小、美恶来定。有个想求使臣之职者,行贿后对亲友说:"庆王让我当使英使者了。"亲友问他:"你花了多少钱?"他答以若干。亲友一听便说:"英市价高,你花的钱只够当出使比利时或意大利的使节。"果然,后来他被任命为使意使节。奕劻卖官不仅以官职的大小、美恶定价,有时还要看买主是谁,对有的买主就可能提价。以此,邮传部尚书空缺,奕劻示意众人,此缺当售银三十万两。盛宣怀要买,奕劻说:"别人三十万可以,你就非六十万不可。"后来经盛宣怀活动,奕劻总算答应说:"那就三十万吧,但须交现金,不收他物。"奕劻接受贿银时,颇为厚颜无耻。常常是行贿者用红纸封装上银票,当面呈交给他,并说:"请王爷备赏。"奕劻接阅后说:"您还要费心。"说毕塞进坐垫下,一场交易就算成功。

由于钱神在官场上非常活跃,使金融机构直接介入了官场生活。捐纳制度实行后,许多金店摇身一变,成为捐官引见之总汇,店内还专设了"捐柜",专门办理与捐官有关的业务。这种设有捐柜的金店,人称为"公金店",未设捐柜的金店,称为"母金店"。公金店的掌柜及捐柜的伙计们与官场的交际非常频繁,对官场规矩和捐官情况也非常熟悉。捐柜是非常赚钱的,光绪末年,各种捐例并起,各金店捐柜莫不利市三倍,大发横财。票号也有介入官场生活的,特别在晚清,票号与官场的联系非常密切。许多官僚依仗特权,将公款免息或低息存入票号,票号则对官僚个人交来的贪污所得付以优厚利息,又严守秘密。这样,官商勾结,互相得利,成为清朝政治上的一大特色。

## 谁是火烧圆明园的向导

位于北京西郊的清代皇帝的别宫圆明园从康熙年间开始营建,历经雍正、乾隆、嘉庆、道光、咸丰六朝,集中了大量人力、物力和无数能工巧匠,共建设了一百五十多年,最后建成了一座规模宏伟、景色秀丽的离宫。然而今天去圆明园,只能看见当年圆明园断壁残垣。众所周知,这是当年英法联军冲进圆明园,进行疯狂抢掠,最后火烧圆明园的后果。那么,圆明园为什么会被烧毁,是谁充当了这一罪恶的向导呢?

咸丰六年(公元1856年)九月,英国借口"亚罗号"走私船水手被扣,纵兵进攻广州,并联合法国挑起了第二次鸦片战争。咸丰十年八月,英法联军入侵北京。先是法军在北京德胜门土城外设下埋伏,偷袭清将僧格林沁率领的部分军队,结果清军大败并向海淀撤退。法军乘胜追击,八月二十一日攻占了圆明园,管园大臣文丰被逼投水自杀,当天晚上法军开始抢劫。第二天,英军也开到这里,两国军队联合起来,进行疯狂搜刮。一位法军的翻译官在其日记中描述了当时抢劫圆明园的现场情形:"他们用各种语言呼喊着,争先恐后,相互扭打,跌跌撞撞,摔倒又爬起,赌咒着,辱骂着,叫喊着,各自都带走了自己的战利品……一些士兵把红宝石、蓝宝石、珍珠和一块一块的水晶石都放在自己的口袋、衬衫、帽子里……工兵们带来了他们的大斧,把家具通通砸碎,以方便其取下镶在上面宝石。"这些强盗满装着他们抢到的金银财宝用千万辆马车,甚至连弹药箱和大炮口里也塞满了珍贵物品。大批文物珍宝被运往侵略军的故乡,其中的精品献给了英国国王和法国皇帝,剩余的东西有的在军营处理,有的在天津卖掉,一些瓷器和珐琅瓶因为太大就干脆砸了。联军反复抢劫之后还不满足,英国公使额尔金于九月三日下令焚园。这天清晨,英国密克尔骑兵团三千五百多人在圆明园到处纵火,大火整整焚烧了两天,"烟青云黑,亏蔽天日,所有庙宇、宫殿、古远建筑、轮奂辉煌、举国仰为神圣庄严之物,和其中历代收藏,富有皇家风味、精美华丽、足资纪念的物品,都一齐付之一炬,化为劫灰了。"

圆明园就这样被外国人又抢、又烧、又杀,堂堂一个皇帝离宫被夷为一片瓦砾。英法联军在洗劫了圆明园之后,却为什么又要将这个"万园之园"焚毁呢?大部分人的看法是:焚园是为了掩盖他们的强盗罪行。那么事实真是这样的吗?

其实,在焚园之前,英法双方有过争论。英军头子格兰特主张毁园,他认为:"行宫(指圆明园)虽已被掠,然所蒙损失,在一个月内即可恢复。"这就太"便宜"了满清皇帝。圆明园当时仅次于紫禁城政治统治中心,通过彻底焚毁圆明园,不仅能狠狠打击清廷中的保守派和顽固派,还可以羞辱妄自尊大清王朝。

法国头子赛托邦对此则表示异议,他感到抢劫一番已经达到目的,担心"若逼之已甚,恭王畏难逃避,将使议和决裂"。英国公使额尔金听了不以为然,甚至嘲讽这位法国朋友"不甚熟悉中国诸事",并重申只有给中国统治者留下深深的痕迹,才能使他们"脑海里留下不易泯灭的痕迹"。经过一番激烈争论,英法联军头子统一了认识,额尔金在焚园前一天通知恭亲王:"圆明园即须毁为平地。"果然,圆明园里燃起了大火,焚园后的第三天,院内余烟未尽,恭庆王就向英法侵略军乞和,这真是亘古少有的奇耻大辱。对此清廷官方史书大多隐讳不语,至今在《清史稿》等正统史料中都避而不谈。然而在一些笔记小品、逸闻稗史中却屡有涉及,其中一个重要说法,是有个名叫龚橙的汉奸把英军引入圆明园内,从而导致这场惨绝人寰的灭顶之灾。

最先透露这个说法的是近代文学家王闿运,他写过一篇圆明园长词,在该词的自注之二中有这样几句话:"夷人入京至宫闱,……贵族穷者,倡率奸民,假夷之名,遂先纵火,夷人还,而大掠矣。"从这一自注来看,还在英法联军进入圆明园之前,就有"贵族穷者"带领一帮奸党,打着外国人的旗号在这里放火。然而,这个"贵族穷者"是谁?坏人又有哪几个?王闿运没有点明。后来,与王闿运交往密切的刘成禺透露了这一秘密。他说自己曾见过王闿运的原稿,写着"有汉奸销英翁及匏叟书"这样的句子。

龚橙,浙江仁和(今杭州)人,系清代思想家龚自珍的长子,原名公襄,早年生活优裕,养成大家公子的脾气,天不怕,地不怕,看谁不顺眼,就随意辱骂谁。后来跟随父亲官居京城,想走仕途之路,然而又懒惰不肯下功夫,结果屡考屡败。仕途之路不成，他便随即跑到上海，结识了一个叫曾寄圃的买办，经他介绍，龚橙认识了英军头目巴夏礼，并出乎意料地当了巴夏礼的中国秘书。凭着这层关系，他又取得了英人头子威妥玛的好感，做了洋人的幕僚。龚橙虽然出身于学者型的官僚家庭，熟读四书五经，可是他根本不讲礼义廉耻，也没有君臣父子之道，为人狠毒，刚愎自用，人们都很厌恶他，将他看作是"半伦"。

龚橙的祖父丽正、叔父守正皆在朝中为官，父亲自珍曾任内阁中书、礼部主事等，龚家的亲戚如段玉裁等，也是学者和官员，称为"贵族"名副其实。然而，到了龚自珍时，其家庭状况开始走下坡路，一方面由于龚橙的祖父丢官，家中失去了经济支柱，而父亲自珍又是六品小京官，俸禄很薄，但他酷好结交朋友，大宴宾客，因此年甚一年，入不敷出。家庭的窘困曾使龚自珍到保定借贷。向龚家这样的书香门第、仕宦之家，穷得竟然"四年不烧年纸"，其困顿潦倒的境况，也就可想而知了。由此看来，王闿运把龚橙称为"贵族穷者"，真的是确有所指。

龚橙此人投靠洋人作威作福的确是事实，可是，他真的是引导英军焚毁圆明园的帮凶吗？

对此，有人表示怀疑。他们认为龚橙确实是依附过英人威妥玛，圆明园被焚时，威妥玛到达中国已有十九年之久。作为老资格的外交官，他曾无数次进入圆明园，对此可以说驾轻就熟，哪里还用得着龚橙引导？再说，凭着这座皇家园林的名气，英法两军中的中国通们一定不会陌生，何须龚橙再去极力"推荐"？另外根据史料记载，首先入园抢劫的是法国军队，他们是尾随僧格林沁的败兵而至，根本不是有人专门引导。

王闿运作为一位严肃的学者，他之所以在词的自注中没有写上"有汉奸销英翁及匏叟书"，很可能是因为这一消息来源不确，写上没有把握，担心引来麻烦，因而将其划掉。这恰恰说明王闿运治学严谨，不能作为龚橙导夷毁园的证据。

如果龚橙确实有如此恶行，必定会引起国人共愤，大家绝对不会保持沉默。但当时无论从哪个方面都没有龚橙作为向导的说法，看来，这桩公案，还需要更具有说服力的证据。

# 名人秘闻

## 洪承畴为何降清

　　洪承畴是明朝大将，为国忠心耿耿，但是为什么被清军活捉后，却投降大清了呢？人们常说这是皇太极的妃子庄妃的功劳。

　　明朝崇祯皇帝任命洪承畴为蓟辽总督，率兵13万抗击清军，是抗清前线八路总兵的主帅。1614年，他在松山被围困半年，战败被俘，押送到盛京。当时，皇太极野心勃勃，想吞并中原，正在寻找一位明朝重臣作为入关的"领路人"，因此，不惜一切代价劝其降清。无论是金钱，还是美女，洪承畴都不为所动，大义凛然，视死如归。他面壁而坐，不饮不食，一副等死的模样。皇太极束手无策。

　　消息传到京城，明朝举国上下为之感动。崇祯皇帝以为洪承畴已经为国捐躯，十分悲痛，停朝三日，并下令在都城外建立专祠以示纪念，并亲自写了祭文来祭奠洪承畴。谁知洪承畴并未慷慨就义，不但归顺了大清，还成为清军入关的"开路先锋"，是当时降清的官阶最高的官员。

　　洪承畴是如何降清的呢？历来说法不一，大致有两种。一是皇太极亲自劝降，一是皇太极的妃子庄妃劝降，这两种说法都只是民间流传，但其中也有许多可信之处。

　　其一是：皇太极一心想要劝降洪承畴，以便将来进攻中原和江南，于是便派汉人心腹谋士范文程前去劝降。洪承畴表示坚决不投降，宁可为国尽忠，绝食而死。有一天，范文程照例又来劝降，谈话间，房梁上有灰尘落下，掉到洪承

洪承畴

畴的衣服上,洪承畴立即小心翼翼地将灰尘掸掉。范文臣便什么也不说地回来,向皇太极报告说洪承畴决不愿意死,因为一件衣服他都如此爱惜,何况自己的性命呢? 皇太极看到有招降的可能,便亲自前去看望,诚恳地希望洪承畴能为大清效力,并脱下自己的貂裘给洪承畴披上,并关切地询问他是否感到寒冷。洪承畴深受感动,于是感激涕零,当即表示愿意归降。可以说,是皇太极的真诚感动了洪承畴,使他改变初衷,投降大清。

另一种说法是,洪承畴生来十分好色,在洪承畴被关押期间,皇太极让自己宠爱的大玉妃出马,最终获得胜利。大玉妃天生丽质,聪明多谋,作为蒙古族贝勒之女,她的身体里流淌着成吉思汗后代的血液,充满了勇敢、刚毅、信心和智慧。据说,在洪承畴绝食的第四天,朦胧恍惚间,忽然有一位汉族打扮的俏丽女子推门而入,哭泣着陪坐在洪承畴的身边。顿时,洪承畴丧失了戒心,将其视为同病相怜之人,彼此攀谈起来。洪承畴被这位美艳绝伦、高贵而又有风韵的女子吸引住了,他想到了自己的妻子、儿子和亲人,于是百感交集,泪如泉涌。

这时,大玉妃抓住机会劝解道:"死容易,活下去才困难。将军是明朝的栋梁,栋摧梁折,国家怎么办? 当前明清两国势均力敌,只要打仗就会两败俱伤,倒霉的还是百姓。如果能够保住性命,以将军的威望,从中斡旋,达成协议,和睦相处,岂不是朝廷和百姓之福吗?"

洪承畴沉思不语,大玉妃紧接着说:"将军如果不念及家人和小女子,也应该念及社稷和天下百姓呀!"

"但是"洪承畴已经有些心动,却欲言又止。

大玉妃看出了洪承畴的疑虑,便娓娓道来:"清主仁慈,决不会难为将军的。将军如果真的归顺大清,一定会得到重用,您的抱负一样可以实现。况且,明朝已经腐败不堪,黎民百姓受尽苦难。您只要归顺大清,就可以解民于倒悬。将军不用饭,可以先用些小女子带来的汤水吧。"

在她的百般劝诱下,洪承畴喝了她的汤水。谁知这不是普通的汤水,而是参汤,这一碗就可以支撑好几天,这样洪承畴便不会因绝食而亡。再经大玉妃动之以情,晓之以理,国事、家事的一番开导,终于劝诱洪承畴答应降清。这时,门打开了,"恰巧"来访的皇太极,满脸笑容,因为他十分满意这个结局。

这两种说法均在民间流传,至于是否真有此事,都无从考证。人们认为,洪承畴再好色,也不会因为"惊艳"而丧失节操。同时皇太极也不会同意自己的妃子出马去向敌人劝降。但也有史书记载,由于大玉妃劝降洪承畴有大功,受到了皇太极钦奖,看来这位妃子的确与众不同,她敢作敢当,勇于向世俗挑战。后来清军入关定鼎中原,她又下嫁皇叔多尔衮。这么看来,她劝诱洪承畴的惊人之举,就不足为奇了。

此后,洪承畴跟从多尔衮入关,攻城略地,平定江南,扫荡云贵,打败李定国,除去明桂王,为清王朝尽心尽力,驰骋疆场二十余年,终于推翻明王朝,真正成为满清入主中原的开路先锋。而庄妃便是这次胜利的最大功臣,这也是她在政治舞台崭露头角的第一次。

## 汤若望缘何被判凌迟又死里逃生

汤若望是一名外国传教士,曾凭着自己广博的知识得到顺治皇帝的信任与赏识,被尊称为"玛法"。顺治死后,他却沦落为阶下囚,并险些丧命。

汤若望在中国竭力传播基督教,但对于佛教、道教占主导地位的中国来说,这是十分困难的,并遭到很多势力的阻挠和破坏。钦天监(清代掌管天文历法的官员)杨光先就是一位心术不正,专靠诽谤为职事的家伙,他先后把一百多个无辜者投入监狱。杨光先信奉道教,从1660年开始,他就为反对耶稣基督教而四处活动,并发誓要从根本上铲除耶稣宗教,尤其是作为耶稣会北京教区区长的汤若望。

汤若望

杨光先拉拢礼部尚书恩格德,诬蔑说由于汤若望为皇太子选择的葬日不合理,引起了董鄂妃早逝和顺治帝夭亡,要求汤若望为此负责。对于这莫须有的罪名,辅政大臣鳌拜却深信不疑,因为他信奉萨满教。四辅政大臣中的另外三位也都要求处罚汤若望。

1664年4月20日,汤若望突然因为脑溢血而半身不遂,不能正常行走,连说话也含混不清。就在他丧失言语能力和反抗能力时,杨光先趁机加以打击。他写了一本名为《不得已》的诽谤之书,公开宣布汤若望及其同伙南怀仁、布格里沃和马格拉斯,还有四名中国教徒都是煽动者,其罪名为谋逆罪、散布谬误的道德伦理和错误的天文历算。

汤若望及其同事被逮捕起来,由于有皇帝的命令,汤若望没被戴上枷锁,但他的同事每人都被九条铁链锁住。铁链十分沉重,使人坐卧不安,只能整天趴在地上。每个被关者都有五名卫兵昼夜看守,审问时又必须连续数小时跪对审判官,这对半瘫的汤若望来说是苦不堪言。

当他们入狱时,天空中出现了一颗彗星,在中国人看来是极其不祥之物,这是一种警告。并且还有一股巨大的沙暴刮遍北京,连刑部的大院都落满尘沙,于是刑部希望尽快结束这场审判。

这时,狱中的南怀仁被突然松绑,他接到命令从牢窗的小孔中计算下一个日食的时间和规模。刑部的官员企图让神甫在这种过于简陋的观测条件下工作,以使他们在计算上失误,从而证实基督徒在传播错误的天文历算。在狱中,南怀仁一直细心照料比他大二十六岁的危在旦夕的汤若望。在审判时。他充当汤若望的大脑和喉舌。南怀仁在狱中依照欧洲的历算学方法,由不能言语的汤若望当顾问,终于测出下一次日食的时间。同时中国和阿拉伯学者们也各依其法进行了测算。

中国天算学家预告:2 点 15 分

阿拉伯天算学家预告:2 点 30 分

耶稣会神甫预告:3 点

朝内的重要官员齐集观象台上,都想弄清在中国、阿拉伯和欧洲的三种天文计算中,究竟谁属谬误者?这对正遭到厄难的耶稣会神甫来说,则是生死攸关的问题。一名卫兵取下南怀仁的手铐脚链,放下脖子上的枷锁,教士们被允许在监牢内观察日食情况。汤若望仍然躺在牢内喘着粗气,不时陷入昏迷。真相大白的时刻逼近了,猛然间,一个站在时刻表前的人喊道:"现在是中国人测报的时刻,2 点 15 分,无日食发生,16 分、17 分、18 分……"大统历的计算方法被排除在正确之外。

"现在是回回历的测报时间,2 点 30 分。"然而太阳上并未出现丝毫影子,失望的观察者还在等待,5 分、10 分、15 分……阿拉伯人也被击败了。

"3 点整,现在到了你们的预报时间。"牢内的大官盯着汤若望,恰巧此时他刚醒。3 点整,第一线影子投到太阳上,这只是神甫们的第一个胜利。影子越来越大,逐渐遮盖了整个太阳,这又是一个胜利,因为神甫们预报将是日全食,而中国和阿拉伯学者都预报是日偏食。

邸报将神甫们的胜利消息传遍全国,大统历和回回历的天算家们被击败了。刑部官员们无视已经出现的事实,仍聚众议决欧洲历算学家的正确与否,可笑的是他们对西方的数学和天文学知识近乎茫然。南怀仁向中国官员保证,将准确报出昼夜一般长的春分时间,以此证明欧洲历算法的优越性。然而这些人就像被烫伤的小虫害怕再见到火一样,他们只知道谴责汤若望和他的科学。

不久,汤若望被判斩刑,鳌拜将其改为凌迟。凌迟是中国最残酷的刑罚,即在人活着的时候就分割身体。汤若望将被一刀刀割死,为延长死亡过程,还要用烙铁和热油去止血。而他的同事则被判一百棍,驱逐出境。

正当汤若望的死刑判决被送到十一岁的康熙皇帝面前时,上午十一时,天和地又开始发生变化。天空中又出现一颗彗星,拖着长长的尾巴;地面发生了一次大地震,持续长达三天,北京城和皇宫晃得像一条海上的船。监狱的墙塌了,卫兵们吓得惊慌失措,房屋在强震中像纸牌一样成片坍倒。土地到处出现大裂口,城墙多处毁坏,火灾四处蔓延。尤其令人可怕的是,一股飓风夹带着沙漠的黑云遮天盖地而来,皇宫内的大臣、贵戚和宫女都吓坏了。皇帝的祖母孝庄太皇太后带着小皇帝康熙跑到外边,住在瓦砾间的帐篷内,年老的皇太后哭着说:"这是天谴呀!"

在老天爷的无情打击下,辅政大臣们不得不退却,最后放弃处死汤若望的决定,将他释放,汤若望就是这样死里逃生。

## 郑成功是怎么死的

中国历史上收复祖国宝岛台湾的民族英雄郑成功,在台湾仅生活了一年,即猝然死去,年仅39岁,令人深为惋惜。关于他的死因,后人的笔记中记载极为简单,又有可疑之处,因而导致了种种猜测,且各执一词,使之更加扑朔迷离,令人费解。

郑成功的父亲郑芝龙原是个"流民""海寇",1628年受明朝招抚,维持沿海治安,因屡建奇功,官至都督同知。1644年清军入关,第二年明朝的唐王在福州称帝,改元隆武,封郑芝龙为建安伯。这时郑芝龙带着郑成功引见,受到唐王的赞赏,赐姓"朱"、名"成功",民间称为"国姓爷"。受到如此浩荡皇恩,郑成功刻骨铭心,永志不忘。1646年,清军擒获唐王,郑芝龙见大势已去,叛明降清。父亲的这一做法,遭到郑成功的反对。他坚决不投降,便独自乘船到南澳,招募兵马反攻，并取得了澳门作为根据地，继续奉明正朔，从此与郑芝龙分道扬镳。父子间政治上的分裂，并不等于郑成功摆脱了"父为子纲"封建礼教的桎梏，其内心的痛苦与矛盾是很难想象的。

郑成功收复台湾后，郑氏兄弟间出现了裂痕，尤以郑泰、郑明俊为最。父亲反叛，兄弟间貌合神离，郑成功痛心疾首。与此同时，郑成功家中也出了件丑事，即其子郑经与乳母陈氏私通。郑成功起初不知，后经人告发，随即下令处死郑经、陈氏等人。郑经知道后，便立即与自己的幕宾商议，不但此事被他一一搪塞过去，而且还对郑成功说，若父亲要一意孤行，自己则准备与清军妥协。遭到这样的打击，性格刚毅、崇尚礼数的郑成功郁积在胸，久久不能释怀。

郑成功的身体状况一直良好，他在1661年初率军攻占台湾，使盘踞在台湾的荷兰侵占者投降，郑成功"率部围城七日"，仍"面无倦色，指挥如常"。收复以后，郑成功着手台湾的建设和开发，短短一年内，"军民足食，台湾从此日益兴旺"，"众皆信服"。倘若没有健康的体魄，过人的精力，是不可能有这样的建树的。

另一方面，郑成功在收复台湾的过程中，既要率部抗清，又要筹划收复台湾的大计，连年征战，殚精竭虑，超负荷的工作，严重地损害了他的身心健康。台湾收复后，百废待兴，政务繁杂，最后导致他"积劳成疾，一病不起"。

郑成功患病初期，病情并不严重，常常出屋登台观望，或坐下看书，有时还饮些酒。但郑成功不肯吃药。估计是有人在酒中下毒，几天后毒性发作。这时郑成功的心腹马信又端来一碗药，说是清热解毒，治疗暑热十分有效，郑成功毫无怀疑，当即喝下，却突然癫狂，咬断手指而死。更加奇怪的是郑成功死后5天，马信也无病而死。因此，很可能是有人买通马信杀害郑成功，待成功后再杀死马信达到杀人灭口的目的。那么，究竟谁想致郑成功于死地呢？

从郑氏集团的内部矛盾，可以推测，岛内一直有人企图谋害他。郑成功性情暴烈，用法严酷，被他处以极刑的既有他的部下，也有他的长辈，尤其是他身边的一些郑氏高官对他极为不满，心怀鬼胎，如郑泰就是。郑泰长期掌握着郑氏集团的财政大权，曾极力反对郑成功收复台湾，一直和他貌合神离。在郑成功收复台湾开始的时候，郑氏集团财政相当困难，他却把三十多万两白银暗中存在日本以备他用。郑成功去世后，他伙同郑袭、郑明俊等人伪造遗命诛讨郑成功的儿子郑经，并把傀儡式野心家郑袭抬出来继承郑成功之位。后来阴谋失败，郑泰入狱而死，郑明俊等则率众投清，并卷走大量钱币。由此推断，郑成功之死,很可能是郑泰等人谋杀致死。

那么,这样一件很容易侦破的谋杀案,为何当时没弄个水落石出呢?按当时局势来分析就可知晓。郑经在其父死后,立即投入对付郑泰的叛乱活动,关乎生死存亡,没有时间去破案。郑泰事败,郑经发现他还在日本存有三十万两巨款,必须趁热打铁,千方百计追回这笔巨款;同时,郑经本人因奸情被其父下令准备处死,可能暗中就在庆幸其父之死,而不急于为郑成功弄清死因真相。这就是郑成功死因在当时未能认真追究的背景和原因。

当然,郑成功是否真是被毒死的,还不能完全确定。有人说郑成功其实是病死的,至于得的是什么病则众说纷纭,有的说是偶感伤寒,有的说是结核病、恶性疟疾、流感等,还有外国学者说是"疯狂病"。但这些说法都缺乏直接确凿的证据,令人难以相信。

此外,还有人认为,郑成功当时面对众多事情,压力极大。父亲叛降、兄弟不和、儿子通奸,更严重的是儿子也想叛降。对明朝忠心耿耿的郑成功自然决不允许自己的亲人叛降,而此时又听说明朝的最后一个流亡政权的永历皇帝蒙难,一时之间失去依托,精神极度空虚。清廷下令实行海禁,封锁海路,使台湾孤岛发生粮食恐慌,造成危机。同时,郑氏祖坟被清廷掘毁,郑成功的父亲和弟弟辈十余人在北京被处死。郑成功得知后,悲痛欲绝。凡此种种,令郑成功心力交瘁,极度虚弱。在这种情况下,感染患病,最后不治而死。

客观地说,郑成功在这一年死去,无论对台湾,对郑成功本人来说,都是危机四伏的多事之秋,形势极度严峻复杂。至于他的死,不管是毒死还是病死,种种说法都令人似乎不能不信,又不能全信,成为历史上的一个难解之谜。

## 康有为是怎样脱险的

康有为,原名祖诒,字广厦,号长素,又号更生。清咸丰八年(1858年)出生于广东南海一个官僚地主家庭,父亲早故,从十一岁起跟随祖父康赞修读书,其后受学于朱九江,打下了很好的古学根底,书法也很有特色。清政府江河日下的局面,深深触动了这位青年学子的内心,他开始重视"经世致用"之学,盼望有一天能为羸弱的国家出力。1891年,康有为在广州万木草堂聚徒讲学,著书立说,奠定了维新变法的理论基础。

甲午战争后的第二年,清政府和议全权大臣李鸿章与日本首相伊藤博文签订了丧权辱国的《马关条约》。消息传开,全国舆论哗然。当时正在北京参加会试的康有为,在梁启超等人的协助下,联合广东、湖南一些举人,上书劝说光绪帝不能批准这个条约。这就是有名的"公车上书",康有为提出拒和、迁都、练兵、变法的主张,先后在京沪组织强学会,发行《强学报》,倡导维新。后来,他又单独上书,由都察院代奏,光绪帝看了奏书后,十分赞同他的看法。

在慈禧太后淫威下长大的光绪帝,对清廷的腐朽没落忧虑重重,从变法主张中看到一线生机。他不甘心一辈子作傀儡皇帝,力图有所作为,因此,积极支持康有为、梁启超的维新变法。此后,康

康有为

有为逐渐成为资产阶级维新派的主要代表,主张变法改良救国图强,是戊戌变法的核心人物。1898 年,康有为在北京成立保国会,提出"保国、保种、保教"的口号。光绪帝接受康有为的变法建议,于 1898 年 6 月 11 日下诏宣布变法,颁布《明定国是》诏,拉开维新变法序幕。在一百零三天的变法期间内,光绪帝共发布改革谕旨一百八十条左右,最多的一天竟发布十一条谕旨。改革内容涉及国家生活的各个重要方面,直接触及顽固分子的切身利益。慈禧太后名义上还政光绪,但在正式变法的第四天,就逼迫光绪帝下旨将协办大学士、户部尚书翁同龢革职,任命荣禄为直隶总督,规定授任二品以上官员须向慈禧太后谢恩。慈禧太后借此牢固控制官吏任免大权,加强顽固守旧力量,削弱光绪帝的权力和支持力量。光绪帝依靠康有为等维新派与顽固派艰难地斗争着。光绪帝向封建官僚体制开刀,裁撤臃肿机构与冗员;提拔杨锐、刘光第、林旭、谭嗣同等维新人士,加强变法力量。康有为被任命为"总理衙门行走",提出设制度局、废八股、修铁路、译书、游学等主张;设卿和学士之职,促进维新人士参政,开懋德殿成立变法指挥中心等改革建议,支持光绪帝把维新变法推向纵深发展。维新派的变法内容触动了封建守旧势力的利益,慈禧太后害怕光绪帝变法之机发展势力,威胁她的权利,暗中部署发动兵变,准备 10 月 19 日乘光绪天津阅兵之

机,废掉光绪,夺回权位。

　　光绪帝深感形势危急,接受康有为的建议,拉拢荣禄手下重要将领袁世凯反戈,保护维新事业。经康有为联络,9月16日、17日光绪帝两次召见袁世凯,加官晋爵,赞誉勉励;袁世凯表示要效忠皇上。慈禧太后一直在光绪帝身旁安插耳目,监视他的一举一动。慈禧对袁世凯受封格外警觉,急忙命令荣禄调动嫡系部队进驻京津。光绪帝也预感会发生不测,9月17日给康有为一道密诏,命他立即离京,日后再图大业。9月18日,谭嗣同夜访袁世凯,要他"锢后杀禄",挽救皇上,袁世凯假意答应。9月20日,光绪帝在袁世凯离京之前召见他,千叮万嘱,命他保卫圣躬。傍晚,袁世凯回到天津,立即向荣禄告密,荣禄连夜赶往颐和园报告慈禧太后。9月21日凌晨,慈禧率卫队冲进紫禁城,发动政变,囚禁光绪帝于瀛台,下令捉拿维新党人。康有为提前离京,谭嗣同、林旭、刘光第、杨锐、康广仁、杨深秀"六君子"因变法而慷慨就义。那么康有为是怎样逃出虎口的呢?

　　康有为接到光绪密诏后,9月20日早晨化妆离开北京,傍晚抵达天津塘沽,9月21日乘船去上海。因此,戊戌政变后,清兵包围康有为的南海会馆扑了空儿,只抓住了康有为的弟弟康广仁。荣禄听说康有为乘重庆轮去上海了,急忙发电报命令烟台道和上海道缉拿他。

　　康有为此时不知北京发生事变,一路上心情轻松,船过烟台时,还登岸观景。上海蔡钧接到密电,紧急部署抓捕方案,他还向驻沪英领事求援。英国领事白利南早就听说过维新派精英人物康有为,十分钦佩他的才学和改良勇气,决定帮助他逃走。白利南派人持蔡钧提供的照片,提前登上重庆轮,找到康有为,说明紧急情况,将康有为转到英国渡轮"琶理"号。重庆轮驶进吴淞口,蔡钧派人冲上轮船抓捕康有为时,得知康有为已被英国人转移到"琶理"号英国轮船上。蔡钧十分恼火,他要求英国人交出康有为,被严词拒绝,他碰了一鼻子灰后,只好向荣禄如实禀报。

　　当时传说光绪帝已经遭到幽禁废黜,而且将被杀掉,康有为便起草了遗书,立誓以身殉节,投海自尽。英国人告诉他这些都是误传,康有为这才在英轮的保护下转道香港,以后又逃亡到日本。李鸿章约见来访的日本首相伊藤博文,提出交回钦犯康有为的要求,被伊藤博文拒绝。清政府再外国列强面前向来低三下四,哪敢争辩?康有为得以在海外安全著书立说,宣传变法。

　　后来,康有为又流转到南洋,遍游欧美各国。所到之处,都用尊皇保国作为号召,设立保皇会,创办报纸,收集经费计谋再次举事,屡次遭到艰难险阻而不稍停。康有为以自己的实际行动,实现着心中的理想,那就是建立民主与平等的共和国,他将以毕生精力投入到神圣的革命事业之中去。

## 陈圆圆是怎么死的

"恸哭六军俱缟素,冲冠一怒为红颜。"这两句诗说的是明末清初,李自成率部攻占北京城,崇祯皇帝自缢身亡,明王朝覆灭,驻守辽东的总兵吴三桂虽然接到李自成的招降书,也有意欲降,但仍然率领精锐部队滞留山海关,迟迟观望。就在这时候,他听说自己的爱姬陈圆圆被李自成部刘宗敏所掠,立即反目降清,并率部引清军入关,围剿李自成。那么这位绝代佳人陈圆圆的最后结局如何,传说纷纭,谁都说不清。

据说吴三桂从皇亲田弘遇手中得到陈圆圆后,心花怒放,一直将陈圆圆视为心肝宝贝,并想将她一同带去山海关。但当时时局紧张,外有清军大兵压境,内有李自成起义军烽火连天,吴三桂只得听从父亲吴襄之劝,将陈圆圆留在北京父亲府中,暂作权宜之计。打算一旦局势缓和,立即将她接到身边。

哪知道,李自成大军一路所向披靡,势如破竹,很快便攻占北京城,灭掉了明

陈圆圆

朝。李自成手下大将刘宗敏垂涎陈圆圆已久,乘机到吴襄府上将陈圆圆掠走,攫为己有。这期间,李自成有意招降吴三桂,吴三桂也有意归顺李自成,偏偏刘宗敏坏了大事。李自成招降化为泡影,吴三桂则决心与李自成为敌。他不惜降清,放弃山海关,引狼入室。结果清军得以大举侵入中原,建立了清王朝。陈圆圆作为李生成与吴三桂讨价还价的筹码,幸得不死,又回到吴三桂身边。

李自成兵败退出北京后,吴三桂奉清政府之命,向陕西、四川进发,重新回到吴三桂身边的陈圆圆随军同行。吴三桂带兵追杀南明永历皇帝,直至将其父子双双勒死,扫除了清廷的一大隐患。后来,吴三桂被清政府封为平西王,镇守

云南,成为一方藩镇。清廷为了拉拢吴三桂,将他的原配夫人封为福晋,又把和硕公主下嫁给他为妻。吴三桂不忘旧情,将陈圆圆也一同带到云南。为了取悦陈圆圆,吴三桂在昆明占据五华永历故宫,供其居住,并大兴土木,毁坏了无数云南当地人的坟墓,占地数百里,修建豪华宫殿。

晋爵为王的吴三桂,一心想要将陈圆圆扶上正妃的位置,陈圆圆婉言推辞。后来吴三桂娶了一位悍妒绝伦的女子,引起众妻妾的不满,搞得府上乱成一团,只好将其处死。秉性聪慧的陈圆圆见此情景,便屏谢铅华,顺适其意,一个人独居在小院落中,不与别的妻妾争宠。平日里陈圆圆对待吴三桂的众位妻妾,也是毕恭毕敬,亲如姊妹。

在王府的一段时间,陈圆圆极富极贵,过了一段养尊处优、无忧无虑的日子。然而,后来她发现吴三桂野心膨胀,纵情声色,又把"四面观音""八面观音"等美女揽来供他自己淫乐,于是下定决心吃斋念佛,不与他人争宠,摆脱红尘烦恼。吴三桂因康熙皇帝撤藩而谋反时,陈圆圆虽然有所觉察,但自感力不能禁,便以年迈为由,向吴三桂请求为女道士。得到吴三桂的允诺,陈圆圆旋即离宫来到山林,随玉林禅师做了尼姑,法名寂静,入住昆明城外的三圣庵。从此以后,陈圆圆整日以药炉经卷为伴,晨夕焚修,为善是乐。

后来,吴三桂兵败病死,家籍被抄,陈圆圆并不在斩杀之列。清将蔡毓带兵去三圣庵抄查古玩,偶遇陈圆圆。他见陈圆圆风韵犹存,便引动色欲,欲行不轨。陈圆圆此时早已看透了无常的人世,万念俱灰,岂能再次受辱?于是,悲愤已极的陈圆圆,投莲花池自尽。

陈圆圆死后,传闻很多。有的人说,李自成为了招降吴三桂,知道他十分宠爱陈圆圆,因此在率军进入北京时,便命随行人员带来包括宋献策、牛金星等在内的高级官员,以及16名受保护的妇女。当天傍晚,李自成等均出宫。在这16名妇女中就有一位吴陈氏,即吴三桂的尤物陈圆圆。还有的说她早在李自成农民军进入北京时,便死在宁远了。至于她被刘宗敏所得,以及刘宗敏为得到她而拷打吴三桂之父吴襄,纯属子虚乌有。

"自古红颜多薄命,净土一抔葬香魂",但是陈圆圆这一代名优,究竟是在宁远命归阴府,还是在云南碧落黄泉,实在很难确定。有的说她死于苏州原籍,有的说她死于上海,有的说她葬于陕西,有的说她葬于四川,不一而足。比较而言,死于昆明一说较为可信。但是,经后人考查,无论在苏州,在上海,还是在昆明,都没有发现陈圆圆的墓地,史料中也难觅芳踪,因此,直到如今,陈圆圆究竟死于何地,葬于何处,仍是个未解之谜。

## 柳如是为何自缢

柳如是生于明万历四十六年(1618),本名杨爱,由于家境贫困,年仅十岁就被卖到娼寮。在几经周折之后,她终于找到了真正的爱情,嫁给了江南"文坛领袖""风流教主"钱谦益。为了避开家族纠纷,柳如是提出另建新居,钱谦益欣然听命。但他虽曾居高官,却也只是个京城内供职的文员,俸禄有限,又遭贬官多年,积蓄并不丰裕。所幸其家中富有藏书,且多是些秘籍珍本,尤其珍贵的是宋版前后汉书,当时可算是传世孤本,价值甚高。他为了博取柳夫人的欢心,竟忍痛割爱,将珍本汉书出售。

柳如是

崇祯十七年初,李自成农民军进逼京畿,清军铁骑频频叩关,明军屡遭败绩,战况传来,江南个个人心惶惶。一时间,谈兵论战成为江南士大夫们标榜风雅的时尚,但多属纸上谈兵,堪任将才者寥寥无几。柳如是对危难的时局忧心如焚,多次与老夫君"洞房清夜秋灯里,共简庄周说剑篇",共商匡扶危局的计划。钱谦益骨子里虽说胆小怕死,但在夫人面前不甘示弱,甚至上疏愿以花甲之年领兵出战,无奈朝政乱成一团,根本无人理睬此事。柳如是按捺不住一腔报国激情,于二月春寒时节携丈夫出游京口,详细考察当年宋将韩世忠和梁红玉夫妇大破金兵的旧战场,欲以巾帼英雄梁红玉为典范,在敌兵向南进攻时为国尽忠效力。夫妇二人在灵岩山上"扫积叶,剧苍藓,肃拜酹酒而去",此番跋山涉水的实地考察,对于一双纤细小脚的柳如是来说,可谓万分艰辛,这更证明了她刚烈之性迥非俗辈。而相形之下,钱谦益却远乏韩世忠的胆略和武艺,伴夫人此行不过逢场作戏。

三个月后,李自成农民军攻占北京,崇祯皇帝自缢,江南士大夫闻凶皆自危,有的集结武装力量准备抵抗,有的逃入山林遁人禅门,更有投河、自刎、上吊以及采用各种方式殉国者。柳如是既无兵卒可效梁红玉,便只好苦劝丈夫自溺

·清朝秘史·

图文珍藏版

殉难，以全大节。但钱谦益怕死成性，畏缩不敢，柳如是见丈夫如此懦弱，愤然跳入水中，幸好被家人救起。几十天后，局势再变，清军与降将吴三桂击败农民起义军，进而挥师入京，改元清顺治元年（1644年），明朝统治至此结束。明朝的亡国遗老们纷纷南渡长江逃入金陵（今南京），阉党拥立昏聩无能的福王朱由崧为帝，改元弘光，史称南明。南明小朝廷畏敌如虎，不仅未能组织江南士民和武装力量抗清，竟然提出划长江为界，各占一半，企图重蹈中国历史上南北两朝割据的覆辙。这样的建议无疑使南明王朝尽失人心，武装力量分崩离析，各自为战，甚至自相残杀。清廷已胜券在握，断然拒绝了议和主张，挥师南进，势如剖瓜破竹，直抵长江北岸。此时，南明小朝廷内仍在忙着内部的争权夺势，钱谦益竟是内部倾轧的活跃人物。

钱谦益不择手段地弄权于弘光小朝廷，终于实现了入相的夙愿。他志忑不安地返回与柳如是共建的"绛云楼"，携柳夫人赴任。柳如是先为丈夫能被重用而欣喜万分，但很快得知了他以东林人士之血换取高官的事实真相，盛怒之下在进入南京城时，当着前来迎接的文武官员和街上的百姓，竟"戎服控马，插装雉尾，作昭君出塞状"。众人不解其意，一时南京城内议论四起，认为穿胡服乃亡国的凶兆。而她这番打扮的弦外之音，则是以历史上王昭君出塞远嫁匈奴为比，表明自己不惜以身事满人来换取大明江山，借此耻笑南明政权中无抗清之人。实际上，当耻笑者，正是她的丈夫钱谦益。

不久，清将多铎率军攻占南京，南明王朝土崩瓦解，福王出逃被擒，大学士王铎和礼部尚书钱谦益率领百官出城跪降。钱谦益供职南明朝廷后的第一件大事，竟是率队代表南明政府跪在清军的马蹄之下！多铎入城后，降臣们争着进献珍玩古物，以示对大清的臣服，钱谦益也不甘人后，奉献金银宝器并古玩百余件。是年秋天，清廷谕旨降臣到北京授职。北行之日，秋风惨淡，四野白骨抛散，清军战旗猎猎，刀剑闪光，押送众多降臣默然而行，好似出殡。众降臣携带妻妾随行，唯有柳如是坚决不肯。她不畏惧杀身之祸，只身穿着大红衣衫站在路边为丈夫送行，这在当时杀气腾腾的清军面前，不啻举起一面反清复明的大旗，因为朱明王朝的"朱"字即红色之意，此举足令在场的降臣目瞪口呆，惭然失色。柳如是本想当场羞辱降臣，激怒清军，然后慷慨殉节，孰料，初入中原的满族兵将并不明白其中寓意，使她幸免于难。

面对柳如是这一壮举，南明文武降臣个个惭愧不已，钱谦益更是无地自容。钱谦益走后，柳如是心胆俱碎，愤不欲生，既憎恶一班伪君子的道德名节，更鄙视丈夫的寡廉鲜耻。当时钱谦益已在北京授职礼部侍郎,不久又调明史馆任副总裁,供职仅两个月,后无意做官,利用史馆之职搜集了许多图书资料,遂告病匆匆南归。从此,他在绛云楼废寝忘食,一心修史。顺治七年十月初二夜里,钱谦益的幼女(柳如是所生)和奶妈在楼上嬉戏,不小心将烛芯落入纸堆中,顿时引起一场大火。等到钱柳夫妇在楼下惊醒并急唤人扑救时,烈焰已冲天而起。及至天明,绛云楼和半野堂已烧成灰烬,这座江南最富有的个人藏书楼连同万卷珍贵图书从此灰飞烟灭。钱柳夫妇对此心疼不已,修史之志遂成永憾,幸存的一些珍本也大多典当换钱,以维持生计。

此时,迟暮之年的钱谦益已如平阳之虎,无权无势,只能听凭命运的安排。在他去世之前,已是债台高筑,债家三天两头地登门逼债。康熙三年五月二十四日,钱谦益因贫病交加死于家中,终年八十五岁,而柳如是时年未及五十。钱谦益在病沉弥留之际,乡间恶霸钱朝鼎等人多次来到钱家索逼钱物。其尸骨未寒,钱朝鼎等人气焰更盛,当着柳夫人之面,捆绑其家人,将灵堂变成刑堂,棍杖敲扑,追逼旧债,而且唆使钱家旧日友人骗去官银官契。陈夫人等一班内眷失爱多年,早已对柳如是恨之入骨,每日堵门叫骂不绝,几欲操刀杀人。在风刀霜剑的凌逼之下,柳如是强忍怒火,从容收敛丈夫尸体,安排好后事,准备以死相拼。

六月二十八日,钱朝鼎率一群恶奴再次临门逼债。柳如是呵退恶奴,只身进入内室,咬破手指,立下一封血遗嘱,然后解下腰间孝带投缳自缢,其情景惨不忍睹。一代风流,玉殒香消,余恨不尽,是日距钱谦益之死仅两个月。钱谦益和柳如是分葬于虞山故宅的拂水崖下,两墓相距不远。许多年后,柳墓还时常有人洒扫祭拜,而钱墓则荒冢废祀,杂草森森。

## 曹雪芹家族因何败落

众所周知,曹雪芹是在食不果腹,饥寒交迫的情形下写成《红楼梦》的,那么,他本来就是出身贫穷吗?

其实不然,曹雪芹出身名门,是高官厚禄的大户人家。他们家是满洲正白旗人的"包衣",包衣是清朝入关后,满族的所有战俘奴隶的总称。这个阶层中,既有低下的奴隶,也有显赫一时的世家豪族,主要是取决于他们给谁做奴隶。曹雪芹的祖上是皇室的包衣,这给他们带来了无上的荣宠。曹雪芹的曾祖母曾经是康熙的乳母，康熙从小在自己的乳母身边成长，对她有无限的依恋之情，两人就像母子一般。曹雪芹的祖父曹寅从小和康熙一块儿长大，读书时又是康熙的伴读，深得康熙信赖。因此，曹家的荣辱是和康熙紧密联系在一起的。

康熙在位的60年，是曹家的鼎盛时期。由于有乳母的关系，康熙对曹雪芹的曾祖父也十分赏识，委以重任。从曹雪芹的曾祖父开始，三代人都担任江宁织造，专门负责皇室全部衣物的采购与制作。曹雪芹的两个姑姑幸运地被选为王妃。康熙六次南巡，有四次住在江宁织造署内。署院坐落在南京会城内利济巷大街，是座外有围墙，内分三路的豪宅，院内亭台楼阁鳞次栉比，在江南也是"红尘中一二等富贵风流之地"。在江宁，康熙曾亲笔为曹家题字"瑞萱堂"，以示自己对乳母的敬重。曹雪芹的父亲曹頫除袭任江宁织造，还兼巡视江淮盐政之职。品职虽然不高，却也是令人艳羡的肥缺，可谓权利双收。曹雪芹取名为"霑"，意思是沾了皇家雨露甘霖之恩，期望日后更加发达。幼年时代的曹雪芹，过着锦衣玉食的生活，从未吃过一点苦。

人们不禁要问，曹家究竟因何败落了呢？

据说，曹頫获罪是因为他得罪了山东巡抚塞楞额。雍正五年十一月，塞楞额向朝廷上奏，说曹頫骚扰驿站，并且有勒索的嫌疑。还没等曹頫写本申辩，雍正便派隋赫德代替其织造职务，查没其家产，捉拿他的家人，根本不容解释。于是曹家结束了五十八年的显赫岁月，离开了生活三世的织造衙门。

从雍正下的谕旨中我们可以看出，在曹頫获罪的罪状中写着"曹頫行为不端，亏空织造款项甚多"，"将家中财物暗移它处"。但是当时官场上，有谁不贪污，不捞点油水呢？按一般情况而言，应该不会遭到如此重的惩罚。于是人们猜测，曹家被查封是否有什么隐情呢？

雍正继位后，力图革除康熙晚年的吏治积弊，大力推行"耗羡归公""改土归流"等措施，并委派心腹胤祥清理钱粮。雍正下旨："凡有亏空，无论已经参出及未经参出者，三年之内务如期补足，毋得苛派民间，毋得借端掩饰。如期满不完，定行从重治罪。三年补完之后，若再有亏空者，决不宽贷！"当时全国都在清查亏空，朝野内外很少有漏过的。而曹頫负责的织造衙门采买任务很重，实在受不了皇宫内廷的屡屡索取，银钱入不敷出，自然难免亏空，再加上他本人不善理财，被查出亏空三万两银子，这也是他自己咎由自取。

关于曹頫"将家中财物暗移他处"，也是事出有因的。雍正四年，他购置的绸缎"粗糙而分量轻"，被停发一年俸禄，并勒令赔偿。雍正五年，他采购的御用石青褂严重褪色,被再罚一年俸禄。到此地步,曹頫真是无力招架了。

　　也有人说是因为雍正排除异己,打击朋党。那么,曹頫是朋党吗?属于雍正重点整治的对象吗?雍正上台以后,主要是清除威胁皇位的胤禩、胤禵,以及他们的门客。曹雪芹的先祖只是康熙的奴仆,根本不可能进入贵戚朋党之列,所以也不是雍正进行政治清理的主要对象。

　　从被查抄时的情况来看,曹頫是在财源干涸的困境下,想多捞点油水,以备资金周转,因此而"骚扰"了山东长清一带。但是,不幸的事情发生了。就在雍正严厉整顿吏治的风头上,曹頫的行为立即遭到了山东巡抚的弹劾,以致革职抄家。但很快,雍正让曹頫一家进入北京,分给他一套住房,并酌量拨给养家糊口所需的钱粮。曹頫并未入狱,也没株连亲人朋友。因此,我们可以想见,曹頫的罪过不是十分严重,只不过是纯粹的经济上的过失罢了。但不幸的是,曹頫刚好闯到了雍正"整顿吏治"的枪口上了。从此以后,曹家只能靠内务府的赐银和朋友们的接济过活。

　　乾隆即位以后,曹家借康熙的余荫有过一段短暂的"复兴"之势。历经雍正朝煎熬磨砺的曹家一夜之间又过上了醉生梦死的生活。然而好景不长,五年之后,曹家又在皇室之争的涡流中,充当了替罪羊,以致家道彻底败落。曹雪芹的生活也发生了极大的改变,就如做梦一般。他虽然以皇族内亲的身份挂个"内廷侍卫"的虚名,又在右翼宗学当瑟夫(相当于今天的大学助教),但由于他不善言语,不会逢迎拍马,没过几年,便受人排挤而辞职回家。对于曹雪芹这样从小养尊处优的富家大少来说,生活的艰辛逐渐显现出来。由于他在家里不会安排生计,很快便穷困潦倒了。

　　正是曹家富有戏剧性的遭遇,给曹雪芹提供了一个看透大千世界变化莫测、认识人世间真实本性、人情冷暖的绝好机会。生活的坎坷和磨炼,造就了千古奇才和不朽巨著《红楼梦》!

## 《红楼梦》是曹雪芹所作吗

　　提到《红楼梦》,人们都会想到是曹雪芹的巨著,但海内外的"红学家"们逐渐开始产生怀疑,此书的作者或许另有其人。

　　乾隆甲辰(1784 年)年间,《红楼梦》的抄本梦觉主人说道:"说梦者谁?或言彼、或言此。"一时之间,关于《红楼梦》作者是谁,众说纷纭,莫衷一是。

首次以木活字刊印《红楼梦》的程伟元和高鹗在他们的刊印本序言中说道："作者相传不一,究未知出自何人,惟书内记曹雪芹先生删改数过。"这是最早认为《红楼梦》是曹雪芹所作之处。

帮助曹雪芹整理书稿,并多次批阅《石头记》的脂砚斋,在《石头记》的这个缘起上批道："若云曹雪芹披阅增删,然则开卷至此这一篇楔子文字谁撰?足见作者狡猾之甚!后文如此处者不少,这正是作者用烟云模糊处……"后来的研究者"牟山樵子"据此认为,此书确实是曹雪芹所撰,虽然书中说是前人所作,这只是推脱之词,是曹雪芹恐怕遭受来自朝廷的迫害所说的虚妄之言。

最早确认《红楼梦》作者为曹雪芹的,有康熙第十四子胤禛的孙子永忠(1753~1793)和生于乾隆五年(1740年)左右的永忠内弟、都统傅杰之子明义。永忠在所著的《延芬室集》中有《因墨香得观红楼梦小说吊雪芹》绝句三首,墨香名叫额尔赫宜,是曹雪芹好友敦氏兄弟的幼叔,永忠通过他看到了曹雪芹著的《红楼梦》。而明义在《题红楼梦》诗二十首小序中说道"曹子雪芹出所撰《红楼梦》一部"。可见,当时是有人肯定《红楼梦》系曹雪芹所著无疑。

1921年11月,胡适在他的《红楼梦考证》中指出,《红楼梦》是曹雪芹所著。后来,鲁迅又在《中国小说的历史的变迁》中确认了这项研究事实。从此,在大多数人的脑海里都公认曹雪芹是《红楼梦》的作者,这已经是不争的事实。在此之后,又有不少红学家和考古学家,根据这个线索,不懈努力,发掘出大量的史料,整理出许多有价值的证据,不仅证明《红楼梦》是曹雪芹所作,而且对曹雪芹的生平和家世都做了深入的探索。

尽管胡适、鲁迅和许多学者都有不少证据证明,并且也获得了大多数人的认可,但对此提出疑问的也大有人在。蔡元培在他所著的《石头记索引》六版自序中说,《红楼梦》全书的作者并不是曹雪芹。王梦阮在《红楼梦索引》提要中说,这本书的确经过曹雪芹之手,但一开始初创之人并非曹雪芹。1979年,戴不凡连续发表名为《揭开<红楼梦>作者之谜》和《石兄与曹雪芹》,再次旧话重提,重新对曹雪芹著《红楼梦》一说提出质疑。

对于《红楼梦》的作者究竟是谁,一个世纪以来,争论不休。正反两面都有表面证据支持自己的观点,因此,我们只能仁者见仁,智者见智了吧!

持《红楼梦》不是曹雪芹所作观点的人们认为,根据书中的内容,尤其是第一回的叙述可知,《红楼梦》来自"石头"本身,空空道人是传抄者,而曹雪芹只是"披阅""增删"而已。并且,"脂砚斋"在庚辰本第十三回的一条眉批上说:

国学经典文库

中国古代秘史

·清朝秘史·

图文珍藏版

"读五件事未完,余不禁失声大哭,三十年前作书人在何处耶?"三十年前的曹雪芹只有十五岁,是不可能写成《红楼梦》这样的巨著。脂砚斋认为《红楼梦》的作者是曹雪芹家的亲戚或是比较亲密的朋友,他应该十分了解曹雪芹家族的生平家事。在早期抄本《石头记》中,都有他的评语,但这个人绝不是曹雪芹。

据此推测,《红楼梦》的作者应该比曹雪芹大十岁左右,可能是曹雪芹的长辈,只有这样才能与"自传说"的人物辈分关系吻合。他的身份也许是一位戴罪的官吏,被革职后,隐居在民间。也有可能是一位遁入空门的僧人,因为那些在原版书中写过批语的人提起作者,只说是"空空道人"。

又有学者说,作者是"石兄"。因为最初写的《风月宝鉴》,用的不少是南京话、扬州话,是曹雪芹加工后成为北京话的。这样,与第一回正好吻合,即"石兄"原著,空空道人传抄,孔梅溪题名,曹雪芹批阅增删。那么,"石兄"是何许人也?有人认为是曹寅次子、曹雪芹的叔叔曹竹村,但红学家们却不认同。

《红楼梦》以贾宝玉和林黛玉的爱情悲剧为主要线索,展开波澜壮阔的封建社会世情百态。通过以贾府为代表的贾、史、王、薛四大家族的衰亡过程,形象地揭露了封建家庭的腐朽,可以说是中国封建制度濒于崩溃和必然灭亡的一面镜子。它以巨大的表现力,描写了四百个人物,塑造了众多栩栩如生的艺术典型。不管《红楼梦》的作者是谁,它都是人类的艺术瑰宝。

1763年,京郊一带接连遭受旱涝灾害的侵袭,曹雪芹的妻子因贫病交迫而过早地离开人世,唯一的儿子又传染上了天花,因无钱治病,他只能眼睁睁地看着儿子死在自己的怀中。写作的劳累、生活的艰辛,本已损害了他的身体健康,娇妻爱子的去世使他更是悲痛欲绝,不久也病倒在床上,从此再也没有站起来。1764年的大年初一,一带文学宗师曹雪芹在别人家的爆竹声中凄凉地离开了人世,享年只有四十岁。

上述的种种猜测并无定论,但是不管怎么说,曹雪芹"批阅十载,增删五次""泪尽而逝"是不容置疑的。

## 蒲松龄如何著成《聊斋志异》

《聊斋志异》的作者是蒲松龄,他是在广采民间传说、野史逸闻的基础上,加以亲身见闻,经过艺术再加工创作而成。这部"孤愤之书"是作者有感而发,借人鬼妖狐之说揭露封建社会政治的黑暗和官场的罪恶,赞扬被压迫者的反抗;歌颂年轻男女的纯真爱情,批判不合理的婚姻制度。这都是众所周知的事情,但是至于他是在什么背景下写成此书的,为什么会想到写这样一部仙狐鬼怪之书,人们就不得而知了。

蒲松龄(1640~1715)出生在一个地主兼商人的家庭,从年轻时代起,为了考取功名,他日夜攻读,奋发图强。19岁,蒲松龄初应童子试,便考取秀才,在接下来的县、府、道的考试中连得第一,补博士弟子员,但此后却屡试不第。他31岁开始出外谋生,先在江南宝应县孙蕙处当了一年幕宾,以后便长期在缙绅家设馆教书,70岁撤帐家居。直到71岁,才援例被选为岁贡生,四年后,他就去世了。

蒲松龄

那么,蒲松龄为什么能写成《聊斋志异》呢?

首先是蒲松龄生活的环境,他一辈子生活在农村,过着"家门暂到浑如客,罄米将空始欲愁"的穷愁潦倒的日子,十分贫困。他才富五车,也只好穷守蔽庐。为了养家糊口,蒲松龄到外乡坐馆,以"舍耕"度日。在此期间,他多次为人代笔,写寿屏锦幛、序跋疏表,无所不包。康熙十二年淄川大旱,眼看要过年了,孩子们闹着要吃要穿,而家里却无隔夜粮,甚至连给灶王爷供奉的祭品都没有。蒲松龄呼天唤地,悲从中来。绝望之中,他只能把搜神志怪、神异故事当作自己的精神食粮,勉强支撑着活下来。

蒲松龄还有一个妹妹,嫁了个吃喝嫖赌、不务正业的丈夫。蒲家经济窘迫又无权势,无法顾及其妹。后来,妹妹来求胞哥帮忙,兄妹相对无语,只有抱头痛哭。聪明、善良的胞妹的不幸遭遇,使蒲松龄对下层妇女的生活遭遇、社会地位有了进一步认识,成为其描写妇女不幸和抗争的主要契机。

年轻时,蒲松龄和朋友张笃庆、李希梅、王鹿瞻等,曾结为"郢中诗",以求在学问、道德、文思方面有所发展。他们赋诗酬答,相互磨砺,由此练就了文字功夫。康熙年间,蒲松龄曾住进青云寺苦读,晨诵夕读,不遗余力,培养了渊博的知识和广泛的才能。青云寺以它的甘草春雨、朝霞彩虹陶冶了蒲松龄的文学灵性。

后来，蒲松龄科场失意，由于他一生接受的是封建主义的传统教育，他始终把金榜题名、荣宗耀祖当作正统的人生道路，而把科场失意看成是遗憾终身的大事。因其父蒲磐的影响，蒲松龄从小喜爱读书，经、史、诗、文皆过目不忘。19岁时，在县、府、道连考三个第一，中了秀才。但此后几十年，屡次考试总以"病鲤暴腮，飞鸿铩羽"结束。康熙十七年，他再次落第，和朋友李文贻泛舟大明湖，借以消愁。面对良辰美景，他愁上加愁，泪水潸然而下。之后，他写下了《大江东去·寄王如水》一词，感叹自己固然是抱玉卞和，无奈考官是糊眼冬烘鬼，也难以进身。在历尽辛酸之后，蒲松龄逐渐清醒。八股文的重压、科举考试对读书人的荼毒、功名不就的失意、考官的愚智不分，一股脑儿涌上心来，他满腔悲愤，似骨鲠在喉，必求一吐为快。他的创作具有明确的目的，即为了反映自己生活的时代，抒发自己的情怀。他在《感愤》诗中说："新闻总入夷坚志，斗酒难消磊块愁。"在《聊斋志异》中写道："集腋为裘，妄续幽冥之录；浮白载笔，仅成孤愤之书。寄托如此，亦足悲矣！"因此，从《聊斋志异》里，人们不仅可以看到他的胸中磊块，而且透过作品中的狐鬼精灵、奇人异事，还可以真实地看到清顺治、康熙时期的时代风云。

康熙九年九月，蒲松龄应朋友之邀，做了扬州府宝应县知县的幕宾。在此，他多次随知县视察民情，治理河道，欢宴游历，应付上司。大半生身居穷乡僻壤的蒲松龄，唯一一次混迹官场，见所未见，闻所未闻。一方面，他目睹了吏治的黑暗，另一方面，南方山水的钟灵秀气也使这位老夫子陶醉其中，欲发泄而后快。他是一个平生很少出门的人，仅仅登过泰山和崂山，多次到过济南而已。所以有机会到淮南游历不免感受特别深刻，沿途的景物他都写进诗篇中去，形成了他自己的诗的特点，进而也就形成了文章的特点，甚至影响到《聊斋志异》的风格特点。蒲氏在南游时已经在搜集故事，先用诗的形式写出试看，然后再写成小说。蒲氏有《独坐怀人》诗一首，里面写道："途穷书未著，愁盛酒无权。暮笛惊残梦，深窗坐小年"，虽说是"书未著"，其实"书"的内容已经在残梦后的深窗下酝酿了。假如蒲松龄不曾有南游的亲身经历，没有多少篇七言律诗的试写，小说是不容易写到这种境界的。

蒲松龄不仅擅长短篇小说创作，而且精通诗文词曲。他毕生写下了大量的作品，著有《聊斋志异》四百九十余篇，诗九百余首，文四百余篇，词一百余阙，俚曲十四种，戏三出，杂著数种。在他的许多不同体裁的作品里，可以看到一个突出的主题,就是揭露官府豪绅同人民群众的矛盾,反映社会黑暗和民主疾苦。如诗《空城雀》《日中饭》《道谨》、文《纪实前编》《纪灾后编》,词《贺新凉》等。《聊斋志异》是蒲松龄的代表作,在他四十岁前后就基本写成,以后又经过长期的修改增补。虽然它的题材多数来自口头传说,但是大多经过作者的再创作,赋予新的内容和思想意义。

蒲松龄花了整整三十余年的时间,写成四百九十余篇聊斋故事,他大概不会像写一部辞书那样有着明确的目的性。如果非要说是有什么原因的话,那应该是生活,是不如意的生活硬从强烈希冀科场晋身的蒲松龄身上挤出一部流芳百世的《聊斋志异》。

### 洪宣娇是洪秀全的胞妹吗

传说太平天国的队伍里,有一位娇美善战的女英雄洪宣娇。她不仅貌美惊人,而且武功非凡,率领女兵上阵杀敌,毫不逊色于须眉。至今在广东北部坪石的金鸡岭上,还保留着洪宣娇的一座点将台。《辞海》历史分册选收太平天国人物四十四位,洪宣娇有幸入选。然而,人们对于这位女中豪杰,却持怀疑态度。历史上究竟有没有洪宣娇这个人?传说她是天王洪秀全的胞妹、西王萧朝贵的妻子,这是真的吗?

据说,在太平军进军的途中,萧朝贵率先锋部队打头阵,洪宣娇则骑马率领大脚妇女,穿着五彩衣,为男人们作掩护。洪宣娇会使用火器,并且弹无虚发,清军遇到她的女军,总是被其气势所压倒。在进攻长沙的战役中,萧朝贵不幸牺牲,他所率领的部队眼看群龙无首,就

洪宣娇

要溃散。这时洪宣娇挺身而出,披戴着孝服替代萧朝贵指挥全军,将士大为振奋,坚持战斗,直到主力部队到来,洪宣娇才把指挥权交给杨秀清,退出了战场。

关于洪宣娇的身世,记载甚少,就连她的名字也说法不一,有洪宣娇、杨宣娇和王(黄)宣娇三种说法。洪宣娇是洪秀全妹妹的说法来源于《李秀成自

述》。其中记载："西王萧朝贵是宣武县卢陆筒人,在家种田为业,天王妹嫁其为妻。"李秀成是洪秀全喜爱和倚重的高级将领,十分熟悉太平天国重要领导人的情况,这应该是权威性的记载,至少他不会无中生有地编排这种事情,更不可能连洪秀全的妹妹嫁给谁都说不准确。

在太平天国重要文件《太平礼制》和洪秀全颁布的谕旨中,也可以证明洪宣娇确有其人,并真的嫁给西王萧朝贵为妻,洪秀全还特意关照过他的这位胞妹。例如,己酉年(公元1849年)十二月十八日,天兄下凡谕洪宣娇曰:"尔为朕胞妹,总要练得好好,替尔天上爷爷、妈妈、哥哥、嫂嫂争面光。"从洪秀全这段口谕中至少可以看出三个问题:一是洪宣娇确有其人;二是她是洪秀全的"胞妹"而不是他什么妹妹;三是他要此女练习武艺,为天上的亲人争光,可知其是一位武将。

然而也有人对此持否定态度,认为洪秀全并没有这样一位貌美艺高的胞妹。就拿《李秀成自述》来说吧,李秀成虽然是太平天国主要领导人之一,但是他既不是洪秀全的同乡,金田起义前他也没有参加"拜上帝会"的活动。李秀成是太平军经过他的家乡广西藤县新旺村时才加入太平军的,他对洪秀全的家庭情况和"拜上帝会"早期的情况并不了解。他可能是看了《太平礼制》和《天王诏旨》上都称萧朝贵为"贵妹夫",就以为洪秀全的妹妹嫁给了萧朝贵。实际上,洪秀全与洪宣娇的兄妹关系并不是人世间的那种兄妹关系,而是一种神天家庭的关系。在以上帝为家长的这个"家庭"里,上帝是"天父",耶稣是"天兄",洪秀全是"二哥",冯云山是"三弟",杨秀清是"四弟",韦昌辉是"五弟",洪宣娇是"六妹",石达开是"七弟"。洪宣娇与洪秀全之间完全是"天上"的兄妹。

据考证,萧朝贵的发妻名叫杨云娇,杨云娇在金田起义前去世,萧朝贵续娶洪秀全的胞妹洪宣娇为妻。但也有人说,洪宣娇就是杨云娇,也是杨宣娇,"云"与"宣"在客家话中音近。

《天父天兄圣旨》里有"杨宣娇肉父黄权政,亦拜天父上主皇上帝"之句,指的是宣娇的生父本姓黄,但是"黄"即是"王",因为太平天国永安封王后,因"王"字与天王、东王等冲突,为了避讳,在太平天国的文书中,"王"字通通改成"黄"字,所以黄权政原名王权政,黄宣娇原名王宣娇。她本是一个普普通通的农家女子,相貌平平,无甚武艺。在洪秀全创立拜上帝会以前,烧炭工杨秀清与客家人萧朝贵比邻而居,结成患难之交。王宣娇的家离萧、杨两家都很近,三人早有接触。后经杨秀清撮合,王宣娇嫁给了萧朝贵。萧朝贵牺牲后,洪秀全和王宣娇结成兄妹,王宣娇也改姓洪。

王宣娇改姓杨,名杨宣娇,是后来的事情。萧朝贵与杨秀清关系亲密,十分佩服杨秀清的才干,并且他也看到杨秀清在太平天国的辉煌前程,于是便采取"联亲"的办法以结好于杨秀清。他将妻子改姓杨,以便进一步加强萧、杨之间的姻亲情谊,这在革命初期,也有政治联姻的重要意义。据说,在两相频繁来往的过程中,杨宣娇与杨秀清产生了私情,直到金田起义之后仍难割舍。自此以后,王宣娇作为杨秀清的所谓的胞妹,便改名为杨宣娇了。

在近年发现的《洪氏宗谱》中,明确记载洪秀全只有两个哥哥洪仁达、洪仁发,还有一个姐姐洪辛英,并没有一个叫洪宣娇的妹妹。而且遍查整个洪氏家族,也无洪宣娇这个人。再看太平天国文献,也没有洪宣娇的踪影。如果真有一个能够带兵上阵,立有战功的女将领,诸多史料中怎么可能把她忘得干干净净?张德坚撰写的《贼情汇纂》一书,被公认为史料丰富而又可靠,其中收录太平天国将领一百五十多名,甚至连一些不入等级的低级将领都记述了,却没有洪宣娇其人。张德坚长期生活在太平天国的首都天京和其他一些占领地,对太平军的情况十分熟悉,而且他很注意搜集相关情报资料,假若真有这么一位惹人注目的女将军,决不会独独把她忘掉的。

这样看来,杨宣娇因为洪秀全、杨秀清和萧朝贵的关系,在太平天国初期可能有些名气,但是终因她的才能平平,没有什么显赫的战功,渐渐鲜为人知。人们常流传说洪宣娇如何英勇善战,应该是以讹传讹,将太平天国中别的杰出女性的故事加在她的身上罢了。

## 龚自珍真的与王妃顾太清偷情吗

清代道光年间,北京城里暴出了一件轰动一时的绯闻,人称"丁香花公案",案中女主角是贝勒王的遗妃顾太清,男主角则是一代文豪龚自珍。公案乃由一首闲诗惹起,经过某些热心人一渲染,变得香艳炙口,亦假亦真,最后的结果是王妃顾太清被逐出王府,从此沉落市井,龚自珍则引咎自责,惶惶离开京城。

清朝贵族满人一向以崇尚弓马为习俗,入关时间长了,才慢慢接受了一些汉族博大文化的熏陶。清代文坛鼎盛,但有名气的满族文人终是寥寥,要说在诗词方面占有一席之地的满人,一般就认为只有"男中成容若,女中太清春",成容若就是纳兰性德,乃康熙年代的大词家,太清春则是"丁香花公案"中的主人公顾太清了。

顾太清名春,字太清,本属满洲西林氏,因自小父母双亡,由家在苏州的姑父姑母抚养长大,便随了姑父姓顾。姑父是个汉族文士,在他的影响下,顾太清从小就接受了诗词的教育,凭着天资慧敏,所作诗词新颖精巧,在江南闺秀文坛中堪称魁首。因了江南青山秀水的滋润,顾太清生得苗条身段,雪肌滑肤,水汪汪的大眼睛,弯弯的柳叶眉,一口纯正的吴侬软语,虽是旗人血统,但看上去完全像一个地道的南国佳人。

龚自珍

一次,贝勒王奕绘南游来到苏州,在当地满族文人为他特设的接风宴上见到了正值妙龄的顾太清。奕绘是个嗜弄文墨的八旗子弟,生性风流调优,惊讶于顾太清一个满族姑娘竟然诗词可嘉,而容貌又是这般明丽可人,不由得动了心意。这时奕绘的正室福晋妙华夫人在不久前病殁,他此次南游,既是散心遣愁,也有重觅新爱之意,老天让他在这里认识了满身灵气的顾太清,真是机缘天成!奕绘在苏州盘桓了一段时间,着意与顾太清交往,越看越可心,于是决定纳她为侧福晋,也就是侧王妃,不久就携她一同返回了京城。

要说顾太清与贝勒王奕绘有缘,那可是真的。从两人的名字来看,一名春,一名绘,妙笔绘佳春,岂不是人生美事?奕绘的字是太素,太素配太清,气韵相宜,正是天作之合。在城西太平湖畔的王府里,两人吟风弄月,日夕酬唱,宴请文友,优游林泉,过着神仙一般的生活,奕绘把所有的宠爱都集中到了顾太清的身上。奕绘与顾太清皆非尘世俗人,凭着贝勒王爵的优越条件,他们无须为生计而奔波,又能看穿名利之累,寄情山水诗词间,是他们生活的主旋律。在这种甜蜜生活的滋养下,顾太清的词作像雨后的春笋,源源不断地涌出,而且每出一词,都成为京都文人争相传抄的佳作。她的词如行云,如流水,挥洒激荡,颇有大家手笔。

这种令人陶醉的日子过了九年,顾太清甚至都快忘记了世间愁为何物。然而好景有限,天妒良缘,贝勒王奕绘突然一病不起,不到一个月时间,就抛下了爱妻顾太清和一双儿女离开人世。丈夫骤亡,顾太清一时间茫然无措,总觉得这不是真的,也许一觉醒来丈夫就会出现在眼前。年幼儿女的哭叫把她拉回无可更改的现实,她无法逃避,儿女还需要她做依靠。那一段时间,她深居简出,沉默寡言,除了安顿和教育孩子,就坐在书房里重读丈夫留下的诗词,回味那些烟消云散的美好时光。顾太清华年失夫,招来京城文人墨客的不少怜惜和关注,许多名士投诗相慰,可这些都给不了她多大的帮助。

随着时光的推移,丈夫离世的阴影在顾太清心中渐渐淡隐了一些,她又开始恢复了与京中文人雅士的诗词交往,太平湖畔的王府里又重新焕发了活力。与顾太清交往密切的诗友中,就有当时名扬天下的大文豪龚自珍。龚自珍是浙江人,出身于书香世家,才华横溢,著作等身,他的诗词灵逸而深峻,为顾太清所欣赏。像龚自珍的"落红不是无情物,化作春泥而护花!"之句,顾太清觉得简直可以作为自己此时生活情景的写照,她的辉煌时代已匆匆而过,现在纵使化为春泥,也可以好好栽培自己的儿女呀,诗句教会了她无怨无悔。

龚自珍进士及第后被授为内阁中书,现在已升为宗人府主事,这是个清闲无事的职位,这位江南才子才华无以施展,只好寄托于诗词之中,因而成了顾太清家中的常客。顾太清品性端庄肃洁,虽然是寡居之人宾客盈门,却坐得稳,行得正,以诗词会友,别人没有闲话可说。然而就在奕绘王爷去世的第二年,一场波澜兴起,最后竟成了顾太清的灭顶之灾。

这年初秋,龚自珍写了一首"己亥杂诗",像他的其他诗作一样,很快就在京城文人中传抄开来,诗是这样的:

空山徒倚倦游身,梦见城西阆苑眷;

一骑传笺朱邸晚,临风递与缟衣人。

在诗后还有一句小注:"忆宣武门内太平湖之丁香花。"太平湖畔距贝勒王府不远的地方有一片茂密的丁香树,开花时节,清香袭人,龚自珍常留连其间,所以有了这首诗。诗中提到的"缟衣人"是谁呢?人们猜是顾太清,因为她住在"朱邸"王府中,又常着一身白衣裙,她与龚自珍是诗友,龚氏写成诗作,递给她品析,本是情理之中的事。但风波就是从这里开始的。当年受到过顾太清讥讽的杭州文人陈文述这时到了京城,他也看到了这首"己亥杂诗",他没从诗中品出什么意境，却找出了一些微妙的把柄；大家都默认诗中的"缟衣人"是顾太清，而顾大清又名"春"，诗言"梦见城西门苑春"，表面上是梦见丁香花，可骨子里谁知不是梦会顾太清呢？恰好龚自珍在写了这首"已亥杂诗"后不久，又有一阕记梦的"桂殿秋"词传世，词云：

明月外，净红尘，蓬莱幽谧四无邻；九霄一脉银河水，流过红墙不见人。

惊觉后，月华浓，天风已度五更钟；此生欲问光明殿，知隔朱扉几万重。

"哈！这些不是月夜幽会的写照吗？"陈文述像发现了什么宝贝似的高兴起来，他将忆丁香花的诗和记梦的词巧妙地联系起来，再稍加注释，就制成了龚自珍与顾太清偷情的凿凿铁证。

很快，京城里流传开了有关顾太清与龚自珍的绯闻，人们对这一类的消息本是十分热心的，再加上一些无聊文人的煽风点火，很快就将事情编造得有滋有味，有凭有据。不怕你龚自珍、顾太清能妙笔生花，就算你有一万张嘴，这种事情总是说不清。于是流言蜚语、指责叱问向他们袭来，让他们毫无招架之力。

最后，龚自珍被逼得无安身之处，只好带着一车书，郁郁地离开了京城。龚自珍一走，似乎传闻更成了事实，顾太清有口难辩，终于被奕绘与妙华夫人所生的儿子载钧逐出王府，在西城养马营租了几间破旧的屋子，安置自己和一双可怜的儿女。从富丽堂皇的王府一下子落到风雨难敝的旧屋，还有那躲不开的鄙夷和讥讽，顾太清彻底失去了生活的信心。一死追夫而去是何等的轻松痛快，可看着一双眼巴巴地望着自己的儿女，只有忍辱耐贫地活下去，有泪也只能向诗中诉说。

一场无中生有的"丁香花公案"，无端地把顾太清抛到了生命的底层。一次失夫，一次受冤，她已万念俱灰，只把希望寄托在一双儿女身上，勉力完成"化作春泥更护花"的使命。渐渐地，她的心在清贫的生活中得到了超脱，能够安详地对待一切苦难，无大喜无大悲，只要心定气闲，繁华和清贫也就没有了多大的区别。这种心境全在她的一首诗里。

一番磨炼一重关，悟到无生心自闲；

探得真源何所论，繁枝乱叶尽须删。

## 袁世凯是怎么死的

袁世凯是河南项城人，早年投靠淮军将领吴长庆，督办山东防务。因镇压朝鲜兵变有功,被李鸿章保荐为"驻扎朝鲜总理交涉通商事宜"的全权代表。甲午战争期间,袁世凯到天津小站督练新军,奠定了他一生事业的基础。戊戌变法期间,袁世凯因向慈禧出卖维新派有功而被宠信,后又血腥镇压义和团运动,顺利地升任直隶总督兼北洋大臣,并建立了庞大的北洋军阀政治。武昌起义后,袁世凯重掌实权,勾结帝国主义绞杀辛亥革命,窃取了中华民国临时大总统职位。袁世凯建立专制独裁政权,解散国会,篡改约法,接受了日本灭亡中国的"二十一条"以换取日寇的支持,复辟帝制,改元"洪宪"。袁世凯的倒行逆施遭到全国人民的愤怒声讨,他不得不宣布撤销帝制。两个多月后,袁世凯死去。据说,袁世凯死前只是喃喃重复:"他害死了我,他害死了我!"这是怎么一回事?袁世凯难道是被人杀害的吗?

关于袁世凯的死因,有人认为是因为他帝制失败,众叛亲离,气郁成疾而死。《袁世凯盗国记》中称其"盗国殃民,丧权乱法,在中国为第一元凶,在人类为特别祸首,其致死固宜。意以年老神昏,兵亡将变、体面无存,袁氏心非木石,顾前思后,能不内疚?此即袁氏病死之真因。"袁世凯的子女也认为袁世凯因"内外交攻,气恼成病而死"。

那么,袁世凯是被谁气死的呢?通常认为是由于四川督军陈宧背叛,宣布"代表川人,与项城告绝,自今日始,四川省与袁氏个人断绝关系"的通电,令袁世凯"疾益剧,至是殂。六月六日,愤激而死"。陈宧原本是袁世凯的亲信,也是帝制拥戴者,颇有军事实力。之前袁世凯派陈宧带兵入川前,陈宧前来辞行即行三拜九叩之大礼。袁世凯十分惊异陈宧的举动,陈宧解释说恐怕不能赶来出席袁世凯日后的登基大典了,因而先行恭贺。袁世凯假装糊涂地说,既然改变国体,就要废掉跪拜之礼。然而陈宧仍然跪下,伏在袁世凯脚边,连嗅袁世凯足靴三次,极其恭顺虔诚,令袁世凯十分宠信,视为心腹。因此,当陈宧5月22日反戈宣布独立时,袁世凯仿佛挨了当头一棒,心窝好似被刺一刀,受到致命打击。此后,袁世凯的另外两个亲信——陈树藩和汤芗铭也在5月26日和29日分别宣布陕西和湖南独立。众位亲信的背叛令袁世凯恼恨至极,硬是活生生被气死。

还有的人认为是他的儿子袁克定一直怂恿袁世凯复辟称帝,自己好做"太子",帝制失败后,袁世凯追悔莫及,恼恨袁克定而死。袁克定是袁世凯的大公子,腿有残疾,才能平平,却对权力十分着迷。如果袁世凯的大总统到期卸任,凭袁克定的各方面条件没什么希望当选新任总统。但是,如果袁世凯称帝,天下就是袁氏的，袁大公子就是当然的"太子"，皇帝的班儿自然由他袁克定来接。因此，袁克定绞尽脑汁要把袁世凯推向帝位。袁克定先是哀求袁世凯最宠爱的六姨太吹枕边风，说动奸诈多疑的袁世凯抓住时机称帝，之后，袁克定又积极以"筹安会""请愿团"为复辟帝制大造声势，做好准备，为袁世凯称帝推波助澜。袁克定隐瞒国内外反对帝制的真实消息，假造《顺天时报》欺骗袁世凯，让袁世凯错以为万民拥戴，心安理得地登基称帝。袁世凯每日里读着歌功颂德的报纸，不禁心花怒放。直到有一天，大臣赵尔巽来访，发现报纸的异样，把实际的报纸与袁克定特制报纸相对照，袁世凯才知反袁怒火已经席卷全国了，袁世凯又惊又怕，无奈退位。袁世凯羞愤交加，气怒而亡。

　　但也有人说袁世凯是病死的。《袁氏盗国记》叙述到："五月二十七日，经中医刘竺笙、肖龙友百方诊治，均未奏效；延至六月四日病势加剧，即请驻法公使馆医官博士卜西京氏诊视病状，乃知为尿毒症，加以神经衰弱病入膏肓，殆无转机之望。"《张謇评传》也说："袁世凯患尿毒症，前列腺肿胀，如及时采取外科手术治疗，绝无生命之虞，可是在医疗方案上，大儿子袁克定相信西医，主张动手术；二儿子袁克文则竭力反对，贻误时机，终致不治。"

　　还有一个传说，称由于袁世凯不吃药导致病情加重而亡。据说，袁世凯在老家养病时，曾有术士算定他的寿命不过五十八岁。袁世凯询问破解之法，数士只说极难，非得龙袍加身不可。袁世凯表面没说什么，却在术士的酒中下毒，杀人灭口。以后，袁世凯心怀异志，觊觎皇位，还真的复辟帝制，龙袍加身了。无奈的是，全国人民反对，各省独立，帝位不保，总统之位也占据不住，忧惧成疾，性命不保。袁世凯昏迷之间就见术士前来索命，医生给他服药，他越看越像毒死术士的毒酒，说什么也不喝。身边之人知道隐情，但谁敢张扬？医生也没办法改用针灸，始终无效，袁世凯病重而亡。

　　其实，袁世凯称帝违背民心，倒行逆施，举国共愤，一片讨伐之声。帝国主义列强考虑其在华利益，对袁世凯施加压力，他自己的亲信部下冯国璋、段祺瑞也逼他交出权位，同时，全国各省纷纷独立。面对内外交迫、众叛亲离的境地，袁世凯忧愤成疾，其恨而死。死时五十七岁，到底没有活过术士所说的五十八岁。造成袁世凯死亡的直接原因是什么，人们一直辩论不休，不管是怎样的死因，都与他称帝失败密切相关，看来当时帝制已经不符合历史发展趋势，民主与共和的观念已在辛亥革命以后深入人心。

# 帝王之死

## 众说纷纭,顺治皇帝炮毙厦门

清世祖爱新觉罗·福临,6 岁登极,是清代历史上有名的少年天子。年号顺治,就是顺利治国,华夏一统的意思。福临在人生的舞台上活动的时间也十分短促,24 岁时就匆匆谢幕。福临的人生,短暂却绝不平淡,他的亲情,他的爱情,甚至他的死,都让人褒贬不一,一言难尽。

### 1."福"从天上降"临"

少年福临的命运,真如同他的名字一样:"福"从天上降"临"。为什么这样说呢?

第一,大清皇位,从天而降。公元 1643 年(清崇德八年)8 月 9 日夜亥刻,

顺治陵寝

皇太极带着"储嗣未定"的遗憾猝死。皇太极在白天还处理政务,夜里就离开人世。他死之前,没有留下任何遗言,也没有交代由谁继位。由于事出突然,诸王贝勒也没有一点准备。经过一段时间的忙乱和哀悼,一场激烈的皇位争夺战在皇宫崇政殿打响。那一天是八月十四日,也就是皇太极死后的第六天。

努尔哈赤有遗诏,规定皇位的继承要满洲贵族来讨论。当时主要有七个人的意见举足轻重:四个亲王,就是礼亲王代善,郑亲王济尔哈朗,睿亲王多尔衮,肃亲王豪格;还有三位郡王,就是英郡王阿济格,豫郡王多铎和颖郡王阿达礼。当时,最有希望夺得大位的是肃亲王豪格和睿亲王多尔衮。

豪格(公元1609~1648年)的有利条件主要是:第一,为皇太极长子,35岁(比多尔衮年长3岁),正值壮年;第二,人才出众,史称他"容貌不凡,有弓马才","英毅,多智略";第三,久经战阵,屡获军功;第四,皇太极生前亲掌的正黄、镶黄和正蓝三旗大臣拥护豪格继位,尤其是两黄旗贝勒大臣更是誓死效忠。

多尔衮(公元1612~1650年)的有利条件主要是:第一,是努尔哈赤第十四子,皇太极之弟,时年32岁;第二,受到父亲的钟爱。史载,努尔哈赤曾留下遗言:九王子(多尔衮)当立而年幼,由代善摄位。而代善鉴于当时情势,转而拥立皇太极;第三,多尔衮兄弟为正白旗和镶白旗的旗主贝勒,这两个旗支持多尔衮;第四,有二位胞兄弟阿济格和多铎的支持,在上述七王中,多尔衮兄弟占了三个席位;第五,多尔衮多次统军出征,"倡谋出奇,攻城必克,野战必胜",屡立大功。

八旗甲胄从实力对比看,豪格有正黄、镶黄和正蓝三旗的支持,多尔衮有正白、镶白两旗的支持。那么,其余三旗——代善父子掌管的正红和镶红两旗、济尔哈朗掌管的镶蓝旗——的意见就至关重要。

十四日黎明,两黄旗大臣在大清门盟誓,拥护豪格继承皇位,并部署两黄旗巴牙喇(即护军营,为禁军中护卫皇帝的部队)张弓挟矢,环卫崇政殿。图尔格、遏必隆又传令其牛录下的护军,备好甲胄弓矢,护卫大清门。议商皇位继承人的贵族会议在崇政殿的东庑殿举行,由年纪最长(61岁)、地位最高的礼亲王代善主持。黄旗索尼和鄂拜首先倡言"立皇子",多尔衮以其资历不够,令他们退下。索尼和鄂拜虽然退出,但两黄旗巴牙喇包围了宫殿。两黄旗暂时占了上风。但两白旗并不示弱,豫郡王多铎、英郡王阿济格弟兄发言,力劝多尔衮即帝位。多尔衮见形势紧张,正在犹豫。多铎声言:"你如果不答应,应当立我。我的名字在太祖遗诏!"多尔衮不同意立多铎,说:"肃亲王(豪格)的名字也在遗诏里,不独王(多铎)也!"多铎又说:"不立我,论长当立礼亲王(代善)!"礼亲王代善表示自己老了,提出豪格为"帝之长子,当承大统"。豪格觉得有两黄、正蓝和两红旗的支持,大局可定。于是,表示谦辞,说:"福少德薄,非所堪当!"他本来是假意谦让,想让众人"坚请不已",然后顺势登上皇帝宝座,这样不是显得既谦恭又众望所归吗？但是，两白旗并不相让。他内心愤懑，随即暂退。在争执激烈的气氛下，两黄旗大臣佩剑向前说："我们这些人吃先帝的，穿先帝的。先帝对我们的恩情有天大。要是不立先帝的儿子，我们宁可以死追随先帝于地下！"这时，礼亲王代善见形势不对，以年老不预朝政而离席，英郡王阿济格随后以不立多尔衮而退出，豫郡王多铎沉默不发一言。这就出现"定议之策，未及归一"的僵局。

在这剑拔弩张、互不相让的紧要关头，表面憨厚而内心机敏的郑亲王济尔哈朗，提出一个折衷方案：让既是皇子、又不是豪格的福临继位。多尔衮权衡利弊：如果自己强行继位，势必引起两白旗与两黄旗的火并，其后果可能是两败俱伤；让豪格登极，自己既不甘心，还怕遭到豪格报复；而让年幼的福临继位，则可收到一石三鸟之利——打击豪格，自己摄政，避免内讧。所以，多尔衮说："我赞成由皇子继位，皇子当中豪格提出他不继位，那就请福临继位。福临年纪小，郑亲王济尔哈朗和我辅政。"豪格也不好反对。

于是，6岁的福临意外地坐上了大清国皇帝的宝座。这有点像天助神佑，但也并非找不出事理的根据来。正如一位哲人说过的，在权力争夺的平行四边形诸力中，两条边的两个不同方向的分力，斗争的结果，既不是这条边的力，也不是那条边的力，而是对角线的力，就是两个分力所产生的一个合力。福临，幸运地成了这条权力斗争中的"对角线"。

第二，迁鼎燕京，从天而降。清顺治元年即公元1644年（明崇祯十七年），李自成带领农民军下太原、占大同、陷宣府、破居庸、掠昌平、焚皇陵。三月十九日黎明，李自成军攻陷北京。崇祯帝朱由检在疯狂杀死、杀伤自己的妻女之后，在煤山（今景山）自缢而死，276年的大明皇朝灭亡。

李自成攻占北京城的军报，传到大清的都城盛京。多尔衮急召智囊范文程等决策。范文程分析了明崇祯帝死后军事与政治的形势，建议利用忠于明朝的官吏、缙绅、儒士、百姓对农民军的不满，兴师入关，逐鹿中原。他起草宣谕官吏百姓的布告说：

我们的军队是为你们的皇帝报仇的，不是来杀你们的百姓的。现在我们要诛灭的，只有闯贼！官吏归顺我们，还是官复原职；百姓投奔我们，还让你们重操旧业。我们的军队有严格的军纪，肯定不会加害你们！

于是，摄政睿亲王多尔衮于四月初九日领大将军印，统率八旗满洲、蒙古、汉军等共约14万大军，奔向山海关。

这时,山海关聚结三大军事集团:第一个是明山海关总兵吴三桂所统领的明军;第二个是李自成亲自带领讨伐吴三桂的20万大军;第三个便是多尔衮所率领的清军。他们代表三种政治势力——大明、大顺、大清。

从二十一日到二十三日,展开山海关大战。吴三桂降清,与清军联合。经过激战,李自成大败。

多尔衮取得山海关大捷后,以吴三桂军为先导,率领八旗军向北京进发。沿途官兵,献城投降,奉表称臣。李自成则于四月二十六日败归北京,四月三十日,匆匆称帝,放火烧毁紫禁城一些宫殿,弃京西走。

五月初二日,多尔衮率领清军,从朝阳门进北京城。多尔衮进紫禁城,临武英殿御政。

多尔衮御政中的一件大事。就是定都的问题。睿亲王多尔衮建议迁都北京,但英郡王阿济格表示反对:"初得辽东,不行杀戮,故清人多为辽民所杀。今宜乘此兵威,大肆屠戮,留置诸王,以镇燕都。而大兵则或还守沈阳,或退保山海,可无后患。"多尔衮以太宗皇太极遗言回答了其胞兄:"先皇帝尝言,若得北京,当即徙都,以图进取。况今人心未定,不可弃而东还。"

年方7岁的顺治帝。自然采纳多尔衮迁都的意见。同年十月初一日,顺治帝因皇极殿(今太和殿)被李自成焚毁,便在皇极门(今太和门)张设御幄,颁诏天下,"定鼎燕京"。祖、父28年奋争未能实现迁鼎燕京,7岁的福临却实现了。他在多尔衮的辅佐下,"入关定鼎,奄有区夏"。所以,福临身后得到的庙号是"世祖",而他的父亲皇太极的庙号仅是"太宗"。

这一切都来得太突然,甚至于令人来不及思索;这一切又来得太轻易了,让人不能不怀疑这是"天福降临"。

### 2."顺"利"治"国

福临戏剧性地登上了政治舞台,并在这个舞台上活动了18年。这18年,他做了8年傀儡,其间主要是摄政王多尔衮在发号施令;后10年才逐步实现乾纲独断,当上了主角。顺治朝的18年:剃发、易服、圈地、占房、投充、逋逃,是其六大弊政;定鼎北京,保护皇宫;攻占南京,统一中原;废除三饷,兴利除弊;亲善蒙古,治理西藏;惩治贪官,整顿吏治;崇文兴教,倾心汉化,则是其六大功绩。历史学家对这段历史的评价可说是毁誉参半。

这位顺治皇帝六岁登基,十四岁亲政,二十四岁去世,打理朝政、主持军国大事十年,政绩颇多。但民间于这位青年皇帝传说较多的却是他与董鄂妃的爱情及其本人消极厌世闹着要出家的故事。其实顺治在政治上是很有作为的。他亲政之初,国内军事、政治、经济各方面都是危机四伏,而这位长期生活在关外的满洲皇帝连汉文的奏章都看不太懂,更不要说学习历代汉家皇帝的治国经验了。但他以皇帝之尊,并未沉溺于享乐,而是极其刻苦地学习汉族文化,天不亮就起床读书,为了背诵一些名篇名著,彻夜不睡。在每日处理大量的军务政务的同时,汲取了大量的文化知识,不断完善他的统治方法和手段。

在军事上,面对全国蜂起的战乱,他广泛听取各方面意见,制定了重抚轻剿的策略,大胆放手地任用汉族降官,不断取得军事上的胜利,稳定了国内局势。在政治上,他整顿吏治、严惩贪官,力求建立廉洁、高效的行政机构。在经济上,他招抚流民,鼓励开荒,免除自明末以来对百姓的种种科派,连各地向皇上进贡土特产品也下令免除,救灾救荒,大力发展生产。

顺治在治理国家方面,清明之举不少,其中比较突出的一条是他能诚心听取下情,容许臣下犯颜直谏,即使提的意见非常尖锐,他也不以为忤。相反,臣下不提意见,他反而不高兴。如此大度的气节,不仅远远超过他的先辈,对其后代也发生着深刻影响。清朝诸帝大多勤政而有作为,能听得不同意见,很少如前代皇帝,一语不合,便把提意见甚至提建议的大臣打个皮开肉绽,直到要了人家脑袋。这里顺治皇帝的表率不能不说对他的后人有着重要的影响。

### 3.意外死亡之谜

福临在人生的舞台上活动的时间十分短促,24岁时就匆匆谢幕。福临的人生,短暂却绝不平淡,他的亲情,他的爱情,甚至他的死,都让人褒贬不一,一言难尽。

公元1661年(顺治十八年)正月初八,大清帝国第一位入主中原的天子福临告病身亡。其子玄烨即位,就是清圣祖康熙皇帝。

顺治的死因是什么呢?《清史稿》《顺治实录》《清实录》等清官方的史册中,关于顺治之死仅有寥寥数字:"十八年春正月壬子,上不豫。丁巳,崩于养心殿,年二十四。"语焉不详,给人讳莫如深之感。

野史与民间传说最广的说法,是顺治因一代名妓董小宛去世而遁入空门,出家五台山。

非官方的史书则说顺治因病而逝。于是清史学者孟森提出了"天花说"。

《平圃杂记》对此亦有详细记述：顺治十七年底，福临染上天花，礼部奉旨宣布免去元旦大朝庆贺礼。正月初二，顺治为祈求佛法庇佑，亲自把最宠爱的太监吴良辅送到悯忠寺剃度，作为自己的替身。正月初四，朝廷正式向文武大臣宣布皇帝患病。初五日，宫殿各门所悬的门神、对联全部撤去。接着传谕全国"毋炒豆，毋点灯，毋泼水"，并下令释放所有在牢囚犯，以祈祝皇帝康复。初七日夜，福临死于养心殿。

最近又有一种新的说法：顺治皇帝被郑成功军队炮毙于厦门。

公元1660年5月，郑成功在南京打了败仗，退守厦门。清朝趁机派大将军达素集中广东、福建、浙江三省兵力攻打厦门郑成功的军队。经过激烈战斗，公元1661年2月。海门、高崎、钟宅三路清军都被郑成功击退，顺治皇帝正是在这次战役中被炮击身亡。证据为《延平王起义实录》的手抄本。

《延平王起义实录》是泉州南安的郑成功宗亲郑梦彪从郑氏后人手中得来的。由于手抄本年代久远，内容文字晦涩难懂，郑梦彪将复印件委托郑成功研究专家、厦门郑成功博物馆原副馆长张宗洽进行研究。张宗洽在研究过程中，意外发现了两段直指顺治皇帝死于厦门的惊世之言。

张宗洽先生认为以往关于顺治死因的种种说法均多可疑之处，因此至今仍是悬案。此次新发现的史料为史学界提供了一个全新的研究方向。经过对几种说法的比较，他本人觉得顺治死因的这一新说更为可信。其中有两段与顺治之死有关的文字：

其一为："有人密启藩主以高崎之战伪帝顺治实在思明港被炮击没，达素秘密而不敢宣，及京中查无下落，召达素回京，鞑虏惧罪自杀。至是太子即位，宣顺治于正月崩者，伪虏之伎俩也。藩曰：余亦计之，但当时恍惚未敢再信"。译为今文即：有人密报郑成功，顺治皇帝是在厦门思明港被炮轰而死的，大将军达素不敢公布这一消息，京城中查不到顺治的下落，召达素回京，达素畏罪自杀，后太子即位，宣布顺治驾崩，这是朝廷掩盖的手段，郑成功说："我也意识到了这点，但当时觉得恍恍惚惚，不敢相信。"

其二为："初太师在京屡以书谕藩招抚。藩不肯，然虏顺治亦不之罪也。至是顺治崩，执政者与太师有隙，遂对虏太子谏以藩能击崩主父，我皇岂不能杀害其父乎。虏太子纳之，至是新即位而太师遂遇害。"文中所说太师即南明太师郑芝龙降清后，初到北京时，屡次写信劝郑成功投降都以失败告终，但顺治只是将他软禁，没有治罪，顺治死后，辅臣苏克萨与郑芝龙有仇，向太子建议："郑成功可以用炮击死我们的先皇,皇上难道就不能处死他的父亲吗?"太子采纳了他的意见,即位不久后,郑芝龙就被处死。

此外,除了这两段直证顺治死因的文字:"报伪朝顺治崩,太子即位,是为康熙。藩喜曰,伪朝大丧,且达素新败,虏必无暇南顾矣,我当速取公夷为根本地。然后再图北征。"张宗洽先生认为,这段文字解释了郑成功对攻台时机的选择。

顺治死因新说虽然尚缺乏更多相关史实的证实,但却并非孤证。一些流传在厦门民间的传说可以为其提供佐证。而在没有任何正史记载顺治到过厦门的情况下。厦门民间为何会生出这样的传说,颇值得寻味。

据厦门郑成功纪念馆馆长何丙仲介绍说,他从前听爷爷讲过这样一个民间传说:顺治曾询问五台山的和尚,被告知自己会死在"牛屁股",顺治大惑不解。后来,郑成功领兵在厦门翁港岸牛家村与清兵对决,一日,部下大将军点燃大炮正要发射,郑成功突然发现对岸有一人头上闪闪发光,当即调转炮位对准发射。谁知那正是顺治皇帝冠上夜明珠发出的光芒,顺治皇帝当场被击中,死于牛家村。应验了五台山和尚的预言。

另一相关的无鳔江鱼的传说在福建民间文学丛书《郑成功的传说》和厦门文化丛书《厦门掌故》中均有记载:俗传,明末清初,郑成功据岛抗清,满清胡帝亲征。郑军沿港岸与之激战,清兵船驶入警簧港,进退无路,成了瓮中之鳖。清帝见状大惊,急命弃船登岸,却被郑成功缺嘴炮击中,当场毙命落水,遂尊此炮"缺嘴将军"。港中鱼因食皇帝肉而形变,厦门俗语:"江仔鱼食皇帝肉,畅快无肚"即从此出。

"顺治被郑军炮毙于厦门"的新说,从情理上推论,这种可能性并非不存在。

其一,顺治皇帝对郑成功,一直是持拉拢态度,希望以招抚平乱。《先王实录校注》记载,顺治曾写信给郑成功,信中批评多尔衮把郑芝龙扣押的行为,并向郑成功道歉。此外,郑成功在南京吃了败仗后,曾派手下外交官蔡政到北京晋见顺治,与朝廷就招抚之事谈判。谈判未果,顺治并不为难,还遣其出京,建议他到江南和地方官员谈谈。

年轻的顺治是位有心作为的皇帝,在朝中施政之所以难以放开手脚,主要是受到以多尔衮为首的一些朝中老臣的压力。在对待郑成功的问题上,顺治和多尔衮意见相左。顺治曾在给郑成功的信中批评多尔衮,而顺治遣蔡政出京后,蔡政遭到朝中实权人士的追杀。顺治皇帝随大军南下亲征,一是可以离开朝廷,充分做主;二是董妃新丧,他借机散散心。

顺治随军征讨郑成功,兵力上是占绝对优势的,而且清军有全国的大后方,郑军仅据一大陆死角死守,胜负似乎一判即明,这也是顺治皇帝敢于随军前往的前提。然而,清军从公元1660年7月开始,至次年春败退,连续数月未能拿下,几乎有些不可思议。一方面由于郑成功用兵有方,另一方面,或许是因为顺治有政治方面的考虑。或者是因为顺治皇帝之死而退兵。

清史对此讳莫如深。在清官方的史籍中,对顺治的日常行为都有详细的记载,比如在《清史稿·世祖本纪二》中,光是他"幸南苑"的记载就有22次。而涉及死因,却只有"十八年春正月壬子,上不豫。丁巳,崩于养心殿,年二十四。"这样粗疏的记录。由此不难推断,顺治一定是非正常死亡,而且死因一定让清廷很难接受。如果顺治真是因为出天花而死,清史似乎没有太大的隐匿必要,而如果他死于一个前朝流寇手中,而且连个御驾亲征战死沙场的名声都没有,此种死法在清朝看来,绝对是丢脸丢到家了。

此外,据说埋葬于清东陵孝陵中的顺治棺是空棺,而没有其遗体。孝陵中埋葬的,仅是顺治遗物的衣冠,以及顺治的宝宫(骨灰坛)。顺治如果是死于炮火,尸体一定难看甚而残缺不全,加上要千里迢迢运输,尸体不可能保存完好,唯一体面的方式就是火化,这恰好可以解释空棺和骨灰的原因。另外,有人考证,满洲有火葬旧俗,清太宗皇太极、摄政王多尔衮都为火葬,但顺治火化却不见于官方的《清实录》记载,这是否是因为顺治并非在朝中火化,而是在南方就被火化了?

清廷之所以淡化顺治皇帝之死,显然是为了控制舆论,掩盖这一国耻。

堂堂一国之君,被郑成功军队毙于厦门,只能说是意外死亡了。


## 沉湎酒色,咸丰死于猛药鹿血

咸丰帝只活到31岁,可谓短命天子。他本来体质就过于虚弱,连走路都需要人搀扶,却偏偏贪女色、贪丝竹、贪美酒、贪鸦片!为了追求情欲,每天都大补猛药,仗着鹿血的维持,仍然沉湎酒色,这样的结果,只能加速生命的消逝。

### 1.咸丰的执政经历

咸丰帝奕詝,爱新觉罗氏,公元1831年7月17日(道光十一年)生于北京圆明园,道光帝第四子,母为孝全成皇后钮祜禄氏。

咸丰陵寝

道光三十年正月,道光帝生病,宣召大臣,立奕詝为皇太子。宣宗逝世后,咸丰帝即位,以第二年为咸丰元年。

奕詝即位后,面临内忧外患的统治危机。其时,太平天国起义爆发于广西,不久,进军湖南、湖北,咸丰三年(公元 1853 年)三月攻克南京建都,与清政府分庭抗礼。西方列强以"修约"为名,准备对中国发动新的侵略战争。沙皇俄国在中国东北兴师动兵,强占中国黑龙江以北大片领土。

为了挽救统治危机,咸丰帝很想除弊求治。他任用贤能之士,远离奸邪之人,企图重振纲纪。重用汉族官僚曾国藩,依靠其训练指挥的汉族地主武装镇压太平天国和捻军起义。提拔敢于任事的肃顺,支持肃顺等革除弊政。同时,他罢斥了道光朝任军机大臣二十余年、贪位保荣、妨贤病国的穆彰阿,处决了第一次鸦片战争中主持和局、臭名昭著的投降派官员耆英。

公元 1856 年(咸丰六年),英法对中国发动第二次鸦片战争,攻占广州。公元 1858 年(咸丰八年),英法舰队攻陷大沽炮台,进迫天津。咸丰派桂良、花沙纳往天津议和,与英、美、法、俄分别签订《中英天津条约》《中美天津条约》《中法天津条约》和《中俄天津条约》。列强不满足于《天津条约》规定的权利,蓄意重新挑起战争。咸丰帝命清军加强大沽口防务。

公元 1859 年(咸丰九年),在英国蓄意挑起的大沽口冲突中,英法侵略军被击败。

公元 1860 年(咸丰十年),英法两国再次组成侵华联军,大举入侵。英法联军进攻北塘,咸丰帝在清军与英法联军激战之时,竟令清军统帅离营撤退,大沽再次沦陷。英法联军攻占天津，随即向北京进犯。咸丰帝派遣怡亲王载垣、兵部尚书穆荫为钦差大臣，往通州与英、法议和。英法联军以和谈为掩护，继续组织对北京的进攻，在通州八里桥击败清军后，进攻北京，圆明园、清漪园等处被焚掠。咸丰帝自圆明园仓皇逃亡热河（今承德市），命恭亲王奕䜣留京议和。奕䜣代表清政府与英、法、俄签订了《中英北京条约》《中法北京条约》《中俄北京条约》，并批准了中英、中法《天津条约》。在《中俄北京条约》中，承认了公元1858年（咸丰八年）沙俄迫使清黑龙江将军奕山签订的《瑷珲条约》。

### 2.声色皇帝一生的败笔

在同列强的对峙中，咸丰有几处败笔：

第一，咸丰没有下诏决战。他没有作战决心，也没有周密部署。起初，英军18000余人，法军7000余人，陆续开赴中国。咸丰皇帝没有发布诏书动员军民积极抵抗，也没有派军队守住天津塘沽海口。却在圆明园庆祝他的30寿辰，在正大光明殿接受百官朝贺，并在同乐园连演四天庆寿大戏。咸丰和王公大臣沉醉在园内的听戏欢乐中，英法联军却加紧了军事进攻。

第二，咸丰没有政治韬略。咸丰战和不决，小胜即骄。打了败仗，签订《天津条约》；略获小胜，又撕毁《天津条约》；再打败仗，又拒绝妥协。没有使天津谈判就地解决，而支持肃顺、载垣、穆荫一伙，将英使巴夏礼等诱擒到北京。导致事态进一步扩大。咸丰帝没有韬略，没有格局，耍小把戏，玩小权术，使主动局面变成被动局面，又使被动局面更加被动。

第三，咸丰没有身守社稷。面对英法联军6000余人侵犯八里桥，咸丰没有动员兵民"勤王"，全力守卫京师，而是准备逃跑。当年，明成祖朱棣迁都北京，原因之一是"天子守国门"，抵御入侵。明朝的崇祯皇帝，在社稷危难之时，既不迁都逃跑，也不巡狩围猎，而是发出"朕死无面目见祖宗，自去冠冕。以发覆面"的哀叹，登上煤山，自缢而死。可是，咸丰皇帝在大敌侵入之时，不尽职守，不守国门，却带领老婆儿子、军机大臣、王公贵族，逃之夭夭，美其名曰"巡狩"。咸丰皇帝铸成了历史之大错、特错！

咸丰皇帝逃到承德避暑山庄做了些什么？是设法挽救国家危亡，还是关怀黎民涂炭？都不是。咸丰皇帝在避暑山庄里贪女色、贪丝竹、贪美酒、贪鸦片！

一贪女色。有书记载：奕置兵败于不顾，携妃嫔游行园中，寄情于声色既聊以自娱，又自我麻醉。他有所谓汉女"四春"：牡丹春、海棠春、杏花春、陀罗春。

·清朝秘史·

图文珍藏版

此外还眷爱"天地一家春",就是慈禧。还有野史说咸丰养着一位民间寡妇。《野史叟闻》记载:咸丰钟情于一位寡妇曹氏,山西人,长得秀美妖艳,妩媚动人。入宫以后,帝最眷之。野史类似的记载还有:"山西籍孀妇曹氏,风流姝丽,脚甚纤小,喜欢在鞋履上缀以明珠。咸丰帝召入宫中,最为眷爱。"

二贪丝竹。咸丰爱看戏,爱唱戏,有时粉墨登场。在热河行宫,他都经常点戏、看戏。他有时指导太监演戏,如《教子》《八扯》等戏,还演唱过《朱仙镇》《青石山》《平安如意》等戏。他在热河逃难,更醉心于戏剧。他把升平署(宫廷戏班)招到承德行宫承差,亲点戏目,钦定角色。他在避暑山庄的烟波致爽殿听戏,几乎每天都要戏班承应,有时上午刚听过花唱,中午还要传旨清唱。天暖之后。有时在"如意洲"看戏。"如意洲"有水上戏台,凭水看戏,别有情趣。薛福成《庸盦笔记》记载:咸丰帝在热河不但围猎,而且观剧。"和议刚成,即召京师升平署人员,到热河行在唱戏,使咸丰帝乐不思蜀"。

三贪美酒。咸丰贪杯,一饮即醉,一醉便闹,大要酒疯。野史记载:"文宗嗜饮,每醉必盛怒。每怒必有一二内侍或宫女遭殃,其甚则虽所宠爱者,亦遭戮辱。幸免于死者,及醒而悔,必宠爱有加,多所赏赐,以偿其苦痛。然未几而醉,则故态复萌矣。"

四贪鸦片。咸丰继位不久,违背祖训,吸上鸦片,并美其名曰"益寿如意膏"。咸丰北狩热河后,京师被英法联军侵占。他不亲率军民抗击外敌侵略,却以吸食鸦片来刺激自己、麻醉自己。

### 沉湎酒色,纵欲而亡

咸丰生于公元1831年(道光十一年),死于公元1861年(咸丰十一年),可谓短命天子。咸丰的死因,一是咸丰自己体质过弱,二是纵欲过度所导致。

关于咸丰的体弱多病,有种传闻,说是咸丰的生母当时是皇后,在怀孕期间使用了催产的药物,以便抢在其他嫔妃的前面生下龙种,使自己的孩子出生后作为长子而得到皇位继承权。因为在中国古代,皇位一般要由大皇子继承。至清朝,继承制度虽有变化,但因道光的二子和三子都先后夭折,长子也在24岁那年死去,道光当时是膝下无子,所以谁先产下皇子,谁的儿子就有可能作为皇长子继位。当时和皇后同时怀孕的还有其他的皇妃,为了使自己的孩子得到大阿哥的名分,皇后就让太医使用保胎催产的药物,但太医提醒她说胎儿早产怕对孩子的寿命有影响,可这位皇后当时为了一己之私并没有在意太医的话,坚持使用催产药物。皇后最后如愿以偿,在皇五子出生前十天生下咸丰,咸丰自然也就有了皇长子的名分。

咸丰自幼体弱多病,面如黄土。有一年咸丰到南苑打猎,从马上摔了下来,伤及骨头,御医们想尽办法,可由于咸丰体质差,摔伤始终不能痊愈,咸丰从此落下后遗症,连走路都不能正常行走。

咸丰继位之初,内有大规模的农民起义,外有西方列强的入侵,内外交困,清王朝危在旦夕。咸丰才识平庸,根本不能扭转局面。太平军建都南京,江南、江北大营被打垮,以及英法联军的入侵,清军的溃败,接踵而来的打击使咸丰陷入恐惧和绝望,在呼天不应、唤地不灵的境况下,咸丰开始转向淫乐以逃避现实。咸丰宫内已有妃嫔无数,可他仍不满足,在宫外养了很多情妇供其玩乐。据说京城有一个叫朱莲芳的伶人,不仅年轻美貌,歌喉婉转,而且还擅长诗赋。咸丰很是宠爱她,经常与之幽会。有位姓陆的御史,也与这位伶人私下有染,看到皇上与朱伶人日夜纵欢,就上书咸丰,说皇上不该沉湎女色,咸丰看后大笑,说:"陆老爷子吃醋了",不以为然。

咸丰纵欲情色,身体非常虚弱,连走路都需要人搀扶。像祭天大典这样的活动,咸丰都让恭亲王奕䜣代表自己到天坛祭天,因为咸丰怕由于自己腿软而登阶失仪。即使身体这样虚弱,咸丰也不肯停止纵欲,为了满足自己,咸丰走到哪儿就把春药带到哪儿,以致咸丰又患上咯血的痼疾(大约是得了肺痨)。有位太医想了一个办法,建议咸丰饮用鹿血以做治疗之用,我们知道,鹿血大补属猛药,不宜过多服用。可咸丰为了继续追求情欲,哪顾得了这些,在宫内养了一百多只鹿,每天取鹿血饮用,以支撑度日。咸丰不思改过,仗着鹿血的维持,仍然沉湎酒色,这样的结果,只能加速生命的消逝。

公元1860年(咸丰十年)七月,英法联军进攻北京,咸丰惊恐万分,仓皇带着后宫嫔妃和亲信大臣等逃往热河,留下恭亲王奕䜣和英法谈判。临行前咸丰竟然要把鹿群带上,在众臣的劝阻下才作罢。一路上风声鹤唳,草木皆兵。由于受到惊吓,咸丰到了热河承德不久就病倒,之后病情或危或安,但只要病情稍好,咸丰照旧娱乐声色。终于,油尽灯枯,咸丰再也支撑不下去了,咸丰十一年七月,病情恶化。十七日,咸丰咯疾大发,急命人取鹿血,但已无济于事,遂驾崩。临死前,咸丰立载淳为皇太子,并任命肃顺等八人为顾命大臣。

咸丰帝爱新觉罗·奕㑇就这样结束了其荒淫的一生,年仅31岁。

## 难言之隐,同治死亡之谜案

同治帝载淳,六岁登极,在位十三年,十九岁病死。十三年皇帝,十九年的人生,同治帝是有幸的:没有兄弟和他竞争,顺利地登上了皇帝的宝座。同治又是不幸的:和母后慈禧关系不好,婚姻又不如意,刚刚十九岁就一命黄泉了。同治的死因是一个历史的疑案,他到底是死于天花? 还是死于梅毒呢? 同治之死与他的婚姻又有着怎样的关系呢?

### 1.重修圆明园

同治十二年(公元 1873 年)正月,同治帝亲政,时年 18 岁。他亲政时,诏"恪遵慈训",就是要遵守圣母的懿旨。他亲政后也办了些事,如在西苑紫光阁会见日本国大使副岛种臣、俄国大使倭良嘎里、美国大使镂斐迪、英国大使威妥玛、法国大使热福理、荷兰国大使费果荪,并接受他们呈递国书。同治亲政只有一年多的时间,他亲自主持经办的一件大事就是重修圆明园。

慈禧退帘后,想到宫外游冶愉悦,回忆起当年的圆明园生活,她懿旨重修圆明园。这是重大的工

同治陵寝

程,至少要花几千万两白银。九月,同治帝发布上谕:兴修圆明园以为两宫太后居住和皇帝听政之所,让王公以下京内外大小官员量力捐修。恭亲王不好完全拒绝,报效银 2 万两,指令户部先拨银 2 万两。拨款之后,朝廷震动。接着百官疏奏,反对重修圆明园。御史沈淮疏请缓修圆明园工程。同治览奏大怒,立即召见沈淮,严词申责。接着御史游百川再上疏谏阻,同治又下谕将游百川革职。经过一段准备,公元 1874 年(同治十三年)1 月,圆明园重修工程正大光明殿、天地一家春(原慈禧住处)等处先后开工。四月,同治视察圆明园,慈禧亲自看取图样,应修殿宇不下 3000 余间。七月初六日,发生广东商人李光昭自称"圆

明园李监督"，借购修园木料诈骗白银 30 万两的事件，引起朝臣反对。同治帝仍不理睬，继续其工程。七月十八日，恭亲王奕䜣、大学士文祥等十人（三位亲王郡王、三位御前大臣、三位军机大臣、一位师傅）联衔疏奏，请停止圆明园工程："宜培养元气，以固根本；不应虚糜帑糈，为此不急之务。"同治帝与十重臣几番面对面地辩论，他明知错误，仍不悔改。当大家一再反对时，同治帝准备发上谕，以十大臣"朋比为奸，谋为不轨"的罪名，宣布将十大臣革职。两宫太后见事情闹大，只好出面调解。其结果是：革十大臣职的上谕没有发布，重修圆明园改为修葺三海。

### 2.死因疑案

同治即位时才六岁，而死的那年仅十九岁。这样的一个小皇帝，他是怎么死的？有人说他是嫖妓后得了风流病梅毒而不治身亡；有人认为他是得了清朝人最感到可怕的天花，当时的医学根本治不了这种病；也有人认为他是被慈禧太后害死的。众说纷纭，莫衷一是。

同治得性病说，在同治死后流传颇广，《清朝野史大观》叙述得十分详细。书中说同治帝十分敬爱端庄贞静的阿鲁特皇后，但慈禧太后淫威滥施，同治帝和皇后不能款洽相亲。慈禧特别喜欢侍郎凤秀的女儿，想册立她为皇后。凤秀的女儿人长得很漂亮，但举止特别轻佻，同治帝并不喜欢。慈禧强迫同治帝去爱不想爱的凤秀女儿（后被立为慧妃），让同治尽失情爱之乐，于是微服出外纵情淫乐，寻花问柳。北京外城的著名妓院中，清朝的官员是常客，同治生怕被臣下撞见，不敢去，只带了一、二个小太监在内城与私窑子中卖淫的女子取乐。当时还有太监在东华门内开烟馆，藏垢纳污，导男引女，供其取乐。侍读王庆祺又进春药，同治纵情享受。

时间一长，就感染了梅毒。开始同治帝自己并没有意识到，但后来病症发到了脸上，继而发到背部。召太医来诊治，太医一看，大惊失色，知道这是淫乱所致，但又不敢说出来，反而去请示慈禧，询问是什么疾病。慈禧下旨道："恐怕是属于天花。"太医就拿治痘症的药来医治，自然这样的药是不见任何效果的。同治帝得病后内心十分急躁，厉声大骂御医："我得的不是天花病，为什么要当作天花来治疗？"太医奏道："这是太后的旨意呀！"同治帝这才不说话，而内心咬牙切齿地发恨。临死前的几天，同治帝的头发全部脱落，下阴部溃烂，发出极其难闻的臭味，据说溃烂处有洞，能看得见腰肾。该书作者悲叹道："可叹，自古中国之帝王因酒色而致夭亡者不知凡几，然未有死于淫创者，只有法国弗朗西斯一世也患淫创而死，可谓无独有偶矣！"

给同治看病的御医李德立的曾孙李镇曾回忆他的曾祖刚到养心殿切脉，就看出同治得的是梅毒。为了慎重起见，李德立另约了外科御医张本仁会诊，一致肯定是杨梅疮。当时李德立考虑慈禧也略懂医学，如果对她说明病情，她若发怒，指责同治有辱九五皇位的尊严，必定会下令杀了皇帝，所以他们就装作糊涂。当时宫里流传同治得的是天花，他们就按照天花来治。为了不引起外人的怀疑，他们用的都是"益阴清解饮""益肾清毒饮"之类的滋阴化毒类药物。如果按照梅毒来治，用剂加重，慈禧必定会出面干预的。现在见到的治疗同治的档案，都是天花病的脉案和处方，原因也就在此。

也有人认为当时的御医误将梅毒当作天花治，结果用药不当。有一个叫唐鲁孙的人抗日战争时期在北京居住，结识了一位清朝的太医张午桥。此人是光绪朝的太医院院判，曾为同治治过病。张太医说，同治病时，许多太医都只说是天花，只有他所开的药方断定为梅毒。等到同治死后，慈禧太后才知道其他的太医都看不出真正的病因，只有张某的诊断是正确的，因此屡加升擢。

一些专家认为，清朝官方修的史书和一些官员的笔记日记中，无不称同治死于天花，其原因是他们为了皇帝的颜面，不得不对皇帝的死做出合理的交代。如果说当时把梅毒当作天花治，最后皇帝也送命了，这样的消息传到外界，岂不是天大的笑话？

第二种说法是得了疥疮。疥疮也就是俗称毒疮或疔。李慈铭《越缦堂日记》说："同治十三年十二月酉刻，上崩。之前，皇上患痈病，头颈和背部各有一个，都生了脓溃烂了。死前十日，皇上已多次昏倒，神志不清了。"这种讲法，采信的人很少。

第三种说法是得了天花而死。当时的官方典籍及其后的正史均持这种说法。而且人们在清代档案中发现了记载同治帝脉案的《万岁爷进药用药底簿》，它比较详细地记录了自同治十三年十月三十日下午同治帝得病。召御医李德立等人宫请脉，直至十二月初五日夜病死，前后37天的脉案，完全可以证明同治帝是因患天花而死的。这本脉案是敬事房太监根据当时的御医每天请脉记录和所开的方子，誊抄汇辑成册的。一些专家认为它是今天分析研究同治帝究竟死于何病的第一手宝贵资料。

同治帝得病是在公元1874年的10月30日下午。这天，太医院院判李德立和御医庄守知诊断的情况是："系风瘟闭束,阴气不足,不能外透之症,以致发热头眩,胸满烦闷,身酸腿软,皮肤发出疹形未透,有时气堵作厥。"御医的判断十分明确,认为是感染了时行疫毒所致,所以让同治服用益阴清解饮,实行避风调理。第二天早上,药见效,疹形透出,已能看出其中夹杂着瘟症。这天同治帝的症状是"咽喉干痛,胸满作呕,头眩身热,气颤谵言",御医于是用清解利咽汤调理。在御医们两天的精心医治下,痘颗很快开始表发。但由于瘟热病毒强烈,头部、颈部的痘料发得十分稠密,而且令医家最担心的是,痘料颜色变得发紫。出痘时,如果痘颗出得稀疏不齐,灌浆顶平或塌陷,并呈紫色,这是逆痘的信号,很有可能有生命危险,所治的天花实际上就是如此,所以御医记道:"症界于险。"

十一月初二日,病情恶化,同治"腰疼胸堵,懊馈作呕",御医认为毒滞已熏蒸肺胃,"症势重险",当日服了利咽化滞汤,效果显著,四天未见的大便有了,原来很重的症状也多有减轻。初八日,同治"微感风凉",本来就虚弱的体质使天花向逆险方向发展,"浸浆皮皱,似有停浆不靥之势",这为痘毒向人体各种器官和神经系统袭击创造了有利的条件。从这天至十八日,同治帝每况愈下,气血虚亏,"痘痂干燥,抓皮见血。"

十一月十六日,同治的症状已十分险恶"肾虚赤浊,余毒挟湿,袭人筋络",使得腿痛痉挛,不能伸屈。同时,遗精、尿血也跟着来了,同治一天比一天瘦弱,神情恍惚,任凭御医们用各种各样的药,已是无济于事。十九日起,同治的病情急剧恶化。此后的十多天,是他最痛苦难忍的日子。痘毒潜入各部器官已经全面发作,痘后出现多处痈毒,并发生溃烂,腰间的溃烂几乎像一个洞,脓血不断地流出。全身的痘痈发出钻心般的疼痛,面颊肿硬,口喷臭气,胸满胁胀,大便腥臭。这时的御医已知道皇帝是难有生机了,只能卧以待毙。

从脉案记载来看,集中暴发的大溃烂十分剧烈、快速,到了令人惊异的地步。十九日辰时,"湿毒乘虚流聚,腰间红肿溃破,漫流脓水",而头脸、胳膊、膝上都见痘痈肿痛。二十二日,腰部溃烂继续外,其他部位的痘痈也出现溃破流脓。二十三日,臀肉左右又出现二处溃孔流汁。二十五日,令御医最为忧心的事情发生了,腰部和臀部的溃烂蔓延到了一起,并且溃口外小内深。二十六日,溃烂加剧,流出的浓汁多达一茶碗。二十七日,"腰肾疮口微大,浆汁未减,气秽如昨",御医们试着用"外用熨洗"治疗。二十八日,御医们的努力并不见效,"腰间溃处如碗,其口在边上,揭膏药则汁如箭激"。这时的同治已到了神志恍惚、麻木不仁的地步,神经系统遭到了大破坏。二十九日,同治出现了牙胀面肿的情况,御医也失去了治疗的信心,所以记录道:"正不制毒","症势日进,温补则恐阳亢,凉攻则防气败",认为同治肯定没有救了。

十二月初三日,出现了致命的走马牙疳,同治"面颊红肿见消,各处溃脓尚可。惟乐龈如昨,上唇连左腮颊紫黑硬肿,势欲作脓"。初四日,"上唇肿木,腮紫黑肿硬处敷药,屡揭伤皮不能作脓,时流血水……牙龈黑臭,势恐口疳穿腮"。御医们尽管仍在竭力调理,但已没有什么效果而言。十二月初五日,同治走完了人生的最后一天,"皇上脉息弦数无力,毒火凝结,神气日耗",到酉时,"六脉已绝","元气脱败",医生用高丽参等煎成的生脉饮到了他的嘴里已无法下咽了。同治驾崩,命归黄泉了。

除脉案外,谈到同治得天花比较详细的有《翁同龢日记》。十一月初八、初九日,同治召见奕䜣及翁同龢。回家后,翁同龢记述了同治的病情:"诸臣上前瞻仰,……伏见天颜温偃卧向外,花极稠密,目光微露。"初九日,他和御前军机大臣们更清楚地看到皇帝的头、面上都是灌浆饱满的痘粒,同治还举起胳膊让大臣看他出的痘颗十分齐足。《翁同龢日记》是私人记述当天活动的流水账,应是十分可信无疑的。另外,将同治帝从发病至死的三十七天脉案逐日与《翁同龢日记》核对,两者所记之病情诊断、开方用药也基本上是一致的。而且他还把和当时的一些大臣、太监那里听到的内容也记了下来,十分具体生动,说的都是同治天花的发生和发展,根本没有谈到梅毒。

持这种观点的专家认为,天花是满族常患的一种传染病,所以他们并不隐讳这种事实,而梅毒是一种两性交媾后得的性传染病,名声不好,因此有些人就凭主观猜测皇室是隐瞒了同治的得病真相。加上梅毒和天花病症有些地方比较相像,梅毒患者一般先在外生殖器部位出现硬下疳,约两个月后全身皮肤发疹,并且和天花一样,都有脓溃烂症相,所以野史笔者道听途说,认为同治皇帝淫欲过度,得梅毒是十分自然的事情。但年仅19岁的同治帝,为什么会身患这"心肾不交、元阳气血俱亏"的重险病症?他们推测同治帝得天花同他平时微服冶游、纵欲过度有直接关系。

还有一种说法认为同治帝是被慈禧间接害死的。有一本叫《慈禧传信录》的书中谈到同治帝的师傅王庆祺对人说过,同治帝亲政后,慈禧仍然对政事大加干涉,王庆祺就上书请同治帝专门修一个园子让慈禧在其中颐养天年,实是要让慈禧隔离起来,不再干涉政事,但事情为慈禧发觉,慈禧于是决定加害同治。御医李德立的曾孙也听其祖父说，同治帝得病后，经过李德立等众御医的精心治疗，日见好转。十二月初四日午饭后，孝哲皇后阿鲁特氏来到东暖阁看望同治。慈禧的亲信小太监一见皇后到来，马上前去报告，说同治帝与皇后在窃窃私语。慈禧也来到东暖阁，脱去绣花高跟鞋，轻手轻脚地来到帏幔后偷听。一点也没有觉察的皇后，还一个劲地向皇帝哭诉着备受慈禧刁难的痛苦。讲着讲着，同治帝也大有同感，劝皇后先忍耐一段时间，等到自己病好之后，皇后总有出头日子的。听到这里，慈禧大受刺激，勃然大怒，立刻推幔闯入帏内，一把揪住皇后的头发用力猛拖，可怜的皇后一大把头发连同头皮就被拉了下来。慈禧又劈面一掌，顿时皇后血流满面，惨不忍睹。慈禧又叫几个太监将皇后按倒在地，把拐杖递给其中的一位，让他死命地打皇后的屁股。同治大惊，顿时昏厥过去，从床上跌落到地上，病势加重，从此昏迷不醒。急忙传御医进来把脉，但同治已牙关紧闭，滴药不进，到第二天夜晚就去世了。照这种说法，同治虽不是慈禧直接害死的，但也是被她气死的。

这种说法也得到了一些传说的证实。《清宫遗闻》说同治帝死前曾与军机大臣李鸿藻商量想立贝勒载澍为继承人，并且口授遗诏，命令李鸿藻在病榻边书写。诏书很长，全文超过了一千字。但李鸿藻回家后想想很害怕，于是把这件事告诉了慈禧。慈禧听说后，怒火中烧，于是命太医尽断医药饮食，不久，同治帝就死了。不同意这种说法的专家认为这时的同治帝病已很重，人失去知觉、脖项、手膝痉挛，怎能安排这些后事？

# 历史奇案

## 清代涉及皇亲的贪赃大案

### 1.高朴奉旨开采玉石

从大牢里出来一辆木笼囚车，囚车上关着的，是个三十来岁的青年人。他目视远方，好像在遥望京城，那儿有貌美年轻的娇妻，有年近花甲的老母。此人前不久还是衣锦荣华、颐指气使的兵部左侍郎叶尔羌办事大臣。因车在石板路上颠簸前行,这个马上就要被砍头的昔日正二品大员早已面无血色、魂飞魄散了。因为他深知,抄没家产是肯定的了,妻子和老母现在怎样也管不了了,他马上就要见到已被斩首的父亲了,他在对死亡的恐惧中已经开始麻木,虚无缥缈,神志不清……

霎时,一阵嘈杂声将那十恶不赦的囚徒从死亡的麻木中拉回到现实世界。他微微张开眼睛,看到许许多多回民装束的男女把木笼囚车围得水泄不通,虽然囚车还在慢慢地朝前挪动。他们议论着,叫骂着,喧嚣的声浪不绝于耳:

"他也有今天啊!"

"高朴不死,我们采玉人就别指望回家!"

"老天爷有眼,这狗官早该挨这一刀了!"

"这回你贵妃娘娘的亲姑也救不了你的狗命!"

此人仿佛被什么提醒了,猛地张大双眼向前看,他多想看到一匹快马狂奔而至,并有人高喊"刀下留人"啊!此刻他又萌生了求生的欲望……

可是,九月的秋阳,只是照亮了他的黄泉路,囚车依然慢慢地驶向刑场……

他便是因私卖玉石被就地正法的兵部左侍郎叶尔羌办事大臣高朴,

他便是因贪赃被处死刑的两淮盐政使高恒之子,

他便是乾隆皇帝宠爱的慧贤贵妃娘娘的侄儿。

这件乾隆年间最大的贪赃枉法案,株连到的商人、奴仆百余人无一幸免;办理此案不力而受牵连的督、抚、道各级官员十几人。这一案件涉及面极宽,牵涉到新疆、甘肃、山东、河南、陕西、直隶、江苏、广西等七八个省份。

高朴年纪轻轻便升至兵部左侍郎的位置,并且得了驻叶尔羌办事大臣的美差,他只要谨慎行事,在远离天子的新疆历练几年后肯定会得到皇上的赏识,再说他还有娘娘慧贤贵妃的支持,皇上怎会不另眼看待?不仅如此,他父亲高恒乾隆三十三年因贪赃被处死的教训难道说忘就忘?难道他身上真有其父的劣根?事实上自从高恒被处决后,高朴也的确过了几年勤奋的日子,尽管称不上清贫,可远不及童年的富贵。为了自己的前程,他奋发图强,依靠自己的聪明也的确做过几桩令皇上喜欢的事儿。所以官运亨通,几年内便由内务府的司员擢升为兵部侍郎,当上了名列朝班的二品大员。换个人,可能会感激皇恩浩荡,更加勤勉上进,但他却利欲熏心,在自己的设计下,一步步地走上了黄泉路……

乾隆四十一年十月初六,高朴上朝回来,匆忙用过午饭,就唤心腹家人常永、李福速到书房,并对他们说:"没什么要紧事儿,不要让旁人到书房来。"

常永、李福都是高家的第三代家仆,对主人耿耿忠心。他们见主人单独招他们二人去书房,知道一定是有要事商议,所以立即赶到书房。

当时已是初冬时节,书房里生了炉火,高朴在火炉边的椅子上坐着,常永给主人递上了他日常最爱喝的香茶,李福则在一旁拨弄了一下火炉。高朴说:"你俩坐下,我有事需要同你们商量。"他们俩便各自搬了个方凳坐在主人两旁,等候主人发话。高朴喝了一小口茶,然后放下茶杯说:

"今儿个皇上准了叶尔羌的事儿,那回上疏开采密尔岱山玉石的事儿皇上也准了,命我去办,可每年只允许开采一次。此事万万不可向外人透露,就连对老太太也不要提,省得她老人家担心。常永,你跟过老太爷,也熟悉南边的人,你即刻启程去一趟苏州,找个可靠的贩玉商,然后再去叶尔羌和我会面。李福,你马上去挑几个可靠的家人跟我上任去。"说完高朴盯着这两名忠实的仆人,看他们的反应。他们对主子的意思,当然清楚得很,他们马上站起来行礼,还不约而同地说:

"给高大人道喜。"

"你们先不要高兴,多想想咱这回去叶尔羌的大事儿才是。"高朴一脸严肃地说。

"是! 高大人,这次采的是官玉。数量有限,苏州客商不知道该如何应承。"常永说。

"我也想过这事儿,但只有到了那里,了解了情形后再作打算,现在说什么无非都是纸上谈兵。可这大老远的,咱也不能白跑一趟。找到可靠的人,就告诉他,肯定不会让他白去。"高朴继续说,"玉这玩意儿,自然是多了好,但只要能遇见上好的,再找个手艺好的玉匠,出一件珍奇玩意,肯定就值上万两银子。常永,这回你到苏州后,顺便留意一下,有拿手活儿的玉匠物色一两个,日后大概用得着。"

"把找到的玉匠也带到叶尔羌去吗?"常永问。

"不好吧,要是在叶尔羌那地方开工磨玉,过于抢眼,更何况那儿又是穷乡僻壤,就算是做好的玉器也不会有人要,再运到苏州就更难了。"李福插话说道。

"李福说得不错,你就是物色好了,也无须与他说什么,等到碰见好玉,运到苏州再找他也不迟。可那贩玉的,必须可靠,你万万不可大意,否则,坏事了可要脑袋搬家的。"

　　"请大人放心,我在苏州时也结识了几个人,慢慢地寻访,找出可靠的再带上,人品如何,向街坊邻居一打听就知道了。"常永非常坚定地说。

　　高大人说:"行了。你还是小心点好,千万不要走了风,拜见老太爷的熟人时最好递上我的帖子,若有人问你,你就说一则问安,再则去叶尔羌,因为我偏爱苏绣,命你购买一些带到那边,送礼用的,那里的人可能会喜欢。他们不知道皇上恩准采玉之事,你也不必告诉他们。"

　　"是,大人,奴才晓得。"常永答道,觉得重要的事儿已经说完,于是就说:"高大人,我去为您加点水。"说着便端着宜兴镂花紫砂壶走出书房门了。与此同时,高朴和李福又开始商量起来。

　　高朴对李福更为器重,因为李福不但是高家的家生子,而且此人非常机警,碰上什么事往往可以出不少主意,李福在高家绝对可以说是高朴的半个军师。

　　"李福,到了叶尔羌后,采玉的事儿的确是个事儿,皇上每年只允许三个月,这只够宫里的数儿,即使常永找得到适合的贩子,也没什么用。"高朴恐怕白白为皇宫采玉,尽管能够立功,但他本人却捞不着好处,因此,他希望李福能想出个两全其美的办法。李福当然明白,他沉思了片刻后说:

　　"高大人,这事是死的,可人是活的呀,咱们到时候不会多加一些开采的人?不过,这事必须到了叶尔羌再行计议了。"

　　"我觉得也只能这样了,你先去选几个人,不必太多,三个就行,你们先行一步,去那边府里安排一下,顺便了解一下民情,我到了也方便办事儿。还有就是去密尔岱观察一下情形。"

　　"是,大人,我马上去办,两三天内我就同常永一道离京。"

　　"你到韩先生那儿取三千两银子,你们俩分别带一千五百两作为盘缠。"高朴刚交代完,常永正好端着茶壶走进来,他便对常永说:"我叫李福支盘缠,你也快点儿办事儿,最好腊月初能赶去叶尔羌和我会面儿。"

　　常永说:"明白了,请大人放心!"

　　高朴说:"我累了,今天就说到这儿,你们按照我的吩咐分头儿去办吧。"常永又为主子酌上一杯茶,同李福一块儿离开了书房。

　　高朴用一根火筷子拨弄一下炉火,火苗一下子从炭中间窜出来了,他看着那呼呼上窜的火苗,心中贪欲的欲火亦愈烧愈旺。他心想:"在密尔岱采玉,到苏州打,好玉打成后,再运往京城,还怕没人出价儿。三个地方串通好,一环扣一环,花上两三年时间,再让贵妃娘娘跟皇上求求情,回到北京,叶尔羌的事儿就算结了,只要少不了每年的岁贡,就别无他求。将来就一心一意地做官,再不谋任何财路了,要再走父亲的老路,岂不枉来世间走这一遭。但这一次行事也得加倍小心,否则……"

高朴的心思飘浮不定,或许此时此刻他也只有这样忐忑不安、心潮起伏了。

### 2.私自贩卖贡玉

时光飞逝,到乾隆四十二年春,高朴上任已近半年时间了。在采玉圣旨和办事大臣的双重压力下,作为叶尔羌的阿奇木伯克——清代掌回部地方综理回族事务的职官色提巴尔第已强令三千名回族百姓进入密尔岱山中麓,并已采到了头一批玉石。

乾隆四十二年四月中旬一天晚上,李福兴高采烈地由密尔岱山采玉大营返回叶尔羌办事大臣府。来不及吃晚饭,他便背起一个沉甸甸的包袱前往高朴居住的后堂,由于已有随身侍卫纳苏图禀报过,所以李福便径直走进去了。高朴这时候正在椅子上吃茶,李福向他请了安,接着把包袱放下说:"高大人,您要的东西已带来了。"高朴十分兴奋,蓦地站起来说:"快,赶快拿出来让我看看。"李福小心地把包袱放在条案上,高朴亲自动手拨亮了灯芯儿,一打开包袱,几块大小不同的玉石便映入眼帘。李福介绍道:

"高大人,您看,这墨绿中带俏橘黄色的、带俏红的,绝对是价值连城的珍品!"高朴双手捧着大如面盆的一块玉石,靠近灯光认真欣赏,只见那玉石根部是黝绿色,再往上则是翠绿中散有点点红心,禁不住赞叹道:

"真是奇怪,一块碧玉中怎么还有一些红点儿呢?如果有个巧夺天工的玉匠,绝对可以做出一件奇妙的玩意……"

"高大人,您再看这橘黄色的更为神奇呢!"李福插话道。

"哦,快让我瞧瞧!"高朴边说边又拿起李福所指的一块仔细端详。很快,他也认为这块的确是更为奇妙,只见碧绿中泛着团团橘黄,小如红枣,大如鸡卵。高朴更是惊叹不已,他无比激动地说:

"这可真是见所未见的东西,可谓稀世珍宝了。"他突然问李福:"这样的宝玉开采过程中碰到很多吗?"李福听后,笑了,他回答说:

"像这种尤物,一千块里能见一、两块便是万幸。听采玉的一个70来岁的回族头人说,采了一辈子的玉,这种佳品他也仅仅遇到过五六回。"

"如此看来,过去的贡玉中已出现过如此尤物了?"高朴问。李福回答:

"这我也了解过。听那老头儿说,仅仅一两块贡奉到宫里去了,剩下的几块,可能都让山口外边来的商客买走了。"

听完李福的解释,高朴舒了口气,说道:"倘若果真如此,那还可以。否则,以往贡品里每回都是两块三块的送,咱们就必须将这两块送往宫里了。"

李福说:"高大人不必担心,这样的自然实为罕见,即使那下一等的,也并不多啊。密尔岱当地的玉以质地坚硬、纯正深绿而闻名,更与众不同的是叩之发音,清脆悦耳。"

"是吗,还有这种事儿?"高朴马上拿起一块玉以镇尺叩击,可根本没听见悦耳的声音,他迷惑不解地看着李福。李福赶快解释道:

"此乃采出来的原玉,肯定扣不出声儿来,只需玉匠稍做打磨,做成四四方方的玉,那样便可以敲打出声儿了。"高朴放下玉,听李福接着往下说:"咱们只要将上好的绿玉,再配以一两块二等的好玉送入宫里,就可以了。二等的其实和一等的相比,要么俏色少了点,要么玉根子颜色没这么纯正,抑或是形状过于离奇而不太好使,就是这样的,送入宫中也是稀罕物件。那些王公大臣们根本没几个亲眼目睹过进贡的上品,见到这些,也许还误认为就是一等一的极品了呢?何况,那形状奇异的,倘若碰见能工巧匠,弄不好还真可以雕出个传世佳作呢!"

"这也是。李福,常永去接贩玉的张鸣远,为何走了十多天仍没有回音儿?"高朴转而问常永的事儿,是因为他恐怕苏州玉贩子不来,私自将玉运到苏州,找不到销货的客商,不但换不回银子,时间一长走漏了风声也许还会坏事。倘若玉贩子来了,验了货,说好价钱,玉石只要一到苏州,一手交货一手交钱,这事就利落干净,不大会出什么漏子了。李福听大人问完,回答道:"我前天去密尔岱前,听说阿克苏河涨水,他们可能被挡在河对岸了,传言河水只需三五天便可以回落,如果的确如此,他这两天也该回来了。"

他们正在后堂计议着,忽然听到门外有人大喊:"高大人,阿奇木伯克色提巴尔第大人求见。"高朴眉头一皱,说:"这么晚他来干什么?李福,你先出去招呼一下,请他去侧厅,告诉他我正在更衣,顺便打探一下他的来意,告诉我一下,我再去见他,以免措手不及。"李福边答应边走出了书房,看到阿奇木伯克色提巴尔第,立即说:"伯克大人,这边请。"接着恭恭敬敬地在侧前方带路进了侧厅,边奉茶,边让座,顺便说:

"伯克大人,请稍坐,高大人因略受风寒,本来打算就寝了,此刻正在更衣。"

色提巴尔第听他说完,马上解释道:"本官来得太莽撞,但事情有点急,一定要今天通知高大人才行。"李福双手把茶放在茶几上,然后站在椅子的侧面。听完色提巴尔第的话,好像是顺便口答道:"大人您有急事?"色提巴尔第因没人对话,也就暂时将李福当说话对象,说:"眼下春草丛生,采玉人纷纷要去放牧,因此人心惶惶,管事的人刚才报告,说采玉人怨声载道,有些镇压不住了。"

"伯克大人,这的确是急事,哎,高大人应该快出来了,我去看看,您稍候。"李福说着赶忙退出侧厅,一路小跑跑向后院,刚好迎着走出了书房的高朴,便低声将色提巴尔第的来意汇报了一番。

高朴听罢,心里有数了,一路上盘算着来到了侧厅。刚进门,他马上热情起来,因为尽管他本人是办事大臣,象征着钦差,职位和权限都高过阿奇木伯克,但综理回部事务是掌管整个叶尔羌回族人民的实权职务,若要役使该地区的回族百姓必须通过阿奇木伯克才行。他一定要将阿奇木伯克掌握于自己的手掌之中,才可以达到采玉的最终目的。虽然他已下了很大功夫,但这位回人的极品官员,却为了本部民族的利益,不怎么听命于高朴。但阿奇木伯克也早已了解到高朴是贵妃的亲侄子,还是叶尔羌的最高长官。迫于权势他也必须多方迁就。因此他们两间自然需要一种表面的祥和。高大人姗姗来迟,肯定会寒暄一番了!

"伯克大人,本官有失远迎,请恕罪。"高朴边说边拱手作揖。色提巴尔第也马上起身笑脸相迎,同时也作揖道:

"不知高大人有恙在身,多有打搅,得罪得罪。"

"区区风寒不足挂齿,色提巴尔第大人这么晚前来一定有要事了!"高朴开门见山,是不想让他兜圈子。色提巴尔第刚好因为事情紧急,也不愿绕圈子,因此也单刀直入地表明了来意。他将回人要求牧羊放马的事直截了当地报告后,又说:"大人,马和羊是回人赖以生存的命根子,假如耽误了放牧时间,草料又没备好,今年夏天他们就不好过了。望高大人仰承皇恩,体恤民情,宽限放牧时间,以示皇恩浩荡。"

高朴陷入沉思,他自己也清楚叶尔羌回部人是雄健彪悍的民族,压得过紧一定会出差错,不但本人的性命难保,就是皇上怪罪下来,也一定吃不消。他知道,按照侍从纳苏图和家人李祖从密尔岱山带回的消息,照目前的进展,一年的贡玉根本没问题;但想要额外多彩可能性就不大了。不压不能得利,压紧了怕闹事,这回可令高朴为难了。但这样僵持下也不是办法呀,于是他便问道:"色提巴尔第大人认为需要多少时日呢?"伯克大人回答说:"依我看最起码需要一个月才行。"

"那么要撤下多少人呢?"高朴接着问。

"目前采玉人已是本部回人青壮年的绝大多数,外出放牧只有青壮年才能干,因此每户至少需要撤回两个人。"伯克大人答道。

"这么看,山上只能剩下不足千人了?"

"七百人左右。"

"伯克大人,您也清楚,采玉是奉旨办事,倘若耽误了贡玉你我都担当不起,因此还希望伯克大人多担待些。一来时日太长,恐怕无法答应;二来撤下太多的人也不行。"高朴想以贡玉的高帽去压制色提巴尔第。对方也不甘示弱,色提巴尔第严肃地说:

"大人,据本官了解,按照目前的进展,即使只有七百人也不难完成圣上所提出的八百斤玉石的任务,倘若压得太紧,您也知道回部人都是刚烈之辈,假如闹起来,不光本官无法担待,恐怕大人您也摆脱不了干系吧!"

高朴见色提巴尔第口气强硬,自然怒火中烧,连笑容也收敛了,立刻换一副官大一级的架势,说:"这么说来,我也只能奏明圣裁了?"

### 3.私自加大采玉的数额

色提巴尔第是个年近五旬、久经官场的官宦老手,他深知,不管如何改朝换代,为了安定回部民众,皇帝始终都需要依靠这些回部上层的;当然,他也明白,对如今的皇上也是不可以太过分的,不然弄得个武力镇压,不仅自己吃亏,就连回部民众也会受牵连。因此,他对中央派来的地方辖官总是用软硬兼施、不卑亢的办法对待;对皇上则是敬而远之,不让皇帝有本部与皇上离心离德的猜疑。所以,色提巴尔第早就差心腹在京城住下,时刻报告各种信息。高朴到叶尔羌任办事大臣,人尚未到来,其为人、家世、人际关系等早就得到了京城密报。再说在采玉的三千回人中的大小头目中间伯克大人也安插了不少亲信。李福从密尔岱山带回上等玉石一事,早已有人向他密报。差家人取玉样,里面一定有私。可他装作什么都不知道,他明白,如果此时挑明了说,高朴一定会将那几块玉送给皇上,再参他一个诬蔑朝廷命官、抗旨不遵的罪名,这也并非什么好事。不过,就阿奇木伯克而言,本部民人的生活安宁也事关重大,如果闹起事来,他的官儿也会丢掉,因此他匆忙前来向高朴呈请宽限时日、减少人数。他知道,只要从山上撤下千人就足够了,提出这一要求是留个讨价还价的余地。通过高朴的态度,他清楚对方也是故意以言相压,所以绕了个小弯子,尽管语气并不示弱,却给了高朴一个台阶,他稍加思索,站起来说道:

"如果高大人要奏明圣上,自然本官也必须给皇上呈个条陈,奏明现实真情。然而,难道高大人就不想与本官商量个两全其美的对策吗?"

高朴听这话,也明白色提巴尔第是在讨价还价,心想:"倘若真奏明皇上,就等于参了自己,既然他想讨价,我不如还个价,看他如何。"于是高朴说:"伯克大人提及能够完成七八百斤的数目,但贡玉能用一般成色的玉石充数吗?假如说个两全之法,我觉得撤出人数顶多不可以超出千人,这样才能够按时采出宫中所要的玉石数额,不然就不好交代了。"

色提巴尔第听到高朴自己说不超过千人,也同实际要求接近,他深知:自己的强硬态度的确是生了效,高朴的妥协,更说明他有营私隐情。显然,营私的真凭实据尚未真正暴露,因此现在还没到他色提巴尔第和高朴决战的时候。既然这样,现在还是接受妥协为好。只要你高朴肯让步,不置我部人民的死活于不顾,我也姑且让你点,等有了真凭实据,你皇亲国戚的威势也无济于事了。他也知道高恒就是因贪赃被处死的,高恒可是慧观贵妃的亲哥哥啊,高朴只是她侄子罢了。他于是沉思了一会儿说:"这可难了,高大人,一千人,恐怕无法平息回部人民的骚动,假如高大人能再松动一下,本官就去同各部头人商议一下,倘若可以既安定回部民人,又不负圣恩就是最好的了。"

高朴也连忙顺水推舟地说:"劳烦伯克大人在头人面前多多宣示圣恩,千万不可耽误了贡玉的开采。"

"那是当然,本官告辞了,明天再与高大人磋商。"说着作揖起身告辞。高朴送走色提巴尔第,回到卧室,经过一天劳累本来应当早早安歇,但这边疆回部的问题并非如他在北京时想象的那般顺利。倘若当一个清官,又采够了贡玉,得到皇上一番夸奖,哪个督府或哪个部院有缺,弄个尚书、总督的职衔,说起来的确够气派,可那些尚书、总督们,只要以清官闻名的,谁又不是只维持了个表面的风光,骨子里在节衣缩食?在叶尔羌,假如这次无法将在京城时的计划付诸实施,将来像这样的机会就难到手了。他想:"这边关远离京城,所以耳目不多,自己的那些作为皇上不易得知;这差使尽管苦了点儿,但密尔岱之玉,是什么地方也取代不了的。中原沿海各省,虽富足且为官都是肥缺,不过京城部院耳目繁多,动不动就会被参劾,可怜的父亲便是吃了这亏,前车可鉴,假如到那些地方做官,千万不能轻举妄动。"想至此,他不由得对回部长官阿奇木伯克色提巴尔第恨得咬牙切齿,若是没有他从中作梗,自己的计划一定会顺利得多。高朴在胡思乱想中昏昏入睡。

昨夜因为久久无法入睡,高朴起床起得很晚,还没洗漱完毕就见常永急匆匆地走进二门,这正是他此刻想见之人,常永尚未来得及进屋请安,他就问:"常永,为何此时才来?"

"回大人!昨天下半夜我才到,二门听差说您已睡下,就没敢打搅您,反正也不差这半宿,所以今儿一大早就来回大人话了。"常永一口气说完。"你见到李福了吗?"高朴接着问。

"回大人,昨夜一回来就见了,也安排张鸣远住下了,您看何时让他来见您?"

"你先叫来李福,咱们合计完了再见张鸣远也不迟。"高朴吩咐道。正在这时,一个伺候高朴的小差斯小二来收拾主人的洗漱用具,顺便还问:"老爷在哪儿用早饭?"

"送到这儿来就行了,通知厨房一下,中午饭给常永、李福另开一桌,多加两道菜,他们要招待我的客人。"

"是,老爷,您还有什么吩咐吗?"斯小二问道。

"今天中午伯克大人可能会在咱府上用饭,通知厨房准备些回人的菜,他不吃我们吃,以免弄得措手不及,还要准备点下人的饭,否则,随他来的人就没饭吃了。"

"知道,我下去了。"斯小二边说,边端着脸盆出去了。常永说:"我现在去找李福。"也退了出去。高朴穿上官服,就等着吃早饭,一夜没休息好,肚子早已开始唱"空城计"了。到了叶尔羌,高朴就不在饭堂进餐,因无家眷,吃饭是独自一人,因此他不在寝室就在书房。除非有客人在,他也懒得让底下人侍候着正襟危坐的用餐,那样反倒不如在书房、寝室,只让斯小二一人侍候舒坦。

他走到书案前坐下,刚拿起一册昨天送来的京报,还没打开,斯小二便拎着食盒进来了。斯小二把食盒轻轻放在茶几儿上,掀开盖儿,取出一小坛粳米粥、两个小馒头、一碟小菜、一只煮鸡蛋。一股粥香扑面而来,令高朴食欲大振,斯小二刚为他盛好粥他便大吃起来。斯小二站在一旁侍候,趁高朴抬头夹菜的功夫,小二赶忙说:"老爷,常永、李福在二门候着泥?问老爷他们是现在进来还是等您用过早饭？"

"为什么不早点儿告诉我？去叫他们进来"。高朴边吃边说。不久，李福和常永就进来了，请了安，李福问："大人叫我等来有何吩咐？"高朴没停嘴，与此同时用手指了指桌前的方凳，他们俩欠着身坐下了，高朴吃完最后一口，叫斯小二收拾餐具，又吩咐说："通知门房，有人来请去客厅，两个钟头之后我会出来；伯克大人来了先请去西厅，然后马上通禀。"

"明白，老爷还有什么吩咐？"斯小二问道。

"吩咐二门，闲杂人等不要进来，若有事等到下午再说。行了，回头你送壶开水来，没其他事了。"

"好。"斯小二出去了。

"李福，昨儿常永回来把事儿全告诉你了？"李福回答："是的，大人，看起来那张掌柜还是挺有主意的，也算是个讲信用的人，您可以用一下此人。贩玉这事儿咱们谁都不太懂，对玉石成色也所知甚少，要是用好了这样的人，我认为对您在北京计划好的事儿绝对有好处。"常永顺便接着儿说："大人，小的一路上和他食宿在一起，对他的家世有所了解，他的为人，我也了解了不少。当初只听高老太爷故交袁老爷介绍说此人能干、可靠。现在这近 20 天，我也留心考察，又反复给他介绍大人的恩德，说您很是关怀我们下人。张掌柜也一直说愿意给高大人效力。"

"好，今天中午你们俩一起请他吃饭，晚上我在书房接见他。你们最好先向他透个底，商量个对策，到了晚上就开门见山。一是贡玉外的货物如何脱手；二是打磨好的玉器如何脱手。极品玉做出来的都是上等玩意儿，如果真的哄起来，传出去，说是从咱手上弄出去的可就坏大事儿了。"高朴意味深长地说。他父亲出事时抄家的情景仍历历在目，他心里非常害怕，可他又抗拒不了物欲的诱惑，因此一方面小心翼翼地做事；另一方面又在贪婪地聚敛着财富。常永、李福非常了解主子的心思，因此一见主子沉思起来，便马上替他宽心。常永说："大人，我们给大人跑腿，会很谨慎的。"李福说："请大人放心，我们会尽快商议个妥善的方法。"高朴从沉思中回过神，他自觉失态，所以笑着说："你们在我父亲健在的时候就忠心耿耿，这我很清楚，我只想防微杜渐而已。时间差不多了，我必须去会客了。咦？怎么色提巴尔第大人还未到，我原以为他一早就会来的。"李福道："昨儿色提巴尔第大人回去已很晚了，今儿恐怕也早起不了，何况上午他还要和回部头人们商量一下，肯定不会来得太早。"此时此刻他们三个一块儿看着二门听差往里走,李福就说:"八成儿是伯克大人来了。"只听二门听差在屋门外喊:"回高大人,纳苏图老爷求见,说有紧急事。"

纳苏图是高朴从北京带来的,是办事大臣衙门当差的一个侍卫官,跟笔贴士漆邦有、侍卫连德三人组成了高朴衙门里的亲信班子。尽管声称亲信,高朴却从未同这三人磋商公事之外的事,因此他们也不常到后宅,纳苏图今儿到来,想必有非常紧急的事儿。高朴立即说:"快去,让他进来。"又对常永和李福说:"你们这就下去吧,与张老板好好聊聊,晚上咱们再谈。"二人立刻退出去。纳苏图急匆匆地走进屋,向高朴施礼道:"高大人早,在密尔岱监工的连侍卫刚才派人送信来,说山上已跑了好几百人,头人全都被伯克大人招进了叶尔羌城内。眼下群龙无首,咱们的人也镇压不住,没有大人吩咐我们也不敢动武,恐怕招起大乱子,紧急得了不得,请大人赶快指示。"高大人听后急忙说:"快,现在就叫人去请色提巴尔第大人到大堂议事,叫漆邦有也去大堂。"

"是,大人。"说罢,纳苏图匆匆离去。高朴大喊斯小二道:"小二,快为本官更衣。"斯小二快速到内宅拿出官服,替高朴更衣。

高朴在大堂刚刚坐定,差役就传话说:"色提巴尔第大人到!"

"快请!"高朴说。

"请色提巴尔第大人。"差役传出话。

色提巴尔第同样是官服盛装宽步走入,看见高朴,便上前施礼道:"高大人召唤本官前来,想必有紧要之事。"高大人说:"请坐,因事情紧急,本官不得不速请色提巴尔第大人。"伯克大人落座后,抬头问道:"想必大人是为了密尔岱山上的采玉回人逃跑之事吧?"

"看来大人已经知道了?"

"那边有人回来报信给我,本官正准备找高大人商议,这边您就差人请我了,因此才来得如此之快。"

"既然这样,想必伯克大人已有了缓和局势的方法了?"

"本官已料到此事紧急,因此昨天才深夜造访磋商,谁知今天就有人跑了。不知高大人对这事怎样打算?"伯克大人反问道。

"我昨晚提议撤下不能超过千人,不知伯克大人和头人们商议得怎样了?"

"我昨晚回去,他们已回馆驿歇息了,刚才正跟他们商量,便有人报告说有人跑了,我就立即来大人府上了。"色提巴尔第卖了一个关子。

"如此看来,还没有妥善的解决办法喽?"高朴问。

"倒是有一个办法,不知高大人能不能首肯。"色提巴尔第大人说。

"本官愿闻其详。"高朴打起了官腔。

听这位高大人的语气,色提巴尔第清楚他此刻一定心急如焚,却又不愿表现出来,这才是讨价还价的大好时机。于是伯克大人说:"头人们觉得不让回人放牧是肯定不行的,皇差也不能误事,因此,他们最后一致认为凡出工的每户人家都撤回一人,如此有800人左右,只出一人的就无须说了,出两人以上的人家,两户撤回去一人,10天换一次,大约撤下400人左右,总共撤回1200人。40天后全部上山继续开山采玉。这样,封冻前绝对能够保证将贡玉采够,同时,还能避免部民闹事,不知高大人觉得怎样?"色提巴尔第说罢,非常平静地观望着高朴的态度,他心里有数:眼下高朴所担心的并非贡玉,而是贡玉外的私玉,或者说是他无法说出口的事情。高朴听了伯克大人一席话,心中也在盘算:"好厉害的阿奇木伯克,居然串通部民,要挟本官。但假如此刻不同意,或许他将鼓动更多的人下山,我的手下太有限,镇压是行不通的,就算人多,也不能动武,要不然引起骚乱也不是好玩的。可就这么答应他,真是于心不甘,一旦真的只采够了贡玉,我们不就白忙活了吗?假如今年答应,明年不也一样?"他后悔没有早点儿将这位回部首领收买过来,眼下也不得不先退让一步,然后再从长计议。高朴想到这里,十分不情愿地说:"既然伯克大人已有了主意,本官也就放心了,就请大人和众头人安抚部民,依法行事吧!"

色提巴尔第大人看到高朴已就范,心里不禁一阵窃喜,马上躬身答道:"既然已得到高大人首肯,本官这就告辞了,事情迫在眉睫,我即刻回府召集众头人宣告高大人口谕,午饭后立即动身前往密尔岱山安顿一下。"

"色提巴尔第大人请。"高朴故意这么说,以提醒对方自己是皇上派来此地的最高长官。当然色提巴尔也听出了弦外之音,他从容不迫地答道:"请办事大臣大人放心,本官三代在此地为官,对部族回民之事一清二楚,本官亲自出马,事态自然会平息的。告辞、告辞。"

"本官静候佳音,有劳伯克大人了。"高朴发现对方软硬都不吃,也不能说什么,只能忍字当先,客气地将他送走了。但他心里却非常恼怒,心想:他这是故意要坏我的好事,他是不是对采玉之事有所察觉?我必须想办法释其疑,不然不但好事难成,还会有参劾之危。他正在想着,忽然听到有人叫他,抬头一看,笔贴士漆邦有和侍卫长纳苏图在堂上,问:"你们还有什么事?"漆邦有说:"回高大人,两名在押的乌什逃犯待审,乌什来的解差已等了三天。无法再拖了，否则永贵大人那边没法交代；还有本地的几件案子，苦主都催得紧，还请高大人加紧定夺。"

漆邦有答道："他们倒是供了，但与乌什送来的案卷有些出入。"

"既然有供，让他们画押，叫乌什解差解走不就行了，反正也不是在本地犯的事儿。本地的几件案子，明天下午先审一两起儿，你先问问犯人，也好让我有个准备，最好你先拟出个草章，先向苦主儿通个气儿，只要双方都点了头，案子就好了结，你看哪桩急就先办哪桩吧。"高朴吩咐着，然后转身问站班侍卫："客厅还有客人吗？你去看看都是谁，快去快回。"接着向站班的其他差人侍卫挥挥手说："今天上午没事儿了，你们都下去吧。"

"是。"差人、侍卫们纷纷离开了大堂，见只剩下纳苏图和漆邦有，于是高朴说："这两天密尔岱那边儿有事，刚刚伯克大人在这儿已说了，你们一定要小心，千万不要让乌什来的解差知道了。如果传到永贵大人耳朵里，那皇上不超过二十天就全知道了，因此让乌什两位犯人赶快画押，最好是今天下午就能打发他们上路。一旦事态平息了，咱自己再给皇上上条陈说明平息经过和原委，也就不怕传出去了。"

"请大人放心，下官明白，我马上就去办，保证下午让乌什解差上路。"漆邦有和纳苏图异口同声地说。"要记得给解差赏二十两银子做盘缠。"高朴又说道。去客厅问事的侍卫也回来报告："大人，客厅原本没什么紧要的客，大部分常二爷和李二爷招待过后，听说大人正在大堂议事，就走了。现在还有一个回人金客，常二爷说如果大人没什么事，请大人到客厅见见。"高朴猛地记起李福今天上午帮他约了个金客，的确是要见见的。马上说："好，我现在就过去，你回去吧！""是。"侍卫应着，退出大堂。

漆邦有说："大人，今天下午乌什解差上路，还需要您批个字儿，不然印房那京章无法押印。""这好办，你写个条我批个字儿不就行了，赶快办吧，你快写。"于是漆邦有提笔，蘸着砚台中的墨写起来。

高朴又对纳苏图说，"还有什么事吗？""给乌什解差的盘缠钱您也要批个条子。"于是高朴拿起笔写道："账房喻：差纳苏图支取乌什解差盘缠二十两银子。"盖了印递给纳苏图。漆邦有也起草完了用印文书，高朴连看都没看一眼便在落款处写上"高朴"两个字。随即站起来说："没事儿我就去会客了。漆邦有先在这里应付着，纳苏图去提了犯人来，你们俩审一下，将必要的手续办了，叫乌什解差下午解了去。"说完，就从后门走了。

#### 4.私贩黄金

高朴到了客厅,看到常永陪着一个人正在说话儿。一看便知道是回人,可还具有十足的商人味儿,衣着华丽,的确是个十足的富商。常永看到高大人进来了,忙站起来退到椅子后面,对那阔佬说:"大人到了。"那人也连忙站起身,行回礼右手拍肩,说道:"高大人,小民久仰您的大名,今日得见,实乃三生有幸。"高朴也非常热情地寒暄道:"阿利姆掌柜是叶尔羌首富,久仰。"又指着椅子说道:"请坐。"对常永吩咐道:"你去通知厨房,今天我请阿利姆掌柜吃午饭。"常永说"我已关照厨房准备了,我这就去看一下,好了就请阿利姆掌柜用午饭。""好,我们二人边吃边谈就更好了,你去看看吧。"常永立即出去了。

"近来阿利姆掌柜做些什么生意?"高朴问。"如今很少外出,只是收购些土产药材,特别是马匹和皮毛,然后运往内地;再由内地带回叶尔羌人喜欢的茶叶、绸缎等等。去时十分方便,因为贩马匹,所以驮运不用着急,回时要找车辆就不那么容易了。关防检查很严,不知为什么时不时就要没收、罚金,因此往往都是运出去的东西多,带回来的东西少,通常返回都是白白浪费人工,非常不划算的。"阿利姆故意描述做生意的困难,引诱高朴合作。本来高朴就想利用阿利姆替自己办事,因此也有意显示个人的权势,对他说:"我来这儿时,总共辎重有十几车,但也没碰到边关检查呀?"

"那当然,高大人自然不一样,您的车仗高扬兵部左堂的标志,还高悬着高侍郎的旗号,当然边关不会检查大人您的车仗,稽查更不敢敲诈您。"阿利姆笑着说,为了将高朴引上正题,继续说"边关检查是一方面,车队行进中还往往会碰见劫匪,假如劫匪凶悍,夺去了资财或者是伤了人,就更糟了。高大人的车仗当然是不可能碰到劫匪的,因为哪个劫匪都不想招惹兵部侍郎的车仗而招来剿兵的。"高朴是个明白人,接着说:"嗯,这事倒可以商量一下。"

阿利姆连忙顺水推舟地说:"大人的意思是……"

高朴打断他说:"以后再商量这事,本官有事想请阿利姆掌柜帮忙。"

"大人有事尽管直说。"阿利姆已发觉对方是个贪得无厌的赃官,他要求自己办的事越多,自己受益就越大。高朴看阿利姆非常有诚意,就说:"叶尔羌盛产黄金,当然金子的生意是不能做的,本官准备收些金器,不知阿利姆掌柜能不能帮忙?"

"这个,高大人,您也清楚,私自收售黄金是犯法的。回部妇女十分讲究戴首饰,都是从官方的金铺里买的,她们都有了,今儿个喜欢,明儿个就厌了,因此私下买卖的人也越来越多了,衙门也睁只眼闭只眼,只要做的并非黄金生意,也就无人干涉了。"阿利姆别有用意地说。

"你也知道,我们当官的怎么会做生意呢?黄金买卖又是官买官卖的,天底下人哪个人敢冒险?我收金器,只是收藏罢了。"高朴解释说。

"当然,大人又怎么可能做违法之事呢?可大人想要哪种金器呢?这金器一是金的成色,一是器的工艺。不知大人喜欢什么东西?仅仅为买金,必须成色好,工艺差点无所谓,这种极接近金的本价,日后厌倦了,上首饰金店楼再去重改也不心痛,想要再出手卖个金价儿也不会赔钱。倘若仅仅为了把玩,那可必须看工艺,做得巧、精,爱不释手,送人就再好不过了,成色差点但价钱也低;仅仅自个儿留着,要是不喜欢了,再改样儿也划不来了,因为您买的就是手工,手工再好改了也白费。最好当然还得是成色又好、工艺又佳的,自然价钱也就高得多了。我们这里,很多人都有这手艺,通常都是从金铺里买回去了再改,规定不让交易,但私下里卖的也有。大人,我说这番话您千万不要较真,我是没有做过这样的生意,只是听人说才有所了解的,您如果将我押上公堂,打死我也找不到一个卖金的。"阿利姆说完,自己哈哈大笑。高朴又怎么会听不出弦外之音?他说:"既然请阿利姆掌柜前来,岂有送上公堂之理?今天我是想让你帮我采买些成色好、工艺也好的首饰,一是为了个人收藏,还有就是送给宫里慧贤贵妃娘娘,好讨她欢喜,也不白来叶尔羌一趟,所以,还请阿利姆掌柜多帮忙,本官怎能让你白费辛苦呢?"

阿利姆听后,心里有数了,"他就是个既想吃又怕烫的狗官,不利用你还会利用谁,这是你自己找上门的。"他心里合计着,脸上却堆着笑,看起来非常谦恭,说:"能替高大人效劳是小人义不容辞的事,请大人不要客气。可是……这件事儿……"阿利姆看上去欲言又止。

"阿利姆掌柜有什么不便吗?"见状,高朴关切地问。

"是这样的,叶尔羌管金伯克、阿奇木伯克对金银都管得颇为仔细,我为高大人采买当然不会声张,可一旦让回部长官发现好像就不太好办了。"阿利姆说出顾虑,他当然也正采取引狼上套的方法,高朴也并非容易上钩,心中暗想:"这是什么意思?我让你帮忙,当然是为了妥当,如果真的被发现对我也不好,你这是在绕什么弯子呢?我倒看看你葫芦里究竟卖的是什么药。"于是他说:"你的意思是……"

阿利姆发现高朴有疑虑，赶忙解释说："我说的是以防万一，实际上，这样的买卖都是私下的事，又怎么会被发现呢？一旦被发现了对卖主最为不利，因为没收的是卖主的东西。何况发现的也是办事的衙役，倘若及时打点好了自然没事。"高朴以为阿利姆怕打点的费用出在自己身上，所以非常慷慨地说："你尽管放心，假如有必要，所需的打点费用请阿利姆掌柜尽管说话。"

"哦，不是，我不是这个意思。"阿利姆马上解释。

"直言无妨。"高朴心里没底，也不愿意继续拖延时间，所以来了个开门见山。

"高大人果然爽快，恕小人直言。大人已明示，您所要金饰是为了献给宫中慧贤皇贵妃和家藏，实际上，一旦被发现，对巡查衙役们直说了，再打点他们一些银两，什么人还会再向伯克大人报告呢？一则有大人的声望和娘娘的威名，二来受人钱财替人消灾，哪个人还想自己去找个受贿的罪名呢？恐怕如果我真的实话实说也是空口无凭，他们能相信吗？说不定还觉得我是借大人的旗号吓唬人。因而我想请大人一道手谕，一旦有人发现我买金器，可以用银子打点的当然好，倘若打点不了的则用手谕抵挡，用后马上销毁，就算他回去禀告，我也死不认账。伯克大人们绝大多数和我私下都有些交情，难道偏要逼我把大人供出来才甘心吗？他们只会信疑参半，见我不愿讲出实情，当然怀疑真是为您买的，但又没有证据；若说不是吧，我又何必打着大人的旗号？因此，只要您的手谕不落入衙役手中，当时所买金器没被没收，他们就不会有证据，没证据他们也就不敢向上面报告，自然就不可能出事。"阿利姆这一席大道理，着实让高朴云山雾罩，可他听得非常认真，还认为叫自己写手谕实在是没有必要，于是说："依本官看，我写手谕好像没什么必要。"阿利姆见高朴不上钩，便又说："大人有所不知，倘若所买金饰落到了他们的手上，既是财产也是证据，那些人是不会再退回的，那不是更加不利吗？因而大人的手谕只不过是个挡箭牌，只要当时不让衙役拿走，就万事大吉，大人觉得是否如此？"

高朴有些被他说动，他还想："既然你都能死不认账，难道我不会？"于是他说："这么看来我还必须真写了？""不，不是我非要大人写，而是希望将此事办得妥帖，只有这样而已。"

"如此说来，等到午饭后，去我书房稍坐，本官给你写就是了。"高朴为了自己能得到更多的利益，同意了阿利姆的建议。

光阴荏苒，一晃已到了乾隆四十二年年底。府中尽管没有内眷，但全府也充满了年关的味道。随高朴一起由京城来这里的几个家人都在忙活着过年的各种东西,由于既没有主内的夫人也缺少内府的仆妇,常永便临时充当总管调度一切;衙属的侍卫们也都因为没带家眷,所以也张罗了府中过年的准备。虽然高朴敛财心切,但是对家人和下属却十分仁慈,极少责罚和打骂,因此下人们对高朴非常尊重。都是远离家乡的人,一起欢度思亲佳节。府衙上下真是热闹非凡。

因为新年将至,公事也不多,高朴也不常到公堂,唯有笔贴士漆邦有在公堂上值班,没什么大事也无须高朴坐堂。这位历时一载的叶尔羌办事大臣独坐书房,形影相吊,众多难言的凄凉涌上心头。外面属下家人们的笑语欢情似乎和他并不相干。派出去四处投书顺便给妻子和老母送去过年礼品和平安家信的侍卫长纳苏图出发已近二十天了。随身带回的千两黄金,韩渭收到了没有?有没有照自己的吩咐置办了田产?管账的韩渭是个老家人了,绝对可信,达灵阿是管田亩的,是个早年出籍的家奴的后代,对高家也是一片忠心,他们俩一直和睦,应该不会办不妥那件事,可重要的是事情办得必须谨慎,不能让外人知晓,要不然都察院那些因为自己参劾而吃过亏的人决不会罢休的,他们如果参自己一个收支不符,皇上肯定要追究黄金的出处,到时候又是解释不清。他正思绪万千,听见门外传来通报声,他立即问道:"有什么事?"

常永进门边请安边说道:"大人,阿利姆介绍的回人厨子到了,您见不见?"

"不必了,你告诉他,今年过年请的回客都是叶尔羌回部的头等人物,丝毫都马虎不得。一是一定要按回部的风俗办,不能走样儿;二是要丰盛;三是采买都必须照回人的规矩。这三样如果做得好,除工钱外另有赏钱,要是出差错了,就不要怪我不讲情面了。"高朴说完顺便问道:"驿站有信到吗?如果有纳苏图和李福寄来的信,务必即刻送给我。"

"回人厨子的事,我已照大人说的都吩咐好了,我再去强调一遍。驿站哪儿我也已经派人关照过了,一有大人的信马上送来,您尽管放心吧。"

"那好,你下去吧。"

"是,大人。"常永离开书房,接着忙活。

高朴再次陷入深思中。被常永这一打搅,他的思绪又从京城飞回了叶尔羌。这一年来,他在叶尔羌上任,也算小有政绩。他严惩了属下一名满洲驻防佐领,此人强奸回部民女致死,用刀砍伤这位女子的兄长,差一点儿激起回部人民的暴动。高朴下令把那人枷号十日,任由回人唾骂,接下来削首暴尸三天,使滚汤似的民情，不久便冷却，避免了一场暴乱。他还严厉地处置了几名强夺民间金器、调戏回汉民女的骑兵。督办开采密尔岱玉石一年来的工程也圆满完成，八百斤玉石已运往北京，尽管有几块绝品玉早被他暗使张鸣远带回了苏州，不过上好的玉也有几十块，皇上非常满意。他严管八旗驻防官兵，还做了很多对回人有利的事，既赢得了一些地方人民的欢迎，又得到了皇上的赞许；甚至始终与之不怎么融洽的阿奇木伯克色提巴尔第大人也不得不赞成他的行政手段与能力。

可高朴并未因此而兴奋，因为这一年他费尽心机的私玉计划没什么成效，这纯粹是色提巴尔第和自己做对的结果。色提巴尔第时常用防止边衅、保护回人利益的面目出现，使得他不易得手，每次想多派些民工，总是受到他们阻挠，看来想实施自己在京城的计划，就非得摆脱这个老家伙的牵制不可。高朴已缜思虑多日而不得其解，这使他有一种看着到嘴边的肥肉却吃不着的感觉，这让他心里产生一种缺憾，由缺憾以至仇恨，恨不得色提巴尔第马上碰上什么祸殃。他实在不甘心放弃这难得的发财机会，这样的机会说不定将来再也不会出现了。

可是，高朴这一年也不能说没一点儿收获。阿利姆帮他用非常低的价格买到近两千两黄金，这是以在内地还买不了五百两黄金的价格购得的，而阿利姆仅仅在往北京运送贡玉时，在高大人的车仗中夹带了两车药材。还有上面说得几块上上等的好玉，张鸣远暗地里已带回了苏州，玉贩子张鸣远自己说，倘若他带走的几块玉石打磨成器，上面的俏色用得巧，玩意的手艺精，少说一件也值上万两银子。尽管这几块玉不一定全都成器，但即使最终只成二三件，至少也能收入三千多两银子，这也是一笔不小的数目。

无论如何，高朴始终认为一年的辛苦不值得，有更肥的肉摆在那里，却眼睁睁地看着别人拿在手中，这种感觉是高朴生平头一回的体验。

### 5.采玉工程威胁回民生活

忽然高朴的思绪又飘到了纳苏图身上，因为纳苏图的重要使命之一就是呈送高朴的奏章，它是专为述职而写的，虽说其中有不少自我吹嘘的不实之辞，可一部分正事是过去早已上报过的，这次只不过是年度总结，所以那些重复也是无可厚非的，还不知皇上态度如何；慧贤贵妃见到侄儿送的礼物也不知是否喜欢。高朴能想的事情可真不少，可想得最多的依然是一个"钱"字。他正浮想联翩,忽听有咚咚的脚步声,非常急促,与此同时还听到常永急匆匆地大喊:"高大人,快,赶快更衣,有圣旨到,快去大堂接旨。"匆忙赶来的斯小二此刻已双手端着官服进来了,常永也气喘吁吁地跟了进来。

高朴愣了一下,他没料到会有圣旨,边匆忙登靴更衣,边问:"送圣旨的是哪位?"常永答道:"没专人,是五百里飞札,堂上驿递正等着大人呢?"高朴听完心里自然踏实了不少,没专人送,意味着没什么重大的事,就算是龙颜震怒,这样的情形最多也只是申斥。因此高朴从容不迫地更衣,悠悠然地来到大堂,只见一名馆驿士卒正面站立等候着宣旨。高朴见状也佯装匆匆趋步向前,跪接圣旨。

这圣旨的确令高朴大喜过望。皇上对叶尔羌办事大臣高朴大为赞赏,特别是皇上最后说:"高朴采玉,工程甚利,贡玉品质颇佳,着高朴加速开采,每年仍然一次,数量无须拘于过去定百斤之数,尽多为好。"就这么几句话,令高朴心花怒放,因为这无形中为高朴大开方便之门,同时还是对色提巴尔第施加压力的有力武器。他心中暗想:"这回可该自己发财了,不然怎么会这么巧,会有圣旨?阿奇大大伯克大人!看你还能把我怎样。俗话说强龙压不过地头蛇,这回我这从天子驾前飞来的强龙,就要压压你这条地头蛇。"

接过圣旨,高朴就像喝了"大补汤"一样精神猛然一振。本来是打算让属下家人张罗过年准备,他也变得热心起来。他原本只关心请客之事,目的仅仅是笼络人心。眼下又为了宣示圣旨,用来扩大自己的影响力,表现自己在皇上跟前的面子,他准备好好热闹一番。

冰雪化尽,小溪淌着春水,叶尔羌到处一片生气。农人们挟锄下地,牧人们也扬鞭出游了。

就像每年换季时的天气一样,春风拂面,往往还悄悄卷来一股寒流,这寒与暖的斗争,也代表着人间的政治较量,你胜我负,此起彼伏,尚未有个既定的章法。叶尔羌现在就是这种情形,圣旨给足了高朴面子,同时也撑起了他的腰杆儿,阿奇木伯克的确气馁不少。看来这条地头蛇不得不在强龙之下求平安了。

在高朴的饭堂,餐桌周围坐了五六个人,正在推杯换盏,仔细瞧瞧,真是一桌典型的回部宴席,除了酒以外,没有什么是不合回部规矩的。在座的除高朴外都是叶尔羌回部的重要官员。首座当然是阿奇木伯克色提巴尔第,其他的还有商伯克、噶杂拉齐伯克、柯勒克牙拉克伯克、阿尔巴布伯克。

他们全都是经高朴精心挑选投帖请来的。除了总管阿奇木伯克外,有两位在叶尔羌品位最高的伯克是高朴为了拉拢回部地方势力而专门请来的，剩下几位品位较低的伯克也都是各有所司，都是对高朴不无用处的实力人物。色提巴尔第相当聪明，一看到场的客人，便已猜出这位高大人的心思了。他心里盘算："得到皇上不计数量的圣谕，高朴采玉肯定会抓紧的，他的私欲也日益增大，我姑且睁一只眼，闭一只眼静观其变，等我掌握了真凭实据，到时候参他一本，看他还怎么得意？"

酒过三巡，大家的神经都兴奋起来了。高朴首先端着酒杯站起来对色提巴尔第说："阿奇木伯克大人，诸位伯克今天光临我真的非常高兴，这足以证明天子厚思普济满回，本官今后公务还要靠诸位相助啊！"跟高朴采玉关系最密切而品位最低的阿尔巴布伯克十分感动，今天他这位六品堂官得以坐在二品大员的餐桌上已受宠若惊了，再加上酒的催化，几乎没有设防的能力了，虽然赴宴前色提巴尔第还提醒过他，要他对高大人采玉征役的事留有余地，但这会儿，他简单的头脑却热血沸腾了。他摇摇晃晃地站起来，走到色提巴尔第和高朴之间极其谦卑地说："多谢二位大人的栽培，下官真是感恩不尽！"色提巴尔第看他好像有些过量，怕他说错话正准备对其规劝，不料高朴死死拉住他的胳膊，又听高朴说："色提巴尔第大人，咱们且听其言。"色提巴尔第只有用眼神传递信息，以示警诫，可对方却不会其意，还更加兴奋地说："高大人刚才已宣示，皇上希望多彩玉，这只不过是多征些民工的事，高大人尽管放心吧！"此言当然正中高朴下怀，高朴连忙说："那是当然，有各位鼎力相助，本官还有什么担心的呢？"他眼睛盯着色提巴尔第，对众人说："尽管下官受了皇上的奖励，实际上这也是对叶尔羌每一位官员的褒奖，没有大家的通力合作，怎会受到皇上的奖励？"这番话就像一根芒刺扎进色提巴尔第的肉中，他心里简直是怒气冲天，可看起来却显得十分兴奋，端起酒杯对众人说："来，各位伯克，为高大人得到皇上褒奖干杯。"

酒宴其实是在刀光剑影中落下帷幕的，不过有一点高朴非常明了，日后再调遣民工一定不会受阻了。

乾隆四十三年的采玉工程开始了，密尔岱山明显比上一年热闹好多。这的确是那位主管差役的阿尔巴布伯克立下的汗马功劳，他彻底照高朴的意思征集了三千名回部民工上了密尔岱山。

因为色提巴尔第没有从中加以阻挠，一切都顺利地开始了，可部民要求游牧的呼声依然未减。色提巴尔第睁一只眼闭一只眼，任凭高朴为所欲为，而高朴为了防止骚动居然调集手下几十名骑兵日夜看守，以防有人逃跑。强权的压力使得回部民人不敢回去放牧。尽管怨声载道却也不敢反抗。

### 6.私卖玉石的专线

在通向内地的官道上，人们每隔一个月就能见到一次高扬兵部左堂标帜的车队。

车队浩浩荡荡，由叶尔羌启程沿着叶尔羌河谷东移，先进入塔里木盆地，接着绕过塔克拉玛干大沙漠，再进入官道，然后经哈密进入甘肃，再到嘉峪关，穿过整个甘肃官道，最后横穿陕西省抵达潼关。沿途一切关隘都清楚这是叶尔羌办事大臣送往京都的贡玉，都从速放行，车仗从来没受到过任何检查和为难。进入潼关后，车仗兵分两路。一路经太原、保定、抵达京师，这是真正的贡玉车队。另一路经河南开封穿过山东进入江苏，最后抵达目的地苏州。这是高朴的私车队，送运着高朴从密尔岱山私采的大量玉石。

向江苏进发的车队入潼关后和官队分路而行，行进线路尽可能地避开通衢大道，车仗也不再张扬，夜间也不住酒楼旅店，他们或寻乡间富宅或投宿庙寺，夜宿晓行，车仗人等早已换过。在旁人看来这只不过是个乡间贩运商贩，但押运货物都包藏得非常严实，看不出是什么东西。

人们见到的已是乾隆四十三年七月的车队了，这向苏州行进的一队，是由常永押运的。

这条路线常永已走好几次了。沿途都有车队往返过程中逐步联络的人接应，自己经成了一条非常稳定的运输线。只要是李福或常永押运，都有接应的寺庙、寨、村，一切吃住当然不必担心。那些寺庙、寨、村也因有这么一个富户车队经过而多赚点儿银两。时间长了，只要是车队里的人，就有人招待，显然，这一切都是常、李二人事先安排好的。因为时常会找到一两块上上成色的玉，需要送往苏州，就不必等车队发运，于是就派一二个人背着送往苏州，让郑全义兄弟抓紧时间打磨成器以避开私玉之嫌。如果碰上个上好的玩意儿，还可以成万地换银两，因此每当挖出上上成色的玉石，都会命专人运送。因为有这么一条独有的运输线路，因此高朴派出的单独行人或车队都非常顺利。

跋山涉水，总是非常艰辛的，更何况又是六月天。常永带领车队进入了苏州市街。早有张鸣远派的人来接，车队被引进到一座僻静的小院。这座小院是张鸣远按照高朴的意思特地购置的。小院结构非常严谨，前后两层都有侧门相连。这侧门又位于前院正房的后面，不仔细看的人根本不知道还有后院，会觉得那是另一房的宅院。后院正房为高朴拾掇出客厅和寝室，尽管高朴从未到来，近期也不会来，但门却始终锁着，没有谁敢进去住一宿。后院的东厢，是存放玉器和玉石的地方，西厢则是李福、常永的住所。实际上，这所房子的主事人，除了常永、李福外，就算是张鸣远了。张鸣远在后院的西厢等候已久，看到常永进屋就大声喊道："常二爷，你这回晚到了两天，路上还好吧？"

常永笑着说："能有什么事儿？只是一进江苏就碰见雨，路不好走。"说着常永用早就备好的水洗了脸，然后擦了身。张鸣远递过来一杯凉茶，常永一口就喝下去了，张鸣远笑着说："高大人一切都好吧？"

常永答道："高大人是气顺财通，好得很咧！"

"高大人如果见了上一次带来的几块玉打造的器件儿，肯定更好了。"张鸣远坚定地说。

"哦？快带我去看看！"常永急切地说道。

"就摆在东厢，你这么着急干嘛？"

"好东西一定要先睹为快！"

"好吧，我带你去瞧瞧。"他们俩说着就进了东厢房。张鸣远走到一个百宝阁前，一打开门，几件光彩夺目的器件便映入眼帘。张鸣远介绍说："你看，这叫'二龙戏珠'，一绿一黑两条龙，中间有一颗血红的珠，简直妙不可言，且不说这做工之细，这俏色居然用得这么巧，的确神了。再看这只鸡，那鸡冠多红啊。你瞧那……"他一一介绍，把常永看得个大眼瞪小眼，赞不绝口。

他们回到西厢房，张鸣远对常永说："这几件，任何一件都值个上万两银子，不过郑家兄弟说，一件要付两千两手工费。"他说罢等着常永的答复。常永说："值，可你说值上万两有没有打埋伏？"张鸣远看他这么说便笑着答道："咱们打交道也不是一天两天了，我误了自己多少生意？你来回跑担了多少风险？吃了多少辛苦？高大人拿大头，咱们不应该喝点汤？"

常永严肃地说道："你是生意人，当然从中赚点钱是无可厚非的。我本来就是个当差的，再说高大人对我也不薄，怎么能赚私钱？"

张鸣远微笑着说："你可称得上是忠义之仆了。不知你想过没有，难道高大人不是为皇上当差？他奉旨采玉，但最好的都采到这儿来了，这也是忠义之举吗？如果皇上怪罪下来了，你也会吃罪，就连我可能也逃脱不了，还有什么忠义可言？"

常永听完，一言不发。其实他不是没想过这事，只是他侍奉高家三代，未曾有过丁点儿私弊,如果这么干的话岂不是忠义二字尽失了吗?当然,他也认为张鸣远所说不无道理,主子不忠,奴才又为何要义呢?张鸣远看他不说话,知道他也矛盾,接着说:"仅从我这里出手的玉器,高大人已拿到了十几万两,眼下这几件又值十几万两,这还少吗?你我每件最多赚他两三千两,平分只不过千两左右,岂不是只沾了点汤味儿?不义之财人人可得,你不要再犹豫了。我觉得你是个忠义之人,才对你说这番话,如果你自己已赚了钱,我才用不着同你说这话呢,反倒是我坏了你们主仆关系。"

"你别这么说,难道我是个不通情达理之人,好话坏话都听不出来?我也知道,高大人这么做,其实是凶多吉少。他较之老太爷,真是有过之而无不及了。老太爷的事我们下人全然不知,皇上也没怪罪我们。这回可不一样,这事儿,始终都是我跟李福忙活,倘若皇上有了罪证,高大人难逃一死,我们恐怕也活不了,因此提心吊胆,也感到甚是凄凉。"常永说的还真凄楚,摆出一副伤心的样子。

张鸣远听完说道:"你也不能不做准备,你一旦出事,你一家老小靠什么过活?你也不要再顾忌什么忠义三代了,你按我说的,这批货先赚它万儿八千两银子,我先帮你存在一个挚友的银号里,如果风平浪静,过一二年你就能花了,然后置点田产,也过过安稳日子,为什么总作高家的仆人?若真是出了事儿,这家银号一直和我表面上没来往,官府根本不可能查到那儿。我替你存入银号,写清你们家地址,等这件事情过去了,银号定会把银子捎给你的家人。我找这家看起来和我没来往的银号,实际上也是为了以防万一。否则我这做生意的,弄不好什么时候趟了浑水,被官府一抄,几家常常来往的银号见一个抄一个,我最后连一两银子也没有了。有这样一家银号暗中往来,即使抄没了我的所有家当,杀了我,我的家人也不会挨饿。因此我劝你听我的,也算是有备无患。"

常永十分感动、十分诚恳地说:"你既然这么推心置腹,我也无话可说了,这就全靠你了。可我认为这么做好像也对不起李福呢?"

张鸣远说:"李福其实比你聪明多了,听说,他每回押车,经过他家的时候,他都会留下几块好玉,但他藏在什么地方我就不知道了。他八成也感觉到这件事了。"

"他果然比我聪明,比我先下手。"常永满怀妒意地说。

"但他那么做也只对了一半,你想想如果真是出了事儿,车队每回都经过他家,会不搜查他家吗?就算他不承认,他的家眷妇女能受得住刑吗?最终他藏的玉可能一块也落不着。"

"如此说来,有必要提醒他一下。"

"你这又傻了不是,私下里他吞玉石,对你说了吗?他不让你知道就是怕你说出去,现在你反而提醒他,不就等于告诉他你知道了这个秘密?他会感激你吗?依我看你就算了吧!"

"如此看来,真的不能提醒他。不能也罢了,一旦真出了事儿,脑袋都要丢了,还去管谁?"常永说。

"好,咱们就这么说定了。该干嘛还得干嘛,我只说以防万一,并非一准儿出事儿,你也不必不开心。咱们还要去看看卸车卸得怎么样了。"说着他们去前院了。

傍晚时分,常永独自躺在这不常躺的东厢房床上,无论如何也睡不着。白天张鸣远和他的谈话使他本来就忐忑不安的心更无法平静了。他心想:"大人如此大胆行事,的确非常危险,一旦出事儿了,我们都得倒霉。如果一家老小也被株连可就惨了。"他真的发愁了。忽然他从张鸣远银号的事儿受到启发:"我为什么不叫家人搬家?搬到一个谁也不认识的地方,除了我任何人都不告诉,就叫张鸣远记在银号里。以防真的出事儿株连了全家。"想到这儿,他略为安慰了些,心里也平静了,渐渐地睡着了。

现在正是高朴得意的时候。他在叶尔羌已处在权势的顶端。自打皇上奖励了他之后,色提巴尔第再也没与他作对,掌管差役的那位阿尔巴布伯克更是服服帖帖,因此采玉的事得以顺利进行,车队也能按时发出;阿利姆也经常将收购的金银珠宝送到府上,价格低得让人无法相信。政务也非常平静,回人都已接受了这位满族统治者的压制,最起码他本人这么认为。

已到了九月。这时候的新疆已秋意十足了。虽然中午还非常热,可深夜时分却已能穿棉衣了。月初的一天,今年最后一个送玉的车队启程了。高朴合计着自己的收入,又想着该如何圆场的事。他自己清楚,私卖、私采玉石都是大清律条中所严厉禁止的,他这样假公济私,更是罪上加罪,这种事还是趁早收手为好。因此他决定这回发运是最后一次私带玉石发往苏州。明年采玉一定要适量开采而再不行私了。

常永、李福都不在叶尔羌,贴心的侍卫长纳苏图也押运上路了,他派斯小二送请帖给阿利姆,今晚请他吃饭,饭堂餐具已经摆好,就差阿利姆出现了。他已交代过斯小二,不用在饭桌前侍候,厨房的人做好菜只要送来就可以了。斯小二清楚今天老爷有大事要同阿利姆商量,自己也乐得轻松一下,所以很快就跑到骑兵营和他们玩去了。

### 7.恶行岂能永远包藏

高朴确实有大事要和阿利姆商议。这是他退兵计划的一个组成部分。他见好就收的计划已临近尾声,收必须收得干净。以后当个清官,忠心耿耿侍候皇帝,年底只要皇上高兴,再有慧贤皇贵妃从中斡旋,就可能被召回京,顶戴再升一格便可以好好过这后半辈子了。他思绪飞驰,一会儿是远远的未来,一会儿又是现今的情状,一会儿是路上贡玉的车队,一会儿是车队中转道去苏州的两辆私车。这回私车最少,因为密尔岱山已被大雪笼罩,早在月初就无法采掘了,自然发运的量也少得多,如果私车占得多,送京的玉就显得过少。反正最后一次,少就少点吧,重要的是干净利索地收兵。他觉得只要收拾得干净,将来不再犯私,便没人查对了,他也就可以过太平日子了。高朴想到这里不由得高兴起来。一年来,尽管他靠强权压住了色提巴尔第那条地头蛇,还以各种手段笼络了一部分色提巴尔第的下属,可他始终都感到有数不清的眼睛在盯着自己,随时都有翻船的危险。眼看一切都在平安中结束,安全感也日益加大了,心情也坦然了好多。在到叶尔羌之前多年的打算终于实现了,自己的如意算盘今年也接近尾声了。所有的这一切都得托皇上的洪福,倘若没有那一纸圣谕,怎么能如此轻易地让色提巴尔第退缩!

高朴正在思绪万千,忽然听到阿利姆的声音:"高大人,让您久等了!"原来是斯小二已告诉了各门了,阿利姆掌柜来,老爷正在等他呢,因而门丁们也就不必通报直接放行了。

高朴立即收回思绪,非常热情地说:"阿利姆掌柜有约必至,这真是难得呀,欢迎、欢迎。"说着他们便一同入座了。厨房看客人已至,就端上来了热腾腾的手抓肉。阿利姆酒量惊人,在高大人的勤劝下,开怀畅饮。高朴因为心情好,加之今天只有一位客人,最重要的是没有官场人物,因而也无所顾忌,一杯接一杯畅饮起来。阿利姆看到高朴这样饮酒,也非常兴奋,说:"不知高大人有如此海量,平时仅仅是点酒沾唇,的确深有城府啊,不然怎么能如此克制!"

"说什么克制,实际上是因为经常酒后失态怕被人嘲笑,因此才不敢喝!"高朴只说了一部分真话,他不仅是怕酒后失态,最关键是怕酒后失言,毁掉了自己的前途。他不用防着阿利姆,一是因为此人并非官场中人,二是由于阿利姆一年多来为自己办了很多事,收购所有的黄金珠宝几乎全都是经阿利姆的手,因此他和自己息息相关,自己开罪,阿利姆必受牵连,对这种人还有什么好担心的呢?自然,高朴心中也有数,尽管阿利姆的货在贡玉的车队中也曾隐匿过,但是不能让他知道私玉的事。所以,就算喝酒,高朴也不可能失言的。"来,阿利姆喝,咱们今天开怀畅饮。"高朴继续劝他喝酒。

"喝!今天高大人高兴,我也痛饮几杯。"阿利姆高兴地说。推杯换盏,他们就都喝得差不多了。阿利姆问:"今天高大人叫我来,有什么事要交代吗?"

高朴看到阿利姆这么主动地问,自认为也应该把话挑明说了,于是他说:"实际上也没什么大事,这一年多来阿利姆掌柜对本官提供很多帮助,特为答谢。平时府中人多,非常拘谨,今天特设薄酒,仅你我二人随意畅饮,以表心意。"

阿利姆赶快说:"高大人言重了,我乃一介商贾,有幸给大人效劳,实乃求之不得,何言答谢?"

高朴说:"不要这么说。本官是吃皇粮的,不该收购民间金银珠宝,要没有阿利姆掌柜帮忙,我是无法去做这件事的,给贵妃的礼品现已备齐,所以日后就不再收购了。今年幸好没出什么不顺的事,因此我想到此为止,所以今天答谢你。"

"哦,原来是高大人打算收手,日后不再置办了?"

"不错。阿利姆掌柜不相信吗?"

"岂敢,我觉得高大人适可而止,的确是大人有大量,颇具气魄,小人佩服。"阿利姆奉承高朴说。

"既然这样,劳烦阿利姆掌柜将起初本官为贵妃采买礼品所书的手书还给本官,不知方便与否?"高朴立即转入正题。

"当然,怎么会不方便!"阿利姆边说边想,"看来这赃官真要收手了,他这么做是恐怕被人抓了把柄,因此准备拿回证据。"他继续说:"但此刻我没带在身上,容小民取来。"

"岂不是太麻烦掌柜了?"高朴尽管嘴上这么说,不过表情里已流露出不耐烦的态度。所以阿利姆站起来说:"小民暂且告退,请高大人稍候。"

"有劳有劳。"高朴依然未收回话题,只不过站起来相送。

大概一个钟头后,阿利姆又回到高府。酒水菜肴已全部换了个遍。阿利姆双手捧着当时高朴书写的纸条,高朴接过来,定睛一看,见是自己原来所写字条,马上在蜡烛上点着了。他对阿利姆笑着说:"从今往后再无此事了!哈哈……"

阿利姆也大笑着说道:"高大人考虑果然周到,哈哈!"心想:"你满意了,我也称心了!"

"来,我们接着喝酒。"高朴心中的一块石头放下后更加兴奋。

"喝!"

两个互相利用,狼狈为奸,搜刮百姓的东西,仿佛更加亲热了,他们两个一直喝到半夜……

高朴正在紧密策划着收兵,他自以为自己的所作所为已是万无一失了。大致计算,一年来他已弄到了三十多万两银子。这还不包括在涿州买得的四十多顷土地和一百多间房屋以及从阿利姆手中买得近三千两黄金和大量珠宝,像羊羔皮桶子、各种药材等都没算在内。在收兵过程中,高朴又计算着自己聚集的资财。

为稳妥起见,他已下令暂行封存存放在苏州的近两千斤玉石,正在途中的四百多斤玉石改送往涿州,一部分叫常永的弟弟常贵保管,这所有的一切都在这位高大人缜密的筹划之中。

高朴的心更加踏实了,他已经开始憧憬日后的生活了。

可是,强权只会使人口服心不服。虽然色提巴尔第再没有反抗过高朴,不过他也并没静观高朴为所欲为。他曾经让人跟踪高朴运送贡玉的车队,命令他安置在京城的心腹侦察到京的车一共多少辆;同时也暗中追查高朴私玉车队的去向。他还收买了阿利姆的家人,打探高朴与阿利姆的关系。另外还曾有人向他状告阿利姆用高朴手札强行购买金珠不付钱的行为,随即他便派人详细调查,发现共有二千余两未付钱,一千余两仅给少量的钱。色提巴尔第现在拥有了许多证据,足够对高朴进行弹劾了,为了稳妥,他悄悄地去了乌什。乌什办事大臣永贵与他是老交情,他抵达永贵的官府后就开始和乌什办事大臣密谈起来。

色提巴尔第向永贵一五一十地讲述了一遍高朴的所作所为,永贵听罢大吃一惊。他疑惑地问:"高大人居然如此胆大妄为?"

色提巴尔第说:"永贵大人难道还不相信下官?"

永贵说:"非也。高大人的父亲高恒曾因侵蚀盐引余息早在乾隆三十三年就被诛,那个时候高朴已有二十多岁,难道他对此没吸取一点教训?较之他父亲,他还真是有过之而无不及呀!"

"因此,下官打算参劾这个有损皇上威名的逆臣。"色提巴尔第斩钉截铁地说。

"不过,高朴祖父高斌尽管早就不在人世了,可他在达官贵人中依然是非常有势力。他当年在大学士任上对属下、同僚很关照,因此迄今为止,很多人都还非常怀旧。特别是他女儿当上了慧贤皇贵妃后,百官更是敬他三分。当今圣上也特别关照高家,因而高恒获罪,原本应当全家抄斩,可他们家却无一人受到为难,当前慧贤皇贵妃备受皇上恩宠,参劾贵妃娘娘的侄子,不知皇上将怎样处置?"永贵面露难色地说。

色提巴尔第听完他这一番话,也顿生惧心,可是就此罢休他又不甘心,于是说:"这么看来,就奈何不了他了?"

"那倒也不是,但不可以明参,应该密参,倘若圣上明鉴,置宠妃爱侄之情于不顾,由他亲自诏办,那就可行。假如圣上念及贵妃之情,则稍加申斥或不予追究,也不失圣上颜面。高朴如遭到皇上的申斥,无法明目张胆地报复,肯定记恨在心。尽管如此,如果真是这样,他也无法再做叶尔羌最高长官,对你也不可能有什么妨碍了。"永贵意味深长地说。

色提巴尔第听永贵如此分析,颇为高兴,于是说:"如此也不错,一切都听凭永贵大人处置。"

永贵说:"你尽管放心,既然掌握了大量的证据,他这回肯定是跑不了,肯定可以让你出口恶气,弄不好他高朴在叶尔羌就追寻他父亲去了。"

因此一个密参高朴的计划就在乌什办事大臣永贵的府中诞生。

一本密奏本章由一匹快马,带着驰向北京。

高朴对这一切当然全然不知,他还在憧憬着美好的未来呢。他每天除了处理必要的公务,就是在筹划着如何安全收兵。

他每天都在盼着接到圣上一纸谕文,召自己进京述职。抑或是有机会面见皇上,再巧言取信于他,加之姑母从中关照,进而博得皇上的信任,念在叶尔羌清苦,召自己回京,那就万事大吉了。

不过美梦终究还是美梦,恶行岂能永远包藏!

十月的叶尔羌已是非常寒冷,一天深夜,高朴早已睡下。

猛然间他听见府中一片嘈杂,大呼小叫,高朴正在纳闷究竟出了什么事,便听见屋外色提巴尔第大人声色俱厉地大声喊道:"请出来吧,高大人,有圣旨到,请跪听永贵大人宣旨吧！"

高朴听完这句话，顿时心里凉了半截：这肯定不是什么好事，怎么会是色提巴尔第前来叫自己？又怎么会是乌什办事大臣永贵来宣读圣旨？

他迅速穿好官服开门走了出去，只看到院子里全是人，几名家人已被锁了正跪在旁边，他一下子头昏脑涨，已不知该如何是好了。他不知自己怎样跪在地上，也不知是谁打掉了自己的顶戴花翎。圣旨开头的内容没听清，只知道浑身颤抖，也不知什么时间才稍微安定了一点，可圣旨还没有宣读完毕，只听到："……高朴贪婪无忌，罔顾法纪，实出情理之外。其负恩若此，较其父高恒尤甚。不能念及慧贤皇贵妃之侄、高斌之孙，稍为宽宥，者将高朴革职严审后就地正法。"高朴此时已彻底无法自控，被永贵带来的两名骁骑尉锁住架着拖走了。

色提巴尔第和永贵着手搜查高朴府内财物并将之登记造册，一直弄到翌日中午。

陕甘总督勒尔谨、直隶总督周元理、两淮盐政伊龄阿，大学士于敏中、阿桂、福康安以及陕西巡抚毕沅、山西巡抚巴延三、山东巡抚国泰、江苏巡抚杨魁、河南巡抚郑大进，还有相关的如嘉峪关、潼关、苏州、太原等地的地方官员和镇守官员，纷纷接到皇上的旨意或上级传达圣上谕旨的文函令，这些人必须从速查拿高朴的家人，截剿运送玉石的车仗、船只、马匹。

高朴苏州的秘密作坊被查封，常贵埋在地下的玉石被起获，常永私藏的金珠被查剿，李福带领的太平船被截获……

从当年九月初至年底，和高朴相关的人、财、物不停地被押解到北京，和私吞贡玉案相关的奏章达到了一百多件。商人、奴仆亦无一幸免，这一过程中督抚大臣或因案发前办事不力致使任意运送者或案发后办理不力者统统遭到谴罚。

乾隆四十年初，涉及皇亲的一桩贪赃大案，也就像本篇开篇所描述的情景那样，在案件审理完结后，高朴被就地正法。

那些被强买金珠的回人解除了心头之恨。

那些因差役倍受奴役的回人更是痛快淋漓！

因为慧贤皇贵妃的亲戚和高朴祖父的荫庇，这宗案件中要犯的亲眷没一个受到株连。高朴的亲侄子高杞，因高斌后代中再无朝官而被召到北京当上了候补通判，以内务府郎中补用。

## 清代伪皇孙案

乾隆四十五年五月，在高宗第五次南巡归来，暂住京西南涿州时，突然有一个和尚领着一个少年，突破重重护卫，前来接驾。

那和尚对御前太监说，此少年并非等闲之辈，乃是皇上的亲孙子！老和尚说："该少年乃是皇四子的遗腹子，因为当年在国丧期中所生，不合宫中礼制，无法滞留于大内，所以辗转多次，寄食于庙里，如今已14岁了！"

这件事来得这般突然，御前太监不敢自作主张，不得不照实回奏。高宗听后颇为震惊，尔后皇帝便陷入了对昔日的回忆。

皇四子名为永瑆。早在乾隆二十八年，皇叔履亲王允裪辞世后，乾隆做主让永瑆出继允裪。皇宫里也有规矩，无论哪个皇子皇孙出世，都必须奏报皇帝。在乾隆的记忆里，永瑆生出二儿子时，好像也曾亲自入宫报喜，请祖父赐名。但没过多长时间，永瑆随驾巡幸洊阳过程中，曾禀奏那个孩子在家因患痘症不幸夭折。又没过多久，高宗听说，永瑆府上的妃子相互不和睦，那孩子是被次妃王氏迫害至死的。还传言，王氏因为嫉妒，采取"掉包"手段，将那个孩子送出了王府，从此那个孩子便不知去向。实情到底如何？当时宫中传闻多得不得了，也不能彻底搞清楚。

乾隆四十二年，永瑆身患重病，很快就过世了。这更给已经错综复杂的永瑆次子之死平添了几分神秘色彩。

如今，突然蹦出个"皇孙"来，回忆起前面所描述的情景，乾隆无法断定"皇孙"的真伪，于是下令召见来人。

不久，御前太监把少年和和尚带到御前。这时候在乾隆身边的有军机大臣和珅、福康安等人。皇帝一看到那少年，立即出现了"近似"的感觉。看那少年状貌奇伟，端庄持重，顾盼神飞。他看了看和珅，居然直呼其名，说他是"皇祖近臣，不能令皇家骨肉湮没！"和珅、福康安与皇上三人互相观望。沉默片刻后，还是乾隆开了口："少年与老僧暂住涿州，等此事查明后再处置。"

回宫后，皇上马上命太监去询问皇四子福晋伊尔根觉罗氏。福晋见皇上重提旧事，一时不知怎样才好，火速找来管事太监金三合，说："皇上命我去对质，该如何是好？"金三合可是个聪明绝顶的人，唯恐那件事牵连到自己，于是说了句含糊其词的话："圣意难测。倘若说是永瑆的遗腹子，等于承认过去有罪。若是否认,一旦查实,罪责更大。"福晋听完更加惧怕,一直不敢进宫面圣。皇上加紧催促,福晋方才进宫道:王次子的确患痘症不治而亡,她当时曾亲自看过,并抚尸痛哭。乾隆听伊尔根觉罗氏说完,发现自己上当了,当即传旨,将老和尚和那少年带到京城,交由军机大臣讯问。

军机大臣们平时处理军国大政得心应手,但如今此事却难住了他们:倘若说皇孙是冒充,什么人甘冒欺君灭门之险,做出这种事?假如说皇孙是真的,可是履亲王福晋又那么说,这该如何解释?几位军机大臣叫那少年坐在军机处的长榻上,问他话。少年非常傲慢,直呼军机大臣的姓名,弄得他们居然一时不知所措。

就在讯问冷场时,军机处司员保成忍无可忍了,他上去给伪皇孙一记耳光,说:"这小子说的话一定是假的。皇孙尊贵,必然不爱惜小物,今天这少年,看我身上佩的扇囊多次,所以我断定是伪皇孙!"另外几位大臣也不再迟疑,严加审问,最终认定他是普通百姓刘六的外甥郭二格,谎称皇孙案已定案。最终乾隆裁决:老僧立即斩首,伪皇孙发配至伊犁充军。

乾隆这般轻轻处罚伪皇孙,难免招来大臣们的种种猜测。在郭二格发往伊犁的路上,沿途官吏全将其视为真皇孙,供应十分丰厚。郭二格也毫不畏惧,途中要尽威风,做出大量不法之事。

此刻,福康安从喀什噶尔进京,面奏皇上说:"在流放地郭二格始终说自己是皇孙。还煽惑蒙古厄鲁特部,恐怕将来会有变故。"乾隆听罢依旧不以为然,然下令将其改成黑龙江。

乾隆五十二年春。郭二格行至库伦,仍然以"天家骨肉"自居,征求达到极致。库伦办事大臣松筠召见伪皇孙的时候,他向松筠索要大量器物。松筠将其在途中所做不法之事上奏,好让皇帝接到奏报后从速处置他。第二天,伪皇孙又见松筠。松筠说:"你不必去黑龙江了。"伪皇孙大声嚷道:"我爷爷派我去,不敢不去!"松筠说:"你还称皇帝为爷爷吗?皇帝没有你这种不肖子孙,尽做不法勾当。皇帝当初看你年幼无知,又被妖僧所煽惑,因而才保全你性命,充军到远方。你却不知悔改,更不知道约束自己,倒多事征求,始终不改。本官已经接到圣上的旨意,今天我要治你的欺君之罪。"说罢,就命手下把伪皇孙绑起来,拉出去斩首。

松筠把伪皇孙斩首的快报送到京城后,朝廷上下无不震惊,无人不为松筠担心。谁知乾隆却说松筠做了一件好事,并夸他果断,并且破格提拔了他。

伪皇孙被斩首后，看起来此案画了个句号，却又招来众人更多猜测。宗室昭梿追根溯源，事后向履王府太监杨某询问此事，那太监说：王次子当年的确得了痘症，可是没有死。侧福晋王氏因为妒忌，以死婴换走了王次子，让亲信家仆萨凌阿悄悄把王次子偷偷送出王府，丢在了荒郊野外，后来如何就不清楚了。福晋所言也是实情，但她抚尸哭泣的并非王次子，而是不知从何处捡到的死婴。依据杨太监所说，伪皇孙可能真的是龙子龙孙。

然而，那老和尚所说王次子的来历还有解释不清的地方：他声称王次子是国丧期间诞生。据《皇朝文献通考》记载，乾隆皇后孝贤驾崩于乾隆十三年，永登的母亲淑嘉皇贵妃驾崩于乾隆二十年，若赶上那两次国丧，王次子到乾隆四十五年不可能是 14 岁，不是 25 岁，就是 32 岁。这又无法不引起众人的怀疑：伪皇孙可能的确是伪称的。可是此案主人公伪皇孙到底是真是假，依然是一桩清宫悬案。

## 清代江南科场舞弊案

康熙五十年深秋的一天，已是午夜子时，但京师紫禁城弘德殿暖阁内依然灯火通明。康熙皇帝手中掂着一本奏折，脸上表情十分严肃。这是一本来自江南巡抚张伯行的奏折，奏折后附有康熙亲信、苏州织造李熙的奏章。奏折上说：当年江南乡试舞弊，副主考官赵晋收受纹银十万两，阅卷官方名、王曰俞串通作弊，主考官左必蕃知情不报。士子十分不满，义愤填膺，一些人出于愤怒，将考场贡院匾额上的"贡院"两字改为"卖完"；一些考生将财神庙里的泥像抬出来游街，然后放到夫子庙内以示抗议，江宁城内万人空巷，老百姓都围着观看。舆论纷纷、民声鼎沸，所以奏请朝廷立即查办此事，整饬科场，严惩赃官，以平民愤。康熙看完奏折，越想越气，传旨令漕运总督赫寿、户部尚书张鹏翮为钦差大臣，火速赶往江南，彻底查清科场舞弊一案。

赫寿、张鹏翮接旨后不敢怠慢，立即赶赴扬州。一路上，两人商议办案的方法，最后议定快刀斩乱麻、速审速决。第一次会审有江苏巡抚张伯行、两江总督噶礼陪审，地点在扬州钦差行辕，大堂设置得十分森严，绝不亚于刑部。赵晋、王曰俞、方名料知自己的所作所为是难以隐瞒的，便供认受贿黄金三百两，将在卷中做了标记的徐宗轩、程光奎、吴泌等点了举人。三人被当堂革去职位，收入大牢，听候发落。

张鹏翮命令程光奎、吴泌到大堂,要试一下这两名"举人"的学识究竟如何。结果程光奎连《三字经》都不会背,吴泌对于《百家姓》中的"赵、钱、孙、李"四字只写对个"钱"字。张鹏翮勃然大怒,喝道:"凭你们的学问怎么会中举呢?究竟行贿多少,从实招来!"

程、吴二人吓得浑身颤抖,立刻招供各行贿黄金十五锭,每锭二十两。

张伯行拍案而起,厉声喝道:"赵晋等人只受贿十五绽,那一半哪里去了?"

程光奎支支吾吾讲不出话来,扭头看着吴泌。吴泌结结巴巴地说道:"大人若息怒,小人是托李奇,也就是前任巡抚叶老爷的家人代送的。"

总督噶礼见张伯行欲传李奇到堂,便起身阻止道:"大人轻信供词而缉拿李奇,恐怕对叶巡抚不好交代呀。"

"王子犯法,与庶民同罪。李奇既然与本案有关,就该传他到堂?传令,速拿李奇到堂!"张伯行义正词严地说道。二位钦差见他如此,亦点头表示同意。

李奇被传到大堂后,赫寿直接问道:"李奇,你可知罪?"

"钦差大人,小人实在不知有何罪过?"李奇听到这劈头而来的喝问,胆战心惊地回答道。

"在本钦差面前还不认罪?我问你,吴泌等托你转交赵主考三十锭贿金,而他只收到十五锭,余下的哪里去了?是不是你私吞了?"

"小人不敢,小人——"

"分明是你私吞,还敢抵赖?拉下去大刑伺候!"噶礼按捺不住情绪,厉声喝道。

"大人饶命,大人饶命,小人冤枉啊!"李奇惊慌地喊道。

"你不必害怕,只要从实招来,本钦差自会还你清白。"张伯行将语气放缓,说道。

李奇将头抬起,欲言又止。

"难道你不准备说实话?"

"不!不!小人愿讲实话,只是——"

"只是什么?有本钦差在这,你不必害怕,只管讲来。"张鹏翮说。

李奇将自己的情绪稳定了一下,说道:"我受吴泌之托将那三十锭黄金送给赵大人,赵大人让我将其中的十五锭交给泾县知县陈天立,说是留给——总督大人的。"说着,他偷偷地扫了噶礼一眼。

这御案审来审去,竟审到坐堂的总督大人身上,真是出人意料,顿时全场愕然。

　　噶礼脸色红一块、青一块，不知所措，过了好长时间，他才回过神来，怒吼道："大胆刁民，竟敢诬陷朝廷命官。来人啊，给我拉出去乱棍打死！"

　　"嗷——"两班衙役大叫一声，上来就要拉人。张伯行起身阻止道："且慢。"然后又拱手对噶礼说："此案尚未了结，不可轻易棒杀人犯，况且有两位钦差大人在，大人您何必怕他诬陷呢？"

　　就在张伯行说这番话的同时，两位钦差也窃窃私语，然后张鹏翮起身说道："本案今日暂审理到此。李奇信口雌黄，罪不至诛，且先收入大牢，严加看管，听候日后发落。退堂！"

　　退堂后张伯行心里顿时一凉。他想：钦差如此匆匆地退堂，显然是在袒护噶礼，看来此案审理会遇到很大阻力。但此案弄得民声鼎沸，若不查个水落石出，上负皇上整饬科场之心，下屈士子一腔报国之情。自己奉皇上旨意查办本案，理当秉公执法、报效朝廷、为民除奸。然而，要想排除各方面的阻力，只有依仗皇上的龙威。想到这里，张伯行摊纸提笔，将此案的审理情况一五一十地报告了康熙。

　　在接到张伯行奏折的前后，康熙也接到了心腹李熙的奏折和噶礼参劾张伯行的奏折。考虑了很长时间后，康熙下令赫寿、张鹏翮二人将督抚互劾案与科场舞弊案一并审理清查，并特别提出要让李奇与陈天立对质，无论涉及何人，都要查个清楚。

　　谕旨传下，两位钦差不敢怠慢，立刻命李奇、陈天立对质。正当钦差要提堂审理他二人时，陈天立却在狱中自缢而死。李熙速派人将此情况奏报康熙，康熙立即发下两道圣谕，一道是催张、赫火速上奏审理结果，另一道是密令安徽巡抚暗中调查陈天立的死因。

　　张、赫二人接到圣谕，觉得这案子很难办，二人商议多次，也想不出个万全之策。最后二人决定：对督抚互劾两人各打五十大板，先使自己摆脱进退维谷的境地，再做以后的打算。于是向皇上奏称：张伯行心性多疑，参劾噶礼受贿无真凭实据；噶礼诬陷张伯行诽谤朝廷命官也不属实。督抚互劾，是由张伯行引起的，照律应予革职。

　　这份奏折内容不知怎么被泄露了出去，几日之内，扬州城内人们议论纷纷，江南士子义愤填膺。张伯行衙门被堵得水泄不通，人们吵着要见张清官，有些士子干脆昼夜跪在衙前。张伯行见此情景，不禁潸然泪下。他不仅为自己将被革职而悲伤,更为江南民众对自己的爱戴而感动。他悲喜交集,冒着被发配充军的危险愤然提笔,再次上书康熙,陈述了彻底查清江南科场一案的必要性。

康熙在接到上述两份奏折的同时,也收到了安徽巡抚梁世勋的回复。梁世勋说江南刑狱吏员大部分都是噶礼的亲信,他们不肯透露消息,一时难定陈天立的死因。在这种情况之下,康熙决定另派工部尚书张廷枢、户部尚书穆和沦为钦差,到江南重新审理此案。

重审的消息传来,江南吏民翘首观望穆、张两位钦差如何审理此案。其实,穆、张二人接旨后,真是有苦难言。他们清楚,若将实情查清,得罪的不仅是噶礼,还有两位前任钦差;但若草草了结,就辜负了圣意,更不能平息江南民愤。因此,最好的办法只能是避重就轻。所以两人到达扬州以后,一面故弄玄虚,十余天不升堂审案;一面偷偷告之噶礼,让他掩人耳目。然后虚张声势,每天出榜宣布一批批的人犯。最后拍板定案:主考官左必藩知情不报,革职查办;副主考赵晋,阅卷官方名、王曰俞接受贿赂,致使科场秩序混乱,斩立决;吴泌、程光奎等行贿舞弊,骗取功名,判处绞刑;总督噶礼受贿,并元真凭实据,然其审理不力,当受切责;巡抚张伯行,无端怀疑朝廷重臣,按律革职。

但是,生性倔强的张伯行不服新任钦差的审理结果,又一次冒险给康熙写了一道奏折,并派自己的心腹日夜兼程送往京师。其中说道:"此案只惩从犯,不惩首恶,难抚江南民心。大清律例若不治重臣,朝廷王法将名存实亡。臣伯行革职事小,然朝廷选拔人才、治国安邦事大。若此风不堵,今日科场舞弊,明日卖官鬻爵,大清江山将何以维系?皇上明鉴,当为社稷计,从严查清此案。"

康熙明事理,也了解张伯行。他十分清楚,前后四位钦差必有他们的苦衷,于是他立刻做出决定,将此案案卷全部调来京师,由六部九卿会审。然而出乎康熙意料的是,在刑部大堂六部九卿会审的结果,和穆和伦、张廷枢的审理结果几乎完全相同,只是噶礼也跟张伯行一样,被革职。

"荒唐!简直荒唐至极!"康熙一气之下把六部九卿会审的奏本摔在地上,大声吼道:"小小科场案一波三折,越审越荒唐。是非混淆、黑白颠倒,贼与抓贼者一同问罪,清官与贪官一并革职,大清律例何在?天理何在?传旨,朕要在乾清宫前亲自颁布审理结果!"

于是,在满朝文武面前,康熙皇帝宣布了本案最后的审理结果:

"凡涉科场舞弊之人,一律依法处决,以正视听,以平民愤,以杜此弊。噶礼受贿舞弊,即日革职,听候处置;张伯行忠正刚直,且留任原职,日后再行升赏。

朕之断决,着刑部即刻行文,晓谕天下!"

## 清代伪造《孙嘉淦奏稿》案

自乾隆十六年(公元 1751 年)八月起,大江南北都在传播所谓的《孙嘉淦奏稿》。奏稿指责弘历即位以来的种种过失,弘历实在难以忍受,便下令在全国严厉清查伪造奏稿之人。但是,经过近两年的清查,也没有查出什么结果,最后不得不糊涂结案。

伪造奏稿一事,事出有因。

自从乾隆十三年(公元 1748 年)皇帝东巡开始,地方官吏为取悦乾隆,备办皇差一味追求华丽、壮美,劳民伤财,弄得民不聊生,一时民怨沸腾。

第二年,人们又听说乾隆帝将要南巡江浙,一时间,老百姓们议论纷纷。没过多久,这一传闻得到证实,备办南巡的地方官为取悦皇上,忙得不可开交。总督黄廷桂催得更急,这激起江苏、浙江士人及商人的普遍抱怨,一些地方官吏也采取措施抵制南巡的活动。乾隆十五年七月,漕运总督所属江西抚州卫降调千总卢鲁生与南昌卫守备刘时达害怕办皇差拖累自己,企图制造舆论,以制止乾隆南巡。为尽量扩大影响,卢、刘二人密谋借因直谏而闻名天下的孙嘉淦之名,编著了一本以"五不解十大过"为名目的《孙嘉淦奏稿》,指责乾隆帝即位以来所犯的种种过失,并攻击大学士鄂尔泰、徐本、张廷玉,尚书海望、讷亲及领侍卫内大臣常明等人。伪稿上甚至还有所谓的乾隆"朱批"。伪稿很快传遍全国。乾隆十六年(公元 1751 年)八月,云贵总督硕色首次将此事密奏皇帝,他说:"有到云南的过客抄录传播一纸,假托朝中大臣之名,胆敢诽谤圣上,甚至伪造皇上的朱批,这很显然是大逆不道的行为。"乾隆接到密奏后,立即命令步军统领舒赫德及河南、直隶、山东、山西、湖南、湖北、贵州等省督抚对此事严加查办,不许虚张声势。从此开始了持续近两年、遍及全国的追查伪稿作者与传抄者的大规模清查行动。

同年四月,山东按察使和其衷发现一伪稿辗转传播,经审查,该伪稿源于江南水利废员官贵震,于是他请示巡抚准泰奏报皇上。准泰并不重视这件事,将请示勾抹退还,并令和其衷将其改为伪稿拾自途中。当年八月,硕色将伪稿案举发,乾隆帝下令缉拿凶犯。和其衷心想这件案子关系到皇帝,不能当作儿戏,他不敢隐瞒,于是奏报密折。弘历收到密奏后火冒三丈,打算革准泰的职。

翌日，弘历就查清伪稿一事做出了原则性规定。他让军机大臣传上谕至各省督抚："凡是首先撰写诬捏、传播分散的人应属首犯；还有那些传抄的人，只要是以此来蛊惑人心、煽动群众、私自记载的人，为之注释及仿效词句，全部都该从重处理。至于一时私抄，还没有转示他人，则应当从轻处罚。各省督抚倘若姑息养奸，也将同准泰同样下场。"那些天，经湖北、云南探究，这流传云南的伪稿，为江西天一堂铺内江锦章所寄。弘历下令让人从官贵震、江锦章两人身上着手进行调查。

经过七十天左右的调查，江西江锦章一条线索追查到江宁，山东官员追查官贵震，开始追到清河、宿迁、江宁、扬州，最后还到过湖北、贵州等省，可是始终都未有头绪。为此各省关押了大量的嫌疑犯，区区一个四川省就抓了差不多三百人。

乾隆十七年六月，弘历因查办不力，谕令军机大臣说："各省查办伪稿一案，眉目不清，到现在为止几乎一年，依然没什么进展。"于是下令让军机大臣把历次奏案逐一分析查奏，除已查出原委、应办也事实上已办之案外，应查明而未查明、应拿获而未拿获的案件共计四十四桩。弘历命军机大臣火速查办，早日惩治元凶。

年底，各省都关押了大量嫌疑犯，有的在狱中受折磨而死，也有的因拷打致死。民众一时躁动不安。所以，御史书成上书，请求把目前被关押的人犯一概释放，弘历阅后大怒，当即下令将书成革职，命其前往武备院执伞苦差处学习。次日，弘历还把草书成职的原因公布于众，他声称："此案对朕进行诬蔑，纯属捏造，原不办亦自明，可事关风俗人心，因此必须办到底。"

年底，军机大臣们在京城查出伪稿案的一条极其重要的线索：即江西千总卢鲁生。其实，在乾隆十六年八月刚查出伪稿的时候，也就是从云南辗转江西追到传稿者江锦章，然后，又追到彭楚白，此人供出是段树武给他的稿子，所以此案已暂时完结。可是，军机处在复查时，觉得案情可疑，所以把彭楚白、段树武请旨押至京城。经过重新审讯，段树武说："我真的没有得稿，彭楚白曾告诉过我，伪稿另有来历。"所以开始审讯彭楚白，彭楚白这回才承认伪稿得自抚州卫千总卢鲁生。军机处马上下令江西巡抚鄂容安提审卢鲁生及其长子。鄂容安奏报卢鲁生父子含糊其词。弘历此刻觉得案情应该彻底了结，下令把卢鲁生押到京城。

发现卢鲁生曾经传抄伪稿，这一线索的确使查抄伪稿案有较大进展。卢鲁生供出，自己的伪稿是从南昌卫守备刘时达那儿得到的。因此又马上开始审讯刘时达。刘供称：十五年七月间，自己的儿子刘守朴任浙江金华县典史期间，差家人王玉琳送家信的时候,信中附寄有一张孙嘉淦奏稿。刘守朴当时已回广东老家。乾隆帝觉得刘守朴"传稿时间较之其他案子要早,刘守朴是第一首犯",下令把刘守朴马上押解到京城。

乾隆十八年(1753年)二月中旬,军机大臣们奏报:伪稿案首犯卢鲁生身患重病,请迅速处死。弘历下令把卢鲁生押赴刑场,按首犯肢解而死。

月底,大学士、议政王大臣等召开会议,按法律对刘时达、卢鲁生同谋撰造孙嘉淦奏稿一案拟定处理意见。三月初,刑部会同军机大臣审结伪稿一案:卢鲁生供认,伪稿案是他本人想出来的,和刘时达商量后捏造。但刘时达供认,他是根据卢鲁生的意思编造的伪稿,当初伪稿是儿子刘守朴从金华寄来的,他清楚罪大恶极,想要开脱。卢鲁生被凌迟处死,刑部拟定刘时达亦应凌迟处死。由于弘历"格外开恩",最终又改为斩监候。终于经过十九个月,波及京师及直隶、山西、山东、江苏、江西、浙江、安徽、湖南、福建、云南、湖北、广东、广西、贵州等省,还包括远土司地区的伪造孙嘉淦奏稿案才算结案。

不过,在开始宣布刘时达、卢鲁生为首犯时,就已引起大家的怀疑:他们二人究竟是不是伪稿真正的撰造者?其实还有两大疑点尚未弄清楚:一、在押刘守朴赴京城的路上,他说,伪稿是乾隆十五年七月从金华县丞任麟书处获得,还让家人在寄送家信时捎给其父刘时达。刘时达头一回供出的也是这样。在未押解刘守朴至京城对质前,不好做出刘氏父子曾串从的定论。二、孔则明在金华供出,刘守朴的伪稿是其妻舅吴刚给他的。江苏巡抚有恭提审吴刚时,他供称"乾隆十五年三月间从广东许妙观家得来,带回金华,交给刘守朴。"孔则明与吴刚的供词在主要情节上也能够相互印证,还有,他提供的伪稿传播时间为乾隆十五年三月,较之刘守朴、卢鲁生传抄伪稿还早四个月。这一点也尚未深究。在两大疑点还没有彻底澄清之前,急着了结此案,这就无法不使人怀疑:真正的伪稿撰造者也许并非刘时达和卢鲁生,他们也许是冤死鬼。不过,大案久拖未果,乾隆不得不找个替罪羊了事。

## 康雍乾三朝的文字冤狱案

### 1.庄廷钺之狱

明朝丞相乌程人朱文恪(朱国祯)曾经编写过一部《明史》,书中列举了有关国家的大经大法。此书已经发行并在世间流传，没有发行的叫《列朝诸臣传》。清军入关后，朱家家业已经败落，于是就把这本书的稿子抵押给庄廷鑨，换了一千两黄金。庄廷鑨当时家境比较富裕，于是就把这本书的作者改成了自己，刊印发行，并补充了崇祯一朝的一些史实，其中有许多指责清朝的语句。癸卯年（公元 1663 年）归安知县吴之荣被罢官，为了重新被起用，他策划着告发庄廷鑨以将功赎罪，就把这件事告诉了将军松魁。松魁又用文书转告给巡抚朱昌祚，朱昌祚又告诉了督学胡尚衡，庄廷鑨以巨额钱财贿赂这三人，保住了性命。为了安全起见，庄廷鑨把指责清朝的语句稍做修改后重新发行。吴之荣见这个计划失败，就专门买了这本书的第一版，告上了法司。事情传到朝廷，朝廷派刑部侍郎出面审查这件案子。当时庄廷鑨虽然已经死了，但他的尸体没逃过被斩杀的命运，弟弟受到连累也被斩首。原礼部侍郎李令皙曾经为这本书写过序，也被处死，他的四个儿子也受到牵连。李令皙的小儿子只有 16 岁，法司劝他在供词中少报一岁，那样按照律例，他就能幸免一死，被判充军。但他的小儿子回答说："看到父亲、哥哥都被处死，我怎么能一个人活下去呢？"最终还是没有改变供词而被处死。书序中提到的旧史中的朱氏，本来提的是朱国祯，因为吴之荣平时和南浔富人朱佑明有摩擦，结下了仇怨，于是就趁机嫁祸给他，并指出他的姓名作为证据，致使朱佑明连同五个儿子都被处死。松魁和他的幕客程维藩被押解到京城，按照对八种特殊身份的规定，经过商议，只免去松魁的官职，程维藩在燕市被斩首。朱昌祚、胡尚衡贿赂负责审判这件案子的人，把罪责推到初次审问这件案子的学官身上，归安、乌程两位学官都被处斩，而朱、胡两人因此逃过一劫。湖州太守谭杀闵刚上任半个月，就发生这件案子，他和推官李焕都因隐瞒而被处以绞刑。浒墅关榷货主事李尚白，听说阊门书坊有这本书，就派仆人去买，正好赶上书商外出。这个仆人就坐在姓朱的一个邻居家等着，等到书商回来，这位姓朱的邻居就为这本书定了价钱。当时李尚白已经去了京城，因为购买这本反书而被斩首，书商和仆人也在杭州被斩首，姓朱的邻居因为七十多岁了，才免去死刑，和妻子一起被发配边疆。归安人茅元锡刚当上朝邑令，他曾经和吴之镛、吴之铭两兄弟一起校验这本书，因此全部被杀死。当时江楚地区的名人，凡是这本书中提到的都被处死。印刷和贩卖这本书的人也在同一天处以死刑。只有海宁人查继佐、仁和人陆圻在案发时就告发庄廷鑨，说他仰慕他们的名声，才把名字列在参校之中，所以得以免罪。这个案子共杀死七十多人，女的被发往边疆。吴之荣终于因此而被重新起用，并把没收朱佑明的家财给了他,后来官至右佥都。

### 2.戴名世之狱

桐城人方孝标曾因科举考试而成为学士,后来在丁酉年时,同族人方猷在江南主试,因为二人有私交而偏袒,结果都被罢了官,发送边疆从军。方孝标后来遇到大赦,回到云南,叛逆吴三桂授予他伪翰林承旨之职。吴三桂兵败,方孝标首先投降清朝,因此免了死罪。他著有《钝斋文集》《滇黔纪闻》等书,书中有许多大逆不道的语句。戴名世看到后非常喜欢,他写的《南山集》中收录了许多方孝标记录的事,尤云锷、方正玉为他捐款发行。尤云锷、方正玉和他们的朋友汪灏、朱书、刘严、余生、王源等人都为书写序,书板放在方苞家。都谏赵申乔奏了《南山集》的事,九卿会审后,判戴名世大逆犯上,依法处以磔刑。戴家一家人全部在市上被杀死,其余有关系的人被流放边疆。朱书、王源已经去世,就不再追问了。尤云锷、方正玉、汪灏、刘

戴名世与方苞等

严、余生、方苞因诽谤朝廷而被处以绞刑。方孝标此时已经死了,被判和戴名世同样的罪,他的儿子方登峰、方云旅,孙子方世樵都被斩首,方孝标的尸体还被剁成块。尚书韩菼、侍郎赵士麟、御史刘灝、淮扬道王英谟、庶吉士汪份等三十二人,都被降职。奏折呈上后,圣祖很悲伤。下令把判绞刑的人都改为流放。汪灏由于以前曾在书局效力,被免罪释放,方苞编入八旗军,免去方正玉、尤云锷的死罪,将他们全家流放;方孝标的亲属只流放到黑龙江;韩菼等人平时与戴名世讨论文章,都被赦免了。这个案子,有三百多人得到皇上的圣恩而免除死罪。此事发生在康熙辛卯年与壬辰年之间。

### 3.查嗣庭之狱

雍正四年(公元1726年),礼部侍郎查嗣庭担任江西主考官,试题是"维民所止"。有人上告说"维止"两个字是把"雍正"两个字去掉了头,是大逆不道的行为,由此引发了一些案子。从雍正皇帝当时所下的诏谕中可以看到这个案子的经过。雍正四年九月乙卯日,告谕内阁、九卿、翰林、詹事、科道等:查嗣庭一

直追随隆科多,后者也多次推荐他。我命令他在内庭处理事务,任命他为内阁学士。后来觉得他很虚伪,诡计多端,就没有信任过他。等到礼部侍郎缺少人手时,蔡珽再次推荐他。到今年乡试时,因为江西是个大省,需要一个大官来掌管考试,所以我就命他为江西主考官。现在看江西出的题目,明显心存怨恨,讽刺朝政。我想到他居心叵测,作乱犯上,平常一定会留下证据,就派人搜查他的行李和住的地方,果然发现了两本日记,里面有许多荒唐不合理、造谣诽谤的话。他大肆抨击圣祖皇帝的政策,认为由翰林改任科道之官是可耻,认为被裁减的官员是受到迫害,认为钦赐的进士是乱用人才,认为戴名世被治罪是受了文字之祸,认为赵晋被正法是江南流传的一副对联造成的,认为考场作弊的知县方名被正法是被冤枉的,认为考满文又考汉文是苛刻,认为在庶常散馆任职是危险的,认为多选的庶常之辈如同蔓生的杂草一样无用,认为殿试因为没有按时交卷而被取消进士资格是惩罚不当。此外还有许多荒唐的话,例如当热河偶尔发水灾,他就说淹死的官员达八百多人。还说蝗虫在雨中飞舞,遮天蔽日。这些都不是事实,而他竟然捏造出来这些事。至于他替人谋求的事就更多了,他贿赂考官,在考场作弊。现在如果只因为科举考试题目出得不合适而给他处分,那么天下人一定都认为这是他无心犯的错,为他打抱不平。现在事实俱在,还有什么理由能洗脱他的罪名呢?你们汉朝的官,知道以前的事,又有哪个朝代像我清朝这么合乎正理的?更何况世祖、圣祖在位时,天下太平,国家繁荣昌盛。八十多年来,我朝深明大义,实行仁政,天下百姓生活幸福、安居乐业。先皇(玄烨)对待臣下一视同仁。我即位后,对人推心置腹,对满人、汉人从来没有不同的看法。因为评价一个人是否贤明的标准不完全一样,到处都有好人和坏人,不能拿一个人代表大多数人,也不能拿一件事代表众多的事。我为人处世都很公正,你们也应该体谅我,发表诚恳的见解,忠心耿耿,相互勉励,不要辜负了平时的志向。如果有一两个心术不正的人,应该自我反省,痛改前非。我今天下的诏谕,是想端正人的思想,保持良好的风俗,让天下臣民永享太平。你们要接受我的教导,不要有侥幸心理,要恭敬而小心的办事,不要有自私的心理。我真诚地对待臣下,你们中有负我的人,一定会自己败露的。全天下的臣民都享受朝廷的恩德,应该感谢朝廷。如果图谋不轨,就是违背天理,一定没有好下场。善有善报,恶有恶报,望大家引以为戒。查嗣庭是读书人,受我格外提拔,可他却背信弃义,不利朝廷,违犯法纪。下令将查嗣庭革职查办,交给三法司审判定罪。

甲戌日，皇帝告谕大学士、九卿、翰林、詹事、科道等：你们中的大部分出身于科举考试，既然你们知道圣贤遵守法令的事，也读过不少书，明白道理，就应该知道君臣大义，必须上下同心，互相信任，才能使世间太平，人人都感受到恩惠。唐宋以来，好的习俗已经没有多少了，人们都变得虚伪狡诈。有些人肆无忌惮，对朝廷不满，甚至还在写的书中对朝廷大肆诬蔑诽谤。像汪景祺、查嗣庭等都不会逃脱上天对他们的惩罚。我们的国家爱戴人民，对人民关怀备至。这八十多年来国泰民安，百姓安居乐业。你们的父母妻儿谁不是受到恩惠，幸福地生活着呢？何况读书人的行为举止，为人处事都讲究礼义廉耻，可为什么在黑夜乞求人怜悯，阿谀奉承别人，不知廉耻到这种地步。还有一些人通过私人书信请托的，他们不知道这样为自己的亲人请托会带来什么后果。他们无所依靠时，还知道奉公守法，做好本职工作，可等他们有了依靠以后，就会倚仗权势多做不义的事。为了免受处罚而请求照顾对他本人是有害的，接受请托的人包庇他，这实际上是坑害他。另外，你们都是各地的百姓，受到官吏的制约，如果将请托这种风气除掉，凡是地方官吏都能廉洁爱民，子孙后代都活得幸福，不是很好吗？如果不禁止这种风气，地方官员有了靠山就会大肆贪污，你们有多少家财都满足不了他们。你们就算是为自己和家乡着想，也应该抛弃这些旧习惯。查嗣庭接受了许多请托书信，他日记里的话大逆不道，和汪景祺是一类人，而他抨击圣祖仁皇帝的政策的话就更多了。

### 4.陆生楠之狱

由于议论从前的历史而被治罪，是从陆生楠的案子开始的。从此以后，不仅不敢议论当时之事，就是以前的经典书籍，也不敢读了。这真是历代文字狱中从未听说的事。

雍正七年（公元1729年）秋七月丙午日，皇帝告谕内阁：根据顺承郡王锡保的奏折，在军前办事的陆生楠用小字写了《通鉴论》七十篇，其中有很多愤慨不满的话，语言狂妄，大逆不道，显然是指责现在朝政。检举揭发的奏折上交后，知道陆生楠原来是广东举人，通过了各部考试后被任为江南吴县知县。我看过他的简历和奏折，前面只是些歌颂圣明的浮夸的话，中间都是现在正流行的一些迂腐的八股文，没有一句是提出好的建议的话，也没有一件事是有关国计民生的，字里行间流露出骄傲自大、荒诞虚妄的语气，就知道他一定不是一个淳朴谨慎的人。等到他被引见，发现他举止行动不得当，我对他奏折中的几句话提出了责问，陆生楠总是不能回答，反而对我的批评很不满。当时因为缺人，就让他做主事，是因为他还有点本事，希望在京城里能帮他改正缺点。后来他担任工部主事，引见他时，不但不知敬畏，而且不知恭顺，言语表情中流露出叛逆抗上的情绪。主事在部曹之中，是在外地担任知县，只有工作多年且有突出才能的人，经吏部行文调到京城，才能升官。而陆生楠只是边地的举人，并且刚任官不久，这够对得起他了，而他竟然怨恨君父！他是广西人，平时与李绂、谢济世结为同党，所以才敢这样，所以革去他的官职，发送到前线和谢济世一起为国出力。一方面让他观看一下满洲人对君上是如何谨慎敬畏，一方面让他观看一下我军的整齐严明，还要让他看一下各蒙古部落淳朴的民风，希望他去除私心，努力改过自新。谁知道陆生楠一直心存叛逆，不知悔改，顽固不化，坚持作恶。胡乱引用古代的事例和古人的言论，以此发泄自己的不满和怨恨，肆无忌惮到了无法无天的地步。在锡保出发时，我就告诉他，在战场上效力的汉族官兵，如果遵守法纪，意识到自己的错误，就给予宽大的处理，给他们改过自新的机会。即使有人私下写书发泄不满怨恨，欺君罔上，也不要定罪。果不其然，陆生楠的书中充满了叛逆的思想。他议论分封制说："封邦建国制度是古代圣人制定的永远不会有错的完善法规。废弃这个制度是有害的，不遵循也是有害的。是郡县制造成了许多难以述说的祸害。"古人封邦建国的制度并不是完美无缺的，而是专门用来统治天下的。古时候，声威教化不通，君主各管各国，互不干扰。有圣人出现，天下的民众就尊崇而依附。圣人按他们历代所杂的地方分配，并把所封的亲戚、贤人的诸侯国放在中间，这就是当时的情况，统一是不可能的。夏禹在涂山会集诸侯，手里拿着玉帛的有一万个国家。周武王伐纣的孟津之役会集了八百个侯国，难道不是夏后族人和周王所分封的诸侯国吗？孔子说："天下统一，出兵作战就只由天子决定了。"孟子说："天下怎样才能太平？要安定统一。"孔子、孟子正是看到了诸侯战争的弊端，而预示着天下将统一。秦始皇统一六国后，设定了郡县制，汉代以后成为定制。这是因为夏、商、周时期都是诸侯割据，天子不能把土地占为私有，所以采用分封制。秦汉以后，土地为天子一人所有，若采用分封制则诸侯都有私心，所以采用郡县制。唐朝柳宗元认为真正的国家从秦国开始，宋朝苏轼认为分封制会导致许多战争，这些都是很有见解的。中国的郡县，如同蒙古的部落一样。历代以来，蒙古各部落之间互相进行战争，到元太祖时才统一蒙古。经历了明朝两百多年，太祖高皇帝（努尔哈赤）在辽东创立基业，远近服从，各蒙古部落相继归顺，都接受大清历法，直到现在。可以说中国统一始于秦朝，塞外统一始于元朝，在我们清朝达到极盛。从此中原塞外合为一家，论幅员辽阔没有哪个朝代比得上我们清朝。贾谊、晁错要削弱诸侯势力，是考虑到分封诸侯国带来的坏处而想统一，并不是想搞分封。李泌因为藩镇割据导致战争频繁，想采取封建制巩固自己的基地，怎么能认为分封制度一定要恢复呢？现在国家统一，凡受大清教化的地方都对我们尊崇亲近，而陆生楠说实行郡县制后出现了难以述说的惨重祸患，试问祸患在哪里？陆生楠能明确地指出来吗？大多数叛逆的人，如吕留良、曾静、陆生楠等人都认为应该恢复分封制。这些叛逆的人，自知作恶而不为本国所容，就想学谋士游说，一个国家不行再去别的国家。此人实为天下所不能容忍，他又说什么"在圣人的时代，同僚恭谨地帮助君主处理事物，天下统一后，地方广大而政事繁忙，奸邪、诡诈的人混在其中，宰相过于劳累且不能深谋远虑，君主也因政事繁多而有过失，秦始皇完全是出于自己的欲望，还毒害了以后的一代代人"等等。同僚恭谨地侍奉君主，为君主办事，固然是治国的关键，而能不能识别人才并委以重任，要看君主是否明智。汉唐以来，只要有贤明的君主图谋求治，就必然会有贤臣协助治理，怎么能说一直没有一个贤明的君主呢？何况同僚恭谨侍奉君主和分封制有什么关系？陆生楠放肆地乱说，歪曲事理，竟到了这种地步。在提到立太子的事时，他引用了汉武帝换太子的事，发表了"太子不应该干预外面事务，而且更应该使他明白这样的害处"等言论。《尚书》中有教训胄子的故事，《礼》中有关于文王世子的篇目。礼仪的形式讲述很全面，教导训诫也很详细。这些都是培养他的道德品性，吸取古时教训，深入了解民风世俗和事物的道理，让他全面了解民间疾苦和生产的艰难，怎么能不让他过问外面的事务呢？如果江充挖掘巫蛊的木偶的时候，太子能静心地等待上面的命令，不盗用符节拿出武库的兵器，征发长乐宫的卫兵，就绝不会有湖城之难。所以太子的祸患也正是由于他知道"危机"！另外陆生楠还说"掌管天下的人不能没有国本而治理天下"等话，他是想借钩弋宫尧母门的故事来讽刺本朝不早立太子。确立太子关系到国家存亡，关系着普天下黎民百姓的命运。如果不慎重考虑，立错人选，以后改换不行，不改换也不行，就会招致许多变故，史书上记载的前朝的事是值得借鉴的。孟子说："治理天下得到合适的人才可以称为仁。"又说："治理天下得到合适的人才难。"说明太子之位的重要，必须找到合适的人才，他不但能够继承前人的事业，而且要能刨出自己的业绩，只有这样的人才才能把天下交给他。我朝太祖高皇帝（努尔哈赤）开创基业时，没有预先策立太子，而太宗文皇帝(皇太极)继承了皇位,建立了大清基业。世祖章皇帝(福临)续承帝业,安抚中原,圣祖仁皇帝(玄烨)为人仁义厚道,统治天下很多年,凡是我朝圣君继位,都不是先立为东宫太子,然后登基继位的,但都创建了宏伟的基业,给亿万人民带来幸福。我登上帝位后,七年来国家安定,因为我大清国本深厚,愚蠢的人当然不知道。以前宋孝宗时虞允文提出早立太子,孝宗说:"我害怕东宫太子确定后,他会因骄傲而放纵自己,怠慢学习,容易犯错。我是怕以后会后悔。"连孝宗都知道立太子不容易,何况强过他十倍的我朝圣明君主呢!像陆生楠这种借用汉武帝的故事讽刺朝政的人,罪不可恕。他在谈到兵制时,评价唐朝府兵说:"李泌为唐德宗讲述历代府兵兴衰的原因,废除府兵制后,就发生了祸乱,为害到今天,使得纲纪废弛,上下失序。"又说:"府兵制度为国家节省了养兵的费用,也避免了臣下掌握兵权带来的后患。"唐朝初年的府兵制,起源于北周苏绰提的建议,以后被扩骑代替,之所以废除了府兵制,不是不靠招募组成军队。在德宗时代,招募的人大部分是市民,不能当兵,所以想恢复府兵制,然而最终还是没有。孔子说:"让没有接受过军事训练的人去作战,等于让他们白白去送死。"没有战争时农民不可能熟悉战争的事,有战争时他们又怎么能去耕田?把这种做法作为制度不仅耽误了士兵,而且耽误了农民。古代六乡六遂的制度,由于时间太早了不能考证。后代百姓出资养兵,士兵保卫百姓,彼此相互帮助。唐宋以来,法律逐渐完备,军民都从对方那里得到好处,怎么能因为爱惜养兵的钱,抛弃那些没有接受过军事训练的人民呢?本朝设立八旗,京城是国家重地,所以驻扎着许多军队,还配有巡抚三营用来打击犯罪,防止发生动乱。在其他省分别设立了驻防的将军以及提督和总兵。没有战争时,士兵编制在军中,不会干扰农民的生产,战争爆发时就出发到边防,保卫人民。这是许多代流传下来的完善制度。八十年来太平无事,老人安享天年,小孩和孤儿健康地成长,这不都是士兵发挥的作用吗?虽然规定了赋税来充军粮,但这只占人民收入的百分之一,得到的好处却很多。而陆生楠却说府兵制是有作乱的企图,利用减少国家养兵费用的说法迷惑人,这种坚持歪理邪说以扰乱政治,宣传欺骗人的学说以迷惑别人的人,按照王法是不能宽容的。他在议论隋炀帝时说:"后来的君臣,如果不是上天帮助,大都成为隋炀帝那样的了。"隋文帝提倡勤学节俭以治国,史书上记载他统治的时候法令得以实施,仓库里粮食充足。而到了隋炀帝,他骄奢淫逸以至于自取灭亡,不能把责任推给上天。后来的君主不像隋炀帝那样骄奢,怎么会和隋炀帝一样灭亡呢?又为什么希望得到上天的帮助呢?陆生楠的意图又是什么呢？他在议论君主时说："一个人越尊贵,掌管的权力越大,他的处境就越危险,酿成的祸患也越多,这是因为君主可以决定人的生死、奖罚,这样造成自己神志疏略,别人也会更害怕他。人们愤怒而不敢发泄,想报复而不敢轻易行动,所以他们有深深的怨恨,一旦爆发必然无法控制。"君主作为天子,天下都归他所有,从唐尧、虞舜、夏禹、商汤以来,一个人办了好事,亿万老百姓都从中得到好处,怎么会因为君主地位尊贵而就发生危难呢？至于对人的生、死、赏、罚的权力,君主都是按照上天的指示赏罚,命运都是人们自己决定的。自我登基以来,日理万机,都是遵照上天的指示根据不同情况处理的,从未按着自己的意愿决定人们的生死和赏罚。而陆生楠却提出了害怕君主、愤恨君主、报复君主的说法,试问从雍正改元以来,任用了哪些藩府的人呢？因为以前的怨恨而给一些人定罪的又有谁呢？何况我以前和朝廷里的人无冤无仇,他们为什么害怕呢,为什么愤怒,又有什么可报复的呢？积怨深这是指阿其那种人而言,或者是陆生楠自己就是这样的。阿其那种人的案子,朝廷内外无不知晓,不用我再说了。陆生楠身居官位,怎么能发表这种言论？这等狂妄自大,大逆不道,不是太过分了吗？又说什么"有愤怒而不敢发泄,想报复而不敢轻易行动",很显然,这是陆生楠自己的想法。他很愤怒但不敢说,所以在《通鉴论》中发泄自己的愤怒;他心怀怨恨想要报复,但又没得手,只好用身遭惨祸诅咒别人。字里行间已经流露出他想谋反的意图。他在议论丞相时说："任用首相一人,如果首相为人奸邪,那么国家也会遭殃,所以要允许凡是效忠国家的人都可以秘密上奏。即使有不对的地方,也不能让宰相知道。"我从来就没有禁止密奏,但没有道理专门命令揭发宰相,何况尊重贤人就要不听信谗言,尊敬大臣就应该合理地任用他们,上下齐心才符合古人说的君主圣明大臣贤良而相互勉励的道理。所以正确选用宰相的宗旨,是找到合适的人选,如果已经有了合适的人选,还指使别人密奏,并且有时不正确,还想方设法掩饰,这是让人恶意中伤他人,对人进行排挤陷害。宰相如果真的奸猾,就应该公开上奏以揭发他的罪行,让他伏罪,而许多小人却排斥阻挠,有的想要贬低大臣,有的则是出于门户之见,君主当然应该明辨是非,分辨善恶正邪,怎么能一味姑息呢？陆生楠又说："通过一个人的言论便可以了解他,但过于轻信也不能正确地认识他。要听取多方面的意见才能防止闭塞,要仔细审慎才能避免错误。"舜曾告诫禹说："没有验证的话不要听信,没有问询众人意见的谋略不能采用。"召公奭告诉武王说："对别人的言论一定要经过仔细谨慎的分析才能得出正确的结论。"我对

·清朝秘史·

图文珍藏版

于别人的言论一定按照情理推测做出判断,从未拒绝别人的言论,也不会轻易相信别人的言论,这都是大家知道的,陆生楠为什么这样讽刺我呢?他又说:"作为君臣,最重要的是正确地认识人,以建立根本,不能只注重政绩,也不能没有权术。"君臣之间怎么能有丝毫的权术呢?考核三年任职的成绩,一定要以事实为根据,如果不考察政绩,又怎么能认识别人呢?他在议论王安石时说:"排斥贤明的人,对提的意见完全不采用,而不知道做错了,也不知道别人的错,就是连圣人的作用气象也不知道。"圣人心胸宽广,大公无私,能够顺应事物的发展规律,又有什么作用呢?宋神宗一心一意使国家太平,王安石却要改换规章制度,他错在作用气象,这是明显的。他又说:"仅靠诚实恭敬就能天下太平这一点,他当然没有听说,懂天命而又懂看人的话他好像也没有听到。人不读贤书而能写文章,不安于平常的状况,大都成为王安石这种人。"王安石给国家造成损失,是因为他没有给国君提出正确的建议,并不是说知天命晓人情,呆在皇宫深处无所作为,忠诚恭敬、默默无闻,天下就能太平,诚实恭敬而天下太平,是指采取了恭敬、守信的政策,是说明它的作用是这样,不是说停止一切事务,上下背离就可以治理天下。陆生楠的言论阴险荒谬到了极点。他在议论无为的治道时说:"在国家政事上,只能抓住大体。不能人人都问,只应该问选官的人;不能事事都处理,只要管理好处理这些事的大臣。要仔细观察言行,注意微小的变化,提防有谗言离间,不要疏忽大意,在兴盛的时候就要想到灾难的发生,以防止事情慢慢变坏。至于祭祀一类的事,交给主管官吏就行了。"自古以来圣明的皇帝,都很勤劳并且勉励自己来治理国家,没有安逸享乐治国的。治理天下,用人、理财最为重要,管理财政这件事应该交给臣下,用人的权力不能交给别人。试想如果把用人选官的权力交给大臣,大臣敢担当这个职责吗?不用说,有一点私心、讲人情的人绝对不能担当这个重任,即使是个非常公正的人,在选择升迁官吏时,要么被别人怨恨,要么给自己种下祸根。至于努力宣明美德,勤于细小的事务,不怠慢身边的近臣,不遗忘远臣等等,都是众所周知的道理。汉宣帝综合考查一切政务,检查名是否符实,使政治焕然一新。光武帝勤抓官吏的整治,唐太宗把地方官令的名字写在屏风上日夜查看。由此可见,自古以来贤明的君主把勤于政务作为国家的根本大事,怎么能把用人这么重要的问题当作是祭祀一类的事而不予理睬呢?陆生楠又说:"李绛、裴度曾多次劝谏,但程异、皇甫镈只知迎合顺从,所以不知道臣下相互勾结的情况。凡是建立伟大功业的人,必然有王者之道。如果只知道道理但不学习,就使人有强烈的欲望,但没有真本领,当然不能立夏商周那样的功业。如果力量微弱,志气息惰,是不能有始有终的。"有好的意见应该进谏,这是我对你们的希望。我登基以来,经常鼓励大臣进谏,有可行的建议,经详细议论后实行。我一向不喜欢顺从,不拒绝拒谏。历代都有臣下私下结党,有些以阿谀奉承结为私党,还有些用心险恶结为私党,如汉代的梁冀、窦宪,唐代的牛僧孺、李德裕,宋代的绍述之政,明代的门户之见,就是这样。唐尧虞舜时,朝廷中都是师长,上下齐心,能说结为私党吗?以上都是陆生楠论断《通鉴论》的话,我在这里列出数条。陆生楠是生活在盛明时代,熟读诗书,考中乡试的举人,被吏部选为朝官,不是在偏僻的山野中不知天高地厚的愚人,而且看他也有不小的才能。我本以为他知恩图报,努力为国家服务,但他却不知满足,心存邪恶。在他当官时,发表了许多毫无根据的言论;在朝时,言词中就充满了凶狠强暴,被驱逐到远方边塞后还随意发表荒谬无理的言论。他的目的就是动摇人心,扰乱法纪。我实在不知道他哪来这么多怨恨,从哪积聚这么多愤怒。这种叛逆的本性是早就形成的,所以才有这么多恶行,他不知天命,所以不害怕,是小人中尤为猖狂的人。陆生楠罪大恶极,不可饶恕。我想把陆楠正法,让臣下引以为戒,责令九卿、翰林、詹事、科道秉公制定罪名,准备文书。

### 5.曾静、吕留良之狱

曾静、吕留良这件案子,是清朝各文字狱中的第一大案。世宗(雍正帝)甚至将此案的经过写成一部书,名叫《大义觉迷录》,并将这本书分发到学宫之中,让每个秀才都读,与《卧碑圣训》《广训》等同样重要。乾隆年间才把《大义觉迷录》列为禁书。雍正在位时颁发《大义觉迷录》到学宫是有深刻用意的。乾隆年间又被列为禁书,高宗也是别有用心的,是在不同时期采取了不同的态度而已。总的来说,他们都是专制国家中雄心勃勃的君主,现在就摘录《大义觉迷录》中的一些内容供大家观阅:

此前,湖南靖州人曾静因考试成绩不好,在家里闲呆着的时候感到非常愤怒和抑郁,忽然有了谋反的企图,就派弟子张熙写匿名信给川陕总督岳钟琪,劝他共同起兵造反。岳钟琪拘留了张熙并进行审问,查问是谁指使他,张熙宁死也不招。岳钟琪假装答应他,把他安排在一个密室里,并答应聘请他的老师,立下誓言,张熙这才将曾静供出来。岳钟琪上奏皇帝,并将曾静谋反书信一同上交朝廷。皇上派刑部侍郎杭奕禄、正白旗副都统觉罗海兰来到湖南,会同巡抚王国栋将曾静捉拿，严加审讯。曾静自称生长在偏僻的地方，平日没有师友，在应试时看到吕留良评选的八股文，文中对夷狄和华夏的界限及井田封建制妄加评论，于是被迷惑，随后派张熙到吕留良家借一些书籍。吕留良的儿子吕毅中将他父亲的诗文送给了他。诗中的文词慷慨激昂，充满了对朝廷的愤恨和不满，曾静于是对他更加信任。曾静又访问吕留良的弟子严鸿逵，并与严鸿逵的弟子沈在宽很投机，更加沉溺于吕留良的学说，不安守本分，萌生了非分的企图，等等。随后将曾静、张熙押送到京城，此后不久又命令

吕留良

浙江总督李卫搜查吕留良、严鸿逵、沈在宽的家，将搜到的反动书籍，连同犯人一齐押解刑部。命令内阁九卿等反复认真审讯曾静，并查看上述反动书籍。曾静招供说："以前轻信了吕留良的邪说，又听到一些无根无据的传闻，因而被迷惑，以致闯下大祸。承蒙审问，并查看吕留良日记等书，内容狂妄荒谬。朝廷圣明，普天之下深感恩泽，皇上仁政遍布四海，至高无上。我深感心悦诚服，对以前犯下的错误深感后悔，就是死一万次也不能赎罪，今天如梦方醒。"曾静因而认罪，甘愿受到重罚，内阁九卿等详细地记录了供词，进呈皇上阅览。

雍正七年四月乙丑日，皇上告谕内阁九卿等：我朝建立国家，得到了上天帮助，使得人心归附，几代圣明的君主登基，天下安定繁荣。到了圣祖仁皇帝（康熙帝玄烨）登基时，给人民带来幸福，他所实施的仁政以及对国家的治理和对人民的恩惠，是历代帝王所不及的。普天下的人民都感到心悦诚服，即使在很少有人去的深山幽谷里，凡是有血气人伦的地方，无论是普通人或小孩，都对皇上尊敬爱戴。没想到吕留良凶狠强暴，幸灾乐祸，唯恐天下不乱。因为自己是明朝王府女婿的孙子，怀念明朝，便对本朝充满怨恨，大肆诋毁本朝。明代王府女婿的后人，关系最为疏远卑贱，根本不值得一提，况且明代末期流贼（指李自成领导的起义军）攻陷北京时，吕留良正是童年。本朝建国后，受本朝的恩泽，才有读书机会，成长自立。顺治年间参加考试成为生员。而后他多次参加岁考，以他粗浅的学识，常位居前列，得到虚有的名声，在乡里显耀。吕留良和明朝的关系不大，他本人也没有什么高尚气节，而在康熙六年（公元1667年），他因考试成绩差，充满愤恨而抛弃了学业，忽然思念起明朝而怨恨起本朝来。后来推荐他为博学鸿词科，他竟然声称宁死也不干，后来又把他作为山林中的隐士推

荐，他竟然作了和尚。按年龄推算，吕留良为本朝生员十余年，突然改变了想法，自称明代的遗民，自古反复无常的人，有哪个像他这样奇怪、荒诞、无耻而又可笑可鄙？自此以后他编写邪书，制造谬论，丧心病狂，肆无忌惮，不过是想卖文卖书，谋求名利，以至于任意指责、公然诅咒圣祖仁皇帝。他写的文章，有的刻印发行，有的珍藏起来不让人看，都是人间所没有的内容。我看了之后，感到无比的恐慌。他的言论，内容反动，肆意诬陷他人，任何一个大臣都不忍心看在眼里，说出口，记在纸上。"普天之下，莫非王土，率土之滨，莫非王臣。"吕留良安定地生活了数十年并且有了子孙，却不懂得大一统的道理。在他的日记里，将我朝或者称"清"，或者称"北"，或者称"燕"，或者称"彼中"。给反叛的藩王吴三桂的书信中也称"清"，称"往讲"，把本朝当作反叛藩国，竟然荒谬无知到这种地步。而且吴三桂、耿精忠是叛逆，人人得而诛之。吴三桂起兵叛国，他表现得异常高兴，而且唯恐吴三桂失败，本朝复国后他又表现得若有所失。一些忠臣为国家抛头颅、洒热血，他就加罪名污蔑他们；听到他们牺牲了，就感到欢欣快慰。吕留良颠倒是非，助纣为虐，不顾百姓的困苦和灾难，却为爆发战争而感到庆幸。吕留良处心积虑，残忍凶暴到了极点。又如在云贵广西等地活动的流寇朱由榔，私自建立伪永历政权，他的部众互相残杀，给百姓带来了祸难，兵败后逃窜到缅甸。顺治十八年(公元1661年)，定西将军爱星阿等人带兵追赶到缅甸城，先派人通知缅甸首领，让他捉住朱由榔押送给我国。大军随后来到城下，缅甸人害怕，就捉住朱由榔并把他献到我军阵前，这就是伪永历政权覆灭的真实情况，怎么会有朱由榔被捉时满汉官兵都跪在他面前的事呢？胡言乱语简直荒唐到了极点。总之，他对本朝的真实事迹一概不写，却专门造谣诬蔑本朝，以发泄个人的怨愤，另外他在文集中还说过"自伏羲皇帝以来，就没有见过今天这样的穷困"的话。明朝末年，朝廷腐败，官吏公开贪污，横征暴敛。百姓每年要交纳千百万军饷，生活极为贫困。我朝清除了流亡的贼寇，给人民休养生息的机会。圣祖仁皇帝爱护黎民百姓，防止硝烟战火，还免去一些租税，人民生活富裕。这些史书上都有记载。由于长期倡导教化，经过六十多年的稳定发展，百姓生活富裕。伏羲皇帝以来的盛世屈指可数，能超过我朝的更是罕见。现在真如他所说的是自伏羲皇帝以来所没有的穷困时期吗？还有日记记载的怪风、震雷、细星如同彗星，都是没有根据的。其中有很多荒诞怪异的说法，这是因为他有反动的思想，幸灾乐祸，为了混淆视听而捏造出的虚假情况，因而对这些事是否正确，是否谣传，不做任何考证。灾害和奇怪的自然现象从古时就有,上天显示各种兆头为的是告诫君王,让他们反省以增加个人修为。如果把捕风捉影的事,说成是灾难的兆头,后代人就会认为以前太平盛世时还有这样奇怪的灾难呢!因而一旦遇到自然灾害一定会忽视,后代君主就会玩忽职守,这样罪过就大了!这样令人深恶痛绝的言论不胜枚举。吕留良出生在浙江,而浙江历来是有文化的地方,他的学识和文化水平自然比生长在穷乡僻壤而又愚昧无知的曾静强多了。何况曾静仅仅是诬蔑我,而吕留良竟然诬蔑圣祖皇父的大恩大德;曾静只是由于听信流言蜚语,而吕留良则是别有用心地编造。吕留良罪大恶极,其罪行比曾静严重。我一直认为浙江民风世俗不稳定,人们都心存怨恨。像汪景祺、查嗣廷等人,都是因其反动的言行而受到了惩罚,他们都是被吕留良毒害的。甚至百姓也喜欢造谣生事,例如有谣言说雍正四年要把海宁平湖全城屠杀,弄得人心惶惶,各自逃散。由于吕留良倡导,大家闻风而从,甚至连地方官都害怕他们势力庞大,为了换取尊重儒学的美誉而照顾他们,给予他们优厚的待遇。就连刚毅正直的总督李卫,也在到任时按照惯例送祠堂匾额,何况其他人呢!他们使人心堕落,民风混浊,造成很大危害。多年以来,我十分担心浙江省人心风俗被毒害,因此一直筹划利用仁义道德端正人心,并为此费尽心思。最近刚刚走上正道,若稍有疏忽,不及时加以整顿,人们又会被欺骗,就更难处理了。人们就会抛弃正确的行为准则,变成无君无父的人。今天的事情表明,吕留良到恶贯满盈时就会暴露出阴险奸诈的本性,此时必须治他的罪,以维持民风、严正国法。吕留良还将自己比作周敦颐、二程、张载、朱熹的继承者,周敦颐、二程、张载、朱熹是伟大的儒学家,从未把无君无父作为他们的道义,把乱臣贼子说成是英雄。他们侮辱圣明的儒学教义,败坏人们的思想,是头等罪人。我登基以来确实不知道吕留良写书的事,但他作恶太多,人神共愤,天地不容,所以才有曾静劝总督谋反的举动。终于他的罪行被揭发,天下人都知道他的凶恶顽固。而吕留良的儿子如吕葆中,参加科举考试并取得功名,蒙受皇恩名列殿试一甲,走上仕途而且位居显贵。其余子孙也多在学校读书,但是却未能及时销毁他的著作,毁灭这些罪恶的东西。而且此前一含和尚谋反的事件中,吕葆中已经涉及,可见他早就露出了反叛的迹象。圣祖仁皇帝仁慈,免去了对他的审问,而吕葆中终于由于忧虑恐惧而死去。照常理说,吕葆中的兄弟子孙,遇到这么危险的祸难,应该感谢圣祖仁皇帝的大恩大德,改过自新,立功赎罪。但他们早就养成了愚昧无知、桀骜不驯的习性,仍然收藏着吕留良的著作,并深藏在箱匣之中。这当然是想把他的邪说作为家传之物一代代传下去。这样他们一代代都有罪恶的想法,不知道警惕。毕竟上天是明白的,不许有丝毫掩盖,终于使叛贼的阴谋败露,遗毒也没有逃脱上天的谴责。曾静的叛逆书信,我已经详细审阅,知道叛贼的党羽仍然很多,并且散布谬论,企图制造动乱。他们诋毁的只是我一个人,我可以自己判他的罪,而吕留良罪大恶极,触犯了圣祖仁皇帝,这是最为严重的。天下凡是有良知的人都会感到痛恨,不想和这种人同活在世上,我认为作为臣子的必然应该如此。已经死去的叛贼吕留良及现在的子孙、嫡亲兄弟子侄应该怎么处理,指令九卿、翰林、詹事、科道召开会议,直省督、抚提督两司公正处理,相互商议后定罪,写成文书上奏。

六月乙亥日皇上发布手谕:我把以前批示过的岳钟琪的奏折,偶尔挑出几件给曾静观看。我与岳钟琪君臣之间,同心同德,我知道岳钟琪,精忠报国,公正无私,实在是自古以来的大臣中少有的。我诚心统治天下,宠爱信赖大臣。彼此相互信任,志同道合,君主圣明,大臣贤良,国家富强。并且我批阅了许多岳钟琪的奏折,这只是其中很少的一部分,奏折中对岳钟琪的恩典,也是很少的一部分。可是曾静却想劝他造反,真是愚昧无知。这正是上天有眼,让他自己露出马脚。曾静的反动书信中说到岳钟琪两次要求进京面见,都被拒绝了,岳钟琪自己也觉得很奇怪。因而可以这样说,曾静平时就有成见,又听到这种无稽之谈,反叛的想法不知不觉更加强烈,才做出这种轻率的举动。不过这种传闻一定有来历,一定要使曾静招出来。曾静犯了这么大的罪都得到我的宽恕,那么散布谣言的人如果悔改,也会从轻发落或予以赦免,况且传播谣言的人未必就是制造谣言的人。如果根据曾静供出来的人找到制造流言的人,这件事情就可以了结,即令杭弈禄、海兰详细全面地向曾静宣示。

丙戌日皇上告诉内阁:浙江反贼吕留良凶恶顽固,不听教化,大肆诬蔑诽谤朝廷,散布反动邪说。其弟子严鸿逵是他的羽翼,极力推崇他的邪说,又将其进一步发扬光大。严鸿逵的言语比吕留良更为恶毒。吕留良是前明王府女婿的后代,在本朝为生员,为发泄怨恨攻击本朝,态度猖狂,在历代乱臣贼子中都很少见。至于严鸿逵,从他祖父起就是本朝百姓,受本朝恩惠,明代对他有什么旧恩呢?在本朝他生活得幸福快乐,他为什么感到愤怒?又为什么追念前朝而追随吕留良呢?这里选出一些他的反动言论一同宣布。他在日记中说:"正月初三索伦大地裂开一条长三里、宽五里的缝,从中飞出石块,还冒出火焰,附近三十里范围内的人全部搬到其他地方躲避。"又说:"热河发大水,淹死两万多人。"又说:"许多星星都在摇动,好像快要掉下来的样子。还有的飞起来向东而去。"又说:"去年七月初四,星象发生变化,钦天监说:'此星出现在天空的位置是沛垣,消失在天空的位置在市垣,相应的地方属于吴越,市井上就会有兵乱。'"从康熙五十五年到雍正六年在日记中记载了很多这样荒唐反动的言论,不胜枚举。其中只有在索伦发生的事是真的,这是由于当地地壳发生变动造成的。以前也多次发生这种事情,那附近经常有山顶冒出烈火,而严鸿逵竟然借这件事进行诽谤!还有热河发水的事,河流在曲折的山峦之中蜿蜒,雨下得多就会汇集许多水,甚至冲毁堤岸。康熙四十八年六月,大雨昼夜不停,当时行宫一带处在地势较高的地方,只有对岸山脚被水漫淹。久居本地的人和随从护卫知道雨停后水就会退,所以就在原处并没搬。只有住在当地的匠人惊慌失措,个别愚蠢的人编木筏,意欲乘木筏渡过流水,有的木筏被石头碰散,致使一部分人落入水中。当时刚好轮到我去恭请圣安,所有随从官员共两三百人驻扎。在发水的地方因为严厉管束,统一行动,没有一人轻举妄动,等到水退,都平安无事,没有一个人被水淹死,而严鸿逵却说淹死两万多满洲人,这有道理吗?严鸿逵生在现代,是当代的百姓,明代沦亡已久,而我大清建国已经有一百多年,他却根据自己的臆想造谣,唯恐天下不乱,希望太平时发生战争,对圣祖能感化神灵的恩德进行诬蔑。现在人民生活富足,他却天天咒骂,这些丧心病狂的行为,都是从吕留良那儿学来的,而且变本加厉,真是凶恶反动成性,死有余辜。他故意表现出迂腐、小心谨慎的样子,浅薄的士人被他迷惑,以致有的大臣推荐编修《明史》的人选时提到他。他却不可一世,不遵循常理,说:"我已经决定了,死都不答应。"他大言不惭,藐视朝廷到了这种地步,又说:"衡州人张熙,字敬卿,前来求见,说他的老师曾静是永兴县人,并且在那里讲学,学者称他为蒲潭先生。以前因为读到吕留良的讲义,才抛弃的仕途。"我特意下旨编修《明史》,广泛寻求隐居山林的人士,有朝臣推荐他,他却想以死相拒,视朝廷的征召如儿戏。自己却和反动之徒曾静书信往来,这样一个小人物和千里之外的人相呼应,招纳想法相同的人结为私党,在天地之间心怀不轨,扰乱法纪,凶恶狡诈到了极点。像这样叛逆的人,蛊惑人心,触犯圣祖皇父,与吕留良结党共同作恶,他的罪就是死了也不能宽容。至于严鸿逵的定罪,指令九卿、翰林、詹事、科道举行会议迅速决定,写成文书上奏。

戊子日皇上告诉内阁:我朝完成了建国的功业,远近各邦都很高兴服从,即使很远的地方也对我朝很尊敬,而叛贼吕留良、严鸿逵却肆无忌惮地散布诋毁本朝的言论,任意诬蔑圣祖仁皇帝的深厚恩泽和丰功伟绩,对他的猖狂、无法无天，人人恨之入骨。我已经发谕旨把他的恶行告诉朝廷内外各大臣，并公开讨论如何定罪。至于沈在宽，在我朝建国教十年后才出生，我朝的抚育教化胜过德教，接受这种教化，更应该知道伦理纲常的大道理，但他被反动邪说迷惑，沾染了反动党徒的恶习，心怀怨恨，和他们一起诋毁本朝，羡慕并仿效顽固不化的人。他把本朝称为清朝，竟然忘了自己是什么时代的人，狂妄到了极点。这些都是沈在宽与吕留良、严鸿逵结为同党进行反叛的例子。至于他的诗中说："更无地署避秦人。"又说："陆沉不必由洪水，谁为神州理旧疆？"这是把本朝在天下中心建立国家、文明昌盛视为神州沉沦，好像有洪水的祸患，他的荒谬道理特别狂妄放肆。在明朝两百多年中，黄河运河经常决口，洪水泛滥，百姓天天担心被水淹。圣祖仁皇帝非常担心此事，经常过问并且详细指示治理的办法，不厌其烦地观察测量。圣上精心思考治水的事宜，以求完美，才使得河水流入正常的河道，黄河水流安稳平静。数十年来堤岸得到了加固，百姓们再也不用担心被水淹，生活幸福。到了我继位时，按照先人的谋略和功业，更加注重修筑堤防。多亏老天保佑，七年来，河水全部回道，海口经加深更加通畅，淮河水质清澈、水流加快，三省水路运输畅通无阻。至于北直畿辅地区、南省浙江等地，凡是有需要治理的地方，都在逐渐兴修，按时蓄水放水，及早对旱涝有所准备，六府三事协调融洽，桑麻丰收。现在的神州，怎么能被认为是沉沦呢！又怎么能认为有洪水之灾呢！而且沈在宽说："谁为神州理旧疆？"他想把神州交给谁统治呢？沈在宽年龄不到四十岁，就效仿他的老师肆无忌惮地诋毁我朝，而叛贼曾静的弟子张熙，和他相距千里却一见如故、结为友好，写诗互赠，情意相投就像水乳交融。他处心积虑地把反叛作为自己的事业，其罪恶不可赦免。指令将沈在宽交付刑部审讯，录取他的口供，写成文书上奏。

九月癸未日，皇上将曾静等人口供及每次下的谕旨刊刻成《大义觉迷录》一书发行，告诉诸王爷和文武大臣等：历来帝王拥有天下，关怀保护百姓，使百姓感受他的恩德。上天照顾他，赋予他使命，为亿万民众办事，才能统一天下，人民代代生活幸福。抚育百姓必须有恩德，这样的人才能成为君主，这是永恒不变的法则。《尚书》说："上天只帮助有贤德的人。"因为有贤德的人才能做君主，上天才会保佑他。不凭借贤德使人信服，而根据他为何地人才所辅佐他是没有道理的。《尚书》又说："对我们好的就是我们的君主，对我们不好的就是我们的敌人。"这是人民的真实感情，没听说过归附是根据地域来选择而不是选贤德之人的道理。《尚书》又说："顺天者昌，逆天者亡。"贤德的人才能顺天，天不会因地域不同而给予不同待遇！我们国家在东方建立基业，圣明的皇上相继登位治理天下，四方安定，这是上天真诚保佑。广泛实行德政，恩德遍施天下，百姓因此有安身之地，朝野上下都尊敬爱戴本朝，从开始到现在有一百年了。我朝奉天命做天下的君主，受养育抚爱的人不能有不同看法。既然天下尊奉我朝为君主，就应该恭敬顺从，尽到臣民之责，特别不能因为有华夷的区别而怀有二心。无论以天道推测，还是从人情考察，世人都知道天下统一，都遵从君臣父子的礼节，没有超越本分的。而吕留良打乱世间正常的规律，私下著书，妄称德佑（南宋末年号）以后，世间发生了大的变化，是以前未曾发生的，如今又再次出现这种情况。而党徒严鸿逵等人，随声附和并传播反动言论，非常猖狂。曾静也受到影响，诽谤本朝，甚至说八十多年来天昏地暗，日月无光。这是因为在叛贼心目中，本朝是满洲君主，进入中原后才成为中国君主，认为存在疆界的不同，于是就故意诽谤诋毁。他们不知道舜是东夷人，周文王是西夷人，这又有什么损害圣德的呢？《诗经》说："痛击北狄和西戎，严惩荆舒使知痛。"这是因为他们不守本分，侵扰华夏，不知君臣大义。之所以惩治他们，不是因为他们是戎狄就视为外人。如果以戎狄而言，孔子周游列国，不应当受聘到楚国。而对于秦穆公称霸西戎，孔子在修订《尚书》时就不应该把《秦誓》列在《周书》之后。这是因为关于华夷的说法是出现在晋宋六朝时期，当时势力平均，谁也不能克制对方，所以北人说南朝是岛夷，南人说北朝是索虏。当时的人不知提高自己的修行，反而相互讥讽对方，这已经够狭隘庸俗的了。现在全国统一，华夷一家，而这些叛贼非要分中华和外夷，无端激起愤恨，违背天理，不顾君臣父母的大义，真是连蜂蚁都不如的怪种！何况就气数来说，明朝自嘉靖以后国运日下，百姓生活艰苦，内忧外患，当时的天地不闭塞吗？本朝建国以来，扫除贼寇，天下太平，国富民强，战乱也不曾发生，现在的清明世界远胜明代，这是众所周知的，能说是昏暗的吗？天地应该有仁爱的本心，有抚育包容、公正无私的德量，恩德波及哪儿，帝业就扩大到哪儿。孔子说："大德的人必然承受天命而为天子。这个道理是不会变的。将吕留良、严鸿逵、曾静等人荒谬而反动的言论，以及我的谕旨一一发行，颁布天下，发到各府州县，穷乡僻壤也不例外，让大家都知道这件事。学宫也各收一册，使以后的学者和刚进入仕途的人都知道。如果没有看这本书，违抗我的旨意，一经查出，一定要将该省的学政和该县的教官严加查办。"

丁未日怡亲王大学士、九卿、翰林、詹事、科道等遵照谕旨，审讯曾静、张熙等人，按照条律将其处死。皇上来到乾清宫召各大臣入宫，并命令李绂一起来。皇上说："今天各大臣都要求诛杀曾静、张熙，他们两人大逆不道，实在是从古到今没有的，万万不能赦免。但我不想诛杀他们，我这样做的确有自己的想法。去年曾静门徒张熙写匿名信给岳钟琪，岳钟琪匆忙之间，没来得及筹划就将巡抚西琳、臬司硕色请到密室之中，对张熙严加逼供，问谁是指使人，张熙不招。接着用刑法审讯，而张熙宁死也不招。岳钟琪没有办法，两三天后，设计诱骗张熙，假意答应并对神立誓，张熙终于将姓名供出。岳钟琪把具体情况上奏给我，我为之感动，岳钟琪委曲求全以揭露内幕，这连我也做不到。何况曾静等人身处穷乡僻壤，被流言蜚语迷惑。制造这些谣言的人是阿其那、塞恩黑的一些凶恶门徒和太监等。他们因犯罪被发往广西，心怀怨恨，就制造谣言一路散播，现在有了确凿证据。如果不是发生曾静这件事，我又怎么知道这些谣言呢？我们要仔细清楚地分析此事，使这件事家喻户晓。国家的刑罚是为了惩一警百，曾静这些叛逆之人，天下少有，所以不必拘泥于惩一警百。我赦免他的罪过并不是为了取得好名声。一切我将另有谕旨。

己酉日怡亲王等上奏说："恭敬地读过了赦免曾静的谕旨，我们感觉皇上气度博大，如天一般无所不盖，如地一样无所不载，令人敬仰。纵然是毒蛇猛兽也不忍心消灭，而是想让它洗心革面，自古到今从未听说如此宽大的法典。我朝自建国以来，各个圣明的君主相继登位，圣祖仁皇帝在位六十多年，他深厚的仁德和丰功伟绩日月可鉴。皇上继位后依法治国，讲究孝德，最为圣明、诚信，勤于处理民务而忽视自己的起居，教百姓端正民俗，节俭从自己做起。为使百姓生活安宁，拨的赈灾钱粮超过亿万，偏远的地方也得到教化抚育。连年来五谷丰登，民风稳定，凡有人的地方都受到皇上的恩泽，他们都歌颂皇上的恩德。而曾静这个人凶恶狂妄，受吕留良的反动书籍蛊惑，又听信阿其那和塞恩黑门徒捏造的流言，所以才敢把流言飞语汇集成书，命门徒张熙从湖南到陕西给总督岳钟琪送信。曾静虽然没有干反叛的事，但是有反叛的心思，他恶贯满盈，是上天让他受到惩罚，以此消灭叛逆学说，端正人心。一年来，全国上下对他的诅咒谩骂愤恨不已，皇上考虑到他误听流言，情有可原，特别予以宽恕。我们恭敬地读完皇上的谕旨，希望天下的人明白，犯了大错但是改正了，胜过犯了小错但不知道改正，如果真的改正了错误，什么罪都可以赦免。皇上又考虑到反叛的人，若能主动自首，在法律上我们会宽大处理。皇上真是太伟大了，宽厚仁义，爱惜生命，千古以来无人可比。但是曾静忘恩负义，本性难改，从事不法行为，肆意诬蔑诽谤,犯下弥天大罪。律例记有十恶之罪,凡是谋反、叛逆及大不敬都是不能赦免的罪行。曾静犯的罪在十恶之中,但是不在可以赦免的三种情况之内。张熙图谋不轨,往陕西送反动书信,妄图挑起叛乱,也是不能赦免的罪行。敬请皇上下诏,马上将曾静、张熙处以死刑,将尸体捣碎并将头挂起来示众,将贼党亲属全部铲除,以平息臣民的愤怒。"皇上为此下圣旨宣布:赦免曾静等人,对此各大臣要服从。以后,不管后人认为对还是错全部由我本人负责,与朝廷各官没有关系。我也是考虑再三,颁布的谕旨上已经说得很清楚,各大臣不必再上奏议论。各省督抚和提督再有上奏请求治罪的,指令通政司把奏书发回。

雍正八年(公元 1730 年)十二月,刑部等衙门举行会议,认为吕留良身为本朝生员,不遵守法纪,作为前朝王府女婿的后代,思念明朝,诋毁本朝,制造谣言,随意撰写文章,罪恶滔天。他甚至敢指责圣祖仁皇帝,反动至极,臣下无不感到切齿的痛恨,依法应将他处死以昭示天下,维护法纪,杜绝祸根。吕留良应当碎尸枭首示众,没收财产。吕留良的儿子吕葆中在朝中窃据要职,助纣为虐,此前,一念和尚谋反的案子中已经牵连吕葆中,暴露出他反叛的迹象,也应将吕葆中碎尸枭首示众。吕葆中应当被立即处死,他的亲属应按照律例治罪。同时通知各省府州县将吕留良的所有著作,限期一年全部烧毁。大臣们又得到圣旨指示:吕留良怀有反动之心,假借先辈儒者之名散布过时的言论,致使人心混乱,一些人被他迷惑了很长时间,愚昧无知的人叫他夫子,几乎认为他超过二程和朱熹,甚至在书院祭祀他以表示尊崇。现在他的逆行败露,一个败坏伦理的人,怎么能假借名义藏匿在理学之林,他的著作怎么会有可取之处呢?现在文武百官都要求对他进行严惩。他所犯的罪在以前的谕旨中已经清楚地表明,绝不能饶恕。也许还有人认为吕留良的罪不至于处以如此严重的刑罚,我使用刑罚很慎重,除恶一定要顺应民心,大公无私。至于他的著作,各大臣请求焚毁,我又想到吕留良不过是窃取了古人的无用言论,发表无用的论述,有见识的人当然不会被迷惑,就是当时被他迷惑的人,现在也会看出他的底细而觉得可笑。况且他心术不正,他的言论还有什么值得学习的呢?今天焚毁他的罪证,如果不能全部毁掉,就等于说了空话,如果能全部焚毁,将来没有看到他的书的人,反而以为他的书真的能讲述精深的道理,为没有看到他的书而感到可惜。即使书籍中有大逆不道的话,退一步想,我朝圣祖仁皇帝的丰功伟绩日月可鉴,吕留良怎么可能把它掩盖住呢?我命令发布文告到直省学政,询问所有学生监是否应该按照朝臣的建议将吕留良、吕葆中碎尸枭首示众,要据实公正迅速地做出决定各学生监将情况写成奏文上交学政,不可隐瞒阻挠。

雍正十年(公元 1732 年)十二月,刑部等衙门经议论上奏:叛贼严鸿逵已养成忘恩负义的兽性,心存叛逆,与吕留良结党作恶,捏造妖言,天理难容,王法不能赦免,应将严鸿逵凌迟处死,但他已在阴间受到惩罚,所以应当斩杀尸体悬首示众。他的亲属凡是十六岁以上的男性全部处死,十五岁以下的和女性分给功臣做家奴,还要没收他的财产。沈在宽学习并传播吕留良、严鸿逵的邪说,猖狂作乱,诋毁本朝,应该迅速凌迟处死。他的嫡系亲属,都应按律例治罪。另外,黄补庵自称是吕留良的私淑弟子,所作诗词荒唐狂妄;车鼎丰、车鼎贲参与发行反动书籍,与吕留良感情深厚;孙用克暗中与他勾结并互相帮助;周敬舆甘愿追随叛贼,收藏禁书。应将黄补庵立即处死,他的妻妾子女分给功臣做奴婢,将他的父母、祖父、兄弟流放到二千里外的地方。车鼎丰等人判处斩刑等候处决。还有被迷惑的门徒房明畴、金子尚,取消他们生员的身份,将他们和妻子一块流放到三千里外的地方。陈祖陶、沈允怀、沈成之、董吕音、李天维、费定原、王立夫、施子由、沈斗山、沈惠侯、沈林友等人取消他们的教谕、举人、监生、生员资格,杖责一百,判处三年徒刑。朱霞山、朱芷年跟从严鸿逵就学时还幼小,张圣范、朱羽采只让他们年幼的孩子跟从沈在宽受启蒙教育,经审查发现与沈在宽关系不密切,不将他们治罪。后来大臣们得到圣旨批示:将严鸿逵尸体斩杀并枭首示众,将他的孙子发送到宁古塔给八旗兵当奴仆。将沈在宽改为立即处死。黄补庵已经受到阴间的处罚,他的嫡系亲属按照商定好的罪处罚。车鼎丰、车鼎贲、孙用克、周敬舆按罪都应该判处斩刑,先把他们囚禁起来等秋后处决。将房明畴、金子尚连同他们的妻子流放三千里。陈祖陶等十一人处以杖刑。将张圣范、朱羽采、朱霞山、朱芷年释放。

### 6.谢济世之狱

从谢济世的案子来看,当时在监督诽谤方面所采取的做法确实让人匪夷所思。通过下面这段上谕,我们就可以看出当时威严的君主对人民采取的政策了。

雍正七年七月辛丑日,皇上告谕内阁:顺承郡王锡保,参奏在前线军营的谢济世,说他在《大学》的注释中恶语中伤程朱。看了《大学》的注释,我认为谢济世意图不在诽谤程朱,而是借"见贤不能举"的两段话抒发心中的愤懑,诽谤当世君主不懂得用人之道。他所作的文章注有"拒绝纳谏,文过饰非,最终会背离人的本性,变得偏激而傲慢"等话,由此可见谢济世的用心。我即位以来,不仅是我自己,就连普天之下的老百姓都认为我在用人方面绝对是大公无私的。就拿田文镜、谢济世两人来说,圣祖仁皇帝时,田文镜只是内阁侍读学士,我对他一无所知。雍正元年他奉命去祭华山,一回京城,他就呈奏了山西灾荒、歉收的具体情形。我觉得山西巡抚音身玩忽职守,知情不报,而田文镜作为奉命出差的官员,途经山西时目睹百姓的疾苦,仗义执言,他的忠心由此可见一斑,于是命令田文镜前往山西赈济灾民。他到了那里之后果然能尽职尽责,我于是任命他为山西布政使,与诺岷一起完成赈灾大业。后来河南政事荒疏,就调任他为河南布政使。不久,他又升迁为河南巡抚,现在是河东总督。这二十年来,我一直信任他,这样还能说我不任用贤能吗?李绂、蔡珽与、黄振国、邵言纶、汪诚等一干人结党营私,谋求报复,而谢济世奸诈狡猾,受他们指使,以直言敢谏之名,上奏弹劾田文镜贪赃枉法。我把谢济世交给刑部以后,还不忍心将他处死,只是革了他的职,把他发配到前线军营服役。当时满朝文武都认为这样处置最公正合理,这样还能说我不能贬谪并疏远坏人吗?我从来没有因一己之私而喜爱或厌恶某些人,只是客观评判他人的好坏,从没有过成见。拿被引荐的官员来说,不管他才能好坏,我都让他们的上司试用看看,以秉公考核为原则。官员上任之后,有些督抚上奏所言与我的看法不一致,我从不将一己的好恶强加给他人,而百官也明白我的用心,直言敢谏。我用人只希望所有的人有益于国计民生,怎么能说与民众的喜好相悖呢?谢济世对清正廉洁的田文镜诬蔑弹劾,却听从贪赃枉法的黄振国,以及他的同党李绂、蔡珽与、邵言纶、汪诚等人,受他们指使,肆意报复忠良。他的喜好与事实相悖。可见他是非不分,善恶不明。他的罪行为天理国法所不容,他已经大难临头,却还无所畏惧,真是荒谬至极。拒绝纳谏,文过饰非的做法,朕深以为戒。但是,只有真正忠诚地提出善政,才会算得上是谏言,而像他这样恣意诬陷他人,谋求个人私利的阴险邪说,怎么能算是谏言,我又怎么能听从呢?试问谢济世这么多年来,提出了哪些善政?为我进谏了哪些言论?我拒绝了哪些谏言,掩饰过哪些过错?我虽将谢济世宽大处理,却依然不能原谅他的肆意诽谤。应该如何对他治罪,让九卿、翰林、詹事、科道秉公办事,议定后上奏。

### 7.胡中藻之狱

康熙年间发生多起文字狱,当时虽然文化禁令很严,但因江山未稳,而被统治者又多是故意刁难的人,为了自身安全起见,统治者才这样做。至于乾隆年间的胡中藻一案,从判词来看,纯粹是"吹毛求疵"。况且当时根本没必要再采取这种手段,从中我们也可以看出高宗(即乾隆帝)在才智谋略上和圣祖、世宗的差距了。

乾隆二十年(公元1755年)三月,皇上对大学士、九卿、翰林、詹事、科道等大臣说:"我大清朝已经有一百多年的历史了。列祖列宗的宽容仁厚,已经深入人心,如今是太平盛世,天下百姓歌舞升平。群臣几世以来,一直沐浴在皇恩之下,都应该深明大义。但却有出身科举、名列显贵的人,在诗文中含沙射影,肆意宣传反动邪说,恶语中伤我大清朝,这种人实在不应该存在。胡中藻就是这样,他出版的诗集,名为《坚磨生诗钞》。'坚磨'出自《鲁论》,就是孔子所说的'磨涅'。胡中藻自称是坚磨,究竟有什么意图呢?以前查嗣庭、汪景祺、吕留良等人在诗文日记中,诋毁我大清朝,幸亏父皇深明大义,对这些奸佞小人严加惩治,以正人伦法纪、维护社会秩序。这么多年来,估计天下百姓都知道警惕小人,没想到胡中藻却如此猖狂。即便是查嗣庭等人的诗文,也没有到如此地步。如胡中藻文集中所说:'一世无日月',又说:'又降一世夏秋冬。'夏商周以后,只有汉、唐、宋、明四朝比较长久,但也只有一两世的时间。我大清开国以来,天下太平,胜过历代王朝,他却说'又降一世',不是蛊惑人心吗?他又说'一把心肠论浊清',在国号上边加上"浊"字,居心叵测。而《谒罗池庙》则说:'天匪开清泰',又说'斯文欲被蛮满洲'。汉人通常被称为蛮子,满洲人也被称为鞑子,就像孟子所说的东夷、西夷,如果称蛮是对礼教的侮辱,那么汉人称满洲为鞑子,也不能算是无罪吧?而'与一世争在丑夷'的诗句就更明显了。'相见请看都盎背,谁知生色属裘人?'这很明显是指服用旗裘的人。他又说:'南斗送我南,北斗送我北,南北斗中间,不能一黍阔。''再泛潇湘朝北海,细看来历是如何?''至云揭北斗,怒窃生南风。'还说:'暂歇南风竟',再三强调南北之分,是何居心?在《语溪照景石》中,他用了'周时穆天子,车马走不停'及'武皇为失倾城色'两个典故,这不是暗指照景石吗?他是想借这些诽谤诋毁朝廷。至于像'老佛如今无病病,朝门闻说不开开'这样的诗句,更是荒诞至极。我每天临朝与百官商议,处理政事,为什么却说'朝门不开',又说'人间岂是无中气',究竟是何居心?他在《和初雪元韵》诗中说:'白雪高难和,单辞赞莫加。'"单辞"出自《尚书·吕刑》,和咏雪有什么关系?他在《进呈南巡诗》中又说:'三才生后生',三才指天地人,那么,生在三才之后是什么意思呢?他居心叵测,仅仅诛杀,远远不够。胡中藻又说:'天所照临皆日月,地无道理计西东,诸公五岳诸侯浚,一百年来俯首同',他的诽谤之意,昭然若揭。他说:'亦天子亦莱衣',两个'亦'字悖逆、傲慢至极。'不为游观纵盗骊'一句,不用人们常用的'八骏',却用'盗骊',不知他的用意何在?他说:'一川水已快南巡',下面接着说:'周王浔彼因时迈?'估计以为我不知道他暗用周昭王南征的故事。又说:'如今亦是涂山会,玉帛相方十倍多。'这里的'亦是'与前边两个'亦'字有相同的意义。他在颂扬蠲免租税的德政时说:'那似偏灾今降雨,况如平日佛燃灯。'我一听说灾荒歉收,马上派人救济,为什么却说像佛灯一样很难见到呢?至于'并在已觉单无蒂'的诗句,孝贤皇后是我在藩王府时父皇为我娶的好女子,我继位后为中宫皇后,母仪天下,已经十三年了,我从不准她干涉朝政,又怎么会发生使外戚骄傲放纵的事呢?这一点,我无愧于心,至于皇后去世后,朕出于关心,举行了隆重的大典,但此后并没有增加什么礼仪。而胡中藻和鄂昌互相应和,说自己像晋人一样。按照王法,足以治他们的罪。而他在诗中说:'其父我父属,妻皆母道之,女君君一休,焉得漠然为',人们通常都说'君父',说'父君'已经不合理了,何况这里只称'其父'呢?而对于帝后都直接指斥为'其夫'、'为妻',这简直是丧心病狂,天理难容!还有《自桂林调回京师》中说:'徐免衣冠是出头',他官居翰林,后升任京堂高官,后来又在陕西、广西两省为官,多次掌管考取文士的权力。他称自己被调职回京为贬官到远地,而把弃官当作出头之日,真是岂有此理。诗中说:'一世璞谁完?吾身甄恐破。'又说:'若能自主张,除是脱缰锁。'还说:'一世眩如鸟在笈。'又说:'虱官我曾惭。'又说:'天方省誉事应闲。'又说:'直道恐难行。'又说:'世事于今怕捉风。'这些都是心存怨恨之言。他在《述怀》中说:'琐沙偷射蛾,饶舌张箕。'在《贤良词》中说'青蝇投臭肯容辞',这是指谁在我面前进谗言呢?他勾结鄂尔泰朋党,依草附木,却恬不知耻地说'记出西林第一门'。第一次见他的诗文,语句大多艰涩怪僻,我就知道他居心叵测。在任命他为学政时,我就教导他评定文章选取人才应当注重文风平正,现在他竟在诗中写出'下眼训平夷'的句子,'下眼'一词没有任何典故可依,这个双关语,兼有垂照和力低下的意思。至于他所出的考题中,《孝经》义有乾三爻不像龙的说法,乾卦的六爻都取象于龙,所以《象传》中说六爻'犹如六条龙',支配着天体运行,他这是说三爻不在六龙之内。我的年号乾隆,隆与龙同音,他的用意昭然若揭。又如'鸟兽不可与同群'、'狗彘食人食'、'牝鸡无晨'等题目,如果为了回避熟悉的内容,经书上有不少冷僻的内容可作为题目,而他却偏挑这些句子,居心何在?他的荒谬反动的言行,不可言说。十多年来,满朝文武大臣所做的千万首诗中,多有不妥的字句,我从来没有因语言文字有失检点而加罪于人,但胡中藻的诗,远远不只是词句方面的罪过。诽谤我可以不追究,但是,对我大清朝不敬就不能听之任之了。很久以前,我就看过他的诗,以为定会有深明大义的人上奏揭发,而今满朝文武却不发一言,这是相互沿袭造成的后果。我不得不学习父皇诛杀查嗣庭的做法,制止只知吵嚷着谋求升官的风气,以正国法。内廷侍从张泰开,官位仅次于卿相之职,只顾师门,不明大义,竟出资为胡中藻刊印诗集。而鄂昌本是满洲世仆,多次任巡抚,竟和他一唱一和,引为知己,对这些反动的诗句不闻不问,实在罪该万死。这与世道人心关系极大,必须让天下人及后世都引以为戒。我已将张泰开罢官,交由刑部审理,并下诏押解胡中藻、鄂昌回京,由大学士、九卿、翰林、詹事、科道一同审理,议定后上奏。"

　　庚子日皇上告谕:"满人素来尊崇并忠心于君主、长辈,诚实朴素,除骑射外,绝不做任何玩物丧志的事情,而今却沾染汉人习气,对经书不求甚解便浮夸吹捧,致使古朴的风气尽失。鄂昌为满洲世仆,世代沐浴皇恩,在担任广西巡抚时,看到胡中藻悖谬反动的诗词,不仅不知道愤恨,还丧心病狂地和他唱和。他的《塞上吟》,根本不能称为诗,而且他竟荒谬地称蒙古为胡儿。蒙古从我朝先辈之时,就忠心归附,与满洲同属一体,称其为胡儿,等于诋毁自己,与忘本无异。在鄂昌家查出的《塞尔赫晓亭诗钞》,其中有一首《作明泰妾杜贞姬》,初看似乎是明泰身遭不幸,没有什么罪过,查阅原来的案卷才知道,明泰以协领之便侵占兵丁钱粮,罪当处死,父皇宽德仁厚,只给他套上木枷,押往宁夏,而塞尔赫只知道赞扬他姬妾的忠贞,掩盖了他为仇家所杀的事实。鄂昌颠倒黑白,无非是借此进行诬陷。满洲人不读书就懂得尊崇君主及长上。即便是孔门学府也必须以侍奉君父为本,这才谈得上以诗书教育人。孔门教训的本意是注重根本,致力于求实的学问,而不是窃取华而不实的学问来装饰自己,而蓄意诽谤朝廷,日渐猖狂,更是有悖于纲常礼教,这样恶劣的风气,必须加以控制。把我的意思传告给八旗,让他们大力提倡纯朴的旧传统,切勿失掉先辈的法规,如果有人借读书之名,随口编造诗句吟咏,不知规矩,陷入浮华不实的恶习之中,我一定将他判处重罪。"

　　四月丁未日,皇上告谕军机大臣等人,胡中藻回到老家后,所作诗稿与过去所刻诗集在语言风格上迥然不同,一定是已经有所察觉。经查证,胡中藻有个亲戚张绍衡在广信府,通过捐资纳粮取得官职后离开京城回到南方,到胡中藻家探望,看到书架上有《坚磨生诗集》的刻印本,于是便提到皇上曾经看过这本书。胡中藻问他从哪儿听来的这个消息,张绍衡说曾经听裘日修提过这件事,于是派人查问此事。据张绍渠说,去年三月他的弟弟张绍衡回家后,就再也没来过京城,也没有到他任职的官府。下旨给胡宝珠,立即将张绍衡提送省衙,针对以上事宜审讯他,一一查证。张绍衡也许只是无意间提起那件事,因而没必要隐瞒,不管他是不是别有用心,只要将这件事查清楚就行了。说出实情不会有什么大罪,如果刻意掩饰最终也会水落石出。该巡抚先将张绍衡的供词由驿马快速奏报朝廷,随后将张绍衡押解回京。皇上得知,胡中藻在老家刻印了一幅一尺见方的诗集,诋毁地方官,其中一定有一些内容涉及朝廷,而送来的杂稿诗文中,并没有这个诗稿;一定要查清有没有人保存。另外,下旨要求查清楚胡中藻家里的两本《预纪略》和六本《复斋录》属于哪类书,与本案有没有关系,一齐送来。

甲寅日,大学士、九卿、翰林、詹事、科道等参奏胡中藻离经叛道,天理难容,依大逆之罪,理应凌迟处死,并立即诛杀他的直系亲属中十六岁以上的男子。张泰开资助他刊印发行反动诗集,还题名作序,知情不报,理应处死。与胡中藻往来赠答的鄂昌,押送进京后,另外治罪。皇上说:“我继位以来,从未因语言文字的不妥而加罪于人,满朝大臣所做的千万首诗文中,偶有字句荒谬悖理的情况,我都没有加以指责,为什么只痛恨胡中藻一个人呢?因为他的《坚磨生诗集》中诽谤诋毁的词句,连篇累牍到无以复加的地步,不仅诽谤我,而且还敢诋毁国家。我大清朝已经有一百多年的历史了,普天下的百姓,世代沐浴皇恩,而胡中藻违背伦常,冒犯列祖列宗,已经到了罪大恶极的地步。以前父皇在处理查嗣庭之案时已将正义大显于天下,本以为恣意妄行的怪诞之徒会有所畏惧,却没想到还有胡中藻这样的人,所以不得不申明法典,给类似顽固的人以警告。现在大学士、九卿、翰林、詹事、科道等大臣经多次审问对质后,一同参奏胡中藻按律例应处以极刑。我认为可免去胡中藻凌迟处死处罚,改为立即斩杀处死,并陈尸以警示他人。胡中藻的文章艰涩怪诞,人所共知,却独得他的老师鄂尔泰的赞赏,致使他肆意妄行,嚣张到无以复加的地步。胡中藻和鄂尔泰的侄子鄂昌大谈门户之谊,讲究吃吃喝喝,这样鄂尔泰所标榜的私利正好酿成他们的恶习。胡中藻甘心做老师门下的鹰犬,他招供承认,他诗中所说的‘谗舌青蝇’指的是张廷玉和张照,足见他的门户之见牢不可破。即使是张廷玉,也未必不认为鄂尔泰、胡中藻之流行为不端。如果张廷玉和鄂尔泰没有遇到父皇和我这样的君主,他们什么事都做得出来,而且会'大有作为'。大臣在朝廷处事,应当公正忠诚,体念国家,如果每个人都有意见,依附的小人就会结成团伙,并妄加揣测,随声附和,最终形成互相敌视的两派。历史上的朋党之争就是这样产生的。鄂尔泰作为满洲的大臣,更不应该沾染这种恶习,现在他的侄子鄂昌和所谓的世交来往甚密,已是积重难返,这与世道人心有很大的关系。如果鄂尔泰还活着,一定要罢他的官,并给以重惩,给结党营私的人以警戒,要把他的灵位撤出贤良祠。他作为功臣附祭在太庙是遵奉了父皇遗诏,和现在准许张廷玉的附祭一样,不应当改变。张泰开本是一个平庸之辈,由于受到勒索,才出资刊刻诗集,而诗集的序文又都是胡中藻自己写的,所以对他从宽处理,不治罪,马上释放他,让他继续在上书房当行走,效劳赎罪。胡中藻的母亲已经八十多岁,孙子又很小,连同弟弟胡中藩等一些人,都从宽处理,不治罪。胡中藻诗集中提到的人,除了鄂昌等到押解到京时另行审理,其余的人都不再追查。至于李蕴芳,身为县令,却一再地抱怨,狂妄到了极点。巡抚弹劾他的贪婪,将他革职等候审理,准备到给他定罪后再下谕旨。其余都按照议定的处理。"

乾隆年间御史曹一士上奏折,请求宽免那些因为涉嫌诽谤而下狱的人,并禁止拿诗句的不妥弹劾诬告他人,以制止恶习。奏折说:"古代大史采集诗歌来了解民俗风情,进而判断各邦国政治得失和风气的好坏,正如《虞书》上所说的'考察治乱,听取四面八方的意见,使上面能够了解下面的情况'。即便是在周朝末年,子产还不禁止乡校的议论,只把言行邪恶狂妄、顽固不化的人诛杀,因为他们蛊惑人心。以前制造流言蜚语,有明显反叛迹象的人,像罪犯戴名世、汪景祺等,因为他们大逆不道,圣祖、世宗才将他们诛杀。而像写诗作文,语句有不合理的地方,本是是非难辨,就像陈鹏年任苏州知府时写的《游虎丘》诗,有人密告他大逆不道,圣祖就明白宣示九卿,认为自古以来大多都是这样诬陷忠良的。圣祖真是神明圣贤,能够洞察细微,是千秋万世的榜样。最近几年,有些人往往因为私怨,拿诗文语句中一些莫须有的毛病弹劾他人,主管官吏也捕风捉影,千方百计查问,以致有的连累师生和亲友,搞得家破人亡,非常可怜。臣以为,迂腐的书生只不过是经常议论关于井田、封建的看法,并不是生于现在要返回古代,诗人墨客只是习惯于歌颂历史,抒发情怀,不能认为是借古讽今。即使有的序跋偶尔遗漏了清代的纪年,也可能是因为粗心大意而造成的,未必真是大胆到借文章陈述自己反叛的心迹。如果把这类事情都当作反叛,给以重

图文珍藏版

惩,将会有越来越多的人告发。士大夫们害怕写文章,那就违背了国家以义作为政治法度、用仁来包容的宗旨。皇上曾下谕旨,奏疏中不必再像以前一样回避一些问题。皇上真是贤明之君,胸怀宽广令人仰慕。臣个人认为,既然朝中奏章都可以取消避讳,那么民间的诗文也不应该吹毛求疵。请下诏给直省大吏,检查以前是否有这样的案件,现在不准援引律例赦免的,可以逐条列举上奏,等皇上裁定。以后凡是揭发文字罪案的,如果没有确凿证据,就依照律例,将罪名反定在告发人身上,以此警戒那些挟私报复的人。这样就可能避免文字罪案的发生,也可以抑制告发的风气。"从这份奏折可以看出当时文字狱层出不穷。就拿胡中藻一案来说,像上谕中列举的各条,恐怕任何人的文集都不能避免。一不小心就会获罪并牵连亲朋及同党,这不禁使任何人都感到害怕。曹一士所讲的"井田""封建",抒发情怀歌咏历史,都可以招致大逆不道之罪,天下的学者无不感到恐惧,只敢研究最没用的学问。龚定庵(即龚自珍)曾经说过:"用积累了数百年的力量,来冲击摧毁天下的廉耻。廉耻已经走到尽头,却想用先辈的余荫,利用节气要求群臣,实在是太晚了。"原因由来已久,不是一朝一夕造成的。可是世宗(雍正帝)既不杀曾静,也不将吕留良的书籍烧毁,而是将他们的供词刊行流传,公布天下,作为统治一代的良策运用,实在令人感叹。两千年来,有这样雄才大略的君主实在太难得了。

## 雍正帝因嫉恨炮制苏努冤案

雍正初年,发生了一起骇人听闻的苏努惨案。这件案子是雍正一手制造的,而被害人苏努及其子嗣为皇族血统。

说来这案情既简单又复杂。表面上看,雍正强令苏努及其诸子放弃天主教,而他们坚决抗旨。而实际情况是,苏努及诸子与八阿哥允禩结为死党,并曾助其争储。雍正说,苏努与允禩等是"固结甚深,如胶似漆,牢不可破"的死党,其结党之心,"坚如铁石,毫不移易"。这件案子有三奇:一奇在于苏努已年近八十高龄却遭发配;二奇在于苏努死后一年多才被削籍、戮尸;三奇则是许多外国人为苏努四处奔走、鸣冤。

由于此案没有留下多少确切的史料,兼之苏努被削籍,如今,我们连苏努是谁都弄不清楚。而当时传教士留下的资料,则主要记述了苏努一家与天主教的关系。所以,要搞清楚这件案子很难。不过,从一些蛛丝马迹中,我们还能理清如下史实：

苏努为太祖努尔哈赤长子褚英的后代，为努尔哈赤四世孙。褚英为努尔哈赤长子，因屡立战功遭兄弟嫉妒，最终冒犯太祖，死于禁所。因此，褚英的后代，直至清末，也很不得志。杜度为褚英长子，屡立战功，被封为贝勒，但临终却被削爵。尼堪为褚英第三子，在清初剿杀南明和农民军的战事中，立下汗马功劳，被封为定西大将军、敬谨亲王，但又屡遭降职处分，最终战死，他的后代也都不得志。总之，褚英的后代因他的关系一直未被朝廷重用。苏努的父亲杜努文是杜度的第六子，他在众弟兄中并不出众，也没有立过什么功劳，只被封为辅国公

雍正帝

（康熙时，才追封贝子爵位）。所以，苏努也只能袭个辅国公爵位。苏努积极进取，以期有一天重振家门，后来深得康熙信任，封为贝子。康熙时，在褚英的后代中，只有苏努一支受朝廷重用，可见，苏努绝不是平庸之辈。苏努总算成了"天潢贵胄"中的一员，但他并不满足，这一点，从他曾经担任过的官职就能看出。苏努曾任宗人府的左宗人，管理皇族事务三十五年；此间兼任满洲镶红旗都统，雍正上台后才被免职，历时四十四年。康熙三十七年（公元1689年）至四十七年（公元1708年）的十年中他任奉天将军。可见，苏努当时是一个拥有实权的显官，而非空有爵位的宗室人员。

苏努怎么会冒犯雍正呢？

其实，在即位前，雍正就对苏努恨之入骨了。他即位后，由于政局未稳，政敌未除，所以不但没有惩治苏努，还封他为贝勒，其六子勒什亨也被封为领侍卫内大臣。他的目的无非有两个：其一，使政敌放松警惕；其二，从兄弟党中争夺人才。当雍正发现苏努父子不肯归顺自己后，就拿他的两个儿子开刀，并在雍正元年二月把苏努之子勒什亨、乌尔陈（苏努第十二子）一起发配到西宁，实际上是软禁起来。这是雍正惯用的手腕。雍正给勒什亨、乌尔陈定的是什么罪呢？无非是勒什亨庇护允禟，没办好皇差，致使许多事纠结在一起，难于办理。

另一件事，为了维护自己的声誉，雍正不让记录处记录治允禩、允禵家里太监的事，而勒什亨竟敢抗旨，把这些记入档案。于是，把勒什亨革职发配到西宁允禵处。而乌尔陈之所以获罪，是因为雍正宣布对勒什亨的处分后，乌尔陈擅自带勒什亨进入紫禁城，在皇帝面前为他辩解，并"显露愤恨之容"。雍正一气之下，将他们俩一起发往西宁。当然，在对勒什亨宣判时，雍正也给苏努敲了一下警钟，说他结党营私，辜负皇帝提拔之恩。

雍正在处理了勒什亨、乌尔陈之事一年后，即雍正二年五月，把苏努定罪，估计是他认为江山已经稳固了。在把苏努发往右卫(山西朔平时右玉卫)禁所前，雍正发了一道谕旨，大意是：以前父皇审问允禩阴谋夺取皇太子位案时，特别强调："此人若在，必乱国家。"由此可见，皇族与这一支宗室，原来就有嫌隙。雍正这样说，无非是让人们相信，他对苏努的处理是有根据的。至于雍正记错褚英的死期(当时太宗还没即位)，再深究也毫无意义。那么，雍正给苏努定的什么罪呢？雍正说："苏努离间我父子兄弟、惑乱国家，现在，苏努虽年老体弱，但仍不知悔改，勾结旧党为虎作伥。"雍正还说，对苏努"防之有年矣"。但雍正却说不清苏努究竟犯了哪条国法，真是欲加之罪，何患无辞！最终，雍正还是不顾苏努年老体弱，革去他的贝勒之爵位，并限他在十日内和身边的儿子一起赶赴右卫。并威胁说："到右卫后，如果不悔过自新，仍和京师叛党来往，定将尔等严办！"

苏努到右卫后，身心都受到极大伤害，但清政府隐瞒他的生活情况，只知道他在雍正二年十一月十九日死在戍所。

苏努死后一年多，雍正才将他削籍，并将苏努家族彻底除名。5个月后，又以大逆罪，将苏努戮尸，抄没其家产，真是无所不用其极。

那么，雍正怎么处置苏努的子孙呢？雍正为了"除恶务尽"，不但侮辱死去的苏努，而且也逐步消灭了他的子孙。不过，处置苏努的子孙时，雍正很为难，因为他根本抓不到他们的把柄，又不能因苏努一人让他的儿子们获罪，使自己落个好杀的罪名。他要永远把那层仁义道德的面纱罩在自己身上。

终于，雍正找到了他们的罪名，苏努十三个儿子中，多数背叛满洲本身圣教，而笃信天主教，必须重惩！于是，雍正便从苏努诸子信"邪教"入手，将他们铲除。

雍正将苏努戮尸后，先将有些才能和势力的勒什亨、乌尔陈禁锢在诚亲王允祉处(后发往右卫)；同时将赫世亨(苏努四子)、鲁尔金(七子)、福尔陈(九子)、书尔陈(十子)、木尔陈(十三子)、库彰阿(苏努之孙)等分别发配到河南、山东、山西、江南、苏州、浙江等地,并将他们禁锢,以分散苏努子孙;其余的都发配到右卫将军处。然后,着重审讯乌尔陈、苏尔金、库尔陈等"要犯",要挟他们放弃"邪教",但审判过程极富戏剧性,一度叫雍正非常狼狈。

雍正四年(公元1726年)十一月,雍正密令右卫将军派兵到教名为"若望"的苏尔金禁所,劝他们弃教,而苏尔金兄弟们却回答:"我们决不从命,即使是口头上放弃也是我们教义所不允许的。"不仅如此,苏尔金的仆人也承认自己笃信天主教。这惹怒了右卫将军,他一面上奏皇帝,一面在十二月把苏尔金下狱。随后,苏尔金的十一弟库尔陈(教名"方济各")和十弟书尔陈(教名"保禄")同时承认他们也是天主教徒,要与三位哥哥一同受难,更让官府哭笑不得的是,连苏尔金的妻子和女儿、女佣们也自称是教徒,并临时起了教名。

同时,在京的耶稣传教士巴多明、苏霖、宋君荣等为苏尔金出谋划策,并为他们四处奔走。十几年来,这些人一直游说苏努诸子,并最终让他们加入本教,因而,他们的加入也就使此案带有涉外性质。雍正也不得不慎重处理这件案子,因为他此时正力图显示自己王朝的太平盛世,不得不考虑这层关系。于是,在雍正五年(公元1727年)正月,雍正在宫里盛情款待了巴多明等在京的传教士,虽然驳斥了他们对自己教义的推销,但他仍不失客气。因为,雍正要让即将到京的葡萄牙公使麦德乐放心地入京,所以必须摆出这种姿态,以期收到万国来朝的政治效果。

但是,雍正对苏门兄弟的态度还是一如既往。当右卫将军"关于处死信奉伪教教徒事宜"的折子抵京后,他就令王公大臣赶赴右卫,处理这件案子。结果还没有深入审讯,自称是苏尔金兄弟的家属和奴仆的共一百四十多人就站出来,说自己是天主教徒,使得钦差只能将苏尔金、库尔陈两个"要犯"押解回京。

与此同时,在抄苏努家时,发现了乌尔陈等信奉"邪教"的证据。于是,允祉奉旨提审在京禁锢的乌尔陈。但是,乌尔陈不但毫无弃教之意,反而与允祉争辩了很久,搞得允祉哑口无言。这件事激怒了雍正。于是,乌尔陈再次被提审,却又把审判官八旗都统和刑部官员搞得狼狈不堪。雍正更加恼怒,特于闰三月十三日下了一道谕旨,痛斥乌尔陈。

多次审问乌尔陈、苏尔金、库尔陈无效后,雍正便使出最狠毒的一招:声称在已故苏努的手稿中,发现先皇康熙的圣旨被涂写。苏努罪不可赦,须株连九族。这件事发生在雍正五年六月。

其实，雍正只需抓住苏努大不敬之罪，就可以将他的儿子及家眷问斩，但是，他却没有急着这样做，而是先将此事交王公大臣们议奏。而当众大臣为迎合皇帝意思，一同奏请将苏努的子孙正法时，雍正却又慎重地将参加审问的王公大臣全都召进宫，当各大臣众口一词地公开表态后，雍正还是不大相信，硬说和苏努有过深交的查弼纳口是心非。

六月底七月初，乌尔陈、苏尔金相继惨死在禁所，乌尔陈死前很多年就开始便血，死后焚尸时，也没有解掉九副重镣。

七月底，雍正又宣布一通苏努及其诸子的罪状，并表示他不忍将苏努子孙四十余人都正法，仍将他们禁锢，再有犯罪者必斩！

## 杨乃武与小白菜被诬私通冤案

杨乃武与小白菜的案子，与张汶祥遇刺案、杨月楼诱拐少女案、杀子报案这四个案子共同称为清末四大奇案，杨乃武与小白菜的案子又是这四个案子中最曲折离奇的。

浙江余杭县城有一条小巷叫澄清巷，巷中有一户姓毕的人家，男人很早以前就去世了，只剩下母女二人相依为命，靠针线活维持生活。母亲姓王，女儿名叫毕秀姑。毕秀姑天生丽质，她有着婀娜的腰身，洁白的肌肤，乌黑的长发，秀美的面容，真是亭亭玉立，楚楚动人。于是，人们给她起了个外号叫小白菜。

小白菜的名声传遍了整个余杭县城，不少登徒浪子都跑来追求她。但是由于小白菜家境贫寒，大部分人都只是想占她便宜，不想正式娶她。小白菜也很清高，不肯轻易嫁人。一些无聊的人就编了不少关于小白菜的闲话，使得小白菜更不容易嫁人了。

事实上小白菜喜欢一个人，就是当地有名的饱学之士、县学生员、秀才杨

杨乃武与小白菜

乃武。

　　杨乃武比小白菜大八岁，家中几代都是读书人，仪表堂堂，才华出众。不过有些恃才傲物，经常包揽词讼，帮人写状子打官司，当地人对他又是敬畏，又是嫉恨。杨乃武也很喜欢小白菜，两人常互相来往，于是招来不少风言风语。杨乃武已经有妻子了，他曾提出纳小白菜为妾，可是王夫人不愿意把自己的独生女儿给人当小妾，所以没答应。没多久杨乃武的妻子病死了，杨乃武想娶小白菜续弦，杨乃武的父亲怕影响儿子的功名前程没有答应，给他娶了一位财主的女儿。

　　小白菜本以为杨乃武可以娶她做正房，没想到他竟然娶了别的女人，伤心欲绝。王夫人怕女儿大了嫁不出去，无奈只好将女儿嫁给一个豆腐店的伙计葛品连。

　　葛品连家住城隍庙附近，亲生母亲已经去世，父亲又娶喻氏为妻。没多久父亲也去世了。葛品连虽然不是喻夫人的亲生骨肉，但是二人相处得很好，母子二人相依为命。只是葛品连身材矮小，长得又丑，从小体弱多病，三十多岁了还没结婚。娶到如花似玉的小白菜也算他艳福不浅。小白菜虽然不愿意，但到了这个时候也只好听天由命了。结婚后，葛品连不能再和后母挤在一个屋子里了，正好杨乃武家有空房子，葛品连就租下了这间房子。从此以后，杨乃武与小白菜见面更频繁了。

　　余杭县令刘锡彤有个儿子叫刘子翰，平时游手好闲，仗势欺人，而且喜好女色。他早就看上了毕秀姑，可是一直没有机会。一天，刘子翰趁葛品连不在，强奸了小白菜。从那以后他就经常缠着小白菜，为了长期霸占小白菜，他一直想陷害葛品连。同时，刘子翰早就知道小白菜喜欢杨乃武，因此嫉妒杨乃武，一直想找机会陷害他。杨乃武一直看不起刘子翰，没把他放在心上。为了不让人们说闲话，杨乃武收回了出租给葛品连的房子。

　　杨乃武在当年秋试时中了举人，一时春风得意，宾客盈门。就在他忙着应酬的时候，大祸不期而至。

　　原来，葛品连突然得病死亡，刘子翰唆使喻夫人状告杨乃武与小白菜两个人谋害了葛品连。状子告到县衙，杨乃武被革去了举人的功名。杨乃武虽然被严刑拷打，但他只承认与小白菜有来往，但绝不是奸夫，更不承认自己和小白菜谋害了葛品连。但他没有想到的是，这时小白菜已经屈打成招，供出了他是奸夫，两人用砒霜毒死了葛品连。

　　余杭县令刘锡彤接到报案后,打开棺材检验尸体,但由于天气炎热,尸体已经腐烂,于是断定是中毒而死。在严刑拷打之下,杨乃武胡乱说是在钱宝生店里买的砒霜,让小白菜下的毒。杭州知府陈鲁认为杨乃武与小白菜都已经招供,这个案子基本可以结案了,就命令刘锡彤到县里找证据定案。刘锡彤让人找钱宝生做证,可是钱宝生根本不认识杨乃武,他的店里也不卖砒霜。刘锡彤听了大吃一惊,如果真是这样,案子就得重判,他自己也要受到惩罚。他急忙找到钱宝生,威逼利诱他作了假证。

　　杭州知府陈鲁把所有证据准备好后,便按照律例定罪,判处小白菜凌迟处死,杨乃武斩首示众,并上报巡抚请求裁核。

　　当时的浙江巡抚杨昌濬接到报案后,觉得案情事关重大,就和浙江提刑按察司蒯贺苏一起审问小白菜。小白菜害怕刑罚,仍和以前招的一样,但杨乃武否认与小白菜通奸及下毒害人的事情,声称以前是屈打成招。杨乃武的姐姐和妻子杨詹氏来探望杨乃武。但杨昌濬等人还是维持了原判,上报到刑部。不久,杨詹氏把状纸递到了京师都察院,都御史广寿等读过后,认为有很多可疑之处,上报朝廷,立刻传下御旨,命令浙江巡抚杨昌濬亲自复审,根据事实上报。杨昌濬接旨后,不敢草率定案,为推卸责任,他命令绍兴知府、富阳县知县、黄岩县知县三堂会审。谁知道案子的被告和证人都推翻了原来的供词。尤其是钱宝生,不但不承认店里出售砒霜,还供出是余杭县令刘锡彤威逼利诱他作假证。但是若推翻了原案,必然会牵连到以前所有审过这个案子的官员,所以会审结果仍然是维持原判。为了拖延时间,就上报朝廷说真情还没有查明。

　　这时,杨乃武与小白菜一案已经闹得沸沸扬扬,人人皆知了。都察院给事中王书瑞上奏朝廷,弹劾杨昌濬办案不公,草菅人命。让他奉旨亲自复审,却又委派别人代理,很明显是想推卸责任。请另外派大臣审理,早点查明事实真相。慈禧下令浙江提督学政胡瑞澜复审这件案子,希望能查个水落石出。

　　这胡瑞澜是杨昌濬的好友,两人关系十分密切,胡瑞澜比杨昌濬更加老奸巨猾。他心里也有鬼,因为杨乃武举人的功名就是他批准革去的。如果翻案,必然要追究他的责任。于是他仍然维持原判,并且释放了药店老板钱宝生,要他不要胡说。

　　这时候,给事中边宝泉上奏慈禧,说这件案子轰动了整个余杭县,各有各的说法。胡瑞澜与杨昌濬关系密切,复查这件案子,一定会偏袒他,请把这件案子提交刑部会审,不要使地方官吏插手。

慈禧否决了他的建议。因为胡瑞澜是慈禧委派的,提交刑部复审,等于宣布她任命的人能力不够,她当然不会答应。但是这时社会舆论都帮杨乃武鸣冤,报章上竟然出现了"乃武归天,斯文扫地"的标题。进京应试的举人联合起来上书朝廷,杭属的京官也联合起来上奏,指责胡瑞澜。刑部侍郎夏子松通过恭亲王奕䜣见到慈禧,秘密讲述了这件案子的原委和外面的舆论。慈禧听了,下令把这个案子交给刑部复审。

这下胡瑞澜可慌了手脚,为了掩盖自己的阴谋,他派人害死了药店老板钱宝生。但纸是包不住火的,随后犯人和证人以及葛品连棺材都送到京城。刑部尚书皂保主持审案,提问证人,又开棺验尸,证明葛品连不是中毒身亡的。到这里杨乃武和小白菜的案子才得以澄清,这桩冤案拖了三年,终于真相大白。所有参与审讯这个案子的官员都被革职查办或降职罚俸。刘锡彤被发配黑龙江充军。杨乃武的冤案终于得到昭雪,但丢了举人功名,辛亥革命三年后去世。而小白菜出家为尼,法名慧定,直到1930年才去世。

## 杨月楼被诬诱拐少女案

清末同治年间,京剧界有一个著名武生名叫杨月楼,他师从四喜班的著名武生张二奎,擅长表演《取洛阳》《泗洲城》《焚王宫》等武戏。他扮相英俊,演技娴熟,在当时剧坛很有名气。

清同治十二年,应上海绅商礼聘,杨月楼随三庆班到上海,在丹桂戏园公演,他任领衔主演。第一场戏就是杨月楼擅长的《取洛阳》。

海报贴出以后,十里洋场反应热烈,人们很早以前就听说杨月楼的大名,都想亲眼见一见这位著名武生的风采。开场当天,丹桂戏园的门前人山人海,车水马龙,整个戏园子坐满了人,连过道里都站满了看戏的人。

在台前池座第二排正中间,坐着一位广东富商的家眷。这位富商姓韦,是广东香山县人。以前在上海的一家洋行里当买办,在上海买了房子,娶王氏为妻,生了一个女儿叫韦阿宝,请了个奶妈也姓王,一直住在韦家帮助做家务。后来这个富商从事对外贸易,经常跑广州、香港等地,很少在家。王夫人和女儿闲着无聊,就靠游玩、听戏消磨时光。这天,母女俩在奶妈的陪伴下又来到了丹桂戏园。

丹桂戏园里有一个服侍人员名叫陈宝生,因为王夫人是熟客,所以和韦家很熟。当他知道杨月楼要在丹桂戏园演戏的消息后,就马上告诉了王夫人,还为她们准备了最好的包厢。但王夫人为了看得更清楚,要换前排座位。陈宝生为了多拿点赏钱,就给她们换了第二排中间的位子,还送上瓜子、水果和戏单。

闹场锣鼓响过之后,杨月楼登台亮相。只见他英姿勃勃,异常俊美。观众不断喝彩。韦阿宝目不转睛地盯着杨月楼。她刚刚十七岁,情窦初开,从来没有看见过这么英俊的男子。整场戏中,韦阿宝根本没听进去,眼睛一直跟着杨月楼的身影,等戏完了之后,她已经六神无主了。

听完戏后回到家里,韦阿宝坐立不安。奶妈心里明白小姐一定是看上杨月楼了。等吃过晚饭,奶妈试探阿宝,说:"你说这杨月楼有多大,竟然是挂头牌的主演?"韦阿宝说:"管他有多大呢。"奶妈说:"我看也就三十多岁。"韦阿宝说:"我看不过二十岁出头。"奶妈笑着说:"如果只有二十岁出头,我看倒与小姐很般配。"韦阿宝脸一红,知道奶妈猜到了她的心事,就不再隐瞒,但又叹了口气说:"也许他早就有妻室了。"奶妈又说:"小姐不妨试试看,如果他还没有结婚,还是有希望的。"在奶妈的鼓动下,韦阿宝决定写封求爱信,让奶妈转交给杨月楼。

奶妈来到丹桂戏园找到陈宝生,讲明来意。陈宝生带奶妈找到杨月楼,把韦阿宝的信给了他。杨月楼一看,原来是封求爱信。他听奶妈讲了她家小姐的情况,又想起那天演戏时坐在台前的少女,样子还挺可爱,倒是有点心动。但是当时风气不好,戏子和富家小姐好上了,如果被人误解,会以为他勾引良家妇女,那就完了。所以杨月楼只好推辞说:"小姐才貌双全,非常可爱。但我身为戏子。不敢奢望,还是请您帮我回绝了吧。"

奶妈回来后把情况告诉了韦阿宝,谁知韦阿宝竟一病不起。王夫人知道后决定帮助女儿,于是找到陈宝生,让陈宝生转告杨月楼她的意思,表明愿意把女儿嫁给他。正好这时候杨月楼的母亲来到上海,陈宝生安排她们在茶馆见面,王夫人执意要把女儿嫁给杨月楼。杨月楼的母亲答应了,杨月楼也无话可说。随后王夫人和奶妈就带着杨月楼和他母亲来到韦家。杨月楼与韦阿宝互诉衷情,韦阿宝的病马上转好了。

不久以后,杨月楼与韦阿宝正式结婚,租用文运里一间房子作为新房。王夫人送来了不少嫁妆。两人的婚事一时成为人们谈论的话题,都说杨月楼福气好,人财两得。

一天,杨月楼演出结束回家,一个人挡住了他的去路。这个人是韦阿宝的亲叔叔韦天亮,游手好闲,不干正事。听说杨月楼娶了他侄女,竟然没有请他,就想借这个机会敲一笔钱。他讲明自己的身份,可是杨月楼从来没听说韦阿宝有一个叔叔,还以为是流氓骗钱,动手打了韦天亮。韦天亮气不过,就到官府告杨月楼拐骗他的侄女,然后带着财物逃跑。

杨月楼、韦阿宝和奶妈被押送官府,从杨月楼家中搜出银圆共两千元左右。这些都是王夫人的私房钱,她把这些钱全部给了女儿,放在箱子底下,这事连韦阿宝都不知道。官府看到这么多钱,就断定杨月楼是诱拐少女并且带着钱财逃跑,于是严刑拷打杨月楼。杨月楼屈打成招,承认自己拐骗良家少女。上海县令叶廷春就把这个案子上报巡抚。

由于杨月楼名气很大,这桩案子立刻传扬开来,格外引人注目。

到了十一月十三日,王夫人知道女儿被抓,就到县衙喊冤,还把婚书等证物呈上,证明两人的婚姻是合法的。但这时杨月楼自己已经承认拐骗少女,县令也已经上报巡抚,不肯为杨月楼平反,反而认为良家少女与贫贱的人结婚不合情理,更何况韦阿宝的父亲还在外地,王夫人没有权利为女儿选择丈夫。就下令王夫人暂时回家,等候传讯,同时叫韦阿宝的父亲到上海投案,等候讯问。

没多久,杨月楼的母亲也听说儿子被抓,就从北京派人到上海,呈上了婚书、康贴、聘礼等证物,三庆班主也证明做媒。这时舆论也沸沸扬扬,都指责上海县令叶廷春。叶县令正在为难时,韦阿宝的父亲回到上海。他不同意弟弟的诬告,认为不是拐骗,但也不同意良贱通婚。因为他没有参与这桩婚事,所以对此不予承认,还当堂证明自己没有做主。叶县令很高兴,让韦阿宝的父亲领回女儿,并且发还财物。谁知道他认为女儿有辱家门,竟不认这个女儿,任凭县令发落。王夫人因此被活活气死。

到了这个时候,已经证明了韦天亮是诬告,两人应该平反。但是由于杨月楼已经屈打成招,案情已经上报,叶县令不肯更改,所以仍然维持原判。最后韦阿宝被发配到善堂,让官媒选择配偶,奶妈戴着枷锁游街示众十天,杨月楼等刑部决定。

后来,杨月楼多次翻供,但都没起作用,仍被判充军黑龙江。最后由于慈禧四十寿辰才被赦免释放,重新登上舞台。但这时韦阿宝已经被一个姓孙的老翁娶走,音讯全无。

在杨月楼最困难的时候,得到一位说书女艺人沈月春的同情和爱慕,从她那里得到不少帮助。后来两个人结婚,生下一个儿子,他就是后来在梨园名声

## 于成龙明察秋毫擒盗贼

清朝康熙年间，有个官员名叫于成龙，他精明干练，断案如神，深受老百姓爱戴。

一次，于成龙到某县办事，当时，他是另一县的县令。快到城郊时，迎面走来一伙人。其中两个人一前一后抬着一块铺板，铺板上的病人盖着一床厚被。铺板的两边还跟着三四个彪形大汉，不时把被子往病人身上披，像是怕风吹进去。于成龙又仔细一看，枕头边的长发上斜插着一只金钗，知道病人是个年轻女子。没走多久，他们把铺板放到路边，歇了一会儿，然后，另外两个人抬起铺板，继续赶路。

于成龙和他们同行了一段，来到一个岔道口，有东、北两条路。走了一会儿，于成龙叫他的一个随从去追那伙人，问问病人怎么样，要不要我们帮忙。随从听了，向另一条路追去。过了很长时间，随从才满头大汗地赶回来，对于成龙说，女病人是那伙人中一人的妹妹，病得很重，不吃不喝，他们要把她送回丈夫家。又说他们人手已够，不需要帮忙。于成龙听完，低头寻思了一会儿，抬头看了看随从，把平时最为机警能干的赵六

于成龙

叫到跟前，低声吩咐道："你赶快去追那些人，盯住他们，看他们去哪儿，去见谁。"赵六心领神会，连连点头，向东追去。

赵六走了足足七八里地才远远望见那伙人正在路边歇息，于是赶快躲到旁边的一棵大树后。一会儿，那伙人继续赶路，赵六远远尾随在他们后边。走了好久，才来到一座山坡上，四周都是黄土，脚下很大一片苇塘，看不到一户人家。赵六正纳闷儿，忽然，那伙人一闪，都不见了。赵六大惊失色，额头上直冒冷汗。

心想回去怎么向大人交代。他匆匆走上前,四下里望了望,才发现苇塘的西南角上,有几株高大粗壮、枝繁叶茂的古槐,一间破房子隐在树后。赵六忙走到一个地势较高又隐蔽的地方,向那里张望,那伙人刚好走到门外,两个大汉把他们让进屋里,双方都没吭声。直到他们都进了屋子,门也关好,赵六才从山坡上下来,着急跑回去。

听完赵六汇报的情况,于成龙捋着胡须,微微一笑。赵六不明所以,但也不敢多问,只是继续赶路。天快黑的时候,他们才赶到邻县县城。当地县令早就派人在城外迎接他们,随后把他们安顿在客馆。安排妥当后,县令又派人请于成龙赴宴,为他接风洗尘。

吃完饭后,左右端上清茶,于成龙和县令说起闲话。于成龙随口问道:"你们县最近发生过盗窃案吗?"县令一听大惊失色。当时朝廷正大力整治盗匪,对地方官的要求也很严格,如果发现地方官不能妥善处理盗窃案就会受到严惩。所以即使本地有盗匪,当地官也不敢承认,怕朝廷怪罪。所以县令坚决否认,连说:"没有这种事!"于成龙也明白当时的情势,听县令这么说,也就不再多问,随即转移了话题,问了问风土人情,然后告辞,回到馆舍休息。

第二天天刚亮,于成龙就悄悄地把赵六叫到跟前,让他去打听有没有土匪打劫的事。赵六扮成个挑担的脚夫,整整一天,走遍了全城,听了不少街谈巷议,又和不少人拉了许多闲话,还是找不到一点线索,不禁有点着急。这时,太阳已经下山,他也有点饿,就走进一家小饭铺。

赵六要了一壶酒,一盘牛肉,正在那里闷头吃喝,忽然看见竹帘被掀起进来了两个人。

"王二哥,你知道葵花街李大爷被杀了吗?"其中一个穿玄色长褂的人说。"没听说过。"他的同伴答道。"前天晚上,一伙强盗闯进他家,勒索金银,李大爷不给,就把他绑在花厅柱上,用烧得通红的烙铁边烙边问。李大老爷还真行,硬是没吭声,竟被活生生地烙死了。"穿玄色长褂的人一边望了望四周,一边悄声说。"那伙强盗就空着手走了吗?"他的同伴问。"怎么会,他们找到李公子,把李大老爷的尸体丢给他看,他一见就吓晕了。被冷水浇醒后,他把家里的金银珠宝全都交给了这伙强盗。""报官了吗?""听说是报官了,不过现在查盗的风声很紧,如果衙门不能按期破案,会受罚的。所以听说县大人不准李公子把这事泄露出去,只能暗中察访。否则张扬开来,不但破不了案,连他的乌纱帽都保不住。""这么说来,我们也别再说这个了。万一被当差的听见,我们可要吃官司的。"对,对。"穿玄色长褂的人应道。然后两个人匆匆吃完饭,走了出去。

赵六听了,大喜过望,连忙回到馆舍,向于成龙一五一十地讲了一遍。于成龙马上派赵六去把李公子带来。

李公子一到,于成龙就把他上下看了一遍。只见他文文静静,像个儒雅的书生,唇红齿白,眉清目秀。但眉目之间夹着些愁绪,又好像没到过官府,见了于成龙很是害怕,不知所措,战战兢兢。

于成龙问道:"前些天,你们家被强盗抢劫了吗?""没有!"李公子慌慌张张地看了于成龙一眼,低头答道。"盗贼打死你父亲的事情也没有吗?"于成龙又问道。"这……"李公子支支吾吾,一时语塞,沉默了很久。"天地间父子之情最深,况且父子与君臣一样,是人伦之大德。父亲被害,你不想着报仇,不仅是逆绝人伦,更是欺君之罪。你也是读书人,难道不知道该怎么做?"李公子听于成龙这样说,立即倒身下拜,放声大哭。于成龙让人把他扶起来,劝了几句,李公子停止哭泣,将遭遇强盗的事一五一十地说了一遍,其情形和赵六在酒馆中听来的一模一样。于成龙听完,马上叫赵六请来县令,把这件事说了一遍。县令羞得面红耳赤,连忙派衙役捕快,跟赵六一起去捉拿强盗。

赵六带着大家晚上出城,四更时分,来到那天所见的房舍外边。众人大喊一声,冲了进去。那伙人正在酣睡,还没来得及睁开眼,就一个个束手就擒。

县令与于成龙立刻升堂,还没动刑,那伙人便都伏罪。县令又问起躺在铺板上的女子,强盗们供说,那天抢劫到银子后,他们就到妓院里狂嫖滥赌。天亮后,他们和一个认识的妓女合谋,妓女抱着金银躺在床板上,装成病人,等到了贼窝分赃。

案子破了,盗匪被关进监狱,众人都佩服于成龙的才干,但又猜不出他为什么如此断案如神,于是纷纷向他请教。

于成龙答道:"这件事不难,只要处处细心观察就行。你们好好想想,哪有少妇有病躺着,却允许陌生男子把手三番五次地伸进被底的呢?况且这六七个人轮流抬床板,又不时在路边歇息,可见床板很重。而床板上的青年女子,怎么会这么重?再说这几条大汉在女子身旁十分谨慎,不敢离开半步,好像怕路人靠近,可见里边一定有什么其他的东西。如果这个少妇真像他们所说,病情严重到不吃不喝,肯定会有妇人在门口观望。但赵六只看见男人,而且对病人不闻不问。这些,都有悖于人之常情,所以我猜想他们是一伙强盗。"

众人听了,个个都佩服得五体投地。

## 风水先生策划的谋反案

乾隆十五年春天,直隶深州常家屯有个叫杨永先的农民,二十多岁,为人勤劳诚朴,很有人缘。母子二人几年来省吃俭用存了一笔钱,想盖两间房子,也是为了以后结婚准备的。永先整天忙着准备材料,平整房基,找帮手。母亲建议找个风水先生看看风水。在当时,盖房修坟看风水是很普遍的事情,不过这次永先请风水先生,却引起了一场大乱子,有好几个省都被牵连进去,甚至惊动了乾隆皇帝。

杨永先托熟人杨廷栋请来平麦旺村的风水先生杨子方,用罗盘等工具测量之后,又绕房子转了一圈。看过周围环境,杨子方连连点头说位置选得不错,没什么问题。两人虽然是第一次见面,却很投机。于是杨子方主动要为他家看坟地。看过坟地却不住地摇头,说是块不利于子孙的绝地,应该把坟迁到别处。回到家后,又给永先相面、看八字。

杨子方给永先看过八字后,高兴地说:"很好很好!老弟以后一定有功名,前途不可限量。"永先笑道:"先生不要取笑我。我不读书习武,靠赶车种地为生,到现在连县城都没去过几次,哪里会有功名?"杨子方十分肯定地说:"时机一到,老弟自然会有奇遇,你就等着平步青云吧!"

两人越谈兴致越浓,喝了一口茶后杨子方放低声音神秘地说:"如今大清气数已尽,真命天子应该出现在偏远的地方。像咱们这样的男子汉应该找机会出人头地。我建议你去西藏,编造几件朝廷干的坏事迷惑当地人,让他们起兵造反,咱们这边就会有人响应,赵州的张孔昭就会第一个拉出队伍跟朝廷干,以后别人当了皇帝,咱们就是大功臣。先苦后甜,这机会可是千载难逢!"杨永先正忙着盖房子,又听说要迁坟地,还没和母亲商量,没在意杨子方这番话,只顺口说:"西藏离唐僧取经的地方不远了吧?我上有老母,又没有兄弟,离不开这个家。"话到这里就没再深谈。送走客人后,永先又去张罗房子的事。

一年后——乾隆十六年四月二十二日,杨子方帮杨廷栋找了个小妾,二人约好一块去看看。回来路过常家屯村,杨子方要和杨永先商量点儿事,就来到永先家,只说要去西藏的事。杨子方极力鼓动杨永先答应,说了一堆大道理,可杨永先就是不答应。杨廷栋坐在旁边一句话也不说,依然没有谈出结果。后来杨永先出去了,不一会儿带来一个人。

国学经典文库

中国古代秘史

·清朝秘史·

图文珍藏版

这人和子方住一个村,名叫张福恒。当时正在街上闲逛,永先叫他到家里坐坐。进门后永先先介绍了一番,杨子方忙上前说:"久仰大名,可惜一直没有机会见面,今天有幸见面,果然是名不虚传。像您这样的人,为什么不考取个功名呢?"张福恒从来没听人说过这样的恭维话,感觉有点莫名其妙。只好照直回答说:"我没上过学,又体弱多病,怎么会有功名呢?"杨子方忙取出三个大钱,给张福恒算了算,然后说:"了不起,老兄的福气和徐达一样。徐达帮着朱元璋打下天下,被封为定国公,那可是享不尽的高官厚禄、荣华富贵啊!"张福恒还是一个劲地推让,又说没念过书,又说没亲友帮忙,对功名不敢奢望。杨子方这时不说了。

杨永先说:"福恒小时候跟我在一块儿,一起读过几天书,一起玩,他大哥还是我干爹,都是自己人,有话尽管说,不碍事。"

杨子方这才接着说:"既然是自己人……"于是把去西藏的话讲了一遍,还让他早点动身,并且十分肯定地说:"新皇帝已经在山东出世了,今年七岁,一旦西藏举兵谋反,我们这边就会有许多人起来响应。赵州秀才张孔昭、王锦文,南翼州的刘子干,狼窝村的黄老孔、张天锡都是咱们的人。大家带着自己的队伍一齐造反,看谁能挡得住。朝廷有大炮,咱们有法术。天意如此,咱们必胜无疑。"转身又对杨永先说:"我去年去黄老孔家。他正在屋里睡觉,门前有一条大蛇,大概一丈来长,门一打开就缩进去不见了。我原以为他就是新皇帝。后来到了赵州,把这事跟张孔昭说了,张孔昭夜观天象,说他还不是新皇帝,新皇帝还没出世呢,他属于二十八宿里的翼火蛇。后来我在别处打听到新皇帝在山东,今年七岁了。"刚开始的时候,杨子方还是悄悄地说,后来就没了顾忌,越来越兴奋,嗓门也放大了,继续对永先说:"还有一件事,往东北走二百多里有一个山沟,地势险要,易守难攻,几百个强盗已经占领了那儿。他们粮草充足,个个骁勇善战,足可横行天下。我打算装成算命的,鼓励他们入伙,你和我一起去吧。"永先忙说:"躲到那儿,我娘被抓住杀了怎么办?"杨子方不以为然,说:"这好办,这往西南二百里有一座山,里面有几顷平地,外面有三层石门挡着,把各家的老少、妇女送进去,保证平安无事。张天锡还说,河南有个叫红月鹅的地方,只有一条路通到那,一夫当关,万夫莫开。有了这些地方再加上兵马,朝廷的兵马不在话下。"他又拉着张福恒的手说:"现在最要紧的是老兄你,赶快走一趟西藏,只要他们一起兵,剩下的就好办了。什么时候出发?我们给你钱行。"张福恒忙抽回手说:"我身上有病,路又这么远,实在是去不了。这样吧,我有个朋友在京城里,他身体好,又没有家累,干这事很合适。过几天我就去找他,他要是愿意,我就把他带来,有话到时再说,行吗?"一旁的杨廷栋一会儿抽烟,一会儿打盹,早就等腻了。等他们商量得差不多了,就招呼两个起身告辞,约好张福恒动身的时候再见面。

张福恒回到家后心里一直不安,杨子方又时常跟杨廷栋催他去京城找那位能去西藏的朋友。其实那天他是随口说的,根本没有这个人,到哪去找?再说了,如果谋反的事传了出去,可是要满门抄斩的,这事能干吗?他越想越着急,可惜自己不认识几个字,要不然可以写个告发的状子,怎么办呢?他寻思应该找个可靠的人,跟他商量一下。

张福恒有个哥哥叫张福全,和一个叫王明的山东人合伙在京城里开了家估衣店。哥哥经常喝得大醉,怕他酒后失言。王明诚实稳重,值得信赖。于是他谎称与人合伙做生意,瞒着家人偷偷来到京城,对哥哥也说是来做生意,只对王明说了实话。

事关重大,王明也没办法。如果不报官,事情一旦败露,祸患无穷;报官吧,就会有许多乡亲被杀头,于心不忍,也怕自己被连累。两个人商量了半天还是没结果。后来王明想了一个办法,他以前开店时,经常和一位守御所的千总俞老爷来往,什么话都说。他见多识广,又是在官场上混的,就请他帮忙想个办法吧。

张福恒由于太紧张,语无伦次,千总俞睿好不容易才听出了个大概:张福恒的哥哥有个干儿子叫杨永先,和当地另外两个人让张福恒去西藏煽动谋反;一旦起兵各地就有人响应,响应者的名字张福恒没记住;新皇帝在山东,七岁了;京城西南方有个地方叫红月鹅,山势险要,易守难攻,已被盗匪占领……

俞睿一听说有人要造反,不敢怠慢,马上讲明利害,带他俩当面禀告上司舒赫德。

舒赫德反复询问了这件事的详细情况,张福恒生平第一次进这么大的衙门,见这么大的官,心里七上八下说不清楚。但是一个劲地解释他不想也不敢去西藏,说京城有个朋友能去西藏也是假的,只是为了搪塞他们,其实根本没这个人……

晚上,舒赫德一直在想这个案子。张福恒讲的有关谋反的事,有的似乎不合情理。不认识的人怎么能一块儿谋反?去西藏的事也太过离奇,京城西南也没有叫红月鹅的地方。也许张福恒不是反贼头子的亲信,所以不知内情。审讯过程中他发现张福恒头脑简单,胆子也小,遇见事情就慌张,语言也很笨拙,家里的日子过得也很顺心,似乎没有谋反的动机,也没这个能力。更不像胆大妄为之徒,也不像为报仇不择手段诬陷别人的不法之徒。

舒赫德想,要维护朝廷的名声,要稳定民心,这案子就不能张扬。另外,现在还不知道详细情况,也没有线索,更不能打草惊蛇。他打算秘密办理这件案子,派人打入谋反团伙内部,摸清底细,找出线索和证据。于是叫来张福恒,对他说:"杨永先派你去西藏,你不去,假说京城有人可以去。现在我让官差装扮成你找到的能去西藏的那个人,跟你去深州见杨永先,你愿意吗?"张福恒回答:"很好,我愿意。"

舒赫德精心挑选了三个人去执行他的计划。一个人是千总俞睿,一向办事可靠,聪明过人。第二是千总德宁,人很稳当,做事也细心认真。第三是番役头目郭成祥,精明能干。俞睿、郭成祥打扮成能去西藏的人,和谋反的人先混熟了,德宁做外应。另外派一个把总和几个捕役备用。舒赫德指示说:"倘若案情属实,立刻就地拘捕案犯。同时德宁带上其他外地同伙的名单迅速赶往保定,呈递方观承总督,请他按照名单缉捕。"他又强调说:"查清乱人的虚实是最重要的,一定不要制造事端。如果敌人人多势众,不方便捉拿,就不要急于动手,找齐人手再动手,不要让罪犯逃脱。还要防止敌人打伤查案的人。"他做了周密布置,最后又叮嘱他们:"如果张福恒说的是假话,就把他押回,以便惩治他。"

舒赫德认为这件案子事关重大,牵连的罪犯也很多,审理起来十分困难,要提前做准备。他把前往办案的人员名单写进奏折,如果查办无误,就为他们请功。

俞睿等人上路了。他们都打扮成平常百姓,前后散开赶路。有的步行,有的临时雇驴骑着。

张福恒带领俞睿、郭成祥来到杨永先家,又约了杨子方、杨廷栋二人。他们信以为真,把俞、郭二人当作来自京城准备赴藏办事的同道,异常兴奋。杨子方急忙说:"两位这次任务很重要,事成之后就是头功,必有特殊的赏赐。你们住在京城,亲戚朋友也多,在京城有内应,真是天赐良机。"他们秘密地谈了一夜,筹划了许多谋反的计划。

第二天一大早,郭成祥暗中写信给德宁,德宁秘密派差役捉拿犯人。张福恒没有记住的谋反人的名字,在谈话时都已打听清楚,名单和信一同由郭成祥交给保定方观承总督府。

首先抓住的是杨永先、黄天赐。杨子方本来住在麦旺村，因发生水灾，房屋都被淹了，只好带着家眷和备用品暂住杨廷栋家。捕役在杨廷栋家只捉到杨廷栋和杨子方的家眷，却没有捉到杨子方。原来杨子方听说村子里有的房屋已经倒塌，担心自己的房子，于是吃完早饭就回麦旺村去看房子了。俞睿等人不知道，以为走漏了风声，杨子方已经逃跑，于是火速通知县府捉拿逃犯。官府在方圆百里布下番役军兵，按名单缉捕，终于把杨子方抓获。当时他正在清理自家的院落。

罪犯被押到公堂，舒赫德一一预先审理。

杨永先一五一十地将如何请杨子方看风水相面和让他进藏等事招供出来。后乾隆十六年四月二十二日，杨子方到他家谈到的有关新皇帝和红月鹅以及让张福恒去西藏的事与张福恒说的基本符合。至于黄天赐、张孔昭、刘子干这些人，也曾经听杨子方说起过，但自己却不曾相识。

舒赫德诘问道："你自己不愿去西藏，为什么又要介绍张福恒去？"

杨永先答道："朋友有事找我帮忙，我当然会尽力帮忙。再说杨子方常来家里催促我去西藏，经常这样催我，我自己都烦了，但又不好说不去，就想先找个人对付过去，谁知刚一出门就遇见张福恒，就把他叫来了。他说可以从京城找个人替我去，我说太好了。不管谁去，有人去就行了。"

黄天赐在堂上回答说："我家住在狼窝村，以种地为生。和麦旺村杨子方家相离一里多路，我虽然知道他是谁，但以前也没有什么交往。至于杨永先、杨廷栋、张福恒这些人我不但没见过，就连听都没听说过。他们的事我真的一点都不知道。若说我是他们的同伙，实在冤枉。如果大人不信，可把他们都叫到堂上来，大家当面说个清楚。"

从各州拘拿到案的张孔昭、王锦文、刘子干、黄老孔都说，不知道杨子方是什么人，根本不认识他。更不清楚杨廷栋、杨永先是何许人也，就连他们四人以前都素未谋面。

杨廷栋供出杨子方曾经告诉过他去西藏，新皇帝在山东，以及红月鹅易守难攻等事。再细问详情时，他回答说："具体情况我也不知道。有的是听杨子方说的，有的是他们几个人商量的，我并不知情。我和杨子方只是关系不错，跟他学看风水，常常陪着他。"审官又问："杨子方要谋反，你应该知道，你为什么还要与其同流合污，不向官府举报？"杨廷栋回答说："我从来没见过他有什么造反的举动，只是嘴上说来说去，说了一二十年了。我若天天去举发，自己的日子就没法过了。"两个差役忙上前呵斥,犯人怎能用这样的口气和审官说话,实在是太放肆。舒赫德让差役退下,仍是一脸的威严,心中暗想这话也有些道理。

舒赫德退堂之后,翻来覆去地查看供词,但还是不知道怎么断案。经过审问、对质,张福恒的举发都确有其事。但如果以造反罪定下此案,许多细节又难以服众。可现在既然举报上来,就不得不仔细调查,以查清此案。为慎重起见,他一面派人继续密查,一面又上书皇帝。

奏折上写道:"此案关系重大,涉及很多人,调查起来相当麻烦,臣下将竭尽心力。但是恐怕能力有限,难当重任,恳求皇上能派遣总理大臣或军机大臣来协助臣共同侦破此案。"

乾隆皇帝派遣军机大臣与舒赫德一起审理此案。

在公堂上,杨子方做出如下供述:"找人去西藏煽动谋反,说各地响应,说新皇帝、红月鹅的情况都是真的。"

审官质问:"找人去西藏谋反,难道你知道怎么去西藏?"

"知道。一直向西走,不过途中需要翻过许多山,涉过许多水,大概要走三年零三个月。"

又问:"你在供词中说到新皇帝在山东,现在才七岁,是你亲眼见过,还是听人说的?他叫什么名字,现在躲在山东什么地方?"

"我没看见过,不知道他叫什么名字,我只是想他可能会在山东吧。"

"你说西藏一旦谋反,张孔昭这些人也一定会跟着一起造反。这几个人你都认识吗?你们秘密见过多少次,私下谈了些什么?"

"小人与他们素不相识,从未见过面。"

"既然如此,怎么会知道他们的姓名?"

"我听人说某地有个风水先生,风水看得好,我就记下他的姓名和地址。我常在别人面前提他的名字,让人家觉得我们关系很好,以此作为我的一块活招牌,好看重我。一来二去他们几个人的名字就挂在嘴边了。我就只知道这几个人都是风水先生。"

"既然不认识,你为什么又要说和他们一起造反?"

"我是为了骗那两个人去西藏,随便瞎说而已。"

杨子方是此案的要犯,此后交给直隶总督方观承来处理。其余的人一律无罪释放。

乾隆皇帝阅过此案的奏折后,认为这都是那些文人无中生有,胡说八道。

并夸奖办案人员如包公再世,断案如此妥当。朱批为:"此案甚妥。"

## 偷尸换尸引发杀人奇案

清乾隆年间一年春天,有一天,天阴沉沉的,乌云密布,远处雷电轰鸣,一场大雨就要来了。京城德胜门外的大道上,一辆马车载着一白发老者正往城南赶去。车走了一段路程,车夫与老人搭话,却不见老人回话。回头一看老人闭着双眼,像是睡着了,车夫怕老人受风着凉,就停下车来想叫醒他。怎么呼唤也不见老人动弹,这才发现老人呼吸已停。车夫不知怎么回事,赶紧到官府报案。因为乌云密布,很早天就黑了,官府也没来得及验尸办案,于是官府就派当地里长甲长看守,将车夫拘禁候审。到了半夜,忽然下起了大雨来,凉风刺骨。看守的二人承受不住,赶快跑进一座破庙避雨。雨虽很大,不过一会儿就停了,里长说:"雨夜寒冷,我们不如找些柴火,在尸首旁取暖,既免受凉,又不失职。"甲长也认为如此甚好,于是二人分头找柴火。等到回来看尸首时,发现尸首已经不见了。二人忙去寻找,但没有找到。二人知道,丢了尸首便会获罪,于是急忙商议想找个办法逃脱罪责。甲长比起里长来聪明而又狡猾。沉思良久好像忽然想到了什么,说道:"我刚刚去这后边的树林中拾柴,看见树林里放着一口棺材,墓穴已经挖好,却还没有下葬,我们何不悄悄溜进树林将那尸体偷来代替他?"里长也认为这是条好计策。两人便前去树林开棺偷尸。此时已是半夜,天上都是云,天黑得伸手不见五指。他们本就慌张,又很是着急,没有细看,便把尸体搬了出来,急忙放在原来老头尸首所在之地,并捡了一张破席盖在上面。

次日一早,官府差人前来查看,揭开草席一看,大吃一惊:这怎么男变女,老变少了呢?再一检验,发现原来是被人掐死的,脖子上有明显的伤痕。人们都极为惊讶,不知这是怎么回事。于是将里甲二人逮至堂上,严厉讯问缘由。公堂之上,主审官尚未开口问话,就先"赏"了两人各二十大板,先来了个下马威,迫他们快快招来。里甲二人从未见过这等架势,知道不说不行,唯恐再受重刑,难保性命,就如实将昨夜避雨丢尸,又如何偷换尸体的详细经过讲了出来。官府立即命人四处查探此女身份,并将其家人全都押解官府。过了不久,便有衙役查出此女身份,此女乃是城西商人张某之女。官府差人逮捕其家人,接连审问,得知真情。此女名叫爱莲,其父为张某,其母两年前死于瘟疫。之后,张某继娶王氏。进门两年以来,王氏对家人都甚好,对丈夫也还贤惠,对爱莲倒也疼

国学经典文库

中国古代秘史

·清朝秘史·

图文珍藏版

爱。其实王氏与原夫刘某生有一女，与公婆同住，生活过得很是艰苦。两年前，刘某与王氏一家已经无米下锅，无法养儿奉母，便商量了一条计谋，夫妻谎称兄妹，要卖"妹"换钱，便把王氏卖给了张某。当时张某刚刚丧妻，见此女颇有些姿色，贪其姿色，花了不少银两讨她做了后妻。怎知道这王氏与前夫感情甚深，又极为思念女儿，就时常与前夫来往。张某做生意，常常要外出，每次出去就是一整天，还会时常在外面过夜。后妻的前夫知道这一情形，常常借机前来与其私通。时间一长，爱莲便知道了一些梗概，虽然没有向张某说出这些，可是与王氏却越来越不和。张某见此情况，时常怪罪女儿不懂事。刘某怕爱莲有一天会跟张某说出此事，就和王氏商量想要强暴爱莲，威逼她不要把他们之事说出来，否则便把这丑事抖出来。有一天，张某出去做生意，刘某趁机闯进爱莲的房里，想用甜言蜜语诱其就范，只是爱莲早知他不是好人，小心提防，坚决不从，始终抗拒。后来，张某又以暴力相威胁，爱莲性情刚烈，坚决不屈。刘某与王氏见劝诱不得，无奈之下便寻思晚上无人之时下手。到了晚上，刘某来到爱莲房中对她施行暴力，企图强奸，怎奈爱莲奋力反抗，叫骂不绝，声音极大，弄得无从下手。此次张某乃是去南方讨债，路途遥远，来回要用半个月。两人好不容易有此时机，计划却未成功，极是气恼，遂将爱莲掐死以灭口。事后，刘某心中又生毒计，便对王氏说："等张某回来咱们把他也杀了，如此你便继承财产，我们一家又可团圆，有了钱，再也不为过日子发愁了。"王氏想了一下，随即答应。

半月已过，张某回到家中却不见女儿，便问王氏，王氏说女儿得了暴病身亡。请了城中的名医来医治，诊断与其生母病同。张某极为悲痛，可平时王氏对他不错，而且说得也有理，因此对她毫不怀疑。刘某计划在下葬爱莲之时，趁机将张某打死，一同埋掉。不曾想到计划尚未施行，棺中尸体却被里甲二人偷走，洗清了张某女儿的冤案，保全了张某的性命。女尸案已查清，官府急派差衙捕捉刘某，并将这心肠毒辣杀死爱莲的刘氏、王氏判处了死刑。

丢了老者的尸首，却破了这杀人之案，官府四下派人搜寻老人尸首，却一直没有消息。车夫、里甲一直被关押在狱中，等待发落。官府又四处贴告示寻找尸体，上面详载车夫所述经过，老人相貌。不过这女尸案倒极是出名，一传十，十传百，人人皆知。

忽然有一天，有一老者前来投案。主审官员将老者传入大堂，一看这位老者满头白发，老态龙钟，便问："老人家来到这大堂之上所为何事？"老人说："前些天官府张贴告示寻尸，可那告示上画的老头便是我啊。"老人咳了几声，接着说:"我常年患有这肺气之病,一受湿寒之气便会发病,发病时就如同死人一般。那天乘车之时,天气阴冷我便发了病,半夜下雨把我浇醒,那时已是半夜,周围无人,我便埋怨这黑心车夫把我这老头扔在街上却跑了。我于是爬起来,摸黑寻回南城家里。谁想竟牵扯出这女尸案,真是想不到。"审案官员怕是这老人前来胡闹,就唤人将车夫、里甲押解堂上,让三人细细辨认可是当日的老者。车夫见了又惊又喜,说:"老人家,原来您没有死,可害得我在狱中蹲了好几日啊。"里甲二人也认出了面前的老者便是当日死在车中的老头。经过辨认,案情水落石出,车夫、里甲当堂释放,案件就此了结。

## 清代兵部失印案

嘉庆在位之时,发生了几起险怪之事,是历朝历代所罕见的。

嘉庆二十五年(公元 1820 年)三月初八日,宗室王公、文武百官随颙琰,前去河北遵化的东陵(乾隆寝陵所在)。行至汤山行宫,便接到兵部八百里急奏,说是贮于库内的行在印信遗失,印钥和钥匙牌也一并丢失。颙琰看完奏本,极为吃惊,也非常气恼,历朝历代哪有听说过部堂大印丢失之事,更何况又是调兵派将的兵部大印?遂令军机处传谕步军统领衙门,告知京师五城及直隶府多派人手严密访察。又谕令留京的庄亲王及各大臣会同刑部急审兵部守库人员,定要问个明白。

颙琰觉得此案极为奇怪,左思右想也不明其中的缘由。因为兵部大印与其他一些印并存在同一大箱内,贮于库中,又有人日夜看管。各印都是铜质,只有兵部行印和印钥是银制的,三月七日开箱取印,为何只有这银印及钥牌失窃,其他各印仍在原处,窃贼为什么只将这两件东西窃去?还有,贮存印信的大箱应深藏库内,怎的如今却在库内旧稿堆之上呢?这盗印之人为何把大箱移置高处?他又怎有时间做这等事呢?再说,银钥匙、钥匙牌既不值钱也用无处,为何一并窃取?所以颙琰一路上一再下令,命审案的王公大臣快快办理,一定要将此案审个水落石出。各官员得了皇上的命令,赶忙严查细审,只得了堂书鲍干的假供。鲍干谎称去年九月初三,皇帝行围后回京当天便将这枚印信存入库中,其间并无人动过,三月初七提用之时,才发现大印遗失。颙琰怎会相信这破绽百出的供词。又派人把去年随围的有关人员一并提来审讯。

四月三日,颙琰从东陵回京查问此案,发现审讯仍无结果,非常恼怒,怪这帮奴才无用,斥责有关官员"疲玩成性,互相推诿"。便下旨将庄亲王绵课、大学士曹振镛、吏部尚书英和以及刑部堂官,一并罚俸半年;各衙门参与审办的官员,均罚俸一年。又令绵课等一干重臣早来晚散,严密审办,若再拖拉懈怠,还要重罚。绵课怎吃得这苦,又无审案良策,便递折上奏,称自己并无审案之能,请另派能人,其实是想推给他人,好让自己脱身。颙琰不准,把绵课的花翎拔去,并以五月五日为限,令其加紧办案,如若懈怠,到时再审不出来,定将他从严治罪。颙琰如此重压严惩,倒使这些官员加了劲,绵课等人日夜逼供,鲍干方才又招认,当时收印之时并没有打开查看,怕是在行围的路上就丢了。

供词又奏报颙琰,颙琰沉思半晌,觉得此供词漏洞甚多:行印有正、备印匣两份,钥匙及钥匙牌乃是正印匣独有,备印匣并无此二物。钥匙、钥匙牌与正印匣本在一起,若在行围之时丢了,三样定是一起丢失,去年九月初三怎么交的印?既无钥匙,又无钥匙牌,只交了那备用印匣,负责收贮印信的鲍干又怎么肯接收?于是命其再审鲍干。直到四月二十四日,鲍干才又招供。于是,官员们报奏颙琰,原来去年八月二十八日,承德秋围已毕,回京路上,路过巴克什营时,看守印信的书吏失职睡着,醒来之时,发现印信印是连同匣被人盗走。这位书吏知失职有杀头之罪,便买通鲍干,交印之时,用备用匣代替入库。鲍干又买通值班的书役,布置现场,作成行印在库中被窃的假象。这场并不复杂的案子经数百名官员,接连审问一个半月,才得以水落石出。

为了寻回兵部大印,捕拿偷印之人,颙琰又多次下令军机处,尽快查办,督促直隶总督等各地官员,在古北口、巴克什营、密云一线分派人手,明察暗访,却一无所获。颙琰也知此印已流入民间,再难寻回,只得命人重铸了一个。此事也渐渐淡去,至于何人偷去这大印,偷去又作何用,一直无人知晓。

管理部旗事务的年已八十六岁的大学士明亮,兵部尚书和左、右侍郎等一批官员均受此案连累,明亮被罢职降五级,其余各官员也都被摘去顶戴,或降或调。

不过,此案疑点甚多:此案并不算难,案情也不复杂,绵课和几个大臣再加上各级各府近百名官员参与审理,用了一个多月却没有结果,以致闹到几位重臣要引咎辞职。收取印信入库乃重大之事,怎会无人监督,让鲍干如此大胆胡为呢?所以,朝廷内外对此案就有诸多揣测。宗室昭梿在《啸亭杂录》一书中曾记,库中主事何炳彝曾亲口与他说过当日收印之事,收印入库之时,正是何当班,是何与另一官员亲手把印匣接过来的,印信及钥匙、钥匙牌各物齐全。昭梿还记得有人说，是有人用重金让鲍干从库中窃走印信，目的是相约举事，结果尚未举事，丢印之事就出来了。因为此事关系重大，不知会牵连多少官员，大臣们怕闹大，怕颠琰因此兴大狱，牵连自己，便反复商量计策，编造了印信在行帐中丢失的谎言来哄骗嘉庆，希望瞒天过海，蒙混过关。而嘉庆是否相信这审出的结果，则只有天知道了。还有人说，此案刚刚了结不到一月，就有"贵人"父子纷纷暴死家中，其幼子也再无任何消息，恐怕与失印事有些关系云云。

## 斗殴误判谋杀案

这是一桩真实的案例故事，发生在清朝道光年间。

顺天府管辖的通州境内，有个叫马桥的村庄，里面住着几十户人家。村里男子大部分外出打工或经商，有的进京赶车拉脚，有的顺着运河南下贩盐，妇女则专心耕种粮食，生活清苦。

马桥姓马的人不多，石、康两家却亲上加亲，属于大家族。村东的石杰、石浩兄弟略有家产，经常与州县衙吏来往；而村西康王氏、康陈氏、康李氏等几户人家，不是守寡，就是独居，因此在外姓村民间经常有流言，有的说石某酒后肇事被抓，经过疏通后又被释放，有的说康某和一个人藏在高粱地里干见不得人的事。

甲辰年（公元1844年）秋末冬初的时候，一天凌晨，康王氏走进二姑康陈氏家，竟然发现康陈氏悬梁自尽了。她赶紧跑出去，叫来左邻右舍，并报告了保甲长。因为属于治安事件，所以由驻州指挥使负责处理。

指挥萧培长和王莹两人立刻派役吏去勘验，看看她是不是自杀并追究原因。在察访时，村民提供的情况和证词不完全相同。康王氏说，她不久前去康陈氏家，康陈氏经常感到头晕，心里烦闷，因为身边没有人照顾，生活又比较困难，曾经有轻生的念头。但康李氏及其他不少人说，十月底康陈氏和外甥石文平争吵过几次，最近有一次吵得更厉害，好像因康陈氏从姐夫石杰家走出以后，文平骂她是穷鬼，怀疑她偷过饲料一类的东西。有一户邻居还听见文平在姨家嚷着说要搜查，康陈氏不让，哭叫着："你敢打人，让你打死算了！"石文平刚刚二十出头，整天游手好闲，喜欢赌博，贪恋女色，因此大家认为是他六亲不认，仗势欺人，把康陈氏给气死了。

掩埋了康陈氏的尸体后，也许是因为石家贿赂了役吏，对石文平没有追究任何罪责。没想到这个时候，一个叫王二素的青年起诉，说他堂姐康王氏与石文平通奸，被康陈氏知道了，康陈氏私下里训斥了王氏，所以石文平心存怨恨，借故辱骂，很可能石、王两人合谋把康陈氏害死，请求官府开棺验尸。

指挥使萧培长和王莹看完了状子，就知道这件案子人命关天，亲自来到马桥，让仵作做仔细检查。那天刚下过雪，天气阴沉寒冷，许多村民在周围观看。突然，萧培长厉声喊道："押走！"几个差役立刻把在一旁观看的石文平、康王氏绑起来，疏散开人群，恶狠狠地离开了村子。

仵作报告了当天验尸的结果，康陈氏左脑后有撞破留下的血迹，右手腕有被掐捏留下的青紫伤痕，证明确实曾被殴打；颈部有被绳索勒过的一道长痕，颜色较深。可是当堂审问时，石文平并不承认，只说自己那天是去了姨家，想看看板柜里的那条装黑豆的布袋，康陈氏不让，还骂自己没良心，一生气就走过去又抓又推，她没站稳当，摔倒时头碰到了柜子角。因为怕被人看见，就赶快离开了，绝对没有想杀她的意思。而康王氏在地上跪伏着痛哭，不承认有奸情，还呼喊："冤枉啊，我哪能谋杀自己的亲姑姑，求大人为我做主！"

指挥使认定石文平是凶手，于是对他用大刑。石文平受不了刑，就招认是自己用绳索勒死了康陈氏。问他杀人的动机，他说只是出于一时的愤怒，跟康王氏没有关系。但康王氏却说，石文平给过她一两银子，让她第二天去劝劝康陈氏，没想到发现康陈氏已经上吊身亡；石文平后来很害怕，就请她为殴打的事情保密，如果有人问，就说二姑因为生病厌世而自杀的。

萧培长主审这件案子，在得到石文平供词后，就按谋杀罪判决，上报到刑部复查核对。石文平的父亲石杰得到消息后，立刻托人给刑部和都察院呈上状纸，说儿子是冤枉的。他说儿子从康陈氏家回来时没有异常表现，再说，怎么会有外甥因为一些小事杀害亲姨姨的道理？刑部主事杨文定看过申诉状，又仔细地阅读了文卷里的供词、证词和检验报告，发现有很多可疑之处，于是向长官禀告，建议本部和都察院、大理寺一同复审。

押解囚犯到京城会审后，石文平果然当堂翻供，说确实有殴打、辱骂，但是没有杀人。再经过深入细致的查访，又从邻居处得到消息，说在石文平走后一个多小时里，好像还听见康陈氏的哭泣声。为了慎重，主审官再次开棺验尸，按《洗冤集录》记载的用糖酸敷洗的方法检查尸骨，发现颈部的瘀血是由于自缢形成的。于是，改判石文平殴打亲属并威逼致死罪，处以流放的刑罚，又因为康王氏收取贿赂作假，包庇罪犯，罚杖以示惩戒。

承审官萧培长、王莹玩忽职守，草率结案，犯了"失入"的罪，奏请皇上，由皇上裁决。没过多久圣旨到，指令应该严厉惩治萧、王二人，撤掉职务并发配新疆，就算有赦免也不宽恕；又说"杨文定细心审案，使得案子平反"，特别给他提升职位，补任刑部员外郎。

这桩案子是把斗殴罪定成了谋杀罪。同一年，即道光二十四年，陕西神木县还发生了把谋杀罪误判成斗殴罪的"失出"案。由于这两个案子比较典型，朝廷特别在《邸抄》中刊载发布，以此警戒文武百官，以体现先圣"恤刑慎狱"的意思。

## 新婚之夜尸变案

星子县县令郑琛在任之时，曾审过一件奇案。

有一农户，姓杨名正，祖居星子县曲河乡，杨正夫妇成婚数年，未曾生得儿女，没想到却老来得子。这个儿子甚是乖巧，夫妇二人极是欢喜，视如掌上明珠。这孩子年纪还小之时，杨正的夫妇便娶田氏入门做童养媳。这田氏自小就生得俊俏性，情温柔和顺，极为贤惠勤劳，又极孝顺，杨正夫妇甚为满意。过了几年，见二人都已成人，杨正夫妇便置办酒席为他们完了婚。

喜宴之后，杨正儿子及田氏把各位亲友送走后，携手进了洞房，两人自幼便在一起，感情甚好，此时更是情意浓浓。杨正夫妇见如此情景，多年的愿望已了，心中自是高兴，收拾完后，回到自己屋里睡了。次日一早，老俩口就先起床，起火做饭，整理收拾，心想昨天乃是儿子与田氏新婚之日，想必十分疲乏，就让他们好好休息休息吧。已到中午时分，这新婚夫妇仍没有出来，仔细听听却一点动静也没有。杨正夫妇心中觉得奇怪，商量了一下，杨正在前，老伴在后，走到新房门外，先叫儿子的名字，无人回应；又叫田氏，也没人答应。两人心中极为惊恐，怕是出了什么事，一推门，门却是虚掩着的，走进屋中一看，直吓得老俩口魂飞魄散，差点晕倒。

原来房中只有田氏一人，全身赤裸着躺在床上，身体冰凉，已无气息。而杨正之子却不知去了何处，四处找寻也不见踪影。杨正便回家检查尸身，心中十分奇怪，田氏周身上下完好，毫发未损，未得半点伤痕。验其私处，知道已经行过房事了。

于是杨正夫妇将尸体搬出屋子，停放在阴凉之处，又让家人邻居四处寻找自己的儿子,一连三日,都寻不到他的踪迹,仍然是活不见人,死不见尸。发现田氏尸体的当天,杨正便托人把这消息告知田氏的父母。但是由于田、杨两家相距甚远,田氏父亲接到信,需要四五天的时间才能赶到杨家。这时正是炎炎夏天,天气酷热,杨正担心尸体很快就会腐烂发臭,所以在田父还未赶到之前,只好先将尸体入殓,安葬于村外的祖坟附近。

田父匆匆赶到杨家,却没有见到女儿尸首,心中猜疑,便厉声质问杨正。杨正知其失了女儿又没能见最后一面,心中悲伤,便和和气气地解释说,天气湿热,尸体若是腐烂了也对不起她,便先行埋葬了。田父一听,心中更是怀疑,新婚之夜,女儿便不明不白地死了,女婿也不知去向,定是他们杨家人合谋害死了自己的女儿,然后杨正又让儿子外逃他乡,然后杨正则先埋掉尸体。出了杨家,田父直奔县衙,击鼓鸣冤,状告杨氏父子。县令郑琛立即升堂审案,待田父说明此事之后,觉得此事可疑,又事关人命,便允了田父的状诉,第二日开审。

次日一早,郑琛命人把杨正及田父带到县衙,自己又坐了轿子,带着二人及随从前往墓地,启棺验尸。

几个公差挖开坟墓,抬出棺木,仵作便来启棺验尸,打开棺木盖一看,都惊呆了,原来里面并不是青年少妇的尸体,却是一个六十来岁的老头子!

杨正见这情景更是被吓得目瞪口呆,不知这素不相识的老头是谁。

郑琛也觉得奇怪,思量了一下,问杨正道:"你可是记错位置了?"杨正答道:"没有,大人。我为儿媳立的碑还在这坟前呢。"郑琛又对衙役们说:"去仔细看看,这碑可否被人移动?"两个差人到坟前仔细查看了一番,禀报道:"小人们反复查看过,碑石并没有移动过的痕迹。"众人都很疑惑,郑琛又将杨正唤上前来,说:"坟确实无疑,可为何是一老翁之尸,并非你儿媳呀?"杨正丈二金刚摸不着头脑,心中又害怕,支吾了半天,一句话也说不出来。郑琛大声问道:"你可知你儿子现在在何处?"杨正更是身子发抖,瞠目结舌,郑琛瞧他这副模样,心中起疑,便命随从取来鞭子抽打杨正,杨正被打得大呼小叫,血肉淋漓,可杨正还是什么都没说出来。郑琛见天色转暗,已近黄昏,便令重新埋好棺木,然后打道回府,将杨正暂且收押入狱。

过了一个多月,这一天,忽有一年轻人来到县衙,求见县令郑琛,说有冤情求大人做主。郑琛赶快升堂,问:"你有何事,要本县为你做主申冤?""禀告大人,草民乃是杨正之子,特来替父亲洗刷冤屈。"郑琛一听,又惊又喜,忙问:"你怎么在洞房之夜忽然不见,可是杀了田氏之后畏罪潜逃不成?"年轻人闻听此言,连连摆手摇头说道:"并无此事! 大人明鉴!""那你当日何故逃走?"郑琛又问。年轻人脸上一红,一副想回答却又羞于启齿的样子。

郑琛见他这模样,便猜到其中定有隐讳之事,于是挥手命两旁衙役退下,只留师爷一人在旁,对年轻人说道:"现众人都已退下,你有何情由但说不妨。"

杨正之子才吞吞吐吐,脸色泛红地说,当夜,送走众人,二人便进了洞房,遂行床笫之欢。因俩人平时便情投意合,新婚相聚更是如胶似漆,虽几度合欢,意犹不尽,一直到天将放亮之时,二人还未安歇。谁想俩人正是高兴之时,田氏忽地身子一挺,直挺挺地倒在炕上,他又是呼叫又是推拿却无一点反应。新郎可慌了手脚,赶忙下地点灯。只这一看,已吓得他魂飞魄散,原来田氏双目呆直,已没气了。他上前想尽了办法,又推又拿,可田氏仍无反应,身体却渐渐地凉起来,四肢也渐觉发硬。他没经过事,见如此情形,不知如何是好,只觉得自己闯了大祸,对不起父母,便一跑了之,想先在外面躲些日子,看看家中到底有何动静,再想个办法回家。近日在外听同乡说父亲因此事被押入狱中,不忍老父在狱中受苦,连夜从邻县赶来说明此事,为父脱罪。

郑琛听了这一番话,先命人将年轻人带下,然后与师爷商议此案。俩人均觉得此人忠厚老实,心地善良,言语亦质朴实在,而且又很孝顺。年轻夫妇新婚之夜,极尽欢愉,百般戏耍,亦乃人之常情。便下令释放杨正,将其子押入大牢,待案情查明再做定夺;又派人四处打探田氏尸首下落,并确认棺中老翁身份。

数月过后,一直没有任何消息。郑琛派人在各街巷、市集、村庄贴出寻尸、认尸的告示,又悬重赏,并派精明能干的吏卒四下打探,可既没查出棺中老翁是谁,也无人认领尸身,田氏更无下落。上司见此案未破已久,屡下公文,要求限期完结。郑琛再无他法,无奈之下亲自赶往省城当面求情,请求宽延期限。

杨正受这牢狱之苦,直在家歇了两月,方能如以往一样,经营家产。一次,他前往建昌去做生意。他坐了几日船,这一日,来了周溪这个地方。

正是中午时分,船家靠岸去买些吃食,杨正初到此地,便四下观看风景。岸边有一群妇女一边洗衣,一边嬉笑打闹,却引去了杨正的目光。忽然,他见到其中一个青衣长裙的女子好像儿媳田氏。正在惊疑之时,船家买完东西回来,杨正便请他快摇船到对岸那群洗衣妇旁边。船家将船越摇越近,杨正越看越像,便试着叫了一声。

谁想此人正是田氏,她抬头看见杨正,竟然惊呆了,赶忙甩下衣服,边哭边说道:"公公来了! 您是怎么来这儿的?"她渐渐止住眼泪,请杨正登岸到其家说话。

杨正先是吃惊不小，后又心中生疑，问道："到底死没死，是人是鬼？"田氏听后，又落下一串泪来，答道："我当日没死，我是人。公公请随我去那茅舍后再容我细叙详情。"

杨正为探个明白，离船上岸，随田氏来到不远的一所草房。草房极为简陋，堆放着些木匠工具。

杨正问："你当日怎么没死？又怎么到了这里？"田氏闻听此言，泪流满面，嗓子哽咽，说不出话来。过了好一会儿，才止住哭声说："老天有眼，亏我今天前去洗衣，才能见到公公，将当日之事说明。说过之后，便是当即死了，也对得起公公一家，我也了却了心事。"

原来洞房那夜，田氏虽像是死了，但气若游丝并未断绝。杨正不知发生何事，心中害怕，又担心尸首腐臭，并未细细辨认田氏生死，便急忙下葬。后来田氏在棺中慢慢醒转过来，大声呼救，而外面却正是半夜。可巧却有姓寇的叔侄二人前来盗这新坟，撬开棺木，里面却是活人。二人吃了一惊，后也明白了此事。田氏青春年少，人长得秀丽，又是新婚，衣服甚好，在月光之下更是美丽。其侄一看，禁不住色心大起，意欲归为己有，田氏虽使尽方法，其侄却依然不肯放她走。其叔见田氏的确可怜，遂动了恻隐之心，问明田氏所居之处，执意将她送回家。其侄一见，不觉极为愤怒，心生毒计，趁其叔不备，一斧劈死其叔，又将其推入棺内，重新埋好，拉着田氏便逃。这叔侄本来做木活为生，这次是前去建昌路过这坟地的。田氏柔顺，反抗不过那姓寇的恶人，只好跟着来到建昌，暂住周溪。

杨正听罢儿媳讲述，心中苦楚，也落泪道："儿媳不幸，怎遇上此等恶人！我不怪你！这绝非你的过错。况且，你若不归，此案就无法了结，你夫还要受牢狱之苦。你可与我速速回家，不要耽搁，恐怕事迟生变，你便难以离开虎口了。"二人立刻前去登船，直奔家乡。

天色将暗，两人都是腹中空空，饥饿难忍，杨正见岸边有个村落，便同田氏上岸买些食物。刚走到村中，杨正偶一回头，见有一少年快步向这边走来，肩上还背了斧锯。杨正刚想问问田氏，那少年却已赶到，拽住田氏便往回拖，要田氏随其回家。

田氏奋力甩开少年大骂道："我一直被你所劫，无力反抗。今日天可怜见，安排我遇见公公。你大难临头，还敢对我如此无理？"杨正一听，心中大怒，知这人便是强夺田氏之人，一下子扑过去揪住少年不放，与其争吵起来。这时很多村中的住户来看热闹，田氏于是向众人哭诉了事情的经过，求众人帮忙抓住这恶人，众人心中都已极为愤怒，当即一拥而上。按住少年，便把他绑了，送到当地县衙。

当地县衙派差人将三人送回星子县，郑琛得知此讯立刻升堂问案，少年知抵赖不过，当堂招供认罪。郑琛便将杨正之子当即释放，一对小夫妻重修旧好。将少年判为死罪，具文上报批准，一桩奇案才有了结果。

## 纵妻通奸抵债案

清朝乾隆年间，湖广司受理了一桩命案：张云卫将其表弟陈亚长砍伤致死。此案案情复杂，扑朔迷离，经过两次仔细审察，方才水落石出。

第一次审讯是由湖南巡抚颜希深定案的。审讯结果如下：

张云卫与陈亚长二人是表兄弟关系，平时相处还不错。张云卫有个伯父张凤英很早以前就搬到宁远县居住了。乾隆四十一年十二月初四，张云卫携妻程氏和两个年幼的儿子，投奔伯父张凤英。二十五日那天，在路上碰到他表弟陈亚长，恰好陈也要去宁远县购买棕片。张云卫见是同路，便叫陈亚长帮忙拿行李，答应给陈两百文工钱。当晚，他们同住在一家酒店。张云卫和妻子程氏各带一个孩子分铺而睡，陈亚长另睡一铺。不料陈亚长夜里乘张云卫熟睡之时，偷偷爬到程氏床上。程氏因白天奔波劳累，迷迷糊糊的误认为是自己丈夫，朦胧中被陈亚长奸污了。陈亚长干完事后就不动声色回去睡觉了。二十六日大家仍然一同上路。当晚又住在一个旅店里。陈亚长由于前晚尝到甜头，又想故伎重演，不料被程氏识破了遭到拒绝。但程氏怕别人知道而丢丑，也没有大吵大闹，好像什么事都未曾发生过似的。

第二天，大家一起上路，程氏便将昨晚的事儿悄悄告诉丈夫。张云卫听了怒气冲天，可没说什么，只是想让他离开算了。程氏因陈亚长平时也行为不检，联想起前天夜里的事儿，心里一惊，便悄悄问丈夫："前天晚上你是否跟我在一起？"张云卫说："没有啊。"程氏心中叫苦连天了，知道是被奸污了，于是她便把那晚的事告诉了丈夫，张云卫听了妻子的话，心中更是火上浇油，恨不得把陈亚长宰了。

二十九日那天，张云卫假装什么事也没发生，与陈同往伯父张凤英家。当时张凤英外出,其子张添红热情款待了二人。张云卫向张添红借了二百文钱给陈亚长作工钱,陈亚长拿了钱后,便要去买棕片,张云卫谎称陪陈亚长去购买,陈觉得盛情难却,便带上扁担和包裹,与张云卫同去。没走多久,到了礼桂冲山下,陈亚长在前面走,张云卫在后面见四周无人,便拔出藏在身上的刀,照着陈亚长后脖子就是一刀。陈亚长回过头来,慌乱中拿起扁担挡了一下,被张云卫砍掉手指,一场你死我活的搏斗后,陈亚长终因不是对手,被砍死了,张云卫也受了伤。张云卫顺手把陈亚长的包裹拿走了。

就在张、陈二人厮打拼命时,有个叫范魁高的人在山上砍柴,目睹了全部过程,因为不认识二人,也没理会。

到了乾隆四十二年正月初二,有个叫盘永荣的人发现了陈亚长的尸体,才报告了保长,保长也不知该怎么办,只是雇人把尸体埋了。同时报告官府,发案后没多久张云卫便被捉拿归案。

上述案情,主要是案发后,审讯中张云卫夫妻招供的。根据法律规定张云卫应处以绞刑。

案子上报刑部之后,刑部官员经仔细审查后,认为此案疑点很多。其供词都只是张云卫夫妻所说的而已。尤其是冒奸一节,犹为可疑。更有官员认为,张云卫有谋财害命之嫌。于是刑部把此案驳回重审。

第二次审讯结果,完全与刑部官员猜测相符,这次将所有与此案有关的人员都一一提来,分别详审。终于使案情水落石出了。

原来,陈亚长与程氏早有奸情,张云卫一直被蒙在鼓里。后来陈亚长外出做工,二人才没有再来往。张云卫在家不务正业,被父亲逐出家门,走投无路,只能带妻子与儿子投奔湖南宁远的伯父张凤英。途中遇陈亚长,陈因与程氏早有奸情,想重温旧情,便自愿帮程氏挑行李。由于张云卫所带盘缠不多,很快就花完了,于是向陈亚长借钱,陈借出四百文给张。当天晚上,投宿酒店时,张见陈包内还有一千文钱,便都借了去。由于一路上见陈、程二人嬉笑调情,知陈对程心怀不轨,张云卫便与妻子密商,如果陈有不规矩的行为,不要拒绝,甚至要与他发生关系,也顺从他,那样不但借的钱可以不用还了,而且到了湖南还可威胁他帮忙种地。程氏一听,正中下怀。于是当夜张云卫便在店里开了一间房,三个床铺,让程氏睡中间,张、陈各睡一边。当夜,陈亚长便偷偷地与程通奸了,张云卫假装不知。

第二天,他们继续赶路。张见陈与程氏嬉笑怒骂,过于放肆,又知伯父是个传统守旧的人,恐怕到了伯父那里被看穿而挨批,便与程氏商量,让陈先回避一下,待他们安顿好了再与他联系。可是陈亚长不肯,并且威胁着向张云卫讨要债钱和工钱。张没办法,只好典当衣物还他。但一时凑不够,陈亚长就一直跟着他们一起走。就这样,不久到了张云卫的伯父家。张凤英的儿子张添红知道张云卫欠了人家工钱,就凑了二百文钱给张云卫,让他还给陈,并叫陈不要再来吵闹。陈亚长还不肯走,说要等钱买棕片,要张云卫还清所有欠款。张云卫没办法了,便假意说去借钱,把陈引到礼桂冲山下,向陈提起他与程氏奸宿的事,叫陈不要逼债太紧。陈听了非但没吃张的这套,反而扬言要把张纵奸抵债的丑事公之于众。张云卫实在走投无路了,便起了杀机,致使陈亚长死于非命。至此案结,凶手张云卫及其妻程氏都受到了应有的惩罚。

## 旧相好毒杀新郎案

清朝乾隆年间,山东省邱县有个青年农民叫李小丰,父亲叫李满仓,其母刘氏。在初春之时,李小丰就娶了邻庄的王玉莲为妻。这玉莲长得如花似玉,身材苗条,是附近一带出了名的美人。李小丰对玉莲是捧在手里怕摔了,含在口中怕化了,万分呵护,轻易不让她离开家。

时间过得挺快的,转眼便到六月六了,按当地习俗,新媳妇头年六月六应该回娘家去住一段时间。玉莲临走时说好在娘家住一个月,玉莲走后,李小丰简直度日如年,好容易才挨过了三十天,天刚亮,就牵着驴去玉莲娘家接她了。见过丈人、丈母后,就急着去见玉莲。玉莲的爹娘见姑爷来接爱女,自然十分舍不得。然而,嫁出去的闺女泼出去的水,总不能让女儿永远住在娘家。李小丰随便坐了一会,就与丈人、丈母告别,说想趁着天还没开始热,快点回家。老两口将小丰和玉莲送到村口,一直目送他们走远,才抹抹眼泪回家去了。

小两口一路上有说有笑的,不觉走出二十多里地。这时已到正午了,太阳晒在身上火辣辣的。看见远处有一片树林,李小丰对玉莲说道:"咱们在树林里歇会儿,凉快一下再走吧。"玉莲道:"林子里有座古墓,我听说这儿常闹鬼,还是别在这里歇息,我有点怕。"李小丰笑道:"怕什么!鬼只在晚上才出来,白天哪里会有什么鬼?再说,就是来几个鬼我也不怕。"于是他就径直往树林里走。

小丰将玉莲扶下驴,玉莲有点害羞地说:"你在这歇着,我去解个手。"说着就走进树丛。小丰坐在墓前的大青石上歇息。过了一会儿,玉莲慢慢地走了出来,小丰忽然发现玉莲的衣服颜色不对,他记得她刚才穿的好像是绿裙子,怎么变成了蓝色的?但他不敢肯定,又怀疑是自己看花了眼,也不好意思问玉莲。再看看玉莲,神情恍惚,像是丢了魂似的,与平时相比像两个人一样。

回到家里,李满仓见玉莲神情萎靡,就悄悄问小丰是何缘故,小丰乘机将自己回家路上发生的情况详细地说与父亲听,说玉莲怕是撞邪了,又担心是因为自己对鬼神不敬而惹祸。而老头一向不信邪,很不同意儿子说的话,说道:"哪里会有这种事!我看是天气热,你们中暑了吧。"小丰娘却不这么看,装着神秘地对父子俩说:"啊哟!你们说话可要当心,我听人说,那座古墓里真的有妖,谁得罪了它,会倒霉的!"还举例子为证,说得大家心慌慌的。

吃过晚饭,李老头就催促儿子和儿媳早点休息,并说:"你们白天赶路累了,好好睡一觉,明天就没事了。"

至三更时,李老头起来解手,看见对面儿子的房中还亮着灯,心里很奇怪:这大半夜的,他们怎么还不熄灯睡觉啊?但他没细想,就回房中睡觉去了。还没有睡熟,忽然被一阵奇怪的声音惊醒,像是有只大鸟在拍打着翅膀。正惊疑不定,忽听夜猫子怒号似的一声响,接着哐当一声,又像那只大鸟破窗飞去。老头赶忙披上衣服,出门一看,只见儿子房间窗户大开,屋里一片漆黑。老头有种不祥之感,急忙撞开门,点上灯,只见白天还生龙活虎的儿子,现在却倒在血泊中,腹部上有个大洞,血流满床,儿媳妇却不见了。李满仓惨叫一声,当即昏了过去。

惨叫声惊醒了小丰娘。老太太心感不安,急忙穿上衣服,跑了过来,一见儿子横尸床上,老伴昏倒在地,媳妇失踪,忍不住放声大哭。

这撕心裂肺的哭声,也打破了夜的静寂。左邻右舍都被吵醒了,听到哭声来自李满仓家,纷纷走过来看发生了什么事,众人一边安慰老太太,一边抢救李老头,同时派人去报案。更有人关心地问发生过什么事了,李刘氏就哭着将昨天发生的事告诉了众人。

天刚亮,县令就带着捕快、仵作来到了李小丰家。他四处细察了一番,然后将小丰爹叫来问道:"昨天夜里,你到底听到了什么?"小丰爹于是将半夜所听到的、看到的讲述了一遍。

"你家平时可与谁结怨?"县令问。

李老头答道:"小人一家向来安分守己,不曾与谁结怨。实在想不出这是谁干的。"

县令又问:"昨夜家里有没有丢失什么东西?"

"回大老爷的话,小儿房中并无财物丢失,就是少了铺在褥子上的一床布单。"

县令绞尽脑汁,也理不出什么头绪。便问大家,大家对这件人命案都感到很困惑。唯独村中有个被人称为夜可判阴、日可判阳的神汉,这时向县令说:"大老爷,依小人愚见,李小丰不是被人杀死,而是被妖怪所害。昨日在古墓前,他不应该乱说话,得罪了妖魔。妖魔见他媳妇漂亮,便想抢走,而李小丰很可能是在反抗时为妖魔所害。"

县令虽然不想接受这个说法,可也不能做更好的解释了,只好吩咐李家将死者安葬,随后就带着差役们走了。

"李小丰得罪妖怪,不仅自己死于非命,而且老婆也被抢走。"这个消息一传十,十传百,很快传遍四乡八村了。人们纷纷到那座古墓前烧香礼拜,以求妖魔不骚扰自己。阴阳先生顿时名声大振,大家争着请他去驱逐妖魔鬼怪。

王玉莲的爹娘听到这个消息,伤心欲绝,终日泪流满面。玉莲娘更伤心,想女儿茶饭不思,不久就瘦了许多。而县衙虽然派了好多人调查,却毫无进展,时间一长,也就不了了之。

就这样过了三年,新科进士赵某出任邱县县令,按照惯例,他上任后便清理前任留下的积案。他将本县张捕头找来,问哪个案子最难破且影响最大。张捕头曾随前任县令去过李小丰家,就把当年那疑案说了一遍。

赵县令将李小丰一案的有关案卷全部找来,仔细查阅后,略有迷惑地说:"这是个奸杀案啊!妖魔真要抢玉莲,李小丰阻止也没用,应不至于死;即使要害死李小丰,怎么会用刀开膛破肚?而且,妖怪偷布单有什么用?"他还想,王玉莲刚嫁到大李庄才几个月,不会那么快就与人通奸的,奸夫肯定是王玉莲娘家村里的,或者是与她家有关系的人。

于是,赵县令便传来王玉莲父母。问道:"这几年你们村里是否有人外出而没回来的?"

玉莲爹回答:"有一个,他叫刘四,外出经商,已经有好几年时间了。"

赵县令像发现什么似的又问:"刘四外出与你女儿失踪,哪个在先?他和你女儿平时可有来往?"

"时间差不了多少。他们儿时常在一起玩耍,成年后却没什么往来了。"

赵县令心想,杀死李小丰的必是刘四无疑了。于是传来刘四父母,细问他最常去哪，随即派差役带着刘四、王玉莲的画像到他最有可能去的地方寻找。

张捕头带着两个手下，乔装成普通商人，查访到了江苏清江。在大街小巷转悠了几天，都没看见刘四。这天，张捕头白忙了一天，拖着疲惫不堪的身子走回旅店。临近旅店时，抬了抬头，无意中发现路边小酒店里有个女的很是面熟。仔细一看，觉得她很像自己正在找的玉莲。张捕头拿出画像确认了一下，更加肯定了。

张捕头心里一阵惊喜，但脸上却依然平静，走进酒馆，要了二两烧酒，像普通客人一样，慢慢地品尝着。一会儿，店老板从后边出来，过去与玉莲说了几句话。张捕头等三人一看，认出那就是刘四，于是迅速上去将二人擒住。

刘四十分吃惊，根本不知他们为何抓他，边挣扎边问道："你们是谁？抓我夫妻二人做什么？"

张捕头大喝道："刘四，别再装模作样了，老老实实地跟我们回邱县，你杀人是要偿命的！"

王玉莲出嫁之前就和刘四有奸情，但她父母一直没发现。那年六月六回娘家后，刚巧刘四从外地回来，两人旧情复燃，幽会了几次，之后更觉得你恩我爱，不忍分离。为了能长相厮守，二人想出一条毒计：首先，在李小丰接玉莲回家路上，刘四事先藏入树丛，让玉莲将绿裤换成他事先准备好的蓝裤，又故意神情恍惚装出被妖魔迷惑的样子，故布疑阵，借以使人相信有妖魔作祟，为杀死李小丰与王玉莲逃脱打下埋伏。

当天夜里，王玉莲待李小丰睡熟后，便开门带刘四进屋。刘四先用刀杀死小丰，然后带玉莲到村外，给她找了个地方躲藏，自己返回清理现场；又怕布单上血污斑斑，不像妖魔吃人的样子，就顺手也拿起被单，然后装成大鸟破窗飞出的样子，随即躲到村外。趁着村里一片慌乱，与王玉莲连夜逃往外地。到清江浦后，先做小本生意，积攒一笔钱，便开了个酒馆，没想到那么快就被抓了。

全县人了解了案情之后，显出一副"事后诸葛亮"的姿态。那个神汉，却因妙算失灵羞得缩在家里，再也不敢抛头露面了。而更多的人则为捕捉到凶犯高兴，但想起自己当年的迷信，都略感羞愧。

## 连环奸杀案

乾隆四十三年的春季时，保定清苑县李氏的女儿嫁给西乡张家庄张氏的儿子为妻,两家之间有一百多里路。李氏女花容月貌,张氏子仪表堂堂。刚新婚后不久,李氏女回娘家探亲,一住就一个多月,新郎赶着毛驴来接妻子。岳父岳母见了格外高兴,热情地接待了他。

第二天一早夫妇俩就上路了,张氏让妻子骑在驴上,自己步行跟在后面。走到了离家二十里路的一个村子,名叫六里村,村里仅有十来户人家。村里的村民和张氏经常来往,非常熟,便和他打招呼、开玩笑,张氏也和他们一一交谈,因而不能赶路。张氏心想:"乡邻盛情难却,反正驴子也熟悉回去的路,就让它驮着妻子先走,我随后追上。"于是,张氏妻自己骑在驴背上继续赶路。走了六七里路后,到了一个三岔路口前,往西便可到张家庄,往东则是任丘的县界,但张氏妻却记不清该走哪条路。正在这时,有一纨绔少年驾着马车,从西面疾驰而来,张妻的驴吓得拐到了去任丘的岔道上,两人同向而行。此少年是任丘豪富刘某,经常寻花问柳,狂放不羁。张氏妻看看天色渐晚,但还没到张家庄,有点慌了,就问刘某:"公子,张家庄离这还有多远啊?"刘某诡秘一笑,回答说:"娘子走错方向了,去张家庄应该向西走,这是通往任丘的大道,两处相距数十里。天色已黑,赶路多有不便,我看该为娘子找个村庄借住一晚上,天亮马上派人送你回去,怎么样?"张氏妻无奈,只得对他言听计从。到了前面的村庄,刘某找到自家佃户孔某,跟他说自己要间房休息,叫他准备一下。说来也巧,正好孔佃户的女儿新婚后回娘家看望父母,孔佃户见自己主人来了,只得对女儿说:"今天晚上主人要在咱家借宿,我也不能不答应,但咱家没多余的空房了,你暂时先回夫家,等他走后,我便去接你回来。"女儿听了父亲的话,只得拿起东西回夫家了。她的房间收拾出来,刘某借口只有一间房子,让张氏妻和自己住在了一起。刘某的车夫住在房外,张氏妻的驴拴在房檐下面,一夜好像什么事也没发生一样。

第二天已日上三竿了,还不见刘某开门。车夫知道主人平常素好拈花惹草,就以为他和张氏妻寻欢作乐到深夜,是以现在还不起床。孔佃户则心思比较细密,他心想:"主人无论怎么喜欢这妇人,照平常来看,近晌午也该起床吃饭了。"于是就趴在门上听动静,屋里静得什么声音都没有。又从窗缝往里一看,不看则已,看了则吓得他倒退十几步,浑身打着哆嗦,面无血色。车夫赶忙上前来看,原来张、刘二人已被杀多时,两具尸体横卧在床,床上头颅被砍掉滚落在地,血溅四壁。车夫忽然想起檐下的毛驴,出门一看,哪还有毛驴踪影。两人见此情景,半天说不出一句话,不知如何是好。过了好一会儿,二人都镇定下来了。孔佃户悄悄对车夫说:"这事涉及人命,非同小可。你家远在河南,不如拿了他们的衣物赶快逃回老家去。不然,一旦案发,你我就性命不保了。"车夫仔细考虑了之后,觉得有理,两人一合计,当天晚上趁着天黑把两个尸体拉到野地里随便挖了个坑就埋了,车夫就带着衣物马车回老家去了。

话说刘某的母亲见自己的儿子外出那么久了,还没回来,而且没给家里带什么消息,慌了手脚,立刻告到县衙去了,要求追查车夫。而张氏告别村里的乡邻,便急忙追赶自己妻子,但回到家后仍不见她,于是怀疑妻子娘家又把她带回去了,转而又赶至清苑县府衙控告他的岳父岳母大人,要求他们把女儿交还他。清苑县令细审案件后,觉得有冤情,就派捕役暗中查访。一日,捕役正在城里巡视,忽然听见卖驴的吆喝声,忙走上前察看,此驴毛色和张氏所丢一模一样,于是便把卖驴之人抓回县衙。原来此人名叫郭三,是个游手好闲的无赖之徒。县令当即审讯,问郭三:"你的驴从何而来?"郭三贪生怕死,更害怕受刑罚,一到大堂就两腿发抖、瘫软在地。惊堂木一响,便把事情全招供了。郭三与孔佃户的女儿早有奸情,尽管其女已经出嫁,但仍然藕断丝连。他得知孔女回娘家来了,就想重温旧梦,与其半夜幽会。不料当他从后窗潜入房内时,却发现床上有一男一女正睡着,他也没细看,以为孔女又与别的男人通奸,顿时火冒三丈,一怒之下,便杀了那两人,并将房檐下的毛驴盗走。而当时,车夫睡得特别沉,全然不觉。县令听完此话后,马上传唤孔佃户,查问尸体埋在哪了,并亲自和衙役动手起尸。可是刚刚挖到三尺深处,便发现了一具尸体,仔细辨认,却是个秃头老和尚。一时众人困惑不解,但孔佃户确定那里是埋尸点,所以众人又继续往下挖,才发现刘某、张妻的尸首。尸首找到了,人证、物证俱全,郭三被判死罪无疑。

张氏妻的冤屈得到昭雪,清苑县衙便释放了张氏岳父岳母。刘某之死亦真相大白,任丘县令也没必要追查车夫下落了。但半路又挖出一具老和尚尸体,可谓是案中疑案,孔佃户也甚感奇怪,却不知为何。县令及衙役们正在疑惑,忽然天空黑云密布,雷声大作,大家还来不及准备,便下起了倾盆大雨,县令一行人躲进了附近一古庙。古庙年久失修,寂静无人,阴森恐怖。县令命人找来乡邻地保询问有关古庙的情况。地保说:"这庙里原来有师徒二人,前段时间听说师父外出云游了,徒弟不知去哪了。"县令听罢,立即让他们前去辨认老和尚的尸首。地保们都说:"没错,庙里的老和尚就是他。"于是县令下令通缉小和尚,将捕役分成几个小组四处查访。几天后,当捕役访查到河南归德地区时,终于打听到了小和尚的下落。如今小和尚已蓄发娶妻了,而且开了家豆腐店。

捕役将小和尚捉回县衙,县令即升堂审讯,问他师父因何而死。小和尚起初想抵赖,口口声声说不知道,还叫冤枉,县令命拉出去杖打,小和尚还是不肯说。县令急了,大吼:"重刑伺候!看你招是不招!"严刑拷打之下,小和尚皮开肉绽,再也忍受不了,便招供了。原来小和尚现在的妻子早就和他师傅有奸情,后来徒弟渐渐长大,有了生理上的欲望,也与这个妇人通奸。小和尚与此妇感情日渐深厚,觉得师傅碍眼。长此以往,不是长久之计。于是两人合谋,由小和尚杀了师傅,之后离开此庙远逃他乡,和此妇结为夫妻。不巧的是,当他们掩埋师傅的尸首时,过于匆忙而埋在刘某、张妻的尸首上面,所以罪行暴露了。县令执法如山,证据确凿,遂将郭三、小和尚绳之以法。

## 盗尸害人案

雍正五年(公元1727年)十月,蓝鼎元由贡生选拔为知县,奉命到广州省普宁县任职。刚上任不到两个月,有潮阳县民王士毅越境来县告状,声称他堂弟阿雄被人毒死,请求知县为他做主,惩办凶手。他说:"堂弟阿雄年纪很小,就死了父亲,母亲林氏年轻守寡。不久前林氏实在无力独自支撑这个家,带着阿雄嫁给普宁县人陈天万为妾。陈天万的妻子许氏恨林氏母子,于是设计用药酒将阿雄毒死。阿雄死时十指弯曲,唇齿发青。"王士毅还保证:所告全是事实,如有半句假话,甘愿受罚。言辞恳切,所述事实过程也没有什么疑点,让人不得不信。第二天早晨,鼎元带着衙役前往察看,发现棺材里并无阿雄的尸体。王士毅利口捷舌,喋喋不休,当面指控陈天万害怕开棺验伤,将尸体转移灭迹。陈天万全家不知所措,十分害怕,说不出一句话来。鼎元觉得此案可疑,于是平心静气,仔细审问,得知阿雄身患痢疾已有两个多月,这一点,当时为阿雄看病的医生可以证明。再看看陈天万的妻子许氏,体弱多病,腹胀如鼓,行动不便,蹲坐起动,需要三四人搀扶。含悲叹息,凄凄惨惨,看样子也不像是心胸狭窄用毒酒杀人的悍妇。找来十几个证人,再三询问,可没有一个人知道尸体去向。鼎元判断,此案疑点甚多。尸体很有可能就是王士毅盗走的,因而传唤阿雄的母亲林氏,问道:"阿雄死的当天,士毅来过你家没有?"林氏回答说:"通知过他,可他那天一直没有露面。""第二天来过没有?""来过,可没来我们家,只是在表姐那儿打了个照面就走了。""他表姐家有男人吗?""有个儿子叫廖阿喜,现年十五六岁。"鼎元马上叫来阿喜,问道:"二十八日王士毅到你家有什么事?"阿喜说:"我俩是在路上遇见的,可他也没有进我家。""王士毅对你说了些什么?""他问我阿雄埋葬了没有?我告诉他埋葬了。他又问我尸体埋在什么地方?我对他说埋在后边岭上。后来他就走了。"鼎元听后拍案厉声说道:"偷尸的就是王士毅!"起初王士毅不招,在夹棍刑讯下,终于承认尸体是自己偷的。供称:他雇用乞丐,夜里见四下无人,偷偷将坟掘开,把尸体运走。再问他尸体藏在何处,以及是何人指使他来告此状,他支支吾吾,不肯吐露真情,好像害怕有人暗中观察动静似的。鼎元遂将王士毅责打三十棍,并声称要将他带回县城戴上刑枷,并游街示众。陈天万一家和乡里有牵连的人,一律释放。当时在场围观的人有好几千人,都认为此案已结束,欢呼声震天动地,顿时大家都对鼎元甚是景仰。

鼎元回城途中,在现场附近,暗中吩咐一个叫林才的强壮差役:"你脱去官服。换上百姓衣服,先赶到城里,立刻到东门旅店,问清楚潮州客人王士毅在此客店住了几天?住在哪个房间。你把现在住在那里的客人捆来见我。"不出鼎元所料,果然捉到一个叫王爵亭的讼师。此人表现得相当镇定,他装出对盗尸案件不知情的样子,胡说什么与王士毅素不相识,而王士毅也不看他一眼。说话斩钉截铁,几乎没有什么破绽。鼎元考虑到王士毅不能一个人去找写状人和保人,便秘密把写状人和保人叫来审问。他们都说,王爵亭与王士毅是一路的。可王爵亭还是不承认。此时鼎元考虑到此人很是狡猾,一定要采用一些计谋,鼎元命人给他纸笔,书写供词,结果字迹与原状的字体完全一样。人证物证俱在,王爵亭仍然抵赖。最后经过严刑拷打,他才说:"这全是老讼师陈伟度谋划的计策,将尸体偷运出县境,埋在滅水都乌石寨外,但现在尸体到底在哪里,要问陈伟度本人,就是王士毅也不知道。"鼎元立刻派出衙役,很快就将陈伟度捉拿归案。

陈伟度是个有经验的讼师,老奸计猾,比王爵亭还要老练十倍。一上公堂,便连攻带守,鸣冤叫屈:"陈天万是我兄弟,这两个没心肝的家伙,编造谎言,想将我兄弟置于死地,幸好遇到青天大老爷洞察秋毫,我兄弟才没有被冤枉。他们陷害我弟不成,又来害我。如果不是包龙图再世,我兄弟就一定要含冤而死了。"鼎元觉得他说的还是很有道理的——作为兄长哪能陷害本家兄弟呢?于是,便想将他无罪释放。继而,看见他两只眼睛转动不定,又觉得他不像是个好人,说的不是实话,于是便大声说道:"好个能说会道的讼师!你说得天花乱坠,好像是颇为有理，要是遇到别人，肯定会把你放走，今天不幸遇到了我，就不要再花言巧语，想蒙混过关是绝对不可能的。你不是说我是包公再世吗？你还敢来隐瞒实情，编些乱七八糟的话来骗我。你要从头至尾如实招供，争取从宽处理。"伟度十分惊讶，一时之间竟不知该如何回答。王爵亭指着他说："你我三人在乌石寨门楼谋划这件事的时候，你用杨家将盗骨的故事教我们偷尸出境，说是：一来怕验尸时尸体会有伤痕，二尸体运来潮阳，普宁县管不着潮阳的事，不怕事情被查出来。三则尸体盗走之后，一定会认为是被告干的，人们会认为他们灭尸，陈天万弟兄、妻妾、乡里保甲、左右邻居，都要牵连受刑，不怕他们不招。四则官府找不到尸体，案子在一时之间又不能了结，你我便可大展身手，从中周旋，广开财路，接受贿赂，这件事就由我们掌握了，谁敢不听咱们的？发财致富、成家立业就在此一举了。五则等到案子结了之后，仍不说明事情真相，阿雄的尸体也不会被找出来，我们也没什么后患。后来，把尸体偷出来，埋在了别的地方，我们三人还开怀痛饮，都说此计妙不可言，神不知鬼不觉，就是包龙图再世也决看不出真假。现在事情都到这个地步了，你就别瞎编了，还有什么说的呀？既然遇上了包公，你为什么还不从实招供？难道只想要我们二人受罪不成？"陈伟度还是喋喋不休，不肯认罪。鼎元便试探地问道："你虽然不是同谋，行为却十分可疑。王爵亭、王士毅既然是你弟弟的仇人，为什么你还和他们在东门旅店一块喝酒吃饭？"这个问题出乎陈伟度的意料，乱了阵脚，匆忙答道："那是偶然的一次。"鼎元问："一次属于偶然，一连几天都在一起吃喝，也是偶然的吗？"陈伟度说："普宁县城没有几家饭店，在一家饭店吃饭，碰面也是正常的。"鼎元说："你们连日来在旅店商量，我都知道了。如果是仇人相遇，怎么会有这么多话说？"陈伟度随口答道："因为王爵亭陷害我弟弟，我只是想劝劝他不要那样做。"鼎元再次试探地问道："那你夜里为什么还要和他住在一起？"伟度说："没有这回事。"为了查清事实，揭穿陈伟度的谎言，鼎元又在私下里审问了几次王爵亭，仔细询问了他们夜间住宿的地址、房间、被帐、器具位置等具体情况；而且又从城里林泰家林泰父子传了来，核实王爵亭的话，对证查实，陈伟度、王爵亭在林家住了三个夜晚。陈伟度毫无疑问，是谋划盗尸的主要案犯。鼎元知道，陈伟度是个刁钻无赖的恶棍，又是个狡猾的讼师，光有证人作证，还不能使其认罪，于是命对他进行刑讯。陈伟度只得招认说："以前变卖祖宗留下的房产时，由于分配不均，曾经与天万争吵过几次，结下了仇怨，现在想利用阿雄的死陷害他，为自己出口气。阿雄的尸体埋在石寨外下溪尾处，深三四尺，用砍去半截的树杆做了一个标记。"

　　蓝鼎元遂即将陈伟度拘禁,又让差役押解着王爵亭去下溪尾,寻找尸体,同时一面知会潮阳县令,另一方面,又给塘关卡驻军写了一封信,让他们派些士兵,一同去。按照伟度的交代,掘地四尺,发现一个蒲席包,里面确实裹着阿雄的尸体。鼎元命人将尸体抬回县城,唤来林氏、陈天万辨认。确认尸体之后,又命令验尸的将尸体仔细地检验了一番,结果死者浑身上下无其他伤害。王士毅低头不语。陈天万看到陈伟度哭着说道:"我们本来是亲兄弟,没有深仇大恨,为什么把事情做到这个地步? 过去因祖产发生一点隔阂,你就曾放过话说要我家破人亡、不留一点活路,我还认为是一句戏言,不想你果然做出了这等事,不是你今天亲口说出来,我还真是不知道惹了哪位神仙,得到这一场灾祸? 现在事情已经查清,你这是自食其果。"伟度说:"都是我的错,你不必说了。"

　　结案之后,有人劝蓝鼎元将这件事向省府报告,借此升官扬名,鼎元认为:普宁已经连续好几年灾荒了,庄稼收成也不好,自己到任不过一个多月,地方上还没有什么起色。陈伟度三个恶棍,虽说他们是罪有应得,应该受到严惩,但呈报省府,解送人犯,要牵连到许多人,会使百姓遭受解送劳累之苦。于是决定在县自行处理。遂将王士毅、王爵亭、陈伟度三人,各杖一百,带着枷行,游街示众,以泄民愤;并命人制成木牌一块,将这个盗尸害人案的事实写在上面,让乡民轮流举着,走在犯人前面。普宁百姓亲眼看到坏人受到惩罚,心里非常痛快。

## 黑店杀人案

　　乾隆二十六年,河南某城发生一起杀人抢劫案,凶手极其凶残,杀死了好多人,其中也包括一些无辜的人。主犯及二十多个从犯都已正法,但有一个狡猾阴险、诡计多端的张振奇,他咬定自己参加这个团伙组织是被逼的,而且死都不承认自己曾杀人。他还供出谁怎样杀人,谁杀死多少人,谁经常出坏主意等等。他的同伙一见事情败露,早已心慌意乱了,哪里还顾得上揭发别人,因为谁都知道自己死定了,所以没人供出他也参与杀人抢劫的事。就这样,他没被判死罪,只是被充军发配到云南。

　　他被押解去云南时,把妻妾、儿子都带上了。

　　张振奇发配到云南后,被安插到弥渡。初来乍到,人地两生疏,他就整日在外面瞎混,四处打听、八方结交。他得知通判衙门草书李枝健可以说是这地方上的一霸,便设法接近,巴结奉承。怎奈枝健哪里把他这个军犯放在眼里,对他根本不予理睬。张振奇不甘罢休,想尽一切办法巴结他,以求日后得到庇护。一日,终于让他逮着一个机会。李枝健也是个为非作歹的人,只是山高皇帝远,在边远地区,所以也能做个一官半职。官职对他来说,只不过是帮他干坏事罢了。这天,李枝健以整修房屋为借口,侵占邻人地界,因此和邻居发生争执。他原来就是仗势欺人,张振奇装着主持公道似的,却为了讨好李枝健,蛮不讲理拆毁人家的院墙,扬长而去。事后,李枝健备下酒水答谢,张振奇也表示以后仍然效劳。二人就此结交上,并倾心相交。

有个人叫张升,他原来是一个仆人,因行为不端被主人辞退,之后,整日闲荡。他的妻子夏氏年纪轻轻,虽然样貌一般,可是整天浓妆艳抹的,却也能勾引男人。张振奇没多久便与她勾搭上了。不久,张升发觉了,因为他不敢得罪张振奇,只好忍气吞声。后来,又见张振奇刚到这里就有头有脸了,觉得他很了不起,便有意与他结交,更是纵容他们二人。

又没过多久,张振奇的妾尚氏得知他们二人勾搭成奸之后,便又哭又闹地骂张振奇没良心。张振奇怕事态闹大,便哄骗她说:"你听了我的计划后,就不会吃醋的了。我是要先把她诱到手,控制她,然后开个店,叫她去卖淫,给咱挣钱,这样咱可毫不费劲了,怎么样? 不然我哪有那么多钱给你买吃的、穿的、打扮的啊。你且不要不识好歹,坏我好事啊。"像他这样诡计多端的人撒谎骗人,轻而易举,对尚氏这样说,无非是连哄带压,让她顺从,别再打闹。却不料尚氏继续哭着说:"这种钱,哪个女人不会挣啊! 为什么偏偏指望她?"听了这句话,张振奇心中一动,顿时他想到了这个方法。多日来,他冥思苦想生财之道,今日不知不觉中竟找到了,心里顿时快活万分。

张振奇置办酒菜,找来李枝健、张升,叫上儿子张顺从,四人在密室商量着怎样发财。张振奇还叫尚氏、夏氏艳妆打扮在旁边侍候他们。

喝了一会酒后,张振奇停止说笑,一脸正经地说:"今日请你们来不单是喝酒取乐,还有事要商量。我想问你们家里的钱多吗?"

张升立刻回答:"你要借钱吗? 不是我不肯给你,你是知道我……"

张振奇没等他说完就说:"我没这意思,你且听我说。你们各自的家里要是有花不完的钱的话,我就不说什么了。如果你们想挣上钱给自己后半辈子用的话,我倒有个法子。"

张升道:"钱可是个好东西,我也琢磨着弄点钱,你有什么法子? 做买卖,没本钱;去偷去抢,我又胆小怕事。"

张振奇不慌不忙地紧接着说:"我们可不用偷,不用抢。"他又指了指夏、尚二人道:"在她俩身上。"

大家都沉默了一会,李枝健略微点了一下头,催促张振奇道:"什么方法快说出来呀!"

张振奇便把他的计划对二人说了,大家均同意此计划,就把各事项都定了下来。张振奇自当店主,李枝健掌柜台,张升、张顺兴跑堂,夏氏、尚氏做摇钱树,还规定了不准对外人说起此事。

张渡是边陲小镇,虽不如中原或沿海重镇繁华,但总有大小商人从此经过,这些商人大都是贩卖药材、瓷器、布匹之类的。张振奇的客店开张了,正是用酒色迷惑这些商贩,然后诓骗他们钱财。尚氏与夏氏则比着谁从客商身上捞的钱多。

就这样过了一些日子后,张振奇挣的钱不多,还要和别人分,自己到手的钱又随手花掉,不能积蓄,便觉着没有什么意思。

一日,尚氏接待一单身商人,她发现这商人身上带有珠宝,便立刻告诉张振奇。张寻思了一会儿,想到一条计策,便把尚氏拉到密处,悄悄说道:"有人给咱送钱来了,今晚你用蒙汗药把他蒙倒。待他不省人事的时候,便把他的珠宝拿了,四更时,假装去厕所,把珠宝都包好了,放在厕所的外墙下,我会去拿的。"尚氏忙说:"你真是昏了头,怎么能把珠宝放在厕所外墙下呢?如果被别人拿了,怎么行?我还是觉得交到你手里才安全。"

张振奇又放低声音道:"你真傻。这事只能你知我知,难道这样的东西也要和他们分吗?所以不能让别人看见你给我一包东西,要不然,明早客人发现珠宝不见,一定会闹的。别人还好说,那李枝健知道我私吞珠宝,还不要了我的命!"

尚氏点头道:"好吧,就照你说的去做吧。"

张振奇又说:"你别急,我还有话说。你把裹珠宝的包放在厕所墙外,回屋之后,就把屋里翻乱,把自己的首饰藏好,再把窗户打开,再睡下,这就行了。明天一早,谁看了都会以为是小偷把东西偷走的,那家伙也只能自认倒霉了!从现在起直到明天早晨,你别来找我了,省得别人起疑心。我会把蒙汗药放在那屋窗台边上,很小的一包。你悄悄取了,千万别让人发现。把我说的话仔细记住了,这事干成了,你就有福享了!"

尚氏见张这么看重自己,心中又兴奋又紧张。所以在带着珠宝的客商面前神色不安、语言行为有点反常。精明的商人已察觉到了,但他只是觉得奇怪,也没太在意,随便与尚氏聊几句:"看你愁容满面,似有不顺心之事,说与我听,看我能不能帮你。"尚氏竟连一般的话语也说不出半句,吞吞吐吐的。这位客商觉得她可能有诈,便装作头痛,倒在榻上,眯着眼睛,佯装睡觉。尚氏见了之后,便悄悄去窗台取那小包药,回头看看客商,客商好像睡得很沉似的,于是尚氏轻手轻脚取酒、放药。并把一切都伪装好后,装作若无其事似的在一旁等着,但客商已把一切看见了,便暗暗地盘算着对策。

　　一会儿,这客商假装睡醒,坐起身来了,与尚氏调戏一番后,便要酒要菜。当尚氏递过酒杯时,他笑嘻嘻地接过来,送至尚氏唇边,要她先喝一杯。尚氏知有药,不敢喝,他便强行灌下,尚氏挣扎不得,一小会儿就昏倒了。客商踢了她几脚,发泄一下,但不敢久留,见窗外四下无人,便拿了行李,翻窗溜了。

　　次日五更前后,张振奇去取包裹,但发现没有,又进厕内查看,怕是尚氏记错了。他里外找遍了,仍找不着,可是那屋的窗子明明是按事先布置的打开着,到底怎么回事,他想不明白,但又不敢去看发生什么事了,只得回房装作还没睡醒,以观动静。

　　早晨,张升慌忙跑来把尚氏的情况告诉他。张振奇做出吃惊的样子,心中却叫苦不堪。

　　事后,他悄悄问尚氏怎么回事,尚氏也细说了,张振奇虽然满怀怨气,却也不敢声张。他还耐着性子告诉尚氏,说她编出的瞎话能哄过众人,真是机灵过人。

　　没抢到那商人的珠宝,张振奇总觉得心有不甘,他生性贪婪,于是又谋出一条阴险狠毒之计。他和李枝健、张升商议,两人均无异议。

　　乾隆三十三年二月,有一单身客商住店,尚氏等探得这客商随身带有不少钱财。于是夜间张振奇等几人一齐动手,手忙脚乱的结果了它,把尸体埋于后院。所得钱财大家分,大家都满心欢喜。

　　此后,过往客人中,如果是一帮一伙的,由夏氏、尚氏充当妓女诱骗他们的钱财。一遇单人客商,如果带有较多资财的,李枝健便不登记簿号,当其为嫖宿,继而谋害致死,分其钱财。自乾隆三十三年二月起至三十五年三月止,所有被他们杀死的客人都埋于屋后,大约有十几条性命吧,没人去记它的数目。只知道钱数千两,行李衣物等运到外地变卖,又可得一大笔钱。人都是张振奇杀的,张升、张顺兴帮助肢解尸体。

两年后,夏氏暴病死了,紧接着,张顺兴也染上瘟疫死了,张升带着自己分到的钱去外地与人合伙办厂谋生。张振奇自己积累了不少钱,手头也宽了,家里也富裕了,此时尚氏也年老色衰了。张振奇只得停止了那灭绝人性的勾当。客店就是一个一般的客店了。

不久,洪水泛滥,埋在屋后的尸骨大部分被水冲入河流,只剩些碎骨渣儿和发辫之类的留在坑底,张振奇便填土深埋。洪水冲走尸体,便冲走了所有的罪证,倘若张振奇真的再也不干这类事的话,那冤死之鬼便无处申冤了。'

到了乾隆三十八年,张振奇另一个儿子张顺发成亲了。新娘子是太和县人潘勤的闺女,这潘氏长得还不错,张振奇见了不觉心中一动。不久,张升在外地开办的工厂也迁回弥渡。正巧店内新到两个雇工张泰交、庄尔功又与张振奇同样野蛮凶残,脾气性格相投,关系自然密切。

张振奇为重操旧业,把庄尔功、张泰交召集在一起密谋大计。他命令尚氏悄悄地勾引儿媳潘氏在店中卖淫,趁此机会图财害命。

张振奇越干越有经验,黑店也因此越来越昌盛。

对于黑店里的这般丑事,外人是不曾知晓的。潘氏的父亲只知女儿卖淫的事,至于杀人之事却蒙在鼓里。他不忍心女儿卖淫,也曾到张家讲理。可是张振奇哪里是讲理的人,几句话就使潘勤只能认输:诸如嫁出去的女儿泼出去的水;既然她是我张家的人,我家人和我家事与你毫无干系,你不要敬酒不吃吃罚酒……对于张家的势力,潘勤是非常畏惧的,但这种事张扬出去有损脸面,所以只能忍耐。店内那些忽来忽去的临时工,一般在白天劳作,对于夜里发生的事全然不知,让知情的临时工抬尸,或给钱堵嘴,或是他们为不受牵连辞职不干。因为张振奇生性凶残,所以没有人敢举报。

从乾隆四十二年六月起至四十三年二月初这段时间,他们通过石块、刀斧杀死数十名广西、四川的过往客商,得了数不尽的金银财宝。并且,还谋得那些店客寄存在货栈里的药材、瓷器等大批货物及衣物,车马等更是数不胜数。

州府通判刁玉成心想张振奇原本是军犯,却丰衣足食,敢与本地富户比高低,形迹非常可疑。于是派桑增暗中调查。桑增向军犯头目俞成了解情况,俞成平日心直口快,此次却吞吞吐吐,含糊不清,更是值得怀疑。桑增又询问原来在店内帮工的谢小二。谢小二告诉了真相。

刁玉成急忙向云南总督李侍尧禀报。

李侍尧与云南巡抚裴宗锡命云南布政司孙士毅、按察司汪圻在该省、地、府、州、县的帮助下，共同审理张振奇等人谋财害命案。

张振奇生性狡猾，他明白自己罪情严重，死有余辜。录供之后，在没有得到确凿的证据之前，他便绝食，妄图逃脱凌迟之刑。

云南府知府、永慧城守营参将德舒于乾隆四十三年三月十二日把张振奇绑赴街口施凌迟之刑，割下四肢之后，他难忍疼痛，不时抖动，继而割断咽喉，最后把他的头悬在弥渡县城。他得到如此下场是罪有应得。

大清律条规定，凡为谋财而杀人者按强盗论处，不分首从，皆斩。根据这一规定，对其他案犯做如下判决。

案犯李枝健，先后与首犯勾结、分赃、互相包庇，应斩首。

案犯潘氏、尚氏以淫谋财，与首犯勾结，斩首。

案犯庄尔功、张泰交、张升、张兴发皆为谋财害命，按强盗治罪，斩首。

先给男犯刺字，待朝廷谕旨传下，立即斩首。

张振奇之妻支氏及孙女小存虽未参与此事，但作为主犯家属按清律规定发配伊犁为奴。

店内帮工谢小二、范元佩、钟映祖三人也未涉及此事，但事后知情不报，潘勤知女卖淫，宁愿忍受隐瞒，均非善类。

军犯俞成，官差差以重任，不但不尽职，反与张振奇往来甚密，对官方探访一味推诿，得知谢小二说出实情后，才在对证时补上禀报，企图推卸责任。

钟映祖、潘勤、俞成、谢小二、范元佩均发放伊犁为奴，侍候种地兵丁。

乡约赵理厚、林荣、徐有本、李朝甫等虽不知情也无受贿，但对安插军犯在境竟无察觉，以致十余年内使许多人丧命，若不严加惩治，将难以清保甲而靖地方，所以均按保甲容留强盗二名以上治罪，发配充军。

受雇刨坑而不知杀人之事的孙堂、张三被重打三十板。

张顺兴之妻余氏并未做淫乱荒唐之事，张顺兴死后便改嫁他人，不曾与张家来往，因此不予治罪。

## 塾师强奸未遂案

此案发生在清代湖南桂阳县。县民何元三与何先佑虽属同姓，但他们却无血缘关系。何先佑虽然没成年，但已娶了一妻孙氏，孙氏很守妇道。乾隆二十七年,何先佑之父何遗安延请何元三为家庭教师,教何先佑学习。不久,何遗安因病逝世,其妻朱氏便将家中大小诸事委托何元三料理,何元三不避内外,拜朱氏为干娘。

乾隆二十八年四月十八日,何元三与朱氏偷情,何先佑夫妇并不知情。从此,何元三与朱氏常偷偷奸宿。乾隆二十九年三月二十六日一大早,孙氏到朱氏房中请安,由于何元三与朱氏前晚贪欢以至还没起床,所以被孙氏撞见,但没吭声,很尴尬地出去了。何元三与朱氏恐孙氏泄露此事,便私下商定,让何元三找机会将孙氏奸污,以威胁她,不让她说。

几天后,何元三见何先佑外出,便试探调戏孙氏,被孙氏斥骂,所以没敢动手动脚。孙氏见何元三行为不检,多次规劝婆婆不要与何元三鬼混,无奈朱氏不听。孙氏又将何元三的丑行告诉自己的丈夫,但何先佑胆小怕事,没敢说什么。

一天,邻居李达上家要分家了,请朱氏、孙氏婆媳二人吃饭,朱氏推辞说:"不去了。"当时孙氏正在厨房,听见了她们的谈话,出来对朱氏说:"咱去看看也好啊。"朱氏心中有鬼,怕孙氏出去后说出自己的丑事,就说:"现在孝服时间还没过,不能去。"何元三也附和着朱氏,孙氏很不高兴。朱氏见此情景,很担心她把那天自己的丑事宣扬出去,于是吩咐何元三赶快奸污孙氏。

八月二十二日下午,朱氏去河边洗衣服,何先佑去书房读书,只有孙氏一人在厨房干家务。何元三见有机会了,敲门进来,孙氏问他有何事,他便撒谎说取茶叶。他偷偷来到孙氏身后,趁她不注意一把将孙氏抱住,企图强奸。孙氏一惊,便大声呼叫了,并扯住何元三的衣服,还扇他耳光。孙氏的丈夫何先佑听到叫骂,急忙跑过来,何元三见势不妙,便打了孙氏一拳,孙氏一松手,何元三趁机逃走了。

孙氏向丈夫哭诉了何元三的企图,何先佑听了默默不语。一方面是由于何元三是自己的师长,自己不好意思说他;另一方面他又和自己母亲有关系,更难以启齿。再说自己年纪小,何元三也没干什么丢脸的事,于是他便忍了。见孙氏哭泣不已,何先佑又劝慰了几句,便走了。

何先佑一走,孙氏平静下来,回想多日来何元三三番两次地调戏自己,终于发展到今天的企图强奸,但自己丈夫也不保护自己。孙氏越想越气愤,越想越觉得丢人,冲动之下竟投井自尽了。案发后,何先佑被传讯到堂,只好一五一十地将何元三屡次调戏妻子的过程说了一遍,但不敢提及他与母亲的关系。县令听后大怒,立刻命人逮捕何元三,朱氏因羞愧惊吓,不久便得病死去了。

## 聚众奸污妇女案

清道光六年二月某日,吉林省某镇刘家寨的于太因病去世,留下年仅二十五岁的妻子丁钟。刘家寨的刘文魁已三十多岁了,但仍光棍一个,当他知道于太死了之后,就来找于太的父亲于功佩,跟他商量说自己要娶丁钟为妻。于功佩说:"文魁呀,我家这两年碰到一连串不顺之事,给于太治病花了许多钱,这次办丧的花费也不少。你想娶丁钟,我没什么意见,但得给我二百吊钱,也好让我宽松宽松;我也可以多置些嫁妆,这样她过门时我也不会丢脸。"

"大叔,我集全部家当也就是五十吊,我上哪儿找二百吊呀?您宽限一下吧,先给您五十吊,其他的我会想办法尽快给你。"刘文魁央求说。

"你有苦处,我也有啊。丁钟嫁出去后,就剩我一个老头了,我怎么过呀!这你想过吗?"于功佩就是不答应他。

"你就可怜一下我,我都三十出头了,还没成家。我们成亲后会好好照顾您,这还不行吗?"

刘文魁见终不能说服于功佩,只好悻悻地走了。

五月初四,同镇的郭起也来找于功佩提亲,说要娶丁钟。于功佩也没偏私谁,同样向他要二百吊钱。郭起立即答应了,并找了一个叫徐福祥的人做媒,送来二百吊钱。晚上,于功佩与丁钟的父亲丁士瀑一起与丁钟商量,让丁钟改嫁给郭起,丁钟见父亲和公公都那么说了,也就没有反对了。这样,于功佩与徐福祥等约定,要郭起初六迎娶丁钟过门成婚。

初六清早,郭起带了花轿和迎婚人,一路敲锣打鼓地来到于功佩家,将丁钟娶走了。

再说刘文魁被于功佩拒绝后回来,整天想着如何筹够二百吊钱。转眼两个月过去了,刘文魁却还没有筹够二百吊钱。因此,刘文魁整日无精打采,一幅闷闷不乐的样子。刘文魁得知郭起在五月六日已将丁钟娶走,便怒火中烧,决定抢走丁钟。当日晚,刘文魁找来自己的两个哥哥刘文彬、刘文会和好友孙华,把自己憋气的事告诉他们:"于功佩原已答应将丁钟许配给我,在我筹钱过程中,他又将丁钟许配给郭起了。我邀你们来是希望你们帮我将丁钟抢回。否则,我将要含恨地过日子!"刘文彬说:"就咱几个可能人手不够啊。还是把堂弟刘文桂他们都叫上,这样人多也好照应。即使他们人多,我们也不怕了。"这样,刘文彬又叫上了几个人,总共十五人,并计划好第二天去抢人。

五月七日早,刘文魁一伙十五人,带着武器,赶着马车来到郭起家门口,刘文魁嘱咐刘文会等人说:"我与文彬、孙华先进,你带其他人守住门口,不要让人进出,如果里面有事,你马上带人往里冲。"刘文会点头同意。刘文魁他们便进去了,他们发现郭起不在家,只有丁钟一人在屋里。刘文魁见到丁钟后说:"娘子,我与于功佩早已定好要娶你,但他不守信义,把你嫁给郭起,你现在马上跟我走!"丁钟还没明白怎么回事,刘文魁上前抱住她上身,刘文彬、孙华抱住她下身,将丁钟抱起。丁钟知道事情不对了,赶忙大叫。刘文桂等人听到叫声,怕有人来看热闹,便吓得跑了。刘文魁等将丁钟放上马车,径直回到家里。

刘文魁到家后对丁钟说:"好娘子,我们的姻缘上辈子就注定了,谁也无法搅乱我们。咱们现在就结婚!"说着上前抱住丁钟。丁钟早已泪流满面,边哭边说:"我没脸见人了,郭起娶我还有徐福祥说媒,是名正言顺的。你却找这么多人把我抢来,我以后怎么去见人啊!"

"从今天起,你就是我的人了,还想郭起!告诉你,你若不跟我,我便杀了你!"刘文魁威吓道。

丁钟始终没屈服。最后刘文魁忍无可忍了,便把丁钟推倒在床,强奸了她。

郭起知道是刘文魁抢了人之后,便报告给林将军了。林将军捉住了刘文魁,并判他"聚众入室、抢夺妇女并奸污"罪,定为首犯,立即处斩;刘文彬、孙华受他人唆使,入室抢人,为从犯,处绞监候。刘文桂等,跟从哄抢,虽中途离开,但没上报,拟施以杖刑。

林将军在详查此案时发现,丁钟于道光六年二月丧夫,五月即改嫁郭起为妻,丧未及半载即行改嫁,有违常理。将丁钟判居丧改嫁罪,一并处理。

## 纵妻卖身杀人案

清宣宗道光十五年(1835年)直隶(今河北省)某地,一日,某村村民郑明从外面回来,进门后听见妻子郑果氏的房内有声响,于是他悄悄上前一看,只见同村好友孙四和自己的妻子正在寻欢作乐呢。郑明气得差点晕了,便怒气冲冲地冲进房内,指着他们痛骂。孙四被捉奸在床,却毫无心虚胆怯之状,反而迎上来,揪住郑明就打,两人厮打作一团。这边郑果氏慌乱地穿好衣服,但不知该怎么办,只能在一旁观战,后见孙四把郑明压在地上,连忙下炕拉劝,但心一慌,手脚一乱便跌倒在地。当她爬起来后,发现郑明的脑部已被孙四打伤,躺在地上,说不出话了。郑果氏见状大哭,想救自己的丈夫,但孙四在一旁威胁,叫她别出声。郑果氏心里害怕,只得默不作声。

孙四心想:"明明是你叫你老婆勾引我,为何又出尔反尔,怪罪于我?"原来,孙四和郑明是同住一村的,而且关系挺好。郑果氏是郑高氏和她的前夫果大所生,果大病逝后,郑高氏就带着果氏改嫁到了郑得祥家。郑明是郑得祥与其前妻生的,所以他们是异父异母的兄妹。郑得祥见果氏和郑明均已成人,且两人均未婚配,便和郑高氏商量,打算让他们成亲。郑高氏同意,结果这一对异父异母的兄妹就结成了夫妻。后来郑得祥死了,郑明家境贫寒,想让孙四接济一下自己,但又没有方法,就让郑果氏勾引孙四,以此威胁他,向他索要钱财。郑果氏一开始不答应,但看着自己的日子过得这么差,只好答应了。于是郑明在孙四来到自己家时,找机会诱使他和郑果氏通奸,然后向他要钱。郑果氏的母亲郑高氏虽知内情,但不仅没劝阻,反而纵容。等到孙四钱财已尽,再也没钱给他们之时,郑明便不再让他靠近郑果氏了,结果当孙四又来和郑果氏行奸时,郑明便训斥郑果氏,辱骂孙四。想到自己被人引诱,诓尽钱财,孙四不禁气愤至极,于是出手将郑明打伤,但又想到他伤愈后会报复自己,于是顿起杀机,趁他现在受了伤,下手将郑明打死。随后又伪造现场,把尸体藏到别处,并威吓郑果氏,叫她不要报案。

案发后,直隶总督认为郑果氏和郑明属异父异母关系,因为他们在名分上并没有什么障碍,可以当他们是夫妇关系来定他们的罪,所以按奸夫因奸谋杀纵奸本夫律,判孙四斩监候;按奸夫杀本夫,奸妇在场不喊救,之后又没报案,判郑果氏绞监候,后减为流刑。然后上报刑部复核,待批示后执行。

## 仆人贪色逼奸案

山东福山县有一富翁张某,虽然他家财万贯,但一直没有子女,在他三十岁之时,他妻子终于给他生下一男孩,于是他视之如命,爱之如宝。在他儿子满百日的那天请来教书先生,为儿子取了个吉祥名字,叫顺福,他们希望孩子会事事如意、无灾无难、享尽人间幸福。顺福长大后五官还算端正,所以好多有钱人家都来提亲了。张某夫妻说,他们不在乎姑娘的家境,只求姑娘性格好、样貌好就

·清朝秘史·

图文珍藏版

行。挑来挑去,一直到顺福十九岁那年才和一个姓王的人家订了婚事。结婚以后,张某因疼爱儿子,于是专门翻修了一栋二层的小楼,让小两口居住,并派了男仆郑三伺候他们。

郑三已服侍张某多年了,平时恭顺老实,张氏父子也很信赖他,但实际上他却是一个阴险凶狠的人。顺福大婚那天,他见王氏长得标致动人,心里便起了歪念。后来想了好多办法勾引王氏,但王氏都没理他。一天他实在忍受不住性欲的煎熬,便狠下心来说:"能和这么漂亮的女人上床,就是披枷戴锁,发配充军,也心甘情愿了。"一天夜晚,三更过后,他拿了绳子、铁钉、锤子和短刀进入小楼,随即把大门钉死。然后上楼,闯进顺福夫妻的卧室。他持刀对顺福夫妇。王氏无力反抗,想自杀也不行,于是和丈夫一起大喊救命。张某夫妇听见救命声,便急忙赶过来,却发现楼门被钉死进不去,遂命人破门。正当众人要破门时,郑三在楼上大声说:"你们敢破门进来,我就杀死你们的宝贝儿子。"张某夫妇投鼠忌器,只能叫众人不得砸门,急得在门外团团打转。又听郑三说:"你们听着,以后一日两餐,要准时送来。否则,先饿死的是你们的儿子。而且我要好酒好菜,要不然,我就打你们的儿子。每天按时送到窗下,到时我放下绳子提取,你们听清了。"

官府接到张某的报告,立即派捕役前来,因怕伤害顺福夫妇性命,不敢破门上楼捕捉凶犯。就这样过了几天,一日县令乘轿从张家门前经过,张某上前喊冤。县令接过状子。略微看了一眼,就扔了,一副漠然的样子对张某说:"这已事隔多日,而其中我也曾派人前去逮捕恶徒,但你怕凶犯伤害你儿子性命,使衙役不敢上楼捉人,教我有什么办法!"说罢,起轿而去。张某一下又急又恨,放声大哭起来。郑三听到这个情况,更是暗暗自喜,以为自己聪明。

一天夜晚,郑三忽听院内人声嘈杂,不知发生何事,于是走近窗前,往外一看,只见几十个强人点着火把拿着刀棍,到处翻抢财物。张某夫妇跪趴在地上求饶,众仆人吓得惊叫着乱窜。又听众盗大声说道:"这座小楼盖得这么好,封得这么严实,一定藏有许多金银财宝。"话音一落,十几个强人便吆喝着抢到小楼门前,举起斧头,几下就将楼门砸开了。郑三一看,吓傻了,赶忙想找地方躲藏起来,强人已闯进卧室,上前一把抓住他。接着一个穿官服的人进了卧室,命令将郑三捆绑起来,带回县衙审问。此时郑三才恍然大悟,原来这伙人不是强盗,而是官府的捕役。前几天县令故意不接受张某的诉状乃是施放烟幕,麻痹自己而已。

捕役扮成强盗,装着打家劫舍,然后出其不意将凶徒抓获,解救了人质,实在高明。事后,百姓们都说县令是智多星下凡,便把破此案之事编成了故事四处说唱。

## 贞烈女子丧命案

宁波府奉化县监生程文焕,娶妻李玉兰,他们年已三十,却没有子女,夫妇二人十分虔诚,吃素斋三年,还常到附近寺院道观烧香拜佛,祈求能得一孩子。每次要去寺院之日,他们鸡鸣就起床,为表虔诚他们不坐轿、不骑马、不带仆人,夫妇二人诚心携手同行,日落西山才回来。附近的寺院,对他们夫妇二人的行动都了如指掌。

三月二十四日鸡鸣之后,天已很亮了,夫妇俩一大早就沐浴更衣,然后,就到庆云寺进香。这个寺院有一百多僧人,他们田多、房多,很是富足。和尚大多淫欲旺盛,还常胡作非为。这天早晨,火头出来开山门,远远就看见了文焕夫妇正走过来,连忙报告长老,长老赶忙起床迎接,夫妇二人人寺,拜了佛祖,又参拜菩萨,然后方丈用斋饭招待他们,并带去游览藏经阁,当夫妇感到累后,方丈便请他们坐下休息。文焕忽然觉得精神不爽,就伏在案几上,一会儿便睡着了。

坐在玉兰旁边的僧人叫如空,他看见玉兰花容月貌,楚楚动人,便起了色心,况且文焕正在睡觉,于是上前调戏她。玉兰的性情本来坚贞刚烈,岂容他胡来,破口大骂道:"秃子无知,我是什么样的人,你竟敢色胆包天调戏于我!"因而惊醒了文焕,如空忙灰溜溜地逃走了。文焕问起缘故,玉兰说:"适才有一个大胆淫僧,见你睡着,便来调戏我,被我骂了几句,才勿忙逃去。"文焕听了后,火冒三丈,就说:"这个秃驴欺人太甚!"又高声大骂,说:"明天到县衙告状,一定要除此贼,以清理佛门,消我心头之气。"此事很快传到众僧人那里,他们恐怕文焕到县里告状,私下议论说:"这夫妇二人来的时候,天刚亮,并没有人看见他们,不如杀掉他们以除后患。尽管这个妇人坚贞刚烈,但若将她囚在寺里,日后不怕她不从。"众僧人计策已定,就出来擒拿文焕夫妇,文焕终究寡不敌众被擒。又有几个僧人把玉兰强拉到另一个屋里想强奸,但玉兰拼命反抗,宁死不从,一个僧人制止说:"先等一等,她一时哪里肯顺从。不如暂且将她囚禁,且善待她,日后一定肯顺从。这个妇人性情刚烈,逼急了她会自杀的。"众僧人都听了他的话,便找了一个僻静的屋子囚禁了玉兰。文焕见众僧人杀气腾腾,心想难免一死,就说:"现在我一个人在这,你们想什么时候杀我都可以。你们既然强夺我的妻子,定会杀我灭口,只求容许我自尽,怎么样?"如空说:"不行,一定要立即杀死,以免夜长梦多。"中间有一个老和尚,看见他说话可怜的样子,就说:"现在他既已被困于此,谅也无法逃脱,只要囚禁在静室之中就行了,给他三天时间,让他自尽吧。"众僧人听了,觉得也对,便照办了,于是把文焕关到一个静室,四面高墙,他们只给文焕砒霜一包、绳索一条、小刀一把,毫无感情地说:"任你逃选。"然后便出去,把门锁死了。文焕自己想,虽然可以拖延一时,然而还是不能逃出他们的手掌。屋里椅子、凳子都没有,只能坐在靠着柱子的石基上了,他平日好诵三官经,常听说诵经能解救厄难,就口中念经不停。

当时,晏思孔任浙江按院,到宁波巡视。一日在台州巡视,夜里住在白峤驿。晏思孔做了一个梦,梦中有两个将官模样的使者求见,说:"我们奉命请您往庆云寺游历。"思孔说:"庆云寺离这有多远?"使者说:"有五十多里。"思孔就与使者同行,到一个寺庙前,抬头一看,有金字匾额,上有"敕封庆云寺"五个大字,他们进寺后,四处游览,无意中到了一个僻静的屋子,看见屋内什么都没有,只囚着一条黄龙,盘在柱基之上。正在这时,他醒了,惊醒以后,就觉得梦很奇怪,其中必有缘故。

第二天一早,升堂时,驿丞参见。思孔想起昨夜之梦问道:"这附近有庆云寺吗?"驿丞说:"庆云寺离这里大概有六十里。这个寺院面积很大,其僧人也很富足。"思孔说:"寺里僧人有多少?"驿丞说:"有一百来人。"思孔说:"今天我想去参观一下寺院。"于是就发出号牌上马启程,一行人走了一会儿才到庆云寺门前,众僧人迎接晏思孔入寺。思孔边看边想,觉得与梦中的情景完全一样,又深入到寺院的四面游览观看。经过一个藏经阁,进入左边一个小巷,到达静心斋,又进入一间小屋,他发现旁边不起眼的地方有一个门,门上的锁和门栓仿佛是他梦见龙的地方的锁和栓。思孔令僧人拿钥匙打开,僧人回禀说:"这里面从上代祖师以来,都不曾打开过。"思孔说:"为什么不开?"僧人说:"传说屋内关有妖邪。"思孔说:"岂有此理!我才不信有什么妖邪,我今天一定要打开看看,如果有什么灾祸,由我一人承当。"僧人心虚,还是不敢开,思孔命兵士破门而入,果然看见一个人昏倒在柱子旁边,忙令人将其扶起,用面汤灌他,把他救醒,并传令公差军人来,将寺院四面紧紧包围,但没想到在思孔打开门时,已有五六十知情僧人闻风而逃了,只是军人在外面,看见僧人走得匆忙,却不知是什么原因,心里很怀疑,仅仅捉住一二十人。但没过多久,听说寺内传出命令将寺院包围起来,于是,抓住老僧、僧童三十人。

思孔拿酒肉给文焕吃,过了很久,文焕才能说话。便把事情从头到尾说了出来:"小生是监生程文焕,奉化县人,结婚多年,但无子女。夫妇二人一早到寺中烧香,中午我因困倦而趴在案几上睡着了,妻子坐在旁边,谁想六根不净的好色僧人趁我睡熟而调戏我妻,妻子贞烈而大骂他,将小生惊醒,因为争辩触怒众僧,他们要杀我灭口,我再三哀求,请求自尽,他们便囚我于这屋内,给我绳索一条、小刀一把、砒霜一包。现在已经两日未沾米水,我平日好诵三官经,于是坐在这里口诵经文,今日幸蒙大人搭救,胜过再生父母。"思孔叹息说:"果真如此的话,神仙恐怕真是有灵吧。"于是将他昨夜所梦、今日所见说了一遍。"你今日被救,是你平日行善积德所致,你妻子现在何处?"文焕说:"被众僧人捉走,不知因在什么地方。"思孔就传来一僧人审问,僧人招供说:"这个妇人当天不从,大家把她藏入僻静的屋子,给她好酒好菜的,想引诱她顺从。但是她一点也不吃,就上吊自尽了,尸体埋在后园树下。"思孔令人掘出,文焕一见,嚎啕大哭,哀恸异常,令旁人看了也不禁落泪,思孔劝告说:"你的妻子为保贞节而死,值得称道,应该上奏朝廷加以旌表。"判决说:

"李氏自尽保全了贞节,应该赐予旌表。劫空、如空等人身为佛门中人,不守佛法,逼奸妇女,闹出人命,按律文处以死刑。全寺的老幼僧人参与藏匿奸杀者,处以杖刑并令其还俗。寺院钱粮归官府使用。"

判决完毕,将劫空、如空等六十名僧人斩首示众,其余僧人受完杖刑还俗回家。思孔又责备文焕不该轻信妄言。文焕唯唯谢罪。代巡令其把尸体领回去,装殓埋葬。官府出钱、棺材、寿衣,在墓前建立牌匾,匾上写"贞烈女之墓"六个大字,又建庙按时祭祀。

后来,文焕入仕,官至侍郎之职。

## 三易主犯杀人命案

在湖南桂阳州嘉禾县,乾隆三十一年(公元 1766 年)夏,发生了一起轰动整个省城的堂兄弟相殴致死的大案。在案件的审理过程中,因为各级官吏的胡作非为、互相倾轧、争执不休,导致主犯三次换人。受害人四处奔走申冤上诉。事情传到京城,乾隆帝弘历闻听,非常愤怒,连续下了十多道圣旨,派遣大臣查明此案真相,严惩了一大批舞弊和失察的昏官,斩首了真正的主犯,从而维护了封建专制主义统治秩序。

有一个姓侯的人，家住桂阳州嘉禾县。有兄弟二人，老大有三个儿子，名字叫侯学天、侯爵天、侯七郎；老二也有三个儿子，取名侯纪天、侯岳天、侯奉天。哥俩在世时，全家人有福同享，有难共当，和睦相处，生活得很美满幸福。乾隆三十一年的春末，兄弟二人先后得了重病，久治不愈。西归之前，他们害怕自己死后子侄们因争田产闹事，便将全家所有的田产分给子侄们每人一份，并立下字据：每人所得到的一份土地，只许经营，不许出卖。没过多长时间，兄弟便双双离开人世。

老人刚刚去世，家内兄弟几个就为了田产明争暗斗。七月初，侯老大的二儿子侯觉天打算卖掉自己的那份土地，他的两个亲兄弟表示同意。然而，侯老二的三个儿子纪天、岳天、奉天知道后非常气愤。当岳天得知觉天的土地即将卖出，愤怒已极，未经哥哥纪天同意，叫上他的弟弟奉天前去阻拦。几个堂兄弟怒目相对，越骂越凶，最后大打出手。侯老大的三个儿子手执扁担、木棍，狂挥乱打，侯老二的二儿子侯岳天头部及左肋被击伤倒地。

学天兄弟见岳天满脸满身鲜血淋漓，自知形势对他们不利，一哄而散，溜之大吉。这时，乡亲父老将岳天抬回家中，他已是奄奄一息。他大哥侯纪天回来后，来到岳天的病床前，岳天时断时续地说道："七郎打坏他的头部，觉天打伤他的左肋……"随即咽气身亡。侯纪天依照岳天死前遗言，书写上诉状词，赶到嘉禾县衙门击鼓喊冤。

七月十二日，嘉禾县知县高大成率领衙役、忤作一行人，前往事发现场调查。通过检验死者尸体，确定头部囟门处所受的伤是致命伤，系扁担敲击造成的；左肋伤是表皮伤，系木棒击破。随后即刻填写验尸报告单，并将有关人犯侯觉天、侯学天押回县衙门。

案发之后，侯七郎逃走不知去向。高知县回到县衙，派差缉拿追捕侯七郎，同时升堂审问侯氏二兄弟。审讯中，侯学天否认殴打之事，侯觉天自愿一人承担责任，承认岳天所受伤害均其一人所为。七月十四日，侯七郎由于亲戚的举报缉拿归案，在审讯侯七郎过程中，他否认自己行凶伤人，即使使用酷刑也守口如瓶。

高知县为了尽快了解此案，并没有深究侯觉天自己承认是主凶的原因，认为既然侯觉天承认死者是其所杀，案子已水落石出，无须深究。因此，记下犯人供词，上报桂阳州核定。

桂阳知州张宏燧由于有公务正在省城,由临武县知县万栻代理桂阳州务。万栻接审此案,提审犯人,供述依然未变。他并没有详细推敲调查,便认定嘉禾县审理此案非常正确。

按照清律的规定:堂弟殴杀堂兄,处以斩刑。并立即执行;而堂兄殴杀堂弟,仅处流刑,处罚悬殊。万栻审讯侯觉天,追问死者是哥哥还是弟弟?觉天答道:"我们生于同一年,我比他大几日,因此是哥哥。"万栻根据《清律》堂兄殴杀堂弟条款,拟将"凶犯"侯觉天流放,并上报省里。

死者的弟弟侯奉天得知此命案结案后非常不服,赶赴省城,向按察使申冤。湖南按察使沈世枫将案件交由万栻重审。对侯奉天起诉万栻极为不满,他虽受命重新审理此案,只不过随便应付一下,上报原审无误。沈世枫也是一个不尽其职的昏官,他对此也不再继续深究,便转报抚院。湖南巡抚李因培审阅此案案卷时,发觉证据不确凿,疑点甚多。尤其是验尸报告单上明明写着死者所受伤残有两处,一处是扁担击破,一处是木棒戳伤。而侯觉天却供认是他一人所打,一个人根本不可能同时手执两件凶器。根据这一推断,他命令桂阳知州张宏燧即刻返回,亲自复查此案。

张宏燧返回桂阳后,多次审问被告、原告,最后查明:双方殴打时,侯学天、侯七郎每人拿一条扁担,侯觉天仅持木棒,死者所受扁担之伤,显然不是觉天所行,原案认定的"正凶"的确有误。又查明,死者确与侯觉天同年生,但岳天生,觉天生在后,原定:"兄殴堂弟"也是无稽之谈。那么岳天是谁打死的呢?张知州加以审问,七郎依然拒绝承认。这时,七郎的大哥学天则供认岳天是他用扁担打死的。学天在这六个堂兄弟中,年龄最大,是长子,他打死岳天,是理所当然的"堂兄殴杀堂弟"。因此,这个案子重新审理告一段落。桂阳知州张宠燧自认为办案有功,洋洋得意,为侯觉天平了反,把学天定为凶犯,按法律判处流刑,具文上报省里。

湖南按察使沈世枫审核完张宏燧上报公文,大加赞赏,随后请巡抚李因培核查批示。李巡抚见案情波折反复,原告说主凶是七郎,初审判觉天为主犯,复查又改成其二弟学天,真假难分,便奏报乾隆帝弘历,请皇帝定夺。

乾隆时期是清朝统治的"盛世",在同族内部发生这种事情,"关系服制"。因此弘历非常重视,并亲自审看李因培的奏折,认为案情久查不清,三次改判凶手,是因为省府主管官员昏庸无能,于是发了一道非常长的圣旨说:"人命案件乃臬司主管,办事不认真推鞫,何至共殴独殴、或兄或弟,反复改判。此皆沈世枫不肯认真办事所致！朕深知沈的为人：一味模棱，毫无实际，遇事不尽其全力主动承担责任。李因培虽为巡抚，不加督责，却竭力掩饰，冀以取悦下僚，其迹象非常显明！"弘历下谕旨，调李因培前往福建，常钧继任湖南巡抚，到任后首先查明此案；又下令将沈世枫撤职查办，待案件审结后再行定夺。弘历身在宫廷，并不了解实情，满以为这样处置几个省中机要大臣，案子很快就会水落石出。然而新官上任，又引起了新的矛盾。

新任巡抚常钧也是一名昏官，他接审此案后，无从下手，看不出其中之所以然，于是再次召见张宏燧，又被张宏燧的诡辩说得六神无主，当即折服，大加赞赏张宏燧，并任命他代理常德府知府。

与此同时，死者的哥哥侯纪天闻知省中巡抚换人，弘历帝亲自下谕旨，认为事情可以有点眉目，就奔到湖南省城申冤上诉。代理按察使刘秉愉委派益阳府代理知府谢仲玩受理此案。

谢久在官场，经验丰富。他首先审讯侯纪天，问他有什么证据说原判有误。纪天回答："侯七郎被押后，曾私下书写契据，将他名下的十七亩田产送给其二嫂蒋氏，这是买通兄嫂，替他担罚，借以逃生，是最有力证据。"谢仲玩觉得这条证据甚是重要，因此就赶往桂阳州，审讯觉天的妻子蒋氏。侯蒋氏全盘交代，她说："案件发生后，我去探监，七郎哀求，让我丈夫觉天俯首认罪，他可以拿出十田亩田供我养家。我坚决不答应，他又增加了三亩。我心中开始动摇，让他亲笔写一张契约，交给我。因此我要丈夫承担罪名。"至此，案件似乎是真相大白，主犯肯定是七郎，谢仲玩禁不住心中大喜。他获取证词后，返回省里。

张宏燧得知谢查出真凶的消息后，心急如焚，寝食难安。他心想此案是自己审理，如今真相大白，不仅面子上过不去，自己头上的乌纱帽恐怕也难以保住。他急忙奔赴省城，找到谢仲玩，扬言要同他拼个鱼死网破，以此威胁谢仲玩。谢为张的气焰所吓，不愿再招惹是非，于是写了辞职报告，要求不再审理此案。此案暂告一段落。

没过多久，弘历指名要宫兆麟担任湖南按察使，审理此案。宫年轻有为，雄心勃勃，受理此案后，决心要查个水落石出。他查阅相关材料，发现了许多疑点，他下令把所有的人证、案犯及其家属，不分男女，一律拘传到庭，分别加以审讯。

经审讯，侯觉天承认死者左肋乃自己用木棒戳伤，自认主凶是被七郎买通，为逃避死刑以弟冒兄。侯七郎拒不承认自己所作所为。侯学天却一直坚持死者头部乃自己用扁担击伤，甘愿受罚。宫看案犯前后矛盾，便又传讯刘氏。死者的妻子刘氏道出："斗殴时她曾在案发现场，亲眼所见七郎用扁担打中岳天头部，岳天应声倒下，她跑上前去，咬了七郎肩头一口。宫兆麟提出七郎验视，肩头确有伤痕。令刘氏当面对质，七郎只好认罪。"

宫光麟据此案定侯七郎是凶手。因此他当面向巡抚常钧汇报，请其出面会审，联衔具奏。对于原先张审理此案的结论，常钧坚信不疑，并因之而重用张。如今宫兆麟上任就推翻张的结论，这样不仅显得自己无能，而且也有用人不当之嫌。于是，他不等宫说完，就斥责他争强好胜，意气用事，随之就送客。宫兆麟败兴而归。

宫兆麟不甘心，便亲拟奏折，向弘历帝禀告了审查情况。两天之后，巡抚常钧也亲拟一本奏折，称宫"初任臬司，尚未谙练"，办事甚是草率，无确凿证据，不能翻案。

乾隆帝审阅奏折之后，顿时火冒三丈。十一月传他口谕，任命刑部侍郎期成额为钦差大臣，去武昌在湖广总督帮助下，亲自审理此案，务必认真查办。

弘历大怒，此次钦差南下，致使湖南政界一片混乱。尤其是张宏燧，更是整日担惊受怕，担心招来横祸。于是决定用金钱买通钦差，使其不改动原判。他给了省布政使赫升额四百两黄金，请他为之游说。赫升额收下黄金，然后派人四处打探，寻找良策。

赫、张二人自认为事情办得神不知鬼不觉。实际上谢仲玩却很快得知此事，正巧他与张因办此案曾发生争执，于是趁机报复。便修书一封，将此事告诉了宫的助手李拔，与之商议对策。李对张的捣鬼一事，非常气愤，马上给宫兆麟写了一封密信。宫得知此事后迅速报告给钦差大臣期成额。期成额并未得到黄金，却谣传他行贿，他气愤至极，决心严查此案，以表明自己的公正清廉。

因此，期成额会同总督定长、刑部郎中吴坛重新推敲本案的全部情节，再次审阅原卷，发现侯七郎在案发后藏在陈茂叔家中，三天后陈茂叔告知官府，官府才抓获侯七郎，事情很蹊跷，而这一点在原审时却被忽略。因此，期成额决定再度提审陈茂叔。

陈茂叔经不起严刑拷打供出实情：陈家和侯家是亲戚，陈走南闯北，见多识广，人们称之为"智囊"。七月初九，侯氏三兄弟打死人之后，便向陈求救。陈听了侯氏兄弟叙过后，便说："按照法律，兄殴弟轻罪，而弟殴兄罪情严重，若供出实情，七郎必处死刑。既然学天当时也拿扁担，不如让他承担下来，也可免一死。"学天不忍抛家弃小,这时觉天决定替六郎顶罪,他与死者生于同年,冒称他哥哥也可免一死。因此,商议再三由觉天出来承担主犯。后因否定初审,七郎自知性命难保,学天怕母亲伤心,遂承认自己为凶犯。事情至此真相大白。

期成额根据陈茂叔所述,决定再次审讯侯觉天,便追问在陈家议事情况。觉天知道难以隐瞒真相,便将七郎为主凶等情况供认不讳。期又提审侯七郎与侯学天。并命令觉天出堂与他们对质。觉天顿时泪流满面,哭着对七郎说:"我以前承认两伤均我一人所为,本想替你顶罪,如今看来是不能掩饰了,我已供认全部真相。"七郎得知二哥已供认,只得承认自己的罪行,并亲笔写了供状。学天见事到如今,便说:"当初母亲要死要活,我只好代七郎顶罪。今日七郎既然自己招认,母亲知道了也不会怪罪于我。"便招出自己不是凶犯。这样,震惊全国的大案:三易主犯,弘历亲自下谕旨严惩昏官污吏,历经九个月的反复审理,终于水落石出,真相大白。

定长和期成额审明此案后,向乾隆帝递上两道奏折。奏报审理全部案情经过。第一道奏折提出了处理本案的经过和处理意见。乾隆批示刑部做出决断。最后,刑部做出以下判决:侯七郎殴打堂兄致死,判处死刑,立即行刑;侯觉天因殴打堂兄,冒充其哥哥,重打一百杖,流放三千里之外;侯学天也被判处打八十杖,枷号两个月;革去了陈茂叔的功名。全案审理至此结束。

在上乾隆帝的第二道奏折中期成额等详细列举了嘉禾县初审的错误判决,及张宏燧的回护,顶撞臬司,并与赫串通一气行贿舞弊,省府巡抚常钧包庇犯人等情况。弘历帝圣览后,立即下旨:"常钧玩忽职守,立即革职","面圣",当面发落。赫升额被革职。对张宏燧不仅追究本案罪责,而且严查其他不法行为,最后被判处流刑,发配边疆充军。并根据罪责大小对参与此案审理的其他官员予以处罚。

此人命案,三易主犯,非同小可,反映了当时清朝官僚制度何等腐败,为官者少识无知。乾隆帝弘历为维护封建专制主义统治亲自批阅审理此案,惩处了一大批庸官、昏官。

## 残杀朋友全家命案

在河间有个叫赵四的人,他整日游手好闲,却非常嗜赌。赢得的钱财,则随手送予他的同伴,甚是大方。有个人名叫吴三,是他的挚友。吴三是个裁缝,生意不景气时,赵四时常帮助他。有一天赵四因赌博和人争吵,由吵嘴到动手,险些打死对方。官府捉拿,赵四便躲到吴三的家中。但日子长了,邻居们认出赵四是凶犯,整日议论纷纷。赵四知道此地不能久留,因此一天晚上掏出三百两白银,对吴三说:"我已不能再住你家,这三百两白银我与你一人一半,我拿一半赴南洋各岛谋生。你用这些银子,开个小店铺,如能娶妻生子就更好,也不辜负我的一片心意。"吴三点头答应,趁夜深送赵四去码头,赵四于是从天津乘商船去了上海。吴三用这一百五十两银子开了个小铺子,又娶其表妹谢氏为妻。谢氏皮肤细嫩,眉目清秀,颇有几分姿色。后来吴三将全家迁至河西,把小屋建在河边,门前门后种柳栽松。吴三善于理家,家道日富。第二年,谢氏生下一个儿子。吴三高兴地说:"我本来非常穷困,今能娶妻得子,应该归功于赵四哥啊!"谢氏问:"谁是赵四哥?"吴三说:"是我的一个朋友,与我为莫逆之交。赵四哥为人仗义,当我贫困时,他屡屡周济我。临行时又赠我银两,我才得以发迹。否则,我根本无钱娶你,到现在恐怕还是光棍一条。"

七年后,吴三已有了三个子女。一天,吴三去天津办事,谢氏带着三个孩子在家中做活。忽然,一天傍晚,有人要找吴三。谢氏问客人叫什么,客人说:"赵四。"谢氏闻听非常高兴,说:"我是吴三的妻子,他有事去了天津。但您的大名我早有耳闻,因为吴三总在我面前念叨你,说如果没有您的帮助,就没有他的今天。您如同我家里人一样。"说完又忙让三个子女拜见赵四,赵四给了三个孩子每人一个金饼。谢氏又忙着取酒杀鸡,款待赵四。

赵四本想去看看吴三过得如何,倒没怀什么邪念。等到喝上了酒,觉得谢氏容貌娇艳,大动淫心,不时用言语撩拨她。谢氏心地纯洁善良,待他同家里人一样,只认作赵四不拘小节、说话随便。

第二天,吴三从天津回来,一见赵四,狂喜,二人握手述说各自的经历。赵四说他在南洋行商,赚了金银数千两,后来大都分给同伴,自己偷偷归来,想看看他的官司现在怎么样了。吴三说:"听说被打伤的那人已经痊愈了。"赵四于是放心,在吴三家一住就是一个多月。日日由赵四做东,买酒买肉,谢氏每天在厨房里为他们炒菜,赵四与吴三两人每天都酒足饭饱。有一天,两个人外出闲逛,傍晚时只有赵四一人回来。谢氏问时,赵四说二人买酒时不小心走散了,他没找到,便先行回来,猜想吴三差不多也该回来了。但是到了第二天,吴三仍没有回来。赵四非常惊讶,四处找寻,仍无踪迹。因此赵四贴了张寻人告示,许诺如有人能找到吴三,将以重金酬谢。同时他更是倍加爱护谢氏及三个孩子,并说如果吴三有不测，他会替吴三抚养谢氏一家。过了一个多月，有人在一口枯井中找到了吴三的尸体。赵四酬谢了报信的人，与谢氏大哭，然后用隆重的仪式、上好的棺木为吴三安葬。谢氏看赵四对吴三的后事如此尽心尽力，甚是感激，也没有察出赵四其实没安好心。

不久到了冬天，一天赵四正坐在火炉旁吃着烤羊肉，他忽然要拽旁边谢氏的衣裙，并嬉皮笑脸地要对谢氏不轨。谢氏大吃一惊，然后声色俱厉地说："我一直把赵四哥当成一条好汉，仗义疏财，你在我丈夫生前救济我家，又在我丈夫死后照顾我孤儿寡母，高风亮节，世人所仰。想不到竟会在我丈夫尸骨未寒之时，便要做这般下贱之事，施虐于我。我虽是一女子，但也知守节，从一而终的道理，我绝不更事二夫。"赵四威胁谢氏道："如果你不肯侍奉我，你就要留心你的孩子。不从我，我就杀了你全家，让你绝后。"谢氏道："吴家若无后，这不是我的罪过。我要是依了你而苟活于世，不光我的丈夫地下有知会悲痛，就是我和孩子们今后又有何脸面见人呢？"赵四勃然大怒道："想当初不是我救济你丈夫，他能创立今天这份家业？即使让他把你让给我，他也无话可说！再说我刚一来时，便被你的美色所倾倒，一直想把你弄到手。现在既然已得到你，岂能容你不从！"谢氏非常惊讶地说："这么说，是你杀死了我丈夫？"赵四当时已喝得不省人事，没有提防，便照实回答："正是！"谢氏大哭，用熨斗砸赵四的脑袋。赵四力气非常大，顺势抢过熨斗，向谢氏砸去，谢氏立刻应声倒地身亡。三个小孩子见母亲死了，抱在一起痛哭。赵四一看，若不杀死他们，自己也不能脱身，于是又用小刀将三个孩子全部杀死。然后喝完剩下的酒，又换了衣服，悄悄溜走。

第二日，正巧村里有人找吴三，见全家人倒在血泊中，便急忙报官。官府查此案乃赵四所为后，行文捉拿，但一直未能捉到赵四。这样一晃六年过去了。

六年后的一天，京师菜市口斩杀十二名罪犯。刽子手每次砍下一个罪犯的脑袋，人群中就有一个人用手摸一下自己的脖子，一个叫杨七的老吏注意到了这一怪事。因此杨七命令手下秘密跟踪这个举止奇怪的人。过了不久，跟踪的人回来报告，说刚才那个人年纪大约近五十岁，皮肤黝黑，胡须浓密。杨七又详细询问那人的形貌，怀疑是逃犯赵四。杨七和谢氏的母亲是亲戚，所以对此案非常关心，虽然事情已过多年，但仍常常留意查访此人。此时他便令手下人跟踪此人，套出真相。赵四从刑场走后，直奔便宜坊烤鸭店吃酒，跟踪者也进了店，与赵四面对面地坐着，故意和赵四扯起闲话。二人谈得很投机，慢慢聊到刚才看刑场的事。跟踪者故意说："天下杀人者甚多,不可能一个不漏地全捉到。比如我吧,我当年曾用刀捅进一个和尚的肚子里,并把他杀了,可是官府直到今天也没查出是我杀的。人们常说天网恢恢,疏而不漏,我看也不过如此。"赵四当时已喝了不少酒,当即答道："这种事随处可见!我还知道有个人杀了一家人而至今并未抓获。"两人正说得起劲,杨七走进来,远远冲着赵四抱拳致礼,高声叫道："赵四哥别来无恙?"赵四正喝得迷迷糊糊,一时间也来不及提防,立即答道："托您福,还好!"杨七当下喝道:"赵四,别以为你杀吴三全家的事没人知道。"赵四顿时吓出一身冷汗,猛地站起来,刚要逃走,却被对面坐的跟踪者用力按住,挣脱不掉。紧跟着从外面又进来几个官差,将赵四押入大牢。

没过多久,便开堂审问,赵四都承认了。官府予以判决,上司批文照准。随后押赵四到菜市口,将之凌迟处死。

## 为友报仇刺官案

清朝同治年间,一天早晨,两江总督马新贻按例去校场查阅手下将校们练操的情况。检阅完毕之后,他乘着八人大轿打道回府。前边有兵丁为他开道,身前身后有许多侍卫,来不及躲避的老百姓们被赶到墙角,街道上显得既安静又空旷。

正在这时,忽然有一个人从道旁人群中冲出来,双手高举一张状纸,大声喊冤,来到马新贻的轿前跪下。马新贻先是一愣,后来认定此人是为告状而来,便掀起轿帘,准备接过状纸。然而就在人们都注意告状人时,又有一个人从道旁人群里跑出来,他长得非常魁伟,行动敏捷,不费九牛二虎之力便从侧面接近了马新贻。趁马新贻接状之际,此人用一把牛耳尖刀猛力捅进马新贻的肋下,接着,此人又把刀刃在马新贻的腹中使劲绞了几下。马新贻回头一看,开口道:"原来是你!"接着又对兵丁说:"不要为难他。"刚说完,眼睛一闭,从轿子里翻下来,四周顿时乱作一团。

刺客此刻原本可以趁乱逃走,但他却一动不动地立在那儿。兵丁们此时已抓住拦道喊冤者,拼命拷打。刺客见此情此景,大呼道:"是我刺杀马新贻,我乃张汶祥!我有一愿望就是杀马新贻,今已如愿,我一人做事一人当,绝不逃走,你们尽管来抓我!"兵丁们这时才缓过神来,一拥而上将张汶祥拿下。

因为两江总督是朝廷的封疆大吏,所以马新贻被刺案随即震惊整个朝野,因此省里的最高司法官、府里的最高司法官以及江宁、上元两县县令皆闻风而至,共同审讯张汶祥。张汶祥一点也不害怕,往地上一坐,岔开两条腿,一副自以为是的样子。狱卒想让他跪着,却制不服他。官员们问他刺杀马新贻的原因,张汶祥却反问堂上坐的官员都是谁。当得知是省、府、县的司法官时,张汶祥大笑道:"你们这群芝麻官不配审问我!"说话时言笑自若,旁若无人。等他嬉笑尽兴,痛痛快快地将刺杀马新贻的前因后果说了一遍。

马新贻,字谷山,山东省菏泽市人,考中进士后,便任安徽某县知县。咸丰年间,安徽北部一带捻军及太平军活动十分频繁,当时马新贻正在合肥任县令,因为守城时兵败而革职,但上级允许他戴罪立功。有一次他领兵打仗,因兵败被擒,捉他的就是当时一支捻军的首领张汶祥。

张汶祥原来就想归附朝廷,这次捉到马新贻后,不但不杀他,而且把他奉为贵客盛情款待,并将曹二虎和石锦标两个首领引见给他,四个人还结拜了兄弟。然后张汶祥等三人与马新贻相约,放马新贻走,马新贻回去后要对上司说明张等三人要归附朝廷,要朝廷将他们招安。马新贻果然回去后对上司说了此事,上司满口答应,于是曹二虎、石锦标、张汶祥三人皆率兵投降。上司令马新贻将投诚的众人分为两营,马新贻为总统领,张等三人为副统领。到同治四年时,马新贻已升迁到安徽布政使,住在省城里,遂遣散二营,兵丁都回家种田,张等三人也不再做副统领,跟着马新贻进了省城,都在官署里任职。

有一天,曹二虎对张汶祥说:"马大哥,我想把妻子接到省城里住,你看如何?"这时候张汶祥已经觉察出这几年随着马新贻官越做越大,他们三人的情意也日渐淡薄,而且马好像有些不愿与他们再多交往,便劝曹二虎不要将妻子接到省城。曹二虎却说:"你弟媳嫁给我这么多年,一直没过上一天好日子。原来咱们在山寨里当捻军时没有条件,后来当了统管,也是忙着东征西战,没安生过。现如今天下太平了,咱们自己进了省城,住上了官衙门,也该把她接来风光风光,见见世面,再过些舒心日子。"尽管张汶祥反复劝说,曹二虎主意已决,还是把妻子从乡下接进省城,住进了官署。

既然曹二虎的妻子住进了官署,按照礼节应该去拜谒马新贻的夫人。拜谒之时,马新贻正巧也在,一见曹二虎之妻,不禁怦然心动,神魂颠倒。原来这个妇人虽为乡下女子,却生得天姿国色,美艳无比。从此以后,马新贻整日胡思乱想,魂不守舍,想尽办法要将妇人弄到手。过了不久,妇人经不起马新贻诱惑,遂与之通奸。马新贻又觉得曹二虎整日在衙署中碍事,于是便借口公务常差曹二虎外出,自己与其妻寻欢作乐。然而若要人不知,除非己莫为,时间一长,此事还是传了出去,张汶祥闻知后,告诉了曹二虎。曹二虎刚开始不信,张汶祥让他自己留心提防,曹二虎果然也发现了,不禁大怒,对张汶祥说:"这贱妇真不知耻,给我戴绿帽子,我先一刀将她杀了。"张汶祥劝道:"捉奸要捉双。你杀了她也奈何不了马新贻,杀人是要偿命的,你还要赔上自己一条性命,不值得。依我之见,倒不如干脆将这妇人让给马新贻,送个人情,咱们也算对得起他。"曹二虎听后觉得有理,便答应。

有一天,曹二虎见马新贻在书房中闲坐,于是趁机上前说道:"小人有一事要禀报大人。小人之妻虽是村妇,却有些姿色。如果大人不嫌丑陋,小人愿将她送与大人。"谁料马新贻一听,顿时勃然大怒,一拍桌子说道:"你竟敢如此胡说八道!你我本是兄弟,她是我的弟媳,你把她随便送与我,成何体统!更何况我现今是两江总督朝廷重臣,你乃我的部下,怎敢对我当面讲这种胡话!莫不是你不相信我,怀疑与你妻有染,拿话来试探?"曹二虎一见马新贻大怒,一时间也不知说什么好,辩解几句,便退出书房。

张汶祥正在外面等着,见曹二虎来了,赶过去问:"怎么样?"曹二虎照实说了一遍。张汶祥听罢,紧皱双眉,一拍大腿,口中直说:"大祸!大祸!"曹二虎忙问:"祸从何来?"张汶祥道:"你不必细问此事,现在你只有远走他乡了。"曹二虎听了,低着头一声不吭。张汶祥道:"你若不听我劝,祸必及身。"曹二虎仍犹豫不决,舍不得眼下的富贵荣华。

忽然一天,曹二虎被马新贻派到寿春镇领取军火。此时任寿春镇总兵的是徐鹍,字心泉,家住怀宁。曹二虎见马新贻将领取军火这样的重任交给他,心里甚是高兴,即刻出发。而张汶祥却心中怀疑要出事,对石锦标说:"曹二虎此行生死未卜,恐途中有人加害,我们须亲自送他。"三人途中平安无事,直抵寿春。石锦标对张汶祥说:"张兄你多虑了。"张汶祥心中也觉得自己多疑。至寿春军营门前时,曹二虎一人进去拜见徐总兵,刚进得门,有一军官忽然手持令箭出来,大喝道:"将通匪曹二虎给我拿下!"曹二虎大惊,正要分辩,只见徐总兵也亲自出马,曹二虎大声喊冤。徐总兵喝道:"马大人信任你,派你领取军火,你却与匪人互相勾结,欲以军火接济匪贼。总督府现已来了公文,要将你军法处置。你不必多讲。左右,给我推出去斩了!"

石锦标、张汶祥二人在军营外等了多时,却看见在军营门口,一队军士将曹二虎五花大绑地押了出来。二人大惊,上去询问军士,被他们推开。曹二虎看见二人，大声将原委道了一遍，二人才明白过来。二人尾随着来到行刑处，看见曹二虎被斩首，身首异处，张汶祥大哭道："此仇不报非君子！"又回头对石锦标说："你我二人要协力报此仇。"石锦标却低头不语。张汶祥见状，心下早已明白，长叹一声道："你不够朋友。即使我一人，也要报此仇。"言毕，二人埋葬了曹二虎，分道而去，不知所向。

同治九年，李庆翱驻防山西，驻扎在河津县，统领水陆各军。石锦标在他手下做先锋官，因功勋卓著，被保举做参将。一日，李庆翱委派石锦标沿河稽查十一营水师，各营营官于军中宴请石锦标。酒酣之际，李忽然要石锦标速回原防地。原来是两江总督衙门命令将石锦标速至南京讯问。石锦标问其中的原因，原来是张汶祥刺杀马新贻已成。

张汶祥自刑场与石锦标分手后，一直在暗中跟踪马新贻，寻找机会下手。为此他买来两把上好的匕首，用毒药反复浸泡。每次夜深人静时，张汶祥将一张牛皮叠成四五层，并用刀刺牛皮，刚开始只能穿透一两层。这样练了两年后，一次刺破五层牛皮毫不费力。张汶祥之所以这样做，是担心他如果在冬天刺杀马新贻，马新贻有可能身披裘皮，因此要练习自己的臂力。张汶祥又说，马新贻任浙江巡抚时，他有一次曾在城隍山与他相遇，但那次保护马新贻的人太多，无法下手。今日刺杀成功，总算完成了一桩心愿。

张汶祥讲述完之后，众官员都不敢如实录供。因为如果这样，马新贻的丑事丑行公布于众，会有损于朝廷的体面。第二天，众官员向上司梅启照禀告实情。梅启照说："不可实录口供，可将口供录为死者是遭仇人报复而亡。"因此众官员威胁张汶祥改供，张汶祥不答应。后为使张汶祥就范，动用种种酷刑，张汶祥并不惧怕，坚持不改，众官对他也无可奈何，只得向梅启照如实禀告。梅启照便把所改口供告诉将军魁玉。魁玉便依梅启照之言奏明朝廷，朝廷因此派郑敦谨为查办大臣，亲自前来审理此案。其实朝廷先是派漕运总督张之万查办此案，而后才派郑敦谨。张之万事前已先知此案非常棘手，于是借故推托，所以朝廷又委派郑敦谨查办。相传张之万非常胆小，当初朝廷令他接审此案时，在从淮河到南京的路上，船行到瓜州附近时，他竟怕得要登岸小解，但又唯恐被人刺杀，竟让二百名兵丁护卫在他身边，其怕死如此，人们曾一度讥笑他。郑敦谨到了南京后，审讯张汶祥，张汶祥所述证词跟以前一样，郑敦谨也对无可奈何。不得已，只好参考众官员的建议，以海盗挟仇报复将其治罪。有一名官员姓颜，也参与了定案，因为觉得内疚，定案后即弃官离职，归隐乡里。不久，郑敦谨也甚感不安,称病告老回乡。

据说,马新贻被刺后不久,其家中有一妾上吊。马家人并未操办丧事,而是秘密埋在后花园中,此女便是曹二虎之妻。

判决张汶祥之后,官府决定将其于南京城外小营处决。浙江候补知县马四,即马新贻的弟弟亲往监斩。斩决的方式是凌迟处死,方法是割一刀,钩一下,即令刽子手以钩子将肉钩碎。用了一天时间才做完,随后挖心剖腹,祭奠马新贻。自始至终,张汶祥没有呼号过一声,足见其坚强。张汶祥的儿子,被割掉生殖器,并发配黑龙江为奴。石锦标也被革职,发往边疆服役。马四回到浙江后,同僚们都鄙视他,上司对他也不理不睬,最终郁郁而死。马新贻被葬后不长时间,他们家乡菏泽发大水,将他的坟墓冲得干干净净。他也没有后代,大家都说这是老天有眼,他是罪有应得。

## 和珅被骗御赐红宝石案

清代乾隆年间,一日,皇帝赏给和相国一颗红宝石顶戴。此举惊动了朝野文武百官,达官贵人都来向和相国道喜。

此位相国正是和珅,姓钮祜禄氏,是满洲正红旗人。二十年前不过是个侍卫,是个抬御轿的角色。

此人深通官场之道,又讨皇上喜欢。一路加官晋爵,如今已是文华殿大学士,成了掌管朝廷军政大权的宰相。这一次,皇上派他平定甘肃撒拉族、回族起义。他率领大军扫平了起义军,大胜而归,皇上赏赐他红宝石顶戴一颗,这可是受了皇上极大的恩典,和珅为了宣扬皇上圣恩,便大摆宴席来欢庆一番。

宴席上,和珅便取出朝冠一项,一颗大红宝石缀在朝冠中央,光彩熠熠,满席生辉。百官们为讨和珅欢喜,纷纷来拍马屁,大声称颂道:

"皇上赐予和相国这颗稀世的宝石顶戴,真乃旷世隆恩!"

"只有和中堂这样的功劳威望,才配得上这颗宝石顶戴。"

和珅在百官的称颂声中,眯起醉眼,脸露微笑,一副得意扬扬、踌躇满志的神态。百官见和珅如此得意,更是极力讨好。

忽听门外喊道:

"圣旨到! 和珅接旨。"

官员们一听,忙从座位上起来。悄悄议论说:

"不知皇上又要赏和中堂什么了,和中堂真受皇上宠爱呀。"

"这个当然,和中堂和皇上还是儿女亲家哩,皇上把视如掌上明珠的十公主嫁给和中堂做儿媳呢。"

和珅听说圣旨到,也猜定是皇上又要赏赐什么给他了,他喜滋滋地站了起来,走向大厅。

大厅上,只见香案之前站一个太监,衣着华丽,神态庄严。和珅连忙趋前几步,跪地听候宣旨。

太监大声宣读圣旨道:

"奉天承运,皇帝诏曰:文华殿大学士和珅办事不力,督办兰州军务屡犯军规。总兵图钦保阵亡,和珅匿不上奏,于边事多有掩饰;又有侵占军饷之事。念你屡立功劳,不予深究,着追还前赐宝石顶,以示薄惩。钦此!"

和珅本以为又可领到赏赐,怎知皇上派人要回宝石顶!一场庆贺御赐宝石顶的歌功颂德的宴会,却让和珅出了大丑!和珅脑子嗡嗡直响,浑身颤抖,只觉得天旋地转,眼前一片金星,他勉强稳住神,叩首谢恩,然后取下那顶戴上的红宝石顶,双手呈与传旨太监。传旨太监把宝石顶收在锦盒之中,也不耽搁,转身便出了府门,登车而去。

和珅送走太监后,只觉头重脚轻,浑身瘫软,"咕咚"一声,跌倒在地上,双目紧闭,不省人事。在场之人,大惊失色,忙一齐围了上来,一面将和珅抬入后堂,一面赶忙传医诊治。席上宾客眼见此景,哪还敢留下吃酒,也不等东家相送,就一个个脚板擦油,溜之大吉。

这和中堂自从得皇上宠信至今,从未受过这样的屈辱,简直将脸都丢尽了。他心中又气又急,更是担心:自己为官多年,做下不少坏事,贪赃枉法,瞒天过海,扣留贡品之事甚多,此次皇上取回宝石顶若是对我和珅信任动摇的信号,如此查办下去,我和珅岂有命在?

和珅越想越怕,吩咐师爷写了告病奏章呈给皇上,向乾隆请假休息。自己躺在床上左思右想,寻思对策。

第三天,传旨的太监又来到相府,传乾隆旨意,叫和珅在家静养,多加注意休养。传谕太监刚走,又来了第二批太监和御医。御医走后,便又有太监送来御药。送药太监走后,又有小太监送来御膳。和珅暗自琢磨:皇上可能只是一时恼怒,收回了我的宝石顶,从今日这情形来看,皇上还是对我十分宠信。和珅这一想,病就好了一大半。

第二天,和珅早早便来面见皇上,叩谢皇上恩典。乾隆问道:

"爱卿的病情如何,现可痊愈?"

"托皇上的福,臣的病已好了大半。"和珅回答。

乾隆打量和珅一番,见帽子上缀的还是一颗红珊瑚顶戴,就问道:

"朕前日赐你的红宝石顶戴,和爱卿怎么不戴?"

和珅一听,暗暗吃惊,皇上追回宝石顶,怎的又来讽刺自己,连忙叩头道:

"奴才该死,有负皇上期望,办事不力,自该受惩。"

乾隆一听,不知和珅为何说这些话,一时怔住:"你说什么?朕何时追回赐你的宝石顶的?朕并未下这旨意。"

和珅这时也怔住了,连忙把当日的情况和太监的穿着长相,详细述说了一番。

乾隆听了,更觉得奇怪。急传吏、礼二部尚书等人进宫问话。

不多时,两部尚书及军机大臣匆匆进殿,一齐来到乾隆面前跪下。乾隆将这宝石顶的事说了一番,众人连连摇头均说不知此事。

乾隆极为生气:"严令各部速速查办此案,限期追回宝石顶!"

和珅知是被人戏弄,在满朝文武面前,颜面尽失,况且御赐宝石顶落入他人之手,此事甚大,心中又急又怒,回府之后急令九门提督限期破案。

这一来北京城可有好戏看了:城里九门提督管辖下的左、右、南、北、中五个巡捕营的营官,顺天府管辖下的东、西、南、北四路厅捕快官差,大兴、宛平两县的巡检纷纷出动,四处查寻。城门盘查行人,捕快明察暗访,营兵搜捕旅店。那些青楼妓院、酒楼客店、珠宝店、古玩坊,连典当铺都查个遍,折腾得几乎要翻个个儿。有消息说那骗宝之人面上有痣,脸上有痣之人立刻便遭了祸;又有人说那人眼下有个疤,眼下长疤的人便遇了灾。整个北京城被弄得鸡犬不宁,人心惶惶。

这天,和珅刚从朝中归来,想回内宅休息一下,忽然门上来报:门外有位将军自称是九门提督营上参将,奉九门提督之命求见相爷。说罢,呈上九门提督大人的名片信帖。和珅扫了一眼,吩咐:"叫他进来。"

一会,只见一个身穿绣豹子官服、头戴蓝宝石三品顶戴的营参将大步走了进来。

"参见相爷!"参将半跪堂前。

"九门提督让你来,可有什么事啊?"和珅坐在椅上慢条斯理地问。

那参将从容禀道："卑职是九门提督衙门南营参将,卑职连日来奉命搜查宝石顶,今日却在崇文门见到一人,经商的模样,卑职看他东张西望,步履慌张,形迹可疑。便上去盘问检查,从他的囊夹层内搜得一颗红宝石顶,请相爷过目,不知可是相爷原物?"说罢,双手捧了一只锦盒递了过来。

和珅接过锦盒,打开一看,锦盒中果真是被骗走的御赐宝石顶,丝毫无损,熠熠放光,心中极是欢喜,伸手不断摩挲着。

参将又开口道："启禀和相爷!九门提督大人还命卑职问问相爷,如何发落那个骗子?"

和珅放下宝石顶,大声说道："你回去禀告你家大人,说我要亲自审问此人,将此人押来相府,我倒要看看这骗子如何了得,究竟是怎样的一个人物!"

"卑职遵命!"参将站了一会又说："禀相爷!这颗宝石顶既是相爷御赐原物,还请相爷赐卑职几个字,好让卑职回去交差。"

和珅甚是高兴,对参将点头笑道："哦!我倒把此事给忘了。"他随手取过一张自己的名片,又提笔在上面写了几个字,交付参将,并问道:"你这参将如何称呼?这次你帮我找回这御赐宝石顶,立了大功,我一定会栽培你。"

参将赶忙双膝跪倒："谢相爷提拔!卑职姓贾名丁工,查获宝石顶乃是卑职应尽职责,怎称得上功劳。"

和珅便让参将随管家领一百两银子的赏钱,参将拜谢辞去。

参将刚走一会,有下人来报："九门提督求见!"

和珅吩咐："有请!"

九门提督大人快步走进相府客厅,和珅亲自迎接,寒暄几句。坐下后,家人奉上茶来。和珅含笑说道："多蒙大人鼎力相助,终使我能重得这御赐宝石顶,和某当面谢过。"

九门提督大人听和珅如此一说,面色慌张,不安地说："卑职已尽心尽力,派出所有差役,委实是偌大京城地面,南来北往,人口庞杂。卑职已命这五营人马及顺天府并大兴、宛平两县捕快严加缉访,但仍如大海捞针,至今也无任何消息。卑职特来恳求相爷再宽限几日。"

和珅听了这番话,以为九门提督是在故意邀功,心中甚是不快。就将脸一沉,说道:

"将军替老夫寻这宝石顶,老夫铭记在心。你如今当面戏弄老夫是何用意?难道怪罪老夫未曾及时致谢不成?"

九门提督见和珅突然变脸,他哪里知道这其中的细情,怎么也想不出和相国话中的意思,连忙离席请罪道:"卑职纵然吃了熊心豹子胆,又怎能戏弄相爷?"

和珅更是愤怒,大声斥责道:"你今日不是已经寻回宝石顶,还令营官贾参将送来,现今却对我说并未查到,不是戏弄老夫是什么?"

这番话可真把九门提督大人弄糊涂了。他结结巴巴地说:"回相爷,卑职不敢,卑职怎能查到宝石顶又瞒骗相爷呢?卑职营中参将都在督查此事,又怎会有营官参将来送宝石顶?"

和珅听了,大吃一惊,遂命人取来锦盒交与提督大人:"此乃你营中参将贾丁工送来的宝石顶,确是御赐之物,一毫不差。贾参将刚刚离开相府,你就来了。"

九门提督大人接过宝石顶一看,又惊又喜,喜的是宝石顶终于找出,回到和珅手中,自己脱了责任;惊的却是对此事一无所知。忙禀道:"恭贺相爷御赐宝石顶失而复得,只是此事卑职确不知情,待卑职回衙后传各营参将细细询问,也好替他请赏。"

和珅本是聪明人,此时也明白了,便阻止道:"不用问了。恐怕你连那些兵卒都查问一遍,也查不出这个送宝石顶的人来。"

"哦!请大人明示,难道这也是个骗局?"九门提督惊慌地问。

和珅微闭双眼,稍稍点了一下头。

九门提督勃然大怒:"相爷请放宽心,末将这便回衙,传命严查全城,定然要将这个骗子缉获归案。"

和珅这时却连连摆手摇头,长叹一声:"算了!算了!你也不要去查问了。你想,这个骗子既然能冒充传旨太监,骗走宝石顶;又能假冒参将,来到相府,将宝石顶送还,戏耍你我如戏孩童。如此了得之人,你追急了,他不定又会做出什么样的事来?到头来于你我反倒多添麻烦。好正御赐宝石顶已归还我的手中,此事作罢了吧。"

其实九门提督的一番话,不过是给和珅听的,现在看相爷不欲追究,自己又何不乐于顺水推舟。当下也就连连点头道:

"相爷说的甚有道理,多谢相爷为卑职着想,卑职遵命。"

于是,这件宝石顶奇案便无人追查了。

是谁有如此本事,骗走宝石顶,又送了回来呢?他们为何骗取宝石顶,又将宝石顶送回呢？人们左猜右测，众说纷纭。一直到嘉庆四年，嘉庆帝查办和珅家产，被赐死在狱中，才从酒楼茶馆、街谈巷议中渐渐透露出这骗石送石之人来。

原来骗还宝石顶戴奇案的主角姓贾名五，是江湖上极为有名的人物。那日和府设宴，他正好在街上闲游，走到和珅府门前，见车轿塞途，甚至把行人的路都堵死了。一问，才知是和珅平乱有功，皇上赐他一颗宝石顶戴。和珅为庆贺此事，也为显露权贵，于是大摆宴席。贾五恨恨地说：

"这个奸相，偏又有这昏了头的皇上当靠山，却又有这摇头摆尾的狗官来拍他的马屁！我且戏耍他一下，也好煞煞他的威风，丢丢他的脸。这个世界并不都是他们狗官的天下。"

好个贾五，果真不是寻常角色。只消片刻工夫，便进宫弄来了太监的衣帽，穿戴起来，略施手段便化装成了传旨太监，坐上马车，带上假造圣旨，大模大样地来到和珅相府，就在文武百官面前，演出了那场追回御赐宝石顶的大戏。

骗走御赐宝石顶后，贾五原想留下不还那狗官；可后来见九门提督缉捕甚急，许多无辜百姓被连累入狱。贾五想："我原只想要他一耍，煞煞他的威风，以示薄惩之意，怎料却给京城百姓带来许多麻烦。万一九门提督邀功讨赏心急，胡乱用刑，错杀了他们，我怎能对得住他们？"因此，吩咐一个弟子假冒参将将宝石顶送还给和珅，了却了这桩公案。送还之人称自己为贾丁工，"丁工"写在一起是个"五"字，暗藏贾五之名。

## 太监逞凶杀人案

京都永和宫太监李苌材于光绪二十二年四月十八日约同太监阎葆维、张受山、范连沅，大摇大摆，赶往前门大栅栏一个叫庆和戏园的地方寻乐。此时正值正午时分，因戏未开场，李苌材等先上了西楼，见雅座便要落座。殊不知，这几桌雅座早有人订下，于是双方便因抢坐发生争执。太监们仗势欺人，见对方对他们不恭敬，便解衣挽袖，吆喝着要大打出手。

戏园掌柜黑永正闻讯后急忙赶来，好言相劝，并请太监们进入柜房，赔礼道歉。李苌材不肯善罢甘休，令掌柜看好刚才抢座位的客人，不许他们离去，不然要与黑掌柜算账，尔后，愤愤离去。下午申时，四太监又联络了李来憻、王连科、昊得浍三太监，叫上痞子毕汶碌，手持利器，来到戏园闹事。太监们一看找不着刚才抢座的客人，便向黑掌柜要人，黑掌柜求饶央告，然而太监们怎肯善罢甘休，于是大打出手，顷刻之间把庆和戏园砸了个稀巴烂。黑掌柜趁着混乱抱头从园中溜了出去。

这黑掌柜也曾是江湖中人。他逃出戏园后，径直向指挥衙门奔去，向平日与他交往甚密的官弁哭诉。当班的副指挥杨绍时即命练勇局队长赵云起率领二十名勇猛壮丁前去镇压。

李苌材等虽见官兵前来维护秩序，却不把他们放在眼里，拿着利器准备迎击。赵云起与勇丁刘文生等上前与众太监交战，刘头上挨了几刀，血流满面，范连沅则趁机一棒，刘文生应声倒地。范连沅转过身来又向被阎葆维砍伤的勇丁马连恒当头一棒。其他勇丁见此情景急忙后退，众太监团团围住赵云起。赵云起只身一人与他们搏斗，被张受山砍了头一刀，他不顾疼痛，扑上去死死揪住张受山的辫子。张受山苦苦挣扎，但不能脱身，遂顺手一刀，直刺赵云起左肋。赵云起疼痛难忍，便松手转身，张受山抢前一步，用刀刺向其右肋，赵云起一命呜呼。王连科、吴得汝、李来憘三太监乘混乱之际偷偷溜走。众勇丁齐声呐喊，一拥而上将范连沅、阎葆维、李苌材、张受山及一直未敢动手的毕汶碌捕获，并将他们五花大绑，押离庆和戏园。

案发后，朝野震动，人们议论纷纷，唾骂太监，一时间搞得沸沸扬扬。四月二十二日，都察院巡视中城给事中桂年拟写了一本奏折，并交给皇上。光绪皇帝看了奏折，愤怒至极，认为太监仗势杀人，实属不法行为，下旨道："交刑部严行审讯，按律定罪；并查明在逃余党，将他们一并捉拿归案。"

圣旨一出，刑部不敢怠慢，即由尚书薛允升审理此案。其时，慈禧太后垂帘听政，掌握着国家大权，贴身太监李莲英竭力替太监们求情，同时上下走动，庇护罪犯。内务府受李莲英之命，忙藏起李来憘等人。内务府乃宫廷禁地，薛允升也不敢搜查，只好会同都察院、大理寺先审擒获的罪犯，李苌材等在铁证面前俱供认不讳。

五月二十四日，大理寺、都察院、刑部联衔向光绪皇帝呈上奏章，详述案情经过，并援引大清律条，认为：李苌材"聚众斗殴，刃伤捕人；张受山辗转邀人，还杀死队长，二人应立即斩首"，范、阎二犯"听从寻殴，并将勇丁聚殴致伤，均属从犯"，应处"绞监侯，秋后问斩"，毕汶碌等属凶恶不服法纪，应发配"极边足四千里，并监禁十年。"

报上奏章之后，刑部即按惯例派差役把法场布置在城南菜市口，只待光绪帝圣旨一下,便要向张、李二太监开刀问斩。此时法场已是人山人海,男女老幼,翘首以待。然而快到了行刑时间,仍不见圣旨。刑部官员恐事有变故,但又有如此多的百姓在场,场面不好收拾,众人一合计,只好采取个"应急措施"。

快到行刑时刻,百姓围在菜市口焦急不安,议论纷纷。忽然间,有一犯人在官兵押解下从远处走来,一条通道自熙攘的人群中让出。待那车子走近,人们定睛细看,那亡命旗上却写着"械斗首犯赵老",根本不是闹事的那些太监。百姓们傻了眼,人群立刻沸沸扬扬,人们都在问这到底是怎么回事?

原来,光绪皇帝虽曾下决心严办此案,却没有实权,太监李莲英在慈禧太后面前煽风点火,最后慈禧太后出面阻挠,皇帝也只好将奏折压下。这"老佛爷"将国事视作儿戏,置百姓呼声、社会舆论于不顾,要对太监们的开恩,下谕刑部,以"伤人致死,按律问拟"的律例,从轻发落。主审官薛允升接到圣旨,左右为难。他仔细考虑,若依法审判,一定会得罪太后,自己的官位难保;但若依照太后的意思,等于是助长了太监嚣张气焰,于国于民难以交代,反复思量,薛允升决定放弃后者。他以个人名义,上书皇上,陈述此案并非如前所述,援引"伤人致死"的律例与案件性质不合。若"迁就定罪,如不顾初奉谕旨,则负疚益深","立法本严惩恶人,而法外亦可施仁",若朝廷以国家大事为重,那么就应按原奏,依法严惩凶手;若想法外开恩,那么尽可自作主张,可是如果要违背法律,从轻议罪,"臣等非收定拟!"

在薛允升上疏光绪帝期间,李莲英费尽心机为众太监开脱,争取从轻发落,不少机要大臣亦受李莲英之托,前去说情威吓,一时间,薛允升府前说情之人,络绎不绝。但无论是说情还是威吓,都没有动摇薛尚书严惩杀人太监的决心。他排除众人干扰,再上奏章,坚持立即斩首张受山,对李苌材仍是处"斩监候,秋后处决",其余也维持原判。因为奏章义正词严,慈禧虽不太高兴,但又没有借口为太监开脱罪责,只好准奏。

即日,城南菜市口重新布置法场,午时三刻,刽子手提刀砍向张受山,张受山一命呜呼。

中国古代秘史

马昊宸 ⊙ 主编

# 民国秘史

线装书局

## 蔡锷逃离北京之谜

蔡锷将军护国讨袁,功垂青史,举世公认,但他当年如何潜离北京,人们一般归功于名妓小凤仙。此说流传多年,铺陈渲染,编成不少浪漫离奇的传奇故事。其实,帮助蔡锷安全出京的不是青楼女子小凤仙,而是暗地活跃于中国政坛的澳大利亚记者端纳。

据美国作者厄尔·艾伯特·泽勒所著《中国的端纳》(中译本为《端纳与民国政坛秘闻》),一书称,早在1915年12月下旬,当中国西南边陲的云南响起讨袁惊雷,都城北京盛传"美人(小凤仙)挟走蔡将军"之际,端纳便悄悄地把他护送蔡锷出京的秘密告诉他的美国朋友,时任北京美孚煤油公司经理的孙明甫。书中写道:

……有一天早上,致袁世凯及其追随者的一封电报,一下子搅乱了君主拥立者的宁静。那天傍晚,北京各报刊登了这条消息。孙明甫手持报

蔡锷

纸,突然气喘吁吁地来找端纳。他像躯体极大的纽芬兰犬那样,抖落身上的雪糁,进门便大叫:"请听这个!"并念了起来,"12月20日,云南府。在云南都督支持下,蔡锷将军命令所谓当选皇帝:12月25日以前取消帝制,否则南军将挥戈北上。"

孙明甫显出迷惑不解的样子,念了几遍后又说:

"我认为蔡锷还在北京。"

"显然不在这里。"端纳回答。

"怎么?"

"我早就警告你和其他人,南方人会起兵反抗的。"

"噢——呵。"

端纳接着说:"有天晚上,他(蔡锷)藏在洗衣篓里,由我偷偷地送出去。过

国学经典文库

中国古代秘史

·民国秘史·

图文珍藏版

后,我同一位船工讨价还价,让其将他带走。至于怎样去到云南,那是他自己的事情了。"

孙明甫听了,猛地甩掉报纸,气得大声说:"我简直是个笨蛋!"

从上面这段对话可以看出,孙明甫对端纳的回答感到十分意外。他先是对蔡锷显然已经出京表示惊疑,后经端纳提到昔日的警告才恍然大悟,及至得知蔡锷安全离京出走竟是端纳从中策划便懊悔不迭,气得几乎失态。他之所以如此,那是有缘由的。原来,1915 年 8 月,美国人古德诺发表为袁世凯称帝制造理论根据的意见书前后,孙明甫和端纳也卷入了中国这场政治漩涡。他俩本是无所不谈的莫逆之交,但在袁世凯实行帝制的问题上却意见相左,各持一端。孙明甫表示同情,而端纳坚决反对,有时两人争得面红耳赤,互不相让。一次,孙明甫代表农商总长周自齐等帝制分子的意见,上门规劝端纳改变立场,不要接触那些反对帝制的南方人,也不要为中国的前途担心。端纳当即拍案而起,予以驳斥,并且重申此前他在一次有梁士诒等人出席的宴会上发出的警告:中国若实行君主政体,南方必定起兵反抗,一年之内会发生内战。端纳还就此同孙明甫打赌,要后者把他的话记在日记上以为凭证。此后不久,端纳邀同孙明甫前往东城演乐胡同访问蔡锷将军。在蔡家,孙明甫看见端纳同蔡锷在内室密谈,不时听见他们提起"举事"之类的话题。接着第二天,北京就沸沸扬扬,纷传蔡锷离京出走的消息。正当袁世凯紧锣密鼓,定于次年元月一日粉墨登场之际,报刊突然登载蔡锷在云南准备起兵讨袁的电讯。孙明甫对此将信将疑,不知究竟,只好冒雪赶往端纳那里探听虚实,于是出现了前面引文中的一幕。

端纳一生充满了传奇色彩,这段内幕是 1946 年春他在夏威夷养病期间回首往事,对其好友泽勒透露的鲜为人知的在华经历之一。时隔卅秋,沧桑巨变,但端纳对此事记忆犹新,道来绘声绘色。不过人们自然要问:端纳所述仅是一家之言,焉知是真是假?关于这个问题,只要了解端纳其人以及他同蔡锷的关系,便可得到肯定的回答。

端纳(1875~1946)原是澳大利亚记者,很早就对中国这个古老而神秘的东方大国怀有浓厚的兴趣。1902 年,他以悉尼《每日电讯报》通讯员身份前来远东,后任香港《德臣报》记者,开始向西方大量报道中国的情况。他广交贤豪政要,时常前往广州,既同清朝封疆大吏两广总督张人骏等人时相过从,也同孙中山为首的革命党人有所接触。由于这种关系,加上新闻记者的政治敏感和敬业精神,他的报道往往具有独到的见解,从而使他声名远播,成了西方记者中为数不多的颇有影响的中国通之一。辛亥革命前端纳到了上海,任《纽约先驱报》记者,从此直接卷入中国的政治斗争。辛亥革命时,他和久已在华的孙明甫一起参加民军攻打南京天堡城的战斗。嗣后,他被聘为孙中山的私人顾问,参与起草孙中山于1912年1月5日发表的《对外宣言》。1911~1919年间,端纳还担任上海《远东时报》月刊编辑,兼伦敦《泰晤士报》驻北京通讯员。值得提出的是,从1904年跟踪报道日俄战争时起,端纳一直注视并揭露日本帝国主义的侵华阴谋。1915年春,日本政府趁着欧战正酣,西方无暇东顾之际,指派驻华公使日置益向袁世凯提出二十一条,企图独吞中国。由于担心这个阴谋败露会引起西方列强,特别是中国人民的反对,日本政府一方面竭力隐瞒真相,欺骗世界舆论,一方面逼迫袁世凯无条件接受这些条款而不得张扬。袁世凯为实现自己的称帝野心,竟然屈服于日本的压力,几乎全盘接受这些丧权辱国的苛刻条件。端纳从农商总长周自齐那里探得确实的消息,并设法从中国政府要员中套出二十一条的主要内容。为了搞到确凿的证据,他还同袁世凯的政治顾问莫理循演了一出双簧,从莫氏暗示的堆在办公桌上的卷宗中偷出二十一条中译本。这些条款不仅关系到中国的前途和命运,也涉及西方列强在亚洲的战略利益,于是端纳连向伦敦《泰晤士报》发出两则电讯,希望将此重要消息迅即公之于世,可是该报三缄其口,不予理会。端纳只好另辟蹊径,秘将这则独家新闻交给英国记者纪乐士披露于《芝加哥日报》,始将日本这个灭亡中国的恶毒阴谋大白于天下。

端纳于1905年在香港同一澳大利亚女子结婚,育有一女。由于他对中国事务的投入和专注,其妻子便埋怨他"是同中国,而不是同我结婚",遂在1912年前后携女离他而去。端纳孑然一身,了无牵挂,干脆在北京安家落户,在东城总布胡同购置一处宽敞舒适的住宅。他雇用一位中国老妈子伺候起居,工作之余听听留声机播放的京剧唱片或是西洋古典音乐。他滴酒不沾,早就戒烟,从不涉及秦楼楚馆,作为一个西方人可说是自律甚严。他不谙中文,学会的几句普通话也是音调不准,但这并不妨碍他广交朋友,多方探听其他人难以得到的重要消息。他为人豪爽,敢于仗义执言,且能严守秘密,他的居处便成为失意政客或革命志士常到之地。难能可贵的是,每当有人处于危难求助于他时,他都挺身而出,以其特殊的身份鼎力协助。1913年7月二次革命失败后,袁世凯于11月初宣布解散国民党,并且下令搜捕国民党人。身为国会参议院副议长的王正廷,就是端纳叫他扮成老太婆,戴上老妇常用的黑色束发带,连夜乘着四轮马车,由端纳陪同登上火车前往天津,逃出了袁世凯的虎口。两年后,端纳轻车熟道,几乎用同样的方式帮助蔡锷安全离京,使蔡终能实现护国倒袁的壮举。从揭露日本的二十一条到助蔡出逃,在这场反袁斗争中,应该说端纳功不可没。

至于端纳同蔡锷如何搭上关系,具体情况无从查考。他俩结识当在1913年10月蔡锷进京之后。那时,由于当过孙中山的私人顾问,又能够见到袁世凯,端纳成了活跃于中国政坛的神秘人物。他出入于宫门内外,来往于政要之间,所见所闻多是旁人无法探知的重要秘密。1915年袁世凯加紧帝制运动后,端纳不仅在各种场合警告那些帝制分子,提醒他们注意帝制运动必然带来的严重后果,而且私下接触那些反对帝制的南方人,其中就有蔡锷将军。在热心帝制的利禄之徒看来,端纳的特立独行未免过于放肆,可又奈何他不得,只好通过孙明甫要求端纳改变立场,请他不要接触南方人,也不要为中国的前途担心。这些人把端纳的严肃警告当作耳旁风,端纳对他们的无理要求当然也加以拒绝。

蔡锷,号松坡,湖南邵阳人。早年留学日本士官学校,回国后先在广西任军事教官,后入云南任协统。辛亥武昌起义时,他率部响应,被推为云南都督。在滇期间,蔡锷以身作则,励精图治,同时有意经营大西南,巩固边防,抵御英、法、俄帝国主义的侵犯。这时他方三十出头,有胆有识,其军事才能和政治才能均有过人之处。由于受到地方派系的排挤,难以施展抱负,1913年10月便辞去云南都督,由滇入京。

蔡锷进京后,袁世凯表面上对他很客气,优礼有加,所以在第一次会见袁世凯后,蔡锷非常高兴。当晚他同陈宧等人进餐,喜不自禁地说:"项城(袁世凯)今天称呼我为松坡先生,是出我意想之外的"。陈时任参谋部部长,同蔡私交甚笃,蔡就是经陈商承袁世凯后,以威字号将军调入北京的。不久蔡锷便发现袁世凯不是共事之人。1914年春,他给戴戡等人的信中便说:"到京后见袁私心自用,喜谀恶直,歌颂之声盈耳,诤劝之言绝闻。"蔡锷先后任政治会议委员、参政院参政、将军府将军、全国经界局督办等职,甚至还参加总统府统率办事处这样的枢要机关,然而这些都是徒有其名、毫无实权的闲职,难以实现富国强兵的宏愿。袁世凯老奸巨猾,对自己这种笼络别人的手段颇为得意,他曾对其心腹曹汝霖说:松坡这个人有才干,有阴谋,我早已提防他,故调来京。蔡锷处此境地,真的是一身虚衔,满肚怨气,有时免不了私下发泄不满。尤其令他不能容忍的是袁世凯野心膨胀,1915年5月与日本签订"二十一条"卖国条约后,竟于8

月指使杨度等人组织筹安会,公开鼓吹帝制。蔡锷的幻想既已破灭,便从失望中奋起。有一次他从总统府归来,愤愤地对其密友说:"袁世凯必为皇帝,我不许之。"于是他秘密联络西南各方,决心护国倒袁,誓作起兵讨袁的第一人。

然而,西南方面的倒袁活动很快就有人来京告密。袁世凯除电令川督就近防制外,也对在京的蔡锷严加防范。平时派员跟踪监视自不必说,1915年10月还公然查抄蔡锷的家,企图搜出他同西南联络的密电本。袁世凯"本无修养",其心狠手辣可从1913年3月刺杀政敌宋教仁一案窥见一斑。为释袁氏猜疑,保证倒袁计划顺利进行,蔡锷费尽了心思。他采用欲取先予的策略,装憨拥袁。凡是袁世凯授予的闲职虚衔,通通接受,甚至在筹安会炮制的主张中国国体应用君主制的劝进表上带头签名,显出一副热诚拥护的样子。梁启超著文反对帝制,有人试探蔡锷对此的态度,他则答曰:"梁先生乃书生耳。"意即往日的老师不谙大局。蔡锷还闭门谢客,前来探望的南方密使一律拒于门外,告其"此间不能多谈,一切想你都明白。"推走了之。凡友朋与国民党关系稍深者,蔡锷概不同他们酒食往来,而与杨度等人则过从甚密,以造成其巴结袁世凯不落人后的印象。但是,纵使这一切做得天衣无缝,无懈可击,袁世凯还是疑神疑鬼,总觉得蔡锷"非我族类,其心必异"。袁的党羽在筹安会开会每论及蔡锷时也多怀疑忌,加以非难。幸好筹安"六君子"之首杨度是蔡锷的湖南同乡,又是当年的留日同学,与蔡的交情极厚,多方为蔡辩护,一再在袁世凯面前力保蔡锷心无异志,且勿多虑。自从镇压二次革命后,袁世凯几乎权倾全国,气焰嚣张,皇帝之梦越做越迷。看到全国各地包括云南等省的"劝进"电报像雪片飞来,加上杨度再三保证蔡锷没有问题,袁世凯尽管对蔡放心不下,但也不再予以深究。

如果装憨拥袁以表忠心是蔡锷隐身之术的话,那么召妓同游表示消沉便是他的脱身之计了。当时,文人和官场狎妓成风,那些受袁世凯羁縻来京闲住的各省卸职高级官员更是寻花问柳,一头栽进温柔乡。蔡锷既入袁之彀中,一时难以脱身,只好从众随俗,涉足青楼。他一有机会便往小凤仙所在的前门陕西巷云吉班放歌纵酒,也常到住家附近的端纳寓所叫妓、赌博。渐渐地,他的风流韵事成了街谈巷议,有时他偕同小凤仙招摇过市,每每令路人侧目。袁世凯以为蔡锷真的自甘堕落,索性为之提供金钱,让蔡在酒色中消磨意志。蔡锷对此当然心中有数,而且将计就计,假戏真做,尽释袁氏的猜疑。不过,蔡锷对自己的放荡生活并不自惭形秽,也不对家室保密。有一次到戏院看戏,他指着包厢里的一位姑娘,坦然对其夫人说:那就是小凤仙!所幸的是蔡夫人豁达大度,一旦了解丈夫的良苦用心,也就配合默契,夫唱妻随。她以丈夫移情别恋为由,故意大吵大闹,甚至告到公府,弄得袁世凯不得不派人前来劝解;蔡锷则伪称夫妻反目,顺便送走妻子老母,脱去家室之累。这时已是 1915 年深秋,正值袁世凯帝制自为加紧进行之际,这出夫妻双簧除去了蔡锷出京讨袁的后顾之忧。从此,他经常到云吉班同小凤仙投怀送抱,日夕交欢,到端纳寓所一呆就是深更半夜。尽管讨袁的壮志从不稍懈,同北上南下的密使往还不绝,但在局外人看来,蔡锷似乎已沦落为风月场上的浮薄子。对于一个爱国将军热血男儿来说,给人留下这样一种印象,心里自然不是滋味。为了表明自己的心迹,在离京出走前不久,蔡锷特地托人携绣屏四幅绣联一副赠给阎锡山,联之上句为"雅量风情兼月白",下句为"高情涧碧与山红",其高尚情怀溢于言表。

从晋京到出京,蔡锷逗留北京两年有余,其间他同端纳肯定有多次接触,并且谈及当时已成热点的帝制运动及其后果问题。虽然他们两人的关系发展到多深已无从查考,但就上引端纳回忆的内容判断,他俩绝非泛泛之交。如果端纳不是久已知心的可靠之人,精明机警的蔡锷绝不会在孙明甫在场的情况下谈及起兵讨袁的事。另一方面,端纳屡对帝制分子提出警告,指出帝制运动必然带来内战的严重后果,这不仅表明他对倒袁运动的同情和支持,也表明他对蔡锷等人的倒袁计划略知一二,而同蔡锷定下出京之计更是题中之义。因此,袁世凯一意孤行,在筹安会安排下准备上演"洪宪"丑剧的时候,端纳帮助蔡锷出京讨袁是很自然的事。

端纳在华多年,先后当过孙中山、张学良和蒋介石的顾问,可以说是许多影响中国历史进程的重大事件的见证者。在他晚年,许多外国书商曾许以厚酬,请他写出在华的非凡经历。由于不想"揭露和得罪太多的人",端纳一再放弃撰写回忆录的念头,可是在他身罹绝症之际,终于听从朋友的劝告,断断续续地诉述他在中国的经历。人之将死,其言亦善。端纳这段关于蔡锷的回忆语焉未详,却为解开蔡锷离京出走之谜提供了关键性的线索。据此并综合时人的其他回忆资料,可以大致了解蔡锷出走当天的经过,想来真是明修栈道,暗度陈仓的一次杰作!

1915 年 12 月 1 日上午,端纳邀同好友孙明甫前往演乐胡同,登门拜访蔡锷。显然是事先有约,端纳才把孙明甫撇在客厅,单独同蔡锷在里屋长谈,讨论南方起兵讨袁等问题。两位外国客人走后不久,袁世凯的密探便出现于蔡宅附近。蔡锷对此已习以为常,还是像往常那样,乘坐四轮轿式马车,大摇大摆地向前门八大胡同驶去。隆冬腊月，寒风瑟瑟，路上行人寥寥。到了陕西巷，却见车水马龙，把云吉班的门口挤得水泄不通，原来这天是云吉班掌班的生日，不少尝过这里秦楼风月的达官贵人纷纷前来庆贺助兴。蔡锷下了马车，径自走进院内一间北房。这是小凤仙预先订好的，屋子中间的圆桌已摆好酒菜。蔡锷把呢帽和大衣挂在衣架上，背靠窗口，对着穿衣镜坐下，并把怀表搁在圆桌上以定时间。因为依约不请外客，蔡锷便同已经相熟的小凤仙对酌。这时的小凤仙是京中名妓，红得发紫，蔡锷今日花魁独占，同她举杯痛饮，自然招来不少羡慕和嫉妒的目光。不过他心里明白，打从上月送走家小，又赴天津会晤老师梁启超以后，袁世凯对他倍加警惕，不但袁的密探如影随形，对他盯得正紧，就是云吉班中也有袁的耳目，他的一举一动都受到监视。为了不致引起怀疑，蔡锷同小凤仙谈笑风生，装作一副悠然自得的样子。酒过数巡，不觉太阳西斜，天时已晚，趁着院中众客余兴未尽，闹得乱哄哄之际，蔡锷佯装如厕，溜出院外。袁的密探见蔡的呢帽大衣还在原处，料他不会只身远走，也就坐着不动，放心地跟客人凑趣胡闹。

出了云吉班，蔡锷不往崇文门火车站，而是折回城内，拐向西华门大街，闯进筹安会头头杨度的宅院。杨见这位不速之客身着单薄，行色匆匆，正欲开口询问此来何干，不料蔡锷一下子把他拉进里屋密谈。蔡开门见山，明白表示自己不愿在京充当傀儡，决定引身他去，并劝杨度不要再为袁世凯的帝制卖命，应该悬崖勒马，早日引退。斯言一出，吓得杨度目瞪口呆。他一直以为蔡锷是推行帝制的同道，曾一再向袁世凯吹嘘和推荐，根本想不到这位朋友加同乡果然是个别人早有怀疑的倒袁分子。面对这位前来临别赠言又是最后摊牌的铮铮硬汉，杨度无言以对，只是生怕隔墙有耳，走漏了密谈的事。真是事有凑巧，恰好这时男仆报告大总统府秘书夏寿田来访。杨度和蔡锷听了都大惊失色，因为夏是袁世凯的心腹，也是杨家的亲戚，与杨经常来往，可以随便出入杨家的里屋。如果夏氏闯将进来，撞见这种场面，岂不惹出是非，招来横祸？正当杨、蔡二人面面相觑，不知所措之际，幸好杨度夫人徐氏急中生智，连忙把蔡锷拉进卧室，让他躲在大床的帐子后面。好不容易等到夏寿田告辞出门，杨度也无心细谈，便设法派人把蔡锷护送回家。

由于有杨家人护驾，蔡锷得以安抵家门。这时夜色深沉，蔡锷家里更是冷冷清清，了无生气。他习惯地环顾四周，朦胧中发现袁世凯的密探仍在附近逡巡监视。事不宜迟，必须当机立断，及时离京以实现筹划已久的倒袁大计。于

图文珍藏版

是蔡锷拿起电话,将其险恶处境告知端纳。听完电话,端纳当即吩咐仆人几句,一起驾着四轮轿式马车赶到北边的演乐胡同蔡家。在夜色掩护下,他们让瘦小文弱的蔡锷藏在备好的洗衣篓里,抬上马车,直奔崇文门火车站。

因为这个车站专供外国人使用,所以不受中国当局的检查。端纳利用自己的特殊身份,像当年帮助参议院副议长王正廷离京出逃一样,亲自护送蔡锷登上火车直达天津。待到同当地一位船工讨价还价,谈妥由他把蔡锷带上东渡日本的轮船之后,端纳才疲倦地打道回府。

此时在云吉班,密探们发现蔡锷一夜未归,始知此中有诈,急忙推醒仍在马车中苦候的蔡锷车夫查问究竟,睡眼惺忪的车夫连连摇头,浑然不知主人何在,急得发慌的密探又冲进院内找到小凤仙,盘问再三,也是不得要领。这时密探们才感到事情不妙,飞报公府,于是袁世凯的侦骑四出,围追堵截,然而为时已晚。逃出樊笼的蔡锷正在从容东渡,远走高飞,20天后终于在云南同唐继尧等人竖起护国讨袁的正义旗帜,粉碎了袁世凯的皇帝梦。

## 汤化龙是否密电绞杀起义

1911年10月10日晚,震惊中外的辛亥革命在武昌打响第一枪。经过一昼夜的战斗,武昌已为革命党人所控制,起义取得了胜利。

第二天上午,武昌阅马厂,湖北省谘议局大厅内,人声鼎沸,革命党人正开会讨论军政府的建立及都督人选问题。在慷慨激昂的革命党人中间,有一个人,无论其言谈举止,还是服式装扮都与周围的革命党人有所不同,更具绅士的风度。但此刻,也许是被革命党人的激情所感染,他也在大声表示:"对于革命,鄙人素表赞成。"他就是著名的立宪领袖、湖北省谘议局议长汤化龙。

汤化龙,字济武,1874年生于湖北蕲水(今浠水)一个书香世家。他自幼聪明,习章句,攻八股,显示出过人的才智,19岁时,县试取得第一,成为一名秀才,28岁时又考中举人,两年后又连中进士,被授予法部主事之职。在一般人的眼里,汤化龙算得上科业昌盛,照此下去,仕途自会一帆风顺。但是,汤化龙认为,到了二十世纪,科举制度已不合时代需要,非变革不足以挽救秕政迭出、国是日非的乱局,认为"政治不革新,国之不可救,而欲救国,必要博求新知,止旧学不同于用"。因此,汤化龙在1906年自请留学日本,入政法大学学习法律。在日本,他第一次接触到西方资产阶级的政治学说和法制思想,又结识了中国著名的维新领袖梁启超,并加入了梁启超主办的政闻社,受到梁启超的深刻影响,这对他走上君主立宪道路起了很大促进作用,此外,汤化龙在留学日本时,正值日俄战争结束,日本以蕞尔岛国挫败泱泱大国沙俄,这在一般留学生看来,是由于日本实行了君主立宪,而沙俄仍是封建专制,日俄战争不过是君主立宪与沙皇专制的较量而已,这进一步刺激了汤化龙对立宪的向往和追求。

1909 年,汤化龙回到了国内。此时,清政府为挽救危亡,正大行立宪骗局,命令各省成立谘议局,民选议员,推行宪政。这对汤化龙来说,如鱼得水,正好用自己所学的资产阶级政治学说来挽救危局,做一个旷世治才,因此他大讲君主立宪为当务之急,盛赞英日两国的君主立宪。也是汤化龙的机遇,时任湖广总督的陈夔龙,需要一个懂得宪政的人为自己出谋划策,装潢门面。汤化龙既在日本学过政法,又是湖北省人,正是一个合适人选。于是,陈夔龙任命汤化龙为湖北谘议局筹办处参事,负责湖北的宪政事宜。上任后,汤化龙与张国溶等人组织"湖北宪政筹备会"积极活动,汤化龙因而被称之为"宪谜",成为湖北立宪派的主要领袖和国内立宪派的著名人物。

1909 年,湖北省谘议局成立,汤化龙被选为谘案,乾隆帝指令用六百里副议长。议长吴庆焘是个在地方上很有名望的绅士,但他既不懂宪政,又缺乏兴趣,所以他在谘议局第一届会议刚刚开过就要求辞职,汤化龙遂被选为议局议长。这一改选,使湖北谘议局得以完全处于具有宪政新知的立宪派控制之下。从这时起到武昌起义爆发的两年多时间里,汤化龙以湖北谘议局为基本阵地,一直活跃在清末宪政运动的政治舞台上。

清政府宣布预备立宪时,许诺要速开国会,作为预备立宪的最后完成,但又以种种理由延宕敷衍,不采取实际行动,从而引起国内立宪派的强烈不满。江苏省谘议局首先发难,邀集各省谘议局代表于上海集会,同赴北京请愿,要求速开国会。汤化龙也认为"速开国会为时政要略",积极参与了各省谘议局代表于 1910 年 1 月、6 月、10 月连续发动的三次请愿活动,并在其中表现出相当激进的态度。第一次请愿,因清政府以"国民知识不齐"为理由,予以拒绝而失败。第二次请愿时,清政府又以"财政困难,灾情遍地"为理由,再次拒绝各省请愿团的要求,并下令"不得再行续请"。立宪派虽碰了一鼻子灰,但并不气馁,决定继续请愿,他们推汤化龙为会长,在北京召开各省谘议局联合会第一次会议,要求各省立宪派人士向上要争取地方督抚,向下要争取各行对宪政的支持,准备更大规模的第三次请愿。在立宪派的努力下,各省都出现了异常热烈的群众运动场面,这样就迫使清政府在 1910 年 11 月 4 日颁发上谕,宣布缩短预备立宪期限,定于宣统五年(1913 年)召开国会,从表面上看,这是清政府对立宪派的一个重大让步,但实际上是拒绝了立宪派要求速开国会的主张,这引起了立宪派中的强硬派汤化龙等人的极度失望,他们仍然坚持至宣统三年即开国会的主张。汤化龙回到武汉后,继续推动鄂省舆论,鼓吹速开国会,他还联合湖北三十九个团体的 2000 多名代表,在武汉举行大会,要求湖广总督瑞澂案,乾隆帝指令用六百里出面力促朝廷提前开设国会。

1911 年 6 月,汤化龙再次赴北京,参加各省谘议局联合会第二次会议,行前,汤化龙在汉口车站发表了慷慨激昂的演说,猛烈抨击清廷"用人行政,多拂舆情,筹备宪政,毫无诚意,内阁大权,患授亲贵,以致内政不修,外交失策,民生日蹙,国耻日深,维新绝望,大陆将沉"。他表示此次北上要完成三大任务,即组织完全内阁,提前实现宪政,早日召开国会,他发誓说:"务达目的,不惜任何牺牲,即刀锯在前,鼎镬在后,在所不辞!"表现出了强烈的犯阙直陈的决心和虽死不辞的气概。然而,对于顽固不化的清政府来说,任你汤化龙等立宪派把头叩破,口水说干也不能使它回心转意,果然第三次请愿时,清廷却令民政部将各省代表团即日解散,东三省的代表甚至被押解回籍,更有天津代表温世霖被发往新疆充军,清政府对各省谘案,乾隆帝指令用六百里议局的请愿代表一概加以峻拒,使得立宪派匍匐都门,积诚馨哀的请愿终告败北,汤化龙也只好"郁郁归鄂"。

这次请愿运动的失败,使立宪派彻底对清政府失望,使他们认清了清政府"假立宪之名,行专制之实"的真面目,从而促使他们走上了赞同推翻清政府的革命道路。汤化龙在北京几次请愿,亲眼看到"诸亲贵非老昏,即童骏,不知立宪为何物",他知道"清廷之亡不远矣",因而对清廷彻底绝望。当武昌起义的枪声打响后,革命党人还只控制了汉口,革命前途胜负未卜之时,汤化龙却已站到革命党人一边来了,而对革命党人,他也慷慨激昂得大声表白:"对于革命,鄙人素表赞成。"并为革命党人出谋划策,出资助饷,一时为革命党人交口称誉,身为立宪派巨头的汤化龙似乎也变成了革命党。

然而,几十年后,当新中国的历史学家们提笔写到辛亥革命前后汤化龙的所作所为时,有的人却不这样认为,而是断言:汤化龙是一个两面派,是一项重大反革命密谋的参与者。他一面参加了军政府,另一方面又勾结敌人,密电清政府,请求其发兵镇匪革命。

这究竟是怎么一回事呢?

事情要从四川的一家茶馆说起。

1939 年的某一天,四川省北碚县东阳镇的一家茶馆里,林静之,李翊东、胡祖舜三人围着一张桌子,一边品茶,一边像四川人那样摆起了"龙门阵"。谈笑风生之间,林静之对李、胡俩人讲出了一桩世人鲜知的事情,震惊了李、胡两人,以至好几年后,胡祖舜在写自己的回忆录《六十谈往》时,还清楚地记得林静之所讲之事,并把它记人其中:

"民国二十八年,(林静之)语余及李翊东曰:当日逢时、连甲曾密集谘案,乾隆帝指令用六百里议局议长汤化龙,武昌谦记土庄经理李国镛(号玉珊,沔阳人,人咸呼为李老板者),并自称黎元洪代表之蔡登高(自称南洋某中学投效者),张振标(张彪弁目)等(时此数人已附革命军,也入军政府),开会数次,意图剿灭革命军,曾联电清廷起兵,谓之洪系胁迫而出,其电文即由化龙起草。"

胡祖舜所记的林静之的故事,关键的地方在于指出汤化龙在武昌起义后,与清朝官员勾结,密谋镇压革命党,对照一下为人们所知的汤化龙在武昌起义前的立宪活动和反清言论,那么,林静之所讲这事确实骇人听闻。虽然,关于此事的传闻在武昌起义后不久就有所流传,但被胡祖舜第一次用文字记载下来后,引起了更多人的注意,也促使人们怀疑汤化龙在辛亥前后的政治态度,是否就与他自己在人前所表现的相一致。

李翊东作为与胡祖舜同时听林静之谈话的人,他也有一个回忆:

"柯逢时(膏捐局督办大臣)与黎元洪暗通消息,阴谋反动,如果事情成功,由柯代黎向清政府讲情;如果事情失败,由黎庇护柯逢时。当时汤化龙(谘案,乾隆帝指令用六百里议局议长),连甲(藩台),马吉樟(臬台)几个人在柯家聚会,由汤代甲拟电稿,大意是:'鄂军变,总督不知去向,请速派大军南下,并另委总督。'此电由林静之(此人现尚在重庆行医)发出,又由连甲乘夜越城到河南请兵。"

李翊东的回忆是在一次关于辛亥革命的座谈会上讲的。虽然我们不能判断他的回忆是根据林静之的故事做出,还是根据他自己作为武昌起义后湖北军政府叙赏长所见所闻做出,但无论如何,李翊东的回忆和胡祖舜在《六十谈往》中的记载,无怪被史家所关注,把它当作信史来看待,据此得出汤化龙是两面派的结论。

但也有人对胡祖舜的记载和李翊东的回忆有疑问,他们通过详细地考证汤化龙在辛亥前后的活动及相关的活动,得出了不同的结论,认为汤化龙不可能起草那么一个电报。

这样一来,事情就变得有点复杂了。

那么认为汤化龙没有起草电报的人又是如何得出这个结论的?第一,他们认为,根据胡祖舜、李翊东的回忆,连甲是柯宅反革命密谋的核心人物,密电的联衔者,但连甲在10月11日晚就已逃出了武昌,不可能在柯逢时家组织这么一个密谋,其根据是连甲在10月21日有一封《致内阁总协理大臣电》,说明自己在武昌起义后的活动日程:

"窃连甲自八月初一日到湖北藩司任,至十九日(指阴历十月10日)即遭兵变,守库护勇,仅念八名,督卑竭力守御。匪用大炮轰毁头、二门,幸大堂先备有土袋垛积,得以隐身抵御枪毙悍匪多人。奈子弹告罄,电话又断,相持至晓,藩署攻破,不得已避至署后土膏大臣柯逢时宅,探得瑞督院已登兵轮,当恐印信有失,交与柯逢时敬谨收存,追出城外,奔赴兵轮,协图恢复,蒙瑞督院饬委,督办粮台。"

当然,连甲的这个电报并没有说自己是什么时候逃出武昌城的,但从另外的途径可以考证出。

据《欧阳萼致袁世凯书》说:"方伯困在危城,二十日之夕,始由柯绅逢时令其乔装,遣人护送潜出。"方伯,是对布政使的美称,这里是指连甲,"二十日夕"即阳历10月1日晚。

另据《瑞澂等报告武昌失守请派援兵电》:"湖北布政使连甲、提学五寿彭,交涉使施炳燮,巡警道五履康,均已微服出城。"这个电报发于10月12日,说明在发电之前,瑞澂已知道连甲逃出了武昌城。

由此可证连甲在10月11日晚上已经逃离武昌,如果汤化龙、柯逢时,连甲、李国镛、蔡登高、张振标等人确有一次聚会,那么只能在11日晨至当夜连甲绝城而去之前,而在这段时间里,11日上午,汤化龙是在家接待来邀的革命党代表,然后应邀至谘议局讨论推荐都督人选和建立湖北军政府的问题,下午,汤化龙仍在谘议局讨论各项军政府所应采取的策略,所以,11日上、下午汤化龙不可能去参加在柯宅举行的密谋(如果真有的话),唯一可能参加的时间应是从傍晚到连甲弃城而去这一时期,对这一时间段,持不同意见的人不能考证出汤化龙具体在做什么,因此只做了一个推理性的判断,说在这一时间内一下子串联六、七个人也很不容易。武昌起义的枪声刚刚停息,柯逢时们要摸清彼此的政治态度需要时间，当天晚上就召集这样的反革命黑会，怎么可能呢？

当然，持不同意见的人还从另一方面考证连甲不可能召集黑会，因为在连甲《致内阁部协理大臣电》中，绝口未提召集汤化龙、李国镛、马吉梓、蔡登高、张振标密谋并联名发电。从连甲的处境和当时的心境来看，如果真有召集会议这回事，他不可能不在电报中提及，因为以汤化龙当时在湖北军政府中的地位和影响，如真能暗中为清廷效力，连甲不敢不报告，再说，连甲身为藩台，当负有一定的守城之责，而他弃城而逃。如清廷怪罪下来，他会吃不了兜着走，因此会千方百计为自己邀功开脱，如真能把汤化龙拉过来为清廷效力，当然是他的一件功劳，不能不上报。而他在电报中述及在柯宅的经过时，只提到柯逢时一人，这就说明，在10月11日晨至当夜，在柯宅的家里没有召集所谓有汤化龙等人参加的会议。

第二，持不同意见的人认为在武昌起义前夕，汤化龙已经对清政府绝望，有了参加或附和革命的思想准备。起义之后，他虽有过犹豫，但从总的方面来看，对这场革命的到来是欢迎的、支持的，这样的人不会密电清廷，参与反革命串联。

的确，在武昌起义爆发后，汤化龙是第一个倒向革命阵营的立宪派人士。之后，又积极参与湖北军政府的建设，为革命党人出谋划策。汤化龙在跟革命党人第一次开会时就献计说："此时武昌发难，各省均不晓得，须通电各省，请一致响应，以助大功告成。"此计为革命党人所采纳，第二天早晨就通电全国，宣示革命目标，呼吁国人响应。同时，汤化龙也以湖北省谘议局议长的名义致电各省谘议局，其电文措辞相当激烈，指责清廷"伪为九年之约，实无改革之诚"，告诫各省立宪派"维新绝望，大陆将沉，吾皇皇神明之裔，岂能与之偕亡"，要求各省立宪派"奋起挥戈，还我神州。"汤化龙还和宋教仁共同制定了《鄂州约法》，并且为了稳定武昌局势，他还策动了清政府海军举行起义。当时，清政府为了迅速镇压武昌起义军，把大部分海军舰只派往武汉，协同其陆军进攻起义军。汤化龙的弟弟汤芗铭时在海军任职，有同情革命的意向，他写信给汤化龙打听革命军的动向，汤化龙当即回信，指出："武昌举义，各地响应，革命必成。望策动海军早日反正，以立殊勋。"这样促使汤芗铭率海军在江西九江起义，站到革命军一边对清军作战，大大支持了正浴血奋战中的武昌革命军民。所以，从汤化龙在武昌起义后的表现来看，他不可能也不会再与清政府发生什么勾当。

持不同意见的人通过以上两方面的论证，认为汤化龙不可能参与勾结清政府镇压革命的密谋活动。这些论证应该说具有相当的逻辑性,却也并非无懈可击。

首先,对于汤化龙在10月11日傍晚到连甲弃城而去的那段时间空白,单凭推断来填补,而不拿出真凭实据来指证,是不足以令人心服的。因为,如果汤化龙、李国镛、蔡登高(说不定真是黎元洪心腹,有代表他的可能)、张振标(同样有代表张彪的可能),真的想向清廷报告消息的话,在湖广总督瑞澂下落不明,布政使衙门又遭革命军猛烈围攻的情况下,这些人是有可能不约而同跟到八省膏捐大臣柯逢时家去的,特别是当他们知道柯逢时有与清廷通电报的密码,去柯家的可能性就更大了。因此,并不是"一下子串联六、七个人也很不容易",而是都想到要利用柯逢时的密码向清廷报告消息,这样使他们几个人恰巧在柯家聚集,既然聚集在一起了,大家又都想以个人名义打电报,于是干脆联名打了个电报,而打这个联名电报,并不是在摸清了彼此的政治态度所为,而是偶然碰在一起的结果。应该说,这种可能性在当时的特殊情况下是存在的。所以,如果不能用有力的材料证明从11日傍晚到连甲弃城而去的这段时间内,汤化龙具体在干什么,那么。就不能消除人们提出的上述怀疑。

其次,虽说在武昌起义前,汤化龙已有了绝望于清廷的心态,起义后又有种种附依革命、赞助革命的举动,但是,汤化龙附向革命军,并不是主动的,而是被革命党人当作有声望的人士拉来谘议局开会的。会议当中,在革命党人慷慨激昂谈论革命的气氛的影响下,汤化龙也不可能不对革命表示拥护,以他在政治舞台上滚打多年的经验,他还会向革命党人献计献策,以证明自己对革命的支持。在11日的会议上,汤化龙确实献了一计,说柯逢时家有与清廷军机处通电的"辰密"电码,他建议革命党利用这个密码,借瑞澂名义向各省致电求援,在电文中可夸大革命军声势,以造成清方的混乱。汤化龙的计谋果然被革命军采用,但其中也存在两个疑点:其一,柯逢时家中有"辰密"电码,当不为一般人所知,而汤化龙却知道,说明他平时与柯逢时有来往,且交情还不浅,否则柯逢时不会让他知道;其二,武昌起义的枪声打响后,驻武昌的清朝各级官员一片混乱,纷纷逃走,就连总督瑞澂也不知其下落,而汤化龙却能在11日明确告诉革命党能在柯家找到电码,说明他知道柯逢时在家,因为按清廷规定,密码应为拥有者随身携带。更为特别的,在如此兵荒马乱,各级官员纷纷潜逃的时刻,汤化龙能如此明确地说出柯逢时在家,说明他在11日可能还见过柯逢时,否则他不敢如此肯定柯家的密码还在。而见面的地点,十有八九是在柯家。那么,在如此时刻,汤化龙还去了柯家,岂不令人怀疑他去柯家干了什么?

当然,上面这两点怀疑也只是推断而已,并没有任何的史料来证明。但是,持不同意见的人只要不能令人信服地消除这两个疑点,那就不能说已经证明了汤化龙没有参与打电报勾结清廷、镇压革命的活动。

话又说回来,正统史家之所以认定汤化龙是一个两面派,参与了起草电报,勾结清廷的活动,其根据也就是胡祖舜、李翊东的回忆,但是,胡、李俩人的回忆,甚至林静之的故事,也完全有可能是捕风捉影,张冠李戴的结果,因为在武昌起义后的几天内,有这么几件事确实发生了。

第一,在 10 月 11 日至 12 日之间,连甲确有一封电报打给清政府,电文云:"内阁、王爷、中堂钧鉴:鄂垣内外兵士倒戈,甲只身困守,命悬须臾。盼救。速。连甲。"

其二,武昌起义之后,柯逢时也给清政府发过电报。据 1911 年 10 月 25 日的《时报》记载说:"闻柯逢时有电至京,纠参鄂督瑞澂辜恩溺职,非明正典刑,不足以折服下心。"

其三,汤化龙也确实起草过给清政府的电报,这个电报就是前面所说的,在汤化龙建议下,革命党人用柯逢时的密码发出的那封,其电文是汤化龙起草的。

其四,武昌起义后没几天,军政府内确实发生过一起反叛事件。蔡登高、张振标利用在黎元洪身边伺候的机会,暗中勾结首举义旗的原工程第八营后队排长、军政府卫戍司令方定国,阴谋叛乱。此事被时任军政府叙赏长的李翊东发觉,方定国被捕,经审问,供出与蔡登高、张振标同谋。结果,三人都被枪决。此事在当时轰传一时。

其五,汤化龙虽参加了湖北军政府,但毕竟与革命党分属两个不同阵营,因此,汤化龙利用参加军政府工作的革命党人多为新军士兵青年学生,政治上不成熟,又缺乏经验的机会,在组织军政府过程中,排斥革命党人,大量任用原立宪派,这就引起革命党人的猜忌和反击,把他看作是一种异己力量。

这几件事情接连出现,并混杂在一起,并不说明汤化龙有密电清廷之举,但他很容易使人们根据其中的某些片段和事实,凭想象和怀疑,推断出"密电"说来。这可能就是汤化龙故事产生并流传下来的由来。

那么,在既不能充分肯定,又不能轻易否定这个故事的情况下,唯一的办法是把这个时期所有打给清政府的电报整理出来,看其中是否有汤化龙署了名,其内容又与传说相同的电报。在没有做到这一点之前,此事还只能是一个谜。

## 袁世凯刺杀吴禄贞内幕

1911年11月7日凌晨1点40分,石家庄车站站长办公室里仍然灯火通明。这是第六镇统制、新任山西巡抚吴禄贞,与参谋长张世膺、副官长周维桢,正在密商天明宣布独立,率"燕晋联军"直捣北京,一举推翻清王朝的各种重大方策问题。突然,几条魔鬼似的黑影偷偷窜进办公室,随着一阵罪恶的枪声,吴禄贞和他的战友张世膺、周维桢,都顷刻倒在血泊中。

吴禄贞(1880~1911)字绥卿,湖北云梦县人。其父吴利彬是清末秀才,曾在武昌讲学。禄贞自幼聪敏过人,又受良好的家庭教育,17岁即中秀才。适逢湖广总督张之洞在武昌开办武备学堂,禄贞即弃文就武,入堂深造,因学业冠群,1898年被选派去日本留学,入士官学校骑兵科。在此期间,他看到日本自明治维新以后国力的强盛与对外侵略的野心,目睹清政府的腐败无能,深为国家的安危担忧。恰在这时,孙中山从欧美来到日本宣传革命,吴禄贞与同学纽永建、傅慈祥等人即接受了革命的洗礼,并加入了兴中会,决心以革命排满为己任。

1900年帝国主义列强借口镇压义和团,派八国联军侵入北京,清朝帝后仓皇逃走,国家陷入无政府状态。孙中山先生见此情景,即召集同志会于日本镰仓,决定在长江与珠江流

吴禄贞

域同时发动反清起义。珠江方面孙中山自己主持,长江方面命吴禄贞与傅慈祥负责。吴禄贞又与唐才常等人秘密联合长江流域会党,编成自立军前后左右中五路,唐住汉口,吴住大同,预定在8月29日各地同时发动。由于奸人告密,唐才常、傅慈祥等人被清吏捕杀。吴禄贞即于8月8日提前在大同起义,攻占厘金局、盐局,奋战七昼夜,终因孤军无援而失败,遂又只身由上海转赴日本继续求学。

1901年冬,吴禄贞毕业回国,任湖北将弁学堂总教习及营务处帮办。为宣

传革命,他在武昌花园山设立秘密联络处,广泛结交有志之士。1903年冬,应黄光之约携李书城等人去长沙,以帮助筹建湖南武备学堂为名,秘密商谈创立华兴会,共谋两湖革命大计,至次年2月才返回武昌。这时北京练兵处因成立伊始,亟待物色优秀军事人才,来电指名征召禄贞入京。禄贞本意不愿应召,认为"为清廷练兵,无异助敌为力,赠盗以粮",但左右同志都劝他说,"不入虎穴,焉得虎子。"要实现你的革命理想,不如投身进去,假与周旋,暗中结交志士,伺机而动。吴禄贞认为同志们的意见有理,遂决计赴京。

1904年5月,吴禄贞应召到京,被任命为练兵处军学司训练科马队监督。此职纯是虚衔,毫无实权,其任务不过阅操和编辑军事训练教材而已。对于这样的差使,吴禄贞自然不能满意,加之主管上司、兵部尚书满人铁良,素知吴禄贞志大才长,怕他怀有异志,平时严加防范,使他一筹莫展,于是便想离开练兵处,另辟蹊径,遂上书铁良要求单独去西北各省考察边务,川资请军机处饬令沿途藩库供给。他此举的目的,是想借考察边务为名,了解西北各省的风土人情,地理形势,为将来革命寻找立足之地。

1906年秋,吴禄贞获准与好友周维桢结伴考查边务,路经河南,直趋陕甘。恰值金秋季节,天高气爽,他与周维桢并辔同行,越关跨岭,放眼祖国的大好河山,目睹一处处几千年来的古代遗迹,想到代代辈出的英雄豪杰那许多可泣可歌的往事,无不触景生情,吟咏唱和,借以抒发他忧国忧民的情怀及决心报国的凌云壮志。在他的《西征草》遗集中,诸如《过荥阳观楚汉战迹吊项羽》《渑池观秦赵会宴纪念碑有感》等诗篇,不仅绘声绘色地描写了项羽当年叱咤风云及宁死不屈的英雄气概,也歌颂了蔺相如那临危不惧,拼死以捍卫国家尊严的崇高形象,并对他们表示由衷的敬佩,特别是在登上硖石山(今河南陕县东南部),遥望大西北,雄关险道连绵,河山葱莽一片,想到祖国美丽的国土正被列强蚕食,一股强烈的振兴中华的热血在沸腾,他不禁仰天长啸,挥笔疾书《过硖石山狂吟》短诗一首:

东方大陆起蛟龙,请看亚雨压欧风。

漫笑狂吟无足道,从来时势造英雄。

接着,他又在《过华岳狂吟》诗中表示:

策马过华岳,我气何熊熊,手把三尺剑,斫断仙人峰。

问我何为者?恨汝元神功。西陲正多事,汝独如痴聋。

不能诞英灵,为国平西戎。累我天山路,长征雁塞风。

既辜生灵望,未免负苍穹。待我奏凯旋,再拜告天公。

诗中运用寓情于物的手法,痛斥华岳山灵这个庞然大物的昏聩聋傻,眼见大好山河被人宰割而不思拯救,实则喻斥清政府昏暗腐朽,丧权辱国,以表达他愤恨之情及要用武装革命手段推翻清王朝的决心。

然而,吴禄贞西巡的目的不仅没有达到,反而闯下了一场几乎杀身的大祸。为了支领路费,他不得不在行抵西安与兰州时,先后走访陕西布政使樊增祥和陕甘总督升允。这两个人都是顽固的封建官僚,对吴禄贞高谈革新时弊救国救民的政见非常反感,遂给他加上一个"冒充钦差"的罪名关进监牢,并上奏清廷要求立即正法。慈禧见奏便问铁良有无此事,铁良无法抵赖,只得承认是他派吴去西北考察边务的,并非冒充钦差,但铁良不敢得罪升允,就以所谓"吴禄贞谒见地方大员身着便服,有失官场体统"为由,命将吴禄贞押送回京治罪,吴回京后虽幸免于死,但却被革去了练兵处骑兵监督的官职。恰在这时,徐世昌就任东三省总督,为延揽人才,慕名调吴禄贞同往。禄贞既不能实现救国抱负于西北,便想去东北有所建树,于是欣然应邀。

1907年7月,吴禄贞随徐世昌到奉天(今沈阳),任督署军事参议。时值日本正加紧挑起所谓"间岛问题"的交涉,吴即奉命带同周维桢及数名测绘生,赶赴中韩边界的延吉、珲春一带考查边务,历时七十余天,行程二千六百余里。此行以他超群的智勇和胆识,不仅收服数千名胡匪,并迫使已侵占局子街的日本中佐斋滕退兵。当吴禄贞回奉天向徐世昌汇报,并提出对付日本的办法时,徐大加赞许,即转奏清廷。清廷以吴禄贞智勇兼备,便任命他为正参领帮办延吉边务。日本为实现侵占中国领土的野心,又提出"间岛究属那一国的领土,很久没有解决"的问题,要求与清廷大开边界谈判。清廷畏敌如虎,又毫无准备,惊惶失措,无法应付,便急调吴禄贞进京询问对策。禄贞遂参阅历史地理的记载和有关证据,撰写出一部数十万言的《延吉边务报告书》,并附详细地图,证明延吉自古就是中国的领土。清廷外务部据此与日本交涉,在铁的历史事实面前,日人也不得不承认延吉为中国的领土。禄贞因办此事有功,被升为协统兼督办吉林边务大臣。禄贞为防备日寇的侵犯,便在中韩边界修建了许多戍边楼,群楼落成时,他登楼眺望,见那高山环抱、层峦起伏,林木葱茂的大好河山尽收眼底,禁不住豪情满怀,喜上笔端,写下了慷慨激昂意气风发的《戍边楼落成登临有感》著名诗篇:

筹边我亦起高楼,极目星关次第收。

万里请缨歌出塞,十年磨剑笑封侯。

鸿沟浪靖金瓯固,雁碛风高铁骑愁。

西望白山云气渺,图们汉水自悠悠。

正当吴禄贞壮志满怀,一心为保卫祖国的边疆继续建功立业之时,一贯以退让求苟安的清政府,在日本帝国主义的压力下,连下诏书撤销他的边防督办公署,调他回京。当时吴禄贞悲愤万分,遂又挥笔写下了《放歌步谢大虎文原韵》的长诗,其最后的四句是:

自古和戎非良策,一误不可况再误。

边人未归征人恨,大地河山待鼓铸。

诗中不仅痛斥了清廷的一贯误国政策,也明确表达了他要重新鼓铸祖国山河的革命意志。

1910年春,吴禄贞怀着依恋不舍的忧愤心情回到北京,清廷为了安抚他,授以镶黄旗蒙古副都统衔,特派他去法、德两国阅操。是年冬回国后,又任命他为第六镇统制。吴禄贞初次掌握一镇兵权,非常高兴,便想很快把它整顿改造为一支革命力量,待机而动,但由于他的整顿计划受到上下各方面的阻挠,使他非常气愤,于是便常住北京。翌年10月10日,武昌起义爆发,吴禄贞看到革命时机已到,便积极联络革命志士准备行动。不久,张绍曾发动“滦州兵谏”,清廷派他前去“抚慰”,接着山西的阎锡山又率部杀了巡抚陆钟琦,宣布独立,清廷又命他前去镇压,并任命他署理山西巡抚。吴禄贞便乘机与张绍曾、阎锡山秘密商讨联合进攻北京,一举推翻清王朝,以实现他多年来的革命抱负,但就他准备宣布起义的当天,即11月7日凌晨,在石家庄车站他的办公室里,不幸被奸人暗杀,时年才31岁。

正是:义旗未举身先死,鼓铸遗恨何时休!

吴禄贞被暗杀的原因,很显然是和他在武昌起义后一系列重大政治活动有直接关系,但由于他的这些政治活动,是利用当时清朝当权者内部之间的矛盾和斗争,特别是清朝当权者和袁世凯之间的互相利用,又互相矛盾和斗争的关系而秘密进行的,所以必须从这些纷杂的政坛内幕中,去寻找其主要原因。

1910年12月底,吴禄贞就任第六镇统制后,急欲想把这支北洋旧军队改变成完全归自己掌握的有战斗力的革命力量。因此,他上任伊始就大刀阔斧地进行整顿,首先裁减了一批闲散人员,又更换一批自协统周符麟以下的各级官员,很快使历年的积弊焕然一新,但也因此得罪了上下的一些人,尤其是陆军部大臣荫昌,曾对他的整顿举措多方阻挠,为此他曾上书痛责荫昌,致使两人结怨甚深。及至武昌起义爆发,吴禄贞看到时机已到,便主动要求带兵前去"平乱",实则是要与武昌起义军联合在一起,荫昌疑他怀有贰心,不仅不准他的请求,却自己统兵前往,并把第六镇李纯的第十一协调去,同时命令他随行,打算中途把他杀害。吴禄贞探出荫昌的这种奸谋,即托病不去。

10月27日,因参加秋操已开到滦州的第二十镇统制张绍曾,为拒绝清廷调他率部开赴湖北镇压起义军之命,遂提出组织责任内阁、开放党禁等立宪政纲十二条,要求清廷立即实行,否则决不奉命。这就是有名的"滦州兵谏"发生了。此事件对清廷震动很大,清廷即刻召集御前会议商讨对策。当时在清朝统治者内部,因在维护清王朝统治所采取的策略不同而分为新旧两派。以皇族内阁总理奕劻为首的旧派,反对实行君主立宪,反对开放党禁,主张起用袁世凯镇压革命,所以他们反对"兵谏"政纲,主张严惩张绍曾。而以军谘府大臣贝勒载涛及军谘使良弼为首的新派,主张改革政治、开放党禁,实行君主立宪,反对起用袁世凯,并想利用吴禄贞、张绍曾、兰天蔚等新军将领,作为对抗旧派的力量,所以他们主张张绍曾抗拒调遣虽应惩办,但不应操之过急,万一激变,后果不堪设想,不如暂准所请,以示羁縻。结果载涛等人的意见被采纳。

10月28日,清廷根据载涛等人的建议,即派素与张绍曾关系较好的吴禄贞去滦州"抚慰"。当时载涛、良弼都希望吴禄贞去劝说张绍曾等人,只要不再有其他越轨行动,愿做他们要求立宪的后盾,企图以此拉拢吴、张等人,并利用他们手中的兵权,达到推翻奕劻内阁、铲除袁世凯,实行君主立宪,保住清室皇位,进而消弭革命的目的。对于载涛、忍弼的这种企图,吴禄贞是非常清楚的,但由于他的一个协已被荫昌带往前线,剩下的一个协也被陆军部派来的协统吴鸿昌所把持,并不完全听从他的指挥,而京津的革命党人又天天催促他响应起义,他正感力不从心,恰好借此机会去和张绍曾等人"密商大计",因此,他欣然领命。临行前夕,吴禄贞曾向同乡好友张国淦私下吐露,说他此行有两种计划:一是约张绍曾率驻滦州的第二十镇往南开,他率驻保定的第六镇往北开,一同直趋北京,打出的旗号是推翻清廷,创立民国;二是滦州和保定之兵同样会师北京,打出的旗号是拥护清室,革新政治。但第一种计划,因我们力量太弱,而北京的军队除已开赴武昌外,尚有第一镇、禁卫军、直隶巡防营及旧式练军等,如果打出革命旗号,北方所有的兵力足够抵抗我们。另外,清廷亦可命令驻奉天的第三赴镇进关扼我东路,抽调袁世凯的部分兵力北上阻我西路,而北方民气不如南方,此方号召彼方未必响应,我们的本钱有限,虽然革命总带有危险,但看到危险是不能不顾虑的。第二种计划,是因袁世凯素为北京亲贵所敌视(除奕劻一派外),我们会师北京,打出拥护清室,铲除袁世凯的旗号,是会得到善耆、载泽、载涛、良弼等人谅解的,他们视我们为友军,不会发生冲突。我们拿到中央政权后,可"挟天子以令诸侯",先解决了袁世凯,对于前线的军队酌量调拨,分化这部分旧势力,然后看机行事,再进一步完成我们的最后目的。

10月29日各晨,吴禄贞携陈其采、蒋作宾、黄元恺等人专车到滦州,向张绍曾陈述了清室权贵对"兵谏"的态度及其所采取的羁縻政策,说明清廷并无实行立宪的诚意,同时将他的"两种计划"告诉张绍曾,问张能否与第六镇联合"乘京师空虚之际,一举而下北京",实现第一种计划。当张绍曾说明因多数将领不同意立即反正,他提出的立宪要求只是一种"缓兵之计"时,吴禄贞决定采取第二种计划,建议张绍曾公开打出"立宪军"的旗号,以入卫京师为名,与第六镇从南北同时向北京进发,只要占据北京,控制了中央政权,就可以"挟天子以令诸侯",其他问题都可迎刃而解。张绍曾立即表示赞同。

正当吴禄贞在滦州与张绍曾密商革命大计之时,吴的副官长周维桢匆匆来到滦州,报告因山西新军杀了巡抚陆钟琦,推阎锡山为都督,宣布独立,清廷见革命的烈火已烧到京畿,十分恐慌,已令驻保定的第六镇第十二协统吴鸿昌率部开赴石家庄防剿。吴禄贞得此消息又惊又喜,惊的是吴鸿昌是"北洋旧人,敌视革命",由他率队去进攻山西,这对刚刚独立的山西革命军非常不利,必须迅速阻止;喜的是山西毗邻京师,而他的军队已进驻石家庄,控制了京汉路,不仅可阻断袁世凯入京的道路,也给了他一个速去与阎锡山商议"联晋覆清"的好机会。于是他立即写了两封信交周维桢速返前线,分别送给吴鸿昌和阎锡山。他在给吴鸿昌的信中说:现在三镇、五镇、二十镇、混成第二协,已联合名曰"立宪军",我军亦当高举义旗首先赞助,"军事行动随后必有命令,万勿妄动",又在给阎锡山的信中说:公不崇朝而据有太原,可谓雄矣。然大局所关,尤在娘子关外。现在革命的主要障碍为袁世凯,袁如入京,不论忠清或自谋,均不利于革命。"望公以麾下晋军东开石家庄,共组燕晋联军,合力阻袁北上"。送走周维桢后,他又与张绍曾重新商订联合阎锡山共同行动的计划:他要张仍以"立宪军"名义,驻奉天的第三镇代统制卢永祥及第二混成协统兰天蔚,迅速率部来滦州集合,等他去山西和阎锡山会谈"共组燕晋联军"商妥后,即把晋军调到石家庄集合,然后南北同时宣布独立,一齐向北京进发。他们最后还商定:张绍曾为直隶都督，承认阎锡山为山西都督，吴自任燕晋联军大都督。令阎锡山派一支兵守京汉路黄河大桥，阻止袁世凯入京，并电黎元洪派兵夹击袁世凯。张绍曾率部直捣北京，并分一支军扼守密云，阻止宣统逃往热河。吴自率第六镇一协、晋军及保定入伍生队、民团等，与张会师北京。

10月30日下午，吴禄贞由滦州返回北京，立即到军谘府向载涛复命，说他在滦"再三核查，官兵并无异志"，只静候朝廷答应立宪请求立即出征，并把张绍曾给载涛的"正候命出发"的亲笔信面呈作证。接着，吴禄贞又根据载涛、良弼等人不愿让袁世凯进京的心理，提出要亲赴石家庄前线督师，以武力迫使阎锡山"投降"，然后共同防守京汉路，阻止袁带兵入京的打算告诉载涛。载涛虽对吴禄贞在滦州的言论已有所探闻，但他和良弼等人都认为"亡清必袁"，而吴、张等人只要求改良政治，实行立宪并没有公开提出要推翻清室，特别是"吴袁素来敌视"，吴对反袁是坚决的，可以利用。因此，他们对吴禄贞去石家庄督师的要求表示赞同，并与吴"计议数时之久"，达成了"共同倒袁"的共识和步骤后，吴即匆匆离京去石家庄。吴禄贞在经过保定时，告诉保定同盟会支部负责人郝仲清，说他即去山西和阎锡山商量组燕晋联军事议妥后，即宣布独立，在保定设立"燕晋联军都督府"，誓师北伐，希望下支部加紧准备。

11月1日，吴禄贞到石家庄后，一面立即命令进至井陉的吴鸿昌迅速回石，说他已派副官周维桢与一等参谋官朱鼎勋前往山西招抚，不需派兵进攻；一面又派参谋何遂去娘子关和山西革命军将领姚以介密商吴、阎会谈的时间地点等问题。为了麻痹清廷对他的疑忌，11月3日（九月十三日）电奏清廷，说他亲自赴并陉督师进剿，"革军不支，已退守娘子关"，现正分兵两路进攻。又说因山西巡抚被杀，地方无主，人心惊恐，请速派贤员来晋，以安民心而挽危局。清廷接电后，即于次日复电嘉奖，并任命他署理山西巡抚。吴禄贞知道清廷命他署理山西巡抚，并不是出于对他的信任，而是对他进行笼络，并借此让他去和阎锡山火并，使之两败俱伤，好收渔人之利。吴禄贞也将计就计，又在5日的复奉电中说：我军两路进攻，颇获胜利，已派副官府知周维桢驰赴敌营，晓以国家艰危之大局及改良政治之苦心，敌已允输诚。顷已下令停止进攻，禄贞即单骑赴娘子关招抚晋军。清廷对吴禄贞的这种行动虽然深怀疑虑，但因当时各省相继宣布独立，革命的烈火已在大江南北到处燃起，扑救无力，更不愿再激变近在皇城根下的吴禄贞等人，所以在回电中说："该署抚单骑往抚晋军，尤属忠勇可嘉，著将抚慰情形随时迅速电奏"外，没有流露出任何不信任的表示。

11月4日下午2时，吴禄贞依约去娘子关和阎锡山会谈。由于阎已得知清廷任命吴为山西巡抚，对他前来会谈的诚意甚表怀疑，便令官兵持枪荷弹，摆出一副严阵以待的架势。吴禄贞为消除阎的疑虑，不带一兵一卒，只携同周维桢、何遂、孔庚等几位幕僚，谈笑自若，飘然而至。见面时吴首先表示，我是来同你一起革命的，不是来做巡抚的，可不要摆鸿门宴啊！阎见此情景疑虑稍释，即入室会谈。吴禄贞说：阎都督你们山西很重要，可能山西光复中国也就光复了。我们第六镇加上张绍曾、兰天蔚及你们山西军，联合起来攻占北京是易如反掌。袁世凯是中国最毒的一个东西，他现在正在两边摇摆，将来危险极了，若我们早到北京，就可以把他的计划完全打下去。又说：我算什么巡抚，阎都督你是山西的主人，我可以替你带兵。阎锡山和他的幕僚温寿泉、姚以介等人，对吴禄贞的讲话佩服极了，遂推举吴为燕晋联军大都督兼总司令、阎任联军副都督兼副司令、温任联军参谋长，山西开出两营赴石家庄归吴指挥。欢谈至晚，各回原地。

当晚，吴禄贞等人刚回到石家庄，正有一列满载军用物资的列车进站，即将运往前线接济清军。吴立即下令扣留，并让副官长周维桢起草一份弹劾荫昌的电奏说：武昌起义之所以发生，全是由于"革督瑞澂骄横无状，逼变鄂军"。而军谘府、陆海军部不问是非，竟竭全国陆海二军之力以攻击武汉三镇，特别是陆军大臣荫昌，督师无能，纵肆杀戮，奸淫掳掠，惨无人道，以致"结怨人民，激变多省"。最后还警告说：若不速定政见，只怕将士激愤，一旦阻绝南北交通，危害第一军之后路，则非禄贞所能强制也。这份劾荫电，实际上是他强烈抗议清廷武力镇压革命的宣言书，也是他赞同革命，即将举义的公开声明。

11月6日，吴禄贞密电张绍曾：晋军一协业已"招降"，希协同动作，以践前约。张绍曾立即复电：我军整装待发，请即与山西军前来会师。吴禄贞即命令第六镇和保定入伍生队整装待命。消息传出，大大鼓舞了石、保地区的革命派，他们无不怀着节日般的兴奋心情奔走相告，加紧起义前的各种准备工作。同盟会保定支部连夜赶印"安民告示"，赶刻"联军大都督印"，只等天明晋军开到，宣布起义的命令下达后，即竖旗张告，持械北征。

事情的瞬息变化，往往是出人意料的。由于吴禄贞到石家庄后短短的四五天内，就与阎锡山达成共组"燕晋联军"的协议，并截留军械、弹劾荫昌，这些昭昭引人注目的革命言行，使清朝统治者和袁世凯都大为惊恐。他们都把吴禄贞视为心腹大患与眼中钉，必须尽快除掉而后快。就在11月7日凌晨1点40分，吴禄贞正在伏案起草"愿率燕晋子弟一万八千人以从"的复张绍曾电文时，随着一阵罪恶的枪声，他与参谋长张世膺、副官长周维桢，便倒在血泊之中，连首级也被凶手割去。吴禄贞被刺后，燕晋联军顿失其首，阎锡山派来石家庄的晋军中途闻变折回，吴鸿昌也将所部第十二协迅速开往正定躲避，张绍曾闻讯不敢发动，旋被清廷削去兵权到天津"养病"。至此，吴禄贞苦心经营的燕晋滦联军进攻北京的计划，顿时毁于"功败垂成"，致使即将灭亡的清王朝，又暂时得以苟延残喘；大野心家袁世凯也得以扬长入京，从容部署他的窃国阴谋。这是一件非常令国人痛心的事。

刺杀吴禄贞的主谋者究竟是谁？这是多年来众说纷纭而至今尚未澄清的问题。据有关史书记载，大致有以下几种说法：

一、荫昌主谋说。据当时在保定的王保民先生所撰《吴禄贞首先参加革命的见闻杂记》一文中说：1911年辛亥春，禄贞任第六镇统制官，对官兵大加革汰。有协统周符麟者，马贼出身，禄贞欲革之，而陆军大臣荫昌不准，于是禄贞上书千言痛责荫昌。余时在保定，曾见此文，止之不可。荫昌得书大怒，遇事与之龃龉。武昌起义，禄贞欲督师往，荫昌乃自起督师，而令周符麟率死士自卫，将毙禄贞于途。禄贞侦知，遂称病不行。禄贞殉难前，有人告周至石家庄，禄贞坦然置之，卒及于难。

二、良弼主谋说。据1913年阎锡山所撰《故燕晋联军大将军吴公之碑》文中说：初，清军谘使良弼与公相善也，然内实忌公甚，至以二百金贿公部下阴图公。公驻军石家庄，以车站票房为行辕，夜饮酒醉，与周维桢、张世膺治军书。刺公者突前，以贺简晋抚为言，枪击公，中要害，遂取元以去，世膺、维桢并死之。时清宣统三年九月十六日，实十七早一钟也。

又据谢翰1913年1月所撰《吴绶卿被刺事实》一文说：至于暗杀之人，实为六镇马标三营官长及弁兵数名，不然，吴有卫兵四十名，足可保护，因卫兵亦系马标内挑选，同为马标之人，是以并不抵抗。暗杀主谋实为良弼。

三、载涛主谋说。据国民党党史资料编纂委员会所撰《吴禄贞》一文中说：军谘府大臣载涛，素知吴禄贞部下标统马蕙田、周符麟因为改编和禄贞有隙，就秘密将他两人叫到北京，许他们两万两银子的赏金，并许将来保他们升官，教他们刺杀禄贞，两人中了升官发财的毒，甘心去做刺客。九月十五日从北京回防，当天晚上就强迫他们的下级军官会议行刺大事。十六日夜，吴禄贞正和参谋长张世膺、副官周维桢在站房中批阅机密文牍，逆贼马蕙田率领队官梁云空、排长杨福魁、头目苏守鲁、王泽宣等，突然冲门入室。大呼奉密旨杀吴禄贞，他人不问。禄贞听了立刻从座上跃起,拿马刀连砍数贼,不料一弹飞来正中要害,遂仆倒地上,世膺、维桢护禄贞不成,也中弹死。贼众见目的已达,竟割取禄贞的头颅逃走。

四、袁世凯与良弼共同主谋说。据当时从事反清革命活动的直隶领导人王葆真先生在《滦州起义及北方革命运动简述》一文说:吴禄贞被害一事,兹就它著所载不够明确者略述之。(1)原因:吴禄贞与张绍曾共同举义之密电,被陈夔龙截获,转交军谘府良弼;吴部参谋何叙甫,扣留南运军火于石家庄,又招袁世凯的痛恨。(2)凶犯:已被吴禄贞免职的协统周符麟,受袁世凯的指使自彰德来石家庄;担任清交通职务的陈其采,受良弼的使命从北京来。周、陈会合后,乃诱买胡匪出身的骑兵营长兼卫队长马蕙田,并煽诱二连夏文荣、一连吴豫章、排长苗得霖四人动手行凶。(3)行凶地点:在石家庄车站站长办公室,非票房。(4)时间:十七日早一时。(5)电报:吴禄贞十六日夜致张绍曾一电,文曰"愿率燕赵八千子弟以从"。吴被害后,电稿尚在桌上。(6)凶犯的结果:马蕙田行凶后,割了吴统制的头颅,到京向良弼领得赏银三万两,此后无人用他,讨了一个妓女,得了瘫痪症,受到精神的责罚,不久病死。夏文荣改名田树勋,同傅良佐到长沙,1917年被溃兵击毙。吴豫章和苗得霖,在1912年的洛阳兵变中,都被变兵枪毙。(7)吴禄贞的哀荣:翌年秋季,孙中山先生过石家庄开追悼会,曾写祭文悼念吴将军;阎锡山因感受吴禄贞维护山西革命,为之撰文立碑于车站西边。

又据时任直隶总督陈夔龙在所撰《梦樵亭杂记》书中说:有人说吴禄贞是为项城(指袁世凯)遣人暗杀,后虽奉旨命余查办,卒未得其实在情形。

仅从以上所举各种有代表性的说法中可以看出,刺杀吴禄贞的主谋者究竟是谁?的确还是一个未被解开的"谜"。笔者根据对有关史籍的认真研析,并参阅新发现的一些史实,认为刺杀吴禄贞的主谋者,既不是载涛、良弼,也不是荫昌,而是大野心家、阴谋家袁世凯。

据当时了解军谘府内情的军谘府第二厅厅长冯耿光事后对好友张国淦说:军谘府大臣载涛、军谘使良弼,与吴禄贞关系都好。武昌起义后,奕劻等人力请起用袁世凯督师,他们都是坚决反对之人,认为"亡清必袁",曾多次与吴禄贞密议除袁之法。故"滦州兵谏"发生,载涛、良弼力荐吴禄贞去"抚慰";山西独立,他们又同意吴禄贞率第六镇进驻石家庄去"招降",其目的就是要拉拢新军势力,铲除袁世凯等旧势力,由他们控制中央政权,而吴禄贞和他们虽在铲除袁世凯等旧势力上目的一致,但在保存清室还是推翻清室的目的上并不一致,但"亦不能明言"。吴禄贞到石家庄后所进行的联合晋军、扣留军火等活动,载涛、良弼还都认为是依计而行,所以"绥卿被刺电到京,涛大恸计划失败,谓为涛主使者,非也。"其实,主使之人是袁世凯派北洋旧部下周符麟收买马蕙田等人所为。

冯耿光的这番话基本属实,其理由有三:

其一,载涛、良弼是清室亲贵中的新派。武昌起义后,他们为了保住摇摇欲坠的清王朝,主张只有尽快实行立宪,革新政治,才能缓和全国人民的反清斗争情绪,消弭革命。他们曾极力反对起用袁世凯督师,认为让袁重新掌握兵权,清朝非亡在他的手里不可。为了铲除袁世凯这个大毒瘤,所以就极力拉拢吴禄贞、张绍曾、兰天蔚等新军将领共同反袁,并多次和吴禄贞密议除袁之法。因此,当他们获悉吴禄贞在石家庄被刺的消息后,还"大恸计划失败",根本不可能派人去刺杀吴禄贞。至于说载涛、良弼指使军谘府主管交通的第三厅厅长陈其采去石家庄,与袁世凯从彰德派来的周符麟在石家庄会合,密商用重金收买马蕙田等人行刺,实不可信。首先,周、陈二人到石家庄密商这样的机密大事,事先如果没有载涛、良弼和袁世凯之间的密电联系是不可能的,但他们之间的关系是水火不能相容,是不可能会合伙采取这种行动的。其次,最主要的是陈其采本人倾向革命,和吴禄贞关系密切,吴去滦州和张绍曾密商组织立宪军,及回北京与载涛密议倒袁计划,他都是亲身参加者。吴禄贞被刺的当天,他还帮助吴把驻在五里铺的京旗兵官管带调开,以免影响第二天宣布起义后的进军道路。吴禄贞被刺后,他也因与革党关系密切被清廷发觉而潜赴上海。如果他真的受载涛指使与周符麟合谋刺杀吴禄贞,他理应受到清廷的重用与奖赏,决不会潜逃去上海,而南京临时政府成立后,也决不会聘请他担任大总统府咨议及江苏都督署参谋厅厅长等职。

至于说是荫昌指使周符麟刺杀吴禄贞,更不可信。周符麟虽然是荫昌带往前线,但因荫昌屡打败仗,清廷不得不起用袁世凯代替荫昌督师。清廷是10月27日(九月初六日)任命袁世凯为钦差大臣,节制前线冯国璋的第一军和段祺瑞的第二军,同日召荫昌回京。吴禄贞被刺时,荫昌早已回京多日,怎么还能会从前线派周符麟去石家庄谋划行刺呢?

其二,袁世凯指使周符麟去石家庄,用重金收买马蕙田等人刺杀吴禄贞是可信的。因为袁世凯一向把北方视为他发迹的根据地,武昌起义后,各省纷纷响应,清王朝危在旦夕,在万般无奈之下,清廷只好请袁世凯出山指挥他的旧北洋军去"平叛",把清朝的存亡都寄托在他的身上。这就使得袁世凯顿时身价百倍,野心大增,认为他独揽大权的时机终于等到了,但是吴禄贞像穿梭般地北结张绍曾,西联阎锡山,屯兵石家庄,切断京汉路,进而截列车、扣军火等活动,一个个似炸雷般的消息传来,使他万分惊恐。因为他清楚地知道,对付南方的革命势力,他可以打也可以拉,而如果要让吴禄贞、张绍曾等人进攻北京的计划实现,他不仅有被逐出政治舞台的危险,一切阴谋打算都会全部落空,甚至连性命也难保全。因此,他把吴禄贞视为头号政敌,心腹大患,必须迅速除掉而后安。恰在这时,他的北洋旧部下,已被吴禄贞革职的第十二协协统周符麟,早随荫昌来到前线,荫昌被召回京,周又回到他的身边。袁世凯便利用周符麟对吴禄贞有革职之恨,命他携带重金,速去石家庄尽快设法把吴禄贞除掉,并许以事成之后升任第六镇统制以酬其功。周符麟因此举不仅可报被革职之仇,又可升官发财,真是喜不自胜,遂迅速赶赴石家庄,暗中以二万元收买了马队管带兼吴禄贞卫队长的马蕙田。马蕙田本是胡匪出身,吴禄贞看他颇为机灵能干,就任他为卫队长。谁知他狼性难改,在周的重金引诱下,遂又勾煽手下队官夏文荣、吴豫章及苗得霖等人,于 7 日凌晨 1 点 40 分,窜进石家庄车站吴禄贞的办公室内,乘其不备,一齐开枪将吴禄贞、张世膺、周维桢三人当场打死,并把吴禄贞的人头割下,却向周符麟领取赏金。

其三,周符麟完成刺杀吴禄贞的使命后,即赴孝感向袁世凯报功。袁世凯大喜若狂,也着实对他赞扬了几句,但在原许他升任第六镇统制以酬其功的问题上,袁世凯却顿食前言,没有兑现。因为袁考虑到,第六镇第十一协协统李纯,已在前线第一军统冯国璋的指挥下,攻打革命党屡立战功,而周符麟是被革协统,并无丝毫战绩,虽刺吴有功,但因是暗杀,不能公开明言,如果要立即提升他为第六镇统制,不仅李纯不服,还将招致冯国璋等人的坚决反对,有搞乱前线军心之虞。故他权衡利弊,只让周符麟官复原职,而把现任第十二协协统吴鸿昌仍调回第二十三标标统的本任。周符麟虽对袁世凯这种出尔反尔十分不满,但他也深知只有依靠老袁这棵大树,他才能立足与发展,所以也就答应了复职的条件。

1912 年,袁世凯用阴谋手段夺取了中华民国大总统的宝座后,回想往事,更感念周符麟的刺吴之功,把他视为心腹亲信,调他到河南老家驻防,并嘱表弟河南都督张镇芳对他多加照顾,周符麟因恃有袁世凯的庇护,更是目空一切,任意妄为,藐视群僚,欺压百姓,甚至连张镇芳也不放在眼里。他先驻防开封,因纵兵殴打巡防营岗哨,酿成双方枪战,张镇芳只得把他调防洛阳。他在洛阳不仅纵兵抢掠商民,而且还逼迫官绅为他在洛阳火车站旁竖立"名誉碑",并把碑文送到都督署去炫耀,气得张镇芳把它扔进垃圾桶。时值河南宝丰县人白朗所领导的农民起义军万余人,在南阳一带攻州夺县,打得官军节节败退。周符麟即借机上书袁世凯,大诋河南官军腐败无能,并要求派他督师镇压,保证迅速荡平。袁世凯立即委任他兼署南阳镇总兵,并致函张镇芳为他拨兵。张镇芳无奈,只得把右路巡防四营及新练陆军二营拨归他指挥,但他只知纵兵抢掠民财,"剿办"数月,起义军的势力反而越来越大,致使官民对他怨声载道,但亦无可奈何,直至袁世凯死后,他才被河南督军赵倜逐出河南。这些情况说明,周符麟如果不是持有谋刺吴禄贞之功,他也不敢如此放纵;袁世凯如果不是感念周符麟有谋刺吴禄贞之功,也不会对他如此庇护。这也更进一步证明:周符麟、马蕙田是被主使者利诱行刺吴禄贞的真正凶手,而袁世凯才是主使刺杀吴禄贞的真正罪魁祸首。

## 袁世凯之死

1916年6月6日,袁世凯在举国声讨中寿终正寝。然而,人们没有想到,在他死去的第二天,北京政府竟通令全国下半旗致哀,并停止一切娱乐、宴会。在居仁堂停灵二十余天后。袁世凯的灵柩抬出,只听北京各庙宇钟声齐鸣,足足响了101下,就任不久的大总统黎元洪还向灵柩行了一个鞠躬礼。灵车从前门车站出发时,又鸣了礼炮101下,段祺瑞以下北洋各官员均送葬执绋、随专车亲送他回老家河南彰德……

被全国人民所切齿痛骂的窃国大盗死后竟受此殊荣,这究竟是为什么?

### 1.有惊无险的仕途路

1859年9月16日,河南项城的大地主袁保中添了个儿子,不久,他把儿子过继给了自己的弟弟袁保庆。袁保庆对这个嗣子特别钟爱,一直将他带在自己身边读书。1879年,这位官宦人家的纨绔子弟已长大成人,然而两次乡试都名落孙山,在愤恨之下,他把过去作的诗文全部付之一炬,并振振有词地说:"大丈

夫当效命疆场,安内攘外,焉能龌龊久困
笔砚间,自误光阴耶!"

这位不愿"久困笔砚间"的纨绔弟
子就是袁世凯。没想到,他在弃文从武
之后,真的找到了一条升官发财的道路。

袁世凯后投靠山东水师提督吴长
庆、依附北洋大臣李鸿章,大得赏识,官
位高升。

1894 年,朝鲜爆发东学党起义,奉
命驻留朝鲜的袁世凯面对着朝鲜的动荡
局势,在日本驻朝官员的怂恿下,屡发急
电,一再要求清政府派兵帮助朝鲜统治
者镇压起义。清政府经不起他的鼓动,

袁世凯墓

派军入朝,而这正中了日本人的诡计。他们以此为借口,挑起了中日甲午战争。
腐朽的清政府战败后割地赔款,损失巨大,中华民族蒙受了空前的耻辱。

当时,举朝上下认为袁世凯是罪魁祸首,应受惩罚,然而,他的主子李鸿章
百般为他开脱,日本人也别有用心地说他是"中国有数人物"。这样,他竟身价
倍增,官位日升。接着,袁世凯又巴结上了荣禄,骗取编练新军大权,创建了一
支牢固控制在自己手中的北洋军阀。而这股新的北洋势力虽然势力不大,但组
织严密,发展迅速,后来几乎遍布全国。民国期间,大总统、副总统、执政、国务
总理、各部总长、各省督军、师长、旅长等,大都是从这个巢穴里孵化出来的。他
们群魔乱舞,操纵政局,残害人民达十几年之久,袁世凯因"练兵有功",还被提
升为直隶按察使。

1898 年 6 月 11 日,锐意改革的光绪皇帝颁布了"明定国是"上谕,把维新
变法推向了高潮。在这场维新派和以慈禧太后为首的守旧派的政治斗争中,袁
世凯大肆投机,在骗取光绪等人的信任后又将他们出卖给慈禧太后,使维新运
动惨遭失败。而他却进一步赢得了西太后和荣禄的信赖,从此青云直上。

然而,世上没有不散的筵席,1908 年,在光绪去世之后,袁世凯的铁靠山西
太后也一命归西,宣统继位,光绪胞弟、宣统的父亲载沣成了摄政王。这位政治
上并不糊涂的摄政王和其他一些王室贵族已看出袁世凯的勃勃野心,尤其是他
想起胞兄因其告密而遭软禁,郁郁而死的情景时,报仇雪恨之心油然而生。于

是,一场去掉袁世凯的谋划开始了。

12月19日,载沣在反袁派的支持下,决定严办袁世凯。他拟了一道谕旨,准备将袁革职拿交法部治罪。然而,将袁视为亲信的庆王爷奕劻却说:"杀袁世凯不难,但北洋军造起反来怎么办?"与袁有矛盾的张之洞也说"不宜诛戮大臣",优柔寡断、缺乏魄力的摄政王竟泄了气,仅将袁世凯"开缺回籍养病。"

摄政王谕旨一下,袁世凯惊恐万状,连去日本避祸的勇气都没了。1909年1月6日,他仓皇登车前往河南,一路冷冷清清,凄凄惨惨,昔日的威风排场一扫而光。但他保住了脑袋,已是不幸中的万幸了。

似乎是命运注定了的,袁世凯的仕途竟有惊无险,他在彰德的养寿园里做了两年"渔翁"之后,一场席卷神州大地的辛亥风云又给了他一个东山再起的机会。面对着革命的形势迅速发展,清王朝摇摇欲坠的局面,袁世凯和他的心腹干将赵秉钧定下了"两利见存""两面威吓"的诡计。他逼迫清帝退位,迫使革命党让步,窃取辛亥革命成果,当上了中华民国临时大总统,攀上了权力的顶峰。

### 2.五彩缤纷的皇帝梦

受着宪法约束的大总统哪比得上至尊至上的皇帝?袁世凯准备向皇帝宝座发起冲刺了。

首先,袁世凯在镇压了国民党的"二次革命"后,强迫国会选举他为正式大总统,然后他废除了《临时约法》,炮制了一部《中华民国约法》将总统的权力无限扩大。接着,他又公布一个新的《总统选举法》,保证自己成为终身总统,并让子子孙孙世袭罔替。

在取得了日、英等帝国主义的口头支持之后,袁世凯开始复辟帝制的活动。

1915年8月14日,袁世凯授意杨度、孙毓筠、刘师培、严复、李燮和、胡瑛等带头组织"筹安会",发表宣言说:"美人之大政治学者古德诺博士即言,世界国体,君主实较民主为优,而中国则尤不能不用君主国体。"鼓吹复辟帝制。他的死党,爪牙和一些投机分子则在各地拼凑"筹安分会",积极响应"筹安会"的号召,派代表分途到北京,组成"公民团",向参政院请愿,要求袁世凯"顺应民意"早早面南正位。

在这种"大好"形势之下,袁世凯为难了,因为他曾发布过命令说自己"深愿竭其能力发扬共和之精神,涤荡专制之瑕秽,永不使帝制再现于中国",他甚至还愤怒斥责过搞帝制活动是光天之下的"鬼蜮行为",是"败坏共和,谋叛民国",要"按律惩戒"。而今自己出尔反尔,怎么说得过去呢?当然,皇帝还是要当的。于是,袁世凯找来了心腹谋士徐世昌和梁士诒等。

谋士们搜肠刮肚了一会儿之后,便发表了看法。徐世昌抢先说:"我们可以召开国民会议,由国民代表决定国体,选举皇帝,这样别人就没话可说了。"

袁世凯还没发话,梁士诒就站出来反对,他说:"召开国民会议需要许多手续和很长的时间这太慢了。我看,我们可以搞个全国请愿联合会,逼参政会开会。"

袁世凯觉得梁士诒的办法要好些。于是,第二天,总统府前便出现了一队又一队的请愿"群众",其中有一支竟是北京八大胡同的妓女们!

9月28日,参政会通过了梁士诒提出的另组"国民代表大会"决定国体的建议和由他拟就的《国民代表大会组织法》,袁世凯随即下令公布。没到三天,"代表"选出,接着就进行"国体"投票,到11月20日,全国各地投票结束。12月11日上午,参政院宣布:"汇查全国国民代表1993人,得主张君主立宪票1993张,是全国民意业经决定君主立宪国体",接着参政院又根据各省推戴今大总统袁世凯为"中华帝国皇帝"的推戴书,以"国民代表大会总代表"的名义上书"劝进。"

袁世凯装模作样地把参政会的"劝进书"退回,并发了一个不承认帝制的咨文,说:"今若帝制自为,则是背弃誓词,此于信义无可自解者也。"

参政会当然明白袁大总统的"苦衷",于是只用了十五分钟就写成了二千字的第二次推戴书,当即进呈。十五分钟竟写了二千字?!

1915年12月12日,即参政会"劝进"的第二天,袁世凯认为戏演得差不多了,便发布了承认帝制的咨文,改国号为"中华帝国",以下年为"洪宪元年"。13日,袁接受百官朝贺。15日,袁封爵加赏。18日,袁改总统府为新华宫。19日,"大典筹备处"设立……五彩缤纷的皇帝梦开始了!

袁世凯正在得意忘形的时候,没想到第一个给他难堪的竟是他的二儿子袁克文。袁克文以名士自居,不想继承皇位,头脑还算清醒,他写了一首讽刺父亲的诗,其中两句是:

绝怜高处多风雨,莫到琼楼最上层。

袁克文没有说错,袁世凯称帝之日,正是他的败亡之时。

### 3. 惊心动魄的 83 天

已经是 12 月 23 日了！袁世凯正数着手指等待着登极之日的到来，突然，侍卫给他送来了一封云南将军唐继尧、巡按使任可澄联名发来的电报。袁世凯一看，吓得目瞪口呆，全身颤抖，他最担心最害怕的问题发生了。原来，唐、任的电文要他拥护共和、放弃帝制，处死为帝制出力最大的杨度等十三人，并说："以上所请，乞以二十四小时答复。谨率三军，翘企待命！"

袁世凯装了两天糊涂，云南宣布独立的电报又到了。犹如霹雳一声惊雷，他被震得又惊又惧，又气又恨，竟下令将唐继尧、任可澄、蔡锷褫职，夺去本官和爵位、勋章，一并听候查办。

1916 年元旦是袁世凯原定登极的日子，这一天，他的登基大典没有举行，而云南军政府却成立了。以唐继尧为都督，蔡锷、李烈钧、唐继尧分任总司令的护国军三个军分路进攻四川、广西、贵州，反袁战争迅速达到高潮。袁世凯的日子一天天难过起来。

一天，袁世凯正在对着那些写有"洪宪元年"而被退回来的对外文件发愁，他的三姨太拿着份报纸急急忙忙走了进来，怒气冲冲地说："反了，反了！你的弟妹也反了！"

袁世凯不知何事，接过报纸，只见上面登有一则他弟弟袁世彤和妹妹张袁氏的声明："袁氏世凯、与予二人，完全消除兄弟姊妹关系。将来帝制告成，功名富贵，概不与我弟妹二人相干。帝制失败，一切罪案，我弟妹二人亦毫不负究。此特声明。"袁世凯铁青着脸，内心一阵绞痛。

到底上了年纪，袁世凯被内政外交、家庭纠纷弄得心力交瘁，头昏脑涨，他想找个心腹大将来代他主持征滇战争，然而段祺瑞借口"宿疾未愈"端坐不动，冯国璋也寻找原因不肯出山，黎元洪更是对他不理不睬。没奈何，他只得拼着老命挑起这副担子。

2 月下旬，袁军在川南、湘西惨遭失败，英、美、法、俄、日五国一反原来的态度，向他提出警告，袁世凯不得不于 23 日下令缓办帝制，把精力全部集中到军事上来。

3 月初，因为护国军自身的困难，袁军征滇战争出现了转机，袁世凯又得意了。然而，没过几天，他的北洋系心腹冯国璋、靳云鹏、李纯、朱瑞、汤芗铭五将军发来密电要他迅速取消帝制，惩办祸首，以安人心。袁世凯看过电报，有如雷轰电殛,魂飞天外。如果只是滇、黔、桂三省人外部杀来,只要北洋系团结一致,精诚对外,他还没有完全失去挽回败局的信心,拖着或有一日尚可盛极的希望。现在内部出现了这么多的"叛徒",他绝望了,无限悲哀地对内史夏寿田说:"完了,一切都完了!昨天晚上我看见一颗巨星掉了下来,这是我生平见的第二次。第一次文忠公(李鸿章)死了,这次也许轮到我了!"

是的,袁世凯的祖辈都是 59 岁以前死的,他已 58 岁了,怎么不害怕自己也过不了 59 岁这一天!

袁世凯惊魂未定,四川前线的噩耗又纷至沓来。在广西独立的鼓舞下,度过了困难时期的护国军于 3 月 17 日发起了全线反攻,他们奋勇争先,锐不可当。袁军全线崩溃,两张"王牌"张敬尧部和吴佩孚部伤亡惨重,差点全军覆灭。而湘西战线上的北洋军在冯国璋、李纯的授意下,完全采取消极态度,不愿为袁殉葬。

局势已不可收拾,3 月 22 日,袁世凯宣布取消帝制,废除"洪宪"年号。就这样,袁世凯当了 83 天的闭门天子,过了一把皇帝瘾,做了一场南柯梦。

### 4.不见棺材不掉泪

取消帝制以后,袁世凯立即销毁有关帝制的全部文件,参政院也将各省的推戴书一律发还废除,并且恢复民国时代各法令。接着,袁世凯以黎元洪、徐世昌、段祺瑞的名义,致电陆荣廷、梁启超、唐继尧、蔡锷说:"帝制取消公等目的已达到,务望先戢干戈,共图善后。"并令心腹陈宦同蔡锷接洽议和问题。

蔡锷对袁世凯企图卷土重来的阴谋本来看得很清楚,但他认为护国军的器械、人员、弹药还没有补充完备,便从 3 月 31 日起与袁军达成了停战协定。

袁世凯见第一招奏效,便向护国军提出议和条件六项,要求取消滇、黔、桂独立,不准护国军与袁军交战等。这些命令式的条款没有半点议和的味道,蔡锷看后态度强硬了起来,也针锋相对地提出六项条件,要求袁世凯退位、并重申云南起义时的要求。

正在这个时候,浙江、广东等先后宣布独立,全国各地掀起了一个不得承认袁世凯为总统的舆论高潮。唐绍仪、伍廷芳、谭人凤、张謇等名流纷纷宣言,叫袁下台。原国会议员则通电全国,严斥袁"冒窃总统,反复诡诈,动颜恋栈,卑劣龌龊",呼吁人民"速以决心,再接再厉,扑杀此獠,以绝乱种!"

在举国声讨面前,毫无羞耻之心的袁世凯还企图保住总统职位,煞费心机玩弄阴谋诡计,硬是不肯退出历史舞台。为了重新骗取人民的信任,袁世凯于4月21日宣布实行责任内阁制,5月8日又将政事堂改为国务院。同时,他又派代表到南京劝冯国璋带头、联合未独立各省通电拥袁,向护国军示威。

冯国璋想学袁世凯在辛亥革命时耍的那一手,打算操纵未独立各省,南挟护国军,北迫袁世凯,坐收渔翁之利,便提出召集未独立各省在南京开会。袁世凯想把下台的问题推给会议去解决,以便拖延时间,便同意了。

南京会议于5月18日召开,袁世凯指使张勋和自己的走狗倪嗣冲从中作梗,大闹会场。于是南京会议吵成了一团,开到22日还没有统一意见。

南京会议流产,袁世凯暗自高兴,他一面拖延时间,一面准备力量,伺机进攻护国军。然而,此时的讨袁斗争又有了新的发展,他不见棺材也得掉泪了。

### 5.无可奈何花落去

四川一直是反袁战争的主战场,在那里与护国军对垒的是袁世凯的心腹爪牙、四川将军陈宧。早在云南独立之时,蔡锷曾多次电劝陈宧独立,陈以北洋大军压境、环境困难为由,一再拖延。后来,陈宧见袁大势已去,冯国璋已改变了态度,便于5月22日宣布四川独立,并发了一则与众不同的通电。通电说:"……宧为川民请命,项城(袁世凯)虚与委蛇,是项城先自绝于川,宧不能不代表川人与项城告绝,自今日起,四川省与袁氏个人断绝关系。袁氏在任一日,其以政府名义处分川事者,川省皆视为无效。"

陈宧不仅背叛了袁世凯,而且还特意宣布断绝与他的关系,袁世凯手拿电报,气得大叫"人心大变"。他伤心地对梁士诒说:"二庵(陈宧)厚爱我若此,夫复何言!君为我电复决志退位!"

梁士诒知道这是袁一时的气话,不敢回答,袁世凯见状便亲自动笔复了一电,说:"我厌问世,几不愿一朝居"等等。然而,他太气愤了,不甘心如此便宜陈宧,第二天,他又发电令,驳斥陈宧,并将他开缺,命他来京以便除掉。可是,谁还听他的?

袁世凯心灰意冷之际,他的走狗刘冠雄、段芝贵、倪嗣冲却跳了出来,叫嚷要与护国军兵戎相见。袁世凯又来了精神,继续筹措军费,拟订军事计划,想做困兽之斗。5月29日,他公布了《帝制始末案》,推卸责任,并扬言要"以息谣煽而维治安",大有大张讨伐之势。

不料,就在这一天,他的另一个亲信汤芗铭又宣布了湖南独立。汤有"屠

国学经典文库

中国古代秘史

·民国秘史·

图文珍藏版

夫"之称,是袁极其欣赏的一条走狗,他的背叛给了袁致命的一击。

袁世凯从3月份起就病情加重,陈宧、汤芗铭的背叛更气得他卧床不起了。6月5日,他知道自己已不行了,急命人从河南请来徐世昌交代后事,他说:"北洋军队在中国是有名的,不要因为我一个人的死丢掉这个荣誉。北京和北京附近地区的秩序,需要好好维持。"

6月6日晨,袁世凯已处于弥留之际,徐世昌、段祺瑞、张镇芳、王士珍等匆匆赶到居仁堂,问袁继承人的问题。袁世凯吃力地吐出了"约法"二字便再也说不出话了。上午十点多钟,一代窃国大盗寿终正寝。

袁世凯死后,葬于老家洹上村。洹上村车站曾立有他的一块神道碑,人们铲去了碑文,在上面刻了"窃国大盗"四个字。正是"丰碑铲去书林语,大盗身为窃国侯。"

## 宋教仁被刺案

1913年,中华民国第一届国会成立前夕,国民党代理理事长宋教仁应大总统袁世凯邀请,赴京商讨国事。3月20日晚10点,宋教仁在国民党要人黄兴、于右任、廖仲恺等陪同下,前往上海车站站台,准备乘火车北上。进站途中,宋教仁兴致勃勃正与众人一一话别,突然,在不远的人群中闪出一矮小汉子,掏出手枪,从背后一枪击中宋教仁的腰部。顷刻间,站中人群大乱,刺客迅速沿车站铁栅栏向东飞奔,纵身越出铁栅栏,很快消失在黑暗之中。

3月22日晨,宋教仁因救治无效,惨死于沪宁铁路医院。消息传出,使整个政界毛骨悚然。凶手是谁?刺杀目的何在?国民党人发誓报仇,以慰伟人英魂。

宋教仁惨死当日,袁世凯在北京闻讯即堂而皇之地发来电令:"责成江苏都督、民政厅长迅缉凶犯,穷究主名,务得确情,按法严办。"上海报界亦齐声指斥凶手,一时间民心鼎沸,迅速侦破宋案

遇刺后的宋教仁

的呼声极高。在国民党人的协助下,上海公共租界英法捕房,根据多方提供的线索,于案发后三日,分别将唆使犯应桂馨,直接杀人凶手武士英缉拿归案,并查获大量证据。

25日,江苏都督程德全乘火车由南京赶到上海,周旋于南方革命党人与北京政府之间,处理这桩最为棘手的政治暗杀事件。他首先命令上海地方审判厅厅长黄涵之参加英法租界的法庭会审,同时又命北京政府驻上海负责对外联络的交涉使陈贻范,向上海领事团及英法捕房提出将应、武二犯移交中国法院审理的要求。但外国领事团的答复是:虽然宋教仁被刺的案发地点沪宁车站在中国管辖地区,但应桂馨被捕是在公共租界,武士英被捕是在法租界,因此必须先由租界方面预审,证据确凿以后,当将罪犯引渡于中国当局。对于中国政府方面要求会审公堂公布全部搜查证据的请求,外国领事也予以驳回:"这些函件的内容,与中国政治关系极大,我们必须向北京公使团请示后,才能决定是否公布。"

国民党方面,孙中山已于25日中断在日本的访问,提前赶回上海,与黄兴、陈其美等人连日召开秘密会议,商讨对策。一方面支持江苏都督程德全提出将凶犯引渡中国法院审理的意见;一方面又默许租界法庭延宕引渡的理由,以此阻止袁世凯政府欲将凶犯及其全部证据"提京交大理院公开审判"的企图。

3月31日,租界会审公堂决定开庭进行第一次预审。消息传出,从上午9时起,便有中外记者陆续赶来。虽当日风雨霏霏,道路泥泞,但观审者仍络绎不绝,及至下午正式开庭前,准备参加观审的人员已达两千余人。楼上、楼下人头攒动、摩肩接踵。站庭巡警把守要道,维持着秩序。2时许,应桂馨先由英捕房押解到堂。只见应身穿西装呢服,外披大衣,在四名巡捕的看押下,态度从容地走人公堂,途中遇到熟人还不时频频点头示意,并无半点惧色。少时,凶犯武士英也由法捕房解到。武犯头戴狐皮小帽,身着元色花缎小袖马褂,灰色线春棉袍,五小身材,目光凶悍,被两名外国巡捕用左右手铐携下汽车后,疾步上楼。在楼上候讯时,尚满不在乎地对围观的人说:"我生平未曾坐过汽车,此次因此案而坐公司车,也是一乐。"

2点30分,由正审官关炯之会同英国副领事康斯定等宣布正式开庭。侃克律师起立声称:本人为公共捕房代表,德雷斯律师为江苏都督延请的中国政府代表,爱理思、沃沛、罗礼士三律师皆为被告应桂馨的代表。关正审官首先宣布被告应桂馨被指控的缘由。

应桂馨,又名应夔丞,年49岁,浙江宁波人,被捕前为中华民国共进会会长,并任江苏驻沪巡查长。应出身于富商家庭,能通中西两种文字,英语会话颇娴熟。平生喜好交际,擅长内外应酬。初次相识之人,多被他的口才所迷惑,误认为是个干练人才,其实,他政治上并无明确主张,不过是个善于钻营的流氓地痞。应因早年家中有钱,除了平日狂嫖阔赌外,还在上海开设茶馆、烟馆、戏园,以此结交了一批浙江、太湖一带的亡命之徒。应对这帮江湖弟兄十分仗义,经常不吝钱财给予资助,很快被太湖帮推举为帮头,排行为五。不久,便用帮会聚敛来的不义之财为自己捐了个满天飞的候补知县,到苏州去过官瘾。

一日,百无聊赖的候补知县应桂馨踱进苏州报馆,发现主管顾某处有一部开办印刷局章程的书稿,觉得奇货可居,就与顾某商议,出资买名,把自己的大名也添列在卷首,随即同顾某携书到省府游说,意欲筹办"江苏官办印刷局"。当时的江苏巡抚陈夔龙等人,竟被应的一番蛊惑所愚弄,批准所请,当即札委应、顾为坐办,先拨官款银五千两,作为开办"江苏官办印刷局"的经费。应桂馨一趟省府,风头出尽,且又官运亨通,心中得意时常溢于言表。回苏州后,他拿着官银四处招摇,局处正事不办,却整日沉湎于花柳之间,选舞征歌,区区五千银两,转瞬间花销尽净,待省府得讯严加诘查时,应早就脚下抹油,溜得踪影皆无了。

武昌起义后,应桂馨乘机投身同盟会,利用自己在上海的关系刺探情报,为革命党通风报信,颇得陈其美的赏识。上海光复时,应曾受命组织地方帮会势力会攻制造局,光复后即被任命为沪军都督府谍报科长。待南京临时政府成立时,应又负责组织卫队护送孙中山到南京就职。由于应平日表现十分殷勤,又惯于迎奉上司,故孙中山先委他为卫队司令,后又改委庶务长。常言道:江山易改,本性难移。应一旦得势,平日恶习又暴露出来。庶务长负责购买伙食,初每席开支5元,后缩减开支为1元,但菜食与5元一席无丝毫差别,其中贪污情弊被察觉,即被斥调到下关车站。不久,又因与同事等人忿争,一时性起便要持枪打人,被撤了职。

1912年下半年,沪军都督府改编后,应便无所事事。他索性招集江、浙一带的青洪公口三帮的旧弟兄,自垫开办费,成立起中华民国共进会。总部即设在文元坊应桂馨的私宅之内。应自称老大,被众党徒拥为会长。该会实为一帮乌合之众,野性难驯,时常闹事,搞得地方不得安宁。

10月间,北京袁世凯政府以解散会党为名,欲行收买、拉拢之实。由内务总长赵秉钧特命手下秘书、特工骨干洪述祖南下活动,与应桂馨的共进会建立联系。

洪述祖到上海后,专持大红请帖宴请应桂馨,席间说明来意,少不了一番吹捧,应自然喜形于色,大吹其牛道:"南方这些号称伟人的,哪一个不是我应某捧起来的。如今他们贪天之功,自以为就用不着我老应了,不是我当着洪老哥夸口,要说能够把国体变了共和,没有青洪帮出力,至今这些人早叫袁公赶到海外躲起来了。"洪述祖亦随声附和。应接着道:"今既蒙总统见爱,我应某愿出死力,以报知遇之恩。"洪闻听此言,满口称赞道:"兄弟不愧为当今识时务之俊杰。"于是决定亲自带同应桂馨到南京谒见江苏都督程德全,为应安排个名正名顺的职务。

翌日,应来到南京面见程都督,又以他三寸不烂之舌,信誓旦旦地表示:"情愿为政府效力,设法取缔帮会组织。"并一再保证,"共进会如有违法活动,由应某负责承担。"程德全深知这帮会党在江浙一带的势力,今又碍着北京方面的面子,于是顺水做个人情,委任应为江苏驻沪巡查长,希冀利用共进会的势力来稳定地方秩序。应借机索要月经费 3000 元,因省财政拮据,由程都督电陈北京,袁世凯同意由中央拨付 2000 元,并函致黎元洪取消对应的通缉。至此,应领导的共进会便成为袁世凯安插在南方革命党人身边的一股极其危险的破坏势力。

为进一步拉拢应,12 月中旬,洪述祖奉命电召应桂馨进京谒见总理与总统。袁世凯亲自接见,为其更名夔丞。一区区会党头目居然受到总统、总理如此宠遇与器重。应真是一步登天,昏昏然不知天多高,地多厚了,终日在北京城内大肆招摇,出入酒馆、妓院,举止十分阔绰。临回沪前,赵秉钧交给应一本密电码,指示应:若有重要情报,可以直接电寄国务院,并拨给 5 万元活动经费。这样,应就在北京政府的直接操纵下,开始了罪恶活动。

当时,国民党在各省的议会选举中多占有优势地位。宋教仁在各地演讲,宣传议会主张,抨击袁世凯政府的外交政策和财政政策,指责这个政府是"不良政府"。2 月中旬,宋到沪继续发表有关演说,各界反映强烈,国民党方面也准备推举宋教仁为国务总理。这一切不能不引起北京政府的关注。各省议员将在 4 月赴京进行国会选举,袁世凯政权马上面临着严重的威胁。袁指令共进会应桂馨,在上海这个国民党政治势力汇集的中心地区,刺杀宋教仁,以制造混乱。

3 月 6 日,洪述祖函令应桂馨刺杀宋教仁,恐应不能马上采取行动,13 日又密电敦促："毁宋酬勋，相度机宜，妥筹办理。"应接电后，四处寻觅合适杀手。开始，运动一位名叫王阿法的河南古董商，对方未应允，推托帮助找个合适人选，从此再不露面。应桂馨心急如焚。这一日，应正躺在床上抽大烟，忽然手下陈玉生来报："在酒馆中碰着一个旧相识，戎伍出身，一身绝好的武艺，双手能使五响洋枪，骑在马上追打飞鸟百发百中。此人曾在云南清军中当过管带，现在落魄来沪，急着找点生意做。"应桂馨听后急忙起身，连声传唤让陈玉生速带此人前来相见。不多时，武士英由陈玉生带来，应细看来人，大约20岁左右的光景，矮小身材，上身穿一件旧缎对襟坎肩，内襯一件灰色油布夹袄，面色黑中透紫，目光闪烁，粗眉阔口，是一个矫捷的壮汉。应桂馨起身拱手为礼，互道姓名后一同落座。应道："时才听玉生讲起老弟在军中，是个武艺高强、出类拔萃的人物，眼下本会正是用人之际，想请老弟入会，当个会员，平时帮助稽查些案子，不知老弟可肯？"武士英一时受宠若惊，赶忙答道："小弟是个愚鲁之人，且不甚通文墨，论武艺吗，不过是自幼练习过枪法，稍有一技之长，也算不得什么特别的本领。如今既蒙会长不弃，又有陈大哥从中引荐，小弟情愿投到门下，以效犬马之劳。"应桂馨听罢哈哈大笑，随手从腰中掏出几十元钱塞到武士英手中，口中道："菲仪不成厚敬，请老弟做个车马之资吧！不够用时只管到这里来取。"武士英连连道谢，告辞出来。

武士英，又名吴福铭，年22岁，山西平阳府龙门县人。曾在贵州学堂读过书，以后任清军云南七十四标二营管带，代理本标标统。辛亥革命爆发后，军队被遣散，武从此便成了无业游民，经常来往于青岛、南京、苏州、上海之间。武犯本是个鸡鸣狗盗之徒，曾因偷取主人衣物被逐，又因代人销售名贵药品，将货款一并侵吞，后被人告发，拘押一个月了事。1913年2月来沪，住在五马路的金台六野旅馆。一会儿对人言是某部的参谋，一会儿又自称参议员，到处诈骗。最近又以售卖花瓶为生计，希望能结交些社会名流，在沪找个靠山。

这日，武士英回到旅馆，已然是面目一新：身罩一件簇新的库缎棉袍，头戴一顶假貂皮小帽，俨然一副绅士派头。武手中有了钱，当下提出5元钱还了旅馆的饭账，又拿出1元钱加倍还给同室的房客。晚上酒足饭饱之后，便与客居在同室的人吹牛，说自己当年武艺如何高强，当管带时手下没有不服的，就是现在在城内碰到卖拳的旧弟兄们，也无一不毕恭毕敬。今天加入了共进会，将来若成就了大事，也弄个旅长、师长的干干。同屋人只当是他生意上发了点财，高兴地性起胡吹，并未把此话放在心上。

20日上午,忽然有三四个人到六野旅馆来找武士英,几个人嘀咕一阵后,武士英便跟来人一起走了,当夜未归。

话说应桂馨方面,自找到合适杀手后,也正在加紧侦察宋教仁的活动。18日、19日,洪述祖在北京又严词催促"事速进行"。此刻应恰巧得到密报,宋教仁将于20日晚乘火车离沪,应看事不宜迟,马上派陈玉生等人请武士英前来,布置暗杀行动。

武士英一行赶到文元坊应家私宅,应马上摒去从人,与武推心置腹地说:"我做长江一带稽查长,乃是奉了大总统的亲口委任,专门侦察国民党在上海的行动。眼下有一个人,是无政府党,我们须得替中国四万万同胞除此祸害,没有别的办法,只有赠他一粒卫生丸。早间我考虑了半天,只有老弟堪当此任。此事是政府指办,事成之后总统有酬给勋位之说。老弟只管放心去办,不但没有危险,事成后还有1000元的赏金。"武士英一听也不含糊,立刻挺直身板道:"既是会长派我,自当遵令去办,何况还有政府的保证,再说杀了此人,为中国四万万同胞除害,小弟更当尽力去做!但不知这人是谁?应当即拿出一张宋教仁的照片,让武细细看好。"武道:"照片上的人是看清了,但恐真人与照片有些差别,误杀了他人。"应桂馨答道:"这点老弟只管放心,我们已经安排好了,由陈老弟带两个弟兄与你一同前往,一方面给你望风,一方面现场给你指认,不会出错的。"说完,从屋内取出一把勃朗宁手枪,内装五发子弹,交予武士英。

当天下午2时,四人一起直奔沪宁车站。武士英先在站台周围来回巡视了一番,认真记好了进出的通路,然后看着天色尚早,四人便来到车站附近的半斋酒馆,找了个单间坐下,一边喝茶一边依着临街的窗户向外观察动静。不多时,日落西山,陈玉生看天色不早,急忙要了些酒菜,四人匆匆吃完酒饭,已是7点半钟。这时,街上路灯都已大亮,四人急出酒馆,买了三张月台票,留个一人在站外放风,三人进入站台,找了个背灯影的地方站住,留神细看来往的乘客。

一会儿,忽听一个巡警呵呼道:"闪闪道!闪闪道!"陈、武等三人抬头往前看去,只见走来五六个人,有说有笑,向议员接待室而来。其中一个昂首阔步,一手提着手杖,一手摸着嘴上的两撇小黑胡,正耸肩而笑。陈玉生认得此人正是宋教仁,忙用手一扯武士英的衣襟,低声耳语道:"快看,这第二个穿西服、提手仗的就是宋教仁。"武士英想乘机上前,却被路警拦住了去路。此时,宋教仁与其他五六位送行人员已然走进接待室。武士英退回原地,对陈等二人悄声说道:"二位请便吧,人的模样我已看清楚,这回就看我的本事了!"陈玉生等二人点头退到离站台不远的水果摊边,佯装挑水果,两眼却不时地向武士英这边观望。这时,开车时刻将到,车站摇起铃来,示意乘客马上登车。旅客们纷纷拥上月台,宋教仁等一行五人,也急急向检票口走去。武士英看得真切,遂从衣袋内掏出手枪,从背后不远处飞手一枪,见宋教仁身体一晃,知已中弹,便乘站内大乱窜出车站,乘黄包车很快回到文元坊应桂馨家中。

武进门一看,陪着同去的几位早已在屋内等候。应桂馨一见武士英进来,马上起身相迎,用手拍着武的肩膀赞扬道:"兄弟,你办得真脆!我军未伤一兵一卒便大获全胜,少时,我把灭寇情形电达北京政府,一定有特别奖赏。将来你是愿意出洋留学,还是愿意留在军界做官,任你挑选。"说着命手下人预备酒菜,为武士英庆功,直喝到五更天方才罢手。临别前,应道:"枪不用了,就留在此处吧。"随后再三叮嘱,"老弟近日要少出面,先找个安全地方避避风,有什么事情到名妓胡翡云处找我联系。"说着又从怀中掏出几十元钱,数也没数就交到武士英手中,告武:"留着这几日花。"

23日,宋教仁追悼大会刚开过,当晚,国民党方面即带一名叫王阿法的证人,到英租界捕房报案。王将应桂馨当日运动杀人之情详细禀陈后,总巡捕卜罗斯确信证人言之有据,即刻率领数十名巡捕赶往应桂馨经常下榻的名妓胡翡云处,得知应被叫到迎春坊三弄李桂玉家打牌,遂又率人包围了迎春坊。此刻,应正在李桂玉妓院楼上喝酒,房内十数名艺妓围在一处,吹拉弹唱,好不热闹。忽然闻听有人在楼下喊:"应大人,下边有人请您说话。"应桂馨答应着走下楼梯,来到楼门口一看,院内外站满了外国巡捕。早有两个巡捕过来,把应左右铐住,簇拥着带到英捕房去了。

其时,武士英从胡翡云处得到消息,知道事情有变,和胡翡云商量后,觉得应该先给应家送个信,做些应急的准备。于是,二人一前一后赶到法租界徐家汇路文元坊应桂馨的家中。进门一看,应家已聚集了十几位朋友,大家你一言我一语商量对策,准备聘请律师。谈话间,天光放亮,已是24日的清晨。突然,外面叩门之声擂动,仆人急忙将门打开,只见英、法捕房的巡捕,携同应桂馨回宅搜查证据。巡捕进门后见人就拿,逢人便捆,将应宅上下十余名男女统统拘押在一间厢房内,然后,逐一搜查每个房间,最后从应桂馨的密室中搜出五响手枪一支,及与北京政府往来的大量函电。在审查被拘留的十几名男女中,发现一身材矮小的可疑人员,形似各方提供的杀人凶手。即刻通知沪宁车站当日的目击者前来指认,经当面确认是行凶杀人犯武士英无疑,由法捕房总巡蓝维蔼带回亲自诘审。武当即供认不讳,且将陈玉生引荐,行凶后就桂馨许诺之情也一并供出,然后签字画押。

这日开庭预审,法庭仅将应桂馨运动王阿法谋刺宋教仁及唆使武士英行刺宋教仁的案由宣读完毕,被告律师爱理思即起身提出:"被告延请代为辩护的时间短促,对堂上宣布的重大案由,本律师尚未能做完全的调查与准备,且被告被拘仅一星期,时间不算过久,请改期两个礼拜后再讯。"有意拖延时间。原告律师德雷斯严词反驳:"此案所有证据,应请送交江苏都督,而此案也应解归中国法庭讯办。今被告律师声称改期两个礼拜后再审,实为希图延宕。此案表面情形及证据讯问十分容易,应请先将表面情形及由捕房搜查之证据研讯。且照各国法律,谋害之案不能延长审讯日期。"双方为此节反复辩论,最后由正审官取折中办法:"订于本礼拜五(4月4日)下午,礼拜六(5日)上午接续研讯。"结果,第一次预审应、武二犯未开一口。

4月4日下午进行第二次预审。正审官首先讯问凶犯武士英。武士英当堂翻供,自逞英雄地大声言道:"此次杀宋教仁,乃我一人起意,并无第二个人!"矢口否认曾受过他人指使,也不认识陈玉生与应桂馨,且行凶手枪亦称是自己从四川带来的。当律师问及他为何杀宋时,武答:"宋教仁前为农林总长尚做不好,现在又想做国务总理。如若此目的达到,中华必遭瓜分。我因向来欢迎中央政府,故此为四万万同胞杀此罪人。"被告律师沃沛为武士英强作辩护:"查此案系政治关系。凶手武士英已说明,他是为国尽事,所以与寻常国事犯及为利禄或为人主使者不同,乃是寻常豪杰之作为。故光复之时,打死前清之官不但无罪,而且有赏。是以为国事者,不能以私刑比较,即如被害之宋教仁一方面说起,亦属为国事。"

而应桂馨在公堂上自始至终狡黠诡辩,谎话连篇,从未承认过曾唆使杀人。虽在其宅内查获大量证据,律师沃沛仍为其辩解:"应是官,且职任甚重要,其重要之责任,即弹压扰乱治安并调查反对政府之各党。公堂罪案如有其事,也是从另处来的命令,既是别处有命令来,则被告亦不能不照办。否则不但违背自己的职责,而且很有危险。"

租界当局经过7次开庭预审,丝毫没有涉及实质内容,于4月16日、17日分别将凶犯武士英、唆使犯应桂馨引渡中国司法当局。18日又将所得到的各种证据:皮箱一个,五响勃朗宁手枪一支,子弹两粒,密电码三本,大量函电全部移交。江苏都督程德全立即召集民政长应德闳、上海地方检察厅厅长陈英、上海通商交涉使陈贻范,会同国民党领袖黄兴、公证人伍廷芳、王宠惠等人,一起检查研究宋案证据,并商讨处理意见。因宋案证据涉及北京政府要人,21日,由程德全再次电致袁世凯,提出不拘泥法律,组织特别法庭迅速审理宋案的要求。袁世凯复电,以"司法总长许世英拒绝部署组织特别法庭的命令"为由,推托无法宣布有关命令。

宋案迟迟不能开庭审判,革命党人义愤填膺,在黄兴、陈其美等强烈要求下,决定4月25日,由上海地方法庭公开审理宋案,届时当庭宣布所有证据。与此同时,以程德全、应德闳的名义将证据电告总统袁世凯、国会参众两院、国务院及全国各省军政长官,使宋案真相大白于天下。

就在法庭公开审理的前一天,4月24日上午,关押在江苏海运局营仓中的凶犯武士英,竟在61团两连荷枪实弹的卫兵严密的监守之下,突然暴死。当时经中西法医联合剖尸详细检查,既无内毒,又无外伤,不知凶犯因何猝死。虽然,武士英罪在当诛,死有余辜,但死因不明,乃成为80年来,遗留在中华民国史上的一个不解之谜。

4月12日,租界会审公堂第七次预审判定:"应、武二犯罪状已清楚,杀人一案成立。因案发沪宁车站,应即商明领事团移交中国内地法庭,归案讯办。"

宋案是一重大政治谋杀案件,且案发后,已使南北两大政治集团之间的斗争日趋公开化、尖锐化,大有一触即发之势。程都督对此绝不敢等闲视之,在15日接到租界正式将案犯判交华官受理的通知后,即命令61团团长陈其蔚,择定合适的关押地点,预备拘禁各事宜。

陈团长奉命,选定江苏海运局营仓为拘禁案犯的场所,将后院南、北厅房作为关押应、武二重犯的处所,另外两名嫌疑犯分别安置在花厅的旁侧与后侧厢房内。四间牢房均着人用木栅加固,内设床铺、厕桶。每间分派卫兵8人,轮班监守,不得有半点疏漏。

17日,武犯先由暂时羁押的上海地方模范监狱提解到海运局营仓,重铐关押。不多时,应犯一行三人也由英捕房押解到,看守卫兵欲上铐关押,应大吵大闹道:"我不过是个嫌疑犯,最多在这里住个十天半月,就得放我出去。转押途中上铐尚可以,到此关押地,根本用不着上铐!"气焰十分嚣张。卫兵无奈,只得请示团长照准。为防不测,陈团长又派人在每间牢房的木栅外,再加筑一层铁栅。

应、武二犯均为酒色之徒,性格放荡之羁,自转押此地后,大有度日如年的感觉。外无通风报信之人,内无消闲解闷之物,看守卫兵早被严令不得与犯人随便交谈。应这个大烟鬼,借着从捕房悄悄带来的一专用浸有吗啡液的手帕,偷过烟瘾。虽觉日子难挨,但毕竟经多历广,又在自己的地盘上,对案情发展有个较乐观的估计。因此食欲极佳,每日两餐,每顿必食两大碗干饭,可谓饭桶矣!

武士英与应相比,其情绪就显得压抑。引渡中国司法局后的当日,即被上海地方检察厅厅长陈英等秘密提审过,得知不日将组织特别法庭公开审理此案,心情愈加沉重。

押解到海运局营仓后,武时常思前想后:原本为金钱诱惑,经人教唆,系为政见不同而采取刺杀行动,以为袁世凯的中央政府会"因此"与公共租界方面疏通,先关押数月,待事过境迁,便可结案了事。谁料事情越搞越大,上层人物无一不极力逃避干系,唯自己供认杀人不讳。如今身陷囹圄,前途未卜,开庭审判之时,仅杀人偿命一由,自己便成为人家刀下之鬼,还谈什么将来升官、发财、出洋留学的事,想起这些纯属子虚乌有的鬼话,感到是上了应桂馨一伙的当,心中烦闷,加上有些外感风寒,又时发时痛,食欲便不甚佳。每日两餐,食量不大。

23日,武士英自觉身体十分疲倦,昏昏欲睡,当日两餐均未进食。至是夜12时左右,武忽感胸闷,气急坐起。看守见犯人表情异样,立刻报告团长。陈团长亲到营仓询问病状。当时武答称:"近日稍觉受寒,身体不舒,皆因前在捕房染有白虱,以致周身发痒,乃因手指上铐,欲搔不得,随时牵动,致将所盖被絮脱落,略为受冻,似无妨碍。且觉心痛,亦属旧病,时发心愈,可请团长安心。"(见《中华民报》1913年4月26日上海版)"嗣至2点半时,又由卫兵报告该犯喉中痰声,又至4点钟时,该犯痰喘声烈,当由陈团长急令军医李君诊视,而该犯两脉甚乱,形色甚恶,病属危险,恐毙命。"这时,武士英已神志昏迷,口不能言语。陈团长即刻赶往主裁黄郛处报明病重,二人又赶到程都督处陈明病情。待到程都督就近延请上海医院张竹君医生会同红十字会柯司医生赶到海运局营仓救治时,武犯已气绝身亡,时间为4月24日上午9点44分。从被捕到关押身死整一个月。

适值中方决定开庭公开审判的前一日,武犯突然暴亡狱中,不能不引起各界人士的猜测与怀疑,当时的舆论及后人多数认为,武士英之死,实为消除证据,杀人灭口之计,有毒毙或服毒自毙两种说法。

其怀疑一:"闻武于死之二日前有言应桂馨教唆等情,有人转达于外,为应党出巨金托人毒毙。此不过各方面传说,至究竟真相,非局外人所能知也。"

其猜测二:"凶犯武士英未死前23号夜半,闻陈团长原派第一营之第一,第四两连各官士兵已届防守一星期,应得归操,改调第一营第二、第三两连各官士兵接班防护,所以外间疑武犯即乘此隙或潜吞毒物。"

因此案事关重大,武犯究竟因何而死,上海地方法庭及负责监守职责的61团团长陈其蔚,必须向国民党方面及其各界公众有个明确的交代。于是,在武士英暴亡的当日下午4时,上海地方检察厅陈厅长带领检查官员2名,会同红十字会柯司等4名西医,及公共捕房的外国检查员到场剖尸检查。取出武士英的五脏,验得肺肝二物及肺管、咽喉上节略有淤血积滞,又将大肠胃内验查,并无毒物。据在场西医分析,如果为服毒身亡,临死前必定上吐下泻,否则,也会发现剧烈难忍的症状,今武犯并无此举动,似未服毒可证。为慎重起见,由各西医取去武身内的心、肝、胃、肾、肺、肠、脑及膀胱的剩尿、肺管上节9件,一并带回医院详细检验。又恐医院独验不足取信,将该犯身上所取之物一式三份:一存公共捕房,请由法医化验;一存英工部局,交由西医细验;一份归入医院,由负责尸解的4名西医共同化验,以便研究验明,开单报告。

数日后,各种检验结果报告:均未发现各脏器有剧毒致死物质。显然毒毙与服毒自毙二说不能成立。而在尸解报告中却有"视得肺上发现痨症,心之外面见有宿病之象"的记载。英工部局卫生医官的检验结果也证实"唯心现有黑迹。"说明死者生前患有肺结核和心脏疾病。

假如我们抛开政治上的推论与当时各种情况的巧合,从武士英死前的临床症状及死后西医的尸解病理报告来判断,武犯显然是死于暴病。笔者请教了医学界人士,又翻阅了《实用内科学》《内科鉴别诊断学》《病理学》等医书,证实了这种判断的合理性。

按照现代医学诊断标准,武犯发病后的临床症状:"初起似受寒感冒,全身无力,食欲减退,且觉心痛,时发时愈。急性发作的当夜,突然出现气急、呼吸困难,接着痰喘剧烈,两脉甚乱,10小时左右后猝死。"多为急性心肌炎暴亡病例的典型症状。急性心肌炎,多发于青壮年,而暴死者又多为身体一向健康的年轻成人。诱发原因:多为精神紧张,情绪压抑。其致病因素:可因病毒、细菌侵犯心肌;也可因风湿、结核等变态性疾病累及心肌;再有原因未明的孤立性心肌炎等,均会出现突发性死亡,而其中孤立性心肌炎较为罕见,暴死者可于发病后25分钟至4小时内死亡。西医尸解报告,在武犯心、肺上的发现支持了这一诊断。而当日尸解时看到"鼻、喉有鲜血溢出","肺管、咽喉上略有淤血积滞",则是死亡前因心力衰竭合并肺水肿,导致肺内毛细血管破裂出血而引起的。鉴于80年前医学水平的限制,对此病尚未有明确的认识,医生做不出有理有据的科学结论,世人百思不得其解,以至数十年来始终把此作为一大疑案,是完全可以理解的。但武士英病故一说,并非笔者的最新论断,王建中所著《洪宪惨史》一书,记载了1918年12月2日,京师高等审判庭对刺宋案最后一个罪犯洪述祖的《刑事判决》,其中就追述道,"武士英在押病故","应夔丞于公判中越狱潜逃,嗣在京奉火车站内被人暗杀。"由此可见,当时上海法医各方是有结论的,武士英病亡一说,80年前业已成立,只是时人于情于理难以接受,未再公布最后的检验结论,致使后人继续做谜,人云亦云。

武士英死后,村人闻讯编了一首歌,谴责道:弃家抛田,不认至亲。为袁效命,为财丧身。民族败类,国家罪人。

## 赵秉钧之死

1914年2月27日,直隶都督兼民政长赵秉钧在天津督署突然中毒,七孔流血而死。当时的中华民国大总统袁世凯闻讯之后,痛惜异常,立派次子袁克文和朱家宝赴津治丧。为表示对这位亲信之灵的慰藉,袁世凯特发治丧费一万元,并亲撰挽词"弼时盛业追皋益,匡夏殊勋懋管萧"。第二年,他做了皇帝之后,赵秉钧还被追封为"一等忠襄公"。但是,赵秉钧若真能九泉有知的话,肯定会大骂袁氏"猫哭耗子假慈悲",因为正是袁大总统"遣人置毒羹中,杀以灭宋案之人证者",他赵秉钧才有如此下场。

### 1.袁世凯的第一号亲信

赵秉钧是河南汝州人,1878年,19岁的他因没考中秀才弃文投武,进入了左宗棠所部楚军,随军直驻新疆,由于"边防尘力"屡有升迁。1899年,赵提升知县,补直隶保甲局总办兼统巡防营,以"长于缉捕"闻名官场。

野心勃勃的袁世凯接任直隶总督之后,四处网罗才人,培植党羽。赵秉钧心凶骨媚,深沉阴鸷,被袁世凯一眼看中,得到重用。

袁世凯需要一支特务组织为他排除异己,镇压人民,因此,他派赵秉钧担任保定巡警局总办,和警务顾问日本人三浦喜传一起,参照东西成法,拟定警务章程,创设警务学堂选募巡警,不久便弄立了一支唯袁世凯马首是瞻的巡警队。次年,直隶全省巡警网建成,袁世凯欢喜不已,将赵秉钧视为左右手。

1905 年,革命党人吴樾在北京火车站炸出洋考察政治的五大臣,举朝惊恐。赵秉钧奉命带天津侦探队队长杨以德进京破案,不久便弄了个水落石出。清廷赏识他的才干,任他为新成立的巡警部右侍郎,由于袁世凯和巡警部尚书徐世昌对他极为信任,不久就把北京的警政大权弄到手。从此,他把侦探、巡警布置到各个角落,不仅老百姓受迫害,就是达官贵人的一言一行也不逃不出他的监视,甚至宫廷动静也在注视之列,他成了袁世凯集团的特务头子。

辛亥革命爆发后,袁世凯为了逼迫清帝退位,从 1912 年 1 月中旬就称病不复人朝,赵秉钧就成了袁世凯的代理人,出面逼宫。

在一次御前会议上,赵秉钧按照袁世凯的指示提出了内阁解决时局的方案,要求清政府和南京临时政府同时取消,而由袁世凯另在天津组织临时政府。当然,这个方案遭到京贵王公的一致反对。赵秉钧对此竟极不耐烦地说:"此案实为内阁苦心孤诣于万难之中想出来的办法,若不见纳,除了袁内阁全体辞职,别无办法了。"说罢扬长而去。清廷无奈,只得答应清帝退位,而隆裕太后竟哭着求他保全母子性命。

袁世凯的目的达到了,赵秉钧也分得了红利,成了唐绍仪内阁的内务总长。为了让内阁控制在自己的手里,袁世凯先后逼走了总理唐绍仪和陆征祥,而让赵秉钧代理。考虑到同盟会在全国的影响,袁世凯授意赵秉钧骗取孙中山、黄兴等的信任,于是,赵秉钧连忙请人代填了一份志愿书,加入了同盟会,同时,他对应邀来京的孙中山和黄兴极表亲热。黄兴果然上了当,打算通过赵秉钧来实现他的"政党内阁"主张。赵秉钧有了黄兴的左右疏通,内阁竟顺利通过。此时,同盟会已改组为国民党,赵秉钧当然就是国民党员了,在他的内阁中,外交总长梁如浩、农林总长陈振先、司法总长许世英都表示愿意加入国民党,工商总长刘揆一也表示愿意恢复国民党党籍。于是,赵内阁就被人称为"国民党内阁"。

然而,谁都知道,赵秉钧加入国民党只是为了骗取孙中山、黄兴等人的信任而已,因此一旦大权在握,他就露出了本来面目。每当别人问起他加入政党的事的时候,他就说:"我本不晓得什么叫政党,不过有许多人劝我进党,统一党也送什么党证来,共和党也送什么党证来,同盟会也送得来,我也有拆开看看的,也有搁开不理的,我何曾晓得什么党来?"不仅如此,他还把国务会议移到总统府召开,一切听命于袁世凯,使内阁变成了袁世凯独裁统治的工具。

赵秉钧如此能干,为袁世凯又立了这么大的功,袁世凯自然把他看成是自己的"第一亲信"了。

### 2.制造民国以来第一起政治血案

对于袁世凯巩固个人独裁统治的做法,国民党内的有识之士是看得很清楚的,他们试图用某种手段来限制他个人权力的扩大,宋教仁便是他们最突出的代表。

宋教仁是湖南人,1882年出生。1904年他与黄兴、陈天华、刘揆一等在长沙创立革命团体华兴会,后去日本。1905年中国同盟会在东京成立,他任司法部检事长。1912年1月任南京临时政府法制局局长,同年3月,他在唐绍仪内阁中任农林总长。1913年春,孙中山去日本,他被推为国民党代理理事长。

宋教仁是一个责任内阁制的积极鼓吹者,他醉心于西方资本主义国家的政党政治和议会政治。对袁世凯的专制独裁,宋教仁极力反对并想通过组织一个健全的内阁来限制他的权力。袁世凯的权欲和野心极大,他绝不愿意充当一个受法律约束的总统,因此,宋教仁便成了他的眼中刺,肉中钉。而赵秉钧一则是袁的忠实走狗,谁反对袁世凯就是反对他,二则他想稳坐在内阁总理的位子上,因而对他的政敌宋教仁也有除之而后快的想法。

当唐绍仪内阁辞职时,宋教仁也退出了内阁,为了实现自己的理想,他拒绝了袁世凯的收买,离京南下演讲并布置国会选举事宜。

1913年初,国会选举揭晓,国民党独占优势,宋教仁兴奋异常,春风得意地计划组织真正的国民党内阁。眼看国民党真要得势了,袁世凯急得坐立不安,而赵秉钧见宋教仁要来抢他的头把交椅,也气恨交加。于是,袁赵两人一面稳住宋教仁,一面定下毒计,准备谋杀宋教仁。

1913年3月20日夜晚10点,宋教仁由上海启程到北京,黄兴、廖仲恺、于右任等到上海北站为他送行,谁知他刚刚踏进车门就中了一枪,黄兴等人急忙来救护,凶手安然逃去。

宋教仁中的是毒弹,伤势十分严重,虽经抢救,还是在22日凌晨与世长辞。宋教仁临死还没忘记他的责任内阁制,也没抛弃对袁世凯的幻想,他在致袁的遗电中说:"望总统开诚心,布公道,竭力保障民权,俾国会确立不拔之宪法,仁虽死犹生。"

袁世凯听到宋教仁被刺,心中十分高兴,他一面假惺惺地表示慰问,电令"迅缉真凶",一面指使报纸散布谣言,挑拨离间,转移人们的视线。然而,谎言掩盖不了事实,事情的发展大出袁世凯的意料之外。

就在宋教仁去世的第二天,一个自称古董商的河南人到四马路中央捕房报案说:"十天前,我在文元坊应桂馨的家里兜售古董。我们彼此熟悉,他拿出一张照片来,叫我把这个人杀掉,许以事成之后,给我一千元作报酬。我只懂做买卖,从来没有动手杀过人,因此我不肯承担这件事。今天我在报上看见宋先生的照片,正是应桂馨要我作为暗杀对象的那张照片。"

根据这条线索,侦探当天就在湖北路迎春坊 228 号妓女胡某家里抓住了应桂馨。次日,侦探搜查文元坊应宅,捉到了正凶武士英,并搜出应与内务部秘书洪述祖往来的密电本及函电多起,五响手枪一枝。仅仅两天,案情大白了:杀人的主使犯不是别人,正是袁大总统和赵国务总理,同谋犯是内务部秘书洪述祖,布置行凶的是上海大流氓应桂馨,直接行凶的是流氓地痞武士英。

事情做得不干净,杀人内幕被揭穿,袁赵两人吓出了一身冷汗。但是,老练狡诈的袁世凯马上就平静下来了,他百般狡辩,矢口否认与宋案有关,而且,他指使洪述祖躲入租界。当上海组织特别法庭传讯国务总理赵秉钧出庭对质时,袁世凯收买了一个被天津女校开除的女学生,要她到北京法庭"自首",诡称黄兴在各地组织了一个专门从事暗杀活动的"血光团",她就是奉了黄兴之命,前来暗杀宋教仁的,北京法庭便据此传黄兴来北京听审。南北两个法庭,一个要传赵秉钧,一个要审黄兴,真真假假,假假真真,是非莫辨。

在铁的事实面前,上海特别法庭审判结束,武士英已死在狱中,应桂馨判刑下狱。但是,此时人们已将注意力转移到了即将爆发的南北战争上,杀人主犯袁世凯和赵秉钧竟得以逍遥法外。

特务头子赵秉钧因做贼心虚,不得不引咎辞职,但是,袁世凯认为"一个人越是想避嫌疑,这个嫌疑就越会洗不清"。于是,赵秉钧便改辞职为请假,袁世凯批了他十天假,后来他一再续假,不得已,袁世凯于 7 月 16 日准了他辞去国务总理的职务,改任步军统领兼管京师巡警。看来,若不是"宋公显圣"或"阴曹调卷会审",他赵秉钧就没什么麻烦了。

国学经典文库

中国古代秘史

·民国秘史·

图文珍藏版

### 3.兔死狐悲

应桂馨是上海滩上的一个流氓头子,他被捕入狱之后,买通看守,与他的江湖兄弟取得了联系。七月二十日,这班流氓兄弟率领一批徒子徒孙冲进监狱,竟把应桂馨劫了出来,并立即把他送到青岛躲避起来。

可是,这个时候国民党正在忙于进行反袁的"二次革命",人们的注意力也被枪炮声吸引了过去,应桂馨越狱一事竟无一人问津。

没多久,"二次革命"爆发后,袁世凯武力统一的梦想成为现实,辽阔中华成了袁家天下,在青岛躲避的应桂馨认为出头的机会到了,迫不及待地跳了出来。

应桂馨接连发表两个通电,要求北京政府为他"平反冤狱。"他的第一个电报说:"叛党削平,宋实祸首。武士英杀贼受祸,功罪难平。请速颁明令平反冤狱"。他将暗杀宋教仁看作是为国除害,而他则是有功之人,谈到作案,他竟轻轻松松,不躲不避!

应桂馨见第一个电报发出后北京方面没有反应,他又发出了第二个电报:"宋为主谋内乱之人,而竟死有余荣,武有为民除害之功,而竟冤沉海底。彼国民党不过实行宋策,而种种戏剧,实由宋所编制。当时若无武之一击,恐今日之域中,未必有具体之民国矣。桂馨栖身穷岛,骨肉分离,旧部星散。自念因奔走革命场已破其家,复因维持共和而几丧其身。伏求迅颁明令,平反斯狱,朝闻夕死,亦所欣慰。"对袁世凯来说,若为应桂馨、武士英等平反,就等于承认了自己是宋案的主使者,这样就会招来舆论的指责和国人的咒骂,于自己的统治不利,他本来就做贼心虚,怎敢再揭伤疤呢?

应桂馨到底是流氓出身,贼胆不小,他见袁世凯对他的电报毫无反应,竟于10月20日公然来到北京,住进李铁拐斜街同和旅馆,并和他的旧相识胡某时常往来。

对于这个无赖的到来,袁世凯颇觉头疼,他叫人给应送去了一笔钱,要他离开北京,去过隐居生活。可是,应桂馨坚决要求袁实践诺言给他"勋二位"和现金五十万元,并声称少一件他都不干。

袁世凯见软的不行,就派人去警告他说:"老袁不是好惹的。你要动土莫动在太岁的头上。"他居然指着自己的鼻子说:"我应桂馨是什么人,他敢拿我怎样?搞火了我全给他兜出来。"

应桂馨软硬不吃,袁世凯动了火,他找来军政执法处的侦探长郝占一,命他将应干掉。

郝占一带领几名侦探很快清了应桂馨的住处。1914年1月18日晚,四名侦探摸进了应的相好胡某的住宅,而应该晚恰恰不在,郝占一打草惊蛇了。

第二天,应桂馨在得知郝占一夜访胡宅之后察觉不妙,他急急忙忙收拾行李,准备离开北京。当他爬上京津铁路头等客车时,郝占一和另一名侦探已在车上等他多时了。

### 4.逃脱不了的下场

袁世凯扑灭了"二次革命",赵秉钧获益不少,他不仅用不着担心有人追究宋案,而且还接替冯国璋担任直隶总督。他明白自己在袁世凯心目中的分量,他相信,只要袁大总统"万寿无疆",他赵秉钧要权要官,要金要银是不成问题的,否则还算什么第一号亲信?

可是,没过多久就传来了应桂馨被杀的消息,赵秉钧为弄清事情的原委,立即派心腹去京打听。第二天,心腹就回来告诉他,是郝占一奉令在火车上用电刀杀死应的。

赵秉钧似乎突然明白了:袁世凯原来是心狠手辣的,有利就用你,不利就干掉你!一想起应桂馨的下场,他不免凄然泪下,然后又愤愤不平地对左右说:"如此,以后谁肯为总统做事?"

但是,赵秉钧又想了回来,他认为自己为袁世凯立下了汗马功劳,算得上是袁的心腹干将,不管怎样,袁世凯总不会对他怎样吧。他只觉得应桂馨死得太冤,自己应该为他报仇,不然怎对得起死者呢,又怎样向应的兄弟们交代呢?

赵秉钧一时心血为潮,竟不向袁世凯打声招呼,就径自发电通缉杀应凶手了。

在处理掉应桂馨之后,袁世凯就一直在注视着赵秉钧的举动。赵发出通缉令后,袁世凯大为恼火,杀宋教仁,别人追到了他的头上,他好不容易才摆脱,如今杀应灭口,赵秉钧又要追查,结果不又查到自己头上来了?新旧两笔账加在一起,他袁世凯就会吃不了兜着走,因此,袁世凯下决心"烹"了这条走狗,保自己太平无事。

袁世凯一面装作不知赵秉钧的内情,并且还在2月19日让他兼做直隶民政长,一面伺机下手。

赵秉钧是特务出身的，为人精细，有一套侦探和反侦探、谋杀和防谋杀的经验，弄不好会偷鸡不成反蚀一把米。袁世凯仔细考虑之后选择了下毒一法。

2月27日，袁世凯派人来天津督署检查工作，一番例行公事之后，赵秉钧设宴招待。席间赵外出方便，北京来客迅速做了一下手脚，赵返回后端杯一饮而尽。不一会，便"腹泻头晕，厥逆扑地"，当天，这个专以杀人害命为职业的天才特务便魂归西天了。

## 收买汪精卫

"慷慨歌燕市，从容作楚囚。引刀成一块，不负少年头。"这是1910年，汪精卫在北京因谋炸摄政王载沣未成，被捕下狱时所做的诗句，其视死如归的凌云壮志，为世人仰目。不仅革命党人称赞其时的汪是一位血性男儿，就连满清皇朝的部分封建官僚，亦为他激亢高昂的文笔所倾倒。肃亲王善耆力主对其采取怀柔政策，虽将汪精卫等人监禁在狱，但生活上给予特殊优待，并经常到狱中对汪嘘寒问暖，与其谈论天下大事，谈论诗歌，对此，汪精卫一生感恩戴德。他说："每回忆到这个时候的事，总想到这位清末的伟大政治家。"

经过此番周折后，汪精卫的精神状态已渐趋低沉，曾作诗云："忧来如病亦绵绵，一读黄书一泫然。瓜蔓已都无可摘，豆萁何苦更相煎。……"一副悲悲切切的可怜模样，当初那个豪情满怀的革命志士形象已不复存了。

1911年10月，武昌起义爆发。清政府迫于形势需要，一面起用袁世凯，企图以武力镇压革命；一面宣布解除党禁，释放政治犯，以麻痹人民。11月6日，羁押一年半的汪精卫被清廷开释，汪出狱后，很快给革命党与袁世凯之间架起了一座桥梁。在南北和议期间，汪精卫作为当时革命党的重要决策人之一，在党内外积极宣传、贯彻联袁倒清的妥协主张，极意斡旋于南北和议代表之间，最终促成孙中山让出临时大总统的席位，使袁世凯窃国成功。而当袁上台后，汪精卫又异乎寻常地采取了一种超然的态度，于1912年春，与陈璧君在上海结婚，8月，汪索性辞去一切政务，经南洋赴法国留学去了。直到1917年袁世凯死后一年，汪精卫复奉孙中山命回国，参加反对南北军阀的斗争。

对于汪精卫在1911年11月出狱至次年2月南北和议告成期间的表现，民党与非党人士均存有不同的著述，时人多以汪精卫被袁世凯"收买说"立论、评事，而随着时间的推移，史家回首，纵观其历史时，又发现史实上的一些疑点，使

"收买说"更具有谜的色彩。

### 1."收买说"的由来

宣扬袁世凯收买汪精卫,写得荒诞不经的恐怕要算张一沨了。他是袁世凯亲信、北洋政府机要局长张一麐的堂弟。1922年他撰写的《张一麐》一书,其中无端捏造了两段袁世凯收买汪精卫的故事。第一段说的是:在袁任北洋总督时期,"有一黑夜,署中枪声连珠而起,咸呼获一刺客。翌晨,若无事。后有与汪精卫相识者言,精卫尝行刺袁于北洋,业受缚矣,自供为党人所役。有幕客张某劝袁,不如释汪以结党人,而戒泄其事。""精卫因是与袁之长子克定结为生死交,并得资助,留学巴黎。"

第二段讲的是:袁被贬黜后,"汪精卫忽由巴黎归国,偕蜀人黄树中,潜运地雷入京师,谋炸摄政。事败,赖善耆营救。或谓汪之炸摄政,即为袁泄愤。善耆之救汪,实袁所运动。"

事实上,袁世凯任北洋总督时期,汪精卫正在日本留学,1905年汪在东京加入同盟会,与朱执信、胡汉民等人分别负责主持《民报》在东京的出版工作。其后几年,他随孙中山赴南洋等地筹设同盟会分会,并不避艰辛,为国内革命劝募军需款项。直到1909年,同盟会内的陶成章、章炳麟等人不顾革命大局,大搞分裂活动,大大刺激了汪精卫,使他拒绝了孙中山、黄兴、胡汉民等人的反复劝阻,自行其是,于12月偕陈璧君、黎仲实等由日本,经香港来到北京,以开设守真照相馆做掩护,策划谋刺清廷重臣的行动。

最初,汪精卫等人选定的暗杀目标是庆亲王奕劻,因戒备森严,未能得手。此时又得知贝勒载洵、载涛等人从欧洲考察海军归国,便又携带炸药在车站等候谋炸对象,待至当日,站内一片红顶花翎之人,汪精卫等无从辨认,只好作罢。最后才选定摄政王作为谋杀对象,汪等人商议将炸药埋在载沣每日上朝必经的银锭桥下,以炸药轰毙。谁料事前准备不充分,炸药埋好,才发现引线不足,再想去补救时,察觉附近已有暗探埋伏,只能终止行动。

当时,清廷为了这件炸药案闹得满城风雨,出动了所有的侦探,密布于茶馆、酒肆、妓院、戏园,终于顺藤摸瓜,把汪精卫等人缉拿归案。对于如何处置汪精卫等政治犯,清廷开始有些举棋不定,摄政王载沣主杀,肃亲王善耆主张从轻发落,以避免更多的革命党人铤而走险。载沣后来同意了善耆的意见,将汪精卫等人"着交法部永远牢固监禁"。

从以上汪精卫的活动，可以证实张一沨所杜撰的故事是不足以信的。除了诬蔑、辱骂革命党人之外，很难臆断作者捏造"收买说"的真实动机。虽然这类公然编造谎言的文字，并非绝无仅有，但却不为治史者所重视。而对于当时革命党人所写的有关袁世凯收买汪精卫的著述，人们却不能漠然视之。革命党人邓警亚所著《汪精卫误国记》，写汪在民国元年孙中山让位时，力主退让，与孙中山怒颜争辩，仅此一点尚不足以构成被袁收买的佐证。系统记述袁收买汪的主要著作，当推胡鄂公1912年4月写的《辛亥革命北方实录》。

胡鄂公是在武昌起义爆发后，作为鄂军政府全权代表派往北方担任领导工作的。他于11月24日抵达天津，主持成立津军司令部，负责统一指挥京、津、保等地区革命党人的军事行动，直到南北和议结束后，他们才停止用暴力除袁倒清的活动。因此，作为北方革命的主要领导人，他所记录的史实，必然在社会上产生重大影响，受史家所重视。

该书第一次描绘汪精卫被袁世凯收买，即从白毓昆的传闻引出。据白得到的消息，黄复生（树中）、罗世勋、汪精卫等人出狱，为袁世凯、张鸣歧所保释。袁世凯当时在彰德曾电告其长子袁克定，留他们在京等候。黄、罗二人闻讯大惊，黄复生兼程往沪，罗世勋则隐居天津，只有汪精卫留京等待袁的到来。袁世凯到京就任内阁总理大臣后，便让汪与杨度等人发起"国事共济会"，意在借此名目"搜刮诸亲贵财货"。

11月29日夜，由在京革命同志与袁克定联合攻打清宫的谋划，因袁克定临时背约失败，革命党人被捕，惨遭杀害，而汪精卫事前曾派人从胡鄂公处领取2800元的行动经费。失败的消息传至天津，白毓昆愤慨地告诉胡鄂公："世凯、兆铭相济为奸，以杀我北京同志矣！"他继续详细地介绍了汪的劣迹："兆铭尝以吾党之在京、津、保语诸世凯矣。世凯告兆铭曰：汝能持之，则团体之发展、暗杀之组织，恣汝为之可也。"而当北方革命党人多次在华北、关外等地起事时，汪则严词加以制止。汪精卫对胡鄂公说："现当停战议和之时，吾党京津保一带同志，自宜遵守诺言，不可有所行动。……但有阻挠和议于此停战议和者，即是破坏革命之人。"胡当即反驳道："和议非革命，不能谓阻挠和议即为破坏革命之人。且伍、唐所议停战范围仅及于湖北、山西、陕西、山东、安徽、江苏、奉天诸省，而无京、津、保等地，我虽停止行动，彼仍逮捕枪杀奈何？"汪道："此过虑也，望为我转告诸同志曰：项城期望于和议者甚殷，且治军严，当无如此轨外行动。"汪精卫对袁的信任程度已超了对本党同志，不能不使以胡鄂公为首的北方革命党人,对其有违革命原则的妥协主张表示怀疑与不满。

革命党内政治思想上的原则分歧与组织上的分化,很快便演义出两段袁世凯收买汪精卫的生动传闻:

"十一月初七日(公历12月26日)下午五时,清内阁总理大臣袁世凯见汪兆铭于内阁总理官署,使兆铭之沪,以革命党人立场,斡旋于伍、唐两代表间,以免和议之局,因孙先生归国而中变。于是,授兆铭以议和代表参赞之名,俾得尽力协助绍仪,但对外秘不发表。

同日下午七时,世凯复见兆铭,其子克定亦相偕至。世凯遂命其子克定与兆铭约为兄弟。……当兆铭、克定相偕见世凯之夕,室中预设盛筵以俟之。兆铭、克定见世凯,四叩首。世凯南面坐,兆铭、克定北向立。世凯顾兆铭、克定曰:汝二人今而后异姓兄弟也。克定长,当以弟视兆铭;兆铭幼,则以兄视克定。吾老矣,吾望汝二人以异姓兄弟之亲,逾于骨。兆铭、克定二人则舍辞以进曰:谨如老人命。于是又北向四叩首。叩首毕,兆铭、克定伴世凯食,食罢而退。十一月初八日(12月27日),汪兆铭遂由北京经天津乘津浦车至上海。"

以上是胡鄂公书中关于袁世凯收买汪精卫的基本情节。从这些情节看,汪精卫不仅成了受袁指使,被派进革命党内的坐探,而且是认袁作父,向袁俯首跪拜的奴才了。

### 2.当时官署和私人的不同记述

汪精卫谋刺摄政王被捕入狱,名震中外。武昌起义爆发后,清廷慑于革命怒潮,11月6日释放汪精卫等,直到12月中汪精卫离京赴沪,他在京津地区的活动,从清朝的奏折上谕,汪本人的回忆以及当时亲历其事的人,各有记述,这些记述与胡鄂公书中引录的辗转传闻多有不同。

①法部尚书觉罗绍昌与左右侍郎根据10月30日特赦国事犯、解除党禁的上谕,上奏呈请释放汪精卫等,说得很明确:"汪兆铭等以改良急进之心,致陷逾越范围之咎,其迹虽近愤疾,而当日朝廷不忍加诛,亦实以其情尚可原。……合亟仰恳天恩,俯允将此案监禁人犯汪兆铭及黄复生、罗世勋等悉予释放。"11月6日上谕,允准法部奏请。

接汪精卫出狱的人叫张沧海,他是汪在日本的同学,当时在法部任职。张一见汪就说:"君被捕时,人人谓君必死,肃亲王为民政部尚书,章宗祥为内城厅厅丞,两君号称爱才。章氏言之肃王,肃王请于摄政王,故定君永远监禁。君之不死,有今日者,半由肃王及章氏之力也。"汪精卫在自己的回忆文章中也说:"救我的命的是肃亲王。"跟张沧海的说法相合,丝毫没有袁世凯伙同善耆救汪的影子。从时间上看,袁世凯此时正在湖北孝感前线督战,联肃王救汪出狱似无可能。

汪精卫

汪精卫出狱后的第二天,11月7日吴禄贞被害,滦州兵谏夭折,而袁世凯却在湖北反攻得手。清军攻占汉口后,袁即派人到武昌劝降。黄兴、黎元洪为首的军民首领也趁势复信策反,利用袁世凯与满洲皇室的宿怨,规劝他反叛清朝,皈依民国。汪精卫"和会南北之动机"就是在这种背景下萌发的。

②汪精卫自己的回忆,对于出狱后在京津地区的活动绝少提到,涉及南京临时政府的文字有以下两段:

其一,说到孙中山就任临时大总统宣言,汪云:"这是我起草的。先生对于我所写的,一个字也没有改,照所写发表。这在当时年轻的我,感到一种意外的喜悦。"这足以证明孙中山对于出狱后在北方逗留了一个多月的汪精卫信任器重如初。

其二,关于孙中山就任南京临时大总统,宋教仁反对,他唯恐袁因无权位保证,转而反对宣统退位。汪精卫在《汪先生正月的回忆》一文中写道:"在实际上却正好相反,在南京孙先生表示了坚决的态度,结果,促进了北京的工作的贯彻,促进了袁世凯的决心。"所谓"北京的工作"、袁的"决心",就是革命党最高领导层包括汪精卫所主张的联袁倒清策略的实施。

③胡汉民关于汪出狱后的情况论述较详,很有参考价值。他从1911年12月25日跟随孙中山抵沪,受到陈其美、黄兴和广大群众的欢迎写起:

"更见精卫,则真如隔世,二人俱狂喜,互相抱而踊。精卫于湘、鄂等省反正时,得出狱,果如先生所预言。闻吴禄贞将起兵,辄走从之,中途知吴遇刺于石家庄,乃折回天津,与天津同志有秘密之运动。袁世凯起任事,其子克定概弛以太原公子自任,精卫亦阴结之。事闻于袁,则私见精卫,谓非常之举,非儿辈所知,而自输诚于民党。既而南京亦光复,精卫乃至沪。时清廷与袁世凯使代表议和者为唐绍仪,各省革命军之代表,则为伍廷芳同志,更推精卫与王正廷、王宠惠、温宗尧、胡瑛参赞其事。唐亦时与精卫密商,不拘形迹也。"

这段文字首先澄清了一个事实:汪精卫1911年12月25日前已经抵达上海。胡鄂公书中按时序记叙:中山归国后,袁世凯为阻挠孙反对议和,暗授治理整顿汪精卫北方和议参赞之职令汪南下;汪受命后两天,归袁子克定在袁府结为拜把兄弟,然后乘津浦路车南下。所以这些事情的真实性就令人难以置信了。如果说,确有其事,只是时间的记忆有误,从11月13日袁世凯到京至12月中汪精卫离京,袁克定与汪结拜兄弟当在何时? 按胡鄂公书上的时间顺序难以安插。其次,袁、汪晤谈确有其事,那是因汪主动结识袁克定。袁世凯认为事体重大,才亲自邀汪,向革命党输诚。此事发生在11月中旬,即袁在湖北派人至武昌试探议和,得到黄兴、黎元洪的答复之后。袁的输诚意在通过汪精卫这样的民党知名人物表示皈附共和,摸清底细,对于与满清皇族有仇怨的袁世凯来说,他是做得出来的。袁、汪这样的结识虽出自胡汉民笔下,也可视为汪精卫的口述。之三,汪精卫参与和议是以南方军政府的参赞身份,而绝不是袁内阁派出的北方秘密参赞。之四,袁所派代表唐绍仪倾向共和,主张废除清朝帝制,态度明朗。他在和议中与汪精卫密商不拘形迹,意在谋求一种办法,使清帝退位,实现共和,而不诉诸武力。袁世凯免除唐的代表职务后,由汪精卫代唐与伍廷芳谈判的传闻,完全背离了当时袁、伍往返电商的事实,不过是蛊惑愚者的伎俩。

胡汉民在《自传》中就"迁就南北和议之真相"一题,做了如下的阐述:把政权让给袁世凯是大错。孙中山始终不愿妥协,而内外负重要责任的同志,则悉倾于和议。他们大致上分作三派。"余集诸人意见,以陈于先生,先生于时,亦不能不委曲以从众议。"这里他没有指明汪精卫是否隶属于上述三派之列。但是,他在分析了当时敌我力量对比和革命内部政治思想分歧,军事实力薄弱,财政状况艰难之后,介绍黄兴作为民军统帅的困境时,论到了汪精卫。胡汉民说:

"军队既不堪战斗,而乏饷且虑哗溃。于是克强益窘。则为书致精卫与余。谓:'和议若不成,自度不能下动员令,唯有割腹以谢天下!,故精卫极意斡旋于伍廷芳、唐绍仪之间,而余则力挽先生(指孙中山)之意于内。余与精卫二人,可云功之首,而又罪之魁! 然其内容事实,有迫使不得不尔者,则非局外人所能喻矣。"

从胡汉民的这段记录看,汪精卫在和议中的积极活动,是跟黄兴相配合的,这就无形中驳倒了汪在和议中效忠袁世凯的传闻。

以上是汪精卫和接近他的人的笔录,下面再看看袁世凯身边的人是如何记叙的。

张国淦，南北和议时是袁内阁指派的北方代表之一，后曾在北洋政府任要职。他在《辛亥革命史料》中写道：

"袁到京，主张拥护君主，绝口不言共和。……此时汪兆铭已开释，乃约汪到锡拉胡同（袁内阁所在地）谈论。汪每晚饭后七、八时谒袁，十一、二时辞出，初只言共和学理，谈至三夜，渐及事实。汪言：'如须继续谈去，请求再约一人。'袁问何人。汪以魏宸组对，袁许可。次夜汪、魏同谒袁，于是讨论中国于君主共和何者适宜。魏善于辞令，每以甘言诱之，袁初尚搭君主官话。连谈数夜，袁渐渐不坚持君主，最后不言君主，但言中国办到共和颇不易。汪、魏言：'中国非共和不可，共和非公促成不可，且非公担任不可。'袁初谦让，后亦半推半就矣。"

张国淦所记汪精卫、魏宸组与袁世凯晤谈的内容，与胡鄂公听信传闻所记的内容有根本上的差别。汪、魏二人相互配合，在讨论君主立宪制与民主共和制何者更适合于中国的问题上，从心理上动摇了袁世凯坚持君主制的主张。当然，人们有理由怀疑，袁的态度变化仅是向革命党人做出他打算皈依共和的姿态。但联系袁在湖北时曾向革命党做过在君宪制前提下议和的试探，如今能公开表示可以接受共和，这种变化则使革命党人进一步确认，联袁倒清的策略有付诸实现的可能。且用暂时对袁的妥协，迅速换取一个少流血的"廉价"共和，这正是当时革命党高层领导人制定"联袁倒清"方针的指导思想。

### "收买说"之谜的剖析

随着联袁倒清策略逐渐占据党内主导地位，汪精卫于1911年11月中在北京的联袁活动也逐渐得到了党内同仁的理解。《民立报》最初对于汪精卫跟杨度联合组织的国事共济会持批判态度，斥为"无聊之共济会"，认为中国的君主、民主问题无须开会解决，人民革命已经做了答复。并声明"共济会之说，非吾全国共和党人之同意也。"不久，便又撰文对汪的活动表示谅解。

在波澜壮阔的革命怒潮兴起后，许多基层的革命党人以高涨的热情，投入到硝烟弥漫的战火中。以胡鄂公为首的一批北方革命党人，在清王朝统治的心脏地区发动武装起义，其目的就是要用暴力除袁倒清，他们认为只有这样才能彻底摧毁封建专制统治。虽然他们在通州、天津、沈阳发动的武装起义先后都失败了，但这期间也在京城东华门大街演出过拦马车、掷炸弹，差一点轰毙袁世凯的壮烈场面。随后又有炸死良弼的壮举,致使清廷震惊,满洲贵族惶惶不可终日;袁世凯蛰居寓所,不敢上朝。许多仁人在起义中捐躯,一些志士在谋杀中丧生。他们立足于用暴力除袁倒清,面对汪精卫执行联袁倒清,从认识分歧到组织立异,进而对汪精卫的言行表示义愤,听信传闻,乃至杜撰情节,痛斥汪精卫为袁收买,相济为奸。直到南北和议接近结束,他们仍然矢志不移,立誓除袁倒清、彻底革命。为此,他们曾理直气壮地到沪、宁革命中心地区,向陈其美和孙中山、黄兴为首的南京临时政府呈报汪精卫的"劣迹",并请求拨款20万,以便在失败之后,重振队伍,完成除袁倒清大业。

历史的悲剧在于:当时的南京临时政府,财政匮乏,府库常空。孙中山、黄兴虽嘉勉他们的顽强斗志,却无力拨款接济。而革命党原先只是出于宣传考虑的离间满清于袁世凯的言论,已逐渐形成了联袁倒清的政治策略。孙、黄等革命领导人既不能在议和未生效前,对北方同志不畏艰险进行的武装斗争强令加以制止;又不能因北方同志对汪精卫的斥责。而减轻对汪的信任与器重,改变联袁倒清策,致使最终只是向袁让出共和政权。胡鄂公等宣扬的汪精卫被"收买说"的历史背景就是这样。

关于汪精卫被收买的史料,当然不止以上所述这些。民初在袁世凯手下专管特务费的军需处主任唐在礼曾有这样的记述:袁世凯花钱收买的对象很多,其中以政治性的怀柔费用开支最大最复杂,当时主要是为了收买民党人士或其他方面的反对派人物。据唐在《辛亥以后的袁世凯》一文中回忆说:"汪精卫,袁很早就收买他,从在监狱里的时候就买通了。后来一直给钱,听袁指使,他的钱是通过陆建章领取的"。"有一次,陆建章拿了一张条子支8万元,他做个鬼脸对我说:'这笔款子是给汪精卫的'"。所谓"在监狱里的时候就买通了"的说法,是无稽之谈。因为汪被监禁时,袁世凯也被清廷罢官,在河南闭门"养病"。这笔钱很可能是袁世凯窃取民国政权后,对汪精卫标榜不做官、不当议员、要到法国去学习文学,所给的生活费。民国初年,袁政府对于革命党人和清末的官僚、文人、墨客用"助留学"、发"干薪"、给"津贴"的方式送钱以资笼络的人为数不少。广泛的意义上说,这也是一种"收买"。但这与本文前面所说的,在辛亥革命斗争中汪精卫被袁世凯收买,充当内奸,有所不同。

## 程璧光遇刺

1918年2月26日,晚上八点多钟,广东护法军政府海军总长程璧光被人刺杀于广东海珠(海军办事处所在地)对岸,而刺客却逃之夭夭,不知所往,亦不知其为何方指使,成了民国史上的一大悬案。

程璧光,字恒启,号玉堂,1861年(清咸丰十一年)生,广东香山县(今中山市)人。父亲程培芳在美洲经商,1871年客死于檀香山。程璧光扶柩归里,将父亲安葬后,迫于生计,前往福建投靠姐夫陆云山。陆时任靖远舰管带。受姐夫的影响,程璧光于十五岁那年入马江船政局水师学堂学习。毕业后,被派往"扬武"舰实习,先后任超武舰帮带,元凯舰管带,福建水师学堂教习等职。广东舰队组建时,因程璧光隶籍广东,遂调为广甲舰帮带,不久,升任广丙舰管带。1894年,广东水师派程璧光为粤舰领队,率领广甲、广乙、广丙三舰北上会操。会操毕,时值中日甲午战争前夕,粤舰被留作后备力量。甲午战争爆发后,程璧光上书直隶总督兼北洋大臣李鸿章请缨,获准参战,在大东沟海战中,程璧光腹部受伤。甲午战争失败,北洋舰队被迫向日本舰队投降,北洋海军提督丁汝昌于1895年2月11日服毒自杀。丁死后,海军副提督、英国人马格禄伙同美国顾问浩威,借丁汝昌名义作降书,派程璧光向日本舰队司令伊东佑亨投递降书,接洽投降事宜。这是程璧光一生中最忌讳的一件事。

甲午战争结束后,程璧光被撤销职务,返乡闲居。程璧光返乡后,结识了同乡著名革命家孙中山。孙劝他"同任光复事",程璧光初尚表示犹豫,后在其弟程奎光的力劝下,才答应加入兴中会。1895年10月兴中会计划在广州起义,因计划泄露,孙中山出走,程奎光和陆皓东被清政府逮捕杀害。程璧光怕受牵连,远走南洋槟榔屿。

1896年春,李鸿章出使欧洲,路过槟榔屿,程璧光前往请见。李鸿章答应向朝廷疏通,起用程璧光。不久,程回国供职于海军衙门。这年5月,清政府派他为"监造军舰专员"赴英国。1899年,程璧光率海天、海圻二舰回国。不久,程调任北洋营务处会办。1907年,清政府于陆军部内设立海军处,程璧光担任舰政司司长。1909年,清政府成立筹办海军事务处,将南北洋海军统一编成巡洋、长江两舰队,程璧光统领巡洋舰队。1910年,清政府改筹办海军事务处为海军部,以皇室亲贵载洵为首任海军大卧,程璧光担任第二司司长。1911年6

月,英皇乔治五世举行加冕典礼,清政府派贝子载振为大使,程璧光为副使乘海圻舰赴英致贺。事毕,程又奉命率舰前往墨西哥、古巴等地慰问侨民,途经美国时,曾拜谒美国总统。这时,清政府在英国订造的肇和、应瑞两舰已造成,程又奉命从古巴再往英国接舰回国。

1911 年 10 月,武昌起义爆发,全国纷纷起义响应。在酝酿成立中华民国南京临时政府时,即有由程璧光主持海军部的提议。伍廷芳等急电程璧光速回国。但南京临时政府维持不到三个月,政府即落入北洋军阀头子袁世凯手中,等程璧光于 1912 年夏回到上海时,袁世凯早已任命自己的亲信刘冠雄为海军总长了。程见此情况,不免大失所望,遂辞去所有职务,闲居上海。

对于在海军界很有影响的程璧光闲居南方,袁世凯很不放心。1913 年春,袁派人邀他入京,聘为海军高等顾问,继又任命他为陆海军大元帅统率办事处参议,以示羁縻。但不久,袁世凯野心大发,准备帝制自为。程璧光坚决反对袁世凯葬送中华民国,复辟帝制的野心。但又感到孤掌难鸣,无能为力,因此内心很郁闷。1915 年秋他在写给朋友的信中说:"惟时势不佳,实足令人厌世,恨不得早死为快也。"表示了宁死也不愿作洪宪帝制帮凶的决心。

1916 年 6 月,袁世凯暴亡,洪宪帝制成为昙花一现的闹剧。袁世凯死后,恢复民国,黎元洪继任大总统。黎氏早年曾供职于北洋水师,黎任广甲舰管轮时,程璧光是该舰的管带,是黎元洪的直属上司。两人私人友谊甚好。因此黎元洪上任后,极力推荐程璧光担任海军总长,得到国会通过。黎元洪的意图很明显,希望由程璧光来掌握海军这一支力量,以对抗虎视眈眈的北洋派军人势力。程璧光不负众望,"既视事,尽罢前总统昏制,正身率物,昭诸将以奢惰为戒,故是时诸部皆窳败,而海军事独起"。海军成为大总统黎元洪倚重的一支重要力量。

1917 年 4 月,围绕对德宣战问题,大总统黎元洪与国务总理段祺瑞之间的矛盾达到白热化。为了向总统和国会施加压力,段祺瑞召集各省督军入京开会。海军总长程璧光与陆军训练总监张绍曾也应邀出席。段在会上宣布对德宣战的主张后即把预先准备好的一张"赞成总理外交政策"的签名单发给出席者,让大家签名。各省区督军或代表,皆仰承段祺瑞的意旨,签署"赞成"。只有程璧光写:"当服从民意",引起段祺瑞的不悦。不久,参战案提交众议院审查时,段祺瑞又指使军警、特务和流氓,冒充所谓"公民团"包围国会,并殴打侮辱议员。一时群情激愤,舆论大哗。为抗议段祺瑞的不法行为,程璧光与外交总长伍廷芳、司法总长张耀曾、农商总长谷钟秀联名向段提出辞职,段不准。当天晚上,程璧光等四人径直向总统提出辞呈,致使原本就残缺不全的段内阁只剩下了光杆总理一人。5月23日,黎元洪宣布罢免段的总理职务,北洋派各省督军在段的唆使下,纷纷宣布独立,并准备以武力驱逐黎元洪。在这种情况下,程璧光调海军第一舰队司令林葆怿率军舰驻扎天津大沽口,表示对黎元洪的支持。6月初,程璧光劝黎元洪离开北京南下,并表示自己愿率舰队护送,黎不同意。程璧光不得不先行离开北京,于6月9日抵达上海。当即召集各舰舰长开会,商讨对付叛乱各省督军的办法。7月1日,张勋趁府院冲突之机,公开宣布拥清废帝溥仪复辟,黎元洪逃入日本使馆请求庇护。程璧光闻讯,急派三艘军舰北上,想接黎元洪南下,未能成功。张勋复辟失败后,段祺瑞以再造共和的英雄自居,再次掌握了北京政府的实权。段上台后,拒绝恢复约法。1917年7月,孙中山毅然举起"护法"大旗,程璧光立即响应。7月21日,程璧光与林葆怿率领海军第一舰队南下广州。次日,发表海军自主宣言。宣布否认国会解散后的非法政府,并提出三项主张:(一)拥护新约法;(二)恢复国会;(三)惩办祸首。第一舰队是海军主力,南下护法的有海琛、海圻、永丰等八艘军舰,连同原驻广州的楚豫、水翔两舰共有十舰。在舰队南下途中,段祺瑞授意前海军总长刘冠雄及海军上将萨镇冰先后五六次致电程璧光、林葆怿等,阻止海军舰队南下。但程、林决心已定,不为所动。海军南下,壮大了护法阵营,使北京政府非常震惊。

第一舰队抵粤后,北京的国会议员也纷纷南下。9月1日,在广州召开国会非常会议,选举孙中山为大元帅。10日,宣告成立军政府,程璧光出任海军总长。然而,程璧光南下仅半年,即被刺杀身亡,留下了一个历史疑案。

在程璧光遇刺的前4天,程璧光接到二封匿名信,要他就撤换水雷局局长一事。限24小时内做出答复。在遇刺前二天,程璧光又接到一份匿名传单,上面罗列了程璧光的十大罪状,语皆不堪入目。程将此传单告诉僚属。众人都劝他:此事不经,不要介意。程璧光很有感慨地说:"吾南来当义务,一切薪俸概不受。己所需,一介不取诸公,犹有此造谣生事者,世事真难测度哉!"遇刺前一天下午,孙中山拜访程璧光,两人闲谈片刻后,孙中山即与伍廷芳在程宅下棋,程璧光在旁观看助兴。下完棋后,程璧光偕伍廷芳等人前往青年会听艾迪博士演讲。

2月26日这一天,程璧光一连收到邀请他赴宴的请柬三张。一张是汇丰银行经理陈某寄来;一张是省电报局长陈作桢寄来;还有一张是省议会议员苏某送来。由于苏某系在船上设宴，临近海军办事处所在地海珠，所以程璧光应邀出席了苏某的宴会。从苏某处饮宴回来，程璧光已有了几分醉意。这时，电报局长陈作桢又连连打来电话，一再邀请程璧光赴宴。程与陈某素昧平生，见盛情难却，只好勉为其难，又出席了陈氏的宴会。然而，程璧光不知这是一个精心策划的阴谋，等待他的不是丰盛的宴席，而是死亡。程璧光走出家门不到20分钟，在半路上突然窜出两名凶手，举起大号左轮手枪即向程璧光连连射击，程应声倒在了血泊之中。

关于程璧光遇刺的经过情形，莫汝非著的《程璧光殉国记》有如下记载：

"事发之日，连接招饮柬三。一自汇丰银行经理人陈某，一自电报局长陈作桢，一自省议会议员苏某。公以苏设席舟中，近泊海珠，故只诺苏之招。午间僚友某君，以事白公，公持陈作桢柬问曰：'识其人乎'？某君答曰：'陈即电报局长，与公似有一面之雅。'公曰：'不论其为何许人，余已却之矣。'傍晚，苏君催入席，公时尚徘徊于秘书室，督促诸人速译来电。笑容可掬，意甚舒。……入苏议员席后，复往返于秘书室三次，末次两颊微赤，似已被酒。犹嘱其秘书，遍诵来电毕，乃振衣出。仅二十分钟，暴烈声陡自外至。然亦不审为何声，殊不注意也。俄而公仆人吴某，飞奔入秘书室，狂呼曰：'总长被刺！'诸人急随吴仆奔外户。吴续曰：'余送总长下艇渡河，见对岸有人向总长发枪，僚友水兵警察，悉荷枪呼船渡河，人声驳杂甚，而差艇已掉回海珠，时公倒卧艇中。'"

程璧光遇刺后，由法国军医加沙布博士进行了尸检，并写了验尸报告："程总长被击时，一弹由其左体之第四肋骨空间穿入胸部，复由其第五肋骨空间穿出，其胸前及复胸之衣，均为大动脉之血淹浸。查验时，体尚温暖，未僵硬。综以上之观察，可断定总长被枪击后，当即殒命。其致毙之原因，乃一子弹由右向左斜下，贯其心肺，及心之左下房而出。警察在清理现场时，拾到6响左轮手枪一支，其枪乃美国警察厅常用，而市上所稀见者。枪甚新，似尚未经用，中尚留子弹四枚，其为行刺程璧光之凶器无疑。"第二天早晨，清道夫在距现场20步开外的地方拾到一个铁罐。清道夫不知其为何物，拿起来用手敲击。不料轰隆一声响，清道夫被炸身亡，并殃及数名过往行人。人们猜测，这也是准备用来刺杀程璧光的炸弹，因程璧光已被枪击中，故炸弹未能派上用场。由此看来，这是一次精心策划、组织严密的谋刺行动。

程璧光被刺，中外震惊。"护法诸省闻之，知与不知皆失声恸。"军政府大元帅孙中山亲自发布《缉凶训令》：

"海军总长程璧光，突于本月 26 日下午 8 时半，在海珠码头被凶徒狙击，洞中胸脏，创剧遽殁。该凶徒残害元勋，实属罪大恶极，法无可贷。而该管地方军警，事前疏于防范，事后又未能立获正犯，殊难辞责。为此令行该代理内政总长，仰即令饬广东地方检察厅，通令地方军警，一体严缉，务获惩办，以肃法纪，而慰英灵。"

广东督军莫荣新也发布悬赏缉凶的布告。宣布"如有侦悉此起凶犯确实踪迹，报信拿获，一经讯有确实供证者，即赏花红银一万元，以示奖励。赏银现封存库，犯到讯实，即行提取，决不食言。"

虽有重赏，破案工作进行得并不顺利。首先抓到的嫌疑犯是前不久被程璧光撤职的广东水雷局局长周淦。但经过数次侦讯和提审后，因找不到周淦行凶的确凿证据，不得不将其释放。此后，又陆续拘捕了数名嫌疑犯，也都不得要领。数月后，赏格增加到 5 万元，举报提供线索的人也很多，但都无助于破案。事实上，缉凶工作陷入了停顿，最后不了了之。

程璧光为何被刺？凶手究竟是谁？在以后的几十年里，人们有种种猜测和议论。大体上有两种不同的观点：

其一，程璧光是被西南军阀刺杀的。持这种观点的人认为，1918 年 1 月，两广和滇、黔等省军阀在广州组织"西南自主各省护法联合会"，同孙中山主持的护法军政府相对抗。西南军阀认为海军是孙中山所依靠的主要力量，而孙中山又是通过程璧光来联系海军的。刺杀程璧光目的是对孙中山釜底抽薪。持这种观点的人认为，程璧光被刺杀的原因是因为他拥护孙中山，成了西南军阀破坏护法运动的障碍。

其二、程璧光是被桂系军阀刺杀的。当时，广东处于桂系军阀控制之下，广东督军为桂系军阀陆荣廷的亲信陈炳焜。此外，广州还有广东籍的军人李福林、魏邦平、翟汪等人。1917 年 8 月，广东督军陈炳焜秉承陆荣廷的旨意，逼走了接近孙中山的广东省长朱庆澜，从而激起广东人的不平。迫使陆荣廷不得不以莫荣新撤换陈炳煜。不久，广东军人借口龙济光部尚未荡平，电请陆荣廷以莫荣新专任讨龙军总司令，而以程璧光兼任广东督军。这是广东地方势力以"粤人治粤"的口号排斥桂系势力的信号。桂系军阀莫荣新为了保住广东督军的位子，于是买通刺客刺杀了程璧光。章炳麟所写的《赠勋一位海军上将前海军总长程璧光碑》文说："七年二月（即 1918 年 2 月），始议改建军政府，以政务总裁易元帅，孙公尚持重，久亦不能违众议，议未定，广东人欲以君为督，而君由是殇矣。……"国民党人冯自由所著的《革命逸史》更明确指出:"桂军阀陆荣廷莫荣新等,私欲与北方军阀议和,以牺牲护法为条件,以璧光拥护军政府最力,忌之特深。会广东省议会有选举璧光为省长之议,驻粤滇军各将领亦赞成之,陆、莫等乃阴使凶徒狙击璧光于海珠对岸,璧光死焉。"持此说的人,认为程璧光致死的原因是由于他与桂系军阀的权力之争。

上述种种说法,虽然都能自圆其说,但都没有举出有力的证据,因而只能算是猜测而已。

直到50年代,曾经参与刺杀程璧光的原中华革命党骨干罗翼群才在《有关中华革命党活动之回忆》一文中透露刺杀程璧光的,实际上是孙中山的亲信助手、中华革命党的骨干朱执信等人布置的。罗翼群回忆说:

"距行刺方声涛案发生后不数日,朱执信又约我谈,谓方声涛(按:方为滇军师长,朱执信等认为其与唐继尧一鼻孔出气破坏护法,于1918年1月中旬将其刺伤)伤势未致于命,狙击未竟全功,实为憾事。谈后,又嘱我与南洋华侨诸同志商量,再行组织一批干部,候命行动。我和朱言再度就商于罗立志、张民达两人。旋即获得结果,谓可仍由民达同居之二人负责此项任务。要求发给大号手枪两支备用。鉴于上次狙击方声涛时用二号左轮,命中后未能死命,故建议改用大号左轮。我将罗、张二人意见转报执信,执信随即向两人直接给予任务。未几,我奉命赴汕头随援闽军出发。……三月初旬,我在援闽粤军第二支队许崇智任参谋长,军次蕉岭,某日,忽见罗立志、张民达二人偕两青年来投效,我即将罗、张两人历史情况详细向许崇智介绍,许即同意委罗、张二人为司令部委员。同来两青年,一名萧觉民,一名李汉斌,亦均委为差遣之职。其后我在军中偶与张民达闲谈,张始透露出当时受朱执信命处置程璧光之经过。并谓当日(2月26日)下手刺程者即萧觉民、李汉斌两人。后数年,曾有人对我谈及,刺程时系三人下手,除萧觉民、李汉斌外,尚有一人名宋绍殷,诨名"黑鬼宋"。但据我回忆,张民达当时并未提及宋绍殷其人。"

罗翼群是中华革命党的骨干,深受孙中山的信任,与胡汉民、朱执信、邓铿、张民达等人关系十分密切。本人又亲自参与了刺程的谋划,是这一历史事件的直接见证人。因此,罗的回忆应当说是相当可靠的。

那么,朱执信等人为何要刺杀程璧光呢?

这要从当时护法军政府的内部矛盾说起。护法军政府是由三种力量构成的:一是两广、滇、黔、湘几省军阀,这是力量最强的一支力量;二是孙中山领导

国学经典文库

中国古代秘史

·民国秘史·

图文珍藏版

的中华革命党,只有几支很小的军队;三是程璧光掌握的海军舰队。上述三种力量在护法的目标下结成了松散的联盟。从法理上讲,以孙中山为大元帅的护法军政府是护法各省的最高权力机关,但事实上各省军阀皆是独立自主的小王国,各省军阀往往自行其是,使军政府形同虚设,缺乏应有的权威。程璧光率领的海军南下后,成了一支客军,没有自己的收入来源,需要仰仗于军政府支出。但当时的两广财政控制在桂系军阀手中,护法军政府并无固定可靠的财源。桂系军阀为了孤立孙中山,拉拢海军,便允诺每月拨 10 万银圆给海军。海军因需要桂系的接济,于是在政治上开始疏远孙中山,而与桂系接近。时人指出:"因大元帅府款项支绌,海军人员遂琵琶别抱,转视线于莫荣新。先是依违于桂系与孙中山之间,以后更倾向桂系。"

此后,在孙中山与西南军阀的冲突中,程璧光采取偏袒后者的立场。而西南军阀因得到海军的支持,遂更加飞扬跋扈,根本不把孙中山的军政府放在眼里。所有这些,使孙中山觉得忍无可忍。1917 年儿月 15 日,孙中山决定以武力驱逐桂系督军,下令海军炮轰观音山莫荣新的督军署。程璧光不肯开罪桂系,拒绝执行孙中山的命令。并把海军舰艇全部调集黄埔,严加看管,以防孙中山直接指挥。更使孙中山难以容忍的是,督军莫荣新竟然接连把孙中山派出的招兵人员诬为"土匪"就地枪决。为打击桂系的嚣张气焰,孙中山于 1918 年 1 月 3 日决定再次攻打督军署。鉴于上次海军拒绝执行命令的教训,这次孙中山决定绕开程璧光,直接指挥海军。这天中午,孙中山亲率卫队登上军舰,指挥同安舰与豫章舰炮轰莫荣新的督军署。第二天,程璧光就以擅自行动为由,把执行孙中山命令的同安舰长温树德和豫章舰长吴志馨扣留撤职。

程璧光处处与孙中山作对,激起中华革命党人的极大愤慨。朱执信、张民达等人认为,这是程璧光背叛孙中山的第一步,若不去掉程璧光,势将危及护法前途和孙中山的生命安全。因此,他们决定用快刀斩乱麻的手段,刺杀程璧光。因此,程璧光之死,是护法军政府内部矛盾斗争激化的结果。

## 李纯自杀背后

1920 年 10 月 12 日晨,南京市民忽然感受到一种异常气氛,只见街头增岗加哨,军警枪上刺刀严密戒备,督军署前更是人来车往,进出人员个个表情肃穆,似有大事在此发生。不久,省警察厅向民众发布了一则通告,通告云:

敬启者：李督军于昨夜四钟自戕，（系勃朗宁手枪）弹由左肋入腹。王夫人闻声一响，惊起，见仰卧床上，意为上痰，即延官医须藤治疗，时始检出弹壳手枪，并遗嘱亲笔信三封。大意国事多艰，不能挽救如意，唯有自戕以谢国人，……

消息传开，在省府南京，乃至全国，人们在惊愕之余，纷纷议论：李纯身为江苏督军，新近又被中央任命为三省巡阅使及南北和议北方总代表，国庆期间又被授英威上将军衔，其名誉地位已是够显赫的了，权势如此之大，为何还要自杀？当时民众看到、听到的都是军阀间相互厮杀，或政敌们出于政治目的相互谋杀，而今竟有军阀自甘一死以谢国人的，岂非怪事？于是人们便有了各种猜测，有说某督军与其不和，派人行刺，有说是革命党所为；京城则盛传此系张作霖复辟前之动作，一时吓得富人纷纷逃往城外，以至国务院不得不出面辟谣。那么李纯是不是自杀，或者说，作为李纯这个人，有没有自杀的可能呢？那些与李纯接近，较为了解其为人的人，虽对李之死感到震惊，却并不以为怪。社会上一些有识之士也认为，李之死，与当时的政治环境有关，是内外各因素交互作用的结果。

李纯，字秀山，直隶天津县人，生于 1874 年。其父荣平曾为天津府衙门刑房帮办书史，家世甚微。李纯有一叔叔经商，颇有资产，因无子嗣，于是将其收养。在李 17 岁那年，经其姊夫谭清远推荐，成为北洋天津武备学堂第二届学员。当时的学监是徐世昌，所以，李与徐有师生之谊。李纯毕业后，袁世凯正在小站练兵，于是便投靠在袁氏门下。李对操练很用心，阅兵时多有表现，故受到袁世凯的赏识，再加上徐世昌也调到此任职，所以，不久就被提升为小队长，至此一帆风顺，逐级提升，至宣统三年（1911 年）时，李已成为北洋第六镇标统。

若无战争，李纯恐怕很难有再提升的可能，战争为军人提供了机会。这一年辛亥革命爆发，清廷被迫起用袁世凯。袁氏在与清政府讨价还价后，派出北洋两军向革命军反扑，提督段祺瑞为第一军军统；直隶总督冯国璋为第二军军统，李纯所辖第十一混成旅即归冯指挥。初始，李纯态度并不积极，认为这是满人利用汉人自相残杀，后冯国璋向他交底说：你的心情我知道，我军到此并不是为了保护清政府，而是另有拥戴之人；打此一仗只为取得某种军事平衡，目的达到，即可停战。李遂表示服从，于 11 月 2 日攻下汉口，27 日攻下汉阳，隔岸炮击武昌，并不过江，这就是袁世凯的旨意，一面武力威胁革命党，一面迫清政府向其退让，达到一箭双雕的目的。

孙中山将总统之位让于袁世凯后,袁因李纯之战功,将其提升为第六师师长,派驻九江镇守使。此时冯、李等人实力大增,袁不免猜忌,于是又下令任李纯为护军使,并派人接任师长职务,李猜出袁氏用意,急辞护军使,保住师长的实权。

1913年,由宋教仁遇刺案引发二次革命。李烈钧奉孙中山之命,在江西组织讨袁军,南北两军在湖口地区展开激战。李烈钧、林虎是有名的虎将,曾打得李纯险些支撑不住,后由于讨袁军内部分化,战术又不协调,北洋援军又赶到,于是反败为胜。

二次革命失败,革命党暂时退却,李纯却因湖口一役,名声大振,被袁升任为江西都督,兼民政长。李纯身为胜将,倒还有些自知之明,事后他对部下说:我受总统知遇之恩,不得已而为之,以同胞杀同胞,违背天理,丧失人道,我其不得其死乎?又说:我以中央之财力兵力,临于一省,此后妻借夫之宠而欺前妻之弱子耳,且烈钧之退,绌于军火财力,军士之心未尝涣散也。今我继其后,正以军纪民政不及烈钧是惧,又何敢自满哉!从中可以看到李纯的一个侧面。

李纯在江西4年,作为一省最高长官,他很看重自己的声誉,为此,整治军队,联络地方,对剿匪亦较上心,使治安有所好转。百姓对军阀只求平安相处,所以比较起来,李纯政声还算好。江西土匪多,是世人关注的一个问题,李纯曾对一西方记者谈了他的看法,他说:赣省有匪,我何敢讳言,然自会党屏出军队以后,痛加巢除,今惟偏僻之乡或有劫掠之事,而又多设警备队,闻警游击,此后当日益减少矣。惟消灭匪徒之根本政策,不在军警,而在教育、实业,必市无游民而后乡无匪盗。君自海外来,试思以租界警政之缜密,而匪盗犹诛不胜诛,可见治匪当治其本也。我有治军之责,何敢以此借口,不力督军队捕匪?但事理实在如此;今日救国之事,必先裕民生计而后可耳。李纯这席话,虽未完全触及本质,但也还算得上较深入的见识。

在此期间,发生了袁世凯称帝之事。李纯心知此举有逆潮流,曾密电袁氏放弃此念,被袁斥为忘恩。李左右为难,据传,李曾流泪对家人说:吾受袁氏厚恩,万无背叛之理,然千辛万苦所成之民国,何忍坐视其灭亡?倘果正式宣布改变国体者,吾惟与之俱尽而已!言下似有杀身取义之意。自古忠孝、忠义难以两全,李纯受传统礼教影响,亦被困扰。后反袁呼声日高,南方护国军起,在此大潮推动下,李纯遂下决心,与冯国璋、张勋、靳云鹏、朱瑞等联名给袁去电,促其取消帝制以安人心。五将军均为袁氏北洋军干将,后院起火,对袁世凯政治上、心理上打击甚大，不久即忧愤归西。

在袁世凯图谋称帝前，北洋军内已经开始了新的分化组合，袁死后，这种分化就明朗化了，皖系以段祺瑞为首；直系以冯国璋为首；后来居上之奉系以张作霖为首，还有地方上的大小军阀，相互依附，但左右中国政局的仍是北洋派。经过一番争斗，推中立派黎元洪为总统，冯国璋为副总统，段祺瑞任国务总理，兼陆军总长，政治利益暂时平衡。李纯与冯国璋同为直隶天津人，又随冯征战南北，颇受冯的重用，是直系理所当然的中坚。在府院之争、张勋复辟，挤安福倒老段等一系列政治事件中，李纯都与冯保持一致。1917年张勋复辟失败，冯国璋接任大总统，不得不离开南京去北京就任，但江苏是富庶之地，直系赖以敛财，于是调李纯到江苏任督军。李纯后又与江西陈光远，安徽王占元结成联盟，号称长江三督，与在京城的冯国璋遥相呼应。冯身为总统，许多不便说不便做的事，均由李纯出面，这必然要遭到皖奉两系嫉恨，李纯悲剧由此开始。

一个人能厌世自弃，必有其外因和内因。李纯处在那种政治动乱的年代，在他身上折射出社会的种种矛盾，当这些矛盾斗争所造成的压力使其无力承受时，就有可能以自杀方式逃避。那么，李纯当时受到哪些压力呢？归纳起来，主要有三条。

1.南北和议问题

自辛亥革命以来，逐渐形成了南北两大政治版图。北方主要是北洋派系组成的北洋政府，南方则是滇桂军阀与孙中山先生的政治组合。李纯所处的长江流域，正是南北势力交汇之处，极为敏感。当时皖系势力颇大，段祺瑞强硬要求政府以武力统一南方，奉系入关后，也持同一态度，目的都在扩充实力。若交战，李必首当其冲，他当然不愿折损自己，为他人火中取栗，而且若允许皖奉军假道，无形是对自己所辖地盘的威胁。为对抗皖、奉，冯国璋和李纯一直是积极主和的，李纯甚至私下与南方各派联络，订立和约。为此，皖系对之恨之入骨，曾以督军团名义发电，大骂李纯为北洋叛逆。张作霖，段祺瑞又多次压冯国璋，要将李纯撤职查办，冯在主战派压力下多次让步，惟撤职一事死不松口，李才得以保全。

李纯作为和议的倡导者，多次以调人身份与各方交涉，处心积虑欲使和谈成功，当时被人戏称为高级邮差。李纯全身心进入调人角色，是想由此成就一番事业，若和议成功，全国统一，倡和之人必名标史册。但他没想到，各军阀之间的利益很难调和，况且又有各列强利益掺杂其间，和谈始终不能实现，直至

1919年第一次世界大战即将结束,西方各国方抽出身来关注其在中国的利益,于是在英、美、日、法、意五国共同干预下,南北双方终于同意和谈。北方和议代表原拟由李纯出任,因安福派作梗,后改为朱启钤。和谈会址原定在南京,由李纯作东道主,无奈南方不同意,才改为上海。此事大伤李纯脸面,不过和谈期间,北方代表多次与李密商,且代表费用也多由李开销,所以人称李纯实际为北方代表后台。

和谈是在全国人民的呼声中和五国列强"和平劝告"下召开的,双方都并无诚意,只是做样子给世人看。南方势弱,不愿被北洋政府统一掉,和议只是为其赢得喘息时间,故并不重视,南方代表会议经费还是唐绍仪以个人名义在金星保险公司自筹的,会议期间亦无记录,由此可见一斑。北方若同意南方条款,徐世昌总统的名分就成问题,又北方分代表中安福占其半,本就不同意和谈。如安福系代表吴鼎昌致朱启钤电云:"昌意,同人态度似应强硬,力往决裂一方做去。"这样,和谈开开停停勉强维持了三个月,最后以双方总代表辞职告终。其间,李纯曾代表长江三督,吁请双方重开和会,试图挽救,未果。1920年6月,和议重开,但不久,北方直皖战事起,南方粤桂战争发,正所谓"南与南不和,北与北不和,南北又复不合。"和谈幻影完全破灭,李纯也再不提此事。在直奉联合打垮皖系后,曹锟、张作霖自恃有功,把持了新政府,张作霖公开指责李纯既不出钱也不出力,所以只象征性地给他安了两个头衔,其一是使其伤透心的南北和议总代表,其二是徒有虚名的长江巡阅使,对这两项任命,李纯均坚辞不就。

2.举荐省长、财政厅长问题

在军阀纷争的年代,李纯绝无超脱名利场的可能。他与其他军阀一样,既想吃掉别人,又怕被别人吃掉,所以不断地扩充军备,已成为军阀生存的本能。

李纯任江苏督军期间,每年军费已达960余万,大大高于冯国璋坐镇时期。而江苏一年财政税收约1450万,扣除行政、警备队开支,所余不到900万,尚有缺口。直皖交战时,急需经费,曾由王克敏出面筹措了30万。另外,为拉拢张勋旧部,李将白宝山、马玉久部扩编为师,二人升为师长。战事结束后,李纯呈清政府正式任命,北京却以现为裁兵之际,何能再添军费为由,原文驳回。李受白、马二人追逼,不能自食其言,只能设法自筹,于是一面呈请中央仍正式任命白、马为师长,一面又请任命文和为财政厅长,因江苏为江南首富,若得一亲信尽心搜刮,庞大军费开支还可能维持。

此次他先提名俞纪琦为财政厅长,遭反对后又举荐文和,其间他又提名王克敏为省长人选。李纯自认在江苏四年,名声尚好,苏人多少应给些面子,他没想到,在省长,财政厅长人选问题上,遇到江苏人空前激烈地反对。当时,全国要求废除督军制及要求各省自治的呼声甚高,矛头直指割据各地的军阀。李纯的这一举动,等于火上浇油,不仅省议会决议反对,各地方联名抗议,且报纸舆论几乎天天发文抨击,甚至有抗税,赶李下台之说,李纯声望由此大跌。李从前一直以军人不干民政标榜自己,此时亦成为把柄遭人讥讽。

从另一个角度说,李纯所保荐的两个人自身形象就不好,并非江苏人排外。王克敏狂嫖狂赌在京城是出了名的,才能虽有,名声太臭。李纯面对苏人抗议,曾解释说:我于王某,不过怜其才耳,不料苏人如是不达。苏人不吃李纯这一套,是看出李是以爱惜人才为幌子,而另有所图。文和是李纯在江西时自认为干儿子的,随李赴江苏后,让其掌江苏烟酒公卖及两淮盐运使肥差,早有贪污之名,今再以干儿为一省掌财权之人,苏人不得不疑其用心,公耶私耶?故撕破脸面也要一争。

李纯当时处在一无法解决的矛盾之中,他要想在江苏立住脚就必须把握住财权,可另一方面,地方支持也很重要,况且他又是一个很注重自己形象的人。比如,他要求司机在繁华地界不许开快车,遇老弱宁可停车;将原督军署灯具拆去一半,以示节俭;在家乡办义学,捐资南开;支持江苏兴办实业;对各民意机关也刻意搞好关系,对报纸舆论尤为注意,专门做了一个剪贴簿,将报纸有关自己的评论收集起来,题名曰"知我罪我",作为检点自己言行的参考。可如今,精心树立的形象却被毁于一旦,心理上所受打击难于忍受。又传李纯是一易伤感之人,夜读读到动情处,即掩卷而泣,夫人开始常劝慰,日久也就习以为常。自杀前数日,每看报都要大哭一场。看起来,在当时军阀中,李纯还算一个要脸面之人。

3.身体诸原因

李纯有烟癖,渐染成疾,一时不吸即腹泻,此病使李倍受折磨。李曾再三再四请辞长江巡阅使及和议代表之职,其中提到"操劳过度,脑眩失眠","卧病呻吟,泄泻不止",恳准给假,易地调养。当时,许多人猜测李是因为不满意对他的任命而寻找借口,这也难怪,自古以来,托病已成为一种最常用的政治手段,就近的例子,江西督军陈光远与李关系甚密,可因李被任巡阅使要受其辖制,遂请病假不出以示不满,使李大受刺激。所以尽管李纯真想调养治病,外人也不去那样理解。其时，李纯受和谈破裂及省长、财政厅长人选遭激烈反对的打击，身心交瘁，心灰意冷，确有避世的念头，可徐世昌为维系政治平衡，不许李纯推辞，多次挽留，后勉强同意让他休假一月，不管病好不好，还得上任。在众多压力下，李纯似乎找不到出路了，他曾对一亲戚讲过自己的心态，他说：南北，意见不一，各争其地盘若一，两无以餍其欲，万难望其统一，则为南北议和代表难；某督某督，皆我之兄弟行，一则时虑其倒戈，一则有愿辖于苏之宣言，某新督虽为我前日所保荐，安知非貌合神离，则为三省巡阅使难；我保省长及财政厅长，又不见谅于苏人，则以后之行政难。明令去职，而政府不我许；隐身逃世，而家属又不我许，真所谓上场容易下场难耳！言下唏嘘之久。李纯的病在此种心情下只会每况愈下，弃世之念由是而生。

李纯有厌世的念头已非一日，在电文中曾有将披发入山，与世永别等语，也曾对人言，倘此次和议不成，予之身家性命将随之俱去。近又常以佛经消遣，自题曰：吾生何足恋，吾死何足惜，生死等闲事，无喜亦无戚。而种种迹象表明，做出自杀决定，当在 10 月初。从 10 月 1 日至 11 日，李纯开始做一系列安排。

1 日，召秘书周嵩尧议事，对他说：君看齐帮办如何？齐帮办很能干，所惜年纪不到，尚少阅历。……吾总望你和他同心协力才好……，欲语又止，泪已盈眶。帮办齐燮元是李纯一手提拔起来的接班人，在遗嘱中推举齐接任督军位置，怕其资历浅不能服众，故要求周从旁协助。

8 日，召军需长来交代说：军需一切账目，须赶快结得清楚，总之，不要受人说话，也不要带累自己罢了。

又电召皖督张文生，请其速来南京，有事相托。张文生原计划 11 日到，后迁延一日，李已成故人。

4 日，其弟李桂山将返京，李纯向他详尽地交代家产及所办实业处置办法。李纯还有一内弟在某旅当营长，亦召来对其说：我的督军不能做，你的营长亦于不久，现我谕军需科拨洋 7000 元，给你回家购置田产，可以过活。

10 日，省长齐耀琳前往探病，李对齐言：君虽有伯道之戚，但有女有侄，我则孑然一身，又病苦剧，有何生人之趣。言罢深为叹息。李虽有妻妾，却无子女。他曾自解自嘲说："我国如此，必有灭种之忧，与其待他人灭之，何如我自灭之？无子何足悲，有子何足喜也。"

11 日，省议会开幕，议员黄炎培等人对财政厅人选问题发表意见，言辞甚激烈。副官刘玉珂答应向督军转达，先与齐帮办相商，齐嘱刘：督军病中，万不可多说。故刘只略述义会反对提名俞纪琦、文和,李纯听后仍难过不已。

11 日 11 时,李纯忽问左右,前几日送机器局修理的勃朗宁手枪修好没有?副官即打电话询问,机器局立即派人送到。李检视一番后收入皮箱内。下午 3 时,李散步走至门房,索要当日上海报纸,答报尚未到。因近几日,李每阅报必痛哭,故下人有意隐瞒。至晚 6 时,李又问,回答如前,李始知下人骗已,乃强命将报送上。李纯对后又顿足大哭,说:我在苏数年,抚衷自问,良心上实在可得住江苏人。今为一财政厅长,如此毁我名誉,有何面目见人?人生名誉为第二生命,今无端辱我,活之亦无乐趣。王夫人急请齐燮元、李廷玉等人,劝慰半晌,李侧卧在床,不发一言。

7 时,李忽传副官,卫兵等预备进京,并嘱夫人随行,意欲先将夫人送回天津再行其事。前数日李纯即准备带齐燮元等进京面谒总统,表明心迹,被众人劝阻,此次亦被劝阻。

是日,秘书送呈京城发来的两份电报,一为政府国庆授勋李纯为英威上将军令,一为财政部批文,文和仍回公卖局,请李另提财政厅人选。李阅后长叹:我何尝要这劳什子,怎样又加在我头上?我又要它干什么?掷电报于地,泪涔涔下。

另据某妾回忆,李当日曾对其言:死时之痛苦,无论如何不过刹那之间。苟活人世,蠹国误民,良心上之苦痛久久无已,较之一死之苦痛不知增加几倍耳。什么叫作权位?什么叫作金钱?什么叫作恩爱?一死后都带不去。

10 时,张季直为财政厅问题派田宝荣来商议。李与田有多年交谊,遂对田说,我命决不能活,后事决托齐帮办负责,必能继我未了之志,务望回通告张四先生,以后全仗大力维持齐帮办云云。田以为李督心情不畅方出此言,劝慰几句告退。

11 时,齐帮办进署送稿,事毕退出,李纯特意送出,并语重心长地对齐说:各事统交代你办,老弟好自为之。

齐燮元离去后,李纯即伏案作书,王夫人在侧作陪,因不识字不知其所写为何,李不时停笔抬头看彼,似有所思。后夜已深,王夫人先睡,朦胧中似觉李踱至床边,闻其长叹一声,返回己床侧卧。凌晨 4 点 50 分,王夫人梦中闻有声砰然,又听李喉中有痰响,急起观看,李面色惨变,以为急病发作,忙命人去请须藤医生,至 6 时医生始赶到,解衣察听肺部时,才发现衣有血迹,一弹壳在床,手枪在其旁。众人知事有不好,查至肋下,见一枪眼流血而内脉全断,已不可救矣。

随后检点文件时,在皮包内发现亲笔遗书数封,始知为自杀;遗书之一完于9日,推想原预备双十行事,因事有交代未毕,又拖延了一天。

李纯死后,世间传说甚多。政府为平息人心,很快就将遗体照片及遗书影印件公开发表了。通过对当时李纯之处境分析,自杀的可能性是存在的,其中遗书又为有力佐证,兹录于下。

齐省长、齐帮办:

纯为病魔,苦不堪言。两月不能理事,贻误甚多。求愈无期,请假不准,卧视误大局、误苏省,恨己恨天,徒唤奈何!一生英名,为此病魔失尽,尤为恨事。以天良论,情非得已,终实愧对人民。不得已以身谢国家,谢苏人,虽后世指为误国亡身罪人,问天良,求心安。至一生为军人道德如何,其是非以待后人公评。事出甘心,故留此书以免误会而作纪念耳。

李纯遗书　九年十月十日

和平统一,寸效未见。杀纯一身,爱国爱民,素愿皆空。求同胞勿事权利,救我将亡国家,纯在九泉,亦含笑感激也。

李纯别言　十月十一日

一、代人民叩求浙江卢督军子嘉大哥,维持苏浙两省治安,泉下感恩。

二、代人民恳留齐省长和王省长到苏再交卸,以维地方公安。

三、苏皖赣巡阅一职,并未拜命,即请中央另择贤能,以免贻误。

四、江苏督军职务,以齐帮办燮元代理,恳候中央特简实授,以维全省军务而保地方治安。

叩请齐省长、齐帮办及全体军政两界周知

李纯叩遗　十月十一日

新安武军归皖张督文生管辖,其饷项照章径向部领,如十月十一月恐领不及,由本署军需科代借拨贰十万元接济,以维军心而安地方。关于皖省可告无罪。此致皖张督军、苏齐帮办查照办理。

十月十一日

桂山二弟手足:兄为病魔,苦不堪言,常此误国误民,心实不安,故出此下策,以谢国人,以免英名丧进而留后人纪念。泪下嘱者:

一、兄为官二十余年,廉洁白持,始终如一,祖遗产及兄一生所得薪公并实业经营所得,不过二百数十万。存款以四分之一捐施直隶灾赈,以减兄罪;以四分之一捐南开大学堂永久基本金,以作纪念;其余半数作为嫂弟合家养活之费。

钱不可多留，须给后人造福。

二、大嫂贤德，望弟优为待遇，勿忘兄言。

三、二嫂酌给养活费，归娘家终年。

四、小妾四人，每人给洋两千元，交娘家另行改嫁，不可久留损兄英名。

五、所有家内一切，均嘱弟妥为管理。郭桐杆为人忠诚，托管一切决不误事。

六、爱身为主，持家须有条理，尤重简朴。切嘱切嘱。

兄纯别书　九年十月九日

前所论及自杀原因，在李纯遗书中均可窥得一二。如病魔缠身，求愈无期，苦不堪言；如和平统一，寸效未见，素愿皆空；如开罪苏人，不得已，以身谢国家谢苏人。

读者还可以看到，李纯自认是爱国爱民之人，生前即视其为名誉竭力维护，至死也要保护其"一生英名"。像这种将名誉视为第二生命者，军阀中确不多见。

另，李纯遗书中，将其遗产一半用于赈灾办学，颇得世人好评，此举即使有沽名钓誉成分，今人亦应承认是一大善举。不过需补充说明的是，李纯遗产并不止二百万，他在北京、天津有房产六千五百多间，地产100顷，这些不动产就值二百二十多万，另有黄金3300两、白银10万两，现款及股票债券五百多万，据原军需科长回忆，李所得远不止此数。由此看来，李所谓的"廉洁自持"是要大打折扣了。

对于李纯之死因，除上所论及，还有二说尚值一谈。一云李纯死前数日精神已不正常。言下之意，对其行为失去控制。依本人看，李纯精神深受刺激，有失常之处，但尚未到对己行为不能负责的地步，否则写不出有条理之遗书。一云李纯被某妾之情夫所杀，所传情节生动，流播甚广。此说主要依据是王振中先生在南京政协的一次谈话。王先生是齐耀琳的外孙，而齐耀琳又是当时江苏省省长，王先生当是从其母亲或是其外公处听说此事的。齐耀琳又何以知晓内情？据说是李纯家的老花匠亲口告诉他的，据花匠讲，当日夜晚他在李纯四姨太后窗亲眼目睹李纯被刺，并证实伪造自杀一事系帮办齐燮元一手策划。齐耀琳曾为此事找过伪造遗书的督军秘书周巽之，决心再探听虚实，周某虽未承认却显得紧张，并于当日夜间吞食大烟自杀，花匠也在数年后被人追逼跳下西湖。齐耀琳与李纯虽有隙，还不至于为李编排故事，然当事人没有留下口录笔供，仅凭一人传说总感欠缺。督军署不是小家宅院，见证人不应只有一个，我们希冀能发掘出更多史料，揭示出这一谜案的真伪。

人死当以盖棺定论。以本人见识，大而记之，李纯当属军阀无疑，然细分析，军阀亦有别。有迷信实力者；有兼作政客者；有顽固守旧者，有图革新者；有纵兵行凶，明杀暗抢者；有稍具良知，不敢枉为者；有圆滑善变卖国求荣者，有尚顾民族大义忧国忧民者。李纯由平民出身，重用的几个策士又都是前清秀才进士等有才学之人，受些新潮思想影响，对政局乃至世界各国与中国关系，均看得比较明白，遗书中已预见了亡国的危险。其做事也较为开明，生前最推崇岳飞，受忠义等传统道德观影响较深，在修身养性，治军治吏上均有体现。所力倡之和谈，在客观上也得到民众支持，所以名声尚好，死后评论、功过持平，不似有些军阀让后人数代责骂。

以上仅本人一孔之见，史家如何，读者如何？怕有不同，如此反倒有趣，正所谓：横看成岭侧成峰，远近高低各不同。

## 民国第一任总理被杀

1938 年 9 月 30 日上午 9 时许，日本侵略者包围下的孤岛——上海法租界福开森路（今上海武康路）18 号住宅——风云一时的显赫人物唐绍仪公馆，一辆小汽车驶到了戒备森严的唐公馆门前。从车上走下四个年龄不同、装束各异的男客，他们直接向唐公馆的大门走去。司机立即将汽车调好头，车头向外，并不熄火，一直让马达在空档上转……

这些人进去只有十多分钟，公馆的主人——清末大臣、中华民国第一任总理、国民党元老，78 岁的唐绍仪却倒在血泊之中。对其死因，众说纷纭，莫衷一是，一般人都难以了解这一桩触目惊心血案的真相。

唐绍仪，广东香山唐家湾（今属珠海市）人，字少川，生于 1860 年。其父唐巨川是上海的茶叶出口商，族叔唐廷枢曾任上海轮船招商局与开平矿务局总办，近代著名的企业家。因此，唐绍仪早就有向上爬的便利经济条件。他自幼就到上海学习外语与洋务知识。1874 年他 14 岁时，由清政府选送美国留学，入哥伦比亚大学文科。1881 年回国后，先到天津水师附设的洋务学堂读书。他 25 岁开始官运亨通，一帆风顺地崛起于下僚，再升为大员，成为封建官场中左右逢源的能员干吏。他沉浮于宦海 50 多年，曾涉身于重大政治风暴与漩涡之中,加上海内外交游广泛,人际关系复杂,也成为中国政坛的风云人物。1899年,李鸿章任两广总督时,曾招唐绍仪入幕府。1900年后,唐绍仪历任清政府天津海关道、外务部侍郎、署邮传部尚书、铁路总公司督办、奉天(今辽宁)巡抚、赴美专使。比较系统地接受过西方教育和思想的唐绍仪,在弱国无外交的困境中坚持民族立场和灵活的外交手腕,从事过许多重大外交活动,以善办洋务而蜚声海内外。袁世凯对他十分赏识,褒扬倍至,视为心腹。武昌起义后,唐绍仪充当袁世凯的全权代表,参与南北议和。1912年3月,袁世凯窃得临时大总统

唐绍仪

后,唐又被任命为第一任内阁总理。为取得各界支持,经孙中山同意,唐绍仪加入了同盟会。同年6月,因不满袁的专横独断,愤而辞职。后在上海从事工商活动。实际上他没有脱离政坛,同军政界的来往仍相当频繁。他反对袁世凯称帝独裁,基本上支持孙中山护国讨袁、护法讨桂的斗争。1917年9月孙中山在广州建立护法军政府,唐绍仪任财政部长。次年被推为军政府七总裁之一。1919年他曾任南方军政府首席代表,与以朱启钤为首席代表的北洋政府代表团在上海议和。1922年黎元洪复任总统时,曾提名唐为国务总理,因直系军阀反对未成。1927年,南京国民党政府建立,唐绍仪对它持观望态度。蒋介石聘他为高级顾问,也没有就职。1930年,阎锡山、冯玉祥在北平组织政府,唐绍仪被推为国府委员。1931年又参加汪精卫、孙科在广州成立的反蒋政府,任常委。"九·一八"事变后,宁粤合作,唐历任国民党中央监察委员、国民政府委员以及西南政务委员会常委兼中山模范县县长。1934年陈济棠在中山县策动倒唐事件,唐绍仪再一次成为下野政客。

抗日战争全面爆发前,中日关系紧张,蒋介石以唐绍仪与美国前总统胡佛等政界要人有旧,又念他在瓦解西南政委会陈济棠反蒋集团时出过一臂之力,曾想派他为驻美大使,欲借美国的力量,调解中日事件。但唐向蒋介石提出,要美国助华,就要先收买美国舆论,为此要拨数百万美金作为交际费,让他去联络

美国参、众两院有势力的议员。蒋介石感到唐所索过多,收效又未必如意,就没有答应。转而想借他复杂关系,请唐绍仪直接与日方谋和。唐绍仪答应了蒋介石的要求,让其婿与日本当局有关人士接头。上海被日本侵略者占领后,唐却没有随国民党政府西撤,而是继续滞留于上海法租界。

关于唐绍仪遇刺原因人们见仁见智,莫衷一是。

第一种说法是:因为唐绍仪与日方之间的特殊关系而导致国民党当局下令军统特务暗杀唐绍仪。其中又有两种不同的意见:一是认为按汉奸罪名杀唐绍仪合乎情理;二是认为按汉奸罪名杀唐绍仪则属冤枉。

1937年,日寇发动了全面侵华战争。英勇顽强的中国军民以自己的血肉筑成坚固长城,粉碎了日寇企图在6个月内征服中国的狂妄计划,并把他们拖进了长期消耗的持久战困境之中。而他们在各地拼凑制造的各种汉奸傀儡政权,或者是由于其头子名望不高,或者是由于其成员名声太臭,对中国人民已没有什么号召力和吸引力,不能达到他们所需要的对抗国民党中央政府,欺骗中国人民以维持其统治秩序的反动目的。日寇为了摆脱这一困境,进一步在中国推行"以华制华"的方针,在1938年7月12日,日本内阁五相会议议决,立即着手"起用中国第一流人物"。并在1938年7月26日决定设立一个"对华特别委员会",作为"专门负责有关重大对华谋略及建立新中央政府的执行机关"。该委员会的主要成员有陆军派出的土肥原贤二中将,海军派出的津田静枝中将,外务省派出的陆军退伍将官坂西利八郎中将。经三名中将协商,由在中国从事过20多年特务活动的土肥原为总负责人。因此,该委员会又被称为"土肥原机关"或"竹机关"。

土肥原是一个阴谋家、大间谍、侵略狂与刽子手,1912年11月日本陆军大学毕业后,任参谋本部部副,被派驻北京日本驻华公使馆。从此开始了他的侵华特务生涯。他曾结识了中国朝野各方面的人物,并与袁世凯、段祺瑞、黎元洪、徐世昌、曹锟、张作霖等各届政府打过交道。他通晓中国南北各方面的情况,在日本军政界博得了"中国通"的称号。1932年,是他导演了清朝末代皇帝溥仪逃往长春,建立伪满洲国的政治丑剧。他曾制造了一系列侵华的血腥事件,并曾亲自指挥侵略军作战。中国人民对他恨之入骨,称之为"土匪源"。

土肥原积极开展对中国上层人物的政治诱降和筹建全国性汉奸的工作。他首先物色汉奸中央政府头面人物的入选,企图找到几个既有声望又有一定势力,且是从政能手的人物充当未来汉奸中央政府的首脑。清末民初历任显职的唐绍仪德高望重,更是日方猎取的重点对象。

拉拢劝降唐绍仪的活动早就开始了。1938年1月,日方派一个叫拙井的专使去找唐绍仪商量,希望能借重他过去的声望来维持日占区的秩序。唐绍仪推说自己年老,无意再搞政治,一直未答应。到了3月份,南京以梁鸿志为首的傀儡政府被扶植起来后,日方仍未放弃对唐的劝降。1938年7月,土肥原在上海虹口东体育会路7号的一幢西式洋房里设立办事处,命名为"重光堂",通过各种途径与唐系人物联系。土肥原还制定了由唐绍仪、吴佩孚出山分掌南北的汉奸中央政府的计划。尤其对唐绍仪更有拉拢争取的具体步骤,即:"经唐绍仪关系,拉拢戴季陶、居正、吴稚晖、何应钦、张群、吴鼎昌、刘湘、龙云及桂系巨头,使唐绍仪组织全国政府,取蒋介石地位而代之。"并由日本外务省顾问船津、驻华大使谷正之、侵华日军机关长楠本、华中派遣军特务机关长臼井等人,在老牌特务土肥原的领导下,与汉奸陈中孚、任援道及温宗尧等频繁接触,会商唐绍仪出山当傀儡政府首脑问题。土肥原还亲自南下上海,登门秘密访问唐绍仪,意在合并南北两政府,由唐主之。甚至在唐被刺的前几天,土肥原又第二次找唐绍仪秘密会谈。唐绍仪的女婿岑德广(清末重臣岑春萱第三子)代表唐绍仪对外活动,与日方会谈具体问题。

唐系人物在上海与日方的秘密来往与谈判,很快就被国民党军统局上海特区探知到了。

原来,国民党政府从上海西撤重庆时,军统局特务头子戴笠布置了几千名特务潜伏在上海各地,都由上海特区管辖。特区区长兼忠义救国军司令周伟龙是军统著名的"四大金刚"之一。副区长兼行动总队长赵理君是在上海滩活动多年的老特务与暗杀能手。上海沦陷后,戴笠指示他们对不愿西撤而留居于上海的军政名人进行严密监视,以防他们与日方勾结,组织汉奸中央政府。由于唐绍仪的地位与影响,自然更成为军统特务们监视的重点目标。军统上海特区除派人化装对唐绍仪在上海的住宅及其起居活动进行日夜监视外,又派其情报员谢志磐到唐宅内侦察。

谢志磐,广东中山县人,为苏浙行动委员会委员,即蓝衣社干部分子。他在30年代初,曾参加过上海的托派组织。当过陈独秀的秘书,在1932年出卖陈独秀后转入军统任情报员。他与唐绍仪属同乡,因此结交成为朋友(有的人说谢、唐两家有些亲戚关系),所以他得以有机会常到唐家走动,唐公馆里的人员称之为"谢大少爷"。谢志磐还是军统老牌特务谢力公之兄。1938年8月,有人特意嘱咐唐绍仪小心为宜,唐绍仪则认为谢家兄弟俩感情极不和睦,并且主张各不相同,所以就未加防范,而是十分信任地让他自由进出唐公馆。

1938年春,谢志磐从唐绍仪家人口中得知了日本专使拙井拜访过唐绍仪的事情,并了解到日方想邀唐出山,双方进行了秘密会谈。谢志磐立即将此情报报告上海特区区长周伟龙,周伟龙又转报戴笠。重庆当局对此事高度重视,指示上海特区加强侦察。于是谢志磐去唐公馆秘密侦察的活动更为频繁。他源源不断地将唐系人物与日方秘密会谈的情报加油添醋地向上级报告。戴笠为首的军统局根据这些情报,再加上其他来源的消息,便于1938年8月间向蒋介石请示得到同意后,下令上海特区布置暗杀唐绍仪的行动。

上海特区的特务从侦察中获悉:唐绍仪在上海法租界福开森路的住宅是一幢造型别致的花园洋房。大门是铁栅门,经常关着。法租界特派来几个安南巡捕任门卫,对进入唐家的生人要搜查。唐绍仪还雇有几名身高体壮的白俄保镖,日夜在庭院内警卫。住宅里,只有唐绍仪与一个女儿同住。女儿常自居一室,很少出厅;唐绍仪也独居楼上一室,深居简出。另外有几个佣仆与丫鬟伺候他们。根据这些情况,军统上海特区拟定了两个暗杀方案:最初他们准备让谢志磐去串通好唐绍仪的汽车司机,乘唐绍仪外出时在马路上狙击他。但又考虑到当时马路上难民太多,狙击后暗杀者很难逃脱,这个方案不便实行。第二个方案是想通过谢志磐做内线,派人带枪进入唐宅行刺。可是,也考虑到唐宅警卫众多,对进去的生人又要搜查,军统特工人员一有动作就会被发现。附近的法租界巡捕也会迅速赶来。这样不仅暗杀成功率不高,而且暗杀之事张扬出去,对重庆方面会产生不良影响。

正当他们无计可施之时,却找到了利用唐绍仪酷爱古玩的特点,以古董商人的身份进入唐绍议公馆,乘机用利斧砍劈唐绍仪这样一个既安全又可靠的暗杀计划。

原来,军统特务于无意中了解到唐绍仪有收藏古董的嗜好,经常与上海的一些古董商来往,收购一些精美的文物来供他赏玩。于是他们先派遣谢志磐与另一个特务王兴国赴唐公馆,告诉唐绍仪说有一个古董商人带有许多珍贵古玩来上海,由于急需一大笔钱而愿意廉价出售,唐绍仪闻之大喜,便迫不及待地要古董商人早日将古玩送到唐公馆来,让他鉴定、收购。当时双方就约定在1938年9月30日,由古董商人送货上门。

与此同时,赵理君在上海各地精心收购了一批文物,其中有一件罕见的古玩花瓶,放在一只精致的楠木盒内,特别引人注目。还有一盒"翠玉八骏"也很珍贵。

约定的那天上午9点,赵理君亲自出马,特意打扮成古董商人模样,携带八件文物,乘着一辆借来的汽车向唐公馆驶去。准备杀唐绍仪用的锋利小钢斧就藏在花瓶盒的夹层中。他带着谢志磐与王兴国做向导,还带一位专门搞暗杀绑架行动的李阿大作实施暗杀者。李阿大已随赵理君干杀人勾当多年,当年暗杀杨杏佛、史量才就是他实施的,这次暗杀唐绍仪可算驾轻就熟,胸有成竹。汽车司机也是军统特务充任,并作好了迅速逃离现场的准备。

谢志磐首先上前以熟客身份与门卫和保镖打招呼,他指着赵理君说道:"他是古董商,应唐总理的邀请送文物来的。"他又指着王兴国和李阿大说道:"他们是随从"。门卫与保镖早就得到唐公馆的通知,晓得今天有人来送文物,又见是老熟人谢大少爷带来的,所以没有搜查他们,而是让一名唐绍仪的仆人带着走进了楼下的会客室里。

唐公馆仆人立即上楼去向唐绍仪报告说:"老爷,谢大少爷带人送古物来了,在楼下客厅等着呢。"唐绍仪一听,便马上更衣准备下楼接客。

唐公馆仆人一离开,赵理君见四下无人,就按预定计划,迅速地将客厅里所有的火柴都藏到他自己的袋里,李阿大则将小钢斧从盒中取出来藏在身上。

不一会,唐绍仪与其仆人从楼上走下来。只见唐绍仪80岁左右的年纪,须眉皆白,双目有神,身穿礼服,颇有外交家的风度。唐绍仪招呼仆人给客人敬烟倒茶。仆人在客厅里哪里能找到火柴!唐绍仪只好吩咐仆人进去拿火柴来。唐宅的洋房很大,火柴等杂物放在后面厨房附近的储藏室里,相距客厅较远。

仆人离开后,赵理君便请唐绍仪鉴赏古瓷花瓶。年迈的唐绍仪带着老花眼镜,低下头去细看花瓶。他惊叹不已,爱不释手。在唐绍仪鉴赏花瓶之际,站在他身后的李阿大悄悄抽出利斧。对准其脑部迅速用力地劈下去。大祸临头的唐绍仪来不及叫喊一声就栽倒在地上,鲜血和脑浆流了一地。

赵理君见状,凭经验知道唐绍仪无救了,便指挥李阿大等三人出门上车,他自己走在最后,到客厅门口时,还一面抓住门上的把手,一面从容不迫地说道:"唐总理,请留步。你再仔细看看,要是满意,我再送几件。"似乎他在与里面的唐绍仪打招呼告别。他的这一装模作样举动果然迷惑了守卫在庭院中的几个保镖与门卫,不仅没有阻拦他们上车,反而与他们友好地打招呼告别。赵理君等人一上车,便立即开出铁栅门,向马路上飞驶而去。就在这时,拿火柴的仆人

图文珍藏版

回到客厅来了,见客人已经离开了,而主人唐绍仪却倒在血泊之中,只有腿还在抽搐。他惊吓得大喊起来:"抓强盗!"保镖与门卫听到叫喊声,如梦初醒,才知大事不妙,急忙拔出手枪朝已经开出的汽车打了几枪,可车一转弯就不见了。他们只看清汽车的号码为6312。人们急忙将唐绍仪送往附近的广慈医院,但因伤势严重,流血过多已无救了。

法租界巡捕房接到报告后,立即赶到现场查勘。他们在现场发现了一个装古董的精致的楠木盒,盒盖上刻着四个大字,下款是"莫厘席氏珍藏"。经调查,这古玩木盒原是律师席裕昌家的祖传之物,因家中贫穷,他只好将祖传之物卖给了一位不知名的"古董商"。他们出动几辆装甲车去搜捕6312号汽车。结果在法租界麦琪路与姚主教路口找到了这辆车,可车内已空无一人。他们又去法租界拉都路275号谢宅抓捕凶手,可已是人去楼空。几名凶手早已辗转逃往重庆。赵理君被任命为军统局第三处行动科上校科长,王兴国被派往重庆朝天门水上检查所任中校所长,谢志磐却因神经过度紧张而失常,后来丧生于特务内讧之中。

事后,法租界巡捕房悬赏缉捕凶手:凡能揭发、检举、抓住刺客者,各给赏金三千元。可仍然无法破案,刺唐血案便成为民国史上震惊全国的一桩著名悬案。

持第一种意见的人,也有不一致的看法:其中有人认为唐绍仪晚节不终,正式当汉奸只是时间问题,甚至认为他已经当了汉奸。若真是这样,按汉奸罪名杀唐就合乎情理而不属冤案了。他们说唐绍仪对日本的军事力量及其在中国的"战绩"推崇备至。他有政治野心,试图凭借日本力量将他送上国家元首的宝座,取蒋而代之。再加上他多年养成起居豪奢,生活阔绰的习惯,开支浩繁,单单他每月的雪茄烟花费就大得非常惊人。他的经济来源逐渐枯竭,积蓄越来越少,急于另寻出路。这些原因都使他与日寇勾结。日本政府对唐绍仪这位中国政坛耆宿所表现出来的越来越浓厚的亲日倾向十分高兴与重视。当土肥原这个老牌特务亲自登门秘密访问时,唐绍仪早就待价而沽,这时更加跃跃欲试,准备粉墨登场。但因年事已高,又要注意身份,因此他自己就不出面,而由其女婿代表他对外与日寇谈判。他特意在上海静安寺路(今南京西路)的华案合群保险公司大厦里开了一间办公室,在里面与日方会谈,草拟种种关于建立未来汉奸政府的计划草案。日方提出"新中央政府于十月底成立";而唐方提出"以唐绍仪为中心",组织中央政府,保证"中日必须永久亲善",并拟定未来中央政府的名称为"中华民国国民政府",首都设于南京,国旗用青天白日旗。此外,还对其汉奸政府的国防军事力量、干部人才的安排、财政金融税收、反蒋反共计划等,甚至连唐绍仪在正式登台前发表的《和平救国宣言》的提纲,都做了很详细的规划与说明。总之,他们认为唐绍仪晚节不终,已与日寇勾结,充当汉奸,准备出任傀儡政府首脑,维持日本侵略者对占领区的统治,这是军统诛杀唐绍仪的原因。

而另有些人则认为唐绍仪晚节未失,不是汉奸。因为:第一,虽然有他与日本人来往的事实,又与汉奸温宗尧私交甚密,但他本人自始至终拒绝日本方面的拉拢劝降,没有达成公开协议。1937 年 7 月抗日战争爆发后,唐绍仪还曾发表过支持抗战的言论。只是他的女婿等唐系人物利欲熏心,背着唐绍仪与日寇勾结,私允日方所提条件。第二,所谓汉奸之说,只是传闻之辞,并无任何政治势力加以文字论定。军统特务尽管以锄奸为名杀唐绍仪,但连他们自己也拿不出铁的证据,反而在刺杀唐绍仪的第二天还报告说:"唐氏自日本欲利用其组织伪统一政府以来,均其先后拒绝。唯日本始终未予放弃。故我等正好利用日本此种心理,借唐以作缓冲。因此日本所企图之统一政府,数月以来,不能成立者,即此故也。"并建议"院座于唐逝世后,如能专电慰问唐氏家族,或由中央明令褒恤,此亦怀柔反侧安慰唐氏家属之至意"。国民党政府没有说唐绍仪是汉奸,反而在其死后,国民政府颁发《国府委员唐绍仪褒扬令》:谓其"近年养病沪滨,于国事多所献赞,方冀力疾西上,同济时艰,不幸猝遭惨变,遽失老成,眷怀勋旧,震悼良深……"。

国民政府还拨给治丧费五千元,并将其生平事迹宣付国史馆。蒋介石以他个人名义给唐绍仪的家属发出一份唁电,声称对唐之死"痛悼何极,顿失瞻依。"孔祥熙等军政要人也均致电唐氏家属,以示吊唁;共产党人也未说唐绍仪是汉奸;日方报告"土肥原工作"的电报也说:"土肥原在华北游说吴佩孚失败后,乃携刘永谦南来游说唐绍仪,由高凌蔚介绍,结果亦无成就。"

既然唐绍仪没有正式投敌当汉奸,为什么军统特务要置他于死地呢?这有主观和客观两方面的原因。从客观上看,唐绍仪遇刺是时局发展变化的结果。因为日寇不断加紧劝唐出山,唐系人物又打着唐绍仪的旗号八方活动,炮制亲日拥唐倒蒋的方案。而社会上相传唐绍仪同意一俟中方军事上达到相当的败绩程度,即进行中日议和。当时地处华中的武汉重镇正是摇摇欲坠,中华国土已有一半沦为日占区了。因此,军统特务宁信其有而勿信其无,害怕唐绍仪真的充当伪统一政府的首脑,那谁也担当不起这一责任。在军事重镇武汉即将失守的惊恐和慌乱中,军统特务为了"以防万一"而请示上级杀害唐绍仪。蒋介石则认为他与唐绍仪之间有过瓜葛,如果极为有影响的唐绍仪公开投敌当汉奸,出任伪政府首脑,那既会使蒋介石处于尴尬地位,又有损于他的切身利益。于是蒋介石终于下令杀唐绍仪。

从主观上看,则与唐绍仪自身有关。首先,他没有制止唐系人物打着他的旗号进行汉奸活动。其次,他徘徊于已沦为日伪包围之中的孤岛上海,动机令人怀疑。唐绍仪是近现代中国很有政治地位与社会影响的人物。他的政治动向必然要引起中日双方政府的高度重视与密切关注。1938年初国民党政府西迁重庆后,蒋介石曾托人捎口信给唐绍仪并亲笔致函,要他尽快离开上海赴重庆,免为日寇利用。孔祥熙也曾通电唐绍仪的亲属故旧游说笼络,不仅许以官位,.还馈赠财货,劝唐绍仪离沪去港。唐绍仪都找借口拒绝了。1938年3月中旬,社会上盛传唐绍仪将落水当汉奸时,广州"抗战后援会"曾发电报给唐绍仪,要他脱离上海恶势力的包围,而后南下。接着广州各界人士和社团,又在民众教育馆二楼召开大会,即席决定由广州市各社团联衔电催唐绍仪南返,并汇去旅费二万元。唐绍仪也没有接受。第三,面对时人的非难,要求他"发表光明正大的宣言,力辟汉奸谣言",他却自称一生"对于外间任何谣传,从不声辩,而以事实为之表现"。他暧昧不明的态度,使国人动摇了对他的信任。正是主客观的原因使唐绍仪死于非命。既然唐绍仪没有出任伪职的真凭实据和自绝于祖国的汉奸事实,那就不能以未实现的行为定罪。这是军统特务将未正式投敌的唐绍仪按汉奸罪名而加以错杀的。

关于唐绍仪死因的第二种说法是他曾劝蒋介石退位,为蒋所误会,以至于被除。这种说法不能完全解释其中的疑团。因为唐绍仪是个极有影响的显赫人物,亲朋好友遍布海内外,国民党元老也不会同意蒋介石纯为个人私心而杀唐绍仪。虽然唐绍仪反对专制独裁,曾参加过反蒋活动而触怒了蒋介石,但如果没有其他重要原因,蒋介石是不会不顾社会影响而置唐绍仪于死地。在蒋介石看来,本来对唐绍仪曾劝他退位而怀恨在心,现在唐绍仪与日本人联系,更有损于他的切身利益。正是蒋介石抓住了唐绍仪与日方暧昧关系的把柄,才大胆地下令杀害唐绍仪。这样既可以排除异己,又可杀鸡儆猴,还可以开脱杀人之责,收一石多鸟之效。

关于唐绍仪死因的第三种说法是:土肥原看到游说唐绍仪出山的工作已完

全失败,便以毒手置唐于死地。但是,经过仔细地科学分析,这种说法不能令人信服。因为唐绍仪是有丰富政治阅历的人物,对于政治代价了如指掌,面对日方的极力拉拢,他要对各方面形势加以分析和估量,不会轻易就范当汉奸,而是以"年事已高"等借口委婉地拒绝了日寇的要求。他不仅没有义正词严地公开反对日本的拉拢,反而有一定的举棋不定、犹豫观望的嫌疑,以及亲日倾向。因此,他的言行不可能达到刺激日方要置他于死地的程度。日寇拉拢吴佩孚失败了,没有听说日方要杀吴佩孚的消息,怎么会有日方要杀唐绍仪的充分理由呢?日方杀唐绍仪对其侵华目的不会有什么实际作用。国民党的情报材料可以证明是军统特务杀了唐绍仪。

那么为什么会有当时社会上流传唐绍仪被日本人所杀的说法呢?这是国民党一手制造的谣言,它更进一步证实国民党情报机关对刺唐内幕很清楚。

原来,日本方面和国民党方面都对刺唐事件非常重视,双方出于不同的政治目的,利用各自在上海控制的舆论工具进行活动。在唐绍仪被刺的当天晚上,军统特务就用电话嘱令新闻报、译报、导报、华美晨报等,在发表刺唐消息时,将杀唐责任诿于日方所为,以免刺激在野之动摇分子。上述报纸都遵照办理;只有文汇、大美等报因与日伪暗中有联系,所以在记载刺唐新闻时,语句间有猜测是中方杀唐之意。日方眼看以为会成功的拉拢唐绍仪工作毁于一旦,虽然十分恼怒,却又不便过分张扬。而国民党政府既没有拿到唐绍仪通敌卖国的真凭实据,又不便将唐日双方会谈的真相彻底揭开,为了遮人耳目而自圆其说,就故意散布谣言,称唐是因不肯接受日方邀请出山当汉奸遭日寇嫉恨而被杀。而且还假装对唐氏之死深表哀悼,对其遗族抚慰有加。这样一来,再加上在当时恐怖的岁月里,枪弹横飞、刀斧并用,各种各样的暗杀与绑架层出不穷,更加使唐绍仪遇刺原因众说纷纭,扑朔迷离。

## 徐树铮之死

1925年12月29日午夜,千里北国,万籁俱寂。雪月相映,格外逸丽。突然。京津之间,裂出阵枪声,陆军上将、远威将军、考察欧美日本各国政治专使、前陆军次长、国务院秘书长、西北筹边使兼边防军总司令、"段祺瑞的智囊、灵魂、左右肱股"——徐树铮,应声倒在血泊之中……

30日,上海《时报》登出"徐专使专车被炸"的消息。31日,国内外大报登出"徐树铮在廊坊被杀,陆承武为父报仇"的新闻。北京《晨报》还登了"陆承武的通电",说他"本月二十九日遇徐贼于廊坊,手加诛戮,以泄国人之公愤,报杀父之深仇"等等。

这究竟是怎么回事?是"专车被炸"还是陆承武"手加诛戮",陆承武何以得遂其手?行凶后为何没有被捕?其通电又从何处发出?廊坊可是冯玉祥国民军张之江部驻扎的军事要地!一个疑团接着一个疑团。欲明底细,还得从头说起。

### 1.徐树铮投袁不成遇祺瑞

徐树铮,字又铮,1880 年 11 月 11 日,生于江苏萧县——徐州城南 50 华里处的醴泉树。曾祖徐济川、祖父徐兰,都终生务农而又贫寒。父亲徐世道,勤勉耕读,入选贡生,榜名忠清字葵南,后来成为徐州城乡有名的教书先生。徐树铮从小随父读书,3 岁识字,7 岁能诗,13 岁中秀才,17 岁乡试一等第一名,补为廪生。可是次年到南京投考举人,却榜上无名。从此不图科举及第,而以经世致用为旨,刻意攻读兵法时政之书,孜孜为国家前途担忧。甲午战争,中国一败涂地;戊戌变法,希望百日破灭;义和团起,八国联军入侵,慈禧太后与光绪皇帝仓皇西逃,这每一事件,都使他那颗报国之心倍为焦虑、异常烦恼。他满怀痛楚地写道:"居恒窃念,儒者读书,要以致用为宗。频年朝政日非,丧师割地,为国大辱。释而不图,虽皓首牖下何益!"因而在父母跟前,从容论述此旨,表示有心出外从戎。可是父母觉得他还年幼,不许他离家当兵,而希望他一心向学,早日中举,将来能像父亲那样,作一位教书先生就可以了。然而徐树铮还是"私究兵谋,留意天下政财大略",预做投笔之计。

1900 年,慈禧光绪西逃后,徐树铮听说国家征兵,便私自拿取父母钱,乘夜出走,不料未至江浦,却被母亲坐着骡车追回,强为娶妻,以作羁绊。不过,他的心已飞出山村,慈母和娇妻是绊不住的。

果然,未隔多久,徐树铮毅然请求再度出走,父母看其意志甚坚,不忍复加阻挠,即出平日积蓄,送他远行。新婚之妇不但未加拦阻,而且倾出奁金相助。虽说开通,心里也有离别的悲苦,忍不住送了一程又一程。

徐树铮只身一人,跋山涉川,径奔济南,去投因创练新军名声渐起、时任山东巡抚的袁世凯。他带给袁世凯的礼物则是一纸万言书。书中言道:"国事之败,败于兵将之庸塞。欲整顿济时,舍经武无急务。"袁世凯看后甚以为壮,但因正服母丧，不便亲自接见，即命道台朱钟琪接待。朱自视为名士，素来目无余子，对这初出茅庐的青年怎能看得起？问对中话不投机，徐树铮便愤然离去。茫茫天涯路，何处是归宿？苍凉苦闷之中，树铮借酒浇愁，似乎要一醉方休，疏狂地挥笔写道：

性气粗豪不自收，等闲岁月太难留！

安能化得身千亿，处处迎风上酒楼。

遂又顺手纸笔，写信讥笑朱钟琪。不料两信被转至家中，朋友惊为奇特，长老辈讶其鲁莽，甚者胆战心惊，忧虑即将获祸。独有其父手书训诫说："汝之出将以待用也。未得人用，乃妄拟用汝之人先为汝用乎？"真是知子莫若父也。

投袁的希望似乎已经破灭，树铮却意外地见到了段祺瑞。此时已届严冬，树铮还羁居在济南一家旅店里。一天，他穿着一件夹袍，正聚精会神地书写楹联，忽听有人问："喂，伙计！天气这么冷了，怎么还穿得这么单？"抬头一看，是位身着军装的中年男子，面虽消瘦而眼中神采不凡，即随声回答："因投友不遇，暂住此地，等待家款寄来，即作归计。"那人本是到该店来访客的，看他气质不俗而又写得如此一手苍劲有力的好字，顿起延揽人才之心，接问姓甚名谁，家居何地，进而又问愿意就事否？

"值得就则可说！"徐树铮毅然回答。

那人更觉奇趣，于是约与长谈。经介绍徐树铮才知道此人乃袁世凯手下爱将名叫段祺瑞，字芝泉，安徽合肥人，年方37岁，大除树铮15岁，正以武卫右军炮队统带和随营武备学堂总办名义，跟随袁世凯驻防济南。徐、段二人促膝而坐，纵横议论天下大事。徐大发宏论，慨然结语："创练新军，转抚山东，大有可为者，莫若项城袁公(世凯)也。"段祺瑞深以为是，遂引树铮作为记室(秘书)。从此，两人结下了不解之缘，也确定了徐树铮一生事业发展的路线。段以树铮为左右手，逐渐发展为言听计从，信任无疑；树铮深感知遇之恩，奔南闯北，鞍前马后，始终奉段为至尊。

就在徐、段相识不久，袁世凯调防直隶，在保定设立督练公听，委派段祺瑞为参谋处总办。徐树铮便随段到了保定，仍掌记室。虽是文职，却天天坚持晚睡早起，与士兵一起操练。祺瑞称赞他"坚苦卓绝，志趣异人"。

1905年，依照徐树铮的请求，段祺瑞保荐他到日本留学，入陆军士官学校步兵科学习。1910年回国乃至段幕，段任江北提督，派徐树铮为江北军事参议。辛亥革命爆发，段祺瑞署理湖广总督，统率一、二两军，驻于湖北孝感，派徐树铮为总参谋。时南北两军对峙,有推倒清帝不战而和之意。段祺瑞奉袁世凯之意领衔北军高级将领通电,逼迫清帝退位,主张共和。此电一发,清廷震动,时局为之一变。草拟电稿之人就是徐树铮。

### 2.冯玉祥、陆建章力图倒段

民国建立后,段祺瑞任北洋政府陆军部总长期间,先后派徐树铮为陆军部军学司司长、军马司司长、陆军部次长。袁世凯进行帝制活动。徐树铮与段祺瑞一致反对。袁死后,段任国务总理,以徐为秘书长。后因"府院之争",两人又均遭免职。

1917 年 7 月 1 日,张勋赶走总统黎元洪,抬出溥仪,宣布恢复帝制。当天,段祺瑞即到天津马厂誓师讨张,由徐树铮与梁启超等作为参议。事后,段以"再造共和"之英雄复任总理,并兼陆军总长,仍以徐为次长。同时,举冯国璋代理总统。然而不久,冯段争权斗势,如同水火。冯是直隶人,遂成为直系军政人物的首领;段则成为皖系头目。

这个时候的中国,真正四分五裂。桂系军阀陆荣廷,坚持他在反对张勋复辟时提出的"自主";滇系首领唐继尧,极力反对段内阁;广东方面的"护法"军,已向湖南、福建、江西发起了猛烈的进攻。

三省驻军一时难于顶住进攻,告急的电报接连到达陆军部。徐树铮与段祺瑞商定后,随即下令第十六混成旅旅长冯玉祥,率部增援福建,并同意增加冯部编制,满足他扩充一团的条件。

冯玉祥、字焕章,祖籍安徽巢县,1882 年生于天津附近的兴集镇。不久随父迁居保定。其父冯有茂是位行伍出身的小军官。玉祥 10 岁丧母,12 岁从军。从军前读过 15 个月的私塾。从军后,奋发向上,由一名小兵,逐步升至第十六混成旅旅长。辛亥革命时,曾发动滦州起义,被袁世凯派人镇压。后随陆建章再起。几年前开始信奉基督教。蔡锷在云南举兵讨袁时,他命所部张之江、蒋鸿遇等与蔡锷暗中联系。不久,促成陈宦宣布四川独立。1917 年春,段祺瑞以其不能忠于北洋团体,免去其旅长职务,改任为正定府第六巡防营统领。他坚辞不就,以养病为名避居北京西郊天台山。张勋宣布复辟时,段祺瑞约他率其旧部参加讨伐,复任第十六混成旅旅长。所部训练有素,纪律严明,战斗力强,享有时誉,因而深受段祺瑞与徐树铮的重视。

冯玉祥接到援闽命令后,派得力部将李鸣钟,到河南归德招募新兵 2700

人,组成一个补充团。11月上旬,他以远征的姿态,带领部队由丰台转京汉路南下。本来,他完全可以走津浦线,但他偏偏不那样走,从而拖延时间。当他到达河南彰德时,护法军攻占了湖南长沙和岳州,段祺瑞的"四大金刚"之一——由徐树铮极力荐任湖南督军的傅良佐,从前线败回北京。此后,冯玉祥前进得更慢了。11月19日、22日,徐树铮与段祺瑞因湖南战争受挫相继辞职。12月上旬,冯玉祥才缓缓到达浦口。

徐段辞职后,鼓动各省督军12月上旬到天津开会,继续布置对南用兵。会议决定两路进攻湖南:曹锟为第一路主帅,张怀芝为第二路主帅。直隶、山东、安徽分别出兵一万,奉天出兵二万,山西与陕西各出五千;所需军费,由各省自行负担。12月6日,曹锟、张怀芝、张作霖、倪嗣冲、阎锡山、陈树藩、赵倜、杨善德、张敬尧等督军和上海护军使卢永祥联名电请北京政府颁发讨伐西南的命令。在这样强大的压力之下,冯国璋不得不答应对南用兵,并于12月18日派段祺瑞为对欧参战督办。事实上,段又成为一个拥有无限权力,从军事、外交一直管到内政的太上皇。他所做的决定,可直接交有关各部办理,因而更积极地推行武力统一政策。冯国璋表面像似屈服了,暗中却指示江苏督军李纯和江西督军陈光远,设法阻止北军南进,并暗中与西南方面的桂系等信使往来。以推行"和平统一"的政策。同时派他的高等顾问陆建章奔走黄河上下与大江南北,为进一步打击段方作积极的准备。

陆建章,字朗斋,安徽蒙城人,行伍出身,是和段祺瑞同辈的老北洋军人,曾任陕西督军,与段不甚相合,被皖系陈树藩逐出陕西。近来接连到豫、鲁、沪、皖等地,煽动倒段。听说冯玉祥率兵抵达浦口,急忙从上海赶来,见面就说:"焕章,你不能去援闽,那是帮段的忙。……"

"是啊,姑父,我根本就不想去,正准备在这里停兵呢!"冯玉祥非常坦诚地表明了心迹。

"对! 停止前进! 就停在这里,我再去和李纯说一说,以获得他的谅解和支持。还有,安徽督军倪嗣冲,是段最得力的干将,与徐树铮等一个鼻孔出气。他积极鼓动对南用兵,并派马联甲等率部进入江西,往攻南军,你现在这里停兵正好,我准备在六安、霍邱、寿县、淮南一带组织些人马,趁机把倪驱逐出安徽。我已同孙毓筠、王庆云、柏文蔚、岳相如等皖人联系,相约讨倪……如果你能出兵支持,估计可以一举灭倪!"建章双拳紧握,咬了咬牙。

"好! 若是安徽组成讨倪队伍,首先发难,我就率兵直捣安庆,打他个措手

国学经典文库

中国古代秘史

·民国秘史·

图文珍藏版

不及,人仰马翻。"冯玉祥非常爽快地说。

两人商定之后,陆建章又到南京找其旧部李纯。李纯字秀山,是继冯国璋之后坐镇南京的直系将领。他听说陆建章来,急忙起身出迎,毕恭毕敬地说:"朗老匆匆远道而来,有要紧的事情吧?"陆建章即将冯国璋反段用兵、冯玉祥浦口停兵和相约讨倪之事,一五一十地密述于李,要求予以协助。

李纯欣然答应:"既然冯代总统对段很反感,我绝不愿意对南用兵,那就让焕章在浦口停兵好了。如果因此缺少粮饷,我在这里想办法接济他。逐倪出皖之事,倘若焕章出兵,我即响应。我可以调集军队,在苏皖毗连地带,接应讨倪军,讨倪军失利时,可以撤退到苏省范围。"

陆建章一拍大腿,随即拉住李纯的手说:"好,秀山!就这么干,给段点颜色看看。"

这时,福建督军李厚基,已准备好许多船只,欢迎冯玉祥旅入闽。冯玉祥则以"海军难靠,船运危险"和"易被攻击"为借口,提出要走陆路——经浙江仙霞岭这一最迂远的路去福州,好像他还准备去援闽似的。实际上他再也没前进一步。段祺瑞方面再三催促,他均置若罔闻。更为出段意料的是,南征军旅从滨部从山东进至浦口时,冯玉祥公开加以拦阻。

1918年2月,湖南战事再度紧张,段祺瑞改派冯玉祥援湘。冯玉祥接到命令,开始还是不予理睬,后来听说代总统也主战了,才勉强离开浦口溯江西上。可是到了武穴,他又停兵不前,于2月14日通电主和。18日,他再次通电指责主战派。段祺瑞不禁震惊地说道:"这是在别我的马腿,要把我彻底打倒。"

陆建章图谋驱逐倪嗣冲的活动也在迅速进行。陆与安徽地方势力联系,分别在寿县、凤台、霍邱、怀远、定远、和县、含山、来安等地组织了许多武装力量,号称"安徽讨倪军"。陆自任总司令,领衔孙敏筠、柏文蔚等34人,发出讨倪通电,兵分东、中、西三路,声势之浩大,实令倪嗣冲心惊胆战。倪火急布置安武军应付,并连电北京告危。这时,段祺瑞已命徐树铮到奉天引奉军入关。冯玉祥已率兵乘机过安庆,但他反复估计讨倪不会成功,又有情报说倪和段方已做准备,徐树铮引带奉军时刻可能南来。于是,冯玉祥佯称坠马伤腿,需往武汉住院,就没有进攻安庆。李纯看冯军未动,也就没有出兵响应。"讨倪军"虽然声势浩大,但组织分散,未能及时集中力量,而且孤军无援,所以很快即遭失败。倪嗣冲因此恨陆刺骨,决心除之而后快,并要求徐树铮予以协助。

### 3.陆建章被杀,冯玉祥怀恨

1918 年 2 月间,徐树铮奉段祺瑞之命,奔赴东北联络张作霖,并自作主张到秦皇岛截取日本运送的——冯国璋预备主要用以武装直系的——一大批军械军火,作为礼物送给奉军,遂引奉军源源入关。3 月 12 日,徐树铮与张作霖联名宣布,在天津军粮城成立关内奉军总司令部。张作霖自兼总司令,徐树铮以副总司令名义代行总司令职权,——直接指挥关内奉军。3 月 23 日,段祺瑞得以再度组阁,遂又大张旗鼓地进行对南用兵,并积极准备选举新国会。徐树铮经常往来于天津、北京、武汉、长沙之间,既主持对南军事,又要包办国会选举,真是一位大忙人。为了推动湘南战争,他把关内奉军布置到湖南战场上,还亲自到衡阳,给有厌战情绪的吴佩孚打气。

4 月下旬,段祺瑞到武汉召开军事会议,徐树铮和直隶督军兼援湘军第一路总司令曹锟、山东督军兼援湘军第二路总司令张怀芝、湖北督军王占元、河南督军赵倜、长江上游总司令吴光新及段的主要随员财政部次长吴鼎昌、交通部次长叶恭绰等出席。席间,张怀芝突然告陆建章扰鲁一状,说:"陆建章到山东,大肆鼓吹'和平统一',严重扰乱军心,影响援湘作战,请予处分。"

"有证据材料吗?"段祺瑞严肃地问。

"有。"张怀芝随手将一份材料摆到段面前的桌上。

"有电报告诉国务院吗?"段祺瑞显然震怒地问。

"有!"

"既然如此,请在座诸位,注意协拿,就地正法。"段祺瑞随即命令,并且申明:"朗斋老同袍,不如此,将法曲于情。"

在座诸位连称"遵命!"徐树铮却独自默然不语。

段祺瑞回京后,进一步指示徐树铮,要注意陆建章的活动,设法缉捕严办。5 月 17 日,徐树铮与曾毓隽奉段指示,联名密电上海会办卢永祥,要其密悬重赏,务获陆建章。

6 月 11 日,倪嗣冲、曹锟、张怀芝和各省军阀代表到天津,准备 13 日开军事会议,讨论继续对南方作战问题,并要讨论总统问题。由于直系长江三督撤回了他们的代表,会议改在 19 日召开。冯国璋得知要开这次会议时,暗中授意陆承武把他父亲陆建章从上海叫到天津,来拉拢曹锟等,企图使会议有利于己而不利于段。陆在上海时,已拉拢卢永祥,因而卢用电报介绍他来天津。

12日,陆建章到了天津。14日中午,徐树铮与奉军参谋长杨宇霆商定后,写信派人请陆到驻津奉军司令部晤谈。陆建章虽然也觉得情况有点不妙,但自恃为现任总统府高等顾问,陆军上将和北洋派中的长辈,他儿子陆承武夫妇又是徐树铮夫妇留日期间的同学,也就欣然应约而往。徐树铮请他到花园密室中说话。他走进花园即被枪杀。

事关重大,徐树铮当即致电国务院、陆军部和奉天张作霖、浙江杨善德、福州李厚基、长沙张敬尧、武昌王占元、太原阎锡山、渭南陈树藩、开封赵倜、张家口田中玉、热河姜桂题等督军、都统,及上海会办卢永祥、浙江省长齐燮元等,历数陆之罪恶,报告杀陆的情况。对于在津的倪嗣冲、曹锟、张怀芝等,则分别抄送电文,以取得谅解和支持。

15日,冯国璋勉强发表由国务院秘书长方枢拟就的一道命令,谓陆建章死有应得。

这个时候,冯玉祥正在开往湘西的途中。由于武穴停兵主和,政府2月25日下令免去他的旅长职,交曹锟"严切查明等候核办。"为此曹锟在武穴悬赏两万元,购捕居冯幕后主和的陆建章。冯请求"戴罪图功"。4月武汉会议时,经曹锟调解,段祺瑞同意冯玉祥开赴湘西"戴罪立功"。现在冯玉祥已到津市临沣一带。徐树铮清楚地知道,冯是陆建章的亲戚,陆是冯的老首长和知遇恩人。杀陆当天,徐树铮就给冯拍电报,转述所致国务院及陆军部电报的内容,并谓"陆某罪恶昭著,久为同人所切齿。今兹自行送死,亦是恶贯已盈之证。"

冯玉祥接读电报,一阵惊惧,一阵酸楚,一阵愤恨。往事如烟,却又浮现眼前。早在1902年,他在袁世凯武卫右军当兵时,就与陆建章结识。是陆最先"发现"和培养了他,带他沿着军阶向上攀爬。1907年,陆把内侄女刘氏许嫁于他,给他安了个温暖的家。1911年,滦州起义失败被捕时,经陆多方营救,他才幸免于难。次年陆奉袁世凯之命编练左路备补军,任他为前营营长,派他到直隶景县招兵,招到孙良诚、刘汝明、石友三、佟麟阁、冯治安及旧部李鸣钟、韩复榘等,随陆驻防北苑。1913年8月,左路备补军改编为京卫军,陆保升他为左翼第一团团长兼第一营营长,派他以旅长兼任陕南镇守使,驻军汉中。今年浦口停兵、武穴主和,陆又为他运筹帷幄。……冯玉祥越是回忆过去,越是感到悲痛,越是追念陆建章,越是痛恨徐树铮。他抹去眼圈的泪水,又不免有些顾影自怜:我与陆的关系,众所周知,会不会株连到我?徐树铮经常到武汉、长沙来,会不会对我下毒手?怎么办?我还在"戴罪图功"啊!冯玉祥思虑再三,深以祸及己身为戒。6月24日,他应酬似的回复徐树铮一封好像只关心陆"身后之事"的电报。28日,徐树铮又致冯玉祥一电,望冯放心,对陆身后之事,他当悉力维持。

为使冯玉祥安心,段祺瑞方面还采取了一些措施。6月17日,撤销对他的免职处分,恢复其陆军中将第十六混成旅旅长原官,还委他兼任湘西镇守使。22日又受以勋四位。段祺瑞本人还赠给陆建章遗属五千元,以表北洋袍泽之谊。事后,冯玉祥绝口不提陆案,而且自告奋勇,要求调往福建去打护法军。仇恨暂时压在心底,暗暗祈祷上苍赐给他一个报仇的机会。

### 4.冯玉祥倒戈,徐树铮多言

1924年9月,第二次直奉大战爆发。曹锟、吴佩孚任命冯玉祥为第三军总司令,率部出古北口而趋赤峰。冯玉祥早就对曹、吴深怀不满,因率所部,佯装前进,进而又退。待吴佩孚在山海关前线与张作霖大战失利,冯即命令所部偃旗息鼓,日夜兼程回京。10月23日凌晨,一举囚禁总统曹锟、迫其下令停战,撤去吴佩孚职务。吴自前线闻讯仓皇乘船从海路南逃。曹、吴控制中央政府的局面随之垮台。

这时徐树铮正在上海至香港的海途中。原来徐已因直皖战争失败,被列为十大祸首之最,悬赏十万元通缉。1922年初,他到广西会见孙中山先生,筹组孙、段、张反直同盟。10月,到福建延平,利用旧部王永泉旅,赶走背皖亲直的闽督李厚基,成立"建国军政制置府",但仅一个月即告失败。1924年9月初,江浙战争突起。10月13日,卢水祥兵败北逃。徐树铮收其残部,准备再战,不料刚开了两次高级将领会议,15日就在公共租界被亲直的英国人唆使工部局拘禁。21日被迫乘上英国蓝烟囱公司的货轮离开上海,在未到英国利物浦之前,一路不准下船。

24日早晨,船抵香港。原内阁总理梁士诒、前广东省长李耀汉和徐的旧友数人前来看望。孙中山先生也派专员到港接洽。正谈论间,忽接北京大局已变之电。徐树铮当即决意上岸,经与有关方面交涉,香港总督派人请他下船,并向他表示歉意,告诉他完全可以自由活动。26日上午,他登岸住到坚尼路六十一号李耀汉家,以观时局变化,再定行止。

很快即有冯玉祥将迎段祺瑞进京主政的消息。并有香港一家英文报社特派记者,就时局等问题采访徐树铮。徐树铮一一做了回答。

问："您与段祺瑞旧交甚深，可否请您谈谈段祺瑞的情况？他是否会复出？"

答："合肥段上将军，为国家柱石，又为树铮唯一长官，德望在人心，故旧满天下，出任国事，则确尽己责，退居在野，则苍生引领。论及段公出处，应为国计。此刻段公仍在天津，不易轻出。"

问："因与段氏关系，今后您还再从政否？"

答："余在本国，已饱历风尘。现无从政问题。"

问："闻冯玉祥有拥段为总统之表示，确否？"

答："段公现时必自保存其声誉，而不汲汲于实力之活动。此时所组之政府，不过过渡时代之产物，恐不能久存。似此之政府，于现状仍无甚补益。"

问："有谓段氏非与吴佩孚合作不能出山。请谈谈吴佩孚好吗？"

答："吴将军子玉，为树铮旧友，其任第三师师长及孚威名号，皆树铮一力推荐，素与树铮往还无忤，树铮始终许其为战将，未许其可假以国政。当六七年前，渠始与树铮意见不合，时曾与以一电，以君行径，必有退维谷之一日。俟届彼时，君但记徐某尚可为君解释足矣，好自为之，他事不必相溷云云。曩岁在沪，尚述此言，以电警之，仍只许为战将而已。今春斋公复完，派员到沪，今夏树铮到奉，昭张公雨亭，共商国计，树铮皆虑子玉一部，须好安置。若尽以力经营，即获全胜，亦损国家元气。此皆为国事计，非与何人有何私爱私恶，今仍此心志耳。吴君之自计，作何打算，能否念及树铮前言，非所问及。若云其中国，今日不可再得，溢誉误友，树铮素所不为，然渠果能有降心相从，不复谬自愎恃，则尚有可取也。"

问："请谈谈冯玉祥可否？"

答："冯将军焕章，亦树铮旧友，共事更久于子玉，且部曲将士，彼此互调者，亦属不少，渠曾有一二困窘之事，由树铮为之援手。综树铮之于渠，及渠之于树铮，未见有何反复之事。"

说到此，徐树铮顿了顿，又感慨地说："但今日用人之人，率以己利为主，用时则甘如饴，用后则弃如遗！"他宣称："段祺瑞不能与冯玉祥合作。"

说到底，徐树铮不赞成段祺瑞和冯玉祥合作。他接连几次打电报给在津的段祺瑞，请其"暂缓入京，即入京须有条件。"段即暂缓入京，同时提出："须先定裁兵办法，余始出山。"

这时，孙中山已表明赞成冯玉祥。但冯玉祥虽然控制了北京，却控制不了全国大局。张作霖拥兵十万,进驻在津浦沿线,高喊着:"北京政府之收拾,当请段老当之。"吴佩孚有回师之说,东南齐燮元、孙传芳等联合声讨冯玉祥。冯玉祥赶紧到天津,与段祺瑞和张作霖会议,决定拥段为"中华民国临时总执政"。段迫于形势,即于11月24日进京,次日就任"临时总执政"。

徐树铮认为,段祺瑞进京仍太匆促,难免做冯玉祥的政治俘虏。"临时总执政"名义,"与中华民国实属不能相属者","不能连贯",不合中华民国之约法。因此,他更加反对段与冯合作。他在香港的言论引起了冯玉祥的深切关注,冯恨他称赞吴佩孚,更恨他反对段冯合作,还恨他骂自己是反复无常的小人。

徐看事不可为,决计趁机出国求学。不久,段祺瑞特任徐树铮为考察欧美日本各国政治专使。徐即组织考察团,横渡印度洋、大西洋、太平洋⋯⋯

### 5.张作霖撤兵怨谁

冯玉祥刚刚回京政变时,张作霖即举军入关,收编吴佩孚之残兵败将,强占津浦与京津沿线地盘。冯玉祥气得仰天长叹。天津会议时,两人为划分地盘吵翻了脸,段祺瑞反复调和,才勉强弄出个折中方案:张作霖的队伍驻津浦线,冯玉祥的队伍驻京汉线,双方都可以沿着分得的路线向南发展。但冯认为张还是占了便宜,据说他曾与张约定奉军不入关。

段祺瑞就任执政后,冯玉祥与张作霖的矛盾一天天深化。不断地互相扯皮,争军费、争地盘、争中央的人事职位。张作霖一度提出要他的部下李景林担任北京警备司令,以取代冯玉祥的部下鹿钟麟,冯玉祥坚决不同意。张作霖又派一万人马进驻京师,随后亲自进京亮亮威风。可是冯玉祥驻京的人马远比他的多,有人对他说,"冯是个惯于采取非常手段的人,你应当提防一下才是。"张作霖听了不禁毛骨悚然地离京而去,并带走了他的一万人马,以免被冯的队伍吞掉。

1925年5月,张作霖从关外带来更多的队伍,布置在京奉、京津、津浦各路驻扎。其势似乎要和冯玉祥一决雌雄。又有人说张作霖可能与伺机再起的吴佩孚联合,这对冯玉祥将很不利。冯玉祥听了急忙召开高级将领会议,决定将其驻扎北京地区的大部军队,撤往宣化、张家口等地,暂且让一让张作霖,以防他与吴佩孚联合。

张作霖在京津地区站稳脚跟后,又积极向南扩张。同年八九月间,派杨宇霆、姜登选分别率部进驻江苏、安徽,并任两省军务督办。此时坐镇浙江的孙传芳,认为这对他是很大的威胁,即和冯玉祥联系,相约南北夹攻奉军:先由孙在南方发动,把奉军大部吸引到江浙一带,随后冯在北方发动,南北夹攻,一举将奉军消灭于关内。10月上旬,孙传芳以双十节阅兵为名,迅速集结军队,布置战线。张作霖一看势头不对,急令杨宇霆和姜登选赶回沈阳讨论对策,但时间来不及了。孙军已是箭在弦上,而奉军还在榆关——天津——浦口——南京——上海之间漫步,宛如一字长蛇。如果孙打头,冯截后,奉军就将首尾不能相顾。后果难于想象。10月15日,孙传芳以浙、闽、苏、皖、赣五省联军总司令名义,通电讨伐奉军。杨宇霆在南京急喊姜登选来商讨如何是好。两人请孙"念及同窗之雅,毅然止戈",并保证奉军"不犯浙"。可是孙传芳这时不愿再讲老同学的交情,悍然分兵五路,大举进攻奉军。冯玉祥在北方摩拳擦掌,正准备响应孙传芳以全歼奉军,忽然报纸登出《徐树铮劝孙张良兵电》。冯玉祥看了非常恼火——电中所谓"徒便他人""不免曹氏复辙",不是含沙射影地责骂我吗?孙张果真歇兵,岂不毁了我的大计?……他正沉思着,忽又传来徐树铮请段祺瑞阻止奉浙之战的电报,电中又有万勿听使"庶政滞驰","甘自暗于眉睫"之言。冯玉祥疑心重重,自言自语地说,京城在我控制之下,怎说"暗于眉睫"?这是要防备我了?

10月22日,徐树铮又从美国电劝杨宇霆撤兵,并致电张作相、吴俊升两督办,谓为拥戴段祺瑞之中坚,奉事即大局之事,希望两督办与张作霖妥计东三省之事,保养全力以待后图。倘若入于困战,"奉军尽失所长,再经挫败,奉事何以善后,大局益无根蒂"。这些也都登在报纸上。

冯玉祥越看越气。恰恰这时张作霖、杨宇霆已将主力撤退。孙传芳进军至徐州,也就宣布"胜利"回师了。冯玉祥怅然若失,殊怨徐树铮多事,不禁顿足骂道:"狡猾的胡子(指张作霖),可恶的小徐!"

11月22日,冯与图谋倒戈的奉军将领郭松龄双方签订了联合反奉密约。次日,郭在滦州誓师讨张,率军七万人反攻东北。25日,冯派宋哲元率部出喜峰口,向承德、热河进军,以配合郭军,并通电要求张作霖下野。26日,徐树铮从美国抵达日本东京,29日通电国内各报馆,指责郭松龄等"苟合之朋,皆无救国主旨。徒以利结,利尽交疏,干戈相向,更无他能。"犹如脓肿,"不容姑息"。

郭松龄初战得胜,张作霖竭力组织反攻。接着,日本出兵助张,郭即战败身死。冯玉祥难免郭死已悲,不但怨恨徐树铮助张之屡屡通电,更怀疑他联络日本出兵。

孙传芳也与徐树铮联合拥段。冯玉祥对段祺瑞早就怀有敌视之心。段祺瑞撤过他的职，推行他极力反对的武力统一政策，支持徐树铮杀害陆建章。这些，冯玉祥都不会忘记。天津会议时，他主张实行委员制，段祺瑞不愿接受，徐树铮在香港也坚决反对。他之所以让段进京就任执政，也只是权宜之计，不得已而为之。他曾想迎孙中山来"主持大计"，但远水不解近渴，孙也未必就能同他一般见识，而段、张也不可能接受。段就任执政第一天，冯玉祥就提出辞职，说要"游学欧美，俾遂素愿"。段坚持挽留。此后，冯又三次提出辞呈，段照样"嘉许慰留"。段一上台便任命亲信人物担任政府要职，但无枪杆子做后盾，夹在张、冯之间，左右为难。凡事张不点头，冯不同意就难于办成，或者根本不能办成。孙传芳又自称五省联军总司令，称霸东南。吴佩孚在武汉自称十四省联军总司令，时刻准备逐鹿中原。西南唐继尧、陈炯明等更是各自为战。整个大局一片混乱。

　　1925 年 12 月 10 日，徐树铮一行结束考察回到上海。上岸前，他接受中外记者采访时说："在外人观察，以为树铮与北京政府关系甚深，但政府与段执政个人，须分别言之，树铮与段芝老感情极深，诚然，且觉中国目下无第二人再较段芝老适于为元首之人，但对政府不觉其如是。……树铮前日曾主张推段芝老为总统……至各方是否拥护，原不可知，但问除芝老外，尚有谁可以拥戴?"原来，他 11 月 29 日在日本对国内各报馆的通电中就主张由各省共同拥段"速正总统大位"，并谓"国家前定制度，不容轻议，委员陋制，不宜国体，且各邦疑虑。冒主此议，必悖舆情，不啻自戕，国亦受损"。还表白自己"有至诚之心，至正之行，至刚之气"；堪供国人驱策。为了国家"虽捐顶踵，无所吝避"。这些都发表在报纸上。冯玉祥看了，实在深恶痛绝。他决不拥段"速正总统大位"。他仍主张委员制度。他期待着与徐树铮较量。他打电报欢迎徐树铮北上，并保证徐的安全。

　　12 月 11 日，徐树铮到杭州，与孙传芳接洽。他和孙传芳相约共同拥段联张。这意味着排斥冯玉祥。回到上海，他又与军政商及外国领事、中外新闻记者多方联络，一再申明要合力拥段为总统。15 日，孙传芳又到上海与徐树铮进一步商讨拥段等事。17 日，两人携手至南通，拜访状元公张謇。张謇也是反对冯玉祥的。徐孙联手，是冯玉祥所不能容忍的。

## 6.廊坊夜半枪声响

12月19日,徐树铮从上海乘船北上。23日抵天津,转乘宋子扬借自英使馆的汽车,当天到达北京,即见段祺瑞汇报考察结果,并讨论时局问题。27日,执政府举行了徐专使晋谒段执政的庄重仪式,以向国内外表明徐树铮考察欧美日本各国的重要性。仪式后,徐树铮遍访各国使节,出席国务会议,报告考察各国的情况。29日傍晚,他托龚心湛出面,设宴和冯玉祥方面的人联欢。鹿钟麟也应邀到席,与他碰杯笑语,好像老朋友一般。这时,他忽然决定离京南返。在他进京之前,李思浩等友人就劝他"切勿进京",或"暂缓进京",段祺瑞也几次"电止缓行,且派员阻其来京",说北京的形势对他可能不利。但他不以为意,自觉肩负使命,一定要尽快回京,同时龚心湛等也有电报催他北上。他回国前曾通电推荐龚心湛为即将成立的新内阁的总理人选。他本人也打算在政府中任职,以推行他的经国大计,所以呕呕赴京。进京之后,发现形势确实对他不利,才忽然决定离京南返。

就在29日下午,段祺瑞突然发现自己的书桌上有一张纸条,上写"又铮不可行,行必死"。他赶紧叫人送给徐树铮,树铮看了只是一笑置之。专车已经备好,有人劝他借乘英国使馆汽车先到天津再转往上海,但他坚持要乘火车走。他说"北京四周,到处都是仇家爪牙,随时随地都可致我死命。我之所以犹能安然无恙者,徒以鬼蜮伎俩,不敢在光天化日之下公然露其面目耳。我若躲躲藏藏,岂非正中其计!"到站时,褚哲文带一连人准备护送,但他坚辞不允,自信绝不会有什么危险发生。然而,致他于死命的事情正在进行之中。

早在一个月之前,冯玉祥方面就已布置杀徐的计划。11月26日,即徐树铮归途抵达日本的第一天,冯玉祥命令鹿钟麟拘禁了曾毓隽,接着又逮捕了姚震,还准备逮捕梁鸿志、李思浩、吴光新、叶恭绰、朱深、沈瑞麟等,这些人都是徐树铮的老朋友,并在执政府任要职。逮捕这些人,就等于断了徐树铮回国后活动的渠道、门路和支柱。冯玉祥派朴化人在上海搜集情报,派副官长张允荣负责布置计划,派其督办公署外交处长唐悦良住京负责避免引起外交方面的问题,令鹿钟麟在北京坐镇主持执行计划,为尽量避免是非,先从手枪队中挑选20人,由陆承武带领,化装入京,伺机行刺。但陆等一直没能得手。鹿得知徐树铮突然准备离京南下,立即打电话报告驻在张家口的冯玉祥,请示处置办法。

冯玉祥沉思了一会,断然以电话指令说:"现在处置徐树铮的办法,只有就地逮捕枪决!"鹿觉得那样干对自己很不利,便脱口说道:"那能行吗?那样做问题太大,恐怕……"

"怕什么?天塌了有柱子顶着!"冯玉祥丝毫不容分辩地厉声说道。

鹿钟麟随冯玉祥多年,深知其秉性,他的决定谁也不能更动,谁若稍微触犯了他,就会遭到不幸。他具有无上的权威。对于部属将领来说,他是位至尊而极严厉的家长。甘肃督办刘郁芬和察哈尔都统张之江不都曾被罚跪?鹿钟麟自己也曾在全军将士面前,因没扎好皮带而被罚跪。对于政敌,那就更可想而知了。鹿钟麟只有执行命令,但还是生怕对自己造成不利,仍想找个不落痕迹的办法。

这时,专车已从北京开出。鹿钟麟急命参谋处同丰台站联系,答复是"车已开过丰台,计时尚未到达廊坊。"鹿赶紧再向冯请示办法,并说:"小徐一走,从此多事。如决心干掉他,仍可用电话命令张之江执行。"冯即命鹿转达张之江,派工兵队埋地雷炸专车。负责冯军运输的许祥云,也接到命令,转饬各站,设法延迟徐的专车通过,以便做好杀徐的充分准备。

张之江是河北盐山县人,行伍出身,信奉基督教。曾任冯部团长、旅长,是冯的主要战将。推翻曹锟后,任察哈尔都统兼骑兵第一旅旅长。现在是冯部第五师师长兼前敌总指挥,12月20日才结束了在京津路东与李景林部的战斗,撤到廊坊办理善后,并等待回到察哈尔都统任上。接到鹿的电话,他若有踌躇地说:"此事重大,不宜鲁莽。"鹿说:"这是命令!"张即找参谋长黄忠汉计议,决定改用"先礼后兵、截车抓人"的办法,遂命副官长宋邦英(号汉铮),把彭仲森叫到总指挥部。彭是张部第七混成旅参谋长代旅长,与宋是保定军校同学,并相处至好,此时负责廊坊车站及附近一带的警戒工作。由他亲自到车站守着站长给万庄车站打电话,让徐的专车通行到廊坊来,并"不让它开走"。

专车晚上7点钟由京开出,夜半12点一刻始抵廊坊。车刚停,黄忠汉即持张之江名片上车请徐,说"张都统特开欢迎会,请专使下车"。徐答:"极感盛意",但他"此刻头晕",即命褚其祥代表赴会。褚正整衣,外面一声哨笛,兵队将专车紧密包围。长于武功的手枪营官兵王子平、马华祥、于国栋等多人,蜂拥登车,立刻将徐树铮和随员、跟差等,尽数拥架下车去。徐树铮顾谓士兵说:"我徐某做事,向来了澈生死,不劳诸位簇拥!"说罢大踏步向前迈入张营,随后被拥到离站不远的地方枪杀了。

张立江立即用电话报告鹿钟麟,鹿又立即报告冯玉祥。冯命鹿转教陆承武当夜赶往廊坊。陆从睡梦中惊醒,迷迷糊糊地对来人说:"还需要我去吗?"来人说:"你不去怎么行?非去不可!"于是,陆被用汽车接送到廊坊,用他自己的话说,"糊里糊涂地唱了一出替父报仇的戏"。他奉命向被拘的褚其祥、徐赞化、薛学海、段茂澜、孙象震、李骏、刘卓彬、韩宾礼等十几位随员们宣称:"过去徐树铮杀了我的父亲。今天我杀了徐树铮。我杀徐树铮是为家父报仇。"接着,随员们又被"军法官"等审问了八小时,并被迫各写保证,按上指印,发誓对当天的案情不泄漏一字,否则各人全家性命难保,还集体拍了一张照片。30日下午5点,宋邦荣告诉他们:"徐某系陆承武所杀,乃冤冤相报。君等获释,皆张都统力保之功。"随后放他们赤手空拳离开廊坊。

这时,冯方已于29日向上海《时报》预发了"专车被炸"的消息,30日又向国内外记者发了"徐是陆杀"的新闻,还有"陆承武的通电",张之江和鹿钟麟还编造了响应的电报。可是,由于国内外多方关注,不久真相就暴露了。

获悉徐树铮被杀,段祺瑞禁不住痛哭失声:"断我肱股!断我肱股!"正打算辞职下台,不料冯玉祥先声夺人,竟于新年元旦通电下野。冯玉祥认为,徐树铮之死,必然引起大局震动,以致对自己不利,"与其贻误将来,见讥国人,莫若早日引退,以免咎戾",并"拟即出游,潜心学问"。他还给段打来电报,请开去本兼各职。这当然是再将段一军。这时孙传芳在东南组建五省独立政府,吴佩孚称尊武汉,准备联奉讨冯,张作霖稳霸东北,也要联吴讨冯,山西阎锡山对冯亦深怀敌意,他们都不承认冯玉祥控制下的段政府。段祺瑞痛感"事愿俱违,心力交瘁",1926年元月7日通电下野,后于4月无可奈何地离京南返,从此再也没能重登政坛。接着冯玉祥也真的解职出游,离张家口到苏联去了。

二十年后,徐树铮之子徐道邻提出控诉。他到国民党中央军事委员会控告冯玉祥,到北碚地方法院控告张之江。此时张之江已任国民党中央执委,冯玉祥为军事委员会副委员长。冯与委员长蒋介石素有嫌怨,一时丈二和尚摸不着头脑,唯恐有什么政治背景。他仍坚持说徐树铮是陆承武杀的,与他完全无关,徐道邻告他,是错认了仇人,并很快组织反攻,在《扫荡日报》上骂徐树铮"亲日""卖国"。

此案关系甚大,除冯玉祥、张之江外,当然还有时任华北某集团军总司令的鹿钟麟,甚至其他要员。没有蒋介石的点头,谁敢受理?蒋介石权衡轻重,又怎可去掉冯玉祥等?1945 年 12 月国民党中央军事委员会对徐道邻的诉状批示说,依据民国十四年(1925 年)适用的刑法,杀人罪的告诉时效是十五年。所以此状失去了时效。徐道邻马上以抗战八年时效中断为理由提出控告,但军委会没再回答。法院也一直没有下文。此案也就不了了之。

## 黔军总司令被暗杀

1921 年 3 月 16 日下午五点左右,一个三十岁出头的高大汉子从一品香旅馆里走了出来。刚一出大门,他停了下来,机警地往周围看了看。汉子发现周围没有什么异常情况,便突然向十步开外的一辆轿车奔去。

高大汉子左手拎着公文包,右手抓住车门的把柄,正要拉开车门上车,突然"砰"的一声,有人向他开了一枪。汉子左臂中弹,公文包跌落在地上,他顾不上包了,急忙拉开车门,转身往开枪的方向看了看就想钻进车里。然而,就在他转身的一瞬间,枪声又响了起来,他的胸部连中了两弹,翻身往车内一倒……

这个被枪击的高大汉子是正在上海休假的黔军总司令王文华。一时间,上海滩轰动了起来。

### 1.神秘的贵州客

上海英租界内有一家高档次的旅馆"一品香"。一品香坐北向南,是一座有着三层楼房的四合院式建筑,东边一幢是食堂、宴厅和店主及侍役的住房,南、北、西三面则为客房。由于地处偏僻,档位又高,一品香旅馆的生意比较清淡。

1920 年 11 月初的一天上午,一辆气派的轿车在一品香旅馆门口停了下来,车上走下了一高一矮的两个人。高个子身穿长衫,留着西式短发,两眼炯炯有神,似乎很有点来头,他提着个公文包走在前面,后面那位矮个子则吃力地提着个大皮箱,他西装革履,戴着副眼镜,一脸阴郁给人印象不浅。

两个人唤来老板,要了北幢三楼西头的两间上等客房,付了点定金,准备住上几个月。

那时候的上海是个鱼龙混杂的地方,达官贵人,兵匪流氓,要什么人有什么人。一品香的老板虽是个本地人,而且也有点家势,但他从不管闲事,因此,他吩咐茶房侍役小心服侍两位来客,自己便上楼逗姨太太去了。

令人奇怪的是,高个子包了房间却并不住店,而是让显然是他的随从或幕僚的矮个子在这里过着养尊处优的生活,不过,他三天两天地到旅馆里来,和矮个子聊天、下棋、有时还关起门来半天没有响动,偶尔地在这里睡上一两个晚上。

这两个人可不是一般的人物:高个子是黔军总司令王文华,矮个子则是王文华的高级幕僚双清(字子澄),他们是前不久由四川来上海的。别看他们两个一副悠闲的样子,其实此时他们正在焦急地等待着什么。

原来,早在年初的时候,黔军少壮派首领王文华指挥黔军入川参加"讨伐"熊克武,唐继尧趁机拉出黔军元老派头领刘显世策划撤掉王文华黔军总司令的职务。10月,熊克武大败王文华,王在川立足不住,回贵州又怕自投罗网,便决心与元老派较量一番。王文华是刘显世的外甥,他和哥哥王伯群都是由舅父一手抚养成人的,因此,他不好亲自出面,找来心腹布置了一番之后,便向刘显世请假三个月,由重庆来到了上海。

向刘显世发动政变的日子定在11月11日,从这天起,王文华一直呆在双清的包房里等待政变消息。

11月13日,双清从外面回来,他关上房门,递给王文华一张报纸,掩盖不住内心的兴奋说:"王总司令,刘副帅(刘显世)下台了!"

王文华从沙发上跳了起来,一把夺过报纸,边看边念:"……11月11日夜,代理黔军总司令卢焘指挥旅长谷正伦、何应钦等发动政变,郭重光、熊范舆被杀,刘副帅通电辞职……"

报上还载有贵州省议会推举王文华为省长的消息。

目的已经达到,王文华倒犯起难来:若回贵州任省长,就难避"以甥逐舅"和"以下犯上"之嫌,若不回去,那出路又在何方?'

王文华的哥哥王伯群住在租界静安寺路的私宅中,离一品香旅馆只有两里来路,王文华来上海后一直住在哥哥家里,并常在这里会客。

政变发生之后,王文华与双清计议了一番,依然拿不定主意,便来找王伯群商议。在舅舅和弟弟之间,王伯群当然偏向弟弟,但是,他认为王文华回贵州弊多利少,便建议他去广州找孙中山,一则去取得孙中山的信任,二则暂避嫌疑。

王文华见乃兄说得有道理,便准备下个月南下广州。

### 2.仇人汇聚北京

自辛亥革命以来,王文华就有一个得力助手一直与他共事,这个助手叫袁祖铭。袁祖铭牛高马大,少王文华一岁,很能打仗,江湖气很浓,拜把子兄弟遍及大江南北。1917年以来袁祖铭在川战中屡立战功,声望渐高,不久便被升为黔军第二师长。王,袁本来相处很好,但是,刘显世为了排挤王文华,有意挑拨他俩关系。袁祖铭野心很大,竟为刘显世所用。

1920年黔军回黔时,王文华对已具二心的袁祖铭极不放心,便将各团归还旧制、统归总司令部指挥,袁祖铭成了光杆师长。

王文华带着参谋长朱绍良,幕友双清等到上海后不久,有职无权、无所事事了的袁祖铭也来到了上海。

袁祖铭住在表弟何厚光的家里。何厚光是帮会中人物,特别喜欢赌钱,袁祖铭对他时有接济,因此,表兄弟间关系极好。

对表哥的到来,何厚光很不理解,他问:"表哥,你身为师长,怎么有空闲到我这儿来?"

"表弟,你不知道,我这个师长现在是个空架子了。"袁祖铭摇头叹气。

"怎么回事?"何厚光更不明白了。

"事情是这样的……"袁祖铭把来龙去脉向表弟说了个一清二楚。

何厚光听完后,气呼呼地站了起来:"王文华这小子我认识,我看见他来上海了。表哥,我找几个弟兄把他干掉!"

袁祖铭摆摆手,说:"他是我的上司和朋友,我怎么能这样呢?"

"他不仁,我不义嘛!"何厚光劝道。

其实,袁祖铭就是为此事而来上海的,只不过他觉得自己还势单力薄,没下决心而已。

袁祖铭自知来上海逃不过王文华的眼睛,便主动地常去王伯群家与王文华、朱绍良等闲扯,下棋。

一天晚上,袁祖铭与何厚光在街上游荡,贵州省前议会长张彭年突然出现在他们面前。老乡见面自然要亲热一番,三人便走进一家茶馆聊了起来。

都是贵州的头面人物,自然最关心贵州的时局,话题不久就到了王文华的头上。

"袁将军,我们有家难归,流落上海,王文华这小子真损啊!"张彭年恨恨地说。

"是啊!不过……"袁祖铭装模作样。

"去年,我那做财政厅长的哥哥因为与刘副帅交往甚密,王文华又是要逼他清算欠饷,又是造谣中伤,并扬言加害,硬是逼他服毒自杀。我怕王文华不放过,只得远走他乡……"张彭年伤心地提起了旧事。

何厚光也听说过张彭年的哥哥张协陆被逼自尽的事,便怂恿张说:"有仇不报非丈夫,我表哥也受了他的气,你们不如联手干掉吧!"

"王司令是狠毒了点。"袁祖铭不露声色地说。

"袁将军,听说王文华要倒向南边,我们去北京找刘显治商量商量,争取北京政府的支持吧!"张彭年所说的刘显治是刘显世的胞弟,时任贵州驻京代表,国会议员。

"对,我们去看看刘显治的态度!"袁祖铭终于下了决心。

12月初,袁祖铭、张彭年,何厚光秘密来到北京,刘显治正对王文华恨得咬牙切齿,于是,三人议计一番,决定一面向北京政府报告王文华倒向孙中山一事,一面派何厚光回上海组织人暗杀王文华。

### 3.201 房的秘密

一品香旅馆的茶房领班在各客房查看了一遍后,回到自己的房里准备上床休息,两个陌生人敲开了他的门。

来人进门一声不吭,只拿眼睛死死地盯着领班,领班以为碰上了强盗,吓得痴在地上,口里慌不择词地说:"先生,不,不,大爷找,找小人何事!"

两人并不说话,把二十块大洋抛在地上后,一屁股坐在椅子上,还跷起了二郎腿。

"大,大爷,你们这是干什么?"

"给你的!"其中一人终于说话,而且还不算凶。

"小人不敢要。"领班颤抖个不停。

两人见领班吓得差不多了,便语气轻和地说:"请起来,我们是来要你帮忙的,我们要包下201,202两间客房,这点钱给你买酒喝吧。不过,除非我们叫唤,你不能打搅我们,更不能让外人知道!"

201、202 两间客房临近马路,一般人都嫌吵闹,一直空着。领班见这两人要包这样的客房,而且还给自己赏钱,明白他们定有阴谋,但怎能得罪这两个恶神凶煞,只得按吩咐办了。

这两人都是青帮流氓,一个叫张克明,一个叫石忠卿,他们是来一品香执行特殊任务的。

茶房领班虽不敢多管闲事,但却抑制不住好奇心,时时刻刻在注意张、石两人。他发现,两人虽订了两个房间,但他们却都挤在201房里,从没谁去过202,更奇怪的是,两人与别人不同,白天住房,晚上反而不明去向。

何厚光在北京接受了刺王任务之后,立即潜回上海,由于他和王文华熟悉,自己不便动手,便高价雇来了专业杀手张克明和石忠卿,指示他们住进一品香旅馆,摸清王文华的活动规律,伺机下手,而他自己则躲在四马路小花园协记商栈。

张克明,石忠卿受雇后,白天躲在 201 房里,通过窗户严密监视马路上的情况,等待着王伯群家的小轿车的出现。

### 4.奇怪的电话

王文华和双清住进一品香时曾跟店主打过招呼,要他对自己的包房绝对保密,因此除了王伯群,朱绍良等几个人外没谁知道。

然而,就在张克明等住进 201 房后的第二天,双清房子里的电话响了起来。王文华此时已去广州,王伯群,朱绍良知道此事,他们不可能打电话来,双清觉得奇怪,接过电话,小心翼翼地问:"你是谁?"

对方显然在犹豫,半晌没有说话,双清气得挂断了电话。

过了半个小时,电话铃又响了起来,双清操起电话吼了起来:"你是谁?要说什么?"

"小声点,请小声点!"对方在要求他。双清听后,觉得对方似乎有要事相告,便压低声音:"请讲,我这儿没有别人。"

"王将军在吗?请你提醒他,有人要害他。"对方很紧张。

"谢谢你提醒。你是谁啊?"

"别问了,有人在盯着我,再见!"电话挂断了。

有人要暗害王文华,这是双清意料之中的事,早几天曾有几位贵州同乡也在街上提醒过他,可是,他觉得这一次情况不同,打匿名电话的人似乎知道内情,而且,听口气似乎刺客已在行动了。刺客在暗处,自己在明处,王总司令若回到上海,问题就麻烦了,双清这样一想,急了起来,立即去了王伯群家。

王伯群听了双清的汇报之后,也觉事态严重。他立即找来了自己的朋友李元著。李元著曾在青、洪两帮里混过,对帮里的情况非常熟悉,他认为刺客肯定是青、洪帮里的人,而且打匿名电话的人肯定跟刺客熟悉,他决定先查出打电话的人。

在这么大的上海寻找一个不知姓名的人绝不亚于大海捞针,但是精明过人的李元著认定:此人知道内情,一定是青洪帮会中的人;此人关心王文华的安危,则一定是贵州人,而且受过王文华的恩惠。于是,李元著利用过去的关系,一个个查找青洪帮里的贵州人。果然不出所料,五天之后,打匿名电话的人被找到了,不过,他只说了刺客准备在一品香到静安寺路的途中行刺,其他什么则死也不肯开口,因为他若说出刺客姓名,让王伯群等先下了手,他自己就活不成了。

李元著无奈,便要王伯群劝说王文华改住旅店。

### 5.枪声终于响了

转眼到了 1921 年元旦,王文华兴致勃勃地从广州回来了,他在广州不仅受到了孙中山先生慰勉,而且还接受一项重要任务:劝说浙江督军卢永祥支持孙中山。

王伯群设宴为王文华接风洗尘,李元著,朱绍良,双清被邀作陪。席间,双清急不可待地告诉王文华,说有人要害他。

王文华哈哈一笑:"别扫了大家的兴,我王文华没做什么亏心事,谁来害我?"

王伯群很严肃地说:"双清说的是事实。你逼死张协陆,赶走舅舅,架空袁祖铭,他们能放过你吗?"

"他们? 现在成了流浪汉,能奈我何?"王文华根本不把他们放在眼里。

"王将军,不仅有人要害你,而且他们已做好了准备。"李元著将匿名电话一事详细地告诉了王文华。

大家都这么说，王文华不相信也得相信了。但是，他嘴上还是很硬："我在广州算过命，算命先生说我'应该水里死，不会岸上亡'，我不下水就行了。"

李元著曾是黑道中人物，对黑道盯人方法了如指掌，他建议王文华以后不要坐王伯群的小汽车，因为刺客不认识王文华，但可以认识王伯群家的轿车。王伯群拗不过众人，以后去一品香旅馆总是坐黄包车。两个月过去了，一切居然风平浪静。

李元著的估计没错，张克明，石忠卿两人带着望远镜和手枪在一品香201房里呆了两个多月，他们一直在盼望着王文华家那辆轿车的出现。由于王文华改坐了黄包车，而且也不常来一品香，张、石两人失望极了。

3月16日，王文华在哥哥家闷得慌，便早早地来到一品香自己的包房里跟双清下棋。过了两个月提心吊胆的日子，王、双两人玩得特别开心，不知不觉到了下午四点多。突然，王伯群来了电话，说："李协和(烈钧)和卢小嘉(卢永祥的儿子)来会你，有要事商量，在此等候。我想开汽车来接你，比较快些，你以为如何。"

两个多月过去了，王文华毫发未损，他觉得坐一回汽车也无妨，便答应说："也好。"

卢小嘉是代表父亲来和王文华谈判的，王文华一想到孙中山先生交给的任务，哪敢怠慢，放下电话，抓起公文包就往外走去。

虽然过去了两个多月，张克明和石忠卿在何厚光的督促之下，丝毫没有放松对一品香门外来往汽车的监视。这天下午四点五十左右，张克明突然兴奋地叫了起来："终于来啦？"石忠卿赶快拿出手枪夺到窗户边。然而，王伯群的汽车停稳之后，却并没有人下车，石忠卿差点泄气了，张克明却满有信心地说："耐心点，做好准备！"

不到十分钟，一个身材高大的青年人奔向汽车，准备上去。石忠卿立即扣动了扳机，本来侧身对着201房窗口的青年人受伤后转动了身体，并仰头朝这边望来，胸脯正对着石忠卿的枪口。石忠卿见状大喜，毫不犹豫地连开了两枪，青年人应声便倒，立即被人拖进了车内。

双清听到枪声，大叫一声"不好！"便急步下楼，待他来到旅馆门口时，王文华和王伯群的汽车已不见踪影，他立即租车前往静安寺路。双清气喘吁吁地走进王伯群家，只听见哭声一片，他无力地低下了头。

## 廖仲恺遇刺案

1925 年 8 月 20 日上午 9 时许,广州国民党中央党部门前一阵乱枪,国民党左派领袖廖仲恺应声倒在了血泊之中。这是一桩国民党右派暗杀左派领袖、借以破坏国共合作、破坏革命的重大政治事件。"廖案"是大革命高潮中国民党右派篡夺革命统一战线领导权的一个典型案例和公开信号,而"廖案"前后以及围绕廖案的处理更于曲折迷离中显示出其背景的诡谲和发难者的阴毒,以及国民党"假左派"蒋介石等利用"廖案"一石数鸟的机心。

廖仲恺

廖仲恺(1877～1925),著名民主革命活动家,孙中山去世后国民党党内的"灵魂",广东惠阳人,生于美国旧金山华侨家庭。廖早年留学日本期间投身反清革命,追随孙中山左右,加入同盟会并成为其得力干部。在反清革命、二次革命、反袁起义、护法运动等重大斗争中,廖仲恺不遗余力,奔走其间,成为杰出的民主主义革命家和活动家。孙中山在世时对廖相倚甚重,给予其极大信赖,凡从事革命之组织、财政等均出其一手策划,是孙中山最得力的助手。廖一生坚持反帝反封建的民主革命立场,对孙中山"民主主义学说"亦多所阐扬,曾与朱执信等辞有《建设》《星期评论》等国民党重要宣传阵地。1921 年孙中山返粤就任中华民国军政府非常大总统,廖担任财政部次长、粤省财政厅长等。翌年陈炯明叛变,孙中山、廖仲恺先后脱险,聚于上海,在旧民主主义革命"山穷水尽"之际,孙中山托廖仲恺与苏维埃俄国联络,赴东京与苏俄代表会谈。在此前后,廖仲恺对列宁领导的苏俄有了进一步的了解,对中国革命一些基本问题亦了然于胸,从而竭诚支持、拥护孙中山改组国民党和联俄、联共、扶助农工的三大革命政策,以实现国民革命的主张。1923 年春孙中山再次返粤,出任陆海军大元帅,廖先后任军政府财政部长,广东省省长,并担任改组委员负责筹划改组国民党。其间,廖仲恺奋力协助孙中山,与反对三大政策的国民党右派分子进行了不懈的斗争,由是被彼视为眼中钉、肉中刺。国民党改组后,由于廖出色的成绩,其在国民党党内的地位亦更显重要,他是国民党中央执行委员、常务委员、政治委员会委员,又先后兼任工人部长、农民部长、黄埔军校党代表、孙中山大本营秘书长等,其在国民党以及广东省,党、政、军、财、工农运动等各方面均有一定权力与影响,也因而更得右派分子的嫉恨。尤其是大革命发动后,廖仲恺作为国民党左派首领,坚定服膺并实践孙中山的新三民主义,又于孙中山去世后肩负其未竟事业,忠实执行其遗言,积极贯彻三大政策,在消灭陈炯明、平定杨(希闵)刘(震寰)叛军、统一广东全省的斗争中发挥了重要作用,即所谓不逾半年,"竖起党军声势,肃清东江群贼,平定杨刘之乱,创立国民政府,领导省港大罢工",厥功甚伟。在国民革命的洪流中,廖仲恺在共产党人的帮助下,通过实际斗争的锤炼,思想激进,成为"无产阶级的朋友",他的夫人何香凝后来曾回忆:"当时在广东或到过广东的中国共产党党员李大钊、彭湃、苏兆征、杨匏安、周恩来、董必武、蔡畅、邓颖超、林伯渠、吴玉章、聂荣臻、萧楚女、熊雄、熊锐等,仲恺始终和他们真诚合作",这就更为国民党右派分子所嫉恨。孙中山在世时,彼辈尚有所忌讳,也在孙中山严厉批评面前有所收敛,1924年"弹劾共产党案"流产后,他们表面服从孙中山,背后却刻毒攻击廖仲恺,使廖仲恺身心受损,"有一次他难为得几乎要跑到外国去了"。孙中山去世,右派分子不再惮于孙中山的威严,加之大革命的形势汹涌发展使之痛感威胁及身,而"廖先生当时站在主导地位,也是我们同志中最努力的一个,所以为反革命派所最嫉恨,所最欲杀得而甘心的人。"以反共为其职志的国民党右派分子,其欲破坏革命、篡夺革命领导权,势不得不先杀廖仲恺,于是遂有"廖案"一幕。

　　1925年8月20日上午,廖仲恺、何香凝夫妇驱车赴国民党中央党部参加中央执行委员会第106次会议。途中遇国民政府监察委员陈秋霖,陈上车同行。9时50分,车抵中央党部门前,廖、陈、何下车,当廖迈步登上楼前石阶时,突遭伏于"骑楼"两侧石柱后的暴徒(一说4人,一说6-7人)的开枪狙击,廖当即中弹,(一说身中3枪,一说4枪)且皆击中要害,倒地不起,陈秋霖亦腹部中弹。走在后面的廖夫人何香凝(国民党妇女部长)正在与人谈话,突然听见"拍拍!拍拍!"地好像爆竹声响,回头已见廖、陈倒地,乃急呼"救命!""抓人!"时廖已

国学经典文库

中国古代秘史

·民国秘史·

图文珍藏版

无力回答何的抚问，"只是一声'唉'地长叹"。当时暗刺场面，有许多"谜面"，一、谁"得知我们中央常委会的时间，又敢派了很多凶手，携带新式武器——盒子枪之类，深入中央党部门岗警戒线之内？"二、何以一向警卫森严的国民党中央党部门前何香凝大叫"抓人"时不见一个警卫的影子？结果只有一名凶犯被廖的卫兵还击击伤，其余凶手皆逃逸而去。三、廖死后验伤，发现伤口大小不一，有一伤口系小口径左轮手枪所击，因而有人还怀疑刺客中还有埋伏在中央党部大楼里者(被捕凶手所用手枪系大口径手枪)。

廖仲恺遇刺，后由何香凝及其随身卫兵急送东门外医院，惜途中流血过多，当即逝世。陈秋霖延至 23 日亦不治而死。

"廖案"骤发，震动全国，身膺重职的廖仲恺牺牲，为亲者痛，仇者快。各界群众纷纷集会请求缉拿、重惩凶手；黄埔学生要求"为廖党代表报仇"；时与廖共事的周恩来(黄埔军校政治部主任)急赴医院哀悼，随即又撰定了《勿忘党仇》一文，揭发敌人杀廖原因为："自国民党改组以后，最显著的革命势力，便是革命军的组织和工农群众之参加国民革命，这两件伟大事业的做成，大部分的功绩要属于廖先生，廖先生因此而愈加见忌见恨于反革命分子。而且最近几次反帝国主义运动，廖先生更是唯一的急先锋，当然会招致帝国主义之忌，尤其是招致香港政府之忌。"周恩来还尖锐指出："廖案其后边藏有极大的黑幕阴谋"，正是在上述背景下帝国主义、封建军阀、国民党右派分子欲图剿杀革命而对廖仲恺实施暗杀的阴谋活动。从后来审理"廖案"掌握的证据来看，这一判断是不容置疑、确凿有案的，只是"廖案"尚有昧而不明的许多疑点，主凶和幕后指使人究竟是谁，还有待天网恢恢的历史老人给予曝光。

"廖案"原来很快被查清，被捕凶犯陈顺供认"主谋贿买"人为朱卓文，并从他身上搜出建国粤军南路第一路司令"梅光培发给的手枪执照"及其他凶手名单等，虽然陈顺因伤势严重、未留下详细供词便死去，但案情线索明白无误，很快便查明谋杀嫌疑主犯为孙中山逝世后可以弥补国民党继承人权力真空者之一的胡汉民的堂弟胡毅生及其死党朱卓文，涉嫌者还有邓泽如(国民党中央监委。廖仲恺遇刺，他正在中央党部楼内，闻枪声却没有下来查看)、林直勉、梅先培、梁鸿楷、魏邦平、张国桢、杨锦龙等右派分子和粤军反动将领。"廖案"之前，这伙人便麇集在胡汉民家中，策划打倒廖仲恺的种种卑鄙计划，胡毅生、朱卓文等还组织"文华堂""南堤小憩"等俱乐部反动组织，以聚赌会餐等形式网罗反共的右派分子和反动分子,制造反共反廖舆论,甚至曾计划了暗杀鲍罗廷、加伦、廖仲恺的阴谋。台湾历史学家李云汉《从容共到清党》一书中曾披载了"廖案"后潜逃香港的重大嫌疑人朱卓文数十年后不加掩饰的自供,从中可以看出"廖案"发生的直接背景,朱说:"国共合作后,共产党包藏祸心,在粤省到处鼓动风潮,煽惑农民暴动,杀害地方士绅,尤以东江海陆丰一带情形更为残酷。……大家对此赤炎甚为切齿,酒酣耳热之际,骂座不已。后来诸人为抽薪止沸计,决议殊其渠魁,可知俄顾问鲍罗廷、加伦与汪精卫、廖仲恺等每日必集东山百子路鲍公馆会议,乃密遣死士伺机以炸弹机枪击之,务使群凶同归于尽"。这一阴谋因事泄未果,"然大家恨共之积忿,迄来稍消,而一时对鲍罗廷、加伦将军诸俄寇又无可奈何,乃转而埋怨亲共之汪、廖诸人,大骂还是自家人不好,引狼入室,但亦止于口头之谩骂,初无若何锄奸计划可言也。"待"廖案"发生,朱"知事非寻常,必有大患",助凶手之一陈瑞(?)离穗它逃,自己也潜往香港,"世人所谓朱某杀廖,如是而已"。

朱卓文曾任中山县县长,后被罢免,因是生仇,遂接受香港英政府200万港币接济,图谋颠覆广东革命政府,为此计划先要除去廖仲恺,曾以万元贿买凶手杀廖。从上面朱卓文的自供来看,如"廖案"系其主谋,其断无隐瞒掩饰之理,那么,当朱桌文等密谋血染鲍公馆、事被广州公安局长吴铁城所阻之后,"八·二〇"事件究竟谁是主谋恐怕就是另有其人了。

杀廖,当时已是"公开的秘密",那廖仲恺本人对此也有心理准备。"廖案"前,盛传有人将行刺廖。那么,这并非"谣传"的"谣传"来源于何处? 恐怕亦是一谜。廖仲恺一生磊落,面对"谣传",面对横逆,他毫无所惧,表示:"我生平为人做事,凭良心,自问没有对不起党,对不起国家,对不起民众的地方。中国如果不能联俄联共,就没有出路。他们如果安心想来暗杀,防备也是没有用处的。"只是在何香凝极力劝说下才增添了一名卫兵,后终于为孙中山三大政策而殉身。

那么,为什么已经被查清的"廖案"却布满疑窦、暗昧不显呢? 其内幕的堂奥究竟是什么呢? 让我们来回顾一下"廖案"处理的始末。

"廖案"当日,国民党中央迅即举行临时会议,决定由汪精卫、蒋介石、许崇智组成"特别委员会",授以政治、军事、警察一切全权,以应付时局。汪、蒋、许是廖仲恺死后国民党内最具实力和影响的上层人物,其组成的"特别委员会"

随之取代了先前的国民党政治会议,成为国民党的最高权力机构,其中蒋介石虽在资格上弱于汪、许,但不久又担任了广州卫戍司令,他的势力急剧上升,同时他还适时地利用处理"廖案"的机会,以达到他原来的不逞之念。

"特别委员会"查获了上述"廖案"涉嫌人员的人证、物证,于 8 月 24 日下令拘捕嫌疑要犯,但仅擒到林直勉、梅光培等寥寥数人,其余均"闻风逃匿",朱卓文潜往香港,胡毅生遁往上海,以上两人后又均称与"廖案"无涉,(胡抵沪发表有《告国内外同志书》)在押的林直勉也称对"廖案"不知情,而梅光培仅供认凶手所携手枪系朱卓文所有。这样,"廖案"未获"真相",不是证据不足,就是"要犯"潜逃在外、得不到有力证据,"廖案"又审理也就陷入僵局。这种状况受到共产党人和革命群众的责难,罗亦农撰文指出:"参加此次暗杀的人实在太多,假若国民政府负责办理廖案的人没有决心,不将他们最后的根本肃清,国民政府的前途还免不了危险";鲍罗廷还要求蒋介石等立即逮捕嫌疑者胡汉民、邓泽如等右派分子,然而均被蒋、汪等推脱拒绝。事前知道右派分子暗杀计划、自负保卫职责的广州公安局长吴铁城也得到了蒋介石的庇护。而当人们进一步质询何以朱卓文等能得以漏网走脱时,国民党中央遂公开悬赏缉拿朱卓文,又成立"廖案审判委员会""廖案检察委员会",以图使"廖案"有所进展,以上各委员会共产党人杨匏安、林伯渠、周恩来等均参与在内。但是,由于"廖案"本身内幕重重,背景错综复杂,主要嫌犯又潜逃在外,所牵连的众多上层人物又盘根错节,"廖案"的审理与处理终于不了了之,到蒋介石叛变革命后的 1927 年 7 月,南京政府指令广东当局:"廖案"除朱卓文一人外,前所通缉的嫌犯均概予取消通缉。朱卓文于 1936 年被"南天王"陈济棠以阴谋颠覆政府罪的另案抓获处决。当年"廖案"竟以其嫌犯无一受刑而终。

"廖案"扑朔迷离,终因汪、蒋采取庇护凶犯的立场,未及时采取果断措施使多数嫌犯潜逃而不能结案,要之,其真相原委大概还另有文章。然而,处理"廖案"过程中却有意外后果,也即国民党上层人物权力争夺中发生了蒋介石、汪精卫、胡汉民、许崇智之间的升降变化。蒋介石利用处理"廖案"的机会,排斥异己,先后将受"廖案"牵连的国民党元老胡汉民、许崇智这两位国民党党、军右派实力分子逐走。胡汉民时任国民党政治委员会主席、国民政府委员兼外交部长,因涉嫌最深(胡毅生是其堂弟、林直勉与其关系密切、胡宅为嫌犯聚集中心、嫌犯中其下属居半等)不能自安,社会各界严厉指责胡汉民为"廖案"之

"黑后台",汪精卫却认为"胡展堂(胡汉民字)只负政治上的责任,不负法律上的责任",此语阳为包庇,实为欲图排挤其出走的口实,汪、蒋遂借外界压力,以"特使"名义派胡赴欧美、苏俄"考察"。许崇智(时任粤军总司令、国民政府军事部长)也因其部属多为"廖案"嫌犯而涉嫌,许在"特别委员会"中又一味庇护其部属,企图维护其在粤军的地位和控制广州政局。"廖案"后粤军部分将领图谋不轨,意欲兵变颠覆政府,随之被汪、蒋拘捕,许崇智处境尴尬,在蒋介石咄咄逼人的攻势下只好拱手让出粤军,许本人亦引咎辞职,离粤赴沪"养病"。这样,蒋介石利用"廖案"一石双鸟,逐胡汉民,又以国民党军事委员会授以的全权处置广州政局的大权,密令黄埔学生军解除粤军武装,将之解散并收编进嫡系部队的第一军,其上司许崇智(蒋为粤军参谋长)亦被变相驱逐出广州。蒋介石由此基本拥有、掌握了粤军及广东全境。汪、蒋利用负责处理"廖案"的机会,联手驱逐了相互的潜在政敌,同时"认真"办理"廖案"赢得了两人的政治声望,以便继续以"左派"欺骗世人,然而汪精卫又对蒋介石乘机扩充权势以及其暴露出的专断作风心存不满和猜忌,俩人的政治摩擦和争斗由是显出端倪,虽然处置"廖案"后开始形成国民党内汪、蒋分别主政、主军的汪蒋合作新局面,两人却貌合神离,暗争不已,后来蒋介石发动中山舰事件袭用旧法,逐走汪精卫,从而取而代之,成为最具实力的领袖人物。

不明不白的"廖案",就这样成为野心家、阴谋家排斥异己、夺取权力的一个机会。

## 王国维自沉昆明湖

1927 年 6 月 2 日上午,一代国学大师王国维投颐和园昆明湖自尽。以王国维之学术地位,其以 50 岁人生学术巅峰之际弃世,顿使"海内外人士识与不识,同深哀悼,并为文字以表彰之"。在痛惜其"中道而废"的同时,人们更竞相揣度其不明不白自沉的原因。历经六十余年,或猜测,或推论,诸说纷陈而时有新见,又皆因各执一隅而难以定夺,兼以王国维自沉本身即包蕴丰富的文化意义,遂至"王国维自沉之谜"成为"中国文化之谜"之中最具争论色彩又势难定一的"谜案"之一。

王国维(1877～1927),字伯隅、静安,号观堂、永观,浙江海宁人,世代清寒。

王幼年苦读，为秀才，早年屡应乡试不中，遂于戊戌风气变化之际弃绝举业，1898年赴沪到改良派的《时务报》报馆充校对、书记，同时还半工半读在日人执教的"东文学社"研习外文和西方近代科学。王本熟谙国学，遂又兼通西学以及接受新学说影响，他的才学受到"东文学社"主持人罗振玉的赏识，由是结下罗、王提携与知遇的终生依托关系。王后随罗任职于武昌农校，1901年又得罗的资助，买舟东渡，在东京物理学校留学，不久以病归。王返国后在罗振玉推荐下，先后于南通、江苏师范学堂执教，讲授哲学、心理学、伦理学等，并编译《农

王国维

学报》《教育世界》等报刊，复埋头文学研究，开始其"独学"阶段。1906年王随罗入京，又在其（一说清贵荣庆）大力举荐下相继受任学部务司行走、图书馆编译、名词馆协韵等。其时，王潜心治学，他对哲学、文学等均有浓厚兴趣，既醉心于康德、叔本华等西方哲学，又沉潜于中国古典文学，先后撰有《人间词话》《宋元戏曲史》等名著。

1911年辛亥鼎革，王国维在国内埋首问学的环境大变，遂携着随儿女亲家罗振玉逃居日本京都。彼时王受罗之影响，于学术转而研究经史金石以及考据校雠，日日穷力于甲骨文、金文、汉简、度量衡等研究，且时与日本学人切磋。1916年，王应犹太富商哈同之聘返沪，继续从事甲骨文、考古学研究，并编辑《学术丛编》，整理古典古籍。1918年，王兼任哈同所办的仓圣明智大学教授，1922年，王受聘为北大国学门通讯导师。翌年，王国维在蒙古贵族、大学士升允举荐下，与罗振玉、杨宗羲、袁励准等应召为逊帝溥仪的"南书房行走"食五品俸禄。1924年，冯玉祥发动"北京政变"，驱逐溥仪出宫，王以为奇耻大辱，曾愤而与罗振玉、柯绍志、徐桐评禧故作沉思状、缓等遗老相约投御河自尽，因家人监视严密未遂。1925年，王与北大决裂后，转受聘为清华研究院导师，教授古史新证、尚书、说文等。时王与梁启超、陈寅恪、赵元任、李济并为"五星聚

奎"的清华五大导师，其中王与陈、梁为中国史学三泰斗，其培养、影响下的桃李门生、私淑弟子，后遍充几代中国史学界。王时专研古史外，尚兼作西北史地、蒙古史料的考订。1927年6月，北伐军逼近京、津，王国维竟自沉于昆明湖。

王氏是中国近代著名学者，其于现代社会转型嬗变的纷争混乱环境下，驰骋文史哲诸学数十载，所涉无不遗有灿然丰碑，其为近代最先运用西方哲学、美学、文学观点剖析评论中国古典文学的开风气者，又是中国史学史上将历史学与考古学相结合的开创者，他以其身体力行的"二重证据法"（即以地下实物资料与地上历史文献资料相印证的学术方法）以及西方综合分析方法、阙疑与自学精神开中国近代史学之新风，确立了较系统的近代治学标准和方法，他所主张的"不屈旧以就新，亦不绌新以从旧"的思想影响远。他还把甲骨文、金文、石经、竹简、封泥、敦煌学、"小学"等推为"显学"。总之，王国维以其学术思想与方法成为中国马克思主义学者出现之前最具影响的学术巨人，被视为所谓"不独为中国所有而为全世界之所有之学人"（梁启超语）；"为中国近三百年学术的结束人，最近八十年来中国新学术的开创者"（周传儒语）；甚而"中国学术界唯一的重镇"（顾颉刚语）等。如此显赫地位，历史学家、文学家、美学家、考古学、词人、金石学家、翻译理论家等的王国维遗留下著述及身的传世之作六十余种（有《海宁王忠悫公遗书》《海宁王静安先生遗书》，收有《观堂集林》《静安文集》等），经其批校的古籍亦达二百余种，后人既沾其学之余，惊叹其远较常人不易历练的深湛造诣、无法企及的才智和功力，如郭沫若言："他留给我们的是他知识的产物，那好像一座崔巍的楼阁，在几千年的旧学城垒上，灿然放出了一段异样的光辉"，于是愈加哀婉其自沉，体察其苦衷，乃穷究所以，甚而不忍对其死因作"流俗恩怨荣辱、萎琐龌龊之说"，且力为之湔洗，此与世俱进，不断发覆新说，遂有"王国维自沉之谜"的一大公案。

王国维之死即有以上有待"阐释"的主观原因，追寻其自杀动机的客观因果也即为破"谜"的急切所在，而后者愈无法定谳，前者歧见亦愈增，是"谜"亦愈惑不可解。

曾与王国维并称"海宁四才子"之一的陈守谦于王始死即发问："呜呼！君何为而死耶？君何为而自沉以死耶？又何为自沉于裂帛湖（即昆明湖）以死耶？更何为而必于'天中节'（即端午节，王死其前两日）自沉'裂帛'以死耶？"陈提出王死的个案特殊性（死于自杀，且为投湖自沉，又死于颐和园昆明湖之地以及近于屈原投汨罗江"端午"之时间），不妨循此数问，追索王国维自沉前后的环境。1926 年，北伐军兴。1927 年 3 月，先有康有为客死青岛。不久，冯玉祥国民军进驻郑州，阎锡山晋绥军亦将易帜与奉军交战，京、津一带草木皆兵，北平清华校园也失去平日的宁静，不时有同仁或学生往来报告消息。王国维表示安详如故，与人接谈"雍容""淡雅"，无异于常日，但言涉时局，辄神色黯然，既"以有避乱移居之思"，又"内心苦闷，无人可商可告，独自踌躇"。时罗振玉已携眷东渡，梁启超养病津门，王与他人鲜少往来，独与研究院主任吴宓交往颇密。6 月 2 日晨，王忽寻告吴宓（一说为研究院秘书侯厚培），说有事将外出，需借用 5 元。王接钱后即步出校门，雇人力车往颐和园急驶而去。迨至当天下午，其家人遍寻不得，寻至吴宓处，说王未留片言而出走，吴乃急找人四处寻觅，后从车夫处得知有一长者曾去颐和园，众人遂奔往颐和园，亦遍寻不得。询及游人及管理员，又知有长者曾于排云殿西鱼藻轩之字走廊徘徊往复多时，遂跟踪所至，却见一地烟蒂，不见人影。忽见略远处似有投水痕迹，急遣人入水探之，水深不及盈尺，果然触到一具尸体，此即头足没于水中、背衫犹未尽濡染，乃头扑入泥、死已多时的王国维！众人对尸大恸，王国维投湖自沉消息遂不胫而走，翌日"北京专电"将此新闻通达全国。

王死后，其家人检出王死前一日所写之"遗书"。后人对王死因种种揣忖，多有对此不同之解释。且照抄如下：

"五十之年，只欠一死。经此世变，义无再辱。我死后，当草草棺殓，即行藁葬于清华园茔地。汝等不能南归，亦可暂于城内居住。汝兄亦不必奔丧，因道路不通，渠又不曾出门故也。书籍可找陈、吴二先生处理。家人自有料理，必不至不能南归。我虽无财产分文遗汝等，然苟谨慎勤俭，亦不致饿死也。

五月初二日，父字。"

书中"汝"为王子贞明。所云"陈、吴"即陈寅恪、吴宓。"遗书"条理清晰，显见经过认真周密考虑、仔细安排后所书，足见死者绝非仓促寻死，此与王死前几日并无异常的举动相合。平日从不苟且、重于自律的王国维，其死也格外具有理性。然"遗书"中重心所在的"五十之年，只欠一死。经此世变，义无再辱"16 个字任何解释？为何"五十之年，只欠一死"？又何谓"义无再辱"？"辱"来自何方？托伺书籍于陈、吴，是否不啻于一种"文化托命"？等等。此为王国维死因之"谜面"。

对王死因做解释，其亲属自始即讳莫如深，而各家之说大率皆乏实据，主观臆测居多，且不乏道听途说者。要之，概有如下诸说：

1."殉清"说。此为较早也较普遍的一种说法，传其作始者为清华校长曹云祥，持此说者有罗振玉、吴宓等。陈寅恪有挽诗，谓王"赢得大清干净水，年年呜咽说灵均"，其意甚明。然陈对王之死所作解释尚别有含义，此见之于王死后众多挽词中最为瞩目的其长诗《王观堂先生挽词并序》以及《王静安先生遗书序》等篇计，吴宓曾推之为"陈义甚精"，即吴宓本人后亦从陈寅恪别持它说。（详见于后）。鲁迅于《谈所谓'大内档案'》一文称王国维"在水里将遗老生活结束"，然未及展开论述。不过，王于思想上"忠清"事实俱在，若谓之因以"殉清"，其说有：

（1）或力主其"遗书"即其"殉清"之誓言。所谓"义无再辱"，即其先已有投水不得，不死之"辱"，而其恪守"君辱臣死"之"大义"，（"君辱"：冯玉祥"逼宫"为一"辱"；北伐军移师北上，潜居于天津张园的溥仪小朝廷难免又将遭倾覆之危，此"再辱"也）作为"臣"的王国维唯有"成仁"而已。（2）王为清朝遗老，早在辛亥鼎革之际，其在日本即痛撰《颐和园词》《蜀道难》《隆裕皇太后挽歌辞》等辞章，对慈禧、隆裕、端方等表示赞扬、同情。有此思想基础、遗老心态，迫"覆巢"之将再，以自杀而完节乃其当然之举，如梁启超曾比之于不食周粟而死的伯夷、叔齐，又比之于赋《怀沙》而自沉汨罗的屈原，等等。王更对逊帝溥仪向有国士知遇之感，以王举业仅止诸生的身份，溥仪破大清旧制（"南书房行走"须翰林院甲科出身）破格召其入直"南书房"，王得预兹选，自感激万分。至冯"逼宫"，时王"随侍左右，未敢稍留"，竟坚辞北大通讯导师职，又拟投水而不得，再至北伐军北渐，如金梁于其死前三日日访晤后所察："王平居静默，是日忧愤异常。时既以世变日亟，事不可为，又念津园可虑，切陈左右请迁移，竟不为代达，愤激几泣下，……谈次忽及颐和园，谓，今日干净土，唯此一湾水耳"，竟至于自沉。（3）王"殉清"后，溥仪颁"谕旨"云："王学问惜通，躬行廉谨，由诸生经朕特加拔擢，供职南斋，因值播迁留京讲学，尚不时来津召时，依恋出于至诚。遽览遗章（为罗振玉代拟。笔者注）竟自沉渊而逝，孤忠耿耿，深恻朕怀。"并赐谥"忠悫"，予以重丧大礼，以至罗振玉称："恩遇之隆，振古未有"。谓之"殉清"，不虚言也。

然"殉清"说人多有疑：（1）王与罗振玉、郑孝胥、陈宝琛辈有别，郑孝胥诸人效命于清室复辟阴谋，由京而津，随驾依行，不惜委身于日本政客。而王国维却领清华研究院导师职留京，心不旁骛，洁身自好，潜心学术。（顾颉刚《古史辨·序》谓：王因生计困窘所迫，致函胡适，托其向胡的留美同窗、清华校长曹云祥荐举。胡适曾为清华研究院应取第一流学者充导师，荐之梁启超、章太炎、王国维三人。后曹云祥、顾颉刚果然往地安门内织染局十号王国维宅访邀之。王作为清室之命官，遂往日使管区征得逊帝同意，方应清华之聘。）王虽"忠清"，却不充其鹰犬，而溥仪及清室于其生前授予之荣誉、官衔等等，只是彼辈利用其学术名气徒为彼披饰而已，王是被彼利用而不自知。（2）前述溥仪等对"殉清"之王国维大加褒扬，而后来溥仪自称王之"遗章"实罗振玉所伪造，其对玉的赐谥乃是受骗而行，等等。总之，王"忠清"无疑，"殉清"却堪疑，即其赴难之因恐非"殉清"两字所能包容。

王国维绝非腐儒之辈，其思想正濡染有一定的近代民主意识，其还曾详察历代王朝的嬗替，对代代有之的所谓"节士""遗民"并不崇往，谓其依附于清室，或是既有民国优待清室条件之昭告天下，其所为并无悖法违法之处？或乃借机接触清室内府藏书藏器的学术兴趣以致？或竟为大不满于民初国事蜩螗的狷介之举？等等。林林总总，无非王与清室之关系丝丝缕缕却并非牢而不拔，谓之因"愚忠"竟至"殉清"实有隔膜之处，如当时即有人指出："你看他那身边的遗嘱，何尝有一个抬头空格的字？殉节的人岂是这样子的？"强说之"殉清"即谓之学术之巨人而政治之侏儒，亦郭沫若所言："是骂之而非赞之"了。

2."逼债"说等。此为王死后揭载于《益世报》等的传闻。溥仪《我的前半生》亦谓：内务府大臣绍英委托王代售宫内字画，事被罗振玉知悉，罗以代卖为名，从王处将字画取走，时王欠有罗之债务，罗以出售字画所得作为抵押，致王无法向绍英交代，遂愧而觅死。又有1946年上海《文学周报》署名"史达"者所撰《王静庵先生致死原因》一文，称罗在女婿（王长子潜明）死后，因与王有隙，故将女儿接回娘家，不事改嫁，令女居家为夫守节，以此逼迫王每年供其（儿媳罗孝纯）二千元生活费。又谓："王前与罗在日本做过生意，赚得些钱，属于王名下即有万余元，然悉被罗所掌握，后罗再邀王'下海'，无奈王一介书生，向不谙此术，任由罗摆布，此次竟大折血本，又欠有罗一屁股债务，罗又时以逼债相胁，甚而恫以绝交，可怜王禁不起这番揉搓，'又惊又愤'，遂萌生短见。"或说罗振玉之所以为王伪造所谓"遗摺"，即为掩饰其不堪为人所知之内幕。

"逼债"说亦自始即为人质疑。梁启超挽王题联:"一死明行已有耻之义,莫将凡情恩怨,猜疑鹓雏。"陈寅恪亦谓:"至于流俗恩怨荣辱、委琐龌龊之说,皆不足置辩"。然郭沫若《历史人物·鲁迅与王国维》依据传闻,(时《国学月报·王静先生专号》载有殷南《我所知道的王静安先生》,称曾"听到他不便告人的话"。郭由此感到蹊跷,说:"知道底里的人能够为王先生辩白,据说他并不忠于前清,而是别有死因的"。)也认为王死与其和罗振玉交恶有关,即:罗在天津开办书店,其婿参与其事,竟折本亏损,罗转怒于己,令女亡夫后归娘家,颇伤王之情谊,"逼得他竟走上了自杀的路"。以郭沫若在中国文坛之地位,王国维因经其笔播,几成定论,甚更有人附会:京城风声鹤唳时,罗携着再渡日本,而不商之于王国维,儿女亲家,竟不辞而别,致王感触甚深,竟至于死,等等。以上均无据之传言和揣测,后得新证,可判为无稽之谈。

原来,王、罗之关系并非如此不堪。1926 年 8 月,王之长子、罗之女婿王潜明病故上海,王国维整理其遗款数千元,悉数汇寄天津罗宅,嘱罗振玉代为"令嫒"经理。由此,"逼债"说可疑为子虚乌有。王致罗信中尚有言:"维负债无几,今年与明春夏间当可全楚也。"验于王遗书所云,似具生前关无重债,且抑或其债务在身亦不需一死。因甚不合"比火腿还老实"(鲁迅语)的王国维所为。

3."惊惧"说。王国维弟子赵万里先生撰有王之《年谱》,其谓:"当张勋复辟将败,王曾叹曰:'海上人心浮动,以后便拟简陋,恐招意外之侮辱也';迨至1927 年春,'豫、鲁兵呈方亟,京中一夕数惊,先生以为祸难且至,或有过于甲子之变者,益惧。'对照王'遗言'中'义无再辱',赵此说合于王既先有'甲子'(1924)冯'逼宫'以及殉死不得之'辱',且将有北伐军入京未可料及之'再辱'而先死之之推论。或谓:'传闻北伐军已将王列入将被惩处的名单,王恐自己成为党军入城后将诛尽留有发辫者,王视脑后辫子为生命,其又心仪沈曾植其人,彼亦为遗老,所谓矢志头在便辫在者。人被种将效湖南叶德辉之惨毙,乃惊舆自沉。'又或谓:'时又传言总之,王以为被人我诛杀取辱,莫若自我了断为宜。'"

此说亦多人鄙而不取,以为不合王国维立身处世。或谓王深恐被"加以政治之罪名而受到迫害为一极大之污辱",面临将被辱的绝境,其本儒家不降其志、不辱其身的道德观念,遂一死以保其能善其身的人格。(见叶嘉莹《王国维及其文学批评》)又或谓王死难以强说因果,大率可归为迫于"一种精神上的污辱"，以至沉抑收敛的性格与悲怀情感，遂有此结局，等等。

4.又有"悲观"说与以上相近。即谓其一生黾勉求学，晚年陡遭世变，使之无法将其作为"生存方式"的学问之道维持、继续下去。精神失去寄托兼又自染病疴、家境岔寒、又经"白发送黑发"、人所不堪的爱子之卒，遂悲观厌世而死。

5."谏阻"说。此说见于台湾高阳先生之《高阳说诗·笺陈寅恪〈观堂先生挽词〉》。高阳以为王投湖与屈原投江无异，屈原于礼崩乐坏、杀人盈野之年代自沉，"一言以蔽之，是为了反对楚怀王入秦"，王自沉则是以"尸谏"阻溥仪听言罗振玉等将东渡，并谓王、罗反目原因亦点穴在此。高阳又认为陈寅恪当年为王所作悼挽诗章，均突出王死（其死因、死法等）与屈原意近，乃窥见其死因实情之曲笔。

陈寅恪之于王国维，同为清华研究院导师，且风谊平生师友间，最明智亦最关情，故陈的挽诗于众篇什中最为夺目，方家均指之为肯綮、的论、亦超脱于俗论。陈之论说，有"殉清"说，然影响后世最巨，是其别具只眼、特为标帜的"文化殉节"或"文化哀痛"说。

6."文化殉节"说。陈寅恪先生云："凡一种文化值衰落之时，为此文化所化之人必感苦痛，其表现此文化之程量愈宏，则其所受之苦痛亦愈甚；迨既达极深之度，殆非出于自杀无以求一己之心安而义说也"。此甚合王国维其人。陈又不围于"殉清"说，发衍论及王之所"殉"："吾中国文化之定义，具于白虎通三纲六纪之说，其意义为抽象理想最高之境，犹希腊柏拉图所谓 Idea 者。若以君臣之纲言之，君为李煜亦期之以刘秀；以朋友之纪言之，友为郦寄亦待之以鲍叔。其所殉之道与咸仁之仁，均为抽象理想之通性，而非具体之一人一事。夫纲纪本理想抽象之物，然不能不有所依托，以为具体表现之用；其所依托以表现者，实为有形之社会制度，而经济制度尤其最要者。故所依托者不复易，则依托者亦得因以保存。……近数十年来，自道光之季，迄乎今日，社会经济之制度以外族之侵迫，致剧疾之变迁，纲纪之说无所凭依，不待外来学说之挥击，而已消沉沦丧于不知不觉之间；虽有人焉，强聒而力持，亦终归于不可救药之局。盖今日之赤县神州值千年未有之巨劫奇变，劫尽变穷，则此文化精神所凝聚之人安得不与之共命而同尽，此观堂先生所以不得不死，遂为天下后世所极哀而深惜者也。"此亦陈寅恪所以赞王国维"敢将私谊哭斯人，文化神州丧一身"之由来。

陈说不拘"流俗"之说，以"古今中外志士仁人往往憔悴忧伤继之以死，其所伤之事、所死之故，不止局于一时间、一地域而已，盖别有超越时间、地域之理性存焉"诠释王国维之死，荦荦大端，人以为是。如吴宓，其先以王死乃"大节孤忠，与梁公巨川（梁济，梁漱溟之父，1918 年投北京静业湖。笔者注）同一旨趣"，后转从陈寅恪；其谈陈撰挽词"一死从容殉大伦，千秋怅望悲遗老"句，豁然以为："君臣"为"五伦"之首，然"宣统尚未死，王先生所列者，君臣之关系耳"，亦即王与清室之抽象"君臣"关系，其实处正陈寅恪所谓"依托者"与"所依托者"间之"文化哀痛"。吴宓甚而亟感"吾中国文化"之衰颓，谓"寅恪与宓皆不能逃此范围"，后果然差强似之。

王、陈、吴，均自视中国文化存亡续绝之托命者，以"中体西用资循诱"为鹄的，于中国传统文化大裂变之机亟图保持、维护中国文化本色，谓之"文化遗民"亦似之。王"自以为已经来临了中华民族文化的总崩溃"（叶嘉莹语）而自沉；陈哀哀挽之："神州祸乱何时歇，今日吾侪皆苟活"；吴则立誓于刚果寺王国维厝灵处："今敢誓于王先生之灵，他年苟不能实行所志，而漠忍以没，或为中国文化道德礼教之敌所逼迫义无苟全者，则必当效王先生之行事，从容就死"。

7."诸因素"说。王死因如此多义，再经悠悠众口，其"谜"愈令人困惑，既然一说不能立，合多种因素而说之者亦蜂起。

或谓王死于其浸染甚深、受侵蚀甚重的封建"忠孝"伦理观而非独一"清室"。王原本"惟与书册为伍"，不谙政治的一介书生，生于斯世，不能罔顾国困民厄之现实，外冷内热，勃郁于胸中而不能发，其较常人别具一副忧国忧民、悲天悯人的肺腑，因之，作为矛盾时代的矛盾人物，其曾向往却终于躲避不及于变幻迷离的政治风云；其以先进的资产阶级思想和方法以治学却未始不囿于封建士大夫的操守，尽管他并非康有为辈与清廷有不解之缘的保皇党，亦非辜鸿铭辈封建文化的卫道士，但他对清廷的倾覆深深忝离之悲，"入直南书房"的经历又赋予其"士为知己者死"的执着意念，兼之民国百废不举、紊乱靡常，愈加剧其亡国之痛的体验；他又笃重师友之谊，罗振玉的思想、行为不能不对之产生支配影响的作用，……。如是，矛盾漩涡中的王国维日与历史发展潮流相悖，乃至身不由己被推到矛盾尖锐对峙的巅峰险境，其时，王返顾周遭痛苦不堪的生存环境，青年时期树立的悲观主义人生观终于占据上风，于是自我了断，惜乎哲人其萎，乃顺理成章。有论者或更强调其中之"时代与性格的矛盾悲剧"，即王怀具有天赋之矛盾性格,既原就存在着一种既不喜欢涉身世务而却又无法忘情世乱的矛盾",又以其追求思想之天性,"对一切事物都常抱有着一种以他自己为尺度的过于崇高的理想,而却偏偏又不幸的正生在于一个最多乱多变的时代",因而造成其"个人与时代之间的一种无法调和的差距"。(见叶嘉莹前书)这种性格与时代紧张对峙造成的人之悲剧性,又使其理想主义随"All Or Nothing"(不全则无)的人生态度趋于极端,遂令国学大师毅然告别那"美丽而苍凉"的人生矣。

后人处相类王国维时代之"生存环境",惺惺惜惺惺,惋之惜之,又个个渗入其意念,去体验去品味王之赴难,并追寻王独特的"性格"乃至其自沉的形而上学意义。其中,论其"性格",有陈鸿祥谓之:"是的,如果要讲中国传统的道德规范,王氏堪称浸染甚深的'扎扎实实的君子',同时又是被青年时代种种哲学问题,即叔本华悲观厌世哲学'烦恼'终身的深刻的厌世主义者。这样一个特定的人,处在当时特定的社会环境下,如果要讲'殉节',看来只能说他是'以学术为性命',而又用性命去殉了学术"。"一个特定的人",若寻其陈寅恪谓"不得不死"的种种端倪或伏线,必得从其一生搜寻蛛丝马迹:王幼年失恃,少年既乏母爱,又管雁行之乐,(王生母有一子一女,女早夭,其继母生一子,与王年距较大)故少年时王即性格抑郁,踽踽独行,兼又体质羸弱,至壮年其遂独倾于叔本华悲观厌世说,(且喜康德先验论及尼采超人说)因濡染甚深,遂影响其后来常对社会问题持悲剧性哲理思考之态度。叔本华从"生命意志论"出发,"勘破"生死,认为人的生存为一切空虚,世界变化无常,并无意又可寻,因之人之一生亦无任何价值可言,其于痛苦与虚无的"钟摆"间往复,唯受欲望、迷幻所支配而己;而摆脱之法,或先通过"艺术"(为"瞬间效应"),或终得之"禁欲"(为"永久解脱"),最上为"死亡寂灭",如是,一旦生之恐惧战胜死之恐惧,自杀("寂灭中的极乐")遂成不二之余。王思想渊源于此厌世哲学,又于其学术、创作均得见痕迹,(如《红楼梦评论》,通篇渗透叔本华悲观主义思想;王作为词人,其词作内容亦多抒发孤臣孽子的哀怨之思,满纸肃杀悲语)且王以于学术未始不惑然于"信与不信""爱而不爱"间,在其书斋、教坛,也躁动着一颗失据安身立命之所的痛苦心灵。有此种种非偶然之因素,加之"社会上之习惯,杀许多之善人。文学上之习惯,杀许多天才"(《人间词话》)的宿命,尤其王自杀发生于外侮内忧、鹿鼎频争的动荡年代,也即诗人性格的学人如王国维辈其自杀大多发生的价值观念有信仰危机之年代,(如京城三文人之"投湖""范例":梁济、王国维自沉于20世纪10、20年代;老舍投太平湖,于60年代末)王并非一个"孤例"。

综上,绝望于信念、希望乃至未来,生活无所凭据,当王国维徘徊于颐和园长廊,于自沉前刹那间"重温"一生之经历,(其生前曾询人:"人言自沉者能于一刹那顷重温其一生之阅历,信否?")以及"少年时期所深思之哲学上诸问题",遂"奋身一跃于鱼藻轩前"。此正陈寅恪所谓王国维之"不得不死"。或王自沉之"谜",可结穴于此矣。

## 军长王天培之死

1927年8月初,蒋介石下野前夕下令将国民革命军第三路军前敌总指挥、第十军军长王天培扣押。一个月后,王天培被人秘密处死于浙江杭州。王天培致死的原因是什么? 下令处决王天培的究竟是谁? 这都还是一个未解开的谜。

### 1.崛起于军阀混战中

王天培,字植之,号东侠,侗族,贵州天柱县人。1894年1月5日(清光绪十四年十二月初四)生,其父王伯登,曾任清朝绿营都司,得清廷授予振威将军封号。王伯登有子女15人,王天培居四。1907年,王天培考入贵州陆军小学堂。1909年升入武昌陆军第三中学堂。辛亥革命爆发后,王天培与同学一道参加了武昌起义。中华民国成立后,王天培于1912年进入保定陆军军官学校就读,1914年毕业后,由陆军部分发回贵州,到王文华的黔军第一团任见习排长,不久升为连长。1916年参加"护国战争",王天培随同护国第一军右翼东路司令王文华出征湘西。在与北洋军马继曾部争夺晃州、芷江之间的杀牛坪战斗中,王天培所率的连队英勇顽强,表现出色,立了大功,因而得到王文华的赏识。护国战争结束后,王天培晋升为"模范营"营长。

1917年8月,王天培随黔军总司令入川作战,驻军四川綦江。12月,王天培所部与北洋军吴光新部激战于四川巴县土桥、三百梯,为黔军顺利攻克重庆开辟了道路。战事结束后,王天培又官升一级,任黔军第二团团长。

贵州军伐内部派系林立,兴义系的后起之秀王文华控制贵州后,引起兴义系老牌军阀头子刘显世的不安。为牵制王文华,刘显世任命袁祖铭为黔军第二师师长,袁祖铭本也是一个有野心的军阀,出任第二师长后,地位仅次于王,遂打起了取王而代之的算盘。

　　1918年3月、4月间,王文华与袁祖铭争夺黔军领导权的斗争公开化。王天培因与袁祖铭为贵州陆小同学,又是换谱兄弟,自然站在袁祖铭一方,成为拥袁派的得力人物之一。在袁、王争权夺利的斗争中,黔军军官逐渐形成了"士官系"和"保定系"两大派系。以日本士官学校毕业的何应钦为首的一派,拥护王文华,称为"士官系";以袁祖铭、王天培为首的贵州陆军小学、武昌陆军中学和保定陆军军官学校毕业生组成的一派,拥戴袁祖铭,被称为"保定系"。1920年10月,王文华解除袁祖铭的兵权,任命他为有名无实的总参军。袁祖铭失势,准备远走上海。临走前,袁祖铭曾与王天培密谈数次。袁到上海后,王天培与袁常有函电往来,因而王以后成了袁祖铭"定黔"时的拥袁派的首领。

　　1920年11月10日,王文华以"清君侧"为名,发动倒刘(显世)的"民九事件",结束了以刘显世为首的"旧派"在贵州的统治。因刘显世系王文华的亲娘舅,王文华为避外甥欺舅之嫌,在策划好倒刘行动后,即远走上海,自己不出面,让自己手下人去干。倒刘成功后,因王文华不在贵州,由卢焘代理黔军总司令,任可澄任代理省长,但军政实权却落入了窦居仁、谷正伦、胡瑛、张春浦和何应钦五位旅长手中,卢焘和任可澄成了有名无实的傀儡。五旅长相持不下,形成五旅乱黔的局面。黔军总司令部为了调和五旅之间的矛盾,将全省划分为五大防区,分别由五旅控制。

　　1921年夏,孙中山的大元帅府号召西南各省出兵援桂,谷正伦乘机带王天培团赴广西。1922年1月,孙中山将谷正伦的黔军改编为中央直辖黔军,以谷正伦为总司令,王天培为第二混成旅旅长。王并在此时加入了国民党。

　　由于贵州政局混乱,袁祖铭乘机夺取贵州军政大权,得到了王天培的实力支持。王天培派其弟王天锡率一个营到湘西迎袁回贵阳,随后自己也率部回到贵阳,扶持袁祖铭上台。袁即以定黔军总指挥的名义发号施令。8月,袁被北洋政府任命为贵州省长。王天培在"定黔"中立下了首功,被袁祖铭任命为定黔军第二师师长兼省公署军务处长。王此时所拥有的军事实力,超过定黔军的半数,王天培成为贵州政坛上举足轻重的人物。

### 2.走投无路，投靠蒋介石

1922 年 12 月，滇军胡国琇旅假贵州，由广西退回云南。王天培与袁祖铭合谋，在剑河县将胡国琇旅 1600 多支步枪、4 挺机关枪全部缴械，听到这个消息，云南军阀，号称滇黔联军总司令的唐继尧极为愤怒。为惩治袁祖铭，唐继尧于 1923 年 2 月派其弟唐继虞率领滇军万余人，以护送滇黔联军副总司令刘显世回黔主政为名（袁祖铭在发动"定黔"时，曾允诺拥护刘显世回黔，成功后背约拒刘），大举侵黔，由于黔军多数分布于省防边区，驰援不及，袁祖铭部一触即溃，袁出走贵定，召集王天培等商议，率部避走川东。袁祖铭出走后，刘显世复辟，但实权操之于滇军手中，刘显世成了滇系军阀的傀儡。

袁祖铭率王天培退到川东后，又加入了四川军阀的大混战，并在混战中扩充了实力，1924 年底重新编组黔军，王天培部扩编为第九师，下辖三个旅。这年底，滇军开始退出贵州，坐镇重庆、俯瞰西南的袁祖铭保荐王天培为贵州军务督办，周西成为会办，彭汉章为省长。袁祖铭此举目的在于削弱王天培对川黔军的控制权，王天培识破了袁的阴谋，拒绝回黔就职，仍然留在重庆，袁、王两人开始出现矛盾。

1926 年夏，川康边防督办刘湘与刘文辉、杨森等四川军阀，打着"川人治川"的旗号，联合驱逐黔军。王天培所部第十八旅大部投降川军。王天培无法在四川立足，而贵州又已为周西成控制，王天培走投无路，便转而依附于国民革命军。

1926 年 7 月，王天培在四川綦江宣誓就任国民革命军第十军军长，一支军阀队伍摇身一变成了北伐军。这时，袁祖铭也加入了北伐军，被任命为左翼军前敌总指挥，王天培、彭汉章两军由袁祖铭节制向湘西进攻。开始，由于他们行动迟滞，引起蒋介石的疑虑，未派他们参加任何作战任务。以后在会攻武汉和消灭卢金山部的战斗中，第十军官兵表现勇敢，使蒋介石消除了怀疑。1927 年初，唐生智在湘西诱杀了袁祖铭，王天培因效忠于蒋介石而得幸免，并在北伐中扩充了部队，第十军扩大为六个师，四个直属团，官兵达 9 万余人。4 月 12 日，蒋介石发动反革命政变，在南京分立政府。武汉国民政府决定出兵讨蒋。这样，实力雄厚的第十军就成为两个政府争取的重点对象。武汉政府特派吴玉章等人到宜昌慰劳第十军将士，劝说王天培支持革命的武汉政府。但王天培执意投靠蒋介石,他驻军宁汉之间,成为阻止武汉政府军队东征的城墙,为此深得蒋介石的信任。南京政府军事委员会成立时,王天培当上了军委会委员。5月1日,蒋介石又委王天培担任国民革命军第三路军前敌总指挥,仍兼第十军军长。

然而,时隔不到三个月,王天培就死于蒋介石之手,令人百思不得其解。

### 3.身在曹营心在汉

关于王天培的死因,历来人言言殊,莫衷一是。其中最有代表性的,莫过于"替罪羊说"。李宗仁在其回忆录中说:"蒋介石在徐州战败后,于8月6日仓皇退回南京,据江而守。既羞且愤,乃将战败责任归之于前敌总指挥王天培,将其扣押枪决,以泄其无谓之愤。其实,此次溃败完全由于蒋总司令自己估计错误,指挥失当所致,王天培实在是'替罪的羔羊'。"李宗仁当时任第三路军总指挥,是王天培的顶头上司,从他的口中说出,无疑会有相当的权威性,因而常为史家所引用。

然而,从新发现的材料来看,"替罪羊"说并不全面。王天培致死的真正原因是他脚踏两只船,身在曹营心在汉的行径所致。

王天培所部黔军精悍善战,尤擅长山地作战,故成为蒋介石所倚重的一支劲旅。但蒋介石对待非嫡系的杂牌军的一贯办法是,一遇有战争,即驱使杂牌军打先锋,却从不轻易把嫡系部队放到第一线,以免牺牲自身实力。而在待遇问题上,蒋介石对嫡系与非嫡系军队极不平等,有意使嫡系军队待遇特殊化,对非嫡系部队则非常吝啬和刻薄。以王天培部来说,他所率领的第十军在北伐战争中大量收编投降的北洋军队,编成六个师、四个直属团,官兵近9万人之多,号称二十万之众。蒋介石派周凤岐到宜昌将王部点验后,仍按照王部未扩编前的标准发饷,每月仅发30万元。对于一支拥有近10万之众的部队来说,区区30万元无异于杯水车薪,根本不能解决问题。

从1927年5月起,蒋介石驱使王天培、叶开鑫、贺耀组等杂牌军在江苏、山东交界的徐州、韩庄、临枣一带与直鲁军和孙传芳部血战月余,将士伤亡严重。蒋介石不仅不予应有的补充,而且拖欠军饷不发。由于待遇不公,以至"兵心因之大愤"。一位熟悉蒋介石军队内幕的人曾向报界透露,蒋部"多因待遇问题,不能十分融洽。虽不致反蒋,然拼命作战之精神似不如前"。7月间,冯玉祥派其总参议熊斌到徐州见蒋介石,商洽双方合作北伐事宜。熊斌到徐时,蒋介石已回南京,行前指示王天培到车站代他欢迎。王天培与熊斌一见面,即大发牢骚:"我所率的是云、贵子弟兵,转战万里,从事革命。伤亡损失既大,补充没有,待遇又不平。我们在前面与敌作战,他们却往后撤,留我在前方送死,我也不干了。"王天培被蒋介石扣押后,曾作了一首(宁归歌),其中写道:"哀我将士兮,万里从征。枵腹从公兮,惨无人知。……孤军奋斗兮,两月余矣。敌众我寡兮,弹尽粮绝。昼夜鏖战兮,精疲力竭。……白俄铁甲兮,搏以肉体。死伤枕藉兮,惨目伤心。"

由此可以看出,在蒋介石的率领下,杂牌军的处境是何等凄惨!

杂牌军队由于感到在蒋介石手下没有出路,因而在武汉国民政府反共以后,即纷纷与武汉暗通款曲,请求加委。据档案材料记载,1927 年 8 月 4 日,武汉政府军事委员会主席团加委了南京方面来归的杂牌军军长 13 人,王天培所率的第十军居首席。这批投向武汉的将领,其动机可能并不一致,有的是想另寻一条出路,有的则可能是想在宁汉对立、双方前途未卜的情况下预留一条后路。当时报纸盛传一则消息,称武汉政府曾经决定:"蒋介石如不犯赣,则武汉不再进军,利用南京政府内部不满蒋之分子,由内部拆其台"。王天培带头背叛蒋介石,这就犯了蒋的大忌,种下日后的杀身之祸。

7 月,津浦线上战事发生逆转,孙传芳、张宗昌所部反攻,白崇禧、李宗仁指挥的北伐军第二、三路军全面溃退,第十军孤军突出,寡不敌众,致使临城徐州相继失陷。为了重新控制战略要地徐州,蒋介石决定自兼总指挥督师反攻。7 月 26 日,蒋介石电令王天培部打前锋。迫于蒋的严令,王天培所在部"兵疲弹竭,伤亡众多……兵心涣散,士气颓丧异常的情况下,仍不得不指挥部队投入战斗。节节溃败,直到淮河边上。"

反攻徐州失败,使蒋介石气急败坏,于 8 月 6 日狼狈逃回南京。8 月 8 日,蒋介石打电话命王天培赴南京面商机要,10 日,当王赴总司令部见蒋时,即被扣留。11 日,总司令部发布通令称:

"查国民革命军第十军,多系黔中子弟,向以善战见称。此次北伐,竟节节失利,牵动全局,实由该军军长兼总指挥王天培于战事剧烈之际,安处后方,致前线无人指挥,身总军干,昏聩至于此极。及至退却,事机何等重要?又先行潜返宁垣,置全军存亡于不顾,更属不成事体。又迭据各报告,该军长对于饷糈经理无序,以致士兵疾苦无人过问,遂使反动之徒乘机利用,酿成哗溃,善用兵者,岂应有此？本总司令爱军如命，待士从宽，前虽屡有所词，皆为隐忍，乃该军长始终不悟，浩叹何如？为解除该军士兵痛苦，并为三民主义继续奋斗起见，除谕令该军长兼总指挥王天培暂在本部守法，以观后效外，着杨师长胜治暂代理该军军长，王师长天锡暂代理该军副军长共同负责。仰即督饬各师认真整顿，并即日散发官长每员十元，兵士每名两元，以示体恤。务望各奋忠忱，同心报国，以保黔军固有之光荣。本总司令坦白为怀，万勿更滋疑虑，是为至要。切切。此令。

由于蒋介石指挥失误，威信大跌。桂系李宗仁、白崇禧乘机逼宫。蒋介石不安于位，决定辞职下野。8月12日，蒋在南京汤山召集党政军要员开会，正式宣布下野，同时把军政大权交给李宗仁、白崇禧、何应钦三位总指挥负责。当天晚上，蒋介石乘车离开南京，前往老家奉化溪口。

### 4.主持杀王的应是何应钦

蒋介石下野后，南京政府军政事务由李、白、何三位总指挥共同负责，何应钦并代理总司令，成为主要负责人。于是，王天培便等于落到了何应钦的手中。

何应钦与王天培分别是贵州军阀中"士官系"与"保定系"的骨干人物，在贵州军阀混战中，两派势同水火，结下了很深的仇恨。1921年3月16日"保定系"首领袁祖铭曾买通凶手将何应钦的内兄兼靠山、黔军总司令王文华（系何应钦夫人王文湘的胞兄）刺杀于上海一品香旅馆。不久，袁祖铭又在王天培的支持下，将何应钦驱逐出贵州，从此何、王两人结下杀兄夺印之仇。在政治风云急剧变化的历史条件下，何、王通过不同的途径先后走到了国民革命军阵营中。

然而，何应钦等人并没有忘记过去的旧仇宿怨。

特别是何应钦的夫人王文湘更是忘不了袁祖铭、王天培等人杀害亲哥哥的仇恨。她以怨毒的口吻对何应钦说："你们做男人的，今天你拉我打他，明天我拉他打你，这个我管不着。可是袁祖铭、王天培这几个家伙，于我有杀兄之仇，非报不可！"

在夫人的一再催逼下，何应钦也隐隐动了杀机。偏巧，第四集团军总司令唐生智又在这时诱杀了袁祖铭的心腹干将朱崧和何厚光。这更使王文湘受到鼓舞。她对何应钦说：

"你看看，你看看，唐孟萧（唐生智字孟萧）都可以下手，你这个军委会主席团委员,怎么一点办法也没有呢?"

机会终于来了。

8月初,蒋介石召王天培赴京。王在赴京前,曾召集所部高将领会议,宣布他要赴南京。当时就有一些将领劝他不要去,因蒋介石其人阴险毒狠,翻脸不认人。王天培的弟弟王天锡并提醒他要提防何应钦、谷正伦和朱绍良(他们均是"士官系"人员)等人,建议最好派傅参谋长去。王天培当时回答说:"你真是'小器皿',现在还提那旧事干什么。何应钦他们敢拿我怎么样!"

当王乘火车到达浦口车站时,军部秘书长兼政治部主任甘风章赶到车站迫不及待地告诉王天培:据张步先(贵州黎平人,曾任第十军驻南京办事处处长)说,蒋介石从宿州前线回来时,何应钦请他去吃饭。同席的有谷正伦、朱绍良等人。蒋介石在席间问何应钦、谷正伦:"王植之(王天培字)和你们是同乡,又在贵州共过事,他为人怎么样,靠得住吗?"谷正伦答道:"王植之打仗倒很行,不过,这人心高气傲,不是久居人下的。"王在浦口下车后,张步先又亲到车站将上述情况面告随王同来的杨德淳。当甘风章劝阻王天培不要进南京时,王说:"何、谷等人说我的坏话这是意料中的事,不足为奇。我在宿州已将当年在贵州的事对蒋说明了,怕个什么!"于是,就大胆地来到了南京,果然不出王天培部下所料,王天培一到南京便被扣留。

蒋介石扣留王天培,随即蒋本人又辞职下野,这就为何应钦报仇提供了极为难得的机会。8月14日晚,何应钦与朱绍良合谋将与王天培同时被扣的第十军政治训练处主任甘嘉仪开释,却将王天培移禁于浙江杭州省防军指挥部。这样一来,王天培就完全在何的股掌之中了。9月2日,何应钦下令将王天培秘密杀害于杭州拱宸桥的丛家中。何应钦之所以要将王天培弄到杭州去枪杀,是因为王文华被袁祖铭等人刺杀后埋骨杭州。何应钦在杭州杀王,含有祭奠王文华的意思。

## 张少帅干掉"小诸葛"杨宇霆

1929年1月10日晚,东北张学良少帅公馆外荷枪实弹的士兵在来回巡视。公馆老虎厅内两只威严的老虎标本使人倍感恐惧。

"叭叭",突然厅内传来两声令人毛骨悚然的枪声,只见两个活生生的戎装军人挺倒在地,鲜血从枪口汩汩流出,几乎染红了半身军装。

枪声过后,整个大厅又恢复了先前的宁静和庄严。

死者是当时炙手可热的东北军总参谋长杨宇霆和黑龙江省省长常荫槐。

杨宇霆一直是张府座上常客,与老帅张作霖关系非同一般,在东北军发迹史上有其独特的贡献。但老帅死后。杨宇霆却陈尸虎厅,成为少帅枪下之鬼,其中缘由,着实令当时许多人迷惑不解。其实,这一震惊东北乃至全国的特大事件与张学良、杨宇霆之间由来已久的不可调和的矛盾冲突是分不开的。

### 1.小诸葛春风得意 张少帅心存芥蒂

杨宇霆字邻葛,1885 年生于辽宁法库。少年时曾在本地求学,后入奉天省立学校学习,成绩一直冒尖。毕业后,东渡日本,在日本士官学校学习五年。回家后,任陆军第三镇队官。民国初年,任东三省讲武堂教官,后又调至陆军部当科员。不久投入张作霖旗下,开始在张作霖所辖奉天兵工厂任科长。

杨守霆学识不凡,为人圆滑、奸诈,善于见风使舵,揣摩上司意图。张作霖当时正想进窥中原,扩大地盘,巩固根基,急需各类人才,因而对杨宇霆十分赏识,逐渐派以用场。

民国六年,正值直皖矛盾重重、剑拔弩张之际,张作霖委杨宇霆以重任,令其为代表来往于京、沈之间,参与争权夺利之争斗。杨以自己的谋略,每次都不负厚望,任务完成得十分出色,为张作霖涉足中原立下汗马功劳。于是更得张作霖宠信,任杨宇霆为入关参谋长,参与战事。民国九年,杨宇霆又被任命为东北军总参议,筹划军务。杨宇霆身兼要职,充分发挥自己的才干。他不但亲自督军、设厂、厉兵秣马,扩充军务。而且在治军基础上,治民理财,成为张作霖维持东北不可缺少的左右手。而奉天也一时得以治理,军政形势大有转机。正因为杨宇霆诡计多端,善于要小聪明、出鬼点子,因而当时被人称为"小诸葛"。他自己也以此为荣,沾沾自喜。

由于张作霖对杨宇霆宠信有加,无论大小事情都与之商量,加之当时奉军内部矛盾重重,而以杨宇霆为首的"洋派"势力大于老派和"土派"势力,杨宇霆一时成为奉军中一言九鼎、举足轻重的人物。由此,他横生骄纵之心,大有不可一世、舍我其谁之势。他暗自认为,在东北除张作霖外,他应是理所当然的东三省主宰。

由于野心的膨胀，他逐渐目中无人，妄想尽快爬上东北最高权力宝座。张作霖在世时，杨宇霆迫于其"威望"，不敢公开造次，但暗中活动从未停止。首先，他在奉天省中安插死党，扶植亲信，用掺沙子的办法为自己的未来打基础。他知道奉天全省的警察是一支不可低估的武装力量，于是便处心积虑地对之进行拉拢、控制，想把它握在手中，以便在需要时随意使唤。

1927 年。正是奉军全盛时期，张作霖在北京就任大元帅，统帅军政府。一人得道，鸡犬升天。杨宇霆趁机改头换面，更加骄横恣睢，耀武扬威，肆无忌惮地进行争权夺利的勾端。

他按自己的需要，随意推荐官员，招"贤"纳"士"，组成心腹力量。更露骨的是，他还曾纠集奉天省议会议长范朗清等人，纠合一些无耻投机议员，组成一个所谓请愿团赴京，胁迫张作霖任命杨宇霆主政东北。显然，此举的真正意图是要在东北取代张学良的位置，摆自己于张少帅之上，做东北之王。这虽然被老奸巨猾的张作霖识破而遭拒绝，但杨宇霆这种欺主的行径却引起了张学良的极大反感和时刻警惕。

张学良字汉卿，小名"小六子"，系张作霖之子。此人虽未曾受过高深教育，但接触过一些西方民主主义学说，思想较为开明，并且从小聪明、机智，喜欢习武，在张氏兄弟中，可谓一枝独秀，深得老帅宠爱。张作霖一心想把他培养成自己的衣钵传人，所以按部就班对之进行培养，扶植，让他在奉军中带兵作战，使之渐露头角。这样一个并非庸才之人，对奉军中的风吹草动当然了如指掌。因而对大权在握的杨宇霆的狂妄行径和狼子野心，张学良早已洞悉，并深感杨宇霆是自己仕途上的劲敌。但由于父亲在位，有些事情不好直接插手，张学良只好把对杨宇霆的不满和敌意深藏不露。杨宇霆也碍于张作霖，未敢与张学良做公开争斗。然而，由于两人利益上的尖锐对立，时常在暗中勾心斗角，彼此的矛盾愈来愈大。

1928 年，北伐军以摧枯拉朽之势直捣北京，张作霖不得不撤离北京，逃回关外老家。日本帝国主义知道张作霖末日已到，不但毫无利用价值，反而会成为日本人侵华路上的绊脚石。于是，1928 年 6 月 4 日，张作霖专车离京赴奉行至皇姑屯时，日本人一捆炸药把他送上了西天。这本系日本帝国主义与张家的关系，但机警的张学良却从蛛丝马迹中看出了杨、常在此事中扮演的角色。张学良认为杨、常即使没有直接参与这次谋杀事件，但却有掩护日本人谋杀张作

图文珍藏版

霖之嫌。

原来,张作霖离京时与常荫槐一同在北京上车,当车行至出事点前一站时,常荫槐却借故下车了,而事故发生后,常荫槐又奇迹般地出现在现场,此事确有些蹊跷。另外,在张学良未得知其父被杀一事时,杨宇霆曾对张学良说过老帅恐怕出事了之类含糊之言,并解释说这是来自法国公使的消息。这些事情,是历史的巧合,还是当事人事前有谋尚无定论,其原委也就不得而知。但张学良以此为据,推测杨、常二人的险恶居心也是顺理成章的。这样一来,原来闷在心里的旧恨,加上皇姑屯事件上的新仇,无疑加重了后来张学良痛下杀手的砝码。

### 2.张作霖命赴黄泉杨宇霆趾高气扬

杨宇霆早生独霸张家之业、称王东北的野心。张作霖在世时,由于时机未成熟只能暗中盘算,张作霖死后,杨宇霆的这种野心就日炽一日地表面化。

一方面,他终日计谋如何取代东北军的法定继承人张学良,以便称霸东北;另一方面,他认为自己在东北军中劳苦功高,资历无人可比,势力没人可敌,东北军政头把交椅非他莫属。杨宇霆甚至认为:就目前东三省情形来看,我是东北军总参议,握有军政大权,下面又有大批早已拉过来的心腹,在这个节骨眼上,即使我杨宇霆起兵造反,你张学良又有何计可施?因而,他对少帅根本未放在眼里,完全低估其能耐,把他看成一个乳臭未干的纨绔子弟而极度蔑视,无论言行都表露出唯我独尊的姿态。在公开场合毫无顾忌地对张学良指手画脚,发号施令,有时连官名都不叫,直呼张学良小名。对奉军的其他异己势力,更是百般刁难,打击,排挤,使许多奉军官员顿生大权旁落、朝不保夕之感。对之,张学良表面行若无事,但心中实有一股无名之火,总想借机发泄。

杨宇霆不仅在言词上小视奉军中包括张学良在内的异己,在行动上也挤命为自己上爬做准备。

张作霖死后,日本帝国主义以其在沈阳办的《满洲报》耍了一个花招,在东北广大民众中搞所谓民意测验。他们每天在公开发行的报纸上面写上张学良、张作相、杨宇霆等人的名字,并附有选票,让阅报者每天在这些人中选出一个作为东北军政首脑,及东三省主席,把选票寄回本报。实说,日本人这一花招,除了有其自身不可告人目的外,确也能从另一个侧面了解、衡量上述人员的"功德"。杨宇霆为了扩大影响,造成声势,以便在舆论上压倒张学良,使出了无耻政客们的惯伎,每天派出大量心腹、爪牙,不惜金钱,大肆购阅该报,并在选票上填上杨宇霆大名。这样一来,每天有杨宇霆名字的选票多达数千张。张学良对这种厚颜无耻的勾端当然一清二楚。

除此以外,为了拉拢对自己有用的人,杨宇霆对各类官僚政客,大肆封官许愿,施以小恩小惠。一时各类投机钻营、趋炎附势之徒云集于杨宇霆周围,杨公馆似乎成了东北军事、政治的中心,杨本人似乎也成了东北军政首脑。与此同时,杨宇霆还凭借手中职权,使用分化手段,对忠于张学良的各级人才设法调离,以扫除他与张学良抗衡的障碍。这一阴谋被张学良识破后,他又改变手法,对新上任的各级官吏进行面见、会议,以便拉为己用。

更令张学良不能容忍的是,杨宇霆竟公然与日本帝国主义勾结。杨宇霆的公馆常有日本人"光临",为其提供信息,出谋划策。杨宇霆为了攀上这棵大树,作为进身之梯,也不惜以民族利益为代价,尽量巴结、讨好日本人。这样你来我往,相互利用,日、杨逐渐结为一体,大有遮盖东三省之势。张学良对杨宇霆的一举一动,尤其是对他勾结日本帝国主义、牺牲民族利益、认贼作父的丑恶行径十分痛恨,憎杨之心,无疑又进一步。

杨宇霆不仅千方百计抬高自己的身价,扩大自己的影响,广罗人才,拉帮结派,在与张学良的交往中,对张学良的指令、安排也置若罔闻,有时甚至设法刁难,公开反对。

张学良执掌东北后,财政十分紧张,曾一度出现难以维持的局面。为了紧缩开支,保障军政机器正常运转,张学良忍痛采取了一系列措施。他把军事上的将官,一律改成军事参议官,成立参议官会议,并商议准备裁军事宜。参议会常召开会议,在大部分会议上,杨宇霆都喧宾夺主,完全置张学良不顾。他不但当面拒绝张学良的意见、建议,有时甚至出言不恭。有一次,张学良在会上询问有关东北军政事务,杨宇霆竟然态度生硬地大声斥责道:"此事你不懂,你不要管。"俨然一副主人翁姿态,使张学良十分尴尬。

在对人事安排上,杨宇霆更是天下老子第一,处处我行我素。一次,张学良召开会议,令杨宇霆接替吴俊升遗下的黑龙江军务督办或担任吉林省有关要职。杨先是在会上公开反对张学良对自己的任命,后又吊儿郎当,一直没有上任。张学良为此威信受损,十分为难。

不但如此,杨宇霆还伙同常荫槐等人常给张学良出难题,故意刁难。有一次,杨宇霆乘东北财政紧张、张学良一时无法筹集巨款之机,再三电告张学良要求给所辖兵工厂拨巨款以供急用。当时东北主要经济收入来源于常荫槐掌管的铁路运输,张学良无可奈何,只得向常提出筹款一事,但杨、常早就串通一气,常荫槐借故拒不供给。张无计可施,整天坐立不安,急得像热锅上的蚂蚁团团转,而杨、常却在一旁幸灾乐祸。

张学良是一位爱国军人,通过皇姑屯血的教训,他看清了日本帝国主义蛮横、凶残的侵略本质,深深认识到与日本人合作无异于与虎谋皮,再加上蒋介石不断派人劝说,张学良决定脱离日本人的控制,易帜投蒋。有一段时期,他对国民党中央政策等问题较为关注,时常考虑与国民党合作之事。一天,在与杨宇霆谈话中,张学良涉及了这一问题,想征求杨的看法,杨宇霆竟大言不惭地说:"你走你的中央路线,我是要走日本路线的。"当场把问话顶了回去,使张学良感到如鲠在喉,十分难受。

但是,血气方刚的张少帅,没有忘记国恨家仇,决心归附南京政府。于是他克服重重阻力,排除多方干扰,于1928年7月中旬,双方派出代表于北京"六国饭店"进行最后协商,终于达成易帜协议。

张学良的"叛逆"之举,无异于给了日本帝国主义当头一棒,他们深知,东北易帜就意味着自己在东北的统治基根的动摇,于是千方百计进行阻挡,刁难。日本人一方面对张学良施加压力,想在易帜之前捞取更多特权;另一方面使出浑身解数,竭力拉拢、劝诱东北军中的亲日分子,以便扶持新的走狗。

此时的杨宇霆心里比谁都焦急,他知道,一旦东北易帜,他就会变成一文不值的丧家之狗,于是十分想通过日本人之手来阻挡张学良与南京国民党合作。他根本不考虑国家、民族的前途、命运,拼命站在日本人一方,以之来达到自己的卑鄙目的。然而,铁了心的张学良毫不为之所动,于1928年12月29日断然宣布易帜,服从南京政府。从此,张学良脱离日本人的控制。投入了蒋介石的怀抱。这意味着杨宇霆想借东北军势称王东北的美梦已成泡影。

1928年12月30日,南京政府任张学良为东北边防军司令长官,张作相、万福麟为副长官,杨宇霆被踢到了一边。为了保住兵权,留住青山,杨宇霆曾厚着脸皮向张学良建议设东北边防军副司令长官三人,分辖辽、吉、黑三省军务,由他自己任驻辽副司令长官,但被张学良一口回绝。这样,张、杨之间的矛盾就更加公开、激化,已到了一个无法调和非兵刃相见不可的地步。

### 3.杨宇霆暗中操戈 张学良虎厅除敌

东北易帜以后,杨宇霆想凭借手中势力和日本人帮助顺利爬上"东北王"宝座的希望彻底破灭,于是又生毒计,想通过武力来达到自己的目的。他的第一步是纠集力量,扩充武装,与张学良在军事上抗衡。

由于利益关系,与杨勾结最密、最深的人首推东北交通委员会委员长、黑龙江省省长常荫槐,此君历来骄横跋扈,野心极大,早就与杨宇霆为夺取东北大权而狼狈为奸。他们利用手中特权,首先从东北铁路交通入手,遍地安插死党、亲信,如泰山铁路局,沈阳铁路总办,吉长铁路局,洮昂铁路局等要道上的主要成员均是其走狗。杨常此着确实厉害,一旦张、杨发生武装冲突,东北整个交通都在其控制之下,只要暗授机宜,张学良对东北交通是鞭长莫及,只能望路兴叹。对张学良来说,这无疑是一个极大的危险与威胁。

更阴险的是,杨、常合谋以设立黑龙江省山林警备队为借口,以前军法执行总处的总兵为基础,肆意扩充军队,并从杨宇霆掌管的东北兵工厂调大批武器予以装备,逐渐养成了一支有相当规模、具有战斗力的武装。而对张学良却谎报数目,以掩其耳目。另外,杨觉得这还不足以与张学良在势力上抗衡,于是又在扩军的基础上,精良装备部队。他未得张学良同意,私自从捷克订购了三万支先进步枪。显然,杨宇霆的目的是想不但在数量上而且在质量上压倒张学良。然而,世上没有不透风的墙,这些小动作早被张学良的心腹探听得一清二楚。当张学良得知详情后,沉思良久,深感此事有关自家前途、性命,决不能等闲视之。但是当张学良前去询问此事时,杨宇霆却十分心安理得地回敬说:"我们自己的武器没有人家的好。"这种明目张胆扩军备战的做法,使张学良倍感震惊,他知道此人不除,后患无穷。张学良既生除杨之心,杨宇霆的死也就只是时间问题了。

1929年1月10日,日本人再次向张学良提出建立满营五铁路之事,这正是张学良深恶痛绝的,但他迫于当时国际国内的复杂形势,不好在日本人面前发作,因而只好又一次以外交问题为中央之权限托词严拒。日本人见张学良态度明朗,无商量余地,于是另辟蹊径,把目光转向杨宇霆。杨当时正在与张较劲,想讨好日本人,于是对日本人的要求求之不得,最后日、杨一拍即合,在北平就这一问题商讨出了一个初步结果,并打算公之于众。这一行径,既违背了张学良的意愿,又进一步暴露了杨宇霆甘当日本人走卒的嘴脸。同时也使张学良领悟到,日、杨勾结对自己极为不利。因而对杨宇霆到了一个不杀不足以泄心头之恨的地步。

张学良

机会终于来临了。1929年1月10日下午,身受日本人重托的杨宇霆、常荫槐二人堂而皇之地来到了张公馆,张学良忍着满腔怒火和无比怨恨把他们引进了公馆老虎厅,双方象征性地礼节后,杨竟然又提出了令张学良十分恼火的修建铁路一事,并要求成立东北铁路督办公署,管理铁路建造有关事项。张学良先是反复诚心说明此事决不可为之理由,后又态度十分强硬地予以拒绝。但骄横成性的杨宇霆却毫不知趣,一味坚持自己的意见,并步步紧逼张学良。最令张学良不能忍受的是,杨竟然从口袋中拿出事先准备好的有关条文,威逼张学良签字,这无异于火上加油。张学良只觉得怒从心头起,以前的矛盾、不满、怨恨一下子直冲脑顶,在这关键时刻来了个总爆发。只见他脸色铁青,双手握拳,足足沉默二、三分钟之久,突然虎眼圆睁,大喝一声:"来人!"话音刚落,门外即刻冲进数名持枪卫士,他们一进虎厅,就威严地直逼杨、常二人。杨、常开始还想反抗,但怎敌得过训练有素、身手敏捷的卫士,卫士们三下五除二迅速把杨、常制服在地。见此情景,张学良二话没说,只是用眼光略做示意,持枪卫士马上心领神会,手指轻轻一勾,把杨常送上了黄泉路。

杨宇霆一生以小诸葛自居,最终还是死在主子的枪下,真可谓"智者千虑,必有一失。"但杨宇霆至死也没算计到这一失却连小命都搭上了。

## 沈玄庐归乡被刺

1928年8月28日下午,沈玄庐从莫干山乘车经杭州回到故乡萧山,在衙前下车时突然遇刺身亡。沈玄庐因何被刺?凶手是谁?

沈玄庐,名定一,字剑侯,玄庐为别号和笔名。1883年出生于福建顺昌县,时其父为顺昌知县。他自幼就读于名师之下,19岁时,考入萧山县学为邑庠生。次年，他以母亲私蓄一万元资助救赈条例，得任云南广通县知县。时值戊戌维新之后，他剪发易服，单骑轻装赴云南上任。上任后，他着力发展教育，将全县关帝庙一律改为学堂；同时又募团练以防"盗匪"，因此深得云南总督锡良赏识，遂提升为武定知州，不久又升迁为省巡警总办。由于他积极维新，大力禁赌，整顿社会秩序，遭到了顽固派的反对和攻击。云南市政使沈炳堃向锡良诬告沈与徐锡麟等革命党人有联系，引起锡良猜忌，沈不得已离开云南到日本。1905年，沈定一经蔡元培介绍，在东京加入刚成立的同盟会。归国后，适逢浙江掀起收回路权运动，沈积极参加了这场运动，并以沪杭路股东身份被推为进京请愿的代表之一。辛亥革命前，他组织了一个"与同盟会同一意义"的名为"一团"的革命组织。

1911年武昌起义后，沈玄庐与陈其美在上海率队合攻江南制造局。上海光复后，陈其美任沪军都督，决定成立苏浙沪联军进攻清朝江南大本营南京，沈受浙江同乡会委托在沪编练学生军参加攻克南京之役。辛亥革命果实被袁世凯篡夺后，沈继续追随孙中山从事反袁活动。1912年，他在上海组织"公民急进党"，发行《公民丛报》，宣传反袁。"二次革命"时，他发表了讨袁通电，策动浙江议员上书都督朱瑞要求浙江独立，并亲赴南京联络上海、南京国民党首领反袁，还参加了陈其美组织的攻打江南制造局的战斗。"二次革命"失败后，沈再次流亡日本。后因反对日本强迫中国承认二十一条而逃亡到新加坡等地。袁世凯倒台后，他回到国内，被选为浙江省议会议长。孙中山领导的护法斗争失败后，沈避居上海。在上海时，他经常与孙中山、戴季陶、朱执信、胡汉民、廖仲恺等人讨论社会问题。

五四运动前夕和以后的一段时间，沈玄庐与朱执信、戴季陶和李汉俊等在上海创办《星期评论》，宣传社会主义，鼓吹革命，颂扬劳工神圣，使《星期评论》成为全国最受欢迎的刊物之一。1920年5月，沈玄庐与陈独秀、李汉俊、李达、陈望道、邵力子、沈雁冰等人在上海发起组织了马克思主义研究会。1920年11月，沈又与宣中华、刘大白等人在杭州成立"悟社"。在这期间，他经常为上海共产党小组创办的《劳动界》《共产党》撰写文章，主张劳动者结合成团体，以反对资本家的压迫。他还十分强调农民在中国革命中的重要地位，主张重视农民运动。这时的沈玄庐，在思想上已成为具有初步共产主义思想的知识分子。

1921年9月，沈玄庐回到家乡萧山衙前，创办农村小学，与宣中华、刘大白、杨之华等联络贫苦农民,成立农民协会,制订了中国现代史上第一个成立的农民战斗纲领——《衙前农民协会宣言》和《衙前农民协会章程》,领导了中国现代史上第一次轰轰烈烈的农民运动——衙前农民暴动。

1923年6月,沈玄庐受孙中山的指派,与蒋介石等人赴苏联考察政治和军事。同年11月回国后,经叶楚伧介绍加入国民党。是年冬,经孙中山指派回浙江筹组国民党浙江省临时党部。1924年1月,沈由孙中山亲自点名以浙江省代表身份出席在广州召开的国民党第一次全国代表大会,并由孙中山提名当选为国民党第一届中央执行委员会候补委员。

孙中山逝世后,由于革命阵营内部发生了分化,沈玄庐的思想也发生了急剧变化,逐步变为国民党右派。1925年7月,沈玄庐在萧山衙前召开的浙江省执行委员会全体会议上,叫嚷"反对用俄顾问","共产党退出国民党",因此被开除出中国共产党。1925年11月,他与国民党右派谢持、邹鲁、居正等人在北京西山碧云寺召开所谓的国民党一届四中全会,他是"西山会议"宣言和决议的起草人之一。1926年3月,沈玄庐又与戴季陶等西山会议分子在上海召开了所谓"国民党第二次全国代表大会",反对孙中山的三大政策,反对国民党一大的宣言和决议,沈是这次大会宣言(草案)的起草人。因此,他受到了1926年11月在广州召开的国民党"二大"的警告处分。

"四·一二"反革命政变后,沈玄庐被国民党中央任命为浙江省清党委员兼省党部改组委员,负责全省的清党工作,杀害了许多革命人士。1927年10月,国民党中央特委会任命沈为农民运动委员会委员、浙江省党部特派员,同时,沈还兼任浙江省反省院院长。1928年,沈在萧山衙前试办地方自治。8月,沈与戴季陶在莫干山讨论地方自治问题。在归途中,被刺杀于故乡萧山衙前。

沈玄庐为什么被杀?凶手是谁?长期以来一直是一个谜。

楼达人在《人物》1993年第3期发表《玄庐之谜》一文,对沈玄庐被刺之谜进行了分析,他认为是蒋介石派人刺杀沈的,理由有如下两点:

第一,蒋介石认为沈玄庐是一个野心欲很强的对手,因此要借沈开刀,杀一儆百。沈玄庐本是共产党员,由于反对共产主义,于1925年被中国共产党开除党籍。沈又于1925年11月参加国民党右派分子公开的西山会议,还于1926年3月在上海纠集西山会议分子召开伪国民党"二大",分裂国民党。沈作为两次会议宣言的起草人之一,成了十分重要的国民党右派分子。蒋在广州曾表示反对西山会议派。沈虽然被国民党"二大"警告处分,但仍然坚持国民党右派立场,背叛孙中山的新三民主义。1927年8月,蒋介石被迫下野,宁汉合流,右派势力甚嚣尘上,沈又获得了国民党中央农民运动委员会委员长之职。1927年底蒋介石重新上台后,沈一面做检讨,投书蒋介石乞求宽恕,一面仍与戴季陶等保持密切联系,以图东山再起。蒋介石看出了他的两面手法,决心把他当作杀鸡做猴对象。据徐海坤《九旬忆旧》记载,"蒋介石通过何应钦派刺客杀了沈玄庐"。

第二,蒋介石与沈玄庐有个人恩怨。1912年1月22日,绍兴旅沪同乡会在上海永锡堂开徐锡麟、秋瑾、马崇汉、陈伯平、陶成章五烈士追悼会,沈玄庐曾在会上激昂慷慨地说:"陶公之死,非死于汉奴,非死于私仇,必死于怀挟意见之纤竖,吾同胞当必代为雪仇。"众所周知,1912年1月14日凌晨,陶成章在法租界广慈医院被枪杀,正是陈其美指使蒋介石干的。16年前沈玄庐的仗义执言一直刺痛着蒋介石,如今时候到了,于是私仇公怨便统统报销。

楼达人说沈玄庐是被蒋介石派人刺死的,这仅仅是一家之言,虽有一定的道理,但缺乏确凿有力的证据,所以并未真正解开沈玄庐死因之谜。

## 蒋纬国身世谜团

与所有的独裁者一样,蒋介石的家庭充满了许多令外人神秘莫测的谜团。而其中蒋介石二儿子蒋纬国的身世,则是谜中之谜。几十年来,传说纷纭,莫衷一是。甚至连蒋纬国自己也说不出个究竟来。1989年,港台一些报刊以《蒋纬国首次公开谈身世,姓蒋姓戴仍是谜》为题报道说:蒋纬国"对自己究竟是蒋介石之子或是戴季陶之子之谜,迄今亦无法证实",他希望有兴趣的民众多提供资料,以澄清这段公案。看来,要解开蒋纬国身世之谜,还需要一段时间。

### 1.几种传说

有关蒋纬国身世的传说,几十年来盛传不衰。归纳起来,大致有以下几种说法:

第一种说法,蒋纬国是国民党元老、前考试院院长戴季陶与日本籍妻子津渊美智子的儿子,并有胞兄戴安国、胞弟颜世芳。纬国由生母抚养至哺乳期满,再由戴季陶原配夫人纽有恒领养。3 岁时过继给蒋介石,交由姚冶诚扶养。

第二种说法,蒋纬国是蒋介石与津渊美智子所生。1913 年"二次革命"失败后,革命党人在国内无法立足,蒋介石亡命日本,在东京得到日本黑社会"黑龙社"的帮助,工作之余,蒋介石与黑龙社的女佣人、美丽多情的津渊美智子来往甚密。窈窕淑女,君子好逑。此时的蒋介石正是风度翩翩青年,两人一拍即合。不久,津渊美智子生下一子,这个孩子就是蒋纬国。蒋纬国后来由蒋介石带回国,交姚冶诚抚养。50 年代,蒋纬国与邱爱伦结婚时,特意赶到日本举行婚礼。据说,这一安排是为了让安居日本的生母高兴,婚礼的主持人就是津渊美

蒋纬国

智子。到 60 年代,蒋纬国干脆又把生母接回台湾居住,以颐养天年。

第三种说法,蒋纬国是蒋介石戴季陶共同所生。据说,二次革命失败后,蒋、戴二人亡命日本,共租一个房间,雇了一个日本少女料理家务。当 1916 年,蒋、戴二人回国时,客邸里多出了两个小男孩。他们搞不清谁是谁的父亲。最后决定"拈阄"(掷骰子)的办法来决定。戴季陶得到大的,取名"安国",蒋介石得到小的,取名"纬国"。

第四种说法,蒋纬国与戴安国都是蒋介石所生,戴安国则是由蒋介石过继给戴季陶的。此说的两位证人是"台湾军事记者联谊会"会长刘毅夫和"陆军指挥参谋大学"校长张柏亭。

第五种说法,蒋纬国是蒋介石与姚冶诚所生。持此说的人列举了种种理由:其一,如果蒋介石与蒋纬国关系不正常,蒋纬国的来历不明,那么,与蒋介石同时代、共过事的人不在少数,其中包括不少有过亲密来往的人,他们为何不说出来?如果说为蒋介石"讳",掩盖丑闻,可在他出任黄埔校校长以前,仅为国民党内二、三流人物,任意被人轻薄为常有之事,为何不见有人说起蒋纬国的

"生之谜"？蒋介石发动四·一二反革命政变后，有些元老和知情者走上反蒋、倒蒋道路，为何也不见有人说起蒋介石与蒋纬国之事？蒋介石的一生成为众多史学家研究的对象，绝大部分史学工作者为何均未肯定关于蒋纬国身世传说中的任何一种说法？其二，从姚冶诚以后的生活看，也可反映出她与蒋介石、蒋纬国的关系之亲密。姚冶诚一直处于蒋介石的精心照顾之下，1927年至1937年间经常与蒋纬国在一起。抗战爆发后迁往重庆。1949年国民党逃台时，姚冶诚随蒋纬国迁往台湾桃园大溪，身为"装甲兵司令"的蒋纬国几乎每逢周末均要前往探视。每逢姚氏生日，蒋纬国总要前往祝寿，看他那下跪时五体投地般的虔诚，非对亲娘老子做不出来。蒋介石有妻妾三人，与毛福梅、姚冶诚仍有往来，而与陈洁如却基本上无甚来往。蒋介石敢于顶住宋美龄的压力，宋美龄能够默认蒋介石与毛、姚二氏来往，皆因她们两人各有一子。这一富有中国特色的传统，使得深受西方文化熏陶的"第一夫人"宋美龄也奈何不得，只好人家随俗矣。持此说的人还认为，本来不存疑问的蒋介石与蒋纬国的父子关系为人所议论，无非是蒋家在历史上有对不起天下人的地方，天下人借蒋纬国的出身之谜，出出蒋家洋相而已。此说看似理由充足，却都是出自分析和推理，并没有举出任何有说服力的证据，而仅有推理是不能构成历史的。因此，还不能说解决了问题。

### 2.蒋纬国的生身父母应是戴季陶与金子

蒋纬国一生叫过许多个"娘"。据蒋纬国回忆，他四岁半那年，随父亲蒋介石到浙江奉化溪口，由姚冶诚领养，蒋纬国叫姚氏为"养母"。当时，蒋介石长年在外，家中仅有蒋母王采玉夫人，蒋介石原配夫人毛福梅和姚冶诚、蒋纬国等人。蒋纬国称毛福梅为"娘"。蒋纬国八岁那年随蒋介石到广州，住进黄埔陆军军官学校。于是，蒋介石的第三夫人陈洁如成了蒋纬国的"庶母"。蒋纬国11岁时，陈洁如被蒋介石遗弃，并送去美国读书。蒋介石又将纬国寄养在苏州吴忠信的家，纬国遂拜吴忠信夫人为"义母"。蒋介石与宋美龄结婚后，蒋纬国又改口叫宋美龄为"娘"。但是，这些人都不是蒋纬国的生母。

1984年，香港女作家孙淡宁，通过长辈的介绍，专程到台北与蒋纬国接洽编写蒋纬国回忆录，得到蒋纬国的首肯后，孙淡宁遂以闲话家常的方式问及纬国的生母，纬国告诉她，他是一位东瀛女子所生。另据蒋纬国的结拜异姓兄弟金定国回忆,他曾听其父亲金诵盘讲过,蒋纬国出生在日本,生母是日本人,名叫金子。金子是一位日本平民,当时的日本平民只有名没有姓,所以金子亦无姓。金诵盘是蒋介石早年结拜的异姓兄弟,他的话应当有一定的可信度。

据1921年3月11日蒋介石所写的日记透露,蒋纬国的生母金子因难产而于当年去世。蒋氏日记云"晨起,得季陶书,知纬儿生母因难产而身亡,思之曷胜哀悼"。由此看来,蒋纬国50年代去日本举行婚礼时由蒋纬国生母主持婚礼的说法是纯属捕风捉影之谈,不足为信。

蒋纬国的生母可以肯定是日本女子金子。那么,蒋纬国生身父亲究竟是谁呢?

据陈洁如回忆录透露,她与蒋介石结婚后,一下子便成了两个孩子的母亲,大为迷惑不解,也感到难以接受这一现实,便禁不住向蒋介石打听蒋纬国的身世。据陈洁如说,当年蒋介石以一种秘密低沉的音调向她倾诉了纬国的身世。

原来,纬国是戴季陶与一位名叫"金子"的日本平民女子所生的孩子。戴季陶从日本回国后,有一天,金子带着纬国从东京来到上海,寻找戴季陶。纬国母子的突然到来,令戴季陶措手不及,不知如何是好。戴季陶是有名的"妻管严",如果戴贸然蒋纬国母子带回家中,肯定不会为太太所容。戴季陶计无所出,遂避而不见,推蒋介石出来周旋。金子见戴季陶拒绝她母子俩,一怒之下,将孩子丢下后就跑了。戴季陶无奈,只好请蒋介石收养。

蒋介石的胞弟蒋瑞青四岁时夭折,遵蒋母命,蒋介石曾将自己的大儿子蒋经国过继给其亡弟立嗣,以免亡弟绝嗣。蒋介石在《亡弟瑞青哀状》一文中记下了这一经过:"亡弟瑞青,讳周付,年四岁而夭,母哀之甚,欲勿殇命,以周泰(即蒋介石)长子经国嗣。……不忍违母命,以伤骨肉之至情,不得已仍以长子嗣之。"由于蒋经国是蒋介石的独子,其"兼祧立祠"令蒋介石有绝后之虞。如今见戴季陶以子相托,蒋介石遂很高兴地收养蒋纬国做了自己的儿子。

蒋纬国是戴季陶与日本女子所生的说法,有多位当事人的回忆可以作证。其一是蒋纬国的异姓兄弟金定国的回忆。据金定国回忆,当年戴季陶要他做自己的干儿子时,定国曾问过父亲金诵盘戴伯伯(季陶)有没有儿子一事,父亲告诉他:"戴有两个儿子,大儿子在湖州,小儿子送给蒋伯伯(介石)作了养子。"其二是陈志坚的回忆。陈志坚的叔父与蒋介石一家为世交,她本人与蒋介石的原配毛福梅为同学。1913年蒋介石在上海纳姚冶诚为妾。不久带回溪口居住。

姚冶诚没有上过学，不认识字，蒋介石遂聘请陈志坚做家庭教师，教姚氏学文化。陈志坚与毛福梅本是同学，此时食宿与共，更为亲热。陈在蒋家断断续续生活了近十年，对蒋家底细知道得十分详细。据志坚说，蒋纬国是戴季陶与日本女子所生。1919年与戴同居的日本女子带着四岁的纬国来到上海投奔戴季陶。戴妻纽有恒是有名的"河东狮"，戴季陶素来惧内，一见日本女子来了，生怕纽有恒知道，将家闹得天翻地覆，不堪收拾。他拿出了一笔现金，婉言说服日本女子回国，但女方不愿把儿子带走。戴季陶知道，儿子留在身边，迟早要被纽氏发觉，正是戴季陶左右为难的时候，蒋介石对他说："我只有毛氏生的儿子经国，你如愿意的话，就把你的这个儿子送给我，我带到乡下交与姚氏抚养，就算是她生的。"蒋氏此言，正中戴季陶下怀，戴立即称谢照办。蒋介石把这个儿子带回家中，与母亲与毛福梅说明原委，商定对外只说是姚氏生的，取名建镐。陈志坚说；蒋母及毛福梅对有些至亲和长期生活在一起的陈志坚并不隐讳内情，只要求他们心照不宣，所以长期以来，外界多不知底细，遂以讹传讹以致众说纷纭。

其三，最近出版的《陈洁如回忆录》也肯定蒋纬国是戴季陶与日本女子所生的儿子。陈洁如是蒋介石的第三个妻子，从1921～1927年，他们两人共同生活了七年之久。曾有一度，陈洁如抚养过蒋纬国，蒋纬国称她为"姆妈"。《陈洁如回忆录》中说，在陈洁如与蒋介石结婚不久，蒋介石就蒋纬国的身世告诉了陈洁如：

"几个月前，我正在我们环龙路四十四号的总机关里，门铃响了好几回，我开门一看，老天爷———一位日本妇人抱着一个小男孩站在那儿。我们立刻认出了彼此，因为她是我在东京时的老朋友。我立刻请她走进客厅。

'美智子女士，你好吗？'我问她：'什么时候到上海来的？快请进来。我去叫戴季陶下来见你，他住在二楼。你等着，他见到你一定又惊又喜！'这位妇人对我行日本式的深鞠躬，然后说：

'这个小男孩是戴季陶的骨肉，你觉得他像不像他父亲？"

她兴奋地坐下来。我三步并作两步地冲上楼，大声叫着：'季陶！季陶！你猜谁来了？是美智子来找你，她还带来了你的儿子！哈哈！儿子找爸爸呢！'我高兴的喊声传遍了整栋房子。

但我一看到戴季陶惨白的脸，不禁吓了一跳。美智子这个名字显然使他心烦,他悄悄地把我拉进他的房间,关上门,然后压低了嗓门说:'我在日本的那段荒唐日子已经过去了。我曾经一度风流,但现在不愿再想起过去。如今我有自己的妻子和小孩,不能和美智子恢复以往的关系;我既不想见她,也不想见那个男孩,请你替我找个借口,赶快把她弄走,就说我不在——怎么说都行——只要弄走她就成,告诉她说你不知道我的地址,也不知道到哪里去找我。'

你简直想象不到我当时有多尴尬,我问他:'你真的不想见你的亲生儿子吗?是个很好的孩子!'

戴季陶不耐烦地摇摇手,皱起眉头说:'我自己有家了——儿子、女儿,还有妻子!我再要美智子的儿子做什么?我人生的那个阶段已经结束了!你明白吗?弄走她!快弄走她!'

我垂头丧气走下楼,不知如何编出一个理由来应付美智子。我知道她是个善良的人,因为当年她总是温柔优雅而和善。我试着不想伤她的心,所以走进客厅后就对她说:

'美智子女士,真是抱歉!季陶不在,我不清楚他什么时候回来,你要不要留下话给他!'我看出美智子沮丧得几乎要哭了。她有好一阵子没有作声,然后就像是自言自语地喃喃道:

'我来上海是错了。我相信了那个男人的甜言蜜语,以为他真的爱我,所以才不辞辛苦,千里迢迢地把他的儿子带来给他看。我以为我们可以恢复当年的关系——这是他离开日本时向我作的保证。现在我才知道这个团圆的美梦只是痴想,我只怪自己是个痴心的傻子。'她终于哭了起来。

我只好对她说:'美智子女士,请别怪自己。只要你有耐心,事情总有转圜的余地。'

'耐心?'她对我苦笑一声,又失声痛哭了:'别自欺欺人了,蒋介石。如果他连自己的骨肉都不愿意见,这表示他根本不想再要我们。可是他不该忘记自己在日本的革命岁月。当年他穷,我把自己的金镯子、金项链都给了他,帮他的忙,结果他这样报答我。这都是我的错,因为我相信了一个背信负义的男人,只能哭自己蠢。'

她抬头望着窗外,想遮掩住泪水,然后拿定主意说:

'蒋先生,请你告诉他,如果他不想要自己的亲骨肉,我也不要!'说着她匆匆地吻了一下小男孩,便夺门而出。

她这个举动自然使我大吃一惊,我也追了出去。'回来!回来!'我拼命叫,但终归徒然,她跑得太快了,所以一转上霞飞路,我就失去了她的踪影。站在街口,我不知如何是好,也不知何处去找她。"

上述绘声绘色的描写,不能排除作者故意编造情节的嫌疑,但我们认为,其基本结论——蒋纬国是戴季陶之子,是可信的。

### 3.蒋纬国终有弄清自己的身世的一天

蒋纬国 1919 年过继给蒋介石时,年仅四岁。由于年幼,事实真相他自然无法知道。

随着年龄的增长,蒋纬国慢慢听到了不少关于他身世的传闻。1942 年,美国作家约翰·根室所写的《亚洲内幕》一书中专门写道:蒋介石元帅二子蒋纬国少尉,是国民党元老戴季陶先生之子,后过继给蒋介石。纬国读到这本书后,萌发了要弄清自己身世的愿望。

抗战时期,蒋纬国从德国、美国等国留学回国,在他到重庆的当天,就来到戴季陶家给他请安。久别重逢,一老一少特别高兴,两人说着话,蒋纬国情不自禁地将久藏心底的秘密掏出来,对戴说

"亲伯,你看过美国作家约翰·根室所写的《亚洲内幕》一书吗?"

"这……"戴不置可否神色很不安。他怎么也没有料到纬国会突然问这个难以回答的问题。

"我在国外读书时,也听到过不少有关我出生的传闻,人家都说,……都说我的生身父亲不是蒋介石,而是你。这是真的吗? 我做梦都想搞清楚。"蒋纬国目光炽烈地望着戴,想得到出自戴口中的答案,以释内心的悬念。

纬国的话刚落,戴季陶突然站起来,他的脸红一阵,白一阵,显得十分紧张。在他的心中,亲情与理智正在进行着前所未有的剧烈搏斗。然而,他很快又镇定下来,把纬国带进了书房,给了他一个很巧妙的答复。

书房的墙上有一张蒋介石半身照大相片,戴让纬国坐在书桌面前,然后,又找来一面镜子,架在桌上。纬国从镜子里,不仅能看到自己的影像,还能看到他身后墙上张挂着的蒋介石的大照片。

戴季陶坐在纬国的对面,含笑而说:"孩子,你照看镜子,再左右比较一下,你是像我,还是像照片中的人。"

纬国看了一眼镜子中的自己，又看看端坐在他对面的戴，再转身细细地凝视着墙上蒋的照片。他突然发现眼前的两位长辈，除风度气质有所不同外，长得竟像孪生兄弟，以致他都难以分辨自己到底更像其中的哪一个了。就在那一刻，他产生了一个念头，从今以后，他再也不会为外界的传言所困惑，再也不会去追索自己的身世了。对于这两位伟大的人物，他做谁的儿子都愿意。

然而，事实上，蒋纬国并没有放弃弄清自己身世的念头。1948年蒋介石在家乡修蒋氏族谱。有一次，蒋纬国偷偷地问修谱人，谱上有没有说明他的生母是谁？修谱人告诉他，蒋氏一房是蒋介石亲笔所写，谱上不仅没有注明蒋纬国的生母，而且蒋经国、纬国二兄弟统统记到了宋美龄的名下。原配夫人变成了蒋介石的"义姐"。其结果，蒋纬国又一次不得要领。纬国当时就说："过三十年以后再说"。

蒋纬国去台以后，随着年岁的增高，认祖归宗的念头日益强烈。1985年蒋纬国打算出版一本披露自己身世的书——《蒋纬国报到》。在书中，蒋纬国首次肯定他是戴季陶的儿子，真正与他有关系的兄长是戴安国。而蒋介石只是他的"义父"，蒋经国则是他的"义兄"。有关蒋纬国并非蒋介石亲骨肉的说法，由蒋纬国亲口说出，自然是石破天惊。这部书在五校完毕，即将付印之际，却被蒋经国下令封杀了。

虽然经历了种种挫折，蒋纬国公开披露自己身世的愿望仍然很强烈。1986年12月10日出版的台湾《文化城》月刊，刊登了一张雕塑大师林艺斌受蒋纬国委托"恭塑"戴季陶铜像的照片。按照中国人的传统习惯，私人塑像，一般就是家族之间的"慎终追远"，子孙为先祖立像。看来，蒋纬国在心里已经明确肯定他是戴季陶的儿子，只是囿于现实的环境，没有也不便明确宣布而已。

## 蒋介石与汪精卫上海会谈秘录

1927年4月1日，汪精卫自莫斯科回国抵达上海，与蒋介石等人就反共"清党"问题进行密谈，密谈持续了数天，直至5日晚汪精卫悄悄离开上海赴武汉才告结束。这次密谈的具体内容是什么？为什么事后汪又瞒着蒋匆匆离沪赴汉？实在令人捉摸不透。

为什么会有蒋汪上海会谈？恐怕还得从蒋汪之间的关系及他们对共产党的态度说起。

　　蒋汪之间的关系是十分复杂的，双方既互相利用又相互斗争，主要为的是争权夺利。

　　汪精卫在国民党内的地位一直高于蒋介石。早在1905年同盟会成立时，汪就参加了同盟会成立大会，并被会议推举为同盟会章程起草人之一。同盟会成立后，设总理及本部各机构，在总理之下分设执行、评议、司法三部，汪被选为评议部部长，深得孙中山的信任和器重。同时，汪还是同盟会机关报《民报》的主要撰稿人，常常撰文宣传革命思想，阐述孙中山的三民主义，因此被视为革命理论家。1910年3月，汪精卫携炸弹谋刺摄政王载沣，事虽败，但影响很大。辛亥革命后，汪去欧洲。1919年"五四"运动时，汪在法国参加了拒签和约的斗争。在这段时间里，汪屡次回国，参加孙中山领导的革命斗争，成为孙中山得力助手。1922年，孙中山开始改组国民党，汪参加了改组工作，并被推为国民党改组宣言的起草人。1924年1月国民党召开了第一次全国代表大会。汪是大会主席团成员，还被推举为国民党章程审查委员和召集人，并担任了大会与孙中山之间的联络人。在这期间及以后的一段时期，汪赞同孙中山的联俄、联共、扶助农工的三大政策、为维持国共合作同国民党右派做了坚决斗争，博得了国民党左派领袖的桂冠。1924年11月，汪随孙中山北上。孙中山逝世时，汪受命为孙中山遗嘱的起草人，捞取了更多的政治资本。1925年7月1日成立广州国民政府时，汪担任了国民政府主席及军事委员会主席。由此看来，在孙中山逝世后，汪俨然成了国民党的领袖。

　　与汪精卫相比，蒋介石的资历就浅得多。蒋于1907年加入同盟会，参加了辛亥革命。辛亥革命失败后，蒋混迹于上海，从事证券交易活动。护法运动及陈炯明叛变时，蒋随侍在孙中山之侧，因此得到孙中山的信任。1923年8月，他受孙中山之命，率"孙逸仙博士代表团"赴俄考察党务和军事。1924年5月，黄埔军校成立时，蒋被委任为校长。但这时的蒋介石，只不过是国民党内的一个军人，在党和政府中没有任何职务，甚至连国民党"一大"也没有资格参加。在国民政府成立时，蒋只担任了国民政府所属的军事委员会的委员，与汪精卫的地位相比，相差了几个等级。但蒋是一个极有野心和权术的人，千方百计寻找机会向上爬。他常常以"左"的面目出现，高喊孙中山的三大政策,批判西山会议派,因此一度得到共产党和苏联顾问的信任和支持。他又利用担任黄埔校长之职,极力培植自己的势力,以此作为提高自己地位的资本。蒋汪之间最初并没有什么联系,只有到1925年7月国民政府军事委员会成立,汪任主席,蒋任委员,两人才正式在一起共事。1925年8月20日,国民党左派领袖廖仲恺被刺身亡。廖案发生后,汪、蒋同被推为特别委员会委员,汪负责政治,蒋负责警察和卫戍。在处理廖案的过程中,汪蒋开始密切合作,驱逐胡汉民,逼走许崇智。通过这次合作,汪巩固了自己的地位,蒋也大大提高了自己的地位。之后的一段时间里,汪蒋的合作是比较融洽的,形成了汪主政、蒋主军的局面。在国民党"二大"上,蒋被选为中央执行委员,仅比汪少一票。在二届一中全会上,蒋又以仅次于汪的票数,被选为中央执行委员会常务委员。蒋由此一跃成为国民党内仅次于汪精卫的第二号人物,确立了他在国民党内的政治地位。

然而,汪蒋合作的时间是不长的。主要原因在于两者都有极强的领袖欲。对于他们两人的个性及关系,李宗仁在其回忆录里有一段精彩的描述:

"汪兆铭的为人,堂堂仪表,满腹诗书。言谈举止,风度翩翩,使人相对,如坐清风之中,初与接触,多为折服,故颇能呈召一部分青年。然汪氏黔驴之技,亦止此而已。其真正的个性,则是热衷名利,领袖欲极强,遇事又躁急冲动。欲达目的,既不择手段,也不顾信义。每临大事,复举棋不稳,心态不定。……中山逝世后,汪氏一意"左倾",与蒋中正互为表里,不择手段地揽权夺位。谁知了的合作者蒋氏,也是个热衷权力不择手段的人。他二人各取得党权、军权之后,竟又短兵相接,火并起来"。

由于蒋不甘居于汪之下,汪蒋合作的局面,很快就被打破了。

1926年3月18日,蒋介石派人通知海军局代理局长、共产党员李之龙派兵舰赴黄埔候用,当中山舰开抵黄埔时,蒋却声称无调舰命令,并借口中山舰"有变乱政局之举",于20日宣布广州戒严,逮捕李之龙,包围省港罢工委员会及苏联顾问的办事处住宅,扣留了黄埔军校和国民革命军第一军的共产党员。这就是中山舰事件。蒋制造这一事件的目的是打击共产党,排斥汪精卫。当时作为国民政府主席和军事委员会主席的汪精卫竟然对蒋的这一系列行毫无所知,因此对蒋的独断专行十分不满和气愤,但又无可奈何。22日,汪向国民党中央请长假。4月初,汪以治病为名出走香港。5月,离开香港去欧洲。

通过中山舰事件，蒋达到了一箭双雕的目的。4月16日，在国民党中央党部和国民政府联席会议上，蒋被选为军事委员会主席。在5月召开的国民党二届二中全会上，又攫取国民党中央组织部长、军人部长等职。6月4日，蒋通过国民党中央临时全体会议，担任国民革命军总司令。7月4日，蒋又自任国民党中央常务委员会主席。至此，蒋独揽了国民党党、政、军大权。

对于蒋介石的大权独揽，独断专行，国民党左派十分不满。为了抑制蒋介石，国民党左派掀起了"迎汪复职"运动，敦促汪精卫立刻销假回国复职。1926年11月，为了适应北伐战争胜利发展的形势需要，国民党中央决定将国民政府由广州迁往武汉，但蒋介石却提出改迁南昌，并扣留了第二批迁都人员，意欲把国民党中央和国民政府控制在自己手中。武汉国民党遂发起提高党权运动，再次敦促汪精卫回国复职，领导武汉国民党，以便提高党权，抑制蒋介石的个人独裁。

在一片"迎汪复职"声中，汪精卫认为回国时机已经成熟，遂于1927年2月下旬离开法国，取道柏林、莫斯科，于4月1日抵达上海。

汪精卫回国时，正是蒋介石决心公开反共，积极准备发动反革命政变之时，亦是蒋介石与武汉国民党严重对立之际。蒋介石为了增加反共的政治力量，极力拉拢汪精卫，想通过蒋汪合作共同反共，并压服武汉国民党。汪精卫本是因中山舰事件而负气出国的，此次回国的目的是想恢复他在国民党及政府中的最高地位和权力，虽然武汉国民党中央和国民政府对汪虚位以待，希望他迅速来汉主持大计，但要恢复昔日的领袖地位，非取得蒋介石的支持和谅解不可。且汪一向曲解孙中山的三大政策，认为反共是必然的事，只不过是个时间问题。于是，在不同的目的下，蒋汪开始了数日密谈。

这次密谈的中心问题是反共清党，这是毫无疑问的。但具体谈了些什么呢？有没有达成协议？汪为什么离沪去汉？

4月1日汪精卫到达上海时，蒋介石就亲率吴稚晖、蔡元培、李石曾、柏文蔚、古应芬等人，到汪下榻的孔祥熙公馆，开始就反共"清党"问题进行密谈。会谈一开始，蒋介石和吴稚晖等人即大肆诬蔑共产党准备阴谋暴动，企图推翻国民党；攻击武汉国民党中央和国民政府已经为共产党把握。他们提出应立即赶走鲍廷，实行反共与"清党"。蒋许诺事成之后，由汪主持大计。对于蒋的主张，汪认为"共产党素来不轻变更所定政策，共产党实以本党为利用品，本人亦不赞成共产党之阶级革命与劳农专政。且据本人观察,国民党与共产党亦不易继续相安"(根据4月2日吴稚晖在中央监察委员会临时会议上的报告)。

4月3日,汪蒋在孙中山故居继续会谈。除汪、蒋外,参加者还有李济深、李宗仁、黄绍竑、白崇禧、宋子文、蔡元培、古应芬、李石曾、邵元冲、吴稚晖等人。关于如何分共问题,"最后乃共依汪同志主张,望再暂时容忍,出于和平解决之途",主要办法是"迅速召集负责之会"。汪精卫则同意在讨论前,采取以下措施:(1)共同负责通告中国共产党首领陈独秀,立即制止国民政府统治下各地共产党员,应即于开会讨论之前,暂时停止一切活动,听候开会解决。(2)对中央党部及国民政府迁鄂后因被共产党操纵,所发命令不能健全,如有认为妨害党国前途者,于汪精卫所拟召集之会议未解决以前,不用接受上项命令。(3)现在各军队及省之党部、团体机关,认为有共产分子阴谋捣乱,其于汪精卫所拟召集之会议未解决以前,在军队应由各军最高级长官饬属暂时取缔,在党部、各机关由主要负责人暂时制止。除此,工人纠察队及其他武装团体,应服从总司令指挥,否则认为反革命行为,严行取缔。是日,蒋介石发表通电,表示拥护"汪主席复职",保证今后所有"军队、民政、财政、外交诸端,皆须在汪主席指导之下,完全统一于中央,中正唯有统帅各军,一致服从。"

在汪蒋密谈期间,汪精卫又两次往访中共中央总书记陈独秀,并于4月5日发表了《汪陈联合宣言》。《宣言》说:"中国国民党多数同志,凡是了知中国共产党的革命理论,及其对于中国国民党真实态度的人,都不会怀疑孙总理的联共政策。现在国民革命发展到帝国主义的最后根据地上海,警醒了国内外一切反革命者,造谣中伤离间,无所不用其极!甲则曰:共产党组织工人政府,将冲入租界,贻害北伐军,将打倒国民党。乙则曰:国民党领袖将驱逐共产党,将压迫工会与工人纠察队。这类谣言,不审自何而起。国民党最高党部全体会议之议决,已昭示全世界,绝无有驱逐友党摧残工会之事。上海军事当局,表示服从中央,即或有些意见和误会,亦未必终不可解释。……我们应该站在革命观点上,立即抛弃相互间的怀疑,不听信任何谣言,相互尊敬,事事商协,开诚进行,政见即不尽同,根本必须一致。"宣言内容与当时汪蒋密谈之内容实在格格不入。

4月5日,蒋汪继续密谈。其值《汪陈联合宣言》发表,因此,吴稚晖在会谈时大骂汪精卫,其他人也对汪的行为不以为然,汪精卫虽然竭力解释,但无济于事，双方弄得很僵。于是，汪便于4月5日晚上离沪赴汉。

关于这次上海密谈，汪精卫于1927年11月在广州谈《武汉分共之经过》时说：

"回到上海的时候是4月1号，那时蒋介石、吴稚晖、蔡子民、李石曾几位二十多年来大家在一起的同志都见面了，见面之后，蒋同志等提出两件事，要兄弟赞成，一是赶走鲍罗庭，一是分共。从4月1号到5号，一共五天大家都是商量这两件事，蒋同志等对于这两件事很坚决的，以为必须马上就做。而兄弟则以为政策关系重大，不可轻变，如果要变，应该开中央全体会议来解决。蒋同志等说道，中央已开过第三次全体会议了，全为共产党所把持。兄弟说道，如此可以提议开第四次全体会议，以新决议来变更旧决议，而且南京已经克复，中央党部和国民政府，可以由武汉迁到南京，第四次全体会议，即可以在南京开会，会议怎样决定，兄弟无不服从，如不由会议决定，恐分共不成，反致陷党于粉碎糜烂，这是兄弟所不能赞成的。于是兄弟自任前往武汉，向中央提议，将中央党部和国民政府迁往南京，并提议开第四次中央全体会议，以讨论决定蒋同志等所提议之事件。蒋同志等很不赞成兄弟往武汉去，而兄弟则以为不得不行，遂于4月6日下船。"

作为上海密谈的参加者，李宗仁在其回忆录中写道：

"汪精卫到上海后，留沪中央执监委，暨驻沪军政负责首领曾和汪氏开会两次，出席者计有：吴敬恒、蔡元培、李煜瀛、钮永建、汪兆铭、蒋中正、宋子文、邓泽如、古应芬、张人杰、李济深、黄绍竑等和我。会中一致要求汪氏留沪，但汪始终袒共，一再申述总理的容共联俄及工农政策不可擅变，同时为武汉中央的行动辩护。是对为武汉中央派来接收东南财政的大员宋子文沉默不发一言，其他与会人士则与汪氏激烈辩论。辩论至最高潮时，吴敬恒十分激动，竟向汪氏下跪，求其改变态度，并留沪领导。会场空气，至为激荡。吴氏下跪，汪则逃避，退上楼梯，口中连说：'稚老，您是老前辈，这样来我受不了，受不了。'全场人都为之啼笑皆非。4月5日，当我们仍在继续开会的时候，报上忽然登出《国共两党领袖汪兆铭、陈独秀的联合宣言》。该宣言指出国共两党将为中国革命携手合作到底，绝不受人离间中伤云云。《联合宣言》一出，与会人士为之大哗。大家毕不以汪氏的行为为然。吴敬恒尤为气愤，当众讽刺汪氏说，陈独秀是共产党的党魁，是他们的'家长'，他在共产党里的领袖身份是无可怀疑的。但是我们国民党内是否有这样一个党魁或'家长'呢？吴说：'现在有人以国民党党魁自居，……恐怕也不见得吧!?"说得汪氏十分难堪，大家不欢而散。当晚汪氏遂秘密乘船到汉口去了。上述材料反映了蒋汪上海会谈的大致情况，但并不够详细，而且，在某些问题上，多种材料的叙述中有矛盾和差别。例如，从4月1日至5日，是否每天都开会？每次会谈都有哪些人参加？4月2日和4日的会谈情况如何？等等，这些问题都是不清楚的。

这次会谈有没有签订秘密协议？这是一个最重要的问题。从上述材料看，汪蒋都是主张分共的，但在如何分共的问题上，双方有意见分歧，这是很清楚的。那么，最后双方有没有达成协议呢？学术界对此有两种不同的观点。

一种观点认为，双方达成了秘密协议。王芸生在其1933年写的《十年观潮记》中说："同日（按：4月5日）蒋汪会议，吴敬恒、蔡元培、李石曾、宋子文、李济深、白崇禧、古应芬等在场，议决由汪精卫通知陈独秀，停止共党活动，取缔工人纠察队，暂时否决武汉命令。"新中国成立以后有不少有关党史、革命史的著作，都沿用此说。如蔡德金在《汪精卫评传》中说，4月5日会议蒋汪双方同意于4月15日在南京召开国民党二届四中全会。还说，"汪到武汉后，虽然未曾在中政会上提及召开四中全会之事，但私下里，则把同蒋介石达成的'初步协议'交与孙科、谭延闿、顾孟余、唐生智等人看，动员他们准备到南京开会。"但此种说法有令人疑惑之处。4月5日的会议，蒋汪双方因《汪陈联合宣言》之事而弄得关系很僵，最后不欢而散。在这种情况下，双方能订立协议吗？如果签订了协议，汪为什么又于当日晚上对蒋不辞而别？而且，汪在从沪去汉的途中，于4月6日又致书李石曾，谓联俄容共政策，"绝非不可更改，然更改必须依据党的纪律，非可以个人自由行动，亦非武力可以迫成。"这些疑问不是令人难以解释吗？

另一种观点认为，汪蒋并未达成反共协议。冯春明在《历史档案》1933年第3期上撰文认为，汪执意赴武汉，表明蒋汪之间并未达成共同分共的协议。汪在《武汉分共之经过》中也未谈及双方订立协议之事，并且说："在兄弟当时看来，以为同志等是不对的，但是如今看来，不但不是蒋同志的不对，而且是兄弟的不对。"这也证明蒋汪在分共问题上并未取得一致意见。但这种观点也有一个疑问：如汪蒋未取得基本一致的意见，蒋为什么于4月3日发表通电，拥护汪精卫复职？

这众多的疑问，使人们对汪蒋会谈难以作圆满的解释。两种观点虽各有其理,但也各有其不足之处,何者为是,难以断定。因此,汪蒋上海会谈之谜,并没有真正解开。

## 蒋介石几时从成都逃往台湾

1949 年 12 月 1 日,虽只是初冬,地处川西平原的成都却已是寒气逼人,从各地蜂拥而来的国民党军政人员,拖儿带女,布满了大街小巷。他们满身灰尘、疲倦、迷茫、徘徊、踟蹰在成都街头,不知命运之舟将把自己带向何方。只有那众多的报童,似乎是懵懂不谙世事,仍旧穿梭在大街上熙熙攘攘的人群当中,高声叫喊道:"看报,看报! 看蒋总裁昨日莅临成都!"一听到"蒋总裁"三个字,行色匆匆的人们似乎回过神来,有性急者赶紧买下一张报纸,果然,报纸的头版头条赫然印着几个醒目的大字:蒋总裁昨日莅蓉。下面写着:

"[中央社]蒋总裁今(30)日晨 9 时许,乘中美号专机由两架驱逐机护卫,自重庆白市驿机场起飞来蓉,降落新津机场,黄沙谷、俞济时、谷正纲、陶希圣、蒋经国、沈昌焕、周宏涛、曹圣芬、夏幼权等随行。成都方面,陆校张耀明校长,空军第三军区司令徐焕升,均赶赴机场恭迎,省垣各要员,均未及前往。总裁驻节军校官邸,11 时许,阎院长、王主席等同赴军校晋谒。"

成都,是天府之国四川的政治、文化中心,在十四年抗战中,与战时首都重庆一样,是国民党抗战的大后方,蒋介石对它非常重视,多次莅临视察。但自抗战胜利,蒋介石"下山摘桃子"以后,一直到 1949 年夏,他却再也没来过成都。在他的心目中,成都只是内陆省份的一个省城而已。以他的剿共战略而言,成都最多不过是支持他打内战的后方基地而已,其地位与十四年抗战时已不可同日而语。但是,1949 年入秋以后,在短短的两个多月时间内,蒋介石却两次来到成都,引起国人关注,川中舆论为之沸沸扬扬。人们不禁要问:蒋介石意欲何为呢!

说来话长,自进入 1949 年,国民党是流年不利,无论在政治、经济和军事方面都遭到严重失败,特别是军事,更是不堪回首。自辽沈、淮海、平津三大战役结束,国民党军队的精华损失殆尽,已无法阻挡人民解放军的强大攻势。不得已,只得让蒋介石下野,退居幕后,由李宗仁出面,祭起和平谈判的大旗,试图以和谈缓解国民党面临的危局,进而谋求和共产党划江而治,以图东山再起。但在中国共产党"将革命进行到底"的决心面前,国民党和谈骗局破产。4月21日,解放军强渡长江,以摧枯拉朽之势横扫江南。23日,南京解放,国民党首脑机关南逃广州。5月27日,上海解放,国民党顿失经济重心。然而,出浙江,进福建,占湖广,人民解放军锋芒所及,国民党军队或被歼,或溃散。不出数日,江南已悉数落入人民解放军之手。在这种情况下,蒋介石从幕后走到台前,成立国民党中央非常委员会,作为非常时期处置一切的最高权力机关,蒋介石以国民党总裁兼任非常委员会主席,重新恢复了一人独裁。面对人民解放军的凌厉攻势,蒋介石决定仿效十四年抗战的做法,以大西南作为他在大陆的最后基地,积蓄力量,伺机反攻。为此,8月24日,蒋介石带领蒋经国飞到重庆,为"保住西南这最后一个反共堡垒"而奔波。一下飞机,蒋介石就发表讲话称:"今日重庆再成为反侵略,反共产主义之中心,重新负起支持作战艰苦无比之使命。所望我全川同胞,振起抗战精神,为保持抗战成果,完成民族革命而努力。"

随后,蒋介石又在重庆召开军事会议,布置西南防务。他判断,解放军要进攻四川,不外乎两个方面,即川北、川东。为此,在川东北,蒋介石命令胡宗南所部14万余人倚仗秦岭山脉为第一道防线,倚仗白龙江、米仓山、大巴山构成第二道防线,企图以此阻挡解放军从北面入川。在川东方面,他命令宋希濂部两个兵团置于鄂西北,与驻守巫山、奉节的孙元良兵团构成一道防线,扼守川东大门。又以桂系部队10多万人保守滇黔后方,云南的卢汉、李弥控制昆明等战略要地,保持通向国外的通道。在川南,蒋介石命令何绍周的第十九兵团倚仗险要地势,分散在湘黔公路两侧,保卫四川南大门。在蒋看来,这条西起岷山,经秦岭、大巴山、巫山、武陵山,南至五岭山脉的西南防线,是非常坚固的,足以阻挡住人民解放军向西南地区的进攻,保证四川成为反共复国的最后基地,但蒋介石也深知,在这条防线的后面,早已是民怨沸腾。因此,为了确保大西南,他考虑到很有必要亲自到大西南的政治、文化中心成都巡视一次,以安抚民心。于是,9月12日,蒋介石飞抵成都凤凰山机场,开始了他自抗战胜利之后的第一次成都之行。

蒋介石此行,一共在成都住了五天。也许是为了减轻近五年来没来过成都而对川中各界的负疚感,在这短短的几天中,蒋介石似乎是一天当作一年用,整日忙于接见川中各方面人物,向他们宣讲自己坚守西南的决心和信心,鼓舞其士气。又会见已故刘湘、李家钰、许国璋、饶国华等原四川军政要员的家属,并赠以钱物以示关怀。同时，蒋介石又亲自到成都西郊戴季陶墓前，吊唁这位追随他几十年，最后以时局不堪收拾而自杀谢世的国民党元老，以此告慰戴季陶九泉之下的冤魂，收迷惑世人的功效。在成都，蒋介石也没有忘记他的黄埔门生。此时，国民党中央军官学校俗称黄埔军校，早已移驻成都，对于蒋介石来说，黄埔军是他的发家之本，对它自然别有一番情意在心头。这次来成都，蒋介石就是住在军校校本部。在他忙完其他事之后，为了表示对军校的重视，提高军校师生的士气，在9月14日对军校学生进行了检阅。这一天，阴雨连绵的成都突放晴朗，几千名军校师生集合在大操场上等待蒋介石检阅。仪式开始后，首先由蒋训话，为了鼓舞士气，他讲了许多勉励的话，说道："我们正处于危难时期，你们是我的学生，不出几个月，国民就会实施全面的反攻，今后的党国就是属于你们的了。"训话之后，分列式开始，但其中一件突发事情，差点没把蒋介石吓得半死。

蒋介石笔挺地站在检阅台上，看着一列列方队从台前迈着整齐的步伐通过，他仿佛又看到了黄埔学生以往在战场上的雄姿，禁不住频频向他们招手致意。突然，一台炮车在通过检阅台时戛然停了下来，这时蒋介石和台上的其他人大吃一惊。阅兵中的行刺事件在古今中外可是常有的事。刹那间，侍卫人员如临大战，阅兵总指挥官也急忙奔向停下来的炮车，走近一看，驾驶员正急得满头大汗，摆弄着一把电线，原来是发动机偏偏在这个时候出了故障，再也发动不起来。顿时，后面正行进中的炮兵方队挤成一团，指挥员不得不命令把这台车推出场外。检阅台上，蒋介石什么也没说，但显然为这突发事件弄得有点惊魂未定。这是不是预示着什么，蒋介石心里起了疙瘩，他默默地走下了检阅台。军校学生连夜准备的阅兵分列式就这样仅用了40分钟就全部结束了。

尽管检阅中发生了这么一件意外事件，但在蒋介石看来整个成都之行，还是达到了预期目的。因此，当9月17日蒋介石离开成都前往重庆时，他是满怀信心和喜悦登上飞机的。坐在飞机上，凝视着机下连绵起伏的群山，他仿佛看到了一堵他亲手筑造起来的铜墙铁壁屹立在群山之巅，蒋介石不禁微笑起来……

但事与愿违，蒋介石的任何努力已不可能挽救国民党覆灭的命运。进入11月，人民解放军杨勇兵团四个军从湘西芷口沿川黔公路西进，一路连克天柱、玉屏、思南，13日解放贵阳，防守贵州的何绍周兵团残部被迫退入云南。同时,陈锡联兵团也由湘鄂西沿川鄂、川湘公路进军四川。防守川东门户的宋希濂部连丢建始、恩施,退守彭水,企图依托乌口顽抗。军事形势的急剧变化,迫使蒋介石于 11 月 14 日再次由台湾飞到重庆,亲自部署重庆防御,但在人民解放军的强大攻势下,蒋介石的任何努力都无济于事。没过几天,解放大军的隆隆炮声就响彻了嘉陵江畔,坐镇重庆的蒋介石感到处境不妙,已有火烧屁股的感觉。便于 11 月 30 日天不亮就率领顾祝同、钱大钧等爬上飞机逃往成都。他的飞机刚起飞半小时,解放军就挺进了重庆市区。蒋介石事后得知这一情况,心头一震:好险,差点成为共产党的俘虏。

蒋介石一行风尘仆仆,第二次莅临成都,又住进了北郊场黄埔军校内的黄埔楼。比起 9 月份第一次来时,此时蒋介石的心境又大不一样。上次是想把成都建为反共复国的重要基地,因此上上下下打点,方方面面照顾,以安抚人心,稳定局面。而这次来成都,已带有明显的亡命色彩。但以蒋介石的赌徒性格,他是不到最后时刻不会死心的。因此,在他逃来成都的第三天,12 月 2 日亲自召集了有党政军各方面负责干部参加的军事会议,研究下一步的行动计划。按蒋介石本来的设想,国民党在大西南地区的战略部署应该有三步棋:上策是争取固守大西南,以图重温抗战时的美梦,但随着贵阳、重庆的相继丢失,这一步已落空了;中策是固守川西北和西昌一隅,以待国际形势的变化,再图反攻,东山再起;下策是退守台湾。12 月 2 日的军事会议,主要就是围绕中策来做文章,进行军事部署,策划“川西大会战”,力争让胡宗南部在成都附近打一个漂亮仗,迟滞一下解放大军南北两线的夹击包围之势,再从容转向西昌,给国民党最后的逃亡留下一个光荣的尾巴。

但是,人民解放军的强大军事压力不给蒋介石任何喘息之机。重庆解放后,刘伯承亲率陈锡联第三兵团、杨勇第五兵团继续西进,连克简阳、仁寿、乐山、彭山、大邑等地,切断了国民党的南逃之路。同时,贺龙率周士第第十八兵团由川北南下,连克广元、剑阁、绵阳,逼近成都。反观国民党军已军无斗志,溃不成军,四散奔逃,各寻出路,蒋介石要依靠他们来进行川西会战,只能是痴人说梦。

而且蒋介石与西南地方军阀还存在深刻的矛盾。像刘文辉、邓锡侯、潘文华、卢汉等地方实力派,虽然长期以来追随蒋介石反共反人民,但也深受蒋介石对他们歧视、排斥,打击之苦,他们对蒋早怀有异心,彼此矛盾十分尖锐。而蒋要实行"川西会战",没有地方实力派的支持还不行。因此在蒋介石飞来成都的当天,他就召集张群、刘文辉、邓锡侯、王陵基、王瓒绪等人谈话,在讲话中,蒋尽力掩饰从重庆溃逃及川东惨败的真相,把它说成是有计划的战略转移,并吹嘘在川西会战的有利条件,把希望寄托在胡宗南集团身上,要求刘文辉、邓锡侯、潘文华等人与胡宗南合作,并向刘、邓、潘、询问对川西决战的意见。但刘文辉等三人深知这是蒋介石拉拢人心的一贯做法。在此全国解放日益逼近的时候,国民党的失败已是不可避免,他们当然不愿做蒋介石的殉葬品,从各自的利益出发,产生了脱离国民党阵营,加入人民阵营的打算,因此对蒋介石的拉拢和垂询一概虚与应付,暗地里却加紧起义的准备。

蒋介石既不能拉住四川地方实力派为他的川西会战卖命,而人民解放军的南北压迫日益向成都逼近,这使得蒋介石整天六神无主,坐立不安,每天对着军事地图发呆,他知道,事已不可为。

蒋介石的任何计划和努力都付诸东流,而不顺心的事情却接二连三降临。

先是蒋所住的黄埔楼出现了几桩怪事。12月5日一大早,蒋的卫士进厕所时,把解下的佩有两支手枪的腰带随手搭在厕所木门上,竟转眼间不翼而飞,卫士提着裤子马上追击,并不见手枪踪迹,连个人影也没看到。军校方面怀疑是有人图谋不轨,要加害于总裁,于是全校进行紧急搜查,却毫无结果。蒋对此极为不满和恼火,临时改变活动日程,整天没有出门,直到晚饭后,各方面来报告,说一切都还正常,蒋介石担惊受怕的心情才稍为平静下来。谁知半夜一声枪响,又把蒋从床上惊起。原来是一个军校学生半夜站岗时抱着枪睡着了,糊里糊涂地把已打开保险的枪机压了下去,导致走火。蒋介石知道原委后,心里稍为平静下来,但他还是非常害怕身边的警卫人员出乱子,让第二次西安事变重演,因此蒋命令军校校长张耀明认真对军校内部进行一番认真清理。经过这两次折腾,蒋的行动更加谨慎小心了。

对蒋介石来说,身边的这些怪事还好应付,最头痛的是不断传来各地国民党军政人员通电起义的消息。面对这众叛亲离的局面,蒋介石最关注的是在自己周围的刘文辉、邓锡侯、潘文华、卢汉等人的动向,因为刘、邓、潘既对四川地方有号召力,他们的部队又散布在成都及其周围,尤其是刘文辉,掌握了以成都逃往滇西的必要之地——西康,一旦他们发难,蒋介石的退路将全部被切断。在其嫡系部队因军心涣散,也变得不可靠的情况下,蒋介石有了身居虎穴狼窝的感觉,而种种迹象表明,刘、邓、潘、卢正蠢蠢欲动:12月7日,刘文辉、邓锡侯秘密离开成都去了彭县,潘文华更是早在12月5日就去了灌县,蒋介石知道,他们的背叛只是迟早而已。云南,是国民党逃往国外的必经之地,昆明是由蓉飞台的一个重要中转站,因此蒋介石派了张群去昆明,要他会同其嫡系李弥第八军、余程万第二十二军一起挟制卢汉,但12月9日,张群却从昆明打来了一个不祥的电话。这一切使蒋介石感到危险正在逼近自己……

局势的迅速恶化,强化了蒋介石早日离开成都的决心,但也为他离开成都增添了不少困难。当时,中共成都地下党组织成功地策反了国民党第95军副军长杨晒轩,由他组织了一个"捉蒋敢死队",准备在蒋介石离开市区去机场的路上活捉蒋介石,为新中国献上一份厚礼。但此事不知怎么露出了风声,蒋介石因事先获悉了这一计划,迅速采取对策,最后成功地逃离了成都。

蒋介石是顺利地离开了成都,但其行动本身却为后人留下了一个谜:蒋究竟是何时何地离开成都的呢?

目前,关于蒋介石离开成都的时间有三种说法:

第一是"8日"说,其根据有三点:一是12月9日的成都地方晚报登载的消息。在12月9日,成都地方晚报以通栏大标题刊出:"蒋总裁昨已离蓉飞台。"二是中共成都地下党组织在其领导的"捉蒋敢死队"计划失败后,于1950年1月14日写了一个关于策反工作的报告给中共川西区党委组织部,报告提到,"捉蒋敢死队"成立后,派出便衣队员埋伏在北校大门口和传闻蒋曾去住宿过的励志社大门口,监视进出人员,一旦发现蒋的行踪"捉蒋敢死队"就立即出动。可就在敢死队摩拳以待的时候,12月9日成都地方晚报登出消息,说蒋已于昨天离蓉飞台,这使敢死队大吃一惊,认为蒋既已离去,计划只好放弃。这就佐证了蒋于8日离蓉。三是时任国民党军第十六兵团司令陈克非的回忆,他在全国政协《文史资料选辑》第二十三辑发表文章,说自己于1949年12月11日去中央军校晋见蒋介石,汇报自己部队的情况,却不料扑了个空,蒋已于8日飞台。

第二种说法是"10日",这也有三个依据:其一,12月12日的成都《新新闻》报载:"蒋总裁昨离蓉飞台。"具体时间是10日中午12点30分。其二,原国民党四川省主席王陵基在1965年发表回忆文章,认为蒋是10日离蓉的,具体时间是早饭后不久,不超过上午9点钟。其三,当时陪侍在蒋介石身边的蒋经国在日记中称,他们父子俩是于 10 日下午 2 时在凤凰山机场升空飞台的。

第三种说法是"13 日"。主要依据是认为蒋介石是在听说刘文辉、邓锡侯、潘文华起义通电和驻宜宾的国民党第 72 军军长郭汝瑰的起义通电后,才决定离开成都的。而根据考证,刘、邓、潘文华的起义通电虽然所署时间是 12 月 9 日,但通电实际发出的时间是在 12 月 11 日深夜。而郭汝瑰部的起义时间,根据当时与郭部正面交锋的解放军第 18 军的战斗日记证明:"我军主力进抵宜宾后,野司电令我军与其接洽谈判,该军于 12 月 12 日 12 时通电起义。"这就是说,蒋介石若真是在得知郭汝瑰部起义的消息,最早也得在 12 日下午,那么他逃离也就是在这之后。

那么,在这三种说法中,哪一种是可信呢?我们不妨来推证一下。

"8 日"说的依据说到底只有一个,那就是报载消息。"捉蒋敢死队"是在看报后才知蒋 8 日已离蓉飞台,所以在事后给上级的报告中认定了这个时间。而陈克非的回忆也不可信,因为他没有亲眼看到蒋离开,因此他之所以认为蒋已于四天前(12 月 8 日)飞台了,很可能也是看了报纸的缘故。另外,同是成都的地方晚报,在刊出"蒋总裁昨已离蓉"的消息后,紧接着又登出"蒋总裁 8 日下午巡视市区"的消息。报纸的出尔反尔,恰恰证明了报纸消息来源的不准确性。从蒋介石当时的活动情况来看,在 12 月 8 日蒋还在成都会见了张群从昆明带来的李弥、余程万、龙泽汇三位军长,并嘱他们第二天(12 月 9 日)飞返昆明,挟制卢汉。第二天(9 日)张群与三位军长飞返昆明,感觉不妙,遂从昆明打了一个电话给成都的蒋介石,报告不祥情况。这样一分析,"8 日"说有点根据不足。

再来看"10 日"说和"13 日"说。其实这两种说法有一个共同的前提,都是以蒋得知刘、邓、潘通电起义后才决定动身,因此,刘、邓、潘是什么时候通电起义的,似乎就成了关键。但仔细分析起来,并非如此,因为自刘、邓、潘 12 月 7 日潜离成都后,就表明他们已决心与蒋介石决裂。蒋也深知不可能使他们回心转意,因此蒋不会天真地要等看到刘、邓、潘的起义通电后才肯相信他们是真的离开了自己。特别是当蒋介石截获已于 12 月 9 日起义的卢汉打给刘文辉等人,要川中将领伺机扣留蒋介石的电报后,蒋介石更不会愚蠢地再在成都这个到处充满川派势力的地方呆到 13 日才离开。就蒋而言,自有了"西安事变"的教训,从此对任何企图扣压自己的阴谋都非常敏感,他绝对不会坐以待毙。从这个角度分析,蒋在 12 月 9 日以后,当然是越早离开成都越好、越安全。因此,

"10 日"说似乎可信。

但如果我们联系蒋介石逃离成都的地点,那么"13 日"说也不无道理。

蒋介石决心离开成都时,北线解放军已进抵距成都只一天路程的广元一线。南线解放军也进抵乐山一线,堵住了国民党军队南撤的大门,蒋介石从陆地出逃已不可能,唯一的选择是在解放军还没有制空权的情况下,从空中飞离大陆。

成都附近有两个主要机场,一是城北 5 公里处的凤凰机场,以前蒋介石的座机多次在这里起降。另一个是成都西南 30 余公里处的新津机场,这里各种飞行引航设备较好,而且胡宗南的全部人马也正聚集在这一带,因此蒋介石及其侍从人员经过密谋分析,最后决定由新津机场起飞,一反前一次和过去从凤凰山机场起飞的惯例,以收声东击西之效,而且有胡宗南部队压阵,风险要比往成都以北方向小得多。唯一美中不足的是去新津机场,必须经过成都城南的武侯祠,而武侯祠当时驻有刘文辉第 24 军起义部队的一个团。要保证蒋介石顺利通过武侯祠,就必须解决这一个团。因此胡宗宗调集了十几辆装甲车和坦克,以六个团的兵力包围了武侯祠,最后在 13 日夜晚发动了进攻。从这个时间来看,蒋介石逃离成都是在 13 日晚上。

根据上述分析,蒋介石在 10 日或 13 日逃离成都都有可能。那么究竟是哪一天呢? 看来只有蒋介石自己才知道了,后人已不可能搞清,因为就连当时整天陪在老蒋身边的蒋经国,在他的日记中对这个问题也是含含糊糊,语焉不详,没有提供明确的记载。至于蒋介石自己,不知是出于什么原因,似乎有意把这个问题搞得复杂化,有意要模糊后人的视听。

蒋介石要隐瞒什么呢? 难道他在逃离成都的过程中有什么难言之隐?

其实,不管蒋介石是哪一天逃离成都的,最重要的是他成功地逃离了,从此再也没回过大陆。

## 枪杀"山东王"张宗昌

### 1.津浦车站上的疑案

1932 年 9 月 3 日下午 5 点 55 分,由济南站开往天津的特快列车再过 5 分钟就要发车了。正在此时,前山东军务督办,直鲁联军头子张宗昌在山东军政官员的陪同下向这列快车的一节头等车厢走来,他让自己的参谋长金某、承启处长刘怀周及两名卫士先行上车,自己则跟送行人员一一握手之后才攀上车门。上车后,张宗昌转过身来,举起右手,再一次向送行人群招呼告别。突然,一位青年从人丛中抢先一步,举枪对准张宗昌,骂道:"我打死你这个王八蛋!"同时扣动扳机,然而,枪没有响。

张宗昌吓得失魂落魄,扭头就往车里跑,那青年带着一个中年汉子箭一般地追上了车去。事情太突然了,送行的人们竟还没来得及反应过来。

张宗昌在前没命地跑,青年则在后面拼命地追,而张的卫兵又跟在青年的后面,中年汉子因上车摔了一跤,落在最后。不一会,张宗昌跑到了车尾,一看无路可走就跳下了车,青年跟着跳了下来,举枪又打,枪还是没响。张宗昌的卫兵

张宗昌

见状大惊,便向青年开枪射击,恰巧青年被铁轨绊倒,子弹从头顶上飞过。中年汉子此时也追了上来,他接连几枪将张的卫兵打倒。

停在十股道的兵士听见枪声,连忙开枪射击,子弹雨点般地向这边袭来。那青年因为猛摔了一跤,手枪居然被摔响了,他一个翻身爬了起来去追张宗昌,然而此时张已倒在铁轨上了。青年毫不犹豫地冲上前去,向张连开两枪,然后他跑回站台,大呼:"我是郑军长的侄子郑继成,为叔父报了仇!"中年汉子也跟着高叫:"我是郑继成的卫士,即郑金声被枪毙时的随从,陪绑者陈凤山,既为郑军长报了仇,也为个人报了仇!"

不一会,车站军警赶到,郑继成和陈凤山被押送到地方法院。

不过几天,张宗昌被杀,郑继成报仇的消息传遍了山东,郑继成成了人们心目中的英雄,各民众团体、社会组织纷纷向南京发出请求特赦郑继成的电报,说

张宗昌祸国殃民,通缉令尚在,人人得而诛之。当时隐居泰山的冯玉祥还叫人收集材料,将郑继成的生平事略和报仇经过印成小册子,广为散发……不久,南京的特赦令来了,郑继成大摇大摆地走出了看守所。

然而,细心的人发现了疑点:张宗昌受的致命一弹是步枪子弹,而郑继成拿的却是手枪;再者,张宗昌逃跑,郑继成摔倒时,兵士开枪射击,而张宗昌倒卧铁轨,郑继成起身扑来时兵士顿时停止了射击,难道这是偶然的巧合吗?即便如此,那步枪子弹又做何解释?很明显,在郑继成为叔父报仇的背后还有很多,很多……

### 2.从日本回来以后

张宗昌是依靠奉系军阀而发迹的。1925 年他被张作霖任命为山东省军务督办之后就成了"山东王"。张宗昌这个人的罪行可以说罄竹难书,他既有"义威上将军"的头衔,又有"狗肉将军","长腿将军"的绰号,而他最闻名于世的则是"不知自己有多少兵,也不知自己有多少钱,更不知道自己有多少姨太太"。有一次,他强奸了人家的闺女后竟无耻地说:"闺女大了就该嫁,留在家里干什么?"因此,张宗昌的民愤特别大。

1928 年 4 月,国民党进行第二次北伐,张宗昌的主力在徐州一带被歼,同年秋,他见大势已去,便带亲信逃往大连,过寓公生活。但是,张宗昌野心不死,总想夺回失去的天堂,1929 年他又拼凑部队回山东进攻,遭到胶东刘珍年部的毁灭性打击,他只身逃亡日本。

"九·一八"事变之后,张学良率部退驻关内,屯兵北平。张宗昌认为东山再起的机会来了,便急忙于 1932 年初潜回北平,找到张学良。

因为张宗昌与张作霖有八拜之交,张学良对他很客气,给他提供住所,供应开支。可是,张宗昌的目的是夺回山东,他岂肯在酒肉之中"虚度年华"?

张宗昌首先在北平打出一个"总司令"的招牌,开场办公,招引旧部,然后他又派出心腹暗探到山东去探听虚实。

一天,山东主席复榘的特别侦谍队抓住一个正在市政府刺探情况的中年人,此时韩正在跟蒋介石闹别扭,他怀疑此人是南京派来的军统特务,便决定亲自审问。

被抓的那个人早就知道韩复榘审案的特点:他先对犯人定睛看一、二分钟,然后若用右手向下一捋,再向右边一伸摆,犯人就完了;他若用右手向上一捋,向左边一伸摆,犯人就没事。因此,这个人心惊胆战地立在韩的面前,偷偷地观察韩的手势。二分钟后,他见韩的右手往下一捋,便吓得扑通一声跪在地上,大叫:"韩主席,别杀我啊!我跟你说实话,我是张宗昌手下的人!"

韩复榘一听,正要往右伸摆的手停住了,瞪着眼睛问:"什么?你是张宗昌手下的人?你来干什么?"

"张宗昌正在北平招兵买马,准备杀回山东。"张宗昌的心腹为了活命,将主子的一切计划和活动全抖了出来。

这回,韩复榘的右手既没往右边摆,也没向左边伸,他丢下那个暗探径自回办公室了。

张宗昌是老"山东王",他回来捣乱是够厉害的。韩复榘正跟蒋介石斗得难分难解,他一想起前狼后虎的可怕局面,心里急了起来。

### 3.韩复榘普照寺求计

一天上午,因愤恨蒋介石不抗日而隐居泰山的冯玉祥正在普照寺门前劈柴,忽闻报山东省主席韩复榘来访,他放下柴刀,搓了搓双手,朝正快步奔来的韩说:"向方,你不好好在济南做主席,跑到这荒山野岭上干吗?"

韩复榘满脸堆笑,极为恭敬地说:"冯将军,卑职前来看看你也不行?"

"哈哈哈哈,我这把老骨头有什么可看!我看你这副样子,肯定是有什么事要说。走,进去谈吧!"冯玉祥说完便把韩复榘引进了密室。

卫兵送来了两杯清茶便退了出去,韩复榘走得又累又渴,端起杯子大口大口地喝了起来,喘息方定,韩复榘便直截了当地说:"冯将军,我是来向你请教的。"

"哟,向方今天怎么这样谦虚。有什么事?"冯玉祥很想了解外面情况,催促道。

韩复榘沉吟了一会儿,抬起头说:"张宗昌回来了,我想杀掉他!"

一听说张宗昌,冯玉祥来了兴趣,他问:"你为什么要杀他?"

韩复榘便把张宗昌在北平的情况添油加醋地说了出来。张宗昌本来是冯玉祥的老对头,冯听后气愤地说:"这畜牲是该死了。向方,这不难嘛,你自己想想办法就行了。"

"冯将军,我有办法还来向你讨教干吗?我只不过是山东主席,而他却是国家正在通缉的要犯,来明的我没权力。来暗的吧,他躲在张学良的府邸中,而且拥有一定势力,耳目极多,我不好动手,就是动手也不一定能成功。"

"哦,也是,这畜牲是不太好对付。"冯玉祥沉思起来。

韩复榘又端起杯子喝茶了,冯玉祥则在密室里来回踱步。

过了好一会,冯玉祥似乎有了办法,他走到韩复榘身边,压低声音说:"引蛇出洞,然后再来个张冠李戴。"

"引蛇出洞?张冠李戴?冯将军,你能不能说具体一点。"韩复榘读书不多,反应不快。

"附耳过来。"冯玉祥便如此这般地说了起来,韩复榘听完,连连点头,嘴里忙不迭地说:"冯将军高见,冯将军高见!"

### 4.结拜兄弟

韩复榘从泰山回来不几天,就听说张学良以国民党海陆空军副总司令的名义在北平召开华北各省将领军事会议,他喜不自禁地带着石友三赴北平开会。当然,韩复榘此行是醉翁之意不在酒。

好不容易等到张学良把会开完,韩复榘带着石友三走进了张宗昌的寓所。

张宗昌见韩复榘来访,大吃了一惊,他不知这个对头葫芦里卖的是什么药。但是,他毕竟是个闯过大风大浪的人,还能够处事不惊。张宗昌笑容可掬地把韩、石二人引进了客厅,并当即吩咐设宴招待。

几杯酒下肚,韩复榘装作十分诚恳的样子,恭维地说:"张将军,你在山东时政绩显著,鲁民受恩不浅,在下敬佩至极啊!"

"哪里,哪里,你被鲁民唤作'韩青天',才真正是国家的栋梁呢!"张宗昌见韩复榘似无恶意,也客气地吹捧起来了。

"张将军,在国难当头,你不辞劳苦回国出力,我韩某感动之余,很想为你尽绵薄之力。"韩复榘越说越令人肉麻,而张宗昌也想广交朋友,笼络人才,两人竟越聊越亲,恰似兄弟一般。

石友三见时机成熟,便说:"张将军,韩主席,我们三个意气相投,是不是也学学'桃园结义',结为兄弟?"

韩、张两人虽各怀鬼胎,但都连声说好。于是张宗昌与韩、石互换了金兰谱,结为拜把子兄弟。接着,三人你敬我、我敬你地胡喝了一通,不一会就酒酣耳热了。

韩复榘见张宗昌已消除了对自己的戒备,便动情地说:"张大哥离开济南好几年了吧? 现在的济南可比过去不同了,你若旧地重游,定会有一番感慨的。"

"是啊,只是……"张宗昌做梦都想到济南,只是此时的济南是别人的天下,他犹豫了起来。

石友三生怕张宗昌不答应,便怂恿说:"张大哥要干大事,应该去一趟嘛,济南有许多你过去的部下,他们都很想念你呀!"

张宗昌觉得石友三的话很有道理,自己要拉势力,交朋友,搞经费,不亲自出马怎么行呢? 于是,他爽快地答应过一段时间去济南。

韩复榘见自己的第一步目标已达到,心中一阵狂喜,但他表面上仍严肃认真地说:"君子一言,驷马难追,小弟我就在济南恭候大哥光临了!"

### 5.西花厅里的遗像

9 月 2 日是张宗昌与韩复榘约定去济南的日子。前一天晚上,张学良、吴佩孚来张宗昌的寓所话别,张的幕僚们均过来作陪。

吴佩孚对韩复榘套张宗昌的近乎很怀疑,他说:"效坤(张宗昌字效坤)兄,向方野心很大,想独霸山东,他邀你去恐怕是不安好心吧?"

"对,老蒋都在山东插不进手,你又是前山东督办,还是谨慎一点好。"张学良也想劝住张宗昌。

张宗昌的参谋长李某也乘机进言:"你只顶个总司令的空名,不能去,要去,拉起队伍再去!"

张固执地摇了摇头,一字一顿地说:"我也知道向方的为人,但不入虎穴,焉得虎子!"

9 月 2 日,张宗昌带着金参谋,承启处长刘怀周和两名卫兵到达济南,韩复榘派了几名代表到车站迎接,将他们暂时安排在石友三的公馆里休息。

当天中午,韩复榘在省政府珍珠泉上的西花厅设宴招待张宗昌一行。

西花厅别具一格地建筑在珍珠泉上,环境迷人。张宗昌兴致勃勃地随韩复榘走进宽敞舒适的厅内。大厅中间摆着一张大圆桌,十三把椅子、十三套餐具已整整齐齐地摆好。张宗昌客套了一番之后被请到了北向的贵宾席上就座,韩复榘坐了主位,其余十一人随即找了个位子都坐了下来。

菜还没上来,张宗昌随便地抬起头来打量厅内的装饰。突然,他看到了对面墙上挂着一幅遗像,竟惊得"啊"了一声。大家不知何故,都奇怪地看着他。张宗昌意识到自己有些举止失措,便掏出了手巾擦了擦额上渗出来的细汗,连忙解释说:"我最忌讳十三这个数字,刚才我发现我们同桌正好十三,故有些不安!"

韩复榘哈哈一笑:"张大哥还讲究这个!"随即向自己的一个部下使了使眼色,部下便借口有事要办,退出了宴席。张宗昌竭力控制住自己,好歹挨到宴会结束,一溜烟地跑回石友三的公馆,竟不再出门。

原来,西花厅里的遗像是前冯玉祥手下军长郑金声的。1928年,郑军长随冯玉祥北伐与张宗昌交战,不幸被俘。不久,张宗昌战败撤退,郑军长被他枪毙了。韩复榘把张宗昌引到济南之后,并不愿与他多缠,便按冯玉祥的吩咐,挂出郑金声的遗像,来个打草惊蛇,迫使张宗昌按时钻进他已布置好了的"口袋"里。

### 6.石友三设计夺枪

张宗昌回到石友三公馆之后,脸色苍白得吓人,金参谋、刘处长不明白主子的心病,左一句右一句地问个不停。张宗昌脑子里老是浮现出郑金声的遗像,特别是那双黑洞洞的眼睛,他不耐烦恼地挥了挥手:"你们早点去休息吧!"

金、刘两人刚走,韩复榘的参议张受塞走了进来。张参议是张宗昌的旧属,他神秘地对老上司说:"韩主席要对你采取行动,你赶快离开济南!"

张宗昌似乎突然明白了过来,自言自语地说:"难怪向方要让我看到郑金声的遗像!"

第二天一早,张宗昌便说有要事需立即回北平,来向韩复榘辞行。韩复榘客气地挽留,但张的态度非常坚决,韩装作无可奈何,不再勉强。

张宗昌哪里知道,他早走迟走都是一个样,因为刺客早已在他必去的车站等待了。

红胡子出身的张宗昌是有名的神枪手,而且还新买了一把新式手枪。刺客在接受暗杀任务后,曾提出个特定条件,即设法下掉张宗昌的手枪,韩复榘把这个任务交给了石友三。

拜把子兄弟匆匆而来,又要匆匆而去,石友三当然设宴饯行,不过,他没邀人作陪,因为他要完成任务。

两人亲亲热热地聊了半个时辰,石友三突然说:"张大哥枪法国内有名,听说不久前你买了把新式手枪,能不能让小弟开开眼界?"

"这有什么不可以?"张宗昌很大方地从怀里掏出手枪递给石友三,补充说:"德国造的,我在东京看到它,觉得很有趣,便买了下来。"

石友三接过手枪翻来覆去地看个不够,口里称赞不已,好一会儿后才恋恋不舍地把枪还给张宗昌。然后,石友三从卧室里取出一把剑,双手捧给了张宗昌,说:"这把宝剑随我石家三代了,今张大哥远道而来,小弟无以为礼,就给你作个纪念吧!"

张宗昌被石友三的热情和友谊感动了,他忘记了韩复榘要对他采取行动,忘记了自己的危险处境,竟慷慨地将自己的手枪又放进了石友三的手里,颇有点激动地说:"贤弟对我情深义重,张某终生难忘。然我身无他物,深感惭愧,刚才见你对这把手枪特别喜爱,我将它送给你权作回报吧!"

石友三拿着张宗昌的枪死死不放,口里却说:"岂能夺他人所爱!"

当天晚上,车站的枪杀案就发生了。

### 7.谁是刺客

十年之后,当时编写《郑继成为父报仇》小册的王慰农和郑金声的继子郑继成都在商丘成了汉奸张岚峰的座上客。一天,王问郑:"你十年前杀张宗昌的经过到底怎样?"

郑:"你见过冯先生印的'郑继成为父报仇'的小册子吗?上边写得很清楚。"

王:"你别瞎吹了,那本小册子靠不住。"

郑:"你怎么知道靠不住呢?"

王:"你的事略和杀张的经过是我写的。当时陆实君(济南市政府社会股主任)从济南法院看守所拿来由你口述,由他笔记的材料交给我,我认为这些素材不漂亮,大部分不能用,我只采用了几点,把它加以夸张渲染,并臆造了一些事实加进去,写成了英雄式的小传,那怎么靠得住呢?"

郑:"你说呢?"

王:"杀张宗昌是韩复榘有计划、有布置的行动,叫你顶名去干的。西花厅里的遗像是打草惊蛇,逼张离开济南;石友三缴张的械是为了你和送行者的安全。再有,法院档案里的验断书上明明写着张宗昌是被步枪打死的,就是被预先停在十股道上的兵奉韩的命令开枪打死的。你是机会造成的英雄,是韩复榘赠给你的荣誉。"

郑:"你知道得这么清楚,又何必问我呢?"

两人相视大笑。

## 刺杀张敬尧

1933 年 5 月 7 日凌晨,位于北京东交民巷的六国饭店二楼,突然传出几声清脆的枪声,当天的晚报上刊出了新闻:"巨商常石谷,遇刺殒命于六国饭店。"当时人们并不在意,因为有钱人被杀的事件太多了。但是,几天之后,街头巷尾便出现了"锄奸救国团"击毙张敬尧的议论,此时人们才知"巨商常石谷"原来

是做过一省封疆大吏的前湖南督军张敬尧。

袁世凯说:

"我被张敬尧这小子讹上了!"

张敬尧,别名勋臣,安徽霍邱人,于1880 年 9 月 21 日出生。他从小便不务正业,到处游荡,结交一些狐朋狗党,特别喜欢赌博,到十七岁那年,他竟偷了叔叔的五块大洋和十八串铜钱去赌博,就被赶出了家门,最后,跑到天津当兵去了。

张敬尧

张敬尧入伍不久,就差点送了命。

一天,部队出操训练时,他的动作做得不准确,又不服从教练官的纠正,还打了教练官一下,按军法应处死刑,于是,教练官令几名军士将他杀掉。次日,由四名士兵将他绑出去砍头处死,张敬尧痛哭流涕,哀求士兵们看在兄弟一场的份上,饶他不死,放一条生路,以后如有出头之日,定当厚报。行刑的几名士兵砍

杀之也于己无益,就将他带到郊外,用刀背在他颈上按了一下,抹了些猪血回去交账。就这样,张敬尧捡回了一条命。

张敬尧在街头流浪了一阵之后,曾恳求一位说书的老人收留,不久他通过贿赂又混进了袁世凯的北洋军队。后来,北洋武备学堂在各部挑选优秀士兵入学,张敬尧因为是行贿部队长官而入伍的,所以,部队长官就推荐他去,受训一个时期后便回到部队当上了排长,从此官运亨通,很快就升到了旅长的位置,这时,他的部队便奉命驻防北京。

到了北京后,张敬尧觉得这是升官发财寻机上爬的好时机,便挖空心思钻营,千方百计地想在袁世凯、段祺瑞面前摇尾献媚,以博得好感。

这机会终于来了。有一天,张敬尧从一个朋友处得知袁世凯不久就要在北京举行阅兵典礼,并将邀请各国公使前往观礼。张敬尧知道袁世凯举行阅兵典礼是为了炫耀军威,于是加紧训练军队,将部队装备整齐,以便到时候出出风头。

果然,阅兵典礼举行后,袁世凯、段祺瑞都觉得他干得不错,袁世凯拍着张敬尧的肩随口说道:"你还可以,今后好好干,将来我把你这一旅扩编为师。"

张敬尧把袁世凯这几句话牢牢记在心上,但他很清楚袁世凯只是兴之所至时随口说说而已,真要扩编成师谈何容易。

同一年,张敬尧率部驻防河南。这时,他已拥有独当一面的权力了,于是,他在驻地自行招兵买马,编成了一个师,然后电告袁世凯说:"奉大总统面谕成师,现已成立第七师(当时正缺这个师的番号——作者注),请赐予任命,并发给装备和饷项。"

张敬尧对袁世凯的皇帝梦早有察觉,曾对袁世凯的左右亲信说:"袁大总统九五之象,龙兴有日,君无戏言,难道还舍不得给我一个师长吗?"

张敬尧袒露出了拥护袁世凯称帝的意图,同时希望袁世凯做个顺水人情,任命自己为第七师师长。

当时,袁世凯正在各方面物色拥护帝制的走卒,因此,他听到张敬尧的这些话觉得十分称心,哈哈大笑道:"这回我被张敬尧这小子讹上了!"于是,下令任命张敬尧为第七师师长,并给该师头等装备和甲级开支,表明他已把张敬尧视为心腹。

### 1.吴佩孚要带全体官兵来"拜寿"

袁世凯死后,北洋军阀进行了政治大分赃,张敬尧与段祺瑞同乡,因此,张敬尧就在段祺瑞的扶植下,成了皖系大将,还取得了苏鲁皖豫四省剿匪督办之职,但张敬尧还没有一个固定的地盘,所以,他是北洋政府主张对南方用武的干将之一。

1918年元月,北洋军阀直皖联军进攻荆襄等地,揭开了直皖联军与湘桂联军开战的序幕。张敬尧率第七师南下汉口。不久,岳阳军事吃紧,被任命为援岳总司令,协同吴佩孚的第三师及三个混成旅作战。3月,吴佩孚率军向湘潭、衡阳开进,张敬尧的第七师接防长沙。北军蓁入衡阳后,也不敢穷追猛打,南军也无力反攻,湖南战场上的硝烟渐渐消失了。

当时在北京政府任总理的段祺瑞为了皖系的利益,发电任命张敬尧为湖南督军兼省长,而把进攻湖南立功最大的直系军阀吴佩孚晾在一边。

张敬尧入主湖南后,由于多年的夙愿如愿以偿,他要将湖南作为自己的永久占领地,他要得到他以前难以得到的东西。在一方面疯狂扩军的同时,在经济等方面也无所不用其极,为了满足自己无穷的贪欲,不择手段地搜刮和勒索。

1919年9月,张敬尧年届四十,为了准备做"四十大寿",他专设了"大庆筹备处",任命其四弟张敬汤为筹备处主任。张敬汤很快就将筹备处组织好了,并马上运转起来。

首先,他派人通知各大饭店旅馆,令其选派最佳厨师,限时到"筹备处"报到,报上各自的拿手绝艺,以便统一安排遣用。

接着,张敬汤把寿筵的规模定为400席,其规格按福禄寿喜分成四个等级,即每席1000、500、300、200元,并将厨师按席配备,指名分配给各大饭店和旅馆办理,稍有不如意者,轻则打骂,重则有身家性命之忧。故各饭店旅馆的老板们宁愿破财消灾,自认倒霉,岂敢表露出半点不满。

既然把规模定得如此大,且规格又是如此之高,如果赴宴者人数不够,或者送礼者送礼不是太重,岂不是仅仅只豪华气派一番,而难以达到趁机大捞一笔的目的了。所以,"筹备处主任"张敬汤接下来的事便是大肆送发赴宴请柬。

于是,三千多份请柬在寿辰前的一个月就都发出了。接着请柬者中只有一部分溜须拍马者感到高兴,认为是献媚讨宠的好机会到了,而大部分商贾则很清楚请柬就是催款通知单,无异于土匪绑票的赎票。

当时坐镇衡阳的直系军阀吴佩孚虽然与皖系的张敬尧明争暗斗,但还是接到了张敬尧寿宴的请柬,吴佩孚在心里暗骂张敬尧贪得无厌,厚颜无耻。此时适逢学生代表组成的"驱张代表团"到衡阳来请愿,力陈张敬尧在湖南的种种罪行和老百姓所受的痛苦。向吴佩孚面交请愿书的代表何叔衡等人痛切陈词,声泪俱下。还特别提到了张敬尧及其弟、妹、姑表亲、姨太太等都利用自己做寿的机会,大肆敲诈勒索。

吴佩孚对学生代表很是同情,表示愿意"爱国护民",并表示愿将代表团的驱张愿望上报政府。最后,吴佩孚还说他最近也接到了张敬尧40寿筵的请柬,对于张敬尧的敲诈勒索和铺张浪费,他将极力阻止。如果必要的话,他将率全体官兵亲赴长沙为之"拜寿"。

张敬尧听说吴佩孚要带全体官兵来"拜寿",心中惊恐不安,只得停办寿筵。

### 2.冯玉祥开了个玩笑

张敬尧在1920年被赶出湖南后,北京政府明令要查办他。他利用在湖南搜刮的大量民脂民膏,贿赂政府各个关节,终于保住了性命。

他曾南下广东活动,也游说于东北,均不得意,最后,他在走投无路时,只得投靠了直系大将吴佩孚。第二次直奉大战时,张敬尧任吴部后援副司令,这只是个名上的官职,并没有什么实权。

冯玉祥在1924年第二次直奉大战中,暗中与奉系、皖系联合,发动北京政变,使得直系军阀曹锟不得不辞去总统职务,吴佩孚所率的直军主力全部覆灭而仓皇登舰南下。张敬尧在这次政变事件中,由于充当吴佩孚的传令使者而被国民军副司令胡景翼扣了起来。

对于怎样处置张敬尧,国民军中有两种不同的意见:一种意见认为张敬尧该杀,认为他是一个贪生怕死、反复无常的小人,由皖系大将而投靠直系,没有一点骨气,留之无益。另一种意见则认为张敬尧虽然可恶但不至于犯了死罪,原因是他投靠了吴佩孚后,一直不受重用,没有再犯什么血债。作为国民军总司令的冯玉祥是倾向于后一种意见的。

冯玉祥虽说不处死张敬尧,但想要给张敬尧一点颜色看看。

因此,冯玉祥决定开张敬尧一个玩笑。他先是将张敬尧同曹锟的公府收支处长李彦青押在一起。李彦青绰号"李六",管理曹锟的财产,被捕前还兼任北京官钱局督办,他为人卑鄙无耻,在北京作恶多端,特别是被捕后还拒不缴出曹锟公府的财产,所以,冯玉祥下令处其死刑。

当枪毙李彦青时,冯玉祥故意将张敬尧绑去,张敬尧发现自己和李彦青一起绑赴刑场,便大哭大骂:"冯玉祥不是人,咱们总算是同事兄弟,你今天杀我不打紧,但不应把我同李六这样的人一道杀呀!"

不一会,来了一位副官,将张敬尧松了绑,说冯总司令不杀"大帅",这回只是和"大帅"开开玩笑,试试"大帅"的胆量罢了。张敬尧听说冯玉祥不杀自己,马上止住哭声,连称冯玉祥是条讲义气的汉子,够朋友。

### 3.在北平捣乱

直奉战争后,张敬尧投靠了张作霖,后来竟屈尊在张宗昌手下当了一个挂名的军长,其实际兵力只有一个团。1926年,张宗昌部被北伐军击溃后,张敬尧跟随张宗昌一起隐居在大连的日租界里,在北伐战争胜利发展的形势下,张敬尧如丧家之犬,走投无路,终于无耻地投入了伪满的怀抱,并为之充当暗探。

1933年初,日军攻占热河后,迅速南下,威胁平津。与此同时,日本关东军参谋长板垣征四郎,正在致力于收买北洋政府的残余军阀和失意政客,用以作为日军进攻北平时的内应,并将他们组成一个傀儡政权,达到完全控制华北的目的。

张敬尧是一个有一定地位的老军阀,又与日寇控制的伪满政权有着密切的关系,因此,日本人便决定要他出来组织政府。

失势之后的张敬尧一直在寻找东山再起的机会,仍旧是野心勃勃,所以,他愿意出卖民族利益,甘心做日本人的走狗,以达到谋取个人权益的目的。就这样,日本关东军司令部任命张敬尧为"平津第二集团军总司令",拨给活动经费7000万元。

张敬尧受命秘密潜入北平城内,着手收集旧部,联络惯匪,策动国民党驻军,以便重新拉起一支力量,在日军进攻北平时作为内应。

位于东交民巷的古式建筑六国饭店,自从张敬尧带着随从住进来之后,每天都有些神秘的来客出出进进。有时,张敬尧也外出碰头联系。

曾在张敬尧军队中混过的中下级失意军官,此时是穷途末路,孑然一身,听说老上司来了,就一个传一个,先后都和张敬尧联系上了,张敬尧便将这几个人视为心腹,以"平津第二集团军总司令"的身份,分别委任他们为军长或师长等官职,并提供部分活动经费,令他们暗中发展力量,听候差遣。

接着,张敬尧又根据日本特务机关提供的情报,亲自登门拜访了与他是同乡的一名国民党驻军团长,名叫王志信。

由于张敬尧是以老乡身份登门的,王团长热情招待了他。张敬尧很委婉、很策略地称赞王团长是一个优秀的军事人才,必定能干成一番大事业。然后,张敬尧话锋一转,说:"像老弟你这样的人才,不应久居人下,我可以给你提供一个机会!"

张敬尧终于表白了此行的真正目的,要王团长跟自己干,并当即封之为"平津第二集团军副总司令",还许诺将来成立新政府时让其统率全国军队,最后还递过一张百万元的支票。王团长犹豫了一会,将张敬尧递来的支票挡了回去。

张敬尧见王团长不肯收钱,就说:"你再考虑几天吧!我静候佳音!"

其实,自从张敬尧秘密潜入北平时起,就一直受到国民党北平特务站的监视,其负责人王天木每两天接受监视张敬尧的小特务汇报一次,自己则每周向南京的戴笠汇报一次。

张敬尧潜入北平的头一段时间里,在暗中网罗旧部,发展力量,已引起了蒋介石的重视,认为张敬尧和伪满政权勾勾搭搭,很可能已经投降了日本人,当了汉奸,现在秘密地到北平活动,很可能是想积蓄力量,准备暴乱。于是就指示戴笠密切注意张敬尧的新动向,随时上报。

现在,张敬尧拜会北平驻军王团长,这是一个非常重大的情况,很可能是策反的前奏曲。又经查证,张敬尧和王团长还是同乡。因此,王天木立即将情况电告戴笠。

### 4."南洋富商"住进了六国饭店

张敬尧在北平的猖狂活动,很快便由戴笠上报给了蒋介石,蒋介石指示说:目前日军向华北进逼,并引诱策动一些下野军阀和失意政客发动叛乱暴乱,对我军的抗日极为不利,因而必须及时制裁一些已经投敌或准备投敌的汉奸,才能稳定国民党在北平的统治。

关于如何处置张敬尧,蒋介石下令说:"鉴于平津地区目前的紧张形势,公开缉拿不仅容易出漏,弄不好或许反为日军提供了借口,因而采取暗杀是较为可行的措施。"

于是,戴笠受命负责暗杀张敬尧的工作。当时,戴笠是国民党军事委员会特务处的处长,副处长是郑介民,他同时兼任华北特区区长,常驻北平,直接指挥华北地区的国民党特务活动。因此,戴笠马上电令郑介民赶回南京,共同研究杀张的具体措施和方法。

郑介民接电后,即刻乘飞机飞抵南京,经过几天的紧张策划,终于把暗杀计划和方法定了下来。这个计划是:郑介民化装成回国做人参生意的南洋华侨巨商,也住进六国饭店,先将张敬尧的活动规律摸清楚,然后再组织实施暗杀。

郑介民装扮成南洋富商是具有很多优越条件的。他是海南岛人,曾到过马来西亚等地工作,不但能讲一口流利的广东白话,还能说几句英语和马来西亚土话;另外,郑介民为人机警谨慎,是一名老牌的特工人员。

1933年4月底,郑介民住进了六国饭店二楼的豪华房间,随身携带十多只沉甸甸的皮箱。

郑介民住进饭店后,引起了张敬尧助手的注意,他发现这个西装革履、气度非凡的南洋富商出手非常大方,与茶房、侍从们很快就熟悉了,这会不会另有所图呢?张敬尧的这位助手为主子的安全着想,就提醒张敬尧多加注意,以防万一。

张敬尧对助手的劝告并不是无动于衷的。虽然他口里说郑是华侨富商,出手大方是情理之中的事,但是他行动上却更诡秘了,白天秘密与各方汉奸接触,有时候还让亲信替他联系和接待,夜晚则三番五次地调换房间,手枪更是不离身,并派人暗中注意六国饭店出人的客人。

郑介民很快就弄清了张敬尧包住房间的位置:总共包有五个房间,平均每个房间有三人,其中三楼三间,二楼两间。并且还侦察出张敬尧喜欢和亲信一起睡大房间,且经常交换房间。

郑介民想,如果将暗杀定在白天,且不说人多难以下手,单说刺客的撤退就成问题;如果定在夜晚进行,又弄不准确张敬尧睡的房间究竟是哪一间,何况张敬尧是行伍出身,枪法很准,武功也不错,弄不好就会坏了大事。如果将暗杀定在张敬尧出门活动的路上,则更难以成功,因为张敬尧住在六国饭店里,出去的次数很小,偶尔出去一两次,也防范得极其严密,行动时间没有规律不说,其来回的行车路线也变化无常,无法捉摸。

郑介民正在苦思冥想,一筹莫展时,一个侍者偶尔透露出张敬尧每天起床很早,并且在洗脸间洗脸和修容花的时间很长。郑介民想,张敬尧平时穿戴讲究,蓄着整齐的八字胡子,下巴上的一撮长胡须也梳得很精致,早起后用在洗漱修容的时间确实很长。

于是,郑介民定下了暗杀张敬尧的时间:5月7日清晨。

郑介民挑选出华北特区北平站的大特务王天木和特别行动员白式维为暗杀张敬尧的执行人。这两个人枪法都很准确,且身强力壮。此外,还指定了刺客进入饭店的路线和逃走的方法,另外还派人在楼梯口和饭店门口担任警戒工作,以便掩护刺客逃跑,还预先弄来了三辆小轿车,停在饭店附近接应。

5月7日这天凌晨,六国饭店的中外房客们在灯红酒绿的夜世界里泡了一个晚上后,大多还在梦中未醒,张敬尧像平常一样早早地起了床。正当他在洗脸间洗脸时,只见一个黑纱蒙面人一闪就到了他的身侧,他正要叫喊,对方已开枪了,子弹有准备地打进了他的头部和胸部,张敬尧当即倒地殒命。待张敬尧的亲信和卫士们赶来时,蒙面刺客和其同伙已出了大门,钻进小车向西飞驰而去。

后来,侍从们还惊奇地发现几天之前住进来的南洋富商也不辞而别了,其随身携带的皮箱也未带走,打开一看,里面装的竟尽是石头和砖块。可见,这次谋杀事件系此"南洋富商"所为无疑。

不久,国民党北平机关报报道,张敬尧因充当汉奸并阴谋策动北平暴乱,已被"锄奸救国团"击毙。

## 皇姑屯事件

1928年6月4日,沈阳火车站笼罩在一片紧张的气氛中,数千名荷枪实弹的军警把火车站围了个水泄不通。他们在等待一辆载有要员的专列的到来。

在京奉线上,一列二十二节的专列,车头冒着浓烟,一路呼啸,向山海关方向飞驰。包车里坐着"中华民国陆海军大元帅"、安国军总司令张作霖。

当专列行至皇姑屯附近的京奉、南满两路支叉处的桥洞时,突然,轰隆一声巨响,桥底下的炸弹爆炸,只见一股浓烟伴随着沙石冲上了半天云中。响声过后,全桥塌下,张作霖所乘的包车被炸得粉碎,车身崩出三、四丈远,只剩下两个车轮。

**皇姑屯事件**

火车被炸后,展现在人们面前的是一片惨不忍睹的场面。乘车人员躺在血泊中,有的四肢不翼而飞,有的身首易位,死者面带恐惧之色,伤者在痛苦地呻吟。

卫兵在炸翻的车身底下翻出了张作霖,只见他血流满身,一条腿被炸断,只有少许皮肉还连着,显然伤热严重,气息奄奄。

恰在此时,离出事点不远的公路上,迎面驶来一辆贴着鲜红"囍字"的迎婚汽车。众卫兵不管三七二十一,截住来车,强行赶出新娘,急将张作霖拖入汽车,拉到帅府。

回到帅府后,重伤的张作霖已只有出气而无进气了,在他回光返照之际,他微微睁开双眼,看了一下围在身边的人,断断续续地交代了几句,然后双眼紧闭,身子一挺,归西而去。

张作霖系"中华民国陆海军大元帅",长期称霸东北,素有东北王之称。然而,就在张作霖的老窝,被人一包炸药送上西天,并且死得如此惨不忍睹,到死连主凶是谁都不十分清楚,这实在是一个令人费解的谜。

然而,只要我们回过头去了解一下张作霖死前的所作所为,尤其是他与日本人之间那种种丑恶勾端,这个谜也就自然解开了。

张作霖,字雨亭,生于奉天海城小洼村。后随家人移居海城驾掌寺,家境贫寒。

张作霖年轻时,正是清政府腐朽没落、列强入侵、蹂躏我大好河山之时。尤其是幅员辽阔的东北更是战火连绵、政局混乱、民不聊生。尽管诸多仁人志士绞尽脑汁在为中国的出路而奋斗,但也有许多不肖之徒,散兵游勇,乘机啸聚山林,劫掠民财,整个东北一时乌烟瘴气。

这种极度混乱的政局,给张作霖提供了一个绝好的人生"奋斗"舞台。他二十岁前当过兵,后投身绿林,干过一些杀人放火的勾端。

张作霖生性奸诈、狡巧,长于权谋弄术。在后来的人生征途上,他主动受抚,投身清军。日俄战争中,他为日本侵略者效劳。辛亥革命时,他镇压革命党人,以人血染红顶子,得袁世凯赏识后,扶摇直上。

通过多方投机钻营,张作霖1912年位至中将师长,左右奉天军权。不久又勾结日本人爬上奉天督军宝座。在权力的争夺中,张作霖大显身手,他一举兼并吉、黑,称雄关外,成为"东北王"。最后,他又大耍手腕,攫取北京政权,位尊"中华民国陆海军大元帅"。他还仗着自己的势力,几次问鼎中原,挑动军阀混战。张作霖一时成为炙手可热的实权人物,他统治奉天,华北、东北长达十三年之久,成为北洋军阀统治时期势力最大的军阀之一。

张作霖出身贫苦,未曾饱读诗书。他从一个人人憎恶的"胡匪",一跃而为大元帅,并没有任何可以继承的政治地位及经济势力。他称霸东北,逐鹿中原,除了自己有一套投机、奸巧的本领外,他的发迹与帝国主义,尤其是长期霸占东北的日本帝国主义是分不开的。张作霖从发家之日起至他命赴黄泉之日止,其间所作所为,无一不与日本人有关联。"成也日本人,亡也日本人"正是对他的生动概括。

## 四大家族财产知多少

以蒋介石为首的四大家族,即蒋介石的蒋家、宋子文的宋家、孔祥熙的孔家和陈立夫陈果夫的陈家,作为旧中国最后的统治者,不仅在政治上独裁一切,而且在经济上也极尽掠夺之能事,在短短的十多年中聚敛了巨额财富,成为中国有史以来,并为历代帝王所望尘莫及的大富豪。这是人所共知的事实。然而,四大家族何以能在如此短暂的时间内聚敛起巨额财富,而他们的财产又究竟有多少呢? 长期以来,这一直是人们心头的一个不解之谜。

四大家族发财的秘密何在呢? 这先得从四大家族本身的形成说起。

蒋宋孔陈四家能够走到一起,并成为后来主宰中国命运的四大家族,这完全是他们相互利用的结果。我们知道,1927年蒋介石的上台,是在江浙财团的鼎力支持下实现的,而孔祥熙、宋子文与江浙财团的关系颇为密切,蒋介石出于政治的和经济的考虑,自然会顾及孔、宋的利益。而蒋介石成立南京政府后,孔祥熙伙同妻子宋霭龄极力劝诱内弟宋子文背弃武汉政府投奔蒋介石,为南京政权理财,主动向蒋介石献媚。蒋介石正当用人之际,自然是求之不得。

蒋、宋、孔三家相互利用表现得最明显最集中也最成功的是蒋介石与宋美龄的婚姻。孔祥熙和宋霭龄竭力说服了宋母和宋子文,促使这一影响深远的政治婚姻获得成功。蒋宋联姻便于蒋介石通过宋子文和孔祥熙密切了与江浙财阀的联系,对外则争取了英美政府的支持和外国资本家的投资,稳定了南京政府的财政基础和外交阵脚。而孔宋家族则通过蒋介石这个握有军政大权的杠杆,可以轻而易举地保持他们在南京政权中的影响,并为家庭增殖财富取得了可靠的保证。事实上,蒋介石也没有辜负孔宋的厚望。南京政府刚刚成立,宋子文便

孔祥熙

成了财政部长,兼任中央银行总裁。而孔祥熙则于 1928 年 2 月被特派为南京政府工商部长,并被选为"国民政府委员"。他们从此一步步控制了整个旧中国的财政金融大权,为自己利用手中特权聚敛财富奠定了坚实的基础。

至于陈立夫陈果夫兄弟能挤入四大家族之列,则是靠着他们叔父陈其美的关系。由于蒋介石早年在政治上的发迹实赖于陈其美的栽培,是他一手提携蒋介石,并使蒋介石结识了一大批革命党人,让蒋在政治上初露头角。因此,陈其美无异于蒋的"政治导师"。蒋介石为报陈其美的栽培之恩,所以对陈其美的两个侄儿陈立果、陈果夫格外的倚重。1926 年,陈果夫即为代中央组织部长,具体实行"整理党务案"。不久,陈果夫组织了国民党中央俱乐部(简称 CC),专门对付国民党内不同的派系。这就为他们兄弟日后在政治经济上攫取更多的权力和利益奠定了基础。后来,蒋介石看到自己的连襟孔祥熙,大舅子宋子文都在致富发财,就让对他忠心耿耿的两个干侄子把持了中国农民银行,不过,那已是 1944 年的事了。

这样,蒋宋孔陈便在南京政府中各自找到了自己的位置。当然,这一切,都是以蒋介石为中心的。可以说,以蒋氏为首的四大家族完全是直接由蒋介石军

事集团的刺刀和枪杆打出来的。没有蒋介石的武力，就没有四大家族。蒋介石的武力到了哪里，四大家族的势力也就到了哪里。这在南京政府的初建时期是如此，后来的历史更证明了这一点。

当然，这四大家庭在蒋氏的封建买办法西斯军事独裁的统治集团中并不一定都是直接负责军事的职务，而且在金融势力中的位置及其发展的先后也不一样。四大家族的统治内部有一定的分工：蒋氏是军事统帅和金融统帅，又是行政首领；宋孔两氏直接掌握财权，但常以财政寡头的身份兼管一般行政（或行政院长，或副院长）；陈氏兄弟直接掌握党权，在金融权力方面，原来不及宋孔，但却已利用 CC 系统的党棍特务组织的力量，步步打入宋孔的财富里面，直接分掌宋孔两家的财权。这四大家族不但在统治地位中有分工，而且也相互矛盾。例如，宋孔之间对于财权的争夺，此起彼落，彼起此落，竟也并不顾及姻亲关系，这是众所共知的。陈家后来已实际上支配了交通银行与中国农民银行（交通银行总经理是属陈家 CC 系统的赵棣华，中国农民银行的董事长为陈果夫），而且，"做贼喊贼"，以"打倒官僚资本"的口号，有时拉宋反孔，有时又拉孔反宋，阴谋获取绝对的财权。但是，尽管其矛盾百出，他们都是一致地与蒋介石的军事独裁同呼吸，共命运，狼狈为奸，相互都以蒋介石的军事活动为环绕的中心。并且，也不管四大银行的总裁、董事长这类位置，时而落入这家，时而落入那家，或者还是以自己家系下的异姓充当经纪人，仿佛那真是什么国家的，但这四大银行的支配权总是没有脱出四大家族的掌心，当然更是没有脱出蒋氏军事独裁的掌心。

而这种情况，显然就为四大家族利用手中掌握的权力，致力于发展壮大自己的财富，大开了方便之门，四大家族的财富也正因为与权力的紧密结合而迅速膨胀起来。

四大家族的财产，说白了，其实就是四大家族的官僚资本。四大家族的官僚资本，就是以蒋介石、宋子文、孔祥熙、陈果夫为代表的买办的封建的国家垄断资本。官僚资本早在中日甲午战争前即已产生，四大家族的官僚资本则是中国近代官僚资本发展的顶端和典型的代表。这一半殖民地半封建中国社会特有的产物，开始形成于 1927 年蒋介石国民党新军阀统治的建立，完成于 1935 年"四行二局"*（四行即中央银行、中国银行、交通银行和中国农民银行。二局指中国信托局和中国供应局）全部建立，以及由此确立的对全国金融业的垄断。

由于四大家族的官僚资本是中国半封建半殖民地社会的产物,因而必然具有鲜明的封建性、买办性,而四大家族的官僚资本又与蒋介石的军事独裁紧密相依,它就必然会带上军事强制的特点。而这种封建性、买办性和军事强制性的官僚资本在迅速膨胀的过程中又体现出自己特有的方式与特点。

四大家族聚敛财富的方式,粗略地可以归纳为以下几个方面:

在商业方面,四大家庭的商业机构遍布全国,他们通过贸易管制,专卖制度,囤积物质,走私,操纵黑市等手段,凭借其控制或私有贸易公司可以享受一般商行所不能享受的特权,在商品流通领域大获其利。

在工业方面,他们是完全依靠政治特权来进行垄断。如对于民族工业用接管、强行增加官股的办法予以吞并;对于国家所有的企业,则用各种瞒天过海的方法,加以鲸吞,光抗战胜利后,四大家族以"接收"的名义,将敌伪的工厂窃为己有的就有2411家。

在农业方面,他们便通过国家政府以名目繁多的苛捐杂税,特别是用田赋征实、征借和征购等方法,残酷地掠夺农民。"民国万税",便是广大人民对国民党政府和四大家族的血泪控诉。另外,他们还极力开展高利贷盘剥活动,中国农业银行和中央合作金库,就是四大家族进行高利贷活动的主要机构。

于是,由此又可以得出其官僚资本活动方式的特点:

一、"以公为私"。在这种情况下,国家"四行二局一库"变成了他们予取予求的私人库房。一切贸易、交通、工矿、机构都听命于他们的手令。

二、因为"天下为私",因为"以行为家",所以,四大家族总是公私不分。借外债、发内债、农业贷款,工业贷款、官商合办等都是在公私不分的情况下进行的。四大家族在大陆统治的22年里,不知从国库中支出了多少款项去发展官僚资本。

三、"假公济私"。只要能拿出一个正当的名义,他们就直接拿公款私用,丝毫不讲客气。于是历年的工业贷款都被他们拿去充当公司行号的囤积居奇的资金,历年的农业贷款、茶叶贷款、丝业贷款则成了CC陈氏兄弟放高利贷的本钱。

四、"化公为私"。也就是自己暗中从国库中给自己开钱,没有理由可讲,有点硬抢的味道。

五、他们从民族资本及一些中小生产者之间的关系中,更多的是用制造谣言,兴风作浪,来达到投机操纵的目的。孔宋和二陈在外汇市场,公债市场,粮食市场和其他商品市场,无不采用这种方法。

六、对广大工人农民和一般小市民,则干脆用政府的名义去进行强盗式的洗劫。一道"白银国有"的命令,就把全国人民的存银劫掠一空。粮食、黄金等,也同样如此地被四大家族搜刮一空。

总之,四大家族就是在这几点上下功夫,并且紧紧地握住手中的权力,最大限度地利用它产生"权力经济效益"——官僚资本。而这个资本又正如有人在文章中说的:"眼下的官僚资本,须直接储存仗于政权,才能取得最大的活动条件;他们唯有握得极大的政治权力,才能充分运用其所搜刮贪污得来的官僚资本;也只有凭借官僚资本所取得的条件,才能有力的保障并扩大其政治权力。"权钱效应,在这里得到了充分的体现。而实际上,权钱效应,也就是四大家族官僚资本得以在短期迅速发展的秘密。

那么,四大家族在其统治期间,到底聚敛了多少财富呢?

在当时,即有人称"全国财富集中在少数人的手里"。《大公报》则明确指出"财富偏在"。"我们这国家,一点儿积蓄,已集中到少数几个人的身上去。一些幸运儿,已便便大腹,肥得不成样子了。"这里,"少数人""少数几个人"显然是指蒋宋孔陈四大家族。这种情况也已是全国公认的,甚至偏袒四大家族统治的人也不能加以否认。然而,四大家族的庞大财富究竟有多少,是很不容易知道的,四大家族对于自己的财产,从来是采取讳莫如深的态度,因而,人们是很难知道具体数目的。但人们根据一些资料做了一些推测,虽然难以因此窥其堂奥,但毕竟为人们研究探讨这个问题提供了一些线索。

反映四大家族财产的资料虽然不是很多,但也并不是没有。譬如,美国华盛顿州民主党议员沙瓦治曾指出:在战争时期中国官场要人在美国的存款达到10万万到20万万美元。实际的数字,恐怕还要大。还有,当抗战开始不久,伦敦即有此项消息:"朗布拉号于昨日到达朴资茅斯,载有中国战区富人装运到的银圆及贵重物品甚多,计值3000万镑之多,这些东西运到英国来了,是为了保证安全。又最近从香港出运的白银,约值3000万英镑之多,其中有三分之二已换成黄金"。所有这些在外国的存款,无疑的,主要都是蒋宋孔的。除了这种存款外,蒋孔宋还在外国建置有各种产业,例如一家报纸记载:"几位发了财的中国大亨,在南美沿亚马孙河两岸,购买大块地皮,其长约等于重庆到巴东。在这块地皮上面,有橡树园,有畜牧场,有制革厂"。如此等等,这些资料都或多或少地反映了一些四大家族的财产情况。但要据此推断他们的财产,却还远远不够。

新中国成立前夜,陈伯达根据自己和共产党在当时占有的材料,在《中国四大家族》中对四大家族的财产做了以下叙述:"四大家族或'官'式的,或是'商'式的,在金融、商业、工业、地产诸方面所独占的财产,以及它们在外国的存款和产业,粗略统计一下,至少当在 200 万万美元左右。"这个数据是目前可见的较为具体的一个数字,而且是仅有的一个数字。但这个数字是不是准确,却还待日后发掘出更多的资料后方可证明。

下面让我们看看四大家族各自财产多少的问题。

首先看看蒋家。蒋介石在他统治中国的 22 年中,用冠冕堂皇的名义,暗地里"聚财","成绩"是卓著的。然而,在四大家族中,对自己的财产讳言最深的,保守秘密最严的,莫过于蒋介石了。因此,蒋介石的财富共有多少,的确是一个令世人难以揣度的迷。他经常是将"一念至诚不为私而为公","不为己而为人"这类词句挂在嘴边,俨然是一个"廉洁奉公"的总统,但事实却恰恰相反。蒋介石虽然这样标榜自己,而且也没有以个人的名义公开开办任何银行企业,但这并不能掩盖他以权谋财的事实。当然,由于蒋介石聚财在"战术"上采取暗地的手法,很能迷惑人,所以这些人,甚至一些外国人,认为蒋介石被列入四大家族有些牵强。那些对蒋介石表示"同情"的人,只是不真正明白我国经济学家许涤新指出的事实,即"在国民党统治下,国家的一切不过是南京政府官员的私产"。不了解蒋介石可以"把公款转入私账",不了解蒋介石就是善于用冠冕堂皇的名义,用"政府""国营"的名义,来进行暗地里的聚财。

蒋介石掩护自己财产的办法是很多的。主要是运用各种假名,或由自己的亲戚朋友,乃至亲信的部属出名。而且还将财富分散在世界各国,化整为零以银行存款、股票、房地产等多种形式出现。请看下面的几个事实:

1943 年 1 月,蒋介石夫人在两家银行(美国的大通银行和花旗银行)或其中一家银行存了一亿五千万美元。

美国人说,这个家族的许多成员(其中包括宋美龄)被发现拥有从东海岸到西海岸的城市里的公寓大楼和办公大楼。

宋美龄每次出国都喜欢乘美国飞行员谢尔登驾驶的飞机。她后来发现,谢尔登的梦想是在拉丁美洲自己开设一家航空公司。于是宋美龄就借给他25万美元,开设一家制造飞机上可移动座位的公司,由孔令杰(孔祥熙之次子——作者注)负责财务管理,而她自己保持百分之五十的股份。

蒋家财产的总数,难以被世人所知的第二个原因,就是美国方面的保护。

虽然美国总统杜鲁门在对作家默尔·米勒发表谈话时,也怒骂道:"他们全都是贼,他妈的,没有一个不是贼……他们从我们送给的38亿美元中,偷去了79000万美元。他们偷了这笔钱,把它投资在圣保罗的房地产中,有些就投资在纽约这里……。"但是,在美国财政部的档案中,有一份要所有外国人填的TFR-300表,该表中应该开列外国人在美国的全部财产。可是"宋美龄填的表中根本没有填所有财产。看来财政部对她太客气,没有要求她提供细节"。

至于蒋介石及宋美龄生活之豪华奢侈,在当时的社会物质条件下,也是堪称无与伦比的。蒋介石和宋美龄在全国各地的住宅、别墅,以及他们在美国的别墅就举不胜举了。

由此可以推测,蒋介石聚财数目之大,如若将来有可靠的数字公布于众(这当然是非常困难的),定会使世人受惊不小。就是连美国的一位作家都把蒋介石与第二次世界大战时,英国电台播出的喜剧人物"General cash My-check"(意为"捞钱将军")相提并论了。

再看看宋家。宋子文青年时期,由恋爱受挫,进而想发财,发财无门,才悟出先升官而后发财的"道理"来。于是,他不断地研究"世事洞明"的学问,常写"人情练达"的文章,终于实现了自己的理想——成为世界所罕见的富翁。但宋氏的财富究竟有多少,不妨先替他算一算,看看大致数字是多少。当然,其间难免挂一漏万。

宋子文

首先,金融方面。宋家握有中国七大银行的大权。中国银行是宋家的金融据点。除了把持这个"国家银行"外,宋家还投资了新华银行、广东银行、中国国货银行、中国保险公司、中国建设公司和上海银行,其中,宋家对广东银行有极大的投资。

而且,宋子文作为中央银行的第一任"总裁",开了"以行为家"的先例。因为"兼职不兼薪",于是他以不支中央银行的薪金为由,要银行支付他全部的家庭生活费用。这可是一个无底洞。抗战期间,有人骂孔祥熙公馆里的手纸都由中央银行开支,其实他的舅爷早已开此先例了。

其次,商业方面。"宋家将"的足迹遍布全国。他们拥有遍设全国垄断粮、米、出口、畜产、国货等业务的12家公司。例如,1936年宋子文组织中国棉业公司,初时资本50万元,到1937年5月便扩充到3100万元。1937年4月,他又成立了华南米业公司,同时成立了一个国货联营公司。在香港,宋家又在广东银行楼上设中国物产公司,从事各种物质贸易。

抗战时期,宋子文在重庆的中国国货公司、四川畜产公司及青海西宁兴业公司等都有资产,并且是这些公司的大股东。抗战胜利后,宋家在香港、广州的一些公司都复了业。此外,又在上海成立了孚中公司、中加公司、中国进出口贸易公司、统一贸易公司、金山贸易公司和利泰公司,几个公司都是全国有名的"第一流"贸易公司。

第三,工业方面。宋家控制了沙、矿等22家工厂。他们除了通过中国银行把持郑州的豫丰纱厂、济南仁丰纱厂,昆明云南纱厂,衡中纺织公司等企业之外,直接投资的有扬子电气公司、淮南矿路公司、汉中既济水电公司、中国汽车制造公司、南洋兄弟烟草公司、协和制药厂及中国毛纱厂。抗战胜利后,宋子文又凭借其政治地位控制了中国纺织建设公司和华北八大公司——冀北电力公司、华北钢铁公司、华北大泥公司、天津机器厂、天津制车厂、天津制纸公司及中央电工器材厂天津分厂。

宋家在湖南湘潭一带,买了好几座矿山。

宋家经营的西北运输公司在抗战时成为国际通道上的一个最赚钱的事业。而宋子文在抗战期间成立的西南运输公司,恰好控制着在滇缅路这条"黄金路"上来来往往载满"黄金"的车辆。

此外,中国唯一的内河和外洋运输公司——招商局,也是受宋家直接支持的。

如上所述,宋家全部股款有多少,怕连宋子文自己也不知道他的财产数字。他的财产极大部分是在国外,用黄金、美钞、股票的形式存在着……。

从以下几则材料可以折射出宋氏家族财产的巨大以及他们在美国的影响。

1950年《纽约时报》报道说:

宋博士是在政府于一年前从南京逃到广州以前离开中国的。当时有人进行活动,想让他捐出他的一部分财产来支持国民党的事业。据说他的财产分散在法国、英国、南北美、印度、南非和一些小地方的银行里面。

根据这里公开了解到的情况,他没有理睬这种要求,仓促离开了广州。……

1950 年初,宋子文和张乐怡刚刚在美国纽约曼哈顿公园大街的 1133 号一幢豪华公寓住下来,就接到蒋介石请他到台湾去的"紧急邀请",并说,宋子文如果不到台湾"就任政府的正式职务",就要把他开除出国民党的核心集团。宋子文深知蒋介石的用意,对此"邀请"予以拒绝。蒋介石对他也无可奈何。

宋子文虽然没有去台湾,但也没有寂寞下来,他把自己的大部分注意力用于不断扩大宋家的金融帝国。

他离开曼哈顿,在长岛购买了一套豪华的住宅。住宅里收藏了大批的中国青铜器,警卫森严,自备一套复杂的警报系统。在这里,他与夫人张乐怡过着令人难以想象的奢侈生活。

杜鲁门总统曾命令联邦调查局秘密调查,以便确切地了解豪门拥有的财富数字的储存地点。但调查工作进展十分困难。对于每一个问题,银行里的人都回答说"无可奉告"。最后,调查局只得把希望寄托在 TER-300 表上,但当调查局在间接得到 TER-300 表的副本以后,发现里面竟一无所有。

宋子文的宋家到底有多少财产,据美国作家斯特林·西格雷夫说,从 1944 年起,除宋庆龄外,宋家所有成员花在美国的精力都超过花在中国的精力,他们全力以赴地共同聚集了大概是地球上最大的一笔财产,这笔财产大概远远超过二十亿美元,也许有三十亿美元。因此,当时的《大英百科全书》说,宋子文"享有世界上最大的富翁的名声"。

当 1971 年 4 月宋子文在美国去世,美国报载宋子文留下的遗产只有 100 万美元,这笔钱分给他的妻子和孩子时,伦敦、巴黎、莫斯科,东京的反应是一笑置之。而台北、香港、约翰内斯堡、里约热内卢和北京的反应则是不断摇头。

接下来说说孔家。在四大家族中,孔家倾向于独资经营。早在民国初年,孔祥熙即在山西开办了裕华银行和包销洋货的洋记公司,此外,还创办"广茂兴"和"晋丰源"商行,主要经营中药材生意。随着孔家政权权力的增强,独资经营的公司也自然有所增加扩展。孔家其他独资经营的还有关记纱号、强华公司、大元公司、恒又井贸易公司、大陆运输公司等等。资金较为雄厚的裕华银行是这些商号的后盾,这就使金融与商业融为一体。

当然,孔祥熙也并不排斥与别人合作。孔家和别人合资经营的企业,有中国兴业公司、三才生煤矿公司,华福烟草公司、中国建设银行公司等十多家。

但孔祥熙仅就其企业本身的盈利,是不可能成为亿万富翁的。他的发家主要是从营私舞弊、假公济私、贪赃枉法中得到的。孔祥熙在国民党政府执政期间,特别是在抗战时期,手握行政、财政、金融大权,贪赃枉法是易如反掌的,加上宋蔼龄和宋美龄的支持,他更可以大胆放心地去聚财敛富。

综观孔家的发家史,其发财致富的手段可简单归纳为以下几种:①在军火交易中,套取大量佣金。②从事外汇投机生意。③走私贩私,囤积居奇。④大搞公债投机,获取不义之财。⑤走私贩毒,坑害百姓。⑥滥发通货,从中渔利。

那么,孔祥熙究竟为自己囊括了多少财富?众说纷纭,其实谁也算不清其确切的数目。但是有一点是公认的。根据过去的流行说法,"蒋家天下陈家党,宋氏兄妹孔家财",也就明显地说明孔祥熙是国民党四大家族中的金融寡头之一,这一点连美国的舆论界都不否认。

1941年6月,美国政府曾冻结中国私人及公司银行在美国的存款,其中私人存款为1.18亿美元。1948年3月20日,美参议院外交委员会发表援华报告,估计中国私人所有的外汇、黄金上币约合5亿美元。经过发行金圆券强迫收兑国内私人部分约2亿美元之外,估计当时在美国的中国私人外汇存款约在3亿美元左右。由于孔家当时是四大豪门中的"首富",所以人们认为他家"所占的份额肯定很大,恐怕大部分是孔氏家族的财产。"

据1946年马寅初先生估计,孔祥熙约有40亿美元。"现在看来,这个数字可能是夸大了"。在《孔祥熙传》中,李茂盛引述了下面两则材料:

一则是曾任国民党中央银行稽查处长,上海金融管理局局长李立侠先生在《孔祥熙与中央银行》一文中的估计。李在文中说,从他所经营的企业看,是赚了一些钱,但不能敛聚很多,最多只能达到百万富翁的程度,不会成为亿万富翁。

另一则是1954年台湾第二届国大召开前夕,国民党几位老资格的中央委员在蒋介石官邸聚餐时,随便谈到孔祥熙的财产。蒋介石说:"我对孔先生知道得最清楚,不错,他过去是一个很有钱的人,本党的革命运动最初时期,也曾经得到过他许多的帮助。——说到他现在的财产,我想不超过50万美元吧!"

于是,李茂盛认为,"如果我们把蒋介石估计的50万作为下限,李立侠先生估计的百万作为上限,那就不难看出,孔祥熙所有私有资产应该是50—100万美元"。

而1950年3月2日,经美国和台湾政府政策协会副主席柯尔勒致函孔祥熙和宋子文,征求他们的意见,看是否同意美国财政部公布他们在美的财产数字时,孔祥熙立即复函柯尔勒,表示:"绝对同意将本人存美财产之准确数字,予以公布"。据后来传出的消息,结果竟是:中国人在美最大的存户为100多万元,但户主是长住美国的华侨商人,不是孔祥熙。

那么,孔祥熙的财产到底是怎么回事呢? 这仍然是一个历史之谜。

最后陈氏家族。陈氏兄弟在四大家族内部分工是管党务。他们CC豪门资本的聚财战术与其他三家相比,具有以下几个明显的特点。

第一,起步晚发展快。CC豪门资本是起步最晚的。在抗战以前,可以说陈氏兄弟还没有什么经济基础,抗战前期,正是孔祥熙炙手可热的时代,CC系在经济上也无能为力。1945年抗战胜利后,陈氏兄弟开始崛起,到1947年,才是他们在经济上走红运的时期。他们掌握的绝大部分工商企业是在这一时期内夺得的。因此,和孔、宋豪门相比较,CC豪门聚敛财富的时间只是短短的几年。在这么短的时间内,能成为一大豪门,其发展速度,自然也不可小觑。

第二、猛攻孔、宋。CC豪门资本的膨胀是与陈氏兄弟不断在政治上打击孔、宋豪门分不开的。抗日战争后期,孔祥熙的腐败,给陈氏兄弟提供了最好的靶子,他们利用手中掌握的党权、报纸向孔宋门发动猛烈攻击。结果,在蒋介石的支持下,分得了农民银行和交通银行。抗战胜利后,CC陈氏兄弟又利用商运、商社、商会等形式,组织反宋大请愿,迫使宋子文让步,陈氏兄弟开始插足工商业。后来由于黄金风潮,陈氏兄弟再联合政学系发动反攻,更逼宋子文献产辞职。"自此以后,陈果夫、陈立夫来上海,金融界往往开会欢迎,声名赫赫"。不难看出,陈氏兄弟的聚财活动是在不断同孔、宋豪门争夺中进行的,CC豪门的财富是在不断努力地扫清障碍的同时,积累、膨胀的。

第三,CC系"党性极强"。由于CC系的首领陈氏兄弟是"标准党人",所以,为这一豪门聚财敛富而前冲后杀,左挡右护的众多战将们,自然也要循"标准党人"的标准行事。这便形成了他们"经济亦不外乎政治"的观点。行动上则民间工业以政治方式去笼络;国营工业以党权去"收购";与其他豪门竞争,就运用政治力量,甚至不惜引火烧身,提出"反对官僚资本"的口号。"皇天不负有心人",这样斗的结果是,每一次政治上的胜利,都使陈氏兄弟获得了若干实利。

第四,独占新闻文化事业。因为 CC 系多是文人出身,不少人都是国民党的宣传家、理论家,尤其是陈氏兄弟为代表,所以,他们在文化事业方面抓得就更狠、更紧。

CC 豪门不仅掌握着正中书局、中国文化服务社、独立出版社、大东书局、广播电影方面的中央广播电台,中国农村教育电影公司、中国广播公司等机构也均由陈氏兄弟出任董事长,并以之大发横财。

另外,陈氏兄弟对报纸的控制,也远非其他家族所能相提并论。计有《新闻报》《申报》《商报》《立报》《东南日报》《新夜报》《中央日报》《东方日报》《民主日报》及庄严的《世界日报》等 30 多家报纸掌握在 CC 豪门手中。

那么,陈氏兄弟究竟在这么短的时间里,聚敛了多少财富呢? 这实在难以统计。由于无论是过去还是现在,人们都很少谈及陈氏的财产,所以也没有多少资料可以介绍。但如果读者有兴趣,不妨根据《工商调查通讯》《华股手册》《上海制造厂商概览》等资料中介绍的有关 CC 豪门掌握的 61 家企业的统计资料加以推测,其财富的多少,也就可以得出一个大体数目了。不过,应该说明的是,无论陈氏兄弟在战术上搞得如何灵活、巧妙,时间毕竟太短,这一豪门所聚敛的财富比起孔、宋来,还是逊色些。

综上所述,关于四大家族的财产问题,目前都还没有取得什么定论,以后,有关问题可能会得到解决,有一个明确的结果,但有一些也可能不能得到解决,而成为一个永久的不解之谜。但无论如何,这些谜本身并不说明什么,我们唯有在对这些谜的探讨中,获得更深的对四大家族的体验,并引发我们对现实的思考,"谜"才会现出谜的价值。

**特别提示:**

　　本书在编写过程中,参阅和使用了一些报刊、著述和图片。由于联系上的困难,和部分作品的作者或译者未能取得联系,对此谨致深深的歉意。敬请原作者(或译者)见到本书后,及时与本书编者联系,以便我们按照国家有关规定支付稿酬并赠送样书。

　　联系电话:010-80776121　　联系人:马老师